国家出版基金项目
NATIONAL PUBLICATION FOUNDATION

中国近代画报大系

中国近代画报史稿

天津市档案馆 编

周利成 著

上海书店出版社
SHANGHAI BOOKSTORE PUBLISHING HOUSE

"十四五"国家重点出版物出版规划项目

国家出版基金资助项目

上海市促进文化创意产业发展财政扶持资金资助项目

编辑委员会

主　任　李　晶
副主任　吴爱民　宗　毅　莫洪胜　于学蕴　赵敬义
委　员　张　骏　李　琦　仇伟海

编辑组成员
主　编　周利成
编　辑　吉朋辉　邹　宇

1884 年创刊的《点石斋画报》是中国最早的画报

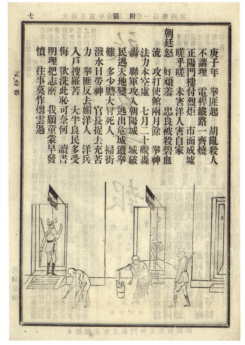

1902 年 6 月 23 日创刊的《启蒙画报》是北京最早的画报

1905 年 9 月创刊的《时事画报》是广东最早的画报

1907 年 3 月 23 日创刊的《醒俗画报》是天津最早的画报

1921 年 10 月 24 日的《时报图画周刊》
刊登了早期摄影家郎静山的摄影作品

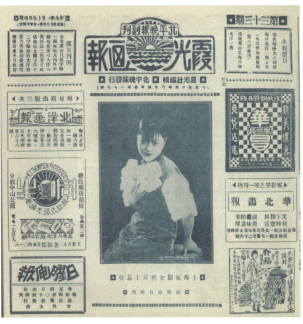

1928 年 6 月 9 日创刊的《北平晚报》
副刊《霞光画报》

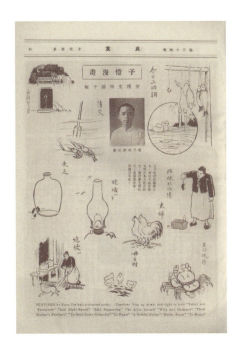

1929 年第 34 期《良友》中的漫画家
丰子恺照片及其漫画作品

1930 年 7 月 6 日创刊的《天津商报画刊》
可与《北洋画报》媲美

1930 年 7 月出版的《中华》画报创刊号的
七色照相版封面

1932 年 8 月 24 日创刊的《北洋画报》
附刊《电影周刊》

1933 年 11 月创刊的《大众》画报与《良友》
《时代》《中华》并称为画报界的"四小龙"

1933 年 12 月《良友》八周年纪念刊中各界社会名流的题词

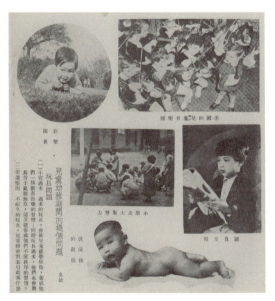

1933 年第 9 期《妇人画报》中的画报读者

1934 年第 2 期《青青电影》中电影明星
胡萍正在读画报

1934 年第 6 卷第 12 期《时代》回顾了中国画报的历史

1936 年第 10 卷第 2 期《时代》展示了当年中国女子的风采

1936 年第 1 卷第 3 期《申报每周增刊》

1946 年第 1 卷第 3 期《艺文画报》
记录了名伶梅兰芳的日常生活

抗战胜利后联合画报社出版的《中国抗战画史》

总　序

陈平原

　　从事学术研究的，不见得非十八般武艺样样精通不可，因不同研究课题，难度、重点、理论框架与突破口迥异。比如近代画报研究，论述固然不易，但资料积累是第一位的。我在 2008 年香港三联书店版《左图右史与西学东渐——晚清画报研究》的前言中称："不登大雅之堂的'画报'，难入藏书家法眼，故当初虽曾风风火火，很快就星流云散，隐入历史深处了。等到学者们意识到其研究价值，已是'百年一觉'。随着中外学界兴趣陡增，若干晚清画报得以影印刊行；但若想了解全貌，还是得像傅斯年说的那样：'上穷碧落下黄泉，动手动脚找东西。'"这个努力搜寻的过程，会有很多意外的惊喜，但更多的是让人难以释怀的失落。

　　十年后，北京的生活·读书·新知三联书店刊行《左图右史与西学东渐——晚清画报研究》增订版，篇幅增加了一倍，论述上也有很多推进，这与我多年来四海奔波，进出国内外各大图书馆有关，也得益于众多晚清画报的整理与影印。除若干单行本外，尤其值得推荐的是全国图书馆文献缩微复制中心编印的《清代报刊图画集成》(2001)、《清末民初报刊图画集成》(2003)、《清末民初报刊图画集成续编》(2003)。这三套大书的制作，虽有不少错漏，但还是给我的研究提供了很大便利，故心怀感激。

　　记得三十多年前我写作《二十世纪中国小说史》第一卷（北京大学出版社，1989/1997 年；后改题《中国现代小说的起点——清末民初小说研究》，北京大学出版社，2005/2010 年），同时配套编辑《二十世纪中国小说理论资料》第一卷（与夏晓虹合编，北京大学出版社，1989/1997 年；后改题《清末民初小说理论资料》，北京大学出版社，2021 年），那种两条腿走路，相互促进的感觉，确实很不错。如此兼及史料整理与专著写作，是向鲁迅学习的，即希望每个重要论述"我都有我独立的准备"（参见《不是信》，《鲁迅全集》第三卷第 229 页，人民文学出版社，1981)。学界都知道，鲁迅的《中国小说史略》之所以在同时代著作中鹤立鸡群，很大程度缘于其有《古小说钩沉》《唐宋传奇集》《小说旧闻钞》三书垫底。我做晚清画报研究时，也很想学，但最后放弃了，原因是难度太大。

正因深知其中的利害与难处，当看到天津市档案馆周利成先生与上海书店出版社合作，拟编辑出版《中国近代画报大系》，我马上答应为其撰写申请国家出版基金的推荐信。这套大书共 8 册，涵盖了 1874—1949 年近代中国的大部分画报，包括画报图录提要卷（附画报存目提要）、报刊文论卷、公牍档案卷、中国近代画报史稿等部分。即便自撰的画报史稿不够尽善尽美，单是这巨量的资料辑存，也都将大大嘉惠中外学界。

周利成先生 1989 年开始从事档案工作，编写过《天津老画报》《北京老画报》《上海老画报》《民国画报人物志》《老画报风尚志》等书籍，还主持或合编若干天津档案图书，对画报及档案这两个领域均学有专长。由他来负责这个重大出版工程，我以为再合适不过了。

大概是研究档案出身，周先生汇编中国近代画报资料时，并不满足于作为文本的报刊文章或图像，而是兼及整个画报的生产机制以及政策制定，尤其第七册"中国近代画报大系·公牍档案卷"，涉及画报的备案、登记、监督、检查、取缔等规章制度与实施办法，我相信对日后研究新闻出版、文化批评、图像叙事的学者，都会有很好的启迪作用。

我与晚清画报纠缠了二十年，深知其中的甘苦。也曾试图将视野延伸到近代中国或整个二十世纪中国，最后搁置的理由，是搜集原始资料的工作量实在太大。如今有了周先生编纂的画报大系，我相信会有很多年轻学者涌入这一很有发展前景的研究领域。

2023 年 10 月 31 日于京西圆明园花园

目 录
contents

001 | **总序**

001 | **第一章　绪论**
003 | 一、选题意义
004 | 二、研究范围和概念界定
014 | 三、研究现状
018 | 四、创新与不足

021 | **第二章　萌芽时期（1874—1884）**

027 | **第三章　发展时期（1884—1920）**
029 | 第一节　画报的产生
031 | 第二节　画报出版的历史影响
037 | 第三节　画报的社会功能
060 | 第四节　摄影画报初露端倪
062 | 第五节　从无到有的政府管控

073 | **第四章　鼎盛时期（1920—1937）**
075 | 第一节　鼎盛的原因
082 | 第二节　特点
088 | 第三节　分类
117 | 第四节　机构与人员
211 | 第五节　社会影响
238 | 第六节　经营
250 | 第七节　停刊
256 | 第八节　相对宽松的政府管控

267 | **第五章　衰落时期（1937—1945）**

269 | 第一节　抗战画报成为主旋律

278 | 第二节　电影画报勃兴一时

283 | 第三节　戏剧画报异彩纷呈

288 | 第四节　红色画报破土而出

295 | 第五节　企图控制新闻舆论的日伪画报

302 | 第六节　消除愤懑的娱乐休闲画报

310 | 第七节　编者

316 | 第八节　画报遭受双重管控

327 | **第六章　低谷时期（1945—1949）**

329 | 第一节　短暂的庆祝与长期的挣扎

334 | 第二节　逐步加大的政府管控

349 | 第三节　形成南"软"北"硬"的局面

355 | 第四节　画报对社会影响逐渐降低

357 | 第五节　红色画报异军突起

366 | **后记**

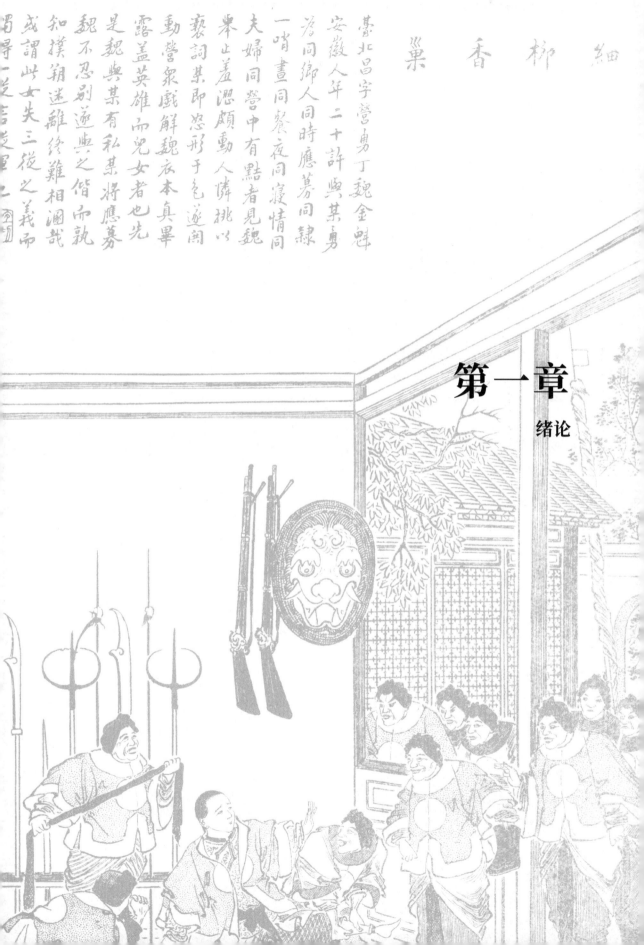

細柳香巢

慕北昌宇營勇丁魏金群
安徽人年二十許與某勇
者同鄉人同時應募同隸
一哨晝同餐夜同寢情同
夫婦同營中有點者見魏
畢止羞澀顏動人瞵睞以
襄詞某即恐形于色遂閧
動營眾戲解魏衣本真畢
露蓋英雄而兒女者也先
是魏興某有私某將應募
魏不忍別遂興之偕而就
知撲朔迷離終難相通哉
或謂此女失三從之義而
蜀尋一逞言炎畏畢二卿切

第一章

绪论

从中国近代新闻事业发展进程来看，相比于报纸、书籍，画报在发行量上所占的比重并不算大。因画报以图画见长，浅显易懂，很多学者对此并未过多关注，遂导致对近代画报研究不够全面且发展缓慢的现状。但在中国近代史上，也曾掀起过创办画报的风潮，画报也曾风行一时，也曾对中国的政治、军事、经济、文化等方面发挥过深远的影响。中国最早的画报是1884年出版的《点石斋画报》，迄今已有140年的历史了。至1949年，中国境内共出版过1370余种画报①。清末时期为中国画报的初创时期，以《点石斋画报》《启蒙画报》《醒俗画报》为代表的一批画报开创了中国画报的先河。20世纪二三十年代的《良友》《北洋画报》《大亚画报》，抗战时期的《晋察冀画报》《联合画报》《世界画报》以及解放战争时期的《山东画报》《社会画报》《军事画报》等，共同创造了属于近代中国的画报时代。

近代画报的发展，记录了中国历史的发展和社会的变迁。档案、报纸、图书等文献，多属官样文章，站在统治者的立场上，板着面孔、中规中矩地记录历史事件和历史人物。画报则更注重大事件背后的小花絮，大人物背后的小故事，是官样文章不予记载或忽视记录的部分。如果把官样文章比作一个人的躯干、筋骨，那么，画报则是一个人的血和肉，二者的有机结合，才让一个人丰满而鲜活起来。

一、选题意义

本书研究1884年至1949年的中国近代画报史，旨在说明中国近代画报发展历程，将各个历史时期的画报特点、内容、创刊、经营、编者、作者，以及对社会的影响等重要信息逐一进行梳理、总结，试图为读者打开一条了解近代中国的新渠道。

1. 补充中国近代画报史相关研究。迄今为止，虽然社会各界对中国近代画报的研究既有论文也有少量专著，但尚无中国近代画报史出版。笔者通过对大量原版画报的研读，对各个时期的画报特点进行分析、总结，为世人呈现中国近代画报发展的流变过程。此书既是中国近代画报史的一个阶段性研究成果，也回应了社会各界的热切期盼，对中国近代史、中国近代出版史、中国近代报刊史的研究也将有重要意义。

2. 理清中国近代画报的发展轨迹，有助于对新中国成立后画报发展历程的研究，有助于当下画报及其他文字载体的出版研究和改良。

---

① 据笔者统计，截至本书出版前，已确认自1884年至1949年，中国境内出版的画报有1373种，其中可见画报者920种，只留画报名称者453种。

3. 夯实借助画报研究中国近代史的路径基础。中国近代画报的发展与中国近代社会的时政、经济、文化、艺术等方面的发展息息相关，而画报丰富多彩的内容，也为研究中国近代史增加了一个独特的视角。

二、研究范围和概念界定

该书研究自 1884 年至 1949 年的中国画报的发展史，涵盖清末、北洋政府时期、国民政府时期、抗日战争时期、解放战争时期等重要历史时期，通过对原版画报、相关档案、报刊、书籍、回忆录等资料的研究，总结了近代中国画报发展的脉络及各个时期的特点、主要内容、经营、文献价值等方面的信息，将近代画报的发展史呈现给世人。

（一）中国最早的画报

查阅近代史料和当代学者专著、论文，对中国最早的画报之争，从 20 世纪 20 年代至今，仍无定论。笔者在梳理数十种民国时期报刊史料和当代学者观点的基础上认为：1884 年创刊的《点石斋画报》为中国最早的画报。

1. 画报的概念

何谓中国最早的画报？"最早"最好理解，也不会出现歧义；"中国"系指在中国境内出版的画报，外国人在中国出版的画报当在其中，而在国外出版、来中国发行者当不在其列；"画报"是核心，这就需要我们讲明白什么是画报。

《中国大百科全书·新闻出版》界定画报为："以刊载摄影图片、绘画为主要内容的期刊。它用形象的直观的图像传播信息和知识。"[1]这样的定义显然不够严谨和准确。一是"期刊"不准确，中国近代画报中有很大一部分是报纸型画报，所以应将"期刊"改为"报刊"。二是"主要内容"也与实际画报不符，中国近代画报中晚清画报多以图为主、以图叙事、配以文字。而民国时期特别是解放战争时期的《一四七画报》《二五八画报》《三六九画报》等，多以文为主、以图为辅，甚至《红皮画报》干脆就是纯文字杂志。三是画报应理解为"画"和"报"（包括刊物）的组合，因此具有报刊的性质，即定期性、新闻性和传播性。正如某新闻学家所言："画而不报（偏重艺术者），何成其为报。报而不画，又何贵其为报。"[2]又因画报在不同时期从内涵到外延变化较大，故画报应该有狭义和广义的两层定义。狭义的定义为："以图画为主、文字为辅的报刊。它用形象的、直观的图像传播信息和知识。"广义上的画报范围更为宽泛：一是图画不一定占主要内容，图文并茂即可，因晚清画报以图叙事、以图为主，而民国后特别是抗战胜利后，画报多以

---

① 中国大百科全书总编辑委员会《新闻出版》编辑委员会，中国大百科全书出版社编辑部：《中国大百科全书·新闻出版》，北京：中国大百科全书出版社 1990 年版，第 149 页。
② 《〈北画〉真正价值之所在》，《北洋画报》1928 年 7 月 7 日第 5 卷第 201 期。

文为主，以图为辅；二是不一定是定期出版，如民国时期出版了许多纪念性的专刊、特刊、纪念刊，仅有一两期，但也属画报、画刊；三是原报刊名为"某某画报""某某画刊"，实则是仅有少量配图的杂志。如此，广义的定义为："图文并茂的定期出版的报刊，或图文并茂的非定期出版的专刊、特刊、纪念刊，或名为画报、画刊的报刊。"

判断中国最早的画报，应结合晚清画报以图为主、以图叙事的特点，以狭义定义为准。也就是说，确定中国最早的画报必须具有四要素：一、在中国出版，二、时间最早，三、以图画为主要内容，四、具有报刊的新闻性、定期性、传播性。

2. 几种观点

一是"产生于清乾隆三十三年（1768）前"之说，这种说法仅有著名作家王小隐提出。他在《画报在中国有二百年以上的历史》一文中称："其实画报之大辂椎轮，乃远在二百年前。严格言之，民营之新闻事业，确不能不推画报为开山始祖。盖纯以传播新闻为主体，而以新闻为商品的贩卖者也。"他的论据是，早在清乾隆三十三年浙江巡抚永德就曾有奏折云："……拿获李浩供称……广东石城县东山寺，现出一块石碑，上有红字，下写孔明碑记，抄有新闻纸单，该犯即取一纸，带至桐山地方，将孔明笔记纸单，雇刻字傅姓，将抄单字据排写，并添画碑式人像，刷了一束，携至浙江……实系因贫刷卖，并无为匪别情。"还有闽浙总督崔应阶曾有奏折云："瑞安县役于本泛见有敲铜锣卖孔明碑记……据诘称名叫李浩，听说广东高州府石城县天竹山现出孔明碑记，抄有小单，带到桐山地方傅姓刻字店内，给他八十钱，刻了一块板，带到浙江一路当新闻刷卖。"依据以上记载，"则发现石碑为一件新闻材料，添画石碑人像，刷了一束发卖，为经营画报之正当行为。可惜这位画报记者，不免为官厅所嫉视，加以拿获，名曰该犯"。①

二是《点石斋画报》之说，这种说法在民国时期最为普遍。画报收藏家梁芸斋在《霞光画报》上的《四十余年前之画报——为中国画报之始祖》一文称："中国画报首创于上海《点石斋》，自清光绪十年甲申四月起，每月三册，册凡新闻八页，其编目系用天干地支、八音六艺，共三十六卷。征稿条例，每幅横直各一尺四五寸，入选者筹洋两元、原稿缩印成五六寸见方，故精细异常。惟系用连史纸石印，纸薄而柔，颇不易保存也。是时名画家如吴友如、金蟾香、张志瀛、田子琳、何元俊、符艮心之辈，皆有画稿应征，琳琅满目，蔚为大观。"②《北洋画报》创办人冯武越也称："在吾国之谈画报历史者，莫不首数上海之《点石斋画报》。是报创始于四十四年前，其时初有石印法，画工甚精，极受时人欢迎。去此以前为木刻时代，在吾国未必再有画报也。"③上海《小日报》也有文载：

① 王小隐：《画报在中国有二百年以上的历史》，《北洋画报》1932 年 7 月 7 日第 17 卷第 801、802 期合刊。
② 芸斋：《四十余年前之画报——为中国画报之始祖》，《霞光画报》1928 年 9 月 28 日第 1 卷第 17 期。
③ 冯武越：《画报进步谈》，《北洋画报》1928 年 12 月 1 日第 6 卷第 251 期。

"溯画报之起源，应以《点石斋画报》为最先。时余犹未投身报界，距今殆将四十年矣。十日一册，册十余页，均系新闻画，出自画家吴友如一人之手笔，吴之得名，即由于此。"①《报学月刊》主编黄天鹏在《五十年来画报之变迁》一文中称："及石印流行，始有专绘时事的画报出版。最初为《点石斋画报》，清光绪十年（一八八四）创刊，精绘时事的图画，用石印版印刷，纸张系土产川纸，黄皮封面，每期八页，售价五分，由点石斋石印局发行。主持的人物就是《申报》创办人美查，到现在已四十七年了，可算画报的第一种。"②著名画家刘凌沧对中国近代颇有研究，他曾在《中国画报之回顾》一文写道："中国之画报，自《点石斋》创刊迄今，已有五十年之历史。"③虽然 1931 年著名报人萨空了否定了《点石斋画报》是中国最早的画报之说，但 1934 年黄天鹏仍撰文坚持自己的观点："最早的画报当然要算《点石斋画报》了，清光绪十年创刊（西历一千八百八十四年）到现在恰恰五十个年头。"④

民国时期重要的新闻学学术刊物《报学季刊》，在 1935 年第 1 卷第 4 期中也曾刊有《中国画报之始祖》小文，同样力挺《点石斋画报》。

1936 年 11 月 26 日，吴复曾在《新闻报》发表的《画报漫谭》一文介绍说："范君烟桥曾有《词林谭助》一文，揭载本林，对五十年前图画杂志考论綦详，诚以《点石斋画报》发行最早。"

1939 年 12 月 29 日，《总汇报》刊发《谈我国的定期画刊》一文称："我国的定期画刊，《点石斋画报》发行最早，时为光绪十年，距今已历五十余年。"虽将"画报"一词改称"定期画刊"，但仍以《点石斋画报》为最早⑤。

三是《成童画报》《小孩月报》《画图新报》（即《图画新报》）之说。1931 年 3 月 30 日，萨空了在燕京大新闻讨论周演讲时说道："中国之画报始祖，说者皆谓为上海《点石斋画报》。《点石斋》发行于前清光绪十年（一八八四）甲申四月，系旬刊，月出三册，每册凡新闻八页，编目用天干、地支、八音、六艺，共出三十六卷，连史纸石印，主持者为《申报》创办人，据云为西人美查，作画者皆当时名画家，为吴友如、金蟾香、张志瀛、田子琳、何元俊、符艮心诸人。所绘全系新闻，要闻、社会新闻皆备……但细考事实，《点石斋》之前，中国固尚有画报数种。友人梁君芸斋，为一画报收藏家。曾云有《成童画报》者，光绪初发行于上海，其令岳（现年已近七旬）肄业于中西画院时，曾向该画报投稿。又据戈公振君之《中国报学史》云：'有《小孩月报》（Child's Paper）于光绪元年

① 渊渊：《报海回澜记（九十九）：画报小史（上）》，《小日报》1929 年 12 月 18 日。
② 黄天鹏：《五十年来画报之变迁》，《良友》1930 年第 49 期。
③ 刘凌沧：《中国画报之回顾》，《北洋画报》1933 年 1 月 31 日第 18 卷第 888 期。
④ 黄天鹏：《五十年来之画报》，《时代》1934 年 10 月 10 日第 6 卷第 12 期。
⑤ 凌洛：《谈我国的定期画刊》，《总汇报》1939 年 12 月 29 日。

（一八七五）出版于上海，J. M. W. Franham 编辑，连史纸印，文字极浅近易读，内容有诗歌、故事、名人传记、博物、科学，插图均雕刻，铜版尤精美。直出至民国四年，始改名《开风报》，出五期而止。'此足证光绪元年前后，沪上确已有编辑印刷皆已甚佳之画报。外更有上海圣教书会所印行之《图画新报》（Chinese Illustreted News），亦用连史纸铜版精印者。该报系自光绪六年出版，至民国二年始停，亦早于《点石斋画报》。惟此等画报流行似不如《点石斋画报》为广，迄今日已不易觅得，故不为人所知，而使《点石斋画报》得膺中国画报始祖之荣名。然现吾人欲论中国之画报，自应以曾目睹者为限（关于《小孩月报》，余曾询戈君公振，戈君似亦未曾亲睹），故现仍自《点石斋画报》论起，而定今日所谈之主题为《五十年来中国之画报》（如自《小孩月报》论起则已有六十年）焉。"[1]

　　自此，将《小孩月报》作为中国最早的画报成为一种常见的观点。1942 年第 1 卷第 2 期《先导》中马它的《一段画报的盛衰史话》称："中国的画报，从一八七五年（光绪元年）出版的《小孩月报》算起，到现在才只有六十七年的历史。可是，在那短促的过程中，因为世界的急剧演变，中国的画报也随着时代的潮流而在形与质两方面迭经递迁。《小孩月报》以后为《瀛寰画报》，为《图画新闻》。这是中国画报的第一期，也就是中国画报的萌芽时代。"胡道静在《报坛逸话》中明确提出："最早的画报为上海清心书馆所出的《小孩月报》，其次为《瀛寰画报》，第三为清心书馆所出的《画图新报》，第四才挨到《点石斋画报》。"[2]2015 年，学者彭永祥在《中国画报画刊》中也将《小孩月报》放在第一位[3]。

　　四是《瀛寰画报》（即《寰瀛画报》）之说。1939 年，张若谷的《我国的第一种画报》一文也提到《小孩月报》《画图新报》，并且新增了《瀛寰画报》之说："两年前我写过一篇《纪元前五年上海北京画报之一瞥》，载于民国廿五年十月十日出版的《神州日报复刊纪念册》上，列举光绪、宣统年间在上海、北京两地发行的各种画报……在那一篇文字中，我曾讲到我国最早的画报，原文如下：'自从中国有现代日报产生以来，最早的画报，恐怕要算纪元前三十二年（清光绪六年即公元一八八〇年）上海出版的《画图新报》，从那时起到如今，也有五十六年的历史。到了纪元前三十年间，石印术流行，才开始有关于时事新闻的画报出世，最著名的有纪元前二十八年（即光绪十年）出版的《点石斋画报》等……'在《神州日报复刊纪念册》里，同时还刊有上海通社写的一篇《最早的画报》，也是讲到这个问题的，原文略称：'若谷先生的《纪元前五年间上海北京画报一瞥》，是一篇极有趣味的文字，同时也是一篇极有价值的史料。因为文中讲到了最早的画

---

① 萨空了：《五十年来中国画报之三个时期及其批评》，《新闻学研究》1932 年 6 月。
② 张静庐辑注：《中国近现代出版史料·近代初编》，上海：上海书店出版社 2003 年版，第 76 页。
③ 彭永祥：《中国画报画刊 1872—1949》，北京：中国摄影出版社 2015 年版，第 9 页。

报，我们想就讨论这一个问题。《画图新报》并不是顶早的画报，而顶早的画报原来就是《画图新报》的胞姊，名字叫《小孩月报》。她们都是上海清心书馆出的。《小孩月报》创刊于一八七五年（光绪元年）三月，《画图新报》创刊于一八八〇年（光绪六年）五月。萨空了先生于一九三一年（民国二十年）在北平燕京大学演讲《五十年来中国画报之三个时期及批评》，亦提及《小孩月报》为上海编辑印刷甚佳之画报，但是他自己未曾见过，并且他还问过戈公振先生，戈似未曾亲睹。上海市通志馆里已经收集了《小孩月报》若干份，《画图新报》的第一号通志馆已藏有之。在《小孩月报》和《画图新报》创刊时代之间，申报馆也曾出过一个画报，名叫《瀛寰画报》，创刊于一八七七年（光绪三年）九月，出五卷而止，见《中华各报流源年数表》（载于《画图新报》第十年第十二卷）。《瀛寰画报》罕闻人提及。一八八四年五月八日，《点石斋画报》创刊，而《点石斋画报》出版之时，《申报》刊登广告云：'本馆新创画报'，说《瀛寰画报》是《点石斋画报》的前身，也未尝不可以吧！'"①

1986 年，在查证上海图书馆所藏五卷《寰瀛画报》后，学者黄志伟也得出《寰瀛画报》是"我国最早的画报"的结论②。据学者陈平原介绍，21 世纪初，有学者同样认为"它（《寰瀛画报》）是中国第一份严格意义上的'画报'"③。

3. 辨析

"产生于清乾隆三十三年（1768）前"之说。清人李浩将孔明碑记抄于新闻纸，雇人刻字排写，并添画碑式人像，印了一束，携至浙江敲铜锣当作新闻售卖。具备了在中国境内出版、新闻性、传播性的特点，但仍以孔明碑记为主，人像为附，而且只是临时动意，偶尔售卖，不具有定期出版的属性，故而只能算作"传单"，而不能称为画报。

在阿英之前，研究者争论中国最早的画报，只强调了时间上的最早，而忽略了画报具有"报"的属性，应该具有新闻性。阿英在 1940 年第 150 期《良友》的《中国画报发展之经过》中将中国画报史分为四个时期，同时也提出"究竟哪一种画报是中国最早的画报呢？关于这问题，现在很难做决定性的结论"。他对《小孩月报》《画图新报》《瀛寰画报》分别辨析：《小孩月报》《瀛寰画报》"是否能称为中国最早的画报，是存着问题的"，因为《小孩月报》实际只是一种文字刊物，附加插图，称之为"画报"，是不大适当的。而《瀛寰画报》的内容，也只是些世界各国风土人情的记载，缺乏新闻性。比如第一册所收的 9 幅画《英古宫温色加士图》《英太子游历火船名哦士辨图》《日本新更冠服图》《日本女士乘车游览图》《印度秘加普王古陵图》《英巾帼时新装束图》《印度不用铁条

① 张若谷：《我国的第一种画报》，《战时记者》1939 年第 7 期。
② 黄志伟：《我国最早的画报——〈寰瀛画报〉》，《图书馆杂志》1986 年 6 月 30 日第 5 期。
③ 陈平原：《左图右史与西学东渐——晚清画报研究》，北京：生活·读书·新知三联书店 2018 年版，第11 页。

火车图》《火车行山洞图》《中国天坛大祭图》，就是很明白的证据。但他又含糊地认为，《瀛寰画报》"以图画为主，且取材的范围复杂，已遍及于全世界"应该视之为"画报的前驱"。提到《画图新报》时就更加说不清了，"（《画图新报》）与《小孩月报》同为教会所办。不过，无论其为《小孩月报》，为《画图新报》，为《瀛寰画报》，其图皆出自西人手，制图亦皆用镂版。这可以说是中国画报的第一期，也就是'中国画报的萌芽时代'"。显然"出自西人手，制图亦皆用镂版"不应该作为排除他们的条件。但他提出的不具备新闻性却是极为关键的。

1942 年第 1 期《上海记者》中逸凡的《我国初期的画报》一文，明显接受了阿英的说法，并且表达更加明确："在上海发行最早的画报名叫《小孩月报》，是上海清心书馆出版的，后来改由中国圣教会出版。这一份月报创刊于一八七五年三月（清光绪元年）。那时《申报》也不过出版了一年多，而上海已经有画报的发现，在那时可算是一个奇迹。那时《小孩月报》的姊妹刊名叫《画图新报》，创刊于一八八〇年（清光绪六年）五月。这二种刊物的取材是相同的，内容有诗歌、故事、名人传记、博物、科学等，可是这二种画报的图画不是石版所印，而是以铜版（不是照相制版的铜版）缕花雕刻，画面相当精致美观，但能制成一块铜版却费时甚巨。而且这二种并不是纯粹的画报，都是以文字为主，其中图画只是聊以点缀的插图而已，与时事也没有什么关连，所以不能认为是画报的。"虽然此文在逻辑上稍显混乱，但中心思想还是说《小孩月报》和《画图新报》不应该算作画报，因为它们虽然图文并茂，但以文为主、以图为辅，且不具有新闻性。但他仍提到《瀛寰画报》在《点石斋画报》之前出版。

阿英、逸凡两位学者利用画报的新闻属性将《小孩月报》《画图新报》排除在外是没有问题的，不然此前出版的很多图文并茂的报刊，都可以算作画报了。但《瀛寰画报》的确是画报，阿英说它不具有新闻性也是站不住脚的。据当代著名学者陈平原称："看来阿英的说法需略为修正，《寰瀛画报》并非只是'风土人情'，也有一定的'新闻性'，只是大大滞后而已。"[1]并列举该刊曾刊有《中国山西饥荒出卖小儿图》《中国钦使在卡旦地方阅高顿将军图》等中国话题，《自以兰地方送俘兵至夏瓦地方图说》《秘那地方战阵图说》也属时事，只不过是陈年往事。他又同时提出一个最有力的结论——《寰瀛画报》并非中国的画报。"无论事先《申报》的广告：'本馆现从外洋购得英国有名画家所绘中外各景致画图……此系外洋贵重之物，画者刻者皆名重一时，因初到中国，仅取薄价，以图扬名之意。'还有译者蔡尔康的'《寰瀛画报》者，行于泰西，已非伊朝夕。尊闻阁主邮致来华，装潢成帙以问世。'或主其事的尊闻阁主的说法：'近年来又有画报之制，流播寰

---

① 陈平原：《左图右史与西学东渐——晚清画报研究》，北京：生活·读书·新知三联书店 2018 年版，第 13 页。

区，第一卷已传入中华……今复绘成一册，附轮船而至申江''是报由泰西寄来，另有西字各小序，今任前例，一并译录，以免观者按图搜索之苦云。'抑或常被引用的《申报馆书目》：'《寰瀛画报》一卷：是图为英国名画师所绘，而缕馨仙史志之。'"①既然它不是在中国出版的画报，那么按照笔者提出的画报四要素中之"在中国出版"，自然应将其排除在外了。

最后还有一种《成童画报》之说。有研究者谢菁菁认为"萨空了提到的这份《成童画报》就是上海清心书馆于1875年创办的《小孩月报》"②，否定了《小孩月报》，自然也就否定了《成童画报》。然而，在中国画报史上确有《成童画报》。笔者收集有《福幼报》，据考证，《福幼报》（Happy Childhood Magazine）为中国最早的基督教儿童画报之一，其前身为《成童画报》（月刊），1889年1月创刊于上海，1915年更名为《福幼报》。③再据《中国画报画刊》一书载："《成童画报》，1888年在上海创刊，广学会编，上海墨海书局排印，图为锌版，文为铅印。西历、大清年号并用。宗旨为'宣传教义、劝人信教'，也介绍科学知识。"④据此，《成童画报》的创刊日期显在《点石斋画报》之后。萨空了在燕京大新闻讨论周演讲时说"友人梁君芸斋，为一画报收藏家。曾云有《成童画报》者，光绪初发行于上海"，或为记忆之误。

清光绪十年四月十四日（1884年5月8日），《点石斋画报》在上海创刊。创办者为《申报》馆主人、"尊闻阁主人"、英国人美查（Ernest Major），著名画家吴友如任主笔，绘画作者近20人。属综合类画报，十日刊，每月逢6日、16日、26日出刊，连史纸，手绘石印，以图为主，以天干地支、八音六艺编目。光绪二十四年（1898）六七月间出刊至第44卷第528期终刊，刊印画作计4650余幅，图说文字多达150万字以上。该刊再现了一个世纪前的上海文化风貌及晚清视觉通俗文化景观，代表了上海乃至中国那个时代画报的最高水平，成为研究百年前半封建半殖民地旧中国历史的珍贵资料。

该刊虽为英国人创办，但出版在中国，兼具新闻性、传播性，以图为主、以图叙事，且为定期出版，完全符合画报的四要素。因此，《点石斋画报》才是中国最早的画报。

（二）"中国近代画报"概念的界定

本书的"中国近代画报"是指，自1884年《点石斋画报》创刊以来至1949年10月新中国成立，这段时间内在中国境内出版的画报。

---

① 陈平原：《左图右史与西学东渐——晚清画报研究》，北京：生活·读书·新知三联书店2018年版，第11—12页。
② 谢菁菁：《西画东渐与〈点石斋画报〉》，中国美术学院硕士论文2010年6月。
③ 龙艳芸：《民国三大儿童期刊之〈福幼报〉（Happy Childhood Magazine,1915—1951）研究》，北京外国语大学硕士学位论文2020年6月。
④ 彭永祥：《中国画报画刊1872—1949》，北京：中国摄影出版社2015年版，第18页。

（三） 中国近代画报的分期

查阅史料，最早对中国近代画报分期的是《报学月刊》编辑黄天鹏。1930 年他在《五十年来画报之变迁》一文中提出："这五十年来的变迁，可分为三个时期：（一）石印时期（一八八四），（二）铜版时期（一九二〇），（三）影写版时期（一九三〇）。"①1933 年刘凌沧的《中国画报之五个时期》一文，更加细致地分为五个时期，但只是简单的分期，未做任何说明："石印独占时期：光绪十年——民元；石印全盛时期：宣统二年——民七；石印、铜版混合时期：民元——民九；铜版全盛时期：民九——民十九；铜版、影版混合时期：民十九——现在。"②1934 年在《五十年来之画报》一文中，黄天鹏仍坚持旧有观点，并将三个时期的特点做了较为详细的论述："自《点石斋画报》发刊以来，这五十年中，画报界的沿革，就印刷技术来讲，可划分做三个时期。第一、绘画石印时期，第二、摄影铜版时期，第三、影写版时期。这三个截然不同的时期中，绘画石印画报占领的时间最久，差不多有三十几年。摄影铜版虽说丁未年《世界》第一期就在巴黎发行了，但在国内还是民国九年《图画时报》正式开始。影写版到现在，还不过四五年的光景。这三个时期从编制印刷各方面来讲，都有重要的变迁，跟着印刷的改良，而有长足的进步。"③

以上三种分期，仅以画报的出版形式为依据，并未考虑到画报的内容和时代背景。

1940 年在《中国画报发展之经过》一文中，阿英将中国近代画报分为四个时期。在文章中，他虽然认为《小孩月报》《画图新报》《瀛寰画报》不具有新闻性的特点，不应将它们归属于画报的范畴，但仍称："这可以说是中国画报的第一期，也就是'中国画报的萌芽时代'。"第二时期的画报是从 1884 年《点石斋画报》开始，代表性画报还有光绪十六年（1890）九月印行的《飞影阁画报》、宣统元年（1909）出版的《时事报图画旬刊》、宣统元年（1909）刊行的《图画日报》等。第二时期"突破了外人代作的阶段，走入中国人自己创作的途径，从镂版印刷时代走入石印时代"。第三时期的画报，在印刷术上，从石印发展到采用铜锌版，"最初以这种新姿态出现的画报，那就是李石曾在巴黎创办的《世界》"，但《世界》画报只是"中国画报走入第三期变革的先声，在国内正式实现，则始于民国元年（1912）高奇峰之办《真相画报》。此系旬刊，实具后来之大型月刊画报的规模"。"继此而起的画报，可称的极少。直至十五年后，《良友》创刊，才开始了中国画报的第四期"。④

1942 年，在《一段画报的盛衰史话》一文中，马它基本附和了阿英的观点："中国

---

① 黄天鹏：《五十年来画报之变迁》，《良友》1930 年 8 月第 49 期。
② 刘凌沧：《中国画报之五个时期》，《北洋画报》1933 年 1 月 31 日第 18 卷第 888 期。
③ 黄天鹏：《五十年来之画报》，《时代》1934 年 10 月 10 日第 6 卷第 12 期。
④ 阿英：《中国画报发展之经过》，《良友》1940 年 1 月 15 日第 150 期。

的画报，从一八七五年（光绪元年）出版的《小孩月报》算起，到现在才只有六十七年的历史，可是在那短促的过程中，因为世界的急剧演变，中国的画报也随着时代的潮流而在形与质两方面迭经递迁。《小孩月报》以后为《瀛寰画报》，为《图画新闻》。这是中国画报的第一期，也就是中国画报的萌芽时代。自石印术流入中国，于是有《点石斋》（一八四四年），《飞影阁》（一八九〇年），《时事报图画旬刊》（一九〇九年），《图画日报》（一九〇九年），从铜镂时代走入石印时代，可说是中国画报的第二时期。石印画报一直繁荣了三十年，直到铜锌版采用到中国，中国的画报，也就起了一个转变。最初以这种新姿态出现的画报，要推李石曾举办的《世界》。此后高奇峰所创办的《真相画报》，尤具后来大型月刊画报的规模，这可说是中国画报的第三期。直至十五年后，《良友》《时代》等画报相继崛起，才开始踏进了中国画报的第四期，也就是本文所谈的近代的画报了。"①

阿英和马它的分类标准既注意了画报的出版形式，也考虑到画报的内容和社会影响。但因《世界》画报为李石曾等人在法国出版的画报，不应列入中国近代画报之列。而 1912 年，"实具后来之大型月刊画报的规模"的《真相画报》创刊后，并没有引起当时画报界的重大影响或巨大变革，故而也不能以之作为中国近代画报史的分界点。

进入 21 世纪后，随着新闻史研究的不断深入和发展，学界也掀起了一股画报研究热潮。以学者陈平原的《左图右史与西学东渐——晚清画报研究》、吴果中的《左图右史与画中有话——中国近现代画报研究（1874—1949）》、夏羿的《红色画报发展研究（1921—1949）》最为系统，最具代表性。其中吴果中将画报发展划分为"萌芽（1874—1884）、近代化（1884—1907），成熟与发展（1907—1937）、挫折与低落（1937—1949）"四个时期。

笔者在参考前人与当代学者的研究成果的基础上，总结画报的发展规律，结合画报对社会的影响、社会对画报的影响等因素，将中国近代画报史分为五个时期：一、萌芽时期（1874—1884），二、发展时期（1884—1920），三、鼎盛时期（1920—1937），四、衰落时期（1937—1945），五、低谷时期（1945—1949）。

（四）数量的统计

由于笔者掌握的 920 种画报的情况各异，需要说明一下画报的计量方式。

一是尽管画报名称不同但传承有序者计为一种画报，如 1930 年 7 月 6 日，《天津商报图画周刊》创刊，同年 9 月 28 日出刊至第 1 卷第 13 期时改称《天津商报图画半周刊》，1931 年 6 月 14 日出刊至第 2 卷第 31 期时再改称《天津商报画刊》，1936 年 7 月 1 日出刊至第 18 卷第 27 期时复改称《天津商报每日画刊》，1937 年 2 月 23 日出刊至第 23 卷第 7

---

① 马它：《一段画报的盛衰史话》，《先导》1942 年第 1 卷第 2 期。

期时再改回《天津商报画刊》，直到 1937 年 7 月 25 日终刊。该刊虽经四度改名，但时间上保持连贯，从形式到内容保持统一，社长一直为叶庸方。因此，就将其计为一刊多名的一种画报。又如，1946 年 6 月，《上海》画报创刊，后因刊名过于"狭隘性、地方性，实不能于本报内容相称"，而从第 6 期更名为《中国生活》，直到 1948 年 6 月出刊至第 13 期后停刊。因《上海》与《中国生活》传承有序而计为一种画报。

二是一种画报中间有停刊，复刊更名，但传承有序者计为一种画报，如 1925 年 8 月 2 日，《乒乓画报》创刊，鹏社主办，同年 8 月 13 日出刊至第 2 期停刊，同年 8 月 29 日复刊，更名为《新闻画报》，期数连续计算，内容风格与《乒乓画报》保持一致，同年 9 月 3 日出刊至第 4 期终刊。因《乒乓画报》与《新闻画报》传承有序，故计为一种画报。

三是名称不同但从形式到内容完全一致且同时出版者，计为一种画报。如《中国摄影学会画报》与《卷筒纸画报》内容完全一样，形式也几乎相同，画报编辑、发行、广告均为一班人马，这在中国近代画报史是一种极为少见的现象。这两种画报所不同者有以下几点：一是显而易见的画报名称不同；二是纸质不同，前者是上乘的道林纸，后者是普通新闻纸，这也就决定了画报印刷质量和清晰度的差异；三是售价不同，前者 6 分，后者 40 文；四是寿命长短不同，前者创刊于 1925 年 8 月 22 日、终刊于 1937 年，后者出刊于 1928 年 1 月 28 日的第 3 卷第 123 期、终刊于 1930 年 3 月 15 日第 5 卷第 229 期。"每逢星期六，市上有一种《卷筒纸画报》，实即《中国摄影学会画报》之变相，惟《中国摄影学会画报》以桃令纸（即道林纸）印刷，每期 6 分，而《卷筒纸画报》只须 40 文耳。"1931 年 9 月 20 日《福尔摩斯》杂志刊登的这则启事，道出了《卷筒纸画报》与《中国摄影学会画报》的关系。又如，1928 年 1 月 1 日，《华北画报》在北京创刊，第 2 期开始改称《北京华北画报》，因北伐战争后首都由北京迁往南京，北京改称北平，同年 7 月 8 日第 28 期后改称《北平华北画报》，发行人罗明佑，编辑部、发行部初在北京真光电影剧场，12 月 16 日第 51 期时迁至天津英租界华北电影公司，1929 年 2 月 24 日第 51 期后迁回北平原址，初由北平前门外杨梅竹斜街公记印书局代印，同年 4 月 21 日第 69 期后改由北平西安门内㳂坛寺剪子巷北口路东 16 号的公记印书局代印，同年 7 月 21 日第 82 期后改由天津法租界 24 号路商报馆承印。1929 年 10 月 27 日出刊至第 96 期后终刊。《华北画报》从 1928 年 5 月 20 日第 21 期开始，同时在北京、天津两地发行，刊头分别为《北京华北画报》和《天津华北画报》，直到终刊。

四是虽画报名相同，但毫无传承关系者计为多种画报。如 1918 年 8 月，《世界画报》创刊于上海，社址位于上海英大马路巡捕房隔壁，孙雪泥任主编兼发行，许一鸥任助理，由先生美术公司出版。1925 年 8 月在北京创刊的《世界画报》，为《世界日报》的附刊，褚保衡、林风眠、萨空了、谭旦同等人先后担任主编，它是北方报纸摄影附刊中出版时间最长、期数最多的刊物之一，出刊至 1937 年 8 月 1 日的第 607 期。1935 年 2 月 8 日，良友图书印刷有限公司在上海也创刊有《世界画报》，但仅至同年 6 月 25 日出刊第 4 期、第 5 期合集即停刊了。1940 年 2 月，新加坡侨商周星衢在上海创办《世界画报》，主编邹楚青，英文编辑顾问张英健，法文编辑顾问叶恭达，美术编辑顾问朱宁，世界画报社出版，大路出版社经销，正兴公司特约经销，在昆明、香港、南洋均设办事处，发行网遍布海内外，畅销于南洋，远销美国、马来西亚、新加坡、越南、泰国、荷兰、印度等国家。1946 年 5 月 1 日，又有一种名为《世界画报》在上海创刊，社址位于中正东路 342 号二楼，世界画报社编辑、发行。笔者仅见创刊号一期画报，属娱乐类画报，12 开十二版，一版、十二版三色套印，其余黑白印刷。从形式到内容，从创办人到主编，这 5 种《世界画报》毫无传承关系，故计为 5 种画报。当年这类画报较多，如《天津画报》《星期画报》《电影》《明星》等皆有两种以上。

五是凡两种画报合并为一种画报者，计为 3 种画报。民国画报多达上千种，寿命短暂是特点之一，其原因不尽相同，为了继续生存，或增强竞争力，或扩大社会影响，一些内容相似的画报自行合并。如 1937 年 10 月 22 日，《国光影讯》在上海创刊，国光影院公司编辑出版，16 开本，周刊，属电影类画报。1938 年 4 月，《南海银星》在上海创刊，周刊，属电影类画报，上海联怡公司发行，每期四版。1938 年 8 月 3 日，《国光影讯》和《南海银星》合并后更名为《亚洲影讯》，由上海亚洲影院公司编辑并发行。如此情况，我们就将其计为 3 种画报。

六是画报出版地应在中国境内。这有两层含义：一是画报在中国创办，不考虑创办者的国籍，如英国人美查创办的《点石斋画报》，又如抗战时期在上海"孤岛"打着外国人旗号创办的一些画报，虽然出版人为外国人，但因出版在中国，故计算在内。二是国人在其他国家创办的画报不计其中，如清光绪二十一年（1895），吴稚晖、李石曾等在法国巴黎创办的《世界》画报。1930 年在新加坡出版的《新加坡画报》，抗战时期在日本出版的《支那事变画报》等，虽都曾在中国境内发行，但因出版地在国外，故不计算在内。

三、研究现状

画报这种载体看似简单，实则特殊。它涉及多领域，且又独树一帜。因此，关于中国近代画报的研究，学术成果十分丰富，但也十分复杂。本书将尽量分类明晰，选择有代表性的前人著述进行解读。以往涉及画报之研究可分为通史类、单一画报类、专门类三种类型：

（一）通史类

通史类画报研究指的是系统介绍近代画报历史的成果，其中较为著名的有吴果中的《左图右史与画中有话——中国近现代画报研究（1874—1949）》，彭永祥编著的《中国画报画刊 1872—1949》，陈平原的《左图右史与西学东渐——晚清画报研究》等著作。因画报涉及范围较广，包括新闻、出版、漫画、报刊、电影等诸多方面，因此本书将有关以上方面的诸多著作也作为画报研究既有成果加以研究、分析。

吴果中的《左图右史与画中有话——中国近现代画报研究（1874—1949）》[①]一书，不同于常规的历史时期分段书写通史，而是总结特点，分章论述。作者带着"图像中的信息是'谁'在生产和接受？""画报建构了怎样的日常生活中的个人与国家想象？""画报图像中包含怎样的文化意蕴？"等问题意识，首先总述中国近现代画报的历史形态，随之讨论画报主题、传播群体的精神文化诉求、视觉表述与文化构图、叙事特质与传播理念及城市叙事。作者结合自身新闻学专业出身背景，利用新闻学专业知识，为世人剖析了各个历史时期画报以上特点的变化，使读者可以有的放矢地了解画报某一方面在近代的变化。特别是作者立足"文化转向"或"视觉转向"的学术背景下，将编年史研究转到社会文化史方面，不得不说是一种新的尝试。作者在历史分期的时间段划分上以五四运动为节点，1919 年前为近代，1919 年后为现代。当前学界大多数学者称 1840—1949 年为中国近代，1949 年后为中国现代或当代。此书可称为一部专业的画报通史类著作。

彭永祥的《中国画报画刊 1872—1949》一书[②]，按照时间段分期来书写，将每一时期的画报特点、印刷技术、刊载内容等一一作了总结，是目前已收集画报种类最全的一部著作。但是作者的分期略显粗糙，例如第一章的《1872—1910 年画报画刊出版》和第二章的《1911—1926 年画报画刊出版》，在清朝灭亡的分期上出现失误。此外，该书对于部分画报的基本信息考证有误，不得不说美中不足。

陈平原的《左图右史与西学东渐——晚清画报研究》[③]一书，作者以十个章节的篇幅，将晚清画报的发展历程、时期特点、叙事风格、绘画艺术、印制长短等要素一一展现，将画报当中体现的晚清时期的政治、文化、社会等情况作了介绍与分析，可以称得上是一部介绍晚清画报的学术力作。

（二）单一画报类

单一画报类指的是介绍某一种画报的历史或者特点的成果。周为筠的《杂志民国：刊物里的时代风云》[④]一书，在回顾民国时期中国杂志出版史上的一些具有代表性意义的刊物的同时，在众多画报当中挑选了最具有代表性的《良友》画报作叙述。该书对《良友》画报的创办历史、画报风格、重点内容、封面人物、发行情况、衰落情况等一一作了

① 吴果中：《左图右史与画中有话——中国近现代画报研究（1874—1949）》，北京：北京大学出版社 2017 年版。
② 彭永祥：《中国画报画刊 1972—1949》，北京：中国摄影出版社 2015 年版。
③ 陈平原：《左图右史与西学东渐——晚清画报研究》，北京：生活·读书·新知三联书店 2018 年版。
④ 周为筠：《杂志民国：刊物里的时代风云》，北京：金城出版社 2009 年版。

介绍，使读者可以粗略地了解到《良友》画报的发展历史，不失为一种很好的读物。

马国亮的《良友忆旧：一家画报与一个时代》①一书，是"良友老人"马国亮在九十二岁高龄写成的回忆录，为读者提供了弥足珍贵的历史文献和文化掌故。作者利用大量照片和画报的原始图片，将《良友》从诞生到消亡的历史过程呈现给读者，体现出当年的时事、政治、体育、电影、戏剧等诸多社会侧面，是一部难得的系统介绍《良友》历史的著作。

孙梦诗的《〈良友〉画报广告的透视与解析（1926—1937）》②一书，对《良友》画报中的广告作了透视和分析。作者认为《良友》画报建立在商业经营基础之上，将民国上海商业社会的特征展现得淋漓尽致。因此，《良友》的广告也是完全应画报的风格而立，契合了"海派"风格。《良友》画报的广告紧跟时代，凸显了男人的绅士风格和女人生活方式的巨大改变，当中体现的现代性、时尚性和先锋性，既是中西文化交融的结果，又是《良友》作为新闻性画报承担的时代使命。

杨健的《革命的凝视——政治·宣传·摄影纬度下的〈晋察冀画报〉研究》③一书，是一部以《晋察冀画报》为研究对象的著作，内容不仅涉及画报史，还涉及抗战史、摄影史等诸多方面，是一部具有开拓性的画报专著。该书从传播学和文化史的视角出发，以《晋察冀画报》为切入口，对抗战时期中国共产党领导下的晋察冀边区的政治、宣传、摄影等方面的事业进行了深入研究，展示了军政一体化的战时体制下中国共产党领导的抗日根据地在宣传、摄影与政治三方面的复杂关系，为中国摄影史、中国新闻史的学术研究补充了可贵的研究成果。

郑建丽的《晚清画报的图像新闻学研究（1884—1912）——以〈点石斋画报〉为中心》④一书，从图像新闻学的角度出发，以《点石斋画报》为研究对象，对图像新闻的作者、连环画、消息渠道、题材类型、叙事美学等方面进行了深入研究，呈现出近代图像新闻传播起步阶段的样貌。特别是作者敏锐地观察到以图像为主的新闻报道中，图像承担起更多的叙事功能，原因在于图像新闻培育了更为广泛的受众群体，借此产生了巨大的影响力。

王娟的《晚清民间视野中的西方形象——〈点石斋画报〉研究》⑤一书，从其他学者并不关注的晚清西学东渐过程中，平民大众的西学态度、西学认知和接受等方面入手，

① 马国亮：《良友忆旧：一家画报与一个时代》，北京：生活·读书·新知三联书店 2003 年版。
② 孙梦诗：《〈良友〉画报广告的透视与解析（1926—1937）》，北京：中国戏剧出版社 2021 年版。
③ 杨健：《革命的凝视——政治·宣传·摄影纬度下的〈晋察冀画报〉研究》，上海：同济大学出版社 2020 年版。
④ 郑建丽：《晚清画报的图像新闻学研究（1884—1912）——以〈点石斋画报〉为中心》，桂林：广西师范大学出版社 2015 年版。
⑤ 王娟：《晚清民间视野中的西方形象——〈点石斋画报〉研究》，北京：高等教育出版社 2021 年版。

以《点石斋画报》为中心，通过对画报的创立目的、定位、拟定读者对象、画师的挑选、绘画方式等细节来解读时人对西方的认知和想象，探讨晚清民间视野中的西方形象。

（三）专门类

专门类即专门介绍画报某种特点、类型的成果，抑或是某类通史当中包含画报某类属性而形成的成果。根据画报的属性，可分为新闻、报刊、出版、漫画等性质。

漫画可算是画报的重要载体之一，但画报的载体或表现形式不止漫画一类。胡正强的《中国近现代漫画新闻史》（上、下册）①即是专门介绍中国漫画发展历史的专项成果。作者介绍了从清末至新中国成立前中国漫画的发展历史，是我国第一部系统梳理漫画新闻断代史的专题研究论著，叙述内容十分丰富，涉及重要历史事件、作家、作品、报刊以及漫画主题、流派等。该书研究视角独特，将近现代漫画新闻产生的背景、历史、各时期的特点等予以呈现，对于近代画报研究大有裨益。

自中国共产党成立后至新中国成立前，涌现出很多红色画报。中国共产党的画报事业，不仅是报刊史和图画、图像研究的重点领域，而且是革命史研究的重要载体。夏羿的《红色画报发展研究（1921—1949）》，回顾了建党至新中国成立前中国共产党领导下的画报事业的发展。该书认为："红色画报的历史发展以革命历程为基础，不断推动画报事业成为宣传系统的一部分，是实践农村宣传道路的重要探索，进而在视觉层面丰富了党的宣传实践。"②该书系统总结了革命战争时期中共画报事业发展的阶段特点和历史意义，对于红色画报研究和当代中国国家形象的打造研究具有重要的参考价值。

在红色画报研究方面，傅柒生、李贞刚的《红色记忆——中央苏区报刊图史》③一书，系统总结了中央苏区时期中国共产党苏区中央局、苏维埃政府、中国工农红军创办报刊的历史，将这一时期中央苏区出版的报刊一一作了介绍，并附图说明，其中包括不少红色画报。这为学界研究红色画报提供了重要线索和参考。

民国著名报人戈公振（1890—1935）的《中国报学史》④一书，是中国第一部报刊史专著，也是首次将报刊史的研究作为一门学问的著作，在中国近现代文化史、思想史研究领域都很重要。作者本为民国时期人士，自然不能跳出历史时期的局限性来完整看待中国近代画报之发展。该书有关画报的叙述，自清末《小孩月报》起，至民国九年铜版纸印刷图画为止，对清末至民国时期的画报发展作了简单介绍，涉及画报的印刷技术、刊载内容，单种画报乃至画报行业整体的发展历程。可以说，该书有关画报的部分是中国近代画报史研究的开创之作。

---

① 胡正强：《中国近现代漫画新闻史（上、下册）》，北京：人民出版社 2018 年版。
② 夏羿：《红色画报发展研究（1921—1949）》，北京：人民日报出版社 2022 年版，第 2 页。
③ 傅柒生、李贞刚：《红色记忆——中央苏区报刊图史》，北京：解放军出版社 2011 年版。
④ 戈公振：《中国报学史》，北京：生活·读书·新知三联书店 2011 年版。

方汉奇的《中国近代报刊史》①一书，介绍了中国早期的报纸、外国人在华的办报活动、中国资产阶级报刊的萌芽和资产阶级改良派的办报活动、旧民主主义革命时期的报刊等方面的内容，梳理了上至1815年下至1915年的中国报刊史，其中对于画报的介绍有十分重要的参考价值。方先生追溯了画报的起源，介绍了早期各类画报的特点、艺术手法等，并对早期画报的性质进行了定义。

肖东发、杨虎主编《中国出版史》②一书，从出版事业发展和技术改良的角度出发，提及了晚清时期中国画报出版的历史，认为早期画报出版的发展，源于政府出版时期，西洋铅印技术的发展用于翻印古籍彩绘画报等，从而形成了雕版、铅印、石印并行，凸版、平版、凹版并行，为图书事业的变革奠定了技术上的基础。

李焱胜的《中国报刊图史》③一书，将报纸和期刊揉在一起进行介绍，其中也包括画报。该书通过文字和丰富图片相结合，系统地介绍了中国报刊的发展史，当中对于《良友》《美丽》《上海画报》等画报进行了简明介绍，是一部普及画报历史的优秀读物。

邢千里的《中国摄影简史》④一书，从摄影史的角度出发，部分内容涉及中国近代画报的历史变迁。例如，书中称1907年创刊的《世界》是我国第一本摄影画报，从板块内容编排上可以看出《世界纪念之历史》《世界进行之略迹》等书的影子，是一本开启民智的画报。该书又提到民国期间摄影画报众多，例如《真相画报》《大中华》《诚报》等刊物是典型代表。其中《良友》是中国人自己创办的影响最大、刊行时间最长的摄影画报。书中还对《晋察冀画报》，上海"孤岛"时期的《良友》《良友战事画刊》以及沦陷时期的摄影画报进行了简单介绍，回顾了中国近代摄影画报发展的历史。

四、创新与不足

本书是通史类专著，是一个多学科交叉的产物。笔者以跨学科的视野来分析和研究，力争将每一历史阶段画报的各种元素一并展现给世人。奈何笔者不是新闻学、出版学出身，故在以上方面的学术性上无法做到专业，只能在以下几方面有所突破：

第一是完整性。笔者从2000年开始收集画报，足迹遍及全国各大图书馆、档案馆和旧书市场，竭尽全力收集存世的画报实体或电子版，对于市面上存世较少的画报也进行了考证，撰写了920种画报的提要，对文献中有记载而尚未找到实物的453种画报也做了存目介绍，总量达到1373种。就目前已有研究成果来看，这三个数字可称学术界之最。

第二是准确性。在撰写920种画报提要时，笔者都是在研读大量原版或电子版画报

---

① 方汉奇：《中国近代报刊史》，太原：山西教育出版社1981年版。
② 肖东发、杨虎主编：《中国出版史》，北京：北京大学出版社2017年版。
③ 李焱胜：《中国报刊图史》，武汉：湖北人民出版社2005年版。
④ 邢千里：《中国摄影简史》，杭州：浙江摄影出版社2020年版。

的基础上完成的，对创刊日期、创办人、创刊地址、编者、办刊宗旨、栏目设置、主要内容等信息的采集力图做到准确、完整，厘清了此前一些画报基本信息缺失或存在争议的问题。而对于只见画报名不见画报实物的存目部分，每条出版信息均标明准确出处。

第三是系统性。笔者历时 20 余年收集和整理老画报，现已收集到 920 余种、20 多万页的画报实体或电子版，并从 2009 年开始深入研究，先后出版《北京老画报》《天津老画报》《上海老画报》《老画报人物志》《老画报风尚志》等 10 余种专著，发表相关文章 500 余篇。我们还先后赴北京、上海、广东、江苏、浙江、陕西、辽宁等地的图书馆、档案馆收集资料，现已收集到档案史料 1050 余件、近 40 万字，报刊资料 335 件、30 余万字。本书是在对这些资料系统整理和充分研究的基础上撰写而成的。

本书的研究不足在于：

第一是部分画报原始材料的缺失。由于画报种类众多，且很多已经散佚，目前很难找到画报原本。笔者通过各种渠道和方式收集各种画报的信息，尽最大努力补充此类画报的信息。但目力所及、精力所限，应该尚有少量画报未能收集进来。

第二是对红色画报的收集尚存不足，据《中国画报画刊 1872—1949》《红色画报发展研究（1921—1949）》《红色记忆——中央苏区报刊图史》等书记载，中国近代红色画报多达 100 余种，而笔者实际所见红色画报不到 20 种。因此，在撰写红色画报部分时只得参考相关专著和论文。

第二章

萌芽时期（1874—1884）

报刊是晚清文学的重要载体，更是小说发表的主要平台。中国近代长篇小说大多首先刊载在报刊上，而后再有单行本的发行，这是当年一个非常普遍的现象。就单个作家而言，著名小说家吴趼人的"全部中长篇小说，除《恨海》和他的生前未刊稿《白话西厢记》外，其余 16 部中篇小说和他的全部短篇小说（均刊《月月小说》）都是最先发表在近代几家著名的文艺报刊上"①。由此可见，报刊作为小说的一种主要载体，在晚清小说史上有着举足轻重的地位。随着报刊的出现，图像也逐渐以广告、新闻的形式展现于人们的视野之中。1872 年出版的《中西见闻录》和 1876 年出版的《格致汇编》，其中就有若干张图画和照片。1879 年 5 月 17 日，美国前总统格兰特访华，抵达上海后，《申报》除进行文字报道外，还石印了格兰特一幅半身单张画像，被视为晚清报刊印发单张新闻画的肇始。这些都为中国近代画报的出现提供了土壤和条件。1829 年在法国创刊的《剪影》，1842 年在英国创刊的《伦敦新闻画报》，也为中国近代画报的诞生提供了范本。

画报最大特点是图文并茂，晚清时期的报刊大多配有插图或在卷首刊印若干张精美照片、画像，"每篇小说中，亦常插入最精致之绣像绘画，其画借由著译者意匠结构，托名手写之"②。但图画在其中仅起到了辅助作用，与画报的以图为主、以图叙事的突出特点不能混为一谈。报刊、小说中配图是以撰文者为主，晚清时期画报则以画师为主，画师有名有姓，撰文者则不署名。从性质上讲，画报具有新闻时效性，因而我们不能将这些配图的报刊和小说称为画报。《小孩月报》《画图新报》也因不具备新闻性，而被排除在画报之外，《瀛寰画报》虽是画报，但因在境外出版，只是在中国发行，也不在本书研究范围之内。但它们却可被视为中国近代画报的萌芽。

萨空了曾说过："中国之有画报，半系受外国画报之影响，半系受传奇小说前插图之影响，此应为一般人之所公认。杂糅外国画报之内容，与中国传奇小说之插图画法与内容，而成《点石斋》数之画报。"③《点石斋画报》研究者谢菁菁也在论文中写到"《小孩月报》、《瀛寰画报》和《画图新报》是以图画为主，这在当时已经是莫大的进步了。对任何新鲜事物的接受也不是一蹴而就的，必然要经过萌芽和雏形阶段。事实上，如果没有这些萌芽阶段的画报，也不可能会有中国人自己的画报，即《点石斋画报》。"④王尔

---

① 郭延礼：《传媒、稿酬与近代作家的职业化》，《齐鲁学刊》1999 年第 6 期
② 《中国唯一之文学报〈新小说〉》，见陈平原、夏晓虹编：《二十世纪中国小说理论资料》第一卷，北京：北京大学出版社 1989 年版，第 42 页。
③ 萨空了：《五十年来中国画报之三个时期及其批评》，《新闻学研究》1932 年 6 月。
④ 谢菁菁：《西画东渐与〈点石斋画报〉》，中国美术学院硕士学位论文 2010 年 6 月。

敏则进一步肯定了《画图新报》对《点石斋画报》的影响："就图画新闻纸而言,《点石斋画报》所直接承受西洋书报影响者, 当为《花图新报》(The Chinese Illustrated News)(即《画图新报》)。"①

学者吴果中在其专著中写道:"《小孩月报》应是中国近代画报的萌芽。它不但刊载有故事、寓言、诗歌、传记、小说、戏法、科学常识, 而且刊有论说、教会新闻、杂志新闻、国内外时事等, 并配有精美的铜版和黄杨雕版的图画。新闻性、图画性, 已彰显画报的刊物特质, 并呈现出了中国近代画报的面目雏形。"②她否定了萨空了、陈平原两位学者关于《小孩月报》不具有新闻性的说法, 而将《小孩月报》直接列入了中国近代画报的队伍之首。但她也因"难以亲睹"《小孩月报》, 并没有列举出究竟哪些内容具有新闻性。笔者收集《小孩月报》不过数期, 翻阅内容, 多为 150 年前的民间趣闻逸事, 如《求子得子》《高塔幼女记》等, 未能找到具有新闻时效性的内容。

上海通志馆收集有若干份《小孩月报》(The Child's Paper), 但没有创刊号, 因此, 学界至今仍不能确定该刊的创刊时间和地点。"根据朱传誉先生的研究,《小孩月报》1874 年 2 月于福州创刊, 到 1875 年才移至上海。根据范约翰所著《小孩月报志异记》记载和现存原样推论:《小孩月报》创刊于 1875 年 5 月 5 日。"③

《小孩月报》先由美华书馆印刷, 清心书院发行, 1876 年 10 月以后由清心书院独立印行。该刊印制初期以黄纸封面, 线装 32 开本发行。1881 年 5 月改名为《月报》, 版式也发生了很大变化, 开本增大至 24 开本, 封面也改用了进口的彩纸。由于上海圣教书会与汉口圣教书会合并, 1913 年《小孩月报》停刊。1914 年 1 月更名为《开风报》, 当年12 月停刊。

《小孩月报》以专栏为骨架, 以图画为依托, 设置固定专栏有: 教会近闻、天文易知、游历笔记、寓言故事、忏悔类文章、乐谱(根据《圣经》格言谱成的歌曲)、小孩月历、论画浅说、省身指掌, 以及其他介绍西方国家概况的文章等。文字浅显易懂, 图画为铜版雕刻和黄杨木刻印刷, 十分精美。另外, 大量运用彩色铜版插画和手绘图画是该刊在叙事手段上的主要特点。该刊出版后很长一段时间内, 都是中国大陆发行量最大的宗教刊物, 发行量最大时多达 4500 份。发行范围包括上海、北京、保定、广东; 除中国以外, 还远销美国的旧金山、加利福尼亚, 甚至欧洲等地。并且,《小孩月报》在这些城市都设置有联络点, 读者可以和各个地区的联络点负责人联系订阅事宜。

---

① 王尔敏:《中国近代知识普及化传播之图说形式——点石斋画报例》,《"中研院"近代史研究所集刊》1990 年第 19 期。

②③ 吴果中:《左图右史与画中有话——中国近现代画报研究(1874—1949)》, 北京, 北京大学出版社2017 年版, 第 27 页。

《小孩月报》包括诗歌、传记、小说、名人传记、科学知识等内容，插图很多。主要宣传基督教义，通过讲故事、游记等方式传播宗教思想，其中有科普性文章及插图识字读物。撰稿人大多用笔名，如九江、爱观月报人、花国香、慕道子、悟真子、费师母、摩嘉立、清心书院主人等。每期最后有"小孩月历"表，每日列出一句《圣经》上的话，要求"学徒每日该读"，还经常反映教会动态和各地教会消息，是当今研究晚清时期教会史、社会生活史的重要史料。曾刊载《论撒拉》，悟真子的《〈圣经〉古史》《地球说略》《美江赞美诗》，爱观月报人的《母亲之心得序》，摩嘉立的《常物浅说十二略论要理》，花国香的《罗马国王化盗弃邪归真》等。

美国北长老会传教士范约翰，于 1859 年 10 月 29 日携夫人由美国东海岸出发赴华。《小孩月报》作为范约翰在华传教的主要工具之一，是在宗教报刊已经披上了开启民智的色彩，并且办报方法逐渐成熟的时代背景下产生的。该刊以宣传西方最新的科学文化知识为重点，为中国儿童"放眼看世界"打开了一扇窗。该报虽然不是最早以儿童为目标读者的中文报刊，但它的成熟度和影响是这些儿童报刊中最大的，可以说《小孩月报》是中国近代儿童启蒙第一报。

从严格意义上来说，《小孩月报》并不算是报纸，因其不具备新闻性也不属于画报，可称为"报纸杂志混合型"的期刊。

近代基督教在华承办的社会事业中的重要一环便是出版事业，其目的就是为了宣扬基督教义，介绍各国相关知识，杂志便是其中一种载体。自晚清至民国出版过许多基督教创办的杂志，《花图新报》便是其中一种。《花图新报》创刊于清光绪六年四月，即 1880 年 5 月，上海清心书馆印行，创办人为美国北长老会在华传教士范约翰。清光绪七年四月（1881 年 5 月）更名为《画图新报》。

《花图新报》属综合类杂志，月刊，铜刻板，文字为铅印，16 开本，白连史纸印刷。改为《画图新报》后，由上海圣教书会刊行。上海圣教书会起初位于上海北京路 18 号，后迁至上海昆山花园 3 号。编辑者为钟子能、柴莲馥。创办人范约翰于清咸丰十年（1860）来上海传教，在 1871 年和 1875 年分别创办《圣书新报》和《小孩月报》。《画图新报》图文并茂，印刷精美，与《小孩月报》并称为"姐妹花"，1913 年底出刊第 34 卷停刊。

《画图新报》第一卷为潘治准作序，其中有"美国范约翰先生……爱广集图画，编辑成书，凡道义格致之学"之句，表明画报宗旨是取基督道义和科学知识，用图画方式以飨读者。该画报以宣传基督教义为主，兼刊评论、故事、诗词、格致浅说及亚洲新闻等内容，刊内附有大量图片、照片等资料，介绍西方文明和科学知识。文字多为外国牧师撰写，照片和图片大多为英美教会早年用过的陈版。每册第一页都有黄杨木雕版插图，图画皆有文字说明，内容详实，堪称上品。

《画图新报》在形式上，文字通俗简洁，编排活泼，印制精美，发行面广；在内容上，题材更加丰富，虽很少有新闻类图画，但是每卷都有新闻记事或者短讯。如1881年第2卷转载了慈安皇太后驾崩的消息以及颁布的"上谕"和"遗诏"。1882年的第3卷刊登了清朝海军购买德国坚船利炮的事情。这些新闻没有配图，且均从其他报纸转载而来。虽然没有新闻插图，但有许多与时事相关的人物图画，1902年5月刊出《议和大臣王中堂小像》《德国亨利亲王小像》各一张，以及亲王访美时两次拍照的记述。1903年11月记述中西教士在宁波聚会，宁波道台、府尹、县令均赴会，并与之合影。此外还有名人肖像，如本杰明·迪斯雷利、李鸿章、法拉第等。

该刊的一大特色就是宣扬基督教教义、赞美诗与《圣经》故事，配图为铜版画，此类内容占比很大。如《约辖被立为王》《庆贺圣诞图》《耶稣圣诞说》等，《耶稣圣诞说》一文介绍了西方圣诞节的节日风俗、家庭活动、教会布置等情况，并将其和中国传统节日进行对比。该刊也宣传自然科学知识，登载有关生物类配图，加之文字说明，内容详实、生动，如《猫头鹰图》《蚁王》《望潮鱼》等。此外，"格致浅说"栏目还介绍了西方先进的科学技术，如杠杆、独轮车、剪刀等的原理。

该刊还载有世界各地风景名胜，包括朝鲜、日本、欧美等国家和地区，国内名胜也有涉及，如1880年刊登过清朝都城的风光，描绘了紫禁城午门、阜成门、颐和园十七孔桥等。1903年刊登的《中国拱桥》照片，记述了中国在搭桥建造史上的成就。

从《花图新报》到《画图新报》，共出刊33年，其在秉承宣扬基督教义的基础上，对于自然科学、时事新闻均有涉猎。时正值洋务运动、"同光中兴"时期，该画报体现了晚清有识之士对于世界先进文化的追求，开启了国人"睁眼看世界"的先声，在当时具有先进性。1914年1月，《画图新报》改为《新民报》，卷期另起，但总年期不变，英文名称仍为《The Chinese Illustrated News》。

《小孩月报》《画图新报》虽均是图文并茂，但并不是以图叙事，更缺少新闻性，因此不能算作画报，但阿英称它们的出现可视为中国近代画报的萌芽时期。1884年后创刊的《点石斋画报》《飞影阁画报》，无论从封面设计、图文排版、装帧形式和图文内容上，均存有《小孩月报》《画图新报》的影子。因中国近代画报萌芽时期的制图均用镂版，效率较低，致使中国近代画报远远落后于字报的近代化进程。真正开启中国画报的近代历史进程者乃是掌握了石印技术的《点石斋画报》。

第三章

发展时期（1884—1920）

委我寫點關於畫報歷史上的文字，恰剛剛五十週年，關於五十週年紀念，題目就叫做「五十年來的畫報」，且曾演講過「五十年來畫報的變遷」，見了許多的新材料，關於畫報的變遷，人說過：「畫報與字報比較，畫報的價值一難值萬言」「見畫解畫報」「畫報為無音之新聞」都作聽書，看畫報的，不認字可以隨畫報看畫的，不認字可以隨畫報，畫報一看便知曉。

在「點石齋畫報」以前的，還算初期報紙上的插圖，如歷象，風景，生物，汽機之類。那時的印刷是用銅片來鏤刻的，因為浮雕的耗費和困難，滾有多大的發展。

直到西法石印流行，才有專談時事的畫報。

最早的畫報當然要算「點石齋畫報」了。清光緒十年創刊（西歷一千八百八十四年）到現在恰恰五十個年頭。由點石印局印刷，申報館申昌書畫室發行。繪事精細巧妙，多出名家手筆，寫當時社會情狀，栩栩如生。印刷之精一時無兩。而吳友如的生花妙筆，顧為時人所重。

繼「點石齋畫報」而起的，有飛影閣畫報，書畫譜等，姚蟻編輯，巴黎大學教授南遊鑒定，今之萬國要入吳嗶李石曾椿民館三氏均參與其事。內容分世界各殊之景物，世界真理之科學，世界最近之現象，世界紀念之歷史，世界進化之路跡等，印刷極精，並有套色，每冊定價兩元。大概在國內不大流傳，即當時報界也沒有此種

（西歷一千八百九十五年）到現在已將四十年，該刊由（西歷一千八百九十五年）到現在已將四十年，該刊由姚蟻編輯，創刊於丁未秋季，即清光緒二十一年。

後，才漸漸衰落，而且報紙上的照相銅版插圖也多起來，比累範寫的石印，自然更形傳神，石印勢既失敗，裏的幾種石印畫報也不能不遺憾停版。可以說銅版在香最初斷用照相銅版來印畫報的，要推世界畫壯在巴黎印行的「世界」了。創刊於丁未秋季，即清光緒二十一年。

石印畫報的勢力，一直維持到攝影旋行，銅版產生叫賣外，很少看見了。

（三）

形式和內容，大同小異。到了光宣之交。石印之決，流行南北，畫報風起，可說是石印畫報最盛的時代，就我個人所藏的，就有二十多種。著名的有上海發行的圖畫日報，圖畫潰說報等，在京都（北平）發行的有淺說日報時期，可劃分做三個時期。

石印入民國後，遂以發刊以來，這五十年中，畫報界的機器及財力，並沒受多大影響，所以石印入民國後，遂

第一节　画报的产生

中国画报是中西文化交流、融合的产物，具有较强的中西合璧性质。晚清社会是大动荡、大变化的时代，西方列强以坚船利炮打开了已封闭百年的中国大门，在带给中国人民灾难痛苦的同时，也带来了西方先进的文化与科技，不但使得中国在政治、经济、思想等领域发生巨变，而且激烈冲击着中国的传统文化。西方传教士在传教的同时，也把先进的石印、摄影等技术传入了中国。中国在画报诞生前，在报刊杂志、小说中也配有图像，但文字为主，图像只是起到辅助文字的功效。西学东渐催生了中国的现代化思潮，也影响了中国的技术文化观，先进的石印技术则直接催生了中国的画报业。

画报以图像为主导，文字则退而求其次地起到辅助解释图像的作用。画报的诞生开启了中国"图像叙事"的先河，也给中国人的视觉习惯、审美情趣和思维方式都带来了前所未有的冲击。因此说，画报是中西文化合流的产物。这在《点石斋画报》的发刊词中也可以得到印证："画报盛行泰西，盖取各馆新闻事迹之颖异者，或新出一器，乍见一物，皆为绘图缀说，以征阅者之信，而中国则未之前闻。……世运所至，风会渐开，乃者泰西文字，中土人士颇的识其体例者，习处既久，好尚亦移。近以法越构衅，中朝决意用兵，敌忾之忱，薄海同具。好事者绘为战捷之图，市井购观，恣为谈助，于以知风气使然，不仅新闻，即画报亦从此可类推矣。"[1]

中国的图文书籍古已有之，且多按照"左图右史"排版，"古之学者为学有要，置图于左，置书于右；索像于图，索理于书"[2]。"是图画之事自古已有之，降及后世，文明日启，人事日繁，书籍既日出而日多，图画亦日增而日盛：谈天文者有经纬之图，日月之何以行，星辰之何以系，咸非图莫考也；究地理者则有山川之图，若何而测高深，若何而征远近，亦非图莫考也。……即晋唐以后绘事日工，名人辈出，有绘山水者，有绘花卉树木者，有绘虫鱼禽兽者，有绘亭台人物者，代有传人，皆为后世所珍贵。中国书画并重，故画家均讲笔法神韵，不必远近高低之不差分寸，形形色色之必求像真也。"[3]但古书中的插图多用木板雕刻印刷：画师先依据书中文字内容在薄纸上画出图像，再将薄纸反贴在木板上，雕刻师再将图像用刀一笔一笔雕刻成阴阳凹凸板，最后进行印刷。这种方法既工序复杂，又要求雕刻精细，且成本较高，雕刻的木板图案还会与原图有所偏差，费时费力，不适于批量印刷。西方石印技术传入中国后，从根本上改变

---

[1]　美查：《发刊词》，《点石斋画报》1884 年 5 月 8 日创刊号。
[2]　蔡元培：《二十五年来中国之美育》，《环球中国学生会二十五周年纪念刊》，北京：商务印书馆 1931 年版。
[3]　《论画报可以启蒙》，《申报》1895 年 8 月 29 日。

了这一局面。

石印技术于 18 世纪末由奥地利人塞纳菲尔德（Alois Senefelder）发明，1859 年更为先进的照相石印技术由澳大利亚的奥斯本（John W Osborne）发明。1830 年代照相术被发明，经过不断改进，到了 1850 年代照相石印术已经成为成熟的技术，是版画以外便捷的图像复印术。这种简单、迅速、完美、经济的技术很快传入中国。清同治四年（1865），江南育婴堂由青浦蔡家湾搬入土山湾。同治十三年（1874），法国严思悥神父（Stanislaus Bernier，1839—1903）首任土山湾管账，监管铅版和印书事务。该馆是最早将石印技术传入中国并进行应用的文化机构，主要用于印制天主教的教会读物。商人美查于 1878 年从英国进口石印机，1879 年开办点石斋石印书局，聘请邱子昂为技师，用转轮石印机印刷《圣谕详解》，石印书报字画出售，为上海使用石印技术印刷普通书籍之始。

石版印刷是利用油水分离的特性，在特殊的石版石上，用脂肪性物质直接书写或描绘图文；或用转写的间接方式，再经化学腐蚀而制成的版材进行印刷的技术。"但石印技术作为一种图文复制手段，它仍依赖于人工的绘图制版。只有当摄影技术应用于印刷之中后，画报的印刷效率和版面的展现方式与质量才发生根本性的变化。"①1892 年第 7 卷《格致汇编》以《石印新法》为题向国人介绍了这一印刷术。1924 年的《照相石印术》一文，在详细介绍照相石印技术的应用方法的同时，更充分肯定了照相石印术的特点："就石印方面言：（一）规矩十分准确，没有丝毫的歪斜。（二）版子坚固耐久，远胜石版及铅皮版。（三）手续很简单，既省时间，又省人工。就铅印方面言：（一）墨色匀净。（二）规矩准确。（三）装版于印架时可省许多手续。"②黄协埙在《淞南梦影录》中对石印技术做过简短的说明："石印书籍，用西国石板。磨平如镜，以电镜映像之法摄字迹于石上，然后傅以胶水，刷以油墨，千百万页之书，不难竟日而就。细若牛毛，明如犀角。剞劂氏二子，可不烦磨厉以须矣。"③石印技术较之此前的雕版印刷，制版更便捷，大大提高了出版的速度。"石版印刷术的发明，为报纸和杂志提供了廉价和便捷的图像印刷。"④石印技术不仅增强了画报对于绘画印制的本真性，更增强了画报对于图画叙事的时效性。正因为如此，石印技术才会被各家报纸出版商看中，用来印制报纸与书籍，从而迅速带动了中国出版业的发展。仅用了半个世纪的时间，传入中国的石印技术就毫不留情地取代了具有 1200 多年历史的传统雕版印刷技术。

---

① 黄显功：《从"左图右史"到近代画报》，《上海艺术评论》2017 年第 3 期。
② 弩译：《照相石印术》，《进德季刊》1924 年第 2 卷第 4 期，第 55—60 页。
③ 黄式权：《淞南梦影录》，《沪游杂记·淞南梦影录·沪游梦影》，上海：上海古籍出版社 1989 年版，第118 页。
④ 张奠宇：《西方版画史》，杭州：中国美术学院出版社 2000 年版，第 80 页。

1884 年创刊的《点石斋画报》就是应用了当时最先进的照相石印技术，并被看作是画报石印技术的代表。戈公振对此有相当准确的描述："我国报纸之有图画，其初纯为历象、生物、汽机、风景之类，镂以铜版，其费至巨。石印既行，始有绘画时事者，如《点石斋画报》《飞影阁画报》《书画谱报》等是。"①晚清到民初的画报也是依赖这项技术从肇始到发展再到繁盛。印刷技术的改进带动了画报的发展，画报的发展见证了我国近代印刷技术的进步。

画报是城市文化发展的产物，多集中于上海、北京、天津、广东、福建等城市，上海占半数以上，是当之无愧的"中国近代出版中心"，政治中心北京和首都门户天津紧随其后。

第二节 画报出版的历史影响

画报因其以图为主、以图叙事的显著特点有别于一般的期刊、杂志。相较于单一的文字叙述，画报作为一种创新型的传播方式，具有直观、易懂和美的特性。因而自它诞生那天起就有着自身独特的价值。而对于画报的价值，古今中外的学者均有所论述。黄天鹏在《五十年来之画报》一文中，转引了《菊侪画报》的发刊词："关于画报的价值，二十多年前就有人说过了：'画报与字报比较，画报如同看戏，字报比作听书。看画报的，不认字可以瞧画儿，看字报若是不认字，即只好数个儿罢。画报一看便知，不论妇孺，易于知晓。'（见《菊侪画报》）这种见解和欧美报界名言的'一画值万言''画报为无音之新闻'都有同等的价值。"②戈公振也充分肯定了画报中的图画的作用："文义有深浅，而图画则尽人可阅；记事有真伪，而图画则赤裸裸表出。盖图画先于文字，为人类天然爱好之物。虽村夫稚子，亦能引其兴趣而加以粗浅之品评。"③蒋荫恩在《中国画报检讨》中则突出介绍了画报的普及价值："看画报的虽然不识字，看不懂说明，但是一张一张图画上印些什么，却是一目了然。所以不论智识阶级、无知妇女、农民、商人、小孩子等，对于画报没有不喜欢看的。尽管画报的内容不合他们的胃口，然而看的人的津津有味却都是一样。"④面对朋友置疑他为什么办画报，而不做一个正经的纯文艺刊物时，

---

① 戈公振：《中国报学史》，北京：生活·读书·新知三联书店 2011 年版，第 229—230 页。
② 黄天鹏：《五十年来之画报》，《时代》1934 年 10 月 10 日第 6 卷第 12 期。
③ 戈公振：《中国报学史》，北京：生活·读书·新知三联书店 2011 年版，第 229 页。
④ 蒋荫恩：《中国画报的检讨》，《报学季刊》1935 年第 1 卷第 4 期。

邵洵美回答："我总觉得图画能走到文字所走不到的地方，或是文字所没有走到的地方。……我觉得，在人生中，读书应当是一种需要。它不是装饰，把它当作装饰，你便免不了会有一种轻薄的态度；它不是责任，把它当作责任，你便会感觉到厌倦与勉强。所以你要从书本里去劝导人、改良人，你最先便应当去养成一般人读书的习惯。正像你在研究菜肴的烹制以前，你应当先知道人有饮食的需要，吃素的动物不吃荤，你得了解人的口味。我当然不是劝你去奉承或是迎合一般人的趣味，我只是劝你不做过分无聊的事情。"①这一观点与戈公振的论述如出一辙："世界愈进步，事愈繁赜，有非言语所能形容者，必借图画以明之。夫象物有鼎，豳风有图，彰善阐恶，由来已旧〔久〕。"②《天津民国日报画刊》编者在《画报的功能》一文中则更进一步地强调了画报是时代的缩影："如果二十世纪是一个文明时代，画报便是这世纪文明的缩影；如果这世界永久在进化着，而画报便是这进化的活纪录。这并非我们作画报的人大言耸听，实在是国人对于画报所负的使命和效果，还没有普遍地得到认识的缘故。"③

一、扩展了民众获取知识的渠道。画报出现前，知识阶层多在报刊、书籍中获取知识，不识字的普通百姓则通过听戏、看杂耍、书场听书等渠道得到教化。在《点石斋画报》创刊时期，我国尚有 80% 以上的人不识字，画报的诞生改变了民众获取知识的方式，于是就出现了儿童、妇女皆看画报的现象："上海自通商以后，取效西法，日刊日报出售，欲使天下之人咸知世务，法至善也。然中国识字者少，不识字者多，安能人人尽阅报章，亦何能人人尽知报中之事。于是创设画报，月出数册。或取古人之事绘之，以为考据；或取报中近事绘之，以广见闻。况通商以后，天下一家，五洲之大，无奇不有，人之囿于乡曲而得以稍知世事者，亦未始非画报之益。自来淫画之有干例禁者，因无论识字不识字之人，皆得败坏风俗，沉溺心志也；而今画报之可以畅销者，因无论识字不识字之人，皆得增其识见，扩其心胸也。不特士夫宜阅，商贾亦何不可阅？不特乡愚宜阅，妇女亦何不可阅？而余则谓最宜于小儿。盖小儿在怀抱之时，已喜看山塘之画张，所以一入新年，则家家粘壁以为小儿玩具之一端，其意亦不过欲开其智识也。"④戈公振也同样认识到了画报对民众的影响："报纸记载新闻，以真实为主，图画乃最能表显真实者也。故欧美日本各国之报纸，对画图极为重视，不恃持照相而已，且通用电传，使时间性更能充分发展。图画为最妙之有形新闻，任何人能直接了解，不必经过思考，且不限智识高深，即妇人孺子亦能一目了然。"⑤画报的出现，将知识受众群体拓展到普通民众，"无论

① 邵洵美：《画报在文化界的地位》，《时代》1934 年第 6 卷第 12 期。
② 戈公振：《图画周刊导言》，《图画周刊》1920 年 6 月 9 日创刊号。
③ 编者：《画报的功能》，《天津民国日报画刊》1946 年 1 月 30 日第 7 期。
④ 《论画报可以启蒙》，《申报》1895 年 8 月 29 日。
⑤ 戈公振：《画报的责任与前途》，《中国摄影学会画报》1930 年第 5 卷第 250 期。

识字不识字之人，皆得增其见识，扩其心胸"，也让民众在茶余饭后增加谈资："爱倩精于绘事者，择新奇可喜之事，摹而为图。月出三次，次凡八帧。俾乐观新闻者有以考证其事，而茗余酒后，展卷玩赏，亦足以增色舞眉之乐。"①画报的"图画叙事"迎合了各阶层识字不多者的需求，造就了潜在的庞大读者群。"而画报则给识字者看读外，尚有令不识字者能领会之优点，故画报更应较字报普遍且为大众所欣赏的。"②

画报的读者不仅限于不识字者，也吸引了一批文学爱好者和美术爱好者。《点石斋画报》《北京画报》《当日画报》《醒俗画报》等，都连载笔记小说、演说、戏曲等文学作品，增加了画报的文学价值，一些文学爱好者每期必买，专读连载。著名报人、小说家包天笑曾写道："我在十二三岁的时候，上海出有一种石印的《点石斋画报》，我最喜欢看了。本来儿童最喜爱看画，而这个画报，即是成人也喜欢看的。每逢出版，寄到苏州来时，我宁可省下点心钱，必须去购买一册。"③梁漱溟也曾撰写介绍了画报对他的影响："我从那里不但得了许多常识，并且启发我胸中很多道理，一直影响我到后来。"④画报中的图画多出自名家之手，如《点石斋画报》的吴友如、金蟾香、张志瀛、周慕桥、田子琳等，《菊侪画报》的李荫林（即李菊侪），《醒俗画报》《人镜画报》的陆辛农等，他们的作品除有传统绘画技法外，还多参用西方透视画法，构图严谨、线条流畅、简洁优美，深得一批绘画爱好者青睐，将画报买回来反复临摹。

因此说，买画报、看画报已成为晚清民初一般家庭生活的基本内容和生活习惯，逐渐形成了一定规模的画报读者群体。

二、开图像解读时事的先河，创造了以图像传播新知的新传播方式，开创了中国新闻史上最早的"读图时代"，建构了中国画报的近代化报刊理念和模式，将中国画报业的发展引入新阶段。

1872 年，英国商人美查在上海创办了"近代中文第一报"——《申报》，《申报》的发展、壮大正是中国近代报业发展的缩影。《申报》的巨大社会影响来自主报和《申报图画增刊》《申报图画周刊》《申报图画特刊》等附属出版物，其中 1884 年 5 月 8 日创刊的《点石斋画报》也是功不可没。美查在创刊号中称："画报盛行泰西，盖取各馆新闻事迹之颖异者，或新出一器，乍见一物，皆为绘图缀说，以征阅者之信，而中国则未之前闻。"⑤《点石斋画报》一改报刊对文字的重视，而以图文互动的形式展现新闻时事，开启了中国图像新闻的新时代。"它是晚清中国画报的引领者和新闻创新的示范者，影响深

---

① ⑤ 美查：《序》，《点石斋画报》1884 年 5 月 8 日创刊号。
② 《五十年来画报之取材》，《大众画报》1934 年第 14 期。
③ 包天笑：《钏影楼回忆录》，北京：中国大百科全书出版社 2009 年版，第 114 页。
④ 梁漱溟：《我的自学小史》，《忆往谈旧录》，北京：中国文史出版社 1987 年版，第 8 页。

远"①。《点石斋画报》刚一创刊，《申报》便连续 9 天刊登广告给予大力宣传。"其摹绘之精，笔法之细，补景之工，谅购阅诸君自能有目共赏，无俟赘述。"②从这则广告可以看出，作者一改之前广告对报刊文字的大力宣传，转而认为《点石斋画报》的卖点和噱头在于图画，同时也明确了画报以图像为主的叙事策略。一个月后，该报再登启事明确对画师的酬劳而只字未提文字稿酬："如果惟妙惟肖，足以列入画报者，每幅酬笔资两元。"③更说明了画师已成为画报的主角。翻阅《点石斋画报》也可以看到，绘画作者近 20 人，而文字多不署名。或许有人说，那是因为图画和配文均出一人之手之故。"组织画报还有三难。鄙人辩论，要在先生面前请教。第一难是画图、著说不出一手，意见稍有参差，便生隔膜毛病。第二难是著白话说本费笔墨，画幅地窄，限于尺寸，倘措词微不合式，不是敷衍，就是简略，阅者或不称心。第三难是逐日出版，不能间断，而选稿、画图、著说、缮写、校对、印刷诸般工艺，周而复始，必得一日告成，精神稍不贯注，难免贻笑大方。"④这篇文章中的第一难，作者便明确指出当时的画报，比如《北京白话画图日报》的"画图、著说不出一手"。

《点石斋画报》的诞生，开启了以图叙事、图文并茂、雅俗共赏，且具有纪实性、时效性和大众化特点的石印画报范式，为后世所规仿。此后创刊的《飞影阁画报》《启蒙画报》《时事画报》《北京画报》《醒俗画报》等手绘石印画报，无一不以《点石斋画报》为模版。而报刊出版附刊画报的成功经验，更直接催生了《新闻报馆画报》《时事报图画杂组》《当日画报》《沪报画刊》等一批报纸附刊画报。此后的各类出版机构与知识界人士也看中了画报的商机，加入创办画报的行列中来，极大地丰富了中国近代报刊出版类型，也进一步拓宽了出版业的消费市场。"继《点石斋画报》而起的有《飞影阁画报》《书画谱》等，形式内容，大同小异。至光、宣之交，石印法流行中国南北，因之画报如风起云涌，可算是石印画报的最盛时代。"⑤左图右史、手绘石印的画报延续了近 40 年，直到 1920 年《图画时报》出现后，才退出了历史舞台。

三、画报不仅汇集了一批画家，也培养了一批画家，更造就了一批画报出版人才队伍。《点石斋画报》《飞影阁画报》的成功，使一批商人看到商机，让一批文人找到了新的用武之地，促使一批绘画爱好者一方面学习绘画，一方面积极为画报投稿。随着新画报不断创刊，新的绘画作者不断涌现，一部分人更由此走上了绘画之路。因此，长达近 30 年的手绘石印画报时期，为近代中国培养了一批画家。在充分借鉴西方画报和国内报刊

① 黄显功：《从"左图右史"到近代画报》，《上海艺术评论》2017 年第 3 期。
② 申报馆主人：《画报出售》，《申报》1884 年 5 月 8—16 日。
③ 点石斋主：《请各处名手专画新闻启》，《申报》1884 年 6 月 7 日。
④ 杨兢夫：《覆规正画报》，《北京白话画图日报》1909 年 6 月 12 日第 220 期。
⑤ 蒋荫恩：《中国画报的检讨》，《报学季刊》1935 年第 1 卷第 4 期。

模式的背景下，除少量依附于报纸的画报社外，还有不少负责编辑、出版、发行的独立机构，成员多则十余人，少则一二人，逐渐形成以编、印、发分离为主的运营模式，即画报社主要负责编辑，印刷和发行均交由专业部门代办。与此同时，也出现了吴友如、陆辛农、彭翼仲、彭谷生、刘炳堂、高卓廷、潘达微、高剑父、张展云、钱病鹤、谢伯英、李次东、李菊侪等出版人、编辑和职业画家。

四、激发了民众获取知识的欲望。这一时期无论是城市还是乡村，不识字的人占绝大多数，虽然当时有扫盲班、识字班等，但他们中的大多数认为报刊、书籍没有多大用途，不读书、不看报也不会影响自己的生活，因此自愿进入扫盲班、识字班学习的并不多。画报出现后，引起了他们的注意，而看画报的图画只能理解一个大概，他们就请识字人来念，更因画报上的白话文通俗易懂，他们一听就完全明白了，更理解了画报图画背后的含义。由此，激发了他们想识字和求知的欲望，或进扫盲班或入学堂或请先生，以获取知识。清末，全国各大城市多设立阅报处、讲报处，北京遍于内外九城，不下数十处，南方的苏州也有六处。画报和白话报就张贴在集市、街区等人员聚集之地，吸引了很多不识字者前来看画报和听讲。他们听多了听久了便对画报上的字产生了浓厚的兴趣，时常请教读报人和识字人，由视觉启蒙实现了知识启蒙。1895 年《申报》中的《论画报可以启蒙》一文，介绍了画报对儿童求知欲的影响："现今画报盛行，宜家置一编，塾置一册，童子往往惮于读书而喜于读画，识字不多，不知文理，无怪读书之无味也。若画则有为其目之所尝见者，有为其目之所未尝见者，若者为人，若者为物，亦心焉识之。再经父兄指点之，塾师讲解之，初则但知其形，继则渐通其意，久之并可以知其事。童子记性最好，往往有幼时之事至老不忘者，则此时所识之画即将来所读之书也。其事先了然于胸，则读书时更为有味，而况忠孝节义之事，激其志气，正其心术，不尤为启蒙之要哉。且童子之质地聪颖者，初则喜看，后则喜摹，每见人家童子所摹之画颇不恶劣，若不废弃，将来必成名手。始信有以诱之无不可以成之也。"①《时代》画报掌门人邵洵美在《画报在文化界的地位》一文中说明了这一点："办画报的目的，是使人感觉到这是一种快乐，而不是一种工作。我们要增加识字的人对于读物的兴味。我们要使不识字的人，可以从图画里得到相当的知识，同时假使他们是有灵魂的，他们一定还会觉得光看图画不能满足，而开始想要认字，这时候画报的功绩是多么伟大！所以我们先要养成一般人对于读书的习惯。……要养成人读书的习惯，从画报着手应当算是最好的方法。用图画去满足人的眼睛，再用趣味去松弛人的神经，最后才能用思想去灌溉人的心灵。第一步工作是《时代》画报的，第二步工作是《论语》半月刊的，最后一步工作才用得到我那位

---

① 《论画报可以启蒙》，《申报》1895 年 8 月 29 日。

朋友所希望的所谓正经的刊物。这条路径最正当的，也是最奏效验的。"①《良友》创办人伍联德在《良友·回忆·漫谈》中说："如果能把画报办得好，其所发生的作用效果，也就等于办学一样，以启迪民智，提高大众文化水准，而且说不定比较办学更为有效，更易为大众得益。"②

画报中丰富多彩的内容，在很大程度上满足了清末民初读者日益增长的思想文化需求，因而受到社会各个阶层读者的青睐，尤其是在都市逐渐形成了颇具影响力的读图氛围，看画报成为民众生活中的一部分，也改变了民众的知识结构和生活方式。正所谓"各家画报售纷纷，销路争夺最出群；纵是花丛不识字，亦持一纸说新闻"③。

五、以图像的形式记录了晚清民初的历史，为社会留下一笔宝贵的财富。自 1884 年《点石斋画报》问世到 1920 年《图画时报》创刊，是中国画报的发展时期，石印画报是当之无愧的主角。石印画报最大的特点就是图像叙事，它记录了中国近代史上发生的中法战争、甲午战争，戊戌变法、辛亥革命等重大历史事件，也记录上至皇太后、总统，下至妓女、乞丐的生活场景和奇闻逸事。以《点石斋画报》为例，其内容大体可分为四类：一是国内大事，如光绪寿辰的《万寿盛典》、慈禧寿辰的《普天同庆》、皇帝选妃的《旗女应选》、皇宫演戏的《歌舞升平》等，甚至对重大时事新闻还刊印专刊集中报道；二是社会民情与市民生活的风俗画，涉及奇人奇闻、灵异志怪、家庭伦理、官场现形、民俗信仰、民情风土、生活娱乐、自然现象、疑案侦破、人物介绍、动物植物、女性、妓院、饮食、医疗、儿童等；三是海外新闻、风物风俗，如洋人婚丧宴会、赛马斗牛、名胜建筑、异域风光等，而且还以大量的篇幅介绍外国的科技新知和新鲜事物；四是宣扬因果报应，如《变驴偿债》《天坛遇鬼》《入山遇妖》《借尸还魂》《孤遭雷击》等。

据笔者统计，这一时期共有 120 余种画报，这些画报丰富多彩的内容，真实地记录了画家们耳闻目睹的百姓的喜怒哀乐与街头逸闻趣事，传递出时代气息、生活风貌。一个个中西方文明接触、抗斥、杂糅、涵化的新现象，展演在一幅幅图画上，体现出新文化的特点，构造出新文化的氛围。晚清画报打开了一扇面向历史的视觉窗口，后人从中不仅能够欣赏到精彩的绘画作品，更能了解到一百多年前的历史。这些画报与当年的其他报刊、图书等组成了这一时期的珍贵文献，成为今日研究者的一笔宝贵财富。

六、图文并茂的石印画报具有一定的艺术价值。这一时期的画报融新闻与美术于一身，既追求逼真，也饱含美感，前者为我们保留了晚清社会的诸面相，让我们充分了解到了晚清社会风尚、文化思潮以及审美趣味的复杂性，后者则让我们体会到中国美术的嬗

---

① 邵洵美：《画报在文化界的地位》，《时代》1934 年 10 月 10 日第 6 卷第 12 期。
② 伍联德：《良友·回忆·漫谈》，香港：良友画报社 1966 年 12 月版，第 10 页。
③ 兰陵忧患生：《京华百二竹枝词》，载雷梦水等编：《中华竹枝词》一，北京：北京古籍出版社 1997 年版，第 277 页。

变，对中国近代民俗画、连环画有一定程度的影响。《怎样编辑画报》一文也明确指出了画报的艺术价值："画报是艺术的结晶品。其对于人类性情的陶冶，身心的涵养，是具有很大的机能的。英国画家透纳（Turner）氏在他所著的《艺术论》中对于画报的见解说：'画报的价值，在能兴奋读者的精神，陶冶读者的品性。但精神的兴奋，品性的陶冶，是心里必然的结果，是一时的，没有永久持续的性质。故无论长篇、短篇的文字，毕竟不及一目了然的画报。'由此可知画报感动人生的力，是何等的伟大。"[1]

第三节　画报的社会功能

上海于 1843 年开辟通商口岸，1845 年设立租界，一批西人移民来此，并从最初的华洋分处到后来的华洋杂处，教会学校、西式医院随之出现。上海逐渐成为帝国主义国家对中国进行掠夺性贸易的商港，倾销商品和工业原料的主要集散地。贸易的发达刺激了近代上海商业的发展，上海遂成为中国商业中心。印刷技术从西方传入也促进了上海报刊的发展，《点石斋画报》《飞影阁画报》《神州画报》相继问世。

第二次鸦片战争失败后，清政府认识到中国与西方国家的差距，意识到西方思想意识、科学技术的先进和强大，张之洞提出"中学为体，西学为用"，即"中体西用"的思想，并与李鸿章、左宗棠、曾国藩等人展开了洋务运动，也开始通过书籍、报刊、新式教育等形式引进西学。甲午中日战争和八国联军入侵后，有感于"无知愚民"几乎招致亡国的惨剧，社会各界有识之士产生了强烈的民族危机感，"开民智、兴民德"成为他们肩负的共同使命。19 世纪末 20 世纪初，他们开始创立阅报社、宣讲所、演说会，发起戏曲改良运动，推广识字运动和普及教育，创办白话报刊，展开了一场史无前例的民众启蒙运动，众多知识分子希望借助报刊为民众打开一个睁眼看世界的窗口。面对 80% 以上人不识字的中国国情，他们在真实地记录社会时事、民众生活的同时，更希望通过画报这一视觉媒介实现开通民智、启蒙思想、传播知识、正俗教化、宣传爱国的目的。

一、开通民智、启蒙思想

这一时期的画报多为手绘图像，配以说明文字，即"左图右史"，开通民智、启蒙思想是最重要的内容，这一点不但可以从《启蒙画报》《醒俗画报》《开通画报》等画报名中

---

[1]　苏锦元：《怎样编辑画报》，《青年界》1934 年第 6 卷第 5 期。

看出，而且最为集中地体现在当年画报的办刊宗旨中。杨曼青在《醒世画报》撰文说明画报的益处："打算家家都能开通，就仗着报纸的好处了。比如一家之内，有不识字的人，莫非还请个讲报的教习吗？不用不用。这就用着画报的辅助。……竟看画篇不明白，自然就问：这画的是怎么一档子事情？再有人能够讲说出来，慢慢地就能上了报瘾。您说这个道理有没有啊？所以说画报能够开通妇孺知识，又不在白话报以下了。"①《中实画报》第 2 期的《本馆广告》阐明办刊宗旨："今本馆纠合同志组织本报，以开通民智，输入文明，敦厚风俗，激发忠爱为宗旨。"②《开通画报》则宣称专门为女界提供精神食粮："女子为国民之母。这女子要是心里不开通，一肚肠子迷信，还能够栽培出好国民吗？……既要开通民智，非先开通国民之母不可。"③

画报的启蒙包括知识启蒙和思想启蒙。《点石斋画报》中对气球、飞车、飞舰、潜水艇等的介绍，《启蒙画报》中的《地圆之证》《皇朝掌故》《中码易误》等，是对历史、地理、科学等知识的启蒙。《醒俗画报》对名伶元元红游街的报道、对新风尚的提倡，《时事画报》对病态社会现象的揭露、对旧陋习俗的批判，则是对读者思想上的启蒙。

以下选取几种典型画报作介绍：

1. 北京的第一份画报——《启蒙画报》

1902 年 6 月 23 日，《启蒙画报》在北京创刊，彭翼仲、彭谷生主编，刘炳堂绘画，启蒙画报社出版并发行。售报人醉郭、巨云每天持《启蒙画报》沿街叫卖，并在人多处讲解，两人也因而为市民所熟知。

《启蒙画报》的办刊宗旨为"开启民智、启迪童蒙"，初为日刊，日出 4 开纸一张，双面印刷，每面 8 版，各有版框。后改为月出一册，全年共出刊 12 期，纵 16 开本，2 号铅字排印，设"伦理、掌故、格致、地舆、算术、动植物、附张"等七个栏目，各栏目计 25 页，连同封面、广告等每册为 182 页。第二年改为半月刊，大 32 开，每期页数不变。最后改为旬刊。图画为木雕，以活字排印。它虽比上海的《点石斋画报》晚创刊 18 年，但仍采用传统的木刻印刷，图文对照，图文各半。画报除"附张"中具有少量时事评论性文字外，其余六个部分均为介绍历史、传授知识，难怪有人将其归入教科书类。

"伦理"以讲述孔子、孟子、朱熹等古代先贤圣哲及明君良臣、孝子烈女的事迹为主，宣扬中国传统的道德伦理观念，类似于今天小学生的思想品德课。如"伦理"有尼姑俎豆、孟母断机、黄钺借书、韩伯爱母、武孟打猎、许衡从师、不弃哑妇等。

"掌故"是介绍中国历史知识的历史教科书，有都城建置、皇室生活、朝臣传记等，如长白雪山、汉人薙发、台湾水师、屯垦田地、白莲教、千叟宴、虎门炮台、浙江海塘、

① 杨曼青：《看画报之益》，《醒世画报》宣统元年（1909）十一月初一日第 12 期。
② 《本馆广告》，《中实画报》光绪三十四年（1908）四月二十九日第 2 期。
③ 《说本馆宗旨》，《开通画报》1906 年创刊号。

钦定斗量等。其中"皇朝掌故"最多，系采用问答的形式介绍一些历史知识。如问：本朝姓氏？答：姓爱新觉罗。问：先世居于何地？答：在长白山之东……这种形式极易被少年儿童接受。

"格致"重点介绍物理、化学两方面的知识，许多抽象、难懂的知识到了作者笔下就变得浅显易懂了，有格致论气、水火气质、寒暑表、火车轮船、钻燧取火、炭气伤脑、热生涨力、涨力破瓶、雨为蒸汽等。

"地舆"的内容就像现在的地理教材，介绍的是最基础的地理知识，有地圆之证、地学视界、地球经线、六洲大小、昼夜四季、火山震裂、地球纬线、球分六洲、亚洲比喻等。如"桔喻地转"一文，用桔子表示地球，用灯代表太阳，在灯的一侧转动桔子，桔子因而有明暗不同，以此来解释白天与黑夜循环往复的道理。

"算术"是配图画的算术教材，通过生活中的实物、实例，生动形象地传授数学知识，有学堂识马、珠盘定位、分加减法、中码易误、四位加法、沙中滚球、文具相加、较数条段、戏法算术等。

"动植物"自然就是生物教材了，有动物四类、母子天性、猩猩能言、人亦猴类、智猴合群、鹤立鸡群、犀牛两种、蝙蝠二类、鹦鹉能言等。

"附张"包含了杂俎、时事等方面的内容，介绍新闻、民俗、经济、政治、军事、教育、娱乐、游戏等，尤其以倡导新思想、新风俗、新观念为主，有小英雄歌、纪念歌、贸易风歌、华洋杂戏歌、记日本兴盛录、记美国兴盛录、记瑞典兴盛录、拳变纪念歌、体操歌、小儿保教歌等。

画报扉页上有"两宫御览"字样，内容也多有站在清政府立场，刊登对清王朝300年"功德"竭力称颂的文字，因此也有人称其为"御用报刊"。但画报中倡导变法维新的言论也比比皆是，可见，办报人并没有完全受制于"两宫御览"之名。

画报创刊初期就曾在天津、济南、南京、苏州、扬州、无锡、上海、杭州、太原、南昌、九江、福州、厦门、成都、重庆、武昌、汉口、长沙、岳州、开封等20余个城市设立派报处，而至第12期时，销售代理处已增至近50处。从发行量日渐增长中可以看出，《启蒙画报》也曾在全国产生了一定社会影响。

《启蒙画报》于1905年停刊，其停刊原因可在同年2月28日第224号《京话日报》刊登的一则启事中找到答案："阅《启蒙画报》的请看：本报出至第二年第十期，至今未能续出，缘添印《京话日报》跟《中华报》两种。人工机器昼夜不停，还来不及，添买了两架手板机器，每日只能印五六百张，无济于事。现在还得添买一架摇轮机器，买到之后，自可照常出报。阅报诸君，候了许多日子，实在是对不起。千万原谅为叩。本馆敬白。"事实上，《启蒙画报》自创刊后就经常误期，因此时常能看到"致歉启事"，特别是随着《京话日报》发行量日渐增长，社会影响日趋扩大，致使彭翼仲无暇顾及《启蒙画报》，只得忍痛割爱了。

2. 天津最早的画报——《醒俗画报》

1907 年 3 月 23 日，在天津启文阅报社内，普育女学创办人温世霖、私立第一中学堂（后改名南开中学）英文教习吴芷洲共同创办了《醒俗画报》，曾去日本留学的画家、植物学家陆莘农担任主笔。社址设在西北城角自来水公司旁的一座小楼内，后迁到城内广东会馆附近的平房内。

《醒俗画报》属综合类画报，使用单面有光的粉画纸和当时先进的石印技术，十日刊，方形 16 开，每本 10 张折叠页、20 张图，双面印刷，很像大本的"小人书"。画报不设栏目，用墨线勾画，一事一画，有叙有议，文字通俗，图文并茂，大至时政要事，小到市井信息；每期封面都是一幅"讽画"，以辛辣而幽默的笔法，鞭挞丑恶，抨击时弊，针砭官场腐败；识字者看字，不识字者看图。由于颇受读者欢迎，遂自 1907 年 7 月 14 日出版的第 13 期起改为五日刊。画报发行不限于天津，在上海、北京、湖南、杭州、保定、锦州、烟台等地均设有代派处。

由清末到民初，中国的社会腐败，政治软弱，外侮日切，一些有责任感的文化人便站出来，或兴办教育，或立坛宣讲，或创办报刊，主张铲除社会陋习与种种痼疾，开启民智，振兴中华。在这样的背景下，就不难看出《醒俗画报》中"醒俗"二字的立意了，那便是要把民众从习惯而不自觉的种种陋习中唤醒，承担起共同兴国的重任。画报最初以漫画手法宣传爱国思想，支持清末的立宪运动。辛亥革命后，该报又连续报道了革命军在黄花岗起义失败，孙中山北上天津等消息，同情革命的政治态度十分鲜明，更多的内容是鞭挞清政府的腐败统治和卖国行径，揭露社会病态，批判旧陋习俗，宣传新思想，倡导新风尚，着重发挥社会教育的功能。

3. 广东最早的画报——《时事画报》

1884 年，随着上海《点石斋画报》的问世，中国画报进入了石印时期。这一时期的画报，刊载了大量的讽刺画、时事漫画和宣传画，真实地记录了当时的社会风俗和奇闻轶事。无论是在内容或形式上，都为民国时期摄影画报的出现准备了条件，也为此后漫画、连环画、年画的兴起奠定了基础。广东地区最早、最具影响的石印画报当属《时事画报》。

1905 年 9 月，《时事画报》创刊于广州，报馆设在广州十八甫 69 号二楼，发起人高卓廷，编辑潘达微、何剑士、陈垣、陈树人等。1908 年，因报道孙中山领导的钦廉防城起义和黄明堂发动的云南河口起义而激怒清廷，画报曾一度停刊，后报社被迫迁至香港复刊。在港时期，再因鼓励广州新军起义，清政府发出七通照会要求香港港督勒令该画报停刊，但港督未予理睬。1910 年出版至第 4 期（总第 130 期）后停刊，1912 年 10 月与《平民画报》合并在广州复刊，更名为《广州时事画报》，直到 1913 年停刊，共出刊

12 期。

《时事画报》为综合画报，石印本，十日刊，12 开本，创刊号中的《本报约章》表明了画报的内容、形式和宗旨："本报仿东西洋画报规则、办法，考物及纪事，俱用图画，一以开通群智，振发精神为宗旨。"①该刊的图画方面为中西结合画风，主要为社会新闻、中外时事、历史典故、图画纪事等；文字方面包括时政要闻、社会百态、时事评论、杂感随笔、诗词小说和曲艺文本，也有一些科学知识、翻译作品等。

该刊兼具革命性、先进性、艺术性和地域性等特点，声援了 1905 年的"反美拒约"运动、推动辛亥革命的发展进程、记录社会文化的变迁、批判社会陋习和封建迷信，全面反映了清末民初广东地区不同阶层的民众生活和社会百态。如 1906 年 2 月丙午年第 3 期中的《论粤绅对于黎绅被逮之感情》《黎国廉出狱书痛》两文，记述了在广东绅商黎国廉为商请命从被捕到获释的过程中，地方官商或设法营救或袖手旁观的两种表现。

光绪三十一年（1905）七月，张之洞奉旨督办粤汉铁路。十一月，他在武昌召集三省绅商会议，决定粤、湘、鄂三省"各筹各款，各修各路"。但随后，他却以商股筹集不易为由，压制三省"商办"，1905 年，在鄂湘粤三省绅民的要求下，清政府与美国交涉，将原定由合兴公司建造的粤汉铁路赎回自办。粤督岑春煊为保证官府对铁路的控制权，提出一个加收捐税为粤路筹款的方案，遭到广东绅商的强烈反对。1906 年腊月十八日夜（1 月 12 日），盛怒之下的岑春煊下令以"破坏路政"为名，逮捕了广东绅商代表黎国廉。一时轰动广东商界、学界、工界和报界，各界纷纷伸出援手设法营救。

广东绅商黄景棠闻讯后，立即从潮汕赶回广州，在拘押所与黎国廉共同商议了一个集股筑路的计划，如果粤汉铁路建成，则"破坏路政"罪名不攻自破。1 月 29 日，黄邀集广州善堂董事、行商开会，集股筑路的计划得到众绅商的一致支持。2 月 3 日，九大善堂、七十二行等广东商界在广东总商会召开集股大会，各行赴会者充塞总商会内外，黄景棠任会议主席。粤汉铁路需资 2000 万，集股每股 5 元，黄带头认捐 10 万股。当天，广州行商即认 180 万股。见到广东商人的实力，2 月 16 日，岑春煊便将黎国廉释放，并转而支持粤路商办。

但也有曾任贵州巡抚的邓华熙，直隶知府凌福彭，翰林吴道镕、何作猷，岑春煊幕僚左宗蕃等粤籍官绅，非但对黎国廉入狱漠不关心，而且当有人登门求助时也是推三阻四。

黎国廉被捕后，粤省某道屡至邓华熙宅拜访，请其出为调停，邓唯唯诺诺，不置可否。后某绅再至邓家，诘问他为何不出力营救。邓答称："我与岑春煊素有交谊，此事不便出面。"时有报纸称，何作猷因其族人何威凤当时被控，为避嫌疑，他亦不敢贸然出面

① 《本报约章》，《时事画报》1905 年 9 月创刊号。

说项。广东丝行商董凌朝康德高望重，虽年已七十有余，仍被七十二行推为代表。他为营救黎国廉不辞劳瘁，四出奔走。直隶知府凌福彭为其侄辈，竟致函回粤，劝其切勿干预此事。凌朝康回函质问称："此系全粤公愤之事，若谓不可干预，更有何事可干预？"

黎国廉被捕后，粤商多次在广东总商会召集会议，商议营救之策，而身为该会总理的左宗蕃竟然杳无音信，不见踪影。有人推测他的逃避，意在表明岑春煊之命不可违。自此，顺德阖邑遂不认左为邑人。1月15日，粤商曾在广东明伦堂集会，联名致函岑春煊。吴道镕曾为岑春煊之西席（宾师），初不肯签名，后被人揶揄，勉强签名而去。事后竟又找到某绅请求除去其名！因此，有人提议，将左、吴二人可一炉而共冶！

黎国廉未入狱前，不过是一世家子、一道员、一乡望素孚之绅，但其出狱后却一举成名，受到粤人普遍拥戴。因此可以说"捕黎者将以辱黎，而实适以荣黎"。同时也有一些人担忧，黎国廉出狱后，粤商集股是否能够继续，粤汉铁路是否能够如期建成。事实证明，时间不长，粤商即集资300余万股，粤汉铁路南段遂成，即为今日之京广线广韶段。

4. 发行量破万的《图画日报》

晚清时期，上海已有70种石印画报，社会影响最大的当属《点石斋画报》，而《图画日报》则以发行量破万在中国画报史上占有一席之地。1909年8月，《图画日报》在上海创刊，上海环球社出版，属综合类画报，日刊，每期8—12页，油光纸，石版印刷，以"开通社会风气，增长国民知识"为办刊宗旨，也为读者提供了各种有关建筑、历史、政治、文学方面的知识。设置"大陆之景物""上海之建筑""当代名人纪略""营业之写真""上海著名之商场"等栏目，刊登有裨社会、有益人心世道、引人警醒、动人感官的社会小说和侦探小说。于1910年8月停刊，共出版404期。该刊见证了上海开埠后中西杂陈、新旧交替、传统与现代共立的都市景观，为研究西风东渐对近代上海的影响乃至近代中国的影响提供了较为珍贵的图文史料。

《图画日报》中同一栏目的文章关系密切，既可单独阅读，亦可连续欣赏，这与画报连载必须从第一篇读起，到最后一篇才有结局不同。该刊曾将一些栏目汇编成书，这又有些像今天一些报纸"旧闻钩沉"栏目的文章结集成册，形成文库系列文集。

"大陆之景物"栏目第一期以故宫太和殿开篇，之后每期刊登一幅图片，同时配有详细的文字介绍，是晚清时期难得的旅游地理资料。中国旅游文化和地理科学从来都是相伴而生的，无论是《大唐西域记》还是《徐霞客游记》，都可同时视作旅游文化著作和地理科学专著，这是这两个学科在我国历史上发展的重要特点。这组"大陆之景物"图片，横贯中西，不仅介绍了北京的故宫、瀛台、玉泉山，安徽白岳，浙江杭州雷峰塔、普陀山，江苏苏州千人石、扬州小金山，江西大孤山等国内风景名胜。同时还引领读者"睁眼看世界"，刊有意大利比萨斜塔、美国纽约海关、嘉兰总统墓、德国德王汽车桥等国外名胜。值得一提的是，从该刊的"大陆之景物"组图中可知，当时超前的建筑理念已经传入中国，如第 61 期《大陆之景物·比撒斜塔》一画，就提到了包括埃及金字塔、中国万里长城、空中花园等名胜的"世界七大奇迹"概念，并详尽地介绍了比萨斜塔建造时间、地点及整体高度等，堪称晚清版的"国家地理"。

《图画日报》连载组图的重头戏是人物，"世界名人历史画""当代名人纪略""中外新列女传"等栏目的内容，具有极高的社会史料价值。其中有发现新大陆的哥伦布，还有闻名世界的军事家拿破仑。该刊以近 30 幅图画介绍拿破仑生平事迹：拿破仑作为法国一代帝王、欧洲的一代豪杰，其政治、军事、法律、教育等方面的功绩被全世界称颂至今。在记述拿破仑退位被流放到厄尔巴岛一事时，还发表了一通感慨："呜呼！以拿破仑之雄豪及其用兵之神敏、战斗之勇猛，乃一蹶之下任诸国之轻侮、诸国之玩弄，如虎之在阱底低首摇尾，曾不敢稍抗。毋怪乎威望之不如拿破仑者，一受列强宰割侵略之事于挫败之后者，哗然不绝于吾耳也"。像法兰西第一帝国那样的强国，拥有拿破仑这样雄才大略的帝王，遇到大的变故尚且一蹶不振，而中国自近代以来积贫积弱，晚清历任皇帝也没有像拿破仑的执政能力，因而只能屈服在列强之下，如果长此以往，必然有亡国之忧。这组画充分表明了作者对国家的忧患意识。

"中外新列女传"是以中外杰出女性为报道对象的组图。西汉刘向编著的《列女传》传至明代，因画家仇英配有绣像，故而又名《仇十洲绣像列女传》，这一组图画同样是以图画配文介绍女性。但与《列女传》不同的是，"中外新列女传"并不明确表明以封建社会价值观作为衡量妇女品德的标尺，最明显的表现就是组图中所介绍的妇女大多以孝老敬亲、相夫教子、才学卓越而被后人铭记，而极少有因为守贞、守节而被歌颂的女性，因而这组画也可视作晚清对待妇女态度变化的最好证明。组图中最多描绘的是女性对儿孙辈道德品行方面的教育，如《程太夫人之耐贫》一画，描绘的是乾隆年间礼部尚书、协办大学士汪廷珍的母亲程太夫人孤身一人将其抚养成人，收成不好家中无粮的时候，程太夫人从不让人知晓。她说她不以自己家穷为耻，而耻于因家贫为人所知而受人接济。每当最困难之时，她便泡上一壶茶，和汪廷珍一起啃几口咸菜就入睡了。汪廷珍做官后，程太夫人依然保持勤俭持家的作风，做事必须符合礼法，家人犯错也必然家法从事。正是在程太夫人的影响下，身居高位的汪廷珍才得以在乾隆朝政治漩涡中得到善终。我国是世界上最早提出并实施胎教的国家，最早的历史可以上溯到先秦时期古公亶父的妻子、周文王的母亲太任。中国古代的胎教并非像现在这样用听音乐、读书等方式，以求对胎儿产生智力方面的正面影响，而是通过母亲陶冶自身情操，实现对胎儿品德的感染和塑造。康雍年间的名士万承苍的母亲李太夫人正是如此。在怀孕期间，李太夫人经常默默祷告道"不愿生儿为高官，但愿负荷先世之学统"。万承苍最终没有辜负母亲的期望，虽然辞官较早，但成为一代大儒，李太夫人也因此成为中国古代胎教的典范。"中外新列女传"中的《李太夫人之胎教》讲述的正是这样一段故事。

"庚子国耻纪念画"是《图画日报》所刊登的最有纪念意义的组画。八国联军侵华战争及中国对十一国《辛丑条约》的签订，使帝国主义对中国的瓜分狂潮达到顶峰。该组画为纪念聂士成等在八国联军侵华战争中阵亡的清军将士，教育国人勿忘国耻而绘。

除了这些精美组图，《图画日报》连载的各类小说、剧本也同样精彩，穿插在组画之中，提高了该刊的文学水平。

二、正俗教化、宣传爱国

"胜利的国家必须有健全的教育，尤其需要最有效的推进工具，那工具是什么呢？就是画报。"①这段话道出了画报的教育功能。而读者在《学习报》上发表的文章，则更说明了画报可以转变人的思想："我的家庭观念是严重到极点，没有看到《学习画报》以前，思想整天在'家庭'上打圈子。由于严重的家庭观念和享乐思想，所以学习、劳动都干得不起劲，整天垂头丧气，非常苦闷。人家向我提意见，我打掩护不肯接受。这次我看到《学习画报》第一期上，思想包袱放下了，是那样的轻快。我感觉到自己思想上□着这许多包袱，实在难扛，受不了，有时连饭都想得吃不下去，真是太不值得了。现在我对自己的错误认清楚了，这是《学习报》提醒和教育了我，帮助了我，否则我的思想包袱还不知怎么能放下。这是亏了《学习报》，我特地向《学习报》感谢。今后决心改正我的一切坏思想，安心积极学习。"②

画报正俗教化、宣传爱国的立场，既是对政府的支持和积极回应，也反映出知识分子心怀天下、救亡图存的大义，更因此而稳固了自己的地位、提高了自己的合法性。可以说，这既是办报人的初衷，也是他们的商业谋略。画报多从民众耳熟能详的日常生活入手，不仅有一望可知、生动有趣的图画，还有浅显易懂的文字，这比起当时其他报刊、书籍晦涩难懂的文言文当然更容易被世人接受，效果也更为显著。如 1905 年汉口黄陂街昌明公司发行的《不缠足画报》，1906 年季毓等出版的《赏奇画报》，1907 年温子英创办的《人镜画报》，1908 年戴克敦创办的《儿童教育画》、杨竞夫创办的《北京白话画图日报》，1909 年上海环球画报社创办的《图画日报》、张凤纲创办的《北京醒世画报》等，多是"不持激进的政治立场，提倡新学，批判陋习"。其中 1906 年《北京画报》创刊号第 1 图《爱国大扑满》即是满满的爱国之心，配文写道："东安市场会友讲报社的卜先生，曾在报社门口，摆一个大闷葫芦罐（用于劝募民捐——编者注），六尺多高，上写'爱国大扑满'，并贴着许多国民捐的浅说。每天有一位张瀛曙先生对着闷葫芦罐，演说爱国的道理，为是让人家一边听，一边看，好感动热心。"同期第 3 图《文明结会》，配文称：

① 编者：《画报的功能》，《天津民国日报画刊》1946 年 1 月 30 日第 7 期。
② 徐引舟：《读报生活：看了学习报画刊，放下了思想包袱》，《学习报》1948 年 8 月 5 日。

"四月初二、初三两天，大学堂开第二次运动会，头天请各处私立学堂赴会，第二天请官立学堂赴会，会场很宽，来会的每天都有几千人，运动完了各学堂排起队来向国旗山呼'万岁'，并有北洋音乐队唱国歌。不但可以振尚武的精神，并且使人生爱国的思想。这样举动真有文明气象了。"紧随其后的第4图《野蛮结会》与第3图形成鲜明对比，配文称："京西妙峰山年年四月间开庙，迷信的愚人都去烧香，又有野蛮结会，类如茶会、盐会等等名目，成群结伙，穿着黄马褂，幌着旗子，挑着钱粮筐子，洋洋得意，到处招摇。咳，迷信不除，民智难开。难道这样结会都是奉官的吗？"作者提倡什么、反对什么，希望读者做什么、不做什么，一目了然。以下介绍几种具有代表性的画报，以便读者加深理解。

1. 倡导"开女智"的《北京画报》

上海作为近代中国繁荣与屈辱之象征，因其经济繁荣，商业文化成熟，吸引了世界各地的人来此投资、生活，素有"冒险家乐园"之称。画报亦不例外，作为晚清的新鲜事物，中国近代画报半数以上皆创办于上海，成为上海出版业一道独特的风景线。相比于上海的繁荣与发达，暮色王朝的首都北京则黯然失色。新世纪之初的庚子拳乱，北京更是饱受战乱之苦，破败的城垣，丛生的杂草无不显示出清王朝日趋衰败的景象。一本以"北京"命名的画报却在清王朝的最后几年光景里宣告问世，是王朝革新的信号？还是不以为意的模仿？

清光绪三十二年闰四月一日（1906年5月23日），《北京画报》在北京创刊，社址位于北京延寿寺街羊肉胡同。创办人为张展云、孙玉占（一说孙芋占），刘用烺、刘炳堂等绘画。张展云，本名张毓书，字展云，1905年8月20日，与其母张筠芗共同创办了北方地区最早的妇女报刊——《北京女报》，倡导"开女智"，呼吁兴办女学，提倡妇女文明生活，开一时风气之先。孙玉占亦为当时北京报界人士，曾任职于《京话日报》。《北京画报》属时政类画报，旬刊，油光纸，16开本，每期10—14页，文字采用白话，绘图者为曾为《京话日报》绘图的著名画家刘炳堂。终刊时间不详，已见该刊出版至1907年第29期。

《大公报》曾这样评论《北京画报》："于风俗人心大有关系，故购阅者颇多。"[①]可见《北京画报》在当时之影响力。《北京画报》设置讽画、喻言、附页、北京风俗考等栏目，刊载时事与风俗画：时事介绍国内外新闻消息、名人轶事；风俗画记录市井生活与风俗，抨击社会上的丑恶现象。如《南非洲华工惨状》《华工太苦》等，描绘了在外华工生活之悲惨；《东安市场骗表》《巡警提调野蛮现形》等，抨击了社会诈骗，巡警欺压民众等现实；《湖南水灾》《金山地震》等，描绘了当时自然灾害频发的事实。总

---

① 《时事·记〈北京画报〉》，《大公报》1906年6月20日。

之，画报内容丰富，针砭时弊，具有重要参考价值。

《北京画报》为张展云创办，时人多夸奖其一人独办两报，经营得法，实属不易。从绘画风格和内容看，《北京画报》很大程度上模仿了上海的画报，注重时事新闻画和风俗画的主题，也反映了晚清画报的一个十分显著的风格。

2. 明镜高悬的《人镜画报》

清光绪三十三年六月十三日（1907 年 7 月 22 日），温世霖与顾叔度联手，在天津日租界旭街德庆里共同创办了《人镜画报》，脱离了《醒俗画报》的陆辛农随后加盟。画报为石印，周刊，逢周日出版。同年旧历八月十五日（9 月 22 日）出版的第 10 期封面标明社址已迁至日租界天仙茶园北时务印字馆。画报之所以取名"人镜"，是"取诸以人为鉴之义"，有"明镜高悬意蕴"。画报在创刊号中明确其办刊宗旨为："本报以改良社会、沟通风气为宗旨。凡有关人心风俗，足资劝惩者，或绘入图画，或编列新闻，惟必用浅近文义以期妇孺皆解。"画报不仅在天津发行，而且在北京菜市口、山海关临榆劝学所、上海神州日报馆等地均设有分销处。

《人镜画报》属时政类画报，方 16 开，每期 21 页，整体分为两个部分，前 11 页是图画部分，后 10 页为文字部分。图画部分包括 1 页封面、8 幅社会新闻画和 2 张讽画。封面是一面形似月牙的镜子，镜内镜外各有 1 幅图画，镜外为某种社会现象，镜内揭示出事物的本质。如镜外是两个人，镜内却是两只骷髅在相授陈膏（鸦片）；镜外是猛虎烈豹，镜内却是覆皮装相；镜外是大吏"贵守"，镜内却是镇压革命党人的刽子手；镜外是道貌岸然的官员，镜内却是寡廉鲜耻的小人……8 幅社会新闻画大量报道了京、津地区的一些社会新闻，如灾害报道、赌场轶事、妓院消息、一女四婚、演戏助赈、命案志异、警界奇观、虐婢奇闻、难民来津、勒捐船户、掘坟被控、轧伤小孩、马车可畏、保护幼童、二老文明、风俗悠关、午夜警钟、太不雅观等等。

画报最具特色的当数"讽画"，它大胆地揭露社会黑暗，解剖社会现实，表达了民众的心声，针砭时弊，笔触犀利，入木三分。尤其值得一提的是，画报的第 13 期刊登的讽画《新出杨翠喜之小说》，画面上三堂会审：衣冠楚楚的载振端坐在公堂之上，两旁官员横眉立目、煞有介事，一个无辜的弱女子倒成了权势交易的牺牲品，手戴枷锁跪在堂下听审。这就是清廷官场的真实写照！这幅画的刊登终于实现了陆辛农的心愿，也证明了他为人做事的执着。

画报文字部分内容丰富多彩，设有社说、俳谐、谈丛、新译小说、科学丛录、汇报、内部新闻、外部新闻等栏目。

社说，对社会上发生的重大事件、重要人物加以分析、评论，如《读西报论徐锡麟事申言其意》《感日本林董子爵之忠告》《论戒烟宜从官界始》等文章；俳谐，即趣文轶事，如《优胜劣败》等；谈丛，则是谈论人们较为关注的一些问题，如《中国个人有自由权》

《弃官为僧》等；新译小说，连载《海天奇遇》；科学丛录，普及科学知识、介绍国际上最新发明的科学原理，如《动植物之区别》《译天界之现象及古人之观察》等；汇报，专为刊登清廷的"谕旨"；内部新闻，包括天津、北京、东三省等国内各地区的新闻；外部新闻，专门介绍国际重大新闻事件。

虽然《人镜画报》褒扬正气良行，抨击陋俗歪风，表达人们惩恶扬善最朴素的感情，既有新闻性，又有教育意义，但也未能逃脱画报短命的厄运，出刊至第 24 期，即于 1907 年 12 月 29 日，就宣告停刊了。

3. 思想激进的《北京白话画图日报》

1908 年，《北京白话画图日报》在北京创办，社址位于前门外琉璃厂东北园南口内路东，杨兢夫发行、杨穉三编辑、魏根福承印，属综合类画报，日刊，新闻纸，石印，16 开，每期 10 页，图画和文字均为手工绘制和书写。京内京外售价不同，京内每期售价 1 枚铜元，每月 30 枚；京外逐日寄送每月大洋五角四分、每三日寄一次每月大洋三角四分、每五日寄一次每月大洋三角。每月装订一册合订本，只在京内售卖，每册 35 枚铜元。该刊以反映政治及社会现状为主，是以图画形式生动形象地反映当时社会时事和政治情况的画报，以"维持社会，开通妇孺"为办报宗旨，开设时评、时话、时画、讽刺画、游戏画等栏目。终刊时间不详，已见出刊至 1910 年第 516 期。

"时评"栏目通过讽刺画，对国内时事进行无情的批判、鞭挞。如《立宪》一画，图中一位清朝官员一手提着油漆桶，一手用油漆刷认真地粉刷着"立宪"二字。清末立宪运动是清政府为了维系已经岌岌可危的统治而被迫采取的措施，是为清王朝打的最后一针"强心剂"，但对于一些接触了西方近代文明的知识分子而言，立宪运动就成了清政府粉饰太平、欺骗百姓的行为。此画正是作者为表达这种观点而作，从中可以看出《北京白话画图日报》思想之激进。"时画"栏目与"时评"栏目异曲同工，不同的是"时画"一般没有文字，对此可以说一千位读者有一千种理解。

京城内外社会上的新鲜事儿也是《北京白话画图日报》报道的重点。《拉车的该罚》一画，描绘了京城内一个人力车夫拉车时一走神儿轧了一个孩子的脚，孩子疼得直哭，巡警过来拦住了人力车夫要解决这场纠纷。但人力车夫坚称这孩子是在耍无赖，假装很疼的样子，但巡警让孩子脱了鞋袜一看，脚面上一片瘀青，于是巡警要求人力车夫赔偿这个孩子几个铜子去买药，这事儿才算了结。看到这个故事，不禁让人想到时下的"碰瓷"。

该刊除刊登各种讽刺画和叙事画外，也报道晚清时期政治人物的动态消息，这为研究中国近现代史提供了难能可贵的史料。1910 年第 513 期刊载的《杨度在汉口被获》一文，就讲述了晚清民国时期的政治家杨度的遭遇——预备立宪的坚定支持者杨度在途经汉口时被在汉口的湖南老乡认出，老乡在渡江的时候将其抓住，给他安了个卖国的罪名，想杀他以谢天下，因为此次杨度是奉了清政府的命令要到北京担任要职，却没想到在汉口险遭杀身之祸。杨度一生可谓是极具传奇色彩：支持维新，却又与袁世凯交好；反对民主共和，却在晚年加入了中国共产党。其思想转变之快在晚晴民国时期的政治家中绝无仅有，而其传奇一生也因唐浩明先生的传记文学《杨度》而广为人知，但因其政治立场"反复无常"而在汉口历险的经历，却有赖《北京白话画图日报》才得以流传下来。

4. 唤醒民众的《北京醒世画报》

一个成熟的社会离不开大众传媒的参与，特别是那些兼具教育市民与监督社会两种功能的报刊就更为可贵。《北京醒世画报》以生动传神的图画、大众口语化的文字和嬉笑怒骂的风格，记述了清末京城的市井新闻和官场百态，对清政府的腐朽昏庸进行了鞭辟入里的抨击，唤醒世人爱国、自尊、向善的朴素思想。它虽没有上海《点石斋画报》的影响重大，但它为当时的京城生活留下许多生动的细节，向世人展开了一幅晚清社会生活的历史画卷，为中国近现代史、中国美术史及京津地区地方史研究，提供了丰富而鲜活的资料。

清宣统元年（1909），《北京醒世画报》在北京创刊，社址位于樱桃斜街路南，经理韩九如，发行人恩树人，编辑张凤钢，印刷人魏根福。属时政类画报，日刊，连史纸，方16开四版，每版两图，除"狮子头"封面外，每期6幅图画，用墨线勾画，一事一画，夹叙夹议，大至时政要闻，小到市井轶事，文字通俗，语言诙谐。宣统二年十二月二十二日（1910年2月1日）停刊，共出刊60期。

该刊头版多为浣红女士邵清池倡导忠孝礼义的杂文，如《劝女同胞亦宜还国债》《忠义可风》《孝妇可风》和短篇小说《梁上君子》等。"演说"专栏连载杨曼青的《看画报之益》和东海遗人于璞氏的《论鸦片之害》等；"讽画"专栏以辛辣而幽默的笔法，鞭挞丑恶，针砭时弊，批判官场腐败。而其刊登大量如《欠教育》《马惊伤人》《虐待使女》《开灯卖烟》《醋海风波》《良心何在》《洋车摔人》《军人互殴》《烟比骨肉亲》《有伤风化》《女学生文明》等图文，多是记录街谈巷议的趣闻轶事和社会底层百姓的市井生活。

因报馆地处北京青楼林立的"八大胡同"附近，所以画师常常从这一地区的现实生活中取材，对妓院艳事、老鸨妓女、名流狎娼等多有报道，如《妓女可恶》《暗娼烟馆带赌局》《暗娼何多不成买卖规矩》《文明妓女》《宫春聚赌》等。

为了吸引读者，增加读者的参与热情，该刊从一创刊就开设"灯谜"栏目，谜面刊出后，7日揭晓，猜中者赠送画报主笔李菊侪亲手绘制的一幅四尺横幅。

该刊第39、40期两期连续刊登浣红女士邵清池的《劝女同胞亦宜还国债》一文，试图唤起民众特别是女同胞的爱国之情，其"有国才有家，国要是强不了，你的家也保不住"的思想理念，今天读来仍具现实意义："我们中国人向来不知国家为何物，所以决没有爱国的思想，国家才遭的这个样子。如今时局可更了不得啦，中国人再不知道爱国，将来这国家在世界上还许站不住呢！别说国家与我们无干，你要知道有国才有家，国要是强不了，你的家也保不住。此理极明白，人也都知道啦。鄙人为什么说这个话呢？因为现在中国的财政艰难到极处了，短人家外国债又多，你要不把外债还清，中国的生计就不用打算好啦。有那明白时局的大君子晓得这个道理，所以极力提倡国债会。现在是天下响应，连政府里都想提倡，为的国债一还清楚，早点立宪，大家好想那幸福。这件事人人都知道，也不用鄙人再说。鄙人所最注意的就是我们女同胞。我们中国说四万万人，不是有两万万女同胞吗？女同胞要是不提倡，即不是少了一半人了吗？无奈说起女同胞们明白的甚少。这也难怪，自幼没受过普通教育，一个字不识的到有十分之七。终日昏天黑地，关在大门里头，一点时事不知，有钱的惟知吃喝玩乐，无钱的盘算柴米油盐……不是没权力就是没财力。在这压力之下，想做点开通的事，费了九牛二虎之力，还不定成不成呢！鄙人因女同胞们有不明白这个国债的事故，再演说给大家听听。这个国债会怎们〔么〕讲，国是咱们大众的，国债就是我们大众的自己的债，有人说明明是国家的债，怎么说是我们的债呢？要知道皇上家没钱还外国，还是取之于民间，又不能直接跟民间要钱（善要谁给哪），可就从民间衣食器用上样样加税（东西越来越贵，暗加比明加霸道），这叫做间接的租税。试问四万万人谁不穿衣吃饭？不是都免不了间接的租税吗？这么看起来，皇上的债岂不是同我们自己的债一样吗？即晓得是自己的债就应当自己早点还清……女同胞上等的有钱大家，少做几件衣服，少打几样首饰；中等的可以人家少听几回戏，少斗几回牌；下等的无钱人家，少吃些点心，少抽一支烟卷。大家努力，齐心早早把国债还完，好过那太平日子。"

《北京醒世画报》不仅以新闻内容脍炙人口，同时也因绘画精美而成为流传京城的学画画谱。由京剧脸谱及插图绘画大家李菊侪和清末宣笔制作名家胡竹溪主笔，画面生动，场面宏大，极具中国传统绘画的工细与传神，具有很高的绘画参考价值和艺术收藏价值。

5. 旨在匡正世间风俗的《正俗画报》

1909 年 3 月 22 日，《正俗画报》在北京创刊，社址位于北京前门外廊房头条胡同中间路北，正俗画报馆出版，发行兼编辑雷震远。该刊属综合类画报，日刊，油光纸，长 16 开本，每期 7 页，石版印刷，每期售价铜元 1 枚。该刊在发刊词道出创刊背景和办刊目的："皆因近二年来北京风气大开，可未免有点儿过火，实与人心风化大不相宜。要照这们〔么〕下去，恐怕越开通越坏吧！本报同人为挽救时局起见，组织这种画报，以期纠正人心。然而一小小的画报，能有多大力量？无非尽我们一份苦心。"该刊终刊时间不详，已见出刊至同年 5 月第 120 期。

《正俗画报》以表现京城民众日常生活、批评时弊旧俗为主："故组织报馆，命名'正俗'，以整饬风俗为宗旨，以通达民隐为其责，借绘事而传神，借不律以宣化，使朝野无壅蔽之弊，俾上下有通融之欢。"设有"讽画""讽字""时事要闻""滑稽文""笑林""演说""插画""画评"等栏目。"正俗"二字，出自《礼记·曲礼上》："教训正俗，非礼不备"，意为匡正风俗。该刊取名"正俗"，彰显其办报宗旨正是要以舆论手段讽刺时事、匡正世间风俗。该刊的核心思想可以用一个"讽"字高度概括，"讽画"和"讽字"两个栏目为最重要的栏目。在第 33 期的讽画《官场之咽喉》中，一张血盆大口中含着一个牵着驴车的老人，驴车上驮着金元宝。1909 年即宣统元年，中国内忧外患更为剧烈，清政府向十一国庚子赔款的本息共计 9.8 亿两白银，并以关税、盐税和常关税担保。导致清政府财政陷入衰竭，且税收直接被列强控制，因此，清政府只能通过增加税收的方式来维持自身运作，这便极大加重了百姓的生活负担。正如这幅讽刺画所描绘的，清政府的大门犹如大肚汉的咽喉，将百姓的血汗钱当做食物大口大口地吞入腹中。第 31 期的讽画《今日之棋局》，以象棋的形式形象描绘了晚清最后几年的政局，画中楚河汉界的位置写的是"优胜劣败、弱肉强食"，表达着当年知识分子对残酷现实的感慨与无奈。对弈的双方分别是清廷和西方列强，各类棋子也换成了"商""工""公使""领事""道台"等政坛及社会各色人群。特别是旁白处写着"商等于马、工等于车"8 个字，这应是具有进步思想的知识分子，希望政府改变封建社会重农抑商的落后思想，转而大兴工业、商业，最终实现以实业救国理想的告白。

"讽字"栏目相对于"讽画"而言更为新颖，讽刺画常见于晚清民初的画报中。但《正俗画报》的"讽字"栏目则是抛开相对较为复杂的图画，玩起的"文字游戏"，即将汉字组合、拆解，以达到针砭时弊的目的。第 33 期讽字是一个大大的"笑"字，后面却有一个较小的"刀"字，组合起来就是成语"笑里藏刀"。像这样的讽字在该刊中还有很多，相对于通俗易懂的讽画，讽字尚需读者具备一定的文化素养和较强的想象力，才能真正透彻理解字中的真正内涵。

《正俗画报》还用较大版面报道京畿一带发生的奇闻轶事，以文字记述事情始末的同时配以图画，相得益彰。当年的画报大多采取这种模式报道市井趣事，甚至一直沿用到 20 世纪二三十年代。该刊诞生于北京，不仅幽默漫画有北方画风，文字更是京腔京味，细细读来，颇有老舍先生的《茶馆》《骆驼祥子》的味道。如第 31 期《巡警谈心》一画的配文为："二十八日早九点钟，都察院后门南口守望巡警跑在路西小酒铺，坐在那儿谈心，自己也觉着不合式〔适〕，直往外边瞧。唉！与其那么提心吊胆，何如在守望所站着去呢？"《白昼抢劫》一画的配文更是写得生动活泼："二十六日晚三点多钟，丁字街有辆煤车经过，有贼人将拉煤的小夹袄抢起就跑进了羊肉胡同。望西有三位警爷后边就追到了沟沿，又经岗警截获解区究办。哈哈！好大胆子！"文中"觉着""往外边瞧""望西""沟沿"等字眼，均具北京方言的特点，尤其是那些儿化音。这与现代新闻写作学理论中，讲求用书面语简洁撰写消息的理念虽有所违，但却增加几分风趣幽默，更符合中下层百姓的胃口。而从艺术角度来讲，这种绘画加文字说明又颇似黄永玉先生的《水浒》人物系列漫画。

《正俗画报》所刊登内容大多配有插图，但也有不配插图，只是大段文字叙述的栏目，"时事要闻"就是其中之一。虽然没有漫画插图，但依然保持着"京韵京味"的文字风格。如第 30 期中《外国人野蛮》一文，全文为："二十八日下午四点多钟，香炉营头条东口有两个老妈儿走的好好儿的，可巧对面来了两个日本人，揪着一个老妈儿瞧了半天，还望脸上摸了一把，笑嘻嘻的就走啦，吓的这两个老妈儿是连哭带喊。咳！东西各国都以文明自居，然而对待我们中国可就又拧了杓子喽！上而国际交涉、下而兵民相遇，无不大施野蛮手段，是得一步儿进一步儿。唉呀！我们中国国民再要不打起立志自强的精神来，恐怕将久可就更糟了糕喽！"不到 200 字的一段话，却透着对积贫积弱的国家、人尽可欺的百姓的同情与无奈，最后一句话正是希望国人励志、国家复兴的呐喊。

该刊的部分漫画不属于任何一个栏目，却有着独立的内涵，读来发人深省。如第 55 期刊登的一则漫画，画了一张巨掌，五指都是刀刃；一只巨笔，笔尖化为剑锋。配文为："刑名笔似剑，医生指为刀。其物虽异，而害人则一矣。"我们常说，一个社会最不能丧失良心的有三种人：教师、医生和司法工作者。但这幅画已经否定了晚清时代的两类人——处理刑事判牍的刑名师爷和悬壶济世的医生，可见当时有知识分子不仅对清政府失望，而且对社会秩序也已失去了信心。

6. 中国第一份以妇女为主角的《解放画报》

1920 年 5 月 4 日，《解放画报》在上海创刊，创办人周剑云，新民图书馆出版发行，属女性类画报，书册式，月刊，16 开本，每期从 80—118 页不等，图文并茂，以文为主，配以照片和插图。特约撰稿人有中国农工民主党创始人邓演达之兄邓演存和于秋墨、王警涛、朱忱薪、任矜苹、沈松泉、沈选千、沈求己、汪英宾、谷剑尘等 29 人；特约图画者有丁悚、张光宇等 13 人，开设特载、评论、思潮、新闻、演讲、常识、诗歌、戏剧、小说、通信等栏目，第 18 期开始新增专著、调查、成绩、译述、美术、体育、卫生、游记、娱乐、杂录等栏目。其间曾有停刊，终刊时间不详，已见出刊至 1921 年 12 月 30 日第 18 期。

"在旧社会中站住脚，和旧人物继续奋斗"，是《解放画报》的办刊要义，其主要任务是批评、讨论人生问题，引导平民走向光明，革新旧社会，振兴国家。与旧中国一切不合理现象进行斗争的文章和图画占据较大篇幅，如 1920 年第 3 期中刊登的《旧社会的恶魔》组画，即以漫画的手法抨击各种迷信活动。这一组画将算命、拆字、捉牙虫、看香头四件事看作旧社会的四大恶魔：算命、拆字和看香头属迷信活动，使人们说话办事只依赖求神问卜，迷失了自己的思想。捉牙虫则将龋齿曲解为牙上长了虫子，误导了普通百姓，耽误了牙齿的健康保护和口腔疾病的预防。此组图画所表现的看似只是四件小事，而且像算命、拆字之类的事情即便是一百年后的今天也无法杜绝，但作者将其上升到"四大恶魔"的高度，是为了表达自己的坚定态度——反对旧社会的诸多积弊，就必须从小事入手，勿以恶小而为之。

旧中国中最需要得到全面解放的莫过于妇女，晚清、民国时期的多种画报都涉及妇女在旧中国的悲惨遭遇，但像《解放画报》一样，将妇女解放作为办刊任务开宗明义地提出的却不多。该刊从爱情婚姻、妇女经济独立、妇女参政、妇女教育、妇女与男子的关系等多方面、全方位地探讨中国妇女解放的问题。希望各界女性踊跃投稿，以女性之视角观察当时妇女问题，提出与男性观点不同的看法。该刊每期几乎一半以上的篇幅涉及妇女问题，这些内容或是表现旧女性的悲惨生活和新女性的奋发进取；或是表达腐朽思想对女性的束缚；或是引进西方近代化女性思想以启迪读者。因此说，《解放画报》也不失为一部近代女性社会学研究资料汇编。

在所有的文学形式中，小说的表现手法最为直接，也最为形象生动，《解放画报》中的一些反映旧中国女性悲苦的短篇小说虽然不像鲁迅先生笔下的《祝福》一样寓意深刻，但读来也能发人深省，文中的女主人公如同祥林嫂一般，令人产生"哀其不幸，怒其不争"之感。第18期刊登的当涂鲁亚吾所著短篇小说《不幸的学生与师娘》，讲述的故事发生在一座乡村书院，开头响起了两种声音，而这两种并不应该共存的声音都是从这座并不大的乡村书院中传出来的——一边是撕心裂肺的痛苦声，另一边则是朗朗的读书声。书院的主人耿顽固是传统儒教的忠实信徒，尤其是对《礼记》颇有研究，其夫人崔氏是另一位书生崔人道的女儿，也是出自书香门第。耿顽固对自己的学生要求十分苛刻，一是绝对不收女学生；二是男学生到了十六岁左右也不收，目的是为了做到男女有别，不让自己和自己的夫人被别人说闲话。恰好有一天，他家里来了几个朋友，他一个十六岁的学生晋惟真帮着招呼老师的朋友，上后面找师娘拿烟袋和茶杯。等到朋友们都走了之后，耿顽固先找了个理由把晋惟真打了个皮开肉绽，又对崔氏说了那套"男女不同席，不共食，不相授受"的封建道理，要求崔氏要么被休回娘家，要么寻个投河自尽以证清白。崔氏竟然认为耿顽固说得有理，真的于当晚悬梁自尽而死。而耿顽固全无丧妻之痛，第二天一早任由亡妻的尸体停放在那里，他则到书房继续读着他奉若神明的《礼记》去了。在这篇小说中，崔氏固然是可怜的牺牲品，耿顽固也固然是可恶的不用刀子的杀人犯，但从另一个角度来说，崔氏被几句话轻易说动而选择轻生，不单自己殒命，而且助长了顽固派的气焰，也有其可恨的一面；耿顽固一生只信奉《礼记》，活了那么大年纪却没有自己的思想，反而被腐朽思想驱使害了自己的妻子，也不能不说是一种可悲。

讲多了旧中国女子的悲苦，《解放画报》还向读者展示了新女性的新生活。到了民国时期，女性在政治、经济、社会等方面都有了新的追求。第14期刊登的《浙江女子争参与制宪权》和《上海妇女会社会服务部开会》两则新闻，表明东南沿海一带的知识女性已经开始争取参与政治，并成立了女性社会团体。由此可见，民国时期城市里女性地位已经逐渐提高。

三、报道时事、记录生活

画报凭借着以图像叙事为主、文字注释为辅的表达方式，将绘画艺术与新闻时事完美地结合在一起，精彩地展现着政坛风云、奇闻异事，人生百态、社会风情等诸多内容。《点石斋画报》《飞影阁画报》之后的画报虽然"印刷纸张反退为竹纸，石印绘图亦不复如《点石斋》《飞影阁》之精工，但于实质上，则有进步。如讽刺时事之讽画，殆为各画报必具之一格。其指斥当道，似反较今日为自由。而关于社会新闻方面，亦不只注意怪诞不经之事，而多注意于地方风俗情况之改善，如督促举办公益路灯、禁娼、禁赌等，皆可较有裨益于社会"①。面对八国联军侵华等日趋严重的民族危机，关注社会时事成为国人创办画报画刊的时代潮流，揭露西方列强的侵略本质，表达对戊戌变法的同情，是当时画报的主流声音。很多学者都看到了《点石斋画报》注重时事的显著特点，萨空了在1931年演讲时称："中国之画报始祖，说者皆谓为上海《点石斋画报》……所绘全系新闻。要闻、社会新闻皆备。社会新闻，偏重于荒诞不经之事，故有人目之同于《聊斋志异》一类书籍前之插图。但其中亦有极有价值之要闻，如报告甲午中日战事之《鸭绿江战胜图》及《大同江记战》诸幅是。"②陈平原撰文称，《点石斋画报》配合新闻，注重时事，图文互动，"当然，也有风土人情、琐事逸闻、幻想故事等，但对于'时事'的强烈关注，始终是'画报'有别于一般'图册'的地方。与新闻结盟，使得画报的'时间意识'非常突出……"③《真相画报》的发刊词也突出了记录社会发展的宗旨："以文学图画构成，或庄或谐，或图或说，社会状态时局变迁，无微不显，无幽不著。"④《天津民国日报画刊》编者在《画报的功能》一文中则更强调了民众可以通过画报认识世界、认识国家、认识自己："这世界是一个光怪陆离不停前进的世界，我们以有限的生命，要全部经历那些事物的实况，要一一学习，一一体验，是绝对不可能的。唯有画报始能补偿这个缺陷，它能把宇宙间所发生的一切新奇事态、人类间一切繁复离奇斗、千奇百怪的大自然界的现象，都想尽方法，容纳到一个册子里。宇宙间的变化无穷无尽，画报的变化也就无穷无尽，我们也就由这册子中，认识了世界，认识了国家，并且认识了自己。自己所处的是一种什么地位，因而觉悟到应该怎样处理当前自身的问题。"⑤为使读者便于理

---

① ② 萨空了：《五十年来中国画报之三个时期及其批评》，《新闻学研究》1932年6月。
③ 陈平原：《新闻与石印——〈点石斋画报〉之成立》，《开放时代》2000年第7期，第7页。
④ 《真相画报出世之缘起》，《真相画报》1912年6月5日创刊号。
⑤ 编者：《画报的功能》，《天津民国日报画刊》1946年1月30日第7期。

解这类画报的特点、内容，以下列举几种画报：

1. 描绘老北京市井文化的《北京新铭画报》

《北京新铭画报》于 1909 年在北京创刊，创办人杨丽川，属综合类画报，日刊，新闻纸、石印，16 开八版，每版一至二图，主要刊载北京城及周边地区的市井故事和通俗小说，绝大多数附有插图，使读者直观生动地了解这些奇闻趣事。存世较少，终刊时间不详，已见 1909 年出刊至第 80 期。

京城虽然是天子脚下、首善之地，但历朝历代也不乏为非作歹之事的发生，可光天化日之下明目张胆地抢劫，却极少发生。《北京新铭画报》刊载的《明抢明夺》一画，就讲了这样一件事儿：某天一早七点钟，正是大家开始一天忙碌的时候，京城南横街东头将近城隍庙的地方有个短衫男子直接过去抢了一个行人手里的包袱就跑。幸好当时被抢者及时呼救，过来很多人追赶这个抢包袱的短衫男子，这个男子无奈只好扔下了包袱扬长而去。可见清朝到了宣统年间社会治安之差已经到了何种地步，此事也能从侧面反映出宣统年间百姓生存之艰难，社会上失业者增多，只好以抢劫盗窃作为谋生手段。

有人因无法生存而甘心盗窃，也有一些人面对窘迫的生活而依然花天酒地麻醉自己。《讨花债动交涉》一画中所讲的故事听上去更为可气：一名妓女堵在西安门外廊房胡同刘宅门口，揪住一个人就打，听说是这个人屡次去妓院嫖娼欠了三百多块嫖资。奇怪的是这里的巡警对此事也是不闻不问，想是巡警也觉得欠了嫖资挨了打也是罪有应得的吧。

关注女性是晚清画报的一大主题。对百姓思想道德的教育，尤其是对妇女的思想教育和引导一直为《北京新铭画报》所强调。《北京新铭画报》也刊载了多则故事来说明妇女教育的重要性。如《妇女无耻》一画讲述的是，在西坛城根西边有一个妇人，赊账买熏鱼，欠了熏鱼铺十几吊钱。熏鱼铺掌柜的前来讨债，她就一天天地往后推。掌柜的逼急了，她竟恶人先告状，撒泼说掌柜的调戏她。作者评论说："妇女无教育啊，真糟！"晚清画报虽然多数为"开眼看世界"的知识分子启迪民智、传播近代文明的平台，但很多办报人也试图在东西方文化之间找到一个平衡点，使西方文化适应中国的实际，《北京新铭画报》刊登的《又是怪像》一画，讲述了一名妓女同一个提笼架鸟的纨绔子弟在胡同里偶然相遇便聊了起来，聊的都是些不堪入耳的话，而且"那种丑态画报上都不易画"。可见《北京新铭画报》的办刊人对于这种无限度的"自由"持批判的态度。上述这些资料均与晚清时期国人对待女性的态度有关，可以作为当下社会学尤其是女性学的研究案例。

在晚清时期的专制社会中，启迪民智也包括启迪官智和吏治，《北京新铭画报》也秉持这种观点。《队长讲报》一画描述的是，京城内城巡警第三队队长喜好看报，且为人热情豁达，经常把自己所看报纸的内容讲解给手下的巡警，并向他们阐述自己的体会。作者评价说:"这样队长开通兵丁,实在是文明之极啦!"

2. 晚清社会的晴雨表——《舆论日报图画》

1909年1月1日,《舆论日报图画》在上海创刊,以介绍时事政治、反映社会问题为主要内容。属综合性画报,日刊,16开本,每月一卷,每期初为2页后增至4页,油光纸,终刊时间不详,已见出刊至1909年10月7日第10卷第7期。该刊主要撰稿人有秣陵不羁生、汪绮云、陈炜、朱东等人,内容丰富,以图画为主,文字为辅。刊登各类风俗画、讽刺画、人物肖像画、新闻画、动物画、风景画等,批判现实、针砭时弊,其文图可以"辣味十足"来形容,反映了晚清最后几年政治、社会的现实,可以说该刊是晚清时期的社会晴雨表。

从现实角度反思社会,是《舆论日报图画》的一大特色。该刊的《押犯胡闹》《抢金挖耳》《一群烟鬼之可笑可怜》等新闻画,记述了当年社会上一些让人或无奈叹息或啼笑皆非之事。如《赌匪吊打县差》《窃贼冒充公役之大胆》等,表现了晚清时期社会治安之差,作为国家机器的公役竟然没有丝毫权威:嘉兴发生了赌徒聚众赌博为害一方,官府派衙役去清缴赌场,竟然被数十个赌徒打退,而且抓住两名差役吊起来毒打,后来又求助水巡队派兵才镇压住这伙赌徒,但如此大费周折,竟然只为抓捕三个赌徒,可见晚清时期地方武装力量之薄弱。更为可笑的是有三个人手持软鞭、铁尺,打着印有官府字样的灯笼扮做差役行窃,有人发现异样但又不敢盘问,看到这里我们不禁会思考,当窃贼可以堂而皇之地扮做执法者的时候,执法者的权威又在何处呢?最值得一提的是,《禁止改装》一画记录了杭州的广济西医学堂有几个学生剪去了脑后的金钱鼠尾辫,改换西装,被该校的英国校监梅藤更发现,竟斥责他们违背本国制度,责令他们蓄发易服。这个故事表明,在宣统年间就有一些接受西式教育的青年学生,受着西风东渐的影响,看到西方的进步,试图学习他们的生活,更迫不及待地剪掉了辫子穿起洋装,在内心深处已经产生了变革中国社会的思想。

画报中除刊登大量市井新闻外,讽刺漫画主要揭露晚清社会政治的黑暗和腐朽。《民脂民膏》画的是一个中国挑夫,汗流浃背地把一担担元宝挑来放到一个洋人的桌前供其挑拣,意在讽刺《辛丑条约》签订后,中国已经彻底丧失了关税、盐税等方面的主权,商民辛苦劳作,上缴繁杂的税赋,最终却落入了西方列强的腰包。《你这仆人倒还晓得老爷心里的希望》画着一名官员高高在上地坐着,仆人打扮的人跪在底下,呈上"高升"二字,官员双目直勾勾盯着这两个字,鞭挞了晚清官员只想着升迁、不管百姓疾苦的官场。《你有了如许的元宝 何苦在那里算来算去》一画中,一名官员望着地上堆积如山的元宝,手则不停拨动算盘珠子,与"升迁图"可谓相映成趣。宣统元年正月初五,"风俗画"栏目刊登了一幅十分应时应景的画《接财神》,有趣的是,跪在神龛前虔诚祷告的不是穷苦的老百姓,而是身穿补服的官员,旁边仆人则捧着给财神上供的各种鸡鸭鱼肉,从一个侧面反映了晚清官员的贪婪。

"名人小影"栏目为朱东所绘制的晚清名人肖像作品，有林则徐之婿、南洋大臣沈葆桢，湘军名将李续宾和李孟群，满洲将领吴宗国等著名历史人物。画报推崇这些忠臣良将，意在弘扬爱国精神、民族大义，扶正以压邪。

"百兽图"和"百鸟图"是该刊的系列书画作品。"百鸟图"主要为鸡、鸭、鹰、鹤等较为常见的家禽与飞鸟。朱东的"百兽图"则别具一格地绘制了噻噜白豹（貘）、盘羊、角马等主要生活在西部人烟稀少地区甚至是东南亚、非洲的稀见动物，图画生动逼真、惟妙惟肖，让读者大开眼界，见识到这些珍稀动物的风采。

该刊不局限于国内新闻，也介绍其他国家的奇闻趣事，如《俄国妖岛》介绍了俄罗斯所属的一座专门流放犯人的岛屿，被重雾所遮蔽，有船经过时船上的人能听到岛上的悲哭声，周边居民都把它称作妖岛而视为畏途。却有一名勇士独自登岛旅行，见到岛上被俄罗斯政府流放至此的犯人，生活苦不堪言，在水深火热之中煎熬。此人在岛上生活一个星期，终因经受不住艰苦的生活和内心的折磨，仓皇逃离这个恐怖的岛屿。

《舆论日报图画》所记录的下层民众的疾苦，政治的黑暗、官场的腐败，无疑为研究晚清社会的政治、经济、文化、教育提供了丰富而翔实的资料。

3. 贴近百姓生活的《平民画报》

中华民国甫一建立，养育了秋瑾、徐锡麟、鲁迅等革命斗士的浙江省，诞生了一份以教导平民为己之要务的报纸——《平民日报》。1912 年初，《平民日报》创刊于浙江杭州，随报附赠的《平民画报》则是更贴近百姓日常生活的通俗画刊。正如其创刊号所绘，《平民日报》的宗旨是为平民释负、指迷、启智，最终使平民进到光明世界，《平民画报》也具有贴近生活的特点。

《平民画报》属时政类画报，日刊，手绘石印，油光纸，16 开两版，每月一卷，终刊时间不详，已见出刊至 1912 年 9 月 6 日第 9 卷第 6 期。该刊主要撰稿人有博甫、太瘦生、右斋等人，画风以水墨风景画与水墨漫画为主。每期正反面一页两版，共有四幅图，每版最上方有毛笔手书"平民画报"四个字，及手书的出版日期，日期采用当时老百姓依然常用的农历，体现了该刊贴近老百姓的特点。该刊未设固定栏目，每期仅有四幅水墨画，其中《西湖岳坟》《秋在西泠》等表现杭州当地尤其是西湖沿岸风景的画作，使读者有身临其境之感。一幅介绍岳飞庙，一幅描绘秋瑾墓地，体现了办报人弘扬爱国主义精神的办报思想。

在《平民画报》的供稿人中，右斋是一位饱学的画家，其作品《何可一日无此君》《月上柳梢头，人约黄昏后》等题材无不出自经典诗句，在给读者美的享受的同时，还可以普及古典文学知识。

刊登水墨漫画也是该刊的一大特色。这些漫画大多展现时事，饱含了对世间不平之事的辛辣讽刺。如博父的画作，表现了国民对苛捐杂税的愤慨和官员的昏庸无能。《议长之丑态》一画，配有较长文字说明，讲述了丽水南孝乡副议长王建纲一向贪婪成性，为了钱财不择手段。某一天他突然异想天开，串通了当地流氓无赖某甲，让其化名吕凤鸣，假称是官宦人家的子弟，以筹措粮饷为名，敲诈龙石寺僧人四十龙洋，后来事情败露，吕凤鸣落网，事情彻底败露。辛亥革命的胜利，使民主共和观念深入人心，且迅速成立了亚洲第一个资产阶级共和国——中华民国，但在封建势力仍然根深蒂固的县城和乡村，中华民国的成立却仅仅意味着统治者更换了个名字，由知县变成了县知事而已。议长作为议会的领导人，理应成为百姓的代言人，时刻为百姓谋福利，但这位议长不单不为百姓说话，还与地痞流氓相勾结讹诈百姓财物，可见当年广大乡村地区吏治之差，百姓生活之艰难。

在介绍浙江乡村政治生态外，社会道德与法制也是该刊焦点之一。《逆子宜惩》一画，刻画的是一个毫无人伦天性的逆子：萧山县城外史村有一位年近古稀的农妇杨黄氏，膝下有两子，长子杨有桂，为人忠厚老实；次子杨阿甄，自幼不学无术，只靠着喝酒耍钱度日。杨黄氏遂与大儿子相依为命。一日，杨阿甄赌博输了钱，与其他赌徒大打出手，杨有桂的妻子曹氏恰在旁边，遂好心规劝小叔子。杨阿甄打架吃了亏，无处发泄自己的怨气，竟然举起菜刀砍在嫂子头上。曹氏伤势过重，奄奄一息。杨黄氏遂将杨阿甄送到县里卢知事处，请求官方严惩逆子。杨阿甄是否受到了法律的惩处，后文并没有介绍，这也给读者留下思考的空间。

《平民画报》与《平民日报》一样，在教化百姓的同时也关注时事。通过《欢迎丁义华先生》一画可见一斑。丁义华（1868—?）是美国基督教北长老会牧师，1887年来华传教，后其父母也来到中国并最终在广东去世。中国对于他来说是"父母之邦"。丁义华加入同盟会，除在唐山投资开矿外，还与张伯苓在天津组织了北洋万国改良会，以改良中国的各种社会现象为己任，认为中国人"一是改良自己，二是改良家庭，三是改良社会，循序渐进，以改良自己为起首。联合众力改良不善之风俗，除去无益之嗜好，黜邪崇正，益世济人，造社会之幸福，助世界之进化，使天下万国同登文明至善之域"。他还撰写《四面八方之改良观》一文，倡导普及教育、报纸称职、广立善堂、保护道路、栽种树木等25个方面的改良，涉及社会民生、文化教育、建设交通、生态环境等多个方面。画作上杭州市民人山人海，挥舞彩旗，向丁义华先生脱帽敬礼，致敬这位为中国改良事业做出重大贡献的外国友人。礼兵走在丁义华前面奏响嘹亮的乐曲，打着中华民国五色旗及"欢迎丁义华先生"的横幅，体现了当局对丁义华先生崇高的敬意。丁义华曾呼吁，反对媒体涉及色情内容，推崇报刊媒体的积极作用。《平民画报》对丁义华来华的宣传，正说明了《平民日报》和《平民画报》对丁义华新闻传播思想的认可，立志永远不刊登低俗内容，做正面积极的宣传。

4. 记录民国初期人生百态的《民国新闻》

1913 年 3 月，《民国新闻》画报在上海创刊，社址、编辑、出版都不详，属综合类画报，日刊，16 开，每期 4 页 8 版，白报纸，手绘石印，终刊时间不详，已见出刊至 1913 年 5 月 1 日第 56 期。

该刊图文并茂，以图为主，以文为辅，文图多不署名。文字方面有小说、新闻和戏评画苑等栏目，图画方面有纪事画、讽刺画、滑稽画、游戏画、悬赏画等。分为国内时政、国外时政、社会新闻三大类。

国内时政既有关乎国家命运的重大历史事件，也有与百姓生活息息相关的基层政府新闻，刊有《政府之对内对外》《中国之危相》《国民现状》《湖北铁血军》《革命人物之今昔》《国庆日上海闸北之提灯会》《田巡长慈善为怀》《武进新民政长被逐》《诺大道台》《无谓之冲突》等，其中《巡士吊膀》《风流巡长》《竟有辱人毁物之巡士》均表达了编者对政府官员的不满：《风流巡长》称，奉天某区巡长李宝均与翠花胡同孙姓女结成露水夫妻已有多日。巡长时常在夜间荷枪踰垣与孙姓女暗度。一次被邻居哑婆撞见，手舞足蹈地表示要到警局控告巡长。巡长遂举枪恫吓，哑波婆遂未声张。但没有不透风的墙，时间一长，满城风雨。令人痛心的是，该区长官闻讯后仍是漫不经心，含糊而过。编者按，巡警原为保卫地方而设，今其不保民反扰民。《竟有辱人毁物之巡士》称，在广东的长堤一景楼前，有一个肩挑食物的小贩行在道中，一个身穿黑色号衣的巡士紧随其后恶言辱骂，并警棍高擎喝道："唔去呀！"言罢竟以警棍击碎小贩所负的瓦缸。小贩放下担子与之理论说："我无过犯，同去亦何妨！"这时，另一名巡士过来和声相劝，遂将作恶的巡士拥去。可怜的小贩只有目送他二人。路人虽不知其底蕴，但就事论事，多谓巡士无理取闹。

国际新闻部分刊有《肥病》《猫王》《日本富翁古画癖》《世界进步——留声机授课》《印人暗杀》等，其中《机器脱帽》图文介绍称，有一位英国人发明了一种自动脱帽的机械，将机械装置藏于帽中，状如钟表上的弹簧发条。平时戴帽时机械不动，如途中遇见尊长或相识之人须行脱帽礼时，此人不必以手脱帽，只需头向前稍垂，则帽内机械启动，帽自脱下。礼毕，头抬至水平线则帽仍自动返回原位。《奇石》图文道，卫斯登是意大利的海军大臣，时曾游历意伦特附近的深山绝壑之间，偶见一块奇石，色白而青，不但在黑暗中可以发光而且还能治头痛，凡头痛之人只需及奇石摩擦额头，疼痛立止。故人们视之为宝石。

社会新闻是该刊重头戏，一是记叙当时发生的奇闻异事，如《野蛮结婚怪剧》《死而复生之女子》《新婚者之困惫》《烟鬼投井》《汽车撞伤矮人》《恶俗宜禁》《维持风化会》《警察惩办酒汉》《夫妻反目》《光复军调戏妇女》等，其中一幅纪事画称，萧山南沙靖雷乡有一高姓居民性极悭吝，素有守财奴之称。值此米珠薪桂之时，佯作家贫，数米而炊，任凭子女晨号晚哭，不为果腹，竟致小女活活饿死。高某不但略无扼腕之悔，反而欣欣然地购得一个猪头酬神，亲手烧煮，点香备烛，将待祀神。讵料，当他启锅时，竟发现原来的猪头竟然变成一颗人头，大骇而昏倒。这便是因果报应。二是报道当时发生的杀人、抢劫、盗窃等案件，如《神窃》《乡人窃帽》《包探获贼》《出店送银遇匪毙命》《探亲者竟被路劫》《无头命案》《勒毙胞兄弟之骇闻》《白昼抢取金饰》《棍徒骗布》等。三是记录底层百姓特别是妓女的生活，《少却无数私娼》《苦海无边，回头是岸》等，后者报道称，时有长春青莲书馆于莲芬、于莲香二妓，乘机从妓院逃出共同投警，表示愿入济良所择配终身。当经警局收押，以备讯明送所。该妓领家于某闻讯后赶来警局，坚决不肯舍此二妓，而视其二人为摇钱树，乞求局长仍将二女断归于某为娼。苦海无边，回头是岸，若再入北里，恐再无脱离苦海之日。深望局长伸出援手，实现二妓猛省之愿。

从该刊的叙事上可以看出，编者仍固守着传统的男尊女卑观点，对女性追求自由平等持反对态度，如《落花飘泊有谁怜》图文报道，鄞县江北岸保良局日前由申县检察厅送来一位名叫王金宝的女子，自述家住上海浦东，年18岁，无父母，曾入学堂学习，1912年曾剪发从军。后在上海曾姘居男子数位，后只身辗转来到宁波，投奔祖父祖母，被逐出门，既无行李也无川资，终日彳亍街头，后被送至法院。作者认为，追求女性自由之说，让一般弱女子受害最烈。古人礼法之设原非多事，正是考虑到流弊必至于此。王金宝的一念偶差，才导致了今天的寄身无所，飘流异地，柳絮随风，真是让人痛惜啊!《自由女气死老学究》一文则记叙道，城内仁寿新街有一位名叫周宝贞的女子，虽年逾花甲，但貌极苗条。因追求自由，不能忍受家庭专制，故而标梅已过，嫁杏无期。她有一个胞兄名叫周茂，是一位老学究，因不满宝贞不守清闺，时加训斥。一日，宝贞托言过姐姐家，竟与张某姘居，私订终身。返家后将此情告于其兄。其兄遂将其告诉至番禺初级裁判所，案尚未结，宝贞趁机潜至姐家居住，后与姘夫结婚。其兄闻后顿足捶胸，日夕懊怒，竟致肝疾发作而亡。

此外，该刊还载有小说《惨脊鸟鸽》《闺秀之秘密日记》《河东二奇童》和记录宋教仁遇害的新剧《闲闲斋剧谭》等。

《民国新闻》画报批判了社会丑恶现象，表达了对当时政府的不满，生动形象地反映了民国初年的政治和社会现状。该刊诞生于民国初期，时值中国政治、经济、文化、社会风俗急剧变化的年代，或多或少地反映了清末民初的这种社会变化。因此，其对了解和研究民国初期的社会史具有一定的参考价值。

这一时期画报内容除一本正经地说教，其实也涉及了娱乐休闲的成分。如《赏奇画报》就在创刊号《赏奇画报缘起》中声明："本报审慎立言，凡干涉闺阃政界，不轻阑入"，追求"赏心乐事，奇语惊人"的效果，以图文并茂的形式记述晚清时期的国内国外奇人奇事奇物。报人萨空了在演讲中也曾提及画报具有娱乐功效："其内容有新闻(实事与神怪性夸大性之新闻并重，可为中外合掺之一证)，有百美图、百卉图、百兽图(此系效仿《中国画谱》)、名人书画（此或系效仿外报之艺术作品介绍)、海上时装（此系效外报之时装介绍）等类。故中国石印时代（一八八四——一九二〇）之画报，其主旨实至紊乱，可视为画谱，可视为消闲插画，亦可视为新闻画报。"[1]但娱乐休闲内容不是这一时期画报的主流。

第四节　摄影画报初露端倪

19 世纪中叶，摄影术在法国出现，随后传入中国。在潘达微参与创办的《时事画报》中偶尔可见摄影照片，如 1908 年 12 月戊申年第 28 期的《大行太皇太后》和 1909 年 10 月乙酉年第 15 期的《秋瑾墓》等。该刊于 1909 年 2 月还曾刊文宣称改良措施："本报是年改良格式，增加电版，绘事精神，撰述丰富，各餍阅者，而益群智。"[2]这里的"电版"即指摄影照片。只是"增加"不多，未能取得良好效果。

铜版印刷技术在宋代就已经出现，印刷质量普遍较好，南宋曾用铜版印刷过纸币"会子"。随着时代的进步，铜版印刷技术也与时俱进。至民国初年，技术亦可进行彩印。鉴于西方盛行的画报，中国人通过铜版印刷技术做了初次尝试，出版了中国第一份铜版印刷的画报，是为《真相画报》。梁得所先生曾称赞《真相画报》："图画丰富，材料优美，为美术界不可多得之作。"从该刊拥有的"我国近代史上著名的一份大型革命画刊"[3]"辛亥革命之后中国第一份综合美术期刊"[4]等多个头衔，也可窥见该刊在中国近代画报史上的地位。

1912 年 6 月 5 日，《真相画报》在上海创刊，社址位于上海四马路惠福里，上海威海卫路上的商文印刷所制作，真相画报社出版。一般认为，创办人和编辑为同盟会会员高奇峰，发行人为其兄长高剑父，其实真正参与编辑和出版的只有高奇峰一人。兄弟二人为岭南画派的代表人物，与陈树人并称"岭南三杰"。时逢孙中山辞去大总统职务，袁世凯篡夺政局，打压革命人士。同盟会成员借助上海宽松的政治环境，创办了《真相画报》。该画报为旬刊，16 开本，1913 年 7 月因宋教仁案攻击袁世凯而被迫停刊，共出版 17 期。顾名思义，《真相画报》旨在"洞察真相"，发刊词中"故今日而我国民不欲得良

---

①　萨空了：《五十年来中国画报之三个时期及其批评》，《新闻学研究》1932 年 6 月。
②　《文画一览表》，《时事画报》1907 年 3 月丁未年第 2 期。
③　丁守和：《辛亥革命时期期刊介绍》第五集，北京：人民出版社 1986 年版，第 159 页。
④　戴菲、沈悦：《〈真相画报〉编辑特色及其历史价值》，《编辑学刊》2017 年第 3 期。

政府也，则亦已矣。否则舍实行监督之外，决难为功，然非洞明政府之真相，则监督亦无从措手，此本报之设"之句，表明其创刊立场及目的。主要撰稿人有马小进、黄宾虹、南逸叟、郑磊公、吴尚熹、筱泉及蕙荪等。怀霜作序，英伯撰写《发刊辞》，而著名革命党人胡汉民为其题写《发刊祝词》。

该刊主要栏目包括论说、纪事画、时评、诗词、中国美术志、汉魏六朝将军杂号印及中国古今名画选等。以"讨论民国之真相，缅述既往，洞观现在，默测将来"为目的，以"监督共和政治，调查民生状态，奖进社会主义，输入世界知识"为宗旨，刊登监督共和政治、调查民生状况的论说及时评，发表关于农工实业的科学论著，刊载小说游记等文艺作品，同时刊发国内山川、伟人照片等。《本报画刊之特色》一文，介绍了七大类图片：历史画、美术画、地势写真画、滑稽画、时事写真画、名胜写真画和时事画。用新闻摄影照片记录南京光复、孙中山就任临时大总统、宋教仁遇刺以及江北灾民惨状等重大时事新闻和社会新闻的珍贵历史镜头。

《真相画报》的历史地位不仅在于它是中国第一个铜版印刷的摄影画报，更在于它通过先进的印刷技术和艺术形式表达民国初年社会的真实样貌，抨击了社会的黑暗弊端，将民国初年的新政和共和新思想传达给民众，践行了"真相"二字的意义。画报所传达的艺术美感，记载的历史事实涉及近代中国的社会史、文化、艺术及政治等方面，具有极高的史料价值。"短短十七期《真相画报》，无论刊物旨趣，还是经营实践，在刊物的内容取材和装帧印制上，以新闻性和精美性'实具后来之大型月刊画报之规模'，作为摄影画报的一面旗帜，为中国近现代画报的成熟创制了借鉴的摹本。"①

尽管《真相画报》是摄影画报的一面旗帜，但也只是昙花一现，存世不足一年，并且没能带动画报整体从石印画报向摄影画报的转变，这一转变直到1920年上海《时报》附刊《图画周刊》（后更名为《图画时报》）出现才得以实现。但也有学者认为1908年吴稚晖等在法国创办的《世界》画报为中国最早的摄影画报。因出版地在国外，故不在本书研究之列。对于《真相画报》，此后的研究者也都给了它一个较公正的评价，并一致认为终结中国近代画报石印时代、开启铜版时代的当属《图画时报》。"民国二年，上海出版的《真相画报》也以新闻为主体，如所登之宋教仁被刺及出殡照片、前清隆裕太后哀悼大会之照片、法国总统化李雅任满解职之照片，及日本东京大火灾之照片，皆为当时轰动一时之新闻。"②"民九上海《时报》增出《图画周刊》，系完全用铜版印刷，为画报界辟一纪元。主编者为戈公振、沈能毅，体例仿照外报之《星期画刊》，取材与今日大致相同。《时报》画报创始前，国内已见流行之中文铜版画报，最佳者首推《世界》，光绪三十

①　吴果中：《左图右史与画中有话——中国近现代画报研究（1874—1949）》，北京：北京大学出版社2017年版，第37页。
②　蒋荫恩：《中国画报的检讨》，《报学季刊》1935年第1卷第4期。

三年创刊于巴黎，主编者姚蕙。该报为八开大本，凡三八页，铜锌版约四百方，间以三色板，彩色石印封面，富丽异常，今日国内之任何画报未有能与比肩者。虽系外人印刷，但为国人自办画报之一种。其次为《真相画报》，民元创刊于香港，主持者为高奇峰。铜版石印兼用，亦殊富丽，是为国内最初之铜版画报。上海包天笑之《小说画报》，于民六一月发行。周剑云、但杜宇等之《解放画报》，创刊于九年五月。均曾采用铜版，而早于《图画时报》，惟其性质并非纯粹新闻性，且非完全之铜版印刷耳。"①"自照相铜版印刷术流入吾国后，国人利用之以之刊行画报者，首推民国元年香港（或为"上海"之误）之《真相画报》，然而昙花一现，终归泡影，甚可惜也。上海之有铜版画报，自《时报》附刊之《图画时报》始，创之者为吾友沈能毅君，时在民国九年。至今制版印刷，益臻精美，洵足称为国内各画报之首屈一指者。"②"此石印时代直推延至民国九年，上海《时报》之《图画周刊》出版，始渐为铜版画报所代兴，而造成中国画报之'铜版时代'。"③

第五节　从无到有的政府管控

政府对画报的管理，是新闻出版管理的一部分。在鸦片战争以前，中国境内并没有近代意义上的报刊出现，因此也就没有真正意义上的新闻出版管理，也没有相关的专门法规。《大清律例》刑律盗贼类有"造妖书妖言"条例，以控制言论为宗旨，对于"因事造言，捏成歌曲，沿街唱和，及以鄙俚褒嫚之词刊，刻传播者""坊肆市卖一应淫词小说""各省抄房，在京探听事件，捏造言语，录报各处者"等，规定"内外各地方官即时察拿"④。在那些固守成规的掌权者看来，传统官方渠道之外的新闻消息传递是荒谬的，是违背"政体"的。清政府拒绝承认民众有办报的权力，就连官方发布的"邸报"，其流通范围也被严格限制。1851 年，江西学政张芾向咸丰帝建议朝廷刊刻新式官报，就被咸丰帝斥责为"识见错谬，不知政体，可笑之至"⑤。对官办报纸的态度尚且如此，更遑论民办报纸了。直到国人办报刊兴起后，清政府才对报刊管理的问题，制定了相关法规。

---

① 刘凌沧：《中国画报之回顾》，《北洋画报》1933 年 1 月 31 日第 18 卷第 888 期。
② 冯武越：《画报谈（上）》，《北洋画报》1926 年 9 月 4 日第 1 卷第 18 期。
③ 萨空了：《五十年来中国画报之三个时期及其批评》，《新闻学研究》1932 年 6 月。
④ 张静庐辑注：《中国近现代出版史料·近代初编》，上海：上海书店出版社 2003 年版，第 311 页。
⑤ 《清文宗实录》卷一一六，《清实录》第 41 册，北京：中华书局 1986 年版，第 836 页。

一、无法可依时期

鸦片战争后，香港成为英国殖民地，西方人在这里创设新闻机构，发行报刊，这种做法很快向内地通商口岸渗透。比如广州英国商会主席孖地臣创办了《广州记录报》，鸦片商人创办了《广州周报》等。对于这些报纸，清政府没有施行任何管理，林则徐在广东禁烟期间，仅仅令人从中选译一部分稿件作为参考。鸦片战争后的半个世纪内，外国人在中国创办了许多报刊，出现了《万国公报》《京津泰晤士报》《字林西报》《申报》《新闻报》等影响非常大的报刊。这些报刊除了对中国历史和现实的报道之外，还有意识地为列强的殖民侵略活动进行鼓吹，对中国进行贬低和污蔑。清政府对这些报刊既不敢干涉，也并未正式承认。从 19 世纪 70 年代起，就不断有中国爱国知识分子揭露和抨击这些外文报刊的殖民宣传，陈炽在所著《庸书》中还明确提出了对这些报刊稿件进行预检的建议①，但是并没有被清政府所采纳。

进入 19 世纪 80 年代以后，随着国人办报刊的增多，清政府开始关注报刊中是否有对自身统治不利的内容。此时并没有专门的新闻出版管理机构和法规，在大多数情况下，对报刊的审查管控是由督抚等地方官员实施的。比如光绪十七年（1891），由邝其照创办的广州《广报》发表了某大员被参的新闻，两广总督兼署理广东巡抚李翰章斥责该报"妄谈时事，淆乱是非，胆大妄为"，下令将该报封禁②。这种封禁带有极大的临时性和随意性，并非遵循了某种既定的章程。直到 1903 年，清政府因《苏报》大量发表激烈的革命言论而将其查禁，所依据的仍然是《大清律例》中的条款③。

至于画报，由于大多数都有西方背景，且极少涉及时事政治，所以极少有被清政府付诸管控的记载。比如光绪十年（1884），英国人美查在上海创办《点石斋画报》，清政府并没有作出任何反应。直到光绪二十四年（1898）《点石斋画报》停刊，在 15 年的出版发行过程中，清政府的管理基本上都是缺位的，只有在画报刊载的内容引发一定后果的时候，才会因事而介入。比如光绪十五年（1889），《点石斋画报》刊登了三篇关于西方人处理尸体的图说，以猎奇的笔法表现了西方人对遗体的不尊重，这引起德国驻华公使的注意，向总理各国事务衙门致函提出交涉，要求清政府挽回影响。清政府对此事的处理方式是，总理衙门札饬上海道，上海道转饬会审公廨委员查办，最终的查办结果是由《点石斋画报》在报纸上刊登告白，承认"事出子虚"④。

光绪二十一年（1895）至光绪二十四年，大量报刊如雨后春笋一样涌现出来，中国的

---

① 赵树贵、曾丽雅编：《陈炽集》，北京：中华书局 1997 年版，第 106—107 页。
② 戈公振：《中国报学史》，北京：生活·读书·新知三联书店 2011 年版，第 115 页。
③ 张静庐辑注：《中国近现代出版史料·近代初编》，上海：上海书店出版社 2003 年版，第 311—333 页。
④ 熊月之：《〈点石斋画报〉案与"苏报案"——台北访档之一》，《档案与史学》2000 年第 5 期。

新闻事业在维新环境下出现了新气象。光绪二十四年六月（1898年7月），光绪帝关于上海《时务报》改为官报一事的上谕中，明确表示"报馆之设，所以宣国是而达民情，必应官为倡办"①，这是中国第一个开放报禁的法令。为落实光绪帝的谕旨，北京五城察院谕令："无论官商士庶人等，如愿在京师创设报馆者，准其赴城禀明立案施行②。"这一谕令不仅允许民间办报，而且指定了负责报纸登记管理的专门机构。

但是开明的局面很快就随着戊戌变法的失败，而遭到慈禧太后的破坏。此时清政府已经意识到报刊的巨大能量，开始进行严格的管控。慈禧太后下谕旨"将官报、《时务报》一律停止"，将"肆口逞说，捏造谣言，惑世诬民"的天津、上海、汉口等处报馆一律禁止，并下令地方官员查拿主笔之人③。清政府在新闻出版政策上的倒退，还体现在报刊登记备案机构的变化上。光绪三十一年九月（1905年10月），清政府废除了五城察院而设立巡警部，京城设立内外城巡警总厅，接管了报刊的登记备案及检查。巡警部设警法司检阅科，"掌查阅报章书籍，如有违报律出版者随时检举，并管京外各报馆书坊一切事宜，会同商部、学部分别办理"④。其实此前已经已有许多省份设立巡警总局、警务总局或警察总局等，已经介入报刊的管理。比如光绪三十一年七月（1905年8月），直隶总督袁世凯因《大公报》支持拒约及抵制美货，对该报实行"禁阅"，其禁阅的布告即由天津南段巡警总局、天津府、天津县联名签发⑤。未设立警厅的省份，仍向本省督抚备案，且须送巡警部审查。

20世纪初的画报仍极少涉及时事政治，因此并非清政府重点管控的对象。比如创刊于光绪二十八年（1902）的北京第一份画报《启蒙画报》，以"开启民智、启迪童蒙"⑥为宗旨，内容为伦理、掌故、格致、地舆、算术、动植物等，其"伦理"栏目以讲述孔子、孟子、朱熹等古代先贤圣哲，明君良臣，孝子烈女的事迹为主，宣扬中国传统的道德伦理观念，与清政府的统治理念相契合，因此并没有受到清政府报刊政策变动的影响，反而成为一份有全国影响的刊物，至第12期时，销售代理处已增至近50处。

二、《大清印刷物专律》时期

光绪三十二年六月（1906年7月），清政府商部、巡警部、学部共同制定了《大清印刷物专律》，对报刊等印刷物的印刷人、注册登记、禁载事项、违律惩罚等作了明确的规定。清政府在北京特设一印刷注册总局，隶属于商部、巡警部、学部。一切印刷及新闻

---

① 《德宗实录》卷四二一，《清实录》第57册，北京：中华书局1987年版，第518页。
② 《准开报馆》，《申报》1898年10月10日。
③ 《德宗实录》卷四二八，《清实录》第57册，北京：中华书局1987年版，第620页。
④ 《巡警部奏酌拟本部官制并变通工巡局旧章改设实缺折》，《东方杂志》1906年第2期。
⑤ 方汉奇、谷长岭、冯迈：《近代中国新闻事业史事编年十三》，《新闻研究资料》1983年第21期。
⑥ 《启蒙画报》光绪二十八年五月二十六日第八号。

事务，必须先到营业所在地的地方巡警衙门呈请注册，巡警衙门认为适当，即上报京师印刷注册总局审查批准；如巡警衙门批斥不准，也要将不准注册的情由上报印刷注册总局，并牌示具呈人。这种由地方到中央、由下到上的注册审查程序，奠定了此后清政府和国民政府对出版物注册审查的基本模式。该专律并没有明确列出禁载事项，仅在第四章列出 19 条"毁谤"条款，将印刷物中的毁谤分为"普通毁谤""讪谤""诬诈"三个等级，各给出轻重不等的惩罚。其中"讪谤"的定义为"一种惑世诬民的表揭，令人阅之有怨恨或侮慢，或加暴行于皇帝、皇族或政府，或煽动愚民违背典章国制，甚或以非法强词，又或使人人有自危自乱之心，甚或使人彼此相仇，不安生业"，这实际上就是以维护皇权专制为目的的禁载条款①。随后京师巡警总厅奉巡警部命令订立了《报章应守规则》九条，针对报章内容给出了明确的禁令，比如不得诋毁宫廷，不得妄议朝政、不得败坏风俗等②，这可以视为清廷为加强新闻出版管理的可操作性，而对《大清印刷物专律》作出的补充。

　　《大清印刷物专律》是中国关于出版物的专门法规的开端，使清政府对报刊的管理进一步规范化了，同时也给清政府加强对出版物的管控、查禁提供了依据，也为此后的《大清报律》打下了基础。客观来说，《大清印刷物专律》等法规的出台体现了清政府在舆论管控方面的进步。民间报刊的合法地位得到承认，清政府对报刊的处罚，也不再像以前那样不恰当地援引《大清律例》中"十恶"之"造妖书妖言"条目，这就给报刊的生存提供了一个相对宽松的环境。最直观的表现，就是报刊创办数量的增加。在《大清印刷物专律》颁布的 1906 年，全国官绅士民新创办报刊的数量增加了 113 种，增加数量首次破百③。

　　画报也是如此。根据不完全统计，北京、上海、天津、广州等主要城市在 1901 年至 1905 年仅创办画报 5 种，而 1906 年一年就创办了 3 种，1907 创办 4 种。更重要的是，随着启蒙思潮和革命思想的传播，画报也逐渐走出消闲娱乐的单一主题，越来越关注时事政治。光绪三十一年八月（1905 年 9 月），《时事画报》创刊于广州，着眼于"中国生死存亡问题"，以"缮警醒图为目的，以深入人心为最后希望"，旨在"开通群智""振发精神"④，大量刊载社会新闻和中外时事；光绪三十二年四月（1906 年 5 月），《北京画报》在北京创刊，刊载时事与风俗画，介绍国内外新闻消息，抨击社会上的丑恶现象。在《大清印刷物专律》出台后，两种画报的出刊经营并没有受到限制，影响不断扩大。光绪三

①　张静庐辑注：《中国近现代出版史料·近代初编》，上海：上海书店出版社 2003 年版，第 312—319 页。
②　刘哲民编：《近现代出版新闻法规汇编》，上海：学林出版社 1992 年版，第 30 页。
③　黄瑚：《中国新闻事业发展史》，上海：复旦大学出版社 2001 年版，第 61 页。
④　《本报约章》，《时事画报》1905 年 9 月创刊号。

十三年二月（1907 年 3 月）创刊于天津的《醒俗画报》同样也着眼于时事，其报道内容大至时政要事，小到市井信息，每期封面都是一幅"讽画"，以辛辣而幽默的笔法，鞭挞丑恶，抨击时弊，针砭官场腐败。

《大清印刷物专律》颁布后，清政府的新闻出版管理机构也逐渐确定下来。光绪三十二年九月二十日（1906 年 11 月 6 日），光绪帝发布上谕将巡警部改为民政部，报刊登记事务遂归该部管辖，而在各地方仍由巡警厅具体经管。民政部对报刊的管理，在注册检查手续方面基本延续了巡警部的做法，仍依据《大清印刷物专律》办理。在内容控制上也是如此，光绪三十三年八月（1907 年 9 月），清政府颁行了由民政部拟定的《报馆暂行条规》十条，第一条就规定"凡开设报馆者，均应向该管巡警官署呈报，俟批准后方准发行，其以前开设之报馆均应一律补报"。该条规中还详细规定了报纸的禁载事项及处罚措施①。虽然报刊管理的主管机关经历了从巡警部到民政部的变化，但各地报刊的具体管理机构一直是警察厅。比如京师内外巡警总厅警务处治安股的职责中，就包括"掌督察街市站店、大众集会并新闻纸出版暨商民刊布传单、告白等事"②。这种职责既包括报刊创刊时的登记检查，也包括报刊获得批准发行后的统计核查。比如光绪三十三年（1907），京师外城巡警总厅编制了一份上一年北京报纸的统计书，详细记载了 17 家报纸的主笔、资本、销售等方面的情况，其中就包括《北京画报》《星期画报》《普通科学画报》等画报③。

清政府出台新闻出版法规的最终目的，仍是为了进行舆论控制，维护其统治秩序。在《大清印刷物专律》等法规条文中，虽然没有明确规定新闻检查制度，但在注册检查中，其实就暗含着对报刊内容的审查。比如光绪三十三年十一月（1907 年 12 月），商易象、观瞿绶、张华、谢孟周等计划在北京创办《国民纪念画报》。这份画报与其他画报的不同之处，就在于以推行社会教育为宗旨，其中又以爱国教育为重要内容。该画报"专取我国数十年来之奇耻极辱及现时重要之事，纪其本末，聘请专门传真名手，以写生笔译，绘成图画，庶几人人触目警心，痛极思奋，力图自强，社会教育藉以补助。"不但如此，商易象等还向京师外城巡警总厅呈请，允许他们"于通衢大道自行设立木牌，每期派人粘贴"，以便于无钱购买画报的贫寒民众可以免费阅览画报，以普及教育，并且还请求巡警厅派巡警保护。该画报的内容引起了外城巡警总厅的警惕，在给民政部的申文里，给出了"北京民智未开，恐复张野蛮排外之气，酿成国际问题，推其流弊，似宜预防，该职商等所请各节，按之学理则本无不宜，揆之事实颇多滞碍"的意见。民政部于是给出了"暂不准行，俟有定议申部再夺"的建议。巡警厅所谓的"酿成国际问题"，无非是怕

---

① 《民政部奏拟定报馆暂行条规折》，《东方杂志》1908 年第 5 卷第 1 期。

② 《巡警部奏酌拟本部官制并变通工巡局旧章改设实缺折》，《东方杂志》1906 年第 2 期。

③ 《京师外城巡警总厅第一次统计书》，京华印书局光绪三十三年十二月铅印本。

该画报的内容引起列强的不满，引发外交纠纷。为此不惜让一份画报胎死腹中①。

　　无论是外城巡警总厅还是民政部，在关于《国民纪念画报》的行文中，都没有将清政府已经颁布的《大清印刷物专律》《报馆暂行条规》等法规条文作为政策依据。外城巡警总厅给民政部申文时，已经承认《国民纪念画报》的申请"按之学理则本无不宜"，但仍认为"揆之事实颇多滞碍"；而民政部给外城巡警总厅的批文中，竟然以该画报图画"与外洋油画院办法绝不相同，且以此种图画悬之国门，按诸春秋内讳之义，亦未合宜"②作为不准登记的理由。由此可见他们对出版物的管理其实仍没有纳入法制的轨道，而是带有相当大的随意性。这足以说明，此时清政府颁布的《大清印刷物专律》《报馆暂行条规》并没有真的被付诸实施，更并没有起到保障人民言论自由的作用。

三、《大清报律》时期

　　光绪三十三年十二月（1908 年 1 月），由商部参照日本报纸法拟定、巡警部修改而成的《大清报律》正式颁布。这是中国最早的新闻法，其内容包括发行、管理、处罚和报章权益等四个方面。在报纸登记方面比较重要的变化，是增加了缴纳保证金和事前检查制度。第四条规定，发行人需于呈报时，根据发行频率附缴保押费二百五十元至五百元不等；第七条规定，应于发行前一日"送由该管巡警官署或地方官署，随时查核"。报律详细规定了报纸违反条款的具体处罚措施，包括有经济处罚、刑事处罚等③。很显然，清政府对报纸的管控更加规范了。宣统二年十二月（1911 年 1 月），由民政部修订为《钦定报律》重新颁布，其内容基本上延续了《大清报律》。

（一）画报登记注册

　　根据《大清报律》，具体负责报纸登记检查的机构仍然是"该管地方衙门"，也就是巡警厅或其他地方官署。报纸创办时应"呈由该管地方官衙门申报本省督抚，咨民政部存案"。比如天津的报纸由直隶总督向民政部咨文备案。宣统二年六月十六日（1910 年 7 月 22 日），直隶总督陈夔龙致民政部咨送了天津各报馆一览表，请民政部予以备案。表中列天津中文报馆共 12 家，其中包括《醒华三日画报》④。但是北京比较特殊，是由巡警

①　光绪三十三年十一月十四日《外城巡警总厅为职商易象等创办〈国民纪念画报〉并拟立木牌粘贴展示事致民政部申文附〈国民纪念画报〉出版广告》，中国第一历史档案馆档案 21 - 678 - 21、22；光绪三十三年十一月二十日《民政部为外城总厅申〈国民纪念画报〉专取数十年之奇耻极辱绘成图画事批文》，中国第一历史档案馆档案 21 - 678 - 23。
②　光绪三十三年十一月二十日《民政部为外城总厅申〈国民纪念画报〉专取数十年之奇耻极辱绘成图画事批文》，中国第一历史档案馆档案 21 - 678 - 23。
③　张静庐辑注：《中国近现代出版史料·近代初编》，上海：上海书店出版社 2003 年版，第 319—324 页。
④　中国第一历史档案馆辑：《晚清创办报纸史料二》，《历史档案》2000 年第 3 期。

总厅直接申报民政部的。比如宣统三年六月（1911 年 7 月）北京《公民画报》呈请登记，先由发行人卫寿珊向京师外城巡警总厅提交呈文进行申请，再由外城巡警总厅向民政部申文，由民政部依据《报律》进行审核确准后，再札饬外城巡警总厅照办。卫寿珊的呈文如下：

> 具呈文生员卫寿珊为发行画报恳恩立案事。窃维开通民智，莫逾报纸，触目警心，尤推画报。生员有鉴于此，爰措资组织画报一种，颜曰《公民》，每日出版一张，以穷神极相之工，效暮鼓晨钟之用。谨遵《报律》呈请厅宪大人批示，并请发给营业执照，实为公便。谨呈。①

后文列明了画报的名称、体例、发行期、发行人、编辑人、印刷人、发行所、印刷所等项。外城巡警总厅申文民政厅后，民政部札饬如下：

> 据外城总厅申称：卫寿珊遵律禀设《公民画报》，禀开具各款呈请立案。等情到部。查该报所报各节，核与《报律》第一条各款尚属相符，自应准予立案。至保押费一节，应由厅确切查明鉴定该报实系专以开通民智为目的者，得全免保押费，以符定律。合行札饬，札到该厅遵照可也。札外城总厅。②

当年十月，《公民画报》更易发行兼编辑人，即遵照《报律》第五条的规定，向外城巡警总厅禀报③。由以上所引呈文和札文可见，在《大清报律》颁行后，清政府的报刊检查开始援引报律条款，强调"以符定律"，比此前规范了许多。

《大清报律》颁布后，民间办报再次受到了鼓舞，每年新创办报刊数量比之前又有增长。画报的增幅更为明显，光绪三十四年（1908）创刊的有 4 种，光绪三十五年（1909）创刊数则多达 11 种。在以上这 15 种新创画报中，以"时事"命名的就有 4 种，即上海《时事画报》《舆论时事报图画》《时事报图画旬报》《燕都时事画报》，另外北京的《当日画报》《北京白话画图日报》《北京醒世画报》、上海的《舆论日报图画》《民呼日报图画》等也都大量刊登时事新闻，有的还刊载揭露晚清社会政治的黑暗和腐朽的讽刺漫画。比如《北京白话画图日报》设"时评"栏目，通过讽刺画，对国内时事进行无情的批判、鞭挞，甚至以漫画揭露清政府"立宪"的虚伪面目④。

---

① 宣统三年闰六月《卫寿珊为组织发行〈公民画报〉请批示并发给营业执照事呈外城巡警总厅文》，中国第一历史档案馆档案 21 - 678 - 91。
② 宣统三年闰六月十二日《民政部为卫寿珊禀设〈公民画报〉事札饬外城巡警总厅》，中国第一历史档案馆档案 21 - 678 - 93。
③ 宣统三年十月初五日《〈公民画报〉为更易发行兼编辑人事禀外城巡警总厅文》，中国第一历史档案馆档案 21 - 678 - 101。
④ 《北京白话画图日报》宣统元年四月二十五日第二百二十号。

(二) 画报的查禁

《大清报律》的颁布，使清政府对报刊的检查趋向日常化、制度化。京师内外城巡警总厅每天都要派员，到各报馆检查有无违犯报律情形，十天一次向民政部汇报，发现报刊有违禁之处立即查处①。根据《大清报律》，报刊触犯违禁条款的惩罚是非常严厉的。比如若报刊登载"诋毁宫廷之语、淆乱政体之语、扰害公安之语、败坏风俗之语"，发行人或编辑人将会被处以六个月以上、两年以下的监禁②。光绪三十四年（1908）慈禧太后去世后的国丧期间，汕头《双日画报》刊登了触犯禁忌的图片，记者曾幸存因此被判监禁，直到第二年才在绅商学及慈善界禀请保释下出狱③。

除了《大清报律》明文规定的那些违禁条款，清政府尤其关注带有革命色彩的报刊。此时资产阶级革命已经逐渐兴起，本来远离政治的画报也难免带有政治立场，同情甚至宣传革命者不在少数，清政府对此尤其不能容忍。在这种情况下，画报遭受清政府检查封禁的概率就大大提高了。比如创刊于光绪三十一年（1905）的广州《时事画报》，因"以提倡民气、启诱愚蒙为主旨，坚持平等、博爱、自由三大主义"，导致"政界缘是嫉之，屡施困厄"④。该刊持革命立场，揭露帝国主义在华的罪行，报道各地革命党人的起义斗争，因此激怒清廷，光绪三十三年（1907）被迫停刊，后迁至香港复刊，继续宣传革命⑤，终因"社会之受其影响转疾而众"，所以"政府忌之愈深，欲施其剧烈手段，社友散避"⑥，宣统二年（1910）出版至第 131 期后被迫停刊。上海《民呼日报图画》创办于租界中，是于右任创办的《民呼日报》的图画新闻，革命色彩浓重，多刊登灾荒等消息，渲染一种大清国气数已尽的氛围。宣统元年（1909），上海地方当局通过构陷，由上海会审公廨判决将于右任逐出租界，《民呼日报图画》也就随之被迫停刊⑦。

四、1912—1920 年北洋政府对新闻的管控

1911 年辛亥革命推翻了清政府，也结束了中国两千多年的封建专制。南京临时政府颁布的《中华民国临时约法》，将言论自由确立为根本的新闻舆论管理原则，这使得国内新闻自由的热情空前高涨起来。南京临时政府制定了只有三条的《中华民国暂行报律》，

---

① 《内外城巡警总厅申陈检查辖区各报馆并无违犯报律情形有关文件 1908—1911》，中国第一历史档案馆藏民政部档案一五〇九卷 487。转引自王学珍：《清末报律的实施》，《近代史研究》1995 年第 3 期。

② 张静庐辑注：《中国近现代出版史料·近代初编》，上海：上海书店出版社 2003 年版，第 321—322 页。

③ 《〈双日画报〉记者出狱矣》，《广益丛报》1909 年第 212 期。

④⑥ 鲁达《画报复活感言》，《时事画报》1912 年第 1 期。

⑤ 韩丛耀主编，徐小蛮、王福康著：《中华图像文化史·插图卷上》，北京：中国摄影出版社 2016 年版，第 249 页。

⑦ 张运君：《清末查禁〈民呼日报〉案》，《历史教学》2007 年第 11 期。

给予新闻出版相当大的自由权，但仍被报界以"内务部擅定报律，侵夺立法之权"①为由拒绝接受，被迫取消，报界因此而迎来了一次"大繁荣"。按照梁启超在 1912 年的说法，"国中报馆之发达一日千里，即以京师论，已逾百家"②。1912 年有 8 种画报创刊，其中绝大多数都以时政、社会作为主要内容，关注现实，关注政治。

1912 年，袁世凯窃取了辛亥革命的果实，为了巩固自己的专制统治，为复辟帝制做准备，开始强力钳制新闻舆论，甚至下令由陆军部对报纸进行检查③，用军阀的力量对报纸进行大规模的查禁、打压。到了年底，全国报纸由 500 家急剧缩减到不足 139 家④，史称"癸丑报灾"。上海《真相画报》为同盟会会员于 1912 年创办的时政类画报，在 1913 年刺杀宋教仁案发生后，刊载了《谋杀宋教仁先生之关系者》《谋杀宋教仁先生之铁证一斑》等照片，因而被袁世凯政府强制停刊。在政治高压下，1913 年新创办的画报由上一年的 8 种减少为 4 种。

在报纸的登记注册方面，袁世凯政府基本沿用了清政府的做法，由各地警察厅具体负责，但要由内务部做最终的裁决。比如 1913 年初，李墨林在北京创办《教育画报》，仍是先向内城巡警总厅申请登记，再由内城巡警总厅向内务部转呈，最后由内务部下令"准予备案"⑤。1914 年 4 月，袁世凯政府内务部颁布了依据《大清报律》制定的《报纸条例》。此条例仍明确报纸创刊时需向警察官署申请登记，警察官署认可后给予执照，"并将发行人原呈及认可理由，呈报本管长官，汇呈内务部备案。"同时也像《大清报律》一样，规定报纸发行前必须缴纳一笔"保押费"⑥。

对于新闻检查，《报纸条例》确定的是事后检查制度，即报纸在发行日递送该管警察官署存查。其所规定的禁载事项，包括"淆乱整体""妨害治安""败坏风俗"等八类，此后，袁世凯政府配合《报纸条例》陆续制定了《陆军部解释〈报纸条例〉第十条第四款军事秘密之范围》《〈报纸条例〉未判案件包括于检厅侦查函》《报纸侮辱公署依刑律处断电》等规定，并于 12 月出台了《出版法》，基本上承袭了《报纸条例》而又扩而大之，并明确规定"出版之文书图画"应于发行前送该管经查官署及内务部备案，实际上就是恢复了《大清报律》的事前检查制度。其第十一条规定了"文书图画"内容的禁忌事项八类，被认为是"与报纸最有关系，动辄得咎，非常危险"⑦。1915 年，袁世凯政府又先后

① 《上海报界上孙大总统电》，《申报》1912 年 3 月 6 日。
② 梁启超著，方志钦、刘斯奋编注：《梁启超诗文选》，广州：广东人民出版社 1983 年版，第 245 页。
③ 倪延年：《论北洋军阀政府时期的报刊立法活动及主要特点》，《南京师大学报（社会科学版）》，2004 年第 3 期。
④ 方汉奇：《中国近代报刊史》，太原：山西教育出版社 2012 年版，第 633—634 页。
⑤ 民政部令第三十三号《令内城巡警总厅》，《中华警察协会杂志》1913 年第 1 期。
⑥ 刘哲民编：《近现代出版新闻法规汇编》，上海：学林出版社 1992 年版，第 86—90 页。
⑦ 张静庐辑注：《中国近现代出版史料·近代初编》，上海：上海书店出版社 2003 年版，第 330—333 页。

颁布了《新闻电报章程》和《修正报纸条例》。前者通过电报加强了对新闻出版的管控，后者则增加了警察官署"因维持治安之必要"对报纸进行查封的权力①。新闻报纸的出版发行被套上了重重枷锁。1914 年至 1916 年，每年仅有一种画报创刊，且其内容皆远离时政，又回归到消闲一类了。

1916 年 6 月袁世凯死后，黎元洪就任大总统。从 6 月到 7 月，北洋政府发布了一系列的命令，废止袁世凯时期钳制新闻出版的禁令，包括取消保证金、停止函件检查、废止《报纸条例》，并且通过承认《中华民国临时约法》，表面上恢复了人民的言论自由，但是却仍然沿用了袁世凯政府制定的《出版法》。《出版法》本来就是对《报纸条例》的扩展，对新闻自由的限制比后者更加苛刻，因此北洋政府废止《报纸条例》并无实际意义。9 月，内务部警政司制定颁布了《检阅报纸现行办法》，该办法规定相关部门每天需要购买各种报纸进行检查。1918 年，北洋政府设立新闻检查局，专门负责对报纸内容进行检查和处罚。当年北洋政府还试图颁布一个新的《报纸条例》，其对新闻出版的控制比袁世凯政府的《报纸条例》更为严苛，但因新闻界的强烈反对而夭折②。

总体来看，袁世凯死后北洋政府的新闻出版政策，与袁世凯时期并无本质不同，甚至连陆军管控报刊的权力也保留了下来。各自为政的军阀管控报刊的措施更加随意，其中画报尤其受到限制。比如 1920 年，镇江《京江日报》的发行人颜承善筹集股本拟开办画报，即被驻扎当地的陆军第十九师司令部批令禁止出版。其理由竟然是已有报刊已经足够报道各种新闻，而画报"不过撷拾市井流传街巷蜚语，描摹状态，迹近诋诮，不惟不能补俗，转恐有伤风化，不惟无裨桑梓，且亦有害营业"③在这种情况下，画报的创办一直处于低谷，从 1917 年到 1920 年，每年画报的创刊数分别为 3 种、2 种、2 种、2 种。

另外，这一时期上海租界也开始加强对新闻出版业的监管。1919 年 6 月，上海公共租界工部局出台了《工部局印刷附律》，规定"凡印刷刊布或使人印刷刊布新闻纸、小册子、通告、传单、小书、招贴或其他纸类"，必须在印刷刊布以前先行注册。中国人向工部局注册，外国人向本国领事注册。刊布时须将发行人的姓名、住址、营业处所，刊载于封面或首页、末页、登载社论之页。如果违反以上规定，会被处以罚金甚至监禁。上海法租界总领事署也于当月公布了《上海法租界发行印刷出版品定章》，规定"凡欲在法租界开设华文报馆或华文杂志印刷品等，应由法总领事许可"，获得许可后，在发行前须先送至法捕房及法总领事署各一份④。

① 刘哲民编：《近现代出版新闻法规汇编》，上海：学林出版社 1992 年版，第 94—98 页。
② 穆中杰：《北洋政府的新闻立法活动 1916—1928》，《新闻爱好者》2011 年第 3 期。
③ 《禁止画报出版》，《时报》1920 年 8 月 29 日。
④ 刘哲民编：《近现代出版新闻法规汇编》，上海：学林出版社 1992 年版，第 648—649 页。

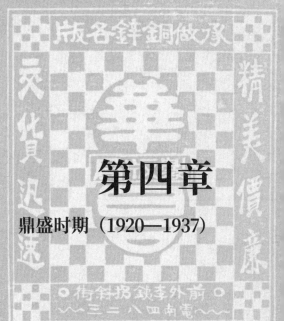

第四章

鼎盛时期（1920—1937）

自从 19 世纪 80 年代以《点石斋画报》为先河的石印画报问世，一直沿用的手绘图画，多带有个人主观成分，难以真实地还原现实。随着摄影技术传入中国，虽有铜版图片出现报端，也偶有铜版印刷的《真相画报》《欧战写真集》《天津水灾纪念全图》《津埠附近被水情况》《北京举行黄兴、蔡锷追悼大会》等的问世，但应用范围不够广泛、社会影响较小，画报印刷未能进入铜版时代。黄天鹏在《五十年来之画报》一文中称："最初应用照相铜版来印画报的，要推世界社在巴黎印行的《世界》了。创刊于丁未秋季，即清光绪二十一年（西历一千八百九十五年）到现在已将四十年，该刊由姚蕙编辑，巴黎大学教授南迣鉴定，今之党国要人吴稚晖、李石曾、褚民谊三氏均参与其事。内容分世界各殊之景物、世界真理之科学、世界最近之现象、世界纪念之历史、世界进化之略迹等，印刷极精，并有套色，每册定价两元。大概在国内不大流传，即当时报界也没有此种机器及财力，并没受多大影响。"①《世界》画报虽为国人所办，但出版地在法国，故不能认为是中国最早的铜版画报，更不能认为《世界》开启了中国的铜版时代。

　　随着欧美报纸附设画刊之风盛行，时在上海《时报》任职的戈公振，最先认识到新闻图片对报纸生存、发展的重要意义，遂于 1920 年 6 月 9 日创办《时报图画周刊》。该刊被誉为"中国现代摄影第一画刊"，它的问世结束了中国画报的"石印时代"，开启"铜版时代"，中国画报由此进入鼎盛时期，直到 1937 年抗战全面爆发。

　　之所以称之为鼎盛时期，有四点原因：一是这一时期的画报出刊数量最大、质量最高、种类最全、名刊最富、形式最多，二是出版城市由沪、津、京、粤等少数城市发展至全国各地，三是涌现出一批著名报人和为画报供稿的撰稿人、摄影者、漫画家等，四是画报从业者和新闻学者撰写了一批画报理论文章。

第一节　鼎　盛　的　原　因

　　1936 年 1 月《中国画报》发刊词，较为系统地分析了这一时期画报鼎盛的原因："我国依近代印刷而产生之图画刊物，约去今二十五年前，即已有张静江、周柏年诸氏所办

---

① 黄天鹏：《五十年来之画报》，《时代》1934 年 10 月 10 日第 6 卷第 12 期。

之《世界画报》为之前导。然而蓬勃郁茂的气象，当为近年间新兴之趋势。此盖由于迩来交通建设之发达，摄影供给之扩张，印刷技术之进步，出版事业之推广，因势利导，日新又新，社会需要，乃日以开展也。"①我们从以下几个方面来说明：

一、社会发展

1919 年的新文化运动是我国历史上一次空前的思想大解放，它彻底动摇了封建思想的统治地位，将国民从五千年的思想禁锢中解放出来，科学、民主、解放思想的观念深入人心，国民整体呈现出前所未有的对知识的渴望。但当时仍有近八成的国民不识字，这便为画报的发展提供了肥沃的土壤。五四运动不仅是一次爱国主义运动，也是一场思想解放运动，随着男女平等、妇女解放等新思潮涌入中国，深藏闺房的女性开始放开缠足，走出家门，步入学校，有了工作，在经济上、人格上获得一定程度的独立，社交公开成为时尚，男女交际趋于自由。于是，学校皇后、交际花、名闺、名媛、高才生、运动健将、摩登女郎等女性代表，大胆将自己的玉照刊于画报之上，成为画报中最靓丽的一道风景线，也成为画报热销的一大噱头。如上海的《上海画报》《环球画报》，天津的《北洋画报》《天津商报画刊》，北京的《星期画报》《北京画报》等报纸型画报，每期刊登女性照片平均达 5—10 幅之多。

二、技术进步

1. 摄影技术日趋成熟。"摄影术于 1839 年发明，在 19 世纪 40 年代传入我国，摄影作为一种新生事物，在很长一段时间内都被视为奇技淫巧，受到画界大多数人的抵制。"②摄影术传入中国初期，只是作为一种商业行为，而并未成为大众艺术。新文化运动后，摄影术最先得到艺术界、教育界的认可，如著名画家张大千在《静山集锦·张序》中公开承认摄影即绘画，绘画即摄影，因为两者都是为了表现"胸中之丘壑"，"道虽殊而理同"。特别是著名教育家蔡元培的将摄影术定义为一种应用工艺，与图画具有相同的艺术性。刘半农不仅本人亲自尝试摄影，还在著名的《半农谈影》一书中批驳了好友钱玄同"凡爱好摄影者必是低能儿"这种在当时学术界很有代表性的论调，反驳了"照相总比不上图画"的观点。画家丰子恺、徐悲鸿，出版家张元济，历史学家顾颉刚等人也都认同了摄影的艺术性。由于各领域名家的肯定和倡导，加之摄影器械、摄影工艺自身的不断进步，摄影术逐步得到社会各个层面的关注，随之得到发展。

摄影照片给画报带来了内容上的革新，它一改之前石印画报中图画的"神似"而成

---

① 《发刊词》：《中国画报》1936 年 1 月 5 日创刊号。
② 能向群：《20 世纪二三十年代上海画报的兴盛及其原因》，《中国编辑》2006 年第 1 期。

为历史的"再现"，最真实地记录历史、还原历史。新文化运动后，《申报》《时报》各报的新闻照片屡有刊登，读者对新闻照片的兴趣和认识均有所提高，各报社开始出现新闻摄影记者，燕京大学等院校开始设置新闻学。这就为1920年戈公振创办《时报图画周刊》奠定了基础。20世纪20年代中期，铜版印刷和小型相机逐渐推广，摄影作品逐渐被报刊广泛采用，摄影师逐渐成为一种职业。1922年5月，致力提高中国摄影技术的《摄影杂志》在广州创刊。该刊深入浅出的内容，对当年摄影专业人士和摄影爱好者提高摄影技术具有一定的指导意义，而其对摄影理论的探讨与研究，则对提高我国摄影界整体理论水平也具有一定的推动作用。1924年，福建古田人林泽苍就读于上海圣约翰大学，参加该校摄影研究会，任会长，曾获得摄影比赛第一名。1925年8月5日，他在上海发起成立了中国摄影学会，8月22日创刊以介绍摄影技术为主的《画报》（后更名为《中国摄影学会画报》）。20世纪30年代后，以摄影照片为主要内容的画报、画刊如雨后春笋般层出不穷，1932年至1935年被出版界称为"杂志年"，大量画报的出版功不可没。摄影是画报发展成熟的最重要因素，摄影画报在"图文关系上，图画的中心地位更是远较石印画报明确，图对文的超越，以至图文并茂的传播效果是中国近代画报成熟的明显标志。"①正是摄影术的引入、发展和普及，使画报的内容和表现形式得到极大拓展，奠定了画报繁荣发展的基础。

2. 印刷技术不断提高。萌芽时期和发展时期的画报均为手绘石印，"图画既需有相当绘画训练和涵养的人，石印也需要长时期的印刷，才可出报。这样麻烦费时的工作，当然尝试的人要少。等到照相术、制版术相继发明以后，石印时期的种种困难，扫除净尽，办画报的人只需有相当的经济人才，便可从事这种事业。"②以铅活字印刷为先导的西方近代印刷术，由西方传教士传入中国后，金属活字印刷、照相制版、三色版、珂罗版、铜锌版、影写版等先进技术逐渐取代了中国传统的手绘石印方法。尤其是以铜锌版印刷出来的画报比绘画石印的更为形象、逼真、清晰、美观，让人赏心悦目。国内外的自然风景、时事新闻、艺术作品、民风民俗、人类生活，皆可收入小小的镜头内，然后制成铜锌版，印在画报上，让读者身临其境，一目了然。如果说摄影照片是对新闻现场和人类生活的第一重记录，那么，画报的印刷出版则是利用这些摄影照片的第二重传播与推广。正是由于印刷术的演进对画报起到了至关重要的作用，因此著名报人萨空了才将画报分为石印、铜版和影写版三个时代。著名摄影家刘凌沧则将1933年前的画报分为石印独占时期（光绪十年—民元）、石印全盛时期（宣统二年—民七）、石印铜板混合时期（民元—民九）、铜板全盛时期（民九—民十九）、铜板影板混合时期（民十九—民二十二）

---

① 吴果中：《中国近代画报的历史考略——以上海为中心》，《新闻与传播研究》2007年第2期。
② 蒋荫恩：《中国画报的检讨》，《报学季刊》1935年第1卷第4期。

五个时期①。

《报学月刊》编辑、老报人黄天鹏在《五十年来之画报》一文中认为："最初应用照相铜版来印画报的，要推世界社在巴黎印行的《世界》了。"②但因《世界》画报在法国巴黎出版而不在本书研究范围之内。1912 年民国肇始，中国的新闻出版业出现了空前的繁荣。同年 6 月 11 日《真相画报》在上海创刊，阿英在《中国画报发展之经过》一文中称铜版时代在国内正式实现"则始于民国元年（一九一二）高奇峰之办《真相画报》。"③丁守和在《辛亥革命时期期刊介绍》中则称之为"我国近代史上著名的一份大型革命画刊"④。但《真相画报》出版不到一年便因图文报道张振武、宋教仁案，矛头直指袁世凯而被查封；而且它的创刊也未能带动中国铜版画报的风行，在此后的九年中，上海的《中华民报图画》《大共和画报》《小说画报》，北京的《黄钟日报》，浙江的《之江画报》《星期画报》《浙江民报画报》等，仍以手绘石印的形式出版。直到 1920 年中国摄影第一画刊《时报图画周刊》问世，中国近代画报才真正进入了铜版时代。难怪萨空了忽略了《真相画报》，而将铜版时代的肇始归于《时报图画周刊》。"此石印时代直推延至民国九年，上海《时报》之《图画周刊》出版，始渐为铜版画报所代兴，而造成中国画报之'铜版时代'。"⑤

1920 年 6 月 9 日，《时报图画周刊》在上海创刊，为《时报》附刊，主编戈公振，时报社出版印刷，8 开四版，双面铜版印刷，以图为主，配有少量文字说明。创刊号《导言》称："世界愈进步，事愈繁赜。有非言语所能形容者，必借图画以明之。夫象物有鼎，豳风有图。彰善阐恶，由来已久。今民风蔽锢，政教未及清明，本刊将继文学之未逮，一一揭而出之，画像穷形，俾举世有所观感，此其本旨也。若夫提倡美术，增进阅者之兴趣，乃其余事耳。"戈公振强调指出摄影图片应起"彰善阐恶"的作用，其它方面都是次要的。在那个年代能提出如此深刻、正确的见解，可谓难能可贵，表明戈公振具有过人的见识和作为一个报人对国家社会抱有的责任感。该刊图片分为六类：一是时事照片，如"一种特别集会，需是临时发生的、不常遇到的事情。不过要极其迅速，以在报纸上没有揭载过的为限"；二是风景照片，"不拘于名胜古迹，凡是有美术价值的，尽管它是一花之微，一羽之细，都表示欢迎"；三是学校照片，包括文化运动、体育、游艺，以及教育上种种新建设的照片；四是艺术品照片，目的是提倡美术，灌输赏鉴艺术的知识，介绍国内外美术家的最近作品及其小影等；五是名人照片，不拘男女，但需是国人所知

① 刘凌沧：《中国画报之五个时期》，《北洋画报》1933 年第 18 卷第 888 期。
② 黄天鹏：《五十年来之画报》，《时代》1934 年 10 月 10 日第 6 卷第 12 期。
③ 阿英：《中国画报发展之经过》，《良友》1940 年 1 月第 150 期。
④ 丁守和：《辛亥革命时期期刊介绍》，北京：人民出版社 1983 年版。
⑤ 萨空了：《五十年来中国画报之三个时期及其批评》，《新闻学研究》1932 年 6 月。

名者；六是风俗照片，以异乎寻常的为限，不拘种类。从这里可以看出画报的选稿标准和充实的内容，对新闻照片的要求尤其严格，强调迅速及时，不用他报已发表过的照片，使读者感到新鲜。由于能保持这种特色，《时报图画周刊》在读者中逐渐赢得了声誉。该刊至 1924 年 2 月 17 日第 186 期，更名为《图画时报》，1935 年 10 月 13 日停刊，共出刊1072 期。

《时报》出版附刊《图画周刊》后，"一切用铜版印刷的照片，比石印清晰迫真千万倍了。使报纸添了不少精彩，全国报界，闻风兴起，自此铜版画报有如雨后春笋的茂盛。"[1]《申报》《京报》《新闻报》《晨报》《天津商报》等大报，竞相效仿，出版附张画报。铜版画报继起者日渐增加，纸张也由连史纸改用洋宣纸、铜版纸和道林纸。至 1925年，随着《上海画报》《摄影画报》的创刊，铜版画报逐渐走向成熟。此后，报纸型的《上海画报》《北洋画报》《大亚画报》《星期画报》和书册型画报《良友》《大众》《中华》《时代》等均为铜版画报的代表。铜版画报独占中国画报近十年，直到 1930 年"始有影写凹版兴起，而渐有代铜版画报以兴之趋向"[2]。

首创以影写版印刷画报者，为商务印书馆《东方杂志》前的插图。1904 年 3 月 11日，中国近代历史上的大型综合性期刊《东方杂志》在上海创刊，以"启导国民，联络东亚"为宗旨，由商务印书馆编辑发行，夏瑞方主编，徐柯、孟森、杜亚泉等编撰，终刊于1948 年 12 月，历时 45 年，共出刊 44 卷 818 期，是中国期刊中"最努力者"，也是"创刊最早而又养积最久之刊物"。该刊从创刊伊始就设有 2—8 页不等的书画艺术、名胜风景、中外名人的摄影照片，后经不断革新、改版，照片内容随之丰富完善。照片部分采用道林纸、影写版印刷。影写版印刷比铜版印刷更为清晰、精良。而正式以影写版书册型画报身份出现者，则为 1926 年 2 月 15 日，伍联德创办的《良友》画报。早期的《良友》亦为铜版印刷，至 1930 年 3 月出版的第 45 期画报开始，遂改用影写版印刷。第 50 期更增加篇幅至 42 页，且其中 3 页为五色精印，从而成为当时中国印刷最为精美的画报。《良友》大获成功后，模仿出版的大册画报盛极一时，如《文华》《大众》《时代》等。

戈公振曾向《申报》老总史量才建议："本报为中国唯一大报……倘有图画增刊，不仅增加声价，扩广销数而已，且将为国家光荣有进一步之努力焉。"于是，1930 年 5 月18 日，《申报》附刊《申报图画周刊》正式创刊，成为中国第一张报纸型影写版画报。但因为机器设备、印刷成本等原因，影写版在报纸型画报并未被广泛使用。

三、迎合了社会需求

20 世纪二三十年代，上海、天津、广东等沿海城市的文化发展趋向商业化、多元

---

① 黄天鹏：《五十年来之画报》，《时代》1934 年 10 月 10 日第 6 卷第 12 期。
② 萨空了：《五十年来中国画报之三个时期及其批评》，《新闻学研究》1932 年 6 月。

化、大众化。尤其是"左联"提出了"文艺大众化"的讨论与实践，邹韬奋创办了《生活》周刊和《大众生活》后，大众化浪潮迅速席卷全国。国民对含蓄高雅的传统文化逐渐降低兴趣，转而喜欢更为休闲娱乐的大众文化。画报虽然与其它新闻报刊一样，有着报道新闻、宣传时政、教化国民等特殊使命，但当时的大多数民众总把它当作一种消遣品看待。"譬如一位守财奴在家里除掉吃饭睡觉而外，又不爱看报，闲着干什么呢？最好自然是买份画报，躺在沙发上，一面抽雪茄，一面看图画，比什么都来得舒适有趣。还有公子、小姐在家闲着没事的时候，拿张画报，看看上面印着漂亮的名媛、电影明星、高材生、皇后、坤伶的照片，比看什么剿匪胜利、伦敦海军谈判一类的新闻要入味有趣的多。还有买办经理，坐在汽车里时，看看登着舞女、名伶照片的画报，也免得寂寞。"[①]因此，在当年的画报中，电影、戏剧、名媛、女学生之属的娱乐类内容占据半壁江山。

四、知识分子、艺术家的一种新型职业

20世纪二三十年代，一些不学无术者靠裙带关系升官发财、飞黄腾达的现象屡见不鲜，学而优则仕的道路遭遇阻隔，办报出刊逐渐成为知识分子实现自我价值的一种新型职业。邵洵美、冯武越等一批有志出版事业的知识分子留学归国，戈公振、伍联德、邹韬奋等曾出国考察出版业。他们熟练掌握英语、法国、德国等外语，阅读西方画报不存在任何障碍。西方画报为他们创办画报提供了可供参考的范本，同时在他们的画报中，很多人体艺术照和电影明星照也都直接取材于西方画报。而天津的叶庸方，上海的叶仲方等一批富家子弟，一是为了追求艺术，二是为了附庸风雅，也不计成本、不求回报地投资创办画报，也对画报的繁盛起到了推波助澜的作用。

民国时期，大富大贵的艺术家寥若晨星，大多数均为生计而奔波。为了增加收入，他们除了"为艺术而艺术"外，大多兼职副业，而最确当的副业莫如办画报了。画家、漫画家、摄影家们既有能力又掌握素材，况且办画报也不需要很多资本，只须筹得一笔启动经费，或找一个肯出资的商人，联络一两个好友，便可办个画报了。倘若经营得当赚了钱，还可名利双收。如果出师不利赔了本，也算出过了风头，吃不了什么大亏。更因有了《上海画报》《良友》《北洋画报》等成功的案例，让更多的艺术家们跃跃欲试，他们吃饭、喝茶时聊起这个话题，便头脑一热相约起事。有的租个写字间，放上一张字台。有的干脆在自家挂上一个报社的牌牌儿。有的拍一组照片。有的画一些漫画、国画、西洋画。由于贸然从事，一切经济计划尚不完备。手段好的，画报可以活得长些。能力差的，不到三四期就寿终正寝了。如此这般，忽生忽灭，此起彼伏，把画报界点缀得有声有色，风生水起。

---

① 蒋荫恩：《中国画报的检讨》，《报学季刊》1935年第1卷第4期。

五、商人逐利

20 世纪二三十年代，政治环境相对宽松，创办画报手续极其简便，甚至可以先办报再审批。随着国人的文化水平逐渐提高，画报的读者队伍不断壮大。手续便利，投资不大，回报可观，当时炙手可热的《良友》《时代》《大众》等画报销数已达数万册，如此大的销路，自然获利颇丰。于是，一些投机商人从中窥见商机，觉得办画报是块肥肉，遂竞相投资，你拉一个编辑，请一顿饭，办一个画报。他也拉一个编辑，请一顿饭，办一个画报。这样你办一个，他办一个，在客观上也就造成了轰轰烈烈的画报出版潮。当年的商务印书馆、东方美术印刷公司、上海时代图书公司、中华出版社、三和出版社、上海联业编译广告公司、文华美术图书印刷公司等印书馆、印刷公司、出版社、美术公司也都附带出版画报。更有良友图书印刷有限公司、上海图书杂志公司等承担起上海画报的总经销，让画报的销售走上职业化、专业化的道路。

六、电影的促进作用

20 世纪初，电影一在上海、天津、北京等地放映，立即引起中国观众的青睐，上到军政要人、各界名流，下至苦力小工、家庭妇女，没有不爱进电影院的，电影消费逐渐成为国民的一种时尚。外国电影的故事情节和影星的名字时常挂在人们嘴边，大到重大的社交场所、小到市民的街谈巷议，皆可寻到电影的踪迹。内容是画报的灵魂，材料丰富、兴趣深厚的内容，自然可以带来巨量的销数。画报人正是抓住了这个机会，开始创办电影画报，或在画报中加入不可或缺的电影内容。为投读者所好，《银弹》《影画》《开麦拉》《好莱坞》等早期的电影画报，几乎把整个好莱坞搬上了画报。随着"明星""天一""联华"等中国电影公司的成立，中国电影开始崛起，1926—1927 年创办的《银星》《电影画报》《中国电影杂志》《影戏画报》等电影画报，则开始把视线转移至国产电影的发展上来。各大电影公司为宣传自己的最新影片和加盟影星，更出版电影画报，甚至每出品一部影片即出一册专刊，如六合影片营业公司的《电影月报》、明星电影公司的《影戏杂志》《明星》《明星特刊》、联华电影公司的《联华画报》等。20 世纪 30 年代的电影画报几乎占了整个画报市场的一半，而在 1926 年创刊的《良友》《北洋画报》《北京画报》等综合类画报中，电影也已成为重要内容。

从时间顺序上说，先有了电影才产生了电影画报，电影与出版互动联合，催发了大批电影画报的诞生。而电影画报的产生又宣传、滋养、丰富了电影业，促进了电影业的发展。由此形成了一个相互依存，相辅相成，共同发展的良性循环。

七、政治因素

1912 年民国建立，中国进入北洋政府时期。"北洋政府时期是中国几千年封建政治向民主共和政治的转型期。这一时期，军阀混战，派系林立，社会动荡不安。同时，新旧文化的碰撞与融合，促进了思想文化的发展……与几千年来封建的文化专制统治相比较，北洋政府时期的文化政策较为宽松。"①北伐后南京国民政府成立，并于 1930 年 12 月颁布了《出版法》，对报纸、杂志和书籍的注册登记、出版发行、审查监管都做了较为苛刻的限定。当年的新闻界遂发起了一场大规模的争取出版自由的反抗运动。"1932 年，商务印书馆、中华书局、世界书局等 49 家出版机构就联名反对《出版法》，要求保障新闻出版自由。最后，由于国内外强大的舆论压力，国民党政府被迫向出版界让步，'同意对以前曾准予发行的书籍酌加删改继续发行。'"②于是，在 1932 年至 1935 年出现了前所未有的出版热潮，甚至出现了所谓的"杂志年"。

八、交通与邮政的发展

随着铁路运输的不断发展，邮传制度和邮政机构的普通设立，新式教育的广泛推行，文化水平的逐步提高，丰富的新闻报道、快速的消息传播成了大众的强烈需求。

中国近代画报的鼎盛时期一直延续至 1937 年 7 月抗日战争全面爆发，随着天津、北京、上海等重镇相继沦陷，报馆或毁于战火，或被日军占领，爱国的报人们宁可歇业也不肯做亡国奴，更不愿为侵略者做事，遂出现中国画报史上最大一股停刊潮。由此，中国近代画报进入低谷时期。

第二节 特 点

一、数量庞大

从 1920 年 6 月 9 日中国摄影第一画刊《时报图画周刊》创刊后，至 1937 年 7 月 7 日"七七事变"爆发止，全国范围内共创刊 444 种画报，为各个时期之最，几乎占了笔者经见画报的一半。

出刊时间一年以内者计 287 种。仅出版一期者为 95 种，其中近半数为纪念专刊、特刊，如《俄国五年计划画刊》《歌女红牡丹特刊》《日本侵占东北真相画刊》等。出刊时间在两月以内者 52 种，多为娱乐类民营画报，如 1934 年 7 月在上海创刊的《蓬勃》画报，

---

① 孙文建：《浅析北洋政府时期思想文化发展的原因》，《传承》2009 年第 10 期。
② 刘政洲、邓晓慧：《20 世纪 30 年代"杂志年"兴起的历史背景研究》，《今传媒》2013 年第 11 期。

为几位不知名小文人联合创办的文艺类画报。该刊一是没有雄厚的资金做支撑，没有固定的办公地址；二是由于办刊人缺乏知名度，又不能支付作者稿费，遂导致稿源匮乏，撰稿人多为编辑或朋友，于是就会出现到第 4 期时四版整版全是广告的现象；三是虽然该刊能够拉来一些广告，但有限的广告收入恐怕只能支付纸张费和印刷费；四是由于画报内容单调，照片只能以严次平的人体照片为号召，再之没有良好的销售渠道，发行量自然不大。因此，像这类在当年毫无社会影响的短命小报，不过是中国画报史上的一颗流星，一个匆匆过客，能够留存至今，已属不易。

出刊时间一年以上两年以内者 52 种，两年以上三年以内者 26 种，三年以上四年以内者 17 种，四年以上五年以内者 13 种。从以上统计数字不难看出，出刊时间与画报数量成反比，画报短命不仅是画报鼎盛时期的特点，也是中国近代画报史的特点之一。

出刊时间五年以上十年以内者 26 种，十年以上者 23 种。这类画报一是依附于具有良好经济效益和较大社会影响的报社，如上海《时报》附刊《图画时报》、北京《京报》附刊《图画周刊》、江苏南京《中央日报》附刊《中央画刊》、辽宁沈阳《东三省民报》附刊《沈水画报》等；二是得益于画报社运营成功和办报人社会知名度较高，如伍联德、梁得所等主持的《良友》，冯武越、谭林北主办的《北洋画报》和林风眠、萨空了、谭旦冏等主编《世界画报》等；三是由机关、团体做后盾的画报，如中国科学社主办的《科学画报》、中国摄影学会主办的《画报》（后改《中国摄影学会画报》《摄影画报》）、故宫博物院主办的《故宫周刊》等。

需要说明的是，这里所说的出刊时间并不一定是连续出刊，其间或有停刊现象。如 1935 年在上海创刊的《国情画报》，出刊时间不长即因故停刊，1937 年曾一度拟重刊出版，正在付印之时，"八一三"战事再起，遂又陷停顿。抗战胜利后，鉴于国家百废待兴，宣扬倡导国家统一、和平建设，恰逢其时。1945 年 10 月 10 日，《国情画报》随即复刊。1946 年 1 月出刊至第 4 期因经济原因终刊。又如，1935 年 1 月，津门报人张圭颖、刘一行在津创办《银线画报》，1937 年 7 月天津沦陷后停刊。同年 9 月，张圭颖与大陆广告公司经理华诞九合作，复刊《银线画报》。但在日伪的黑暗统治下，画报几度因宣传爱国而被停刊，又几次在张圭颖的努力下顽强地复刊，直至 1945 年 8 月抗战胜利后彻底停刊。再如，1935 年 11 月，《天津午报》创办附刊《星期二画报》，"七七事变"后被迫停刊。1946 年 9 月 3 日得以复刊，定名《星期二午报画刊》。1947 年 1 月，出刊至第 22 期终刊。

二、质量上乘

编排印制精良。戈公振、伍联德、毕倚虹、梁得所、张光宇、叶浅予等深谙艺术的画报专业人士，在借鉴国外画报的基础上，结合中国实际和读者需求，精心设计，新颖排版。随着摄影技术的普及和应用，印刷技术的不断改进，画报用纸更从连史纸、新闻纸，到铜版纸、道林纸，纸质的日益提高，促使画报的印刷更为精美，装帧更加精良，照片更加清晰。有些画报各期纸张颜色的变化也是一大特点，如天津的《北洋画报》《银线画报》和北京的《北晨画报》等，每期或各版常以黑、黄、绿、红、蓝等颜色轮流使用，天津的《风月画报》则以天蓝、深蓝、绛紫、深绿、棕色等颜色逐期轮换，增加了画报的视觉冲击力，也让读者产生每期不一样的新鲜感。《上海画报》《北洋画报》《良友》《中华》《大众》《摄影画报》等这一时期的精品画报，虽经近百年的兵燹战火的洗礼和天灾人祸的劫难，但仍纸质不变、墨色不褪、图片清晰、文字可辨，丝毫不逊色于当年留存下来的照片。正如曾主编《北洋画报》的吴秋尘所言："画报与日报不同。人取其大，我取其小；人取其博，我取其巧。巧多在微妙中，在人不留意中，亦多在自己缜密安排中，于是编画报者乃不能不细，手不能不细，粗枝大叶，所不取也。画报得要美！美，为一切报纸之必备条件，而画报其尤甚者也！人不为美，何必看画报；我不为美，又何必办画报？能够做到王摩诘所谓'诗中有画，画中有诗'，尽美尽善，烟云满纸，则庶几近之矣。"①

名家名作云集。郎静山、叶楚沧、陈嘉震、张进德、宗维赓、卢施福、杜鳌、黄英、李尧生、舒少南等一批摄影名家，为画报源源不断地提供质量上乘的照片，并且深入浅出地传授了摄影知识，总结了实践经验，研讨了摄影艺术的理论，探索了摄影专业的发展方向，如他们在《中华摄影杂志》《摄影画报》《柯达杂志》《文华影展》《远东摄影新闻》《良友》等画报中发表的大量高质量作品和理论文章，极大地丰富了画报的内容和提升了画报的质量；叶浅予、张乐平、黄尧、陆志庠、丁聪、江栋良、江毓祺、鲁少飞、胡考、汪子美等数十位漫画家，关心时事政治，记录民众疾苦，讽刺社会问题，发表了《王先生》《三毛流浪记》《小黑炭》《牛鼻子》等脍炙人口的传世作品；老舍、张恨水、刘云若、方地山、郑子褒、袁寒云、何海鸣、王小隐、吴秋尘等一大批撰稿人的倾情相助，形成了画报文字部分的强大阵容，随笔、散文、小品文、小说连载，增加了画报的可读性、趣味性。

三、内容丰富

这一时期的画报内容丰富，种类繁多，以新闻、摄影、美术、文学等各种表现形式，多层次、多侧面、多角度地展现社会生活，几乎涉及到人类社会的方方面面，从国际、国内局势，时事、政治、军事、教育、科技、艺术，到电影、戏剧、游艺、音乐、舞蹈，再

---

① 吴秋尘：《谈办画报》，《玫瑰画报》创刊号 1936 年 2 月 28 日。

到市井文化、百姓生活，画报中或多或少都有所涉及，只不过与政府档案、大报大刊等官样文字记述的角度不同。官样文字大多是站在官方立场上的宏观记录，而画报则披露大事件背后的小花絮、大人物鲜为人知的逸闻趣事、大明星背后的花边新闻。亦如吴秋尘论及画报内容的严格、新、有趣、活等特色："因篇幅及出版次数所限，取材必须严革〔格〕，绝不能有丝毫塞责，不可滥用一块版，不可多写一个字。图片不用，尽可置之架上；文字欠佳，最好扔之篓中。不登则已，登则必精。作报，无论大、小、画，要牢记一个'新'字，一新耳目之新与推陈出新之新皆属之。要想出人头地，必须时时留意，如已落在人后，最忌亦步亦趋，努力最新收获，不必顾惜旧的。画报应注重趣味，尽人而知，而趣味未易言也！风韵与下流，蕴藉与颓靡，仅一间耳。派头必须高尚，调门莫唱低级，与其使读者服麻醉剂，勿宁使读者'啃木梨'！……画报还得要活！万万不可呆滞，须期期变化，各具其妙，兼收并蓄，样样周到，有庄有谐，有哭有笑，可作狮子之吼，也学黄莺之叫，夫然后才不觉沉默而单调，显得齐全而热闹。"[①]

四、形式多样

有报纸型画报。1925 年 6 月 6 日，毕倚虹创办《上海画报》后，报纸型画报一改过去内容混乱、形式杂糅的特点，基本固定为 4 开一大张四版，新闻纸或道林纸。一版上半部分为人物肖像，多为名闺、名媛、影星、名伶、歌星、舞星、女学生、女运动员，下半部分为广告；二版三版是画报的核心，载有时政新闻、名人轶事、电影、戏剧、教育、体育、艺术等；四版上半部分为小说连载，下半部分为广告。这种形式的画报在华北地区最为盛行，多达 30 余种，如天津的《北洋画报》《天津商报画刊》《玫瑰画报》《常识画报》《中华画报》等，北京的《北京画报》《美美画报》《北平画报》《丁丁画报》等。上海虽以书册型画报为主基调，但也有《鼎脔》《小笑画报》《大方》等少数报纸画报。东北地区则有模仿《北洋画报》的《大亚画报》《沈水画报》等。但与此同时，尚有一些报纸画报仍沿用 4 开一大张两版旧有风格，如上海的《三日画报》，辽宁《盛京时报》的附刊《图画周刊》。广东的《孔雀画报》等。当然报纸型画报也不一律是 4 开一大张四版统一形式，也有其它形式的画报，如上海《申报》附刊《申报图画周刊》、浙江的《航空露布》为 4 开一大张两版，天津的《常识画报》、江苏的《中央画刊》、上海的《环球画报》等为 4 开两大张八版，上海的《开麦拉》为 8 开本一大张两版，北京的《北京晚报》附刊《霞光画报》则为罕见的方 14 开本四版。

有书册型画报。 1926 年 2 月 15 日，伍联德在上海创办 9 开本的《良友》画报后，书册型画报在南方风行一时，《中华》《时代》《大众》《文华》《联华画报》等竞相效尤。但书

① 吴秋尘：《谈办画报》，《玫瑰画报》创刊号 1936 年 2 月 28 日。

册型画报又不拘泥于9开本，有6开、8开、16开、32开、64开等形式，异彩纷呈，争奇斗艳。6开的有天津的《银线画报》，8开本的如广东的《珠江星期画报》《天趣画报》、上海的《文华》《文艺画报》等；大8开的如上海的《电通》；12开的如上海的《商报画刊》《民权画报》等；竖16开的如上海的《科学画报》《联华画报》《摄影画报》《咖啡味》，北京的《半月剧刊》，江苏的《南京特写》，香港的《现代美》等；横16开的如上海的《一乙画报》，浙江的《民众画报》等；方16开的如上海的《妇人画报》《健美月刊》等；32开的如天津的《维纳丝》等；64开的如上海的《玲珑》等。华北地区也偶有书册画报，如天津的大16开型横开版《语美画刊》，北京的《世界画报》《湖社月刊》等。

出版周期多样。这一时期画报的出版周期有日刊、三日刊、一周双刊、一周三刊、四日刊、五日刊、周刊、季刊、半月刊、月刊和不定期的专刊、特刊。日刊多为各报的附刊画报，如天津的《天津商报》附刊《天津商报每日画刊》，上海的《时报画集》《商报画刊》《开麦拉》等，因周期过短，印刷较为困难，故此类画报较少；《上海画报》的出版开三日刊先河，三日刊在全国各地风行一时，如上海的《三日画报》《电影三日刊》《银幕与摩登》，天津的《北洋画报》，北京的《369画报》等；一周双刊者有天津的《醒狮画报》《常识画报》《风月画报》等；一周三刊者如天津的《中华画报》；五日刊并不多见，有上海的《孔雀画报》、广东的《汕头画报》等；周刊较为普遍，如天津的《公安画报》《银镫画报》《玲珑画报》，北京的《春明画报》《故宫周刊》《国剧画报》，香港的《幔影》，辽宁的《沈水画报》，江苏的《中央画刊》《南京特写》，湖南的《湘珂画报》；季刊即十日刊，有天津的《银幕舞台画报》、上海的《金刚画报》、浙江的《航空露布》、江苏的《江苏画报》等。以上多为报纸型画报，而半月刊、月刊多为书册型画报，多出自南方。半月刊如上海的《时代》《我的画报》《联华画报》《科学画报》《妇人画报》《咖啡味》，天津的《河北第一博物院半月刊》《维纳丝》，北京的《半月剧刊》，吉林的《斯民》等；月刊如上海的《影戏杂志》《文华》《柯达杂志》《电影月刊》《革命军人画报》等；双月刊如上海的《中华》、山东的《青岛画报》等。

但也有一些画报出版周期并不固定，如北京的《北京画报》初为周刊，自第89期改为三日刊；天津的《京津画报》初为三日刊，从第5期开始改为四日刊；天津的《常识画报》初为周刊，后改为半周刊，周出两期；《天津商报画刊》初为周刊，后改一周双刊、一周三刊，也曾一度改为日刊的《天津商报每日画报》。上海的《摄影画报》初为周刊，后改为三日刊，终为半月刊；山东的《青岛画报》先后为半月刊、月刊和双月刊。更有出版极不规律的《丁丁画报》等，虽自称周刊，但创刊伊始时而8日一期，时而6日一期，自第7期开始才固定为周刊，但至12期便停刊。凡出刊不规律的画报，报社内部运营多有问题，因而不会长久。

仍有少量手绘石印画报。随着 1920 年《时报图画周刊》的出现，摄影画报成为这一时期的统领。但由于办刊人思想观念的不同、全国各地发展不够均衡、印刷设备和印刷技术没能及时改进等方面原因，有些报社没能及时转型。在这一时期前期，全国各地仍存在少量手绘石印、油光纸，手绘铜版印刷的画报延续出版和创刊。如上海的《世界画报》《新世界画报》《解放画报》《民权画报》《时报画集》《儿童画报》《好孩子》《笑画》，天津的《天津画报》等。

专刊、特刊、增刊。在春节、元旦、国庆等节日或重大纪念日，各报刊、机关或社会团体通常会出版一些专刊、特刊、增刊，也成为这一时期画报的重要组成部分，数量达40 余种。如 1922 年 12 月 10 日，鲁案善后督办王正廷、山东省省长兼胶澳商埠督办熊炳琦与日本青岛守备军司令由比光卫举行青岛交接仪式，宣告中国政府从日军手中收回对青岛主权，这座历经德国、日本两代殖民主义者统治了长达 25 年的工商港口城市重新回到了祖国的怀抱，标志着中国人民的爱国主义斗争取得了历史性的胜利。这是中国近代史上的一个重大事件，为中国外交史开一新纪元。为此，时任胶澳中国青年会美术干事的班鹏志曾主编《接收青岛纪念写真》，以图文的形式记录下了这一庄严而又神圣的时刻。又如，1927 年夏，何应钦夫人、白崇禧夫人、李宗仁夫人、郭泰祺夫人和上海地方审判厅厅长郑毓秀等，发起上海妇女慰劳北伐前敌兵士会，为募集捐款举办游艺会和剧艺会。为确保活动顺利进行，妇女慰劳会专门成立了剧务团队。同年 7 月 16 日至 18 日，在徐家汇南洋大学举行游艺会。因所得捐款未达预期，遂于 8 月 4 日至 6 日又在中央大戏院举办剧艺会。上海妇女慰劳会与戏剧协社联合公演了《少奶奶的扇子》《思凡》《汾河湾》等剧。演出前夕，为加大宣传力度，《上海画报》记者黄梅生与徐志摩、周瘦鹃、江小鹣等策划、编辑了《上海妇女慰劳会剧艺特刊》。1931 年九一八事变、1932 年一·二八抗战相继爆发，为警醒世人、牢记国耻，吉林、上海、浙江、江苏等地相继出版了《九一八国难纪念集》《日本侵占东北真相画刊》《东北战影》《甲午中日战事摄影集》《上海战事画报》《上海战影》《锦州战事画刊》《抵抗画报》《榆关战事画刊》《民众画报》《华北战事画史》等，仅上海良友图书印刷公司就出版了 10 余种画报。此外，随着电影业的蓬勃发展，为了迎合影迷的需求，为影星出版专集也成为画报界的潮流，如良友图书印刷公司出版的民国八大女明星专辑《中国电影女明星照相集》，虽定价高达大洋一元，但仍销售火爆，不仅让良友公司发了财，还让年仅 22 岁的主编陈嘉震声名鹊起，从此成为电影明星的御用摄影师，影后胡蝶更称之为"摄影大王"。由此，出版影星专集风行一时，继之又有以影星、名伶、名闺、名媛为主角的《群星集》《胡蝶女士欧游纪念册》《时代美人》《影星生活集》《白玉霜画集》等。

第三节 分　类

对于如此数量庞大的画报体系，各个时代的研究者的画报分类标准、分类原则并不统一，分类结果自然有所不同，更因有些画报或独具特色或跨界多个门类，如以一把标尺划分会有所交叉。笔者试图从画报的内容、形式、出版地三方面做一个系统分类。

一、按内容分类

这一时期的每种画报在创刊伊始即已表明办刊宗旨并确定主要内容，其间如果没有政治压迫、主编更迭、停刊后复刊、与其它画报合刊等特殊原因，通常不会轻率改变而一以贯之。

（一）综合类

1925 年 6 月 6 日，毕倚虹创办的《上海画报》不仅开三日画刊先河，为报纸型画报定型，而且它也是综合类画报的肇始。其内容从征稿启事中可见一斑："1. 新发生之事故；2. 名人摄影；3. 名伶；4. 名妓；5. 名胜风景；6. 各国裸体画。"该刊内容包括社会新闻、人物影像、长篇连载、诗词歌赋、讽刺漫画、名流墨迹、文艺掌故等，应有尽有，是了解 1927 年"大革命"前后上海社会纷繁变化和"海派"文化新潮的重要史料。

1926 年 2 月 15 日，上海街头报童手举一册崭新的大型画报高声叫卖，画报封面是手捧鲜花、笑靥迎人的妙龄女郎大幅玉照，她就是日后红极一时的影星胡蝶，这本画报就是享誉海内外的中国第一本大型综合画报——《良友》。该刊共出版 172 期，登载彩图 400 余幅，照片达 3.2 万余张，详尽、真实地记录了近现代中国社会的发展、世界局势的动荡，中国军政学商各界之风云人物、社会风貌、文化艺术、戏剧电影、古迹名胜等，多角度、多侧面地再现了 20 世纪二三十年代的大千世界。该刊是中国新闻史上办得最成功的、影响最大的、声誉最隆的一本画报。它的代售处遍及全世界，堪称中国现代新闻出版史上出版时间最长，发行范围最广，发行数量最大，报道信息最及时，内容最丰富的一部大型综合性新闻画报。它比同类型的美国著名的大型画报《生活》画报早 10 年，比苏联著名的大型画报《建设画报》早 4 年，较晚于英国的《伦敦新闻画报》。它不仅是中国画报史上较早出版的深受读者欢迎的大型综合性画报，也是世界画报史中的巨擘，作为了解中国的窗口，世界各大图书馆都有收藏。它曾得到新闻学界多位学者的赞许。黄天鹏称其"在画报界开一新纪元""材料更丰富，印刷更为美术化了"[1]。阿英称："包括自国民革命军北伐，到这一回中日战争的全部画史。无论中国的哪一种画刊，是从来没支

---

[1]　黄天鹏：《五十年来画报之变迁》，《良友》1930 年 8 月第 49 期。

持过那么久，而又这样富有意义的。"①萨空了则认为它是中国印刷最精美的画报，从此，中国画报显然渐有新趋向②。

《上海画报》《良友》的成功范式，迅速引爆了全国各地综合类画报的竞相出版。如上海的《中华》《大众》《时代》《环球画报》，天津的《北洋画报》《天津商报画刊》《中华画报》，北京的《北晨画刊》《北平画报》《369画报》，广东的《海珠星期画报》《香花画报》，辽宁的《大亚画报》，吉林的《斯民》，湖南的《湘珂画报》，湖北的《武汉画报》，山东的《青岛画报》，江西的《扫荡画报》，香港的《南洋画报》，江苏的《南京特写》等。

这类画报的特点是包罗万象，丰富多彩，每位读者总能找到自己感兴趣的内容，因此读者群比较宽泛。相对的缺点便是内容杂糅，蜻蜓点水，既不专也不精。

（二）时政新闻类

此类画报多为国民党省、市党部和军队的宣传品或报纸附刊画报，在内容上多为政府或军方喉舌的言论，在机构上多有官方背景或某大报做后盾。

黄埔军校是孙中山先生在第一次国共合作时期创办的一所著名的革命学校，1924年6月16日成立于广州黄埔区长洲岛，初时名为中国国民党陆军军官学校。1926年3月改组，更名为中央军事政治学校。1926年5月，该校创刊《革命画报》，主编梁鼎铭，中央军事政治学校政治部出版、发行。该刊以激发民众革命思想为主旨，以报道国内外时政要闻和介绍重要革命人物为主要内容。作者多为黄埔军校学生。记录中华民族的屈辱史，揭露帝国主义特别是日本军国主义的侵华罪行，号召全世界被压迫民族团结起来，打倒帝国主义。对推动革命的发展发挥着积极作用，对研究黄埔军校和北伐战争均有重要史料价值。该刊是这一时期出现最早的时政类画报，但因为单色单面石印，以图画为主，偶有照片，印刷粗糙，发行量小，影响较小。

1928年国民党北伐成功后，重新确立南京的首都地位，将北京改为"北平特别市"。1929年2月1日，南京国民政府时期国民党中央机关报《中央日报》创刊。同年8月4日，该报创办附刊《中央画刊》，为官办时政类画报的典型代表，由国民党中央宣传部主编，梁又铭为编辑主任，除随《中央日报》附送外，另由中央宣传部分发各级党部。该刊图文并茂，印刷精美，以漫画、照片为主，设时事一束、最近时事、艺术、美术等栏目；内容均为配合《中央日报》报道的国内外时政要闻和社会生活新闻。此后，作为政治中心的南京又相继出版《中央画报半月刊》《中央画报月刊》《革命军人画报》等时政类画报。

① 阿英：《中国画报发展之经过》，《良友》1940年第150期。
② 祝均宙、萧斌如主编：《萨空了文集》，上海：上海科学技术文献出版社2002年版，第368—369页。

1920 年 6 月，《时报》出版的附刊《图画周刊》，以中国第一份报纸摄影附刊的身份，掀开了中国画报史上崭新的一页，而被誉为"中国现代摄影第一画刊"，同时促使《时报》销量随之大增。一时间，上海、北京、天津等地报人纷纷效仿，摄影画报风靡全国。1925 年 10 月 10 日，《时报》出版《时报国庆增刊》，再开报纸出版时政类画报的先河，随之《图画京报》（《京报》附刊）、《新闻报图画附刊》、《申报图画周刊》、《大公报二十六年元旦特刊》等画报相继出版。

非官方、非报纸附刊的时政类画报以《生活画报》最为著名。邹韬奋主编的《生活》周刊，从 1932 年 7 月 2 日第 7 卷第 26 期开始，每隔一期（即双周刊），增加四版《生活画报》，主编戈公振，随《生活周刊》附赠。该刊以影写版印刷，各期用色不同，编排新颖，内容丰富，以图片为主，配以简要文字说明。图片分为时事、人物、名胜风景、美术、历史、学术、体育、民俗等 9 大类。1931 年九一八事变爆发，1932 年一·二八抗战打响，该刊以《东北义勇军喋血苦战情形》《血战冰雪中之义勇军》《沦亡一年后东北情况》《辉煌之一二八纪念堂》《南口战役阵亡将士追悼会》等数十张珍贵图片，真实地报道了这两场战斗的实况，记录了沦陷区人民的灾难，揭露了日军暴行。由于战乱和政治运动，留存至今的记录这两次战斗的图片已十分罕见。这些凝聚了抗日爱国人士的心血，燃烧着第一线战地记者革命热情的珍贵历史镜头，能够通过画报这一载体得以留存至今。此后，邹韬奋在上海、香港两地出版的《大众生活》和在香港创办的《生活星期刊》也均属时政画报之列。

（三）娱乐休闲类

画报虽然有启蒙思想、灌输知识、宣传教化等作用，但对大多数国民来说，它只是一个娱乐休闲的消遣品。为了迎合读者的需求，这一时期也曾出版了 48 种娱乐休闲类画报，丰富了国民业余生活，调剂了国民消极郁闷的情绪，增加了国民茶余饭后的谈资。

这类画报包括以追求美、传播美为噱头的《美报》《图画美报》等，记录舞场众生相的《银舞周刊》《影舞新闻》《舞风》《舞国》《跳舞世界》《舞国半月刊》，专门报道娱乐场所花边消息的《美晶画报》《游艺画报》《风月画报》《天津乐报画报》《小游艺》《小快报》《百花台》《花絮》等，以独特视角管窥民国社会的生活状态的《小笑画报》《上海生活》《春色图画半月刊》《夜生活》《星期画刊》等，追求趣味性、进步性、时代性的《趣味图画半月刊》《万影》《苏州画报》等，以舞场、电影、歌坛为主题的《艳影画报》《银幕舞台画报》《娱乐周报》《情歌妙舞》等。

1923 年 7 月 1 日，著名幽默家徐卓呆在上海创办的《笑画》，是这一时期最早的娱乐类画报。发行人孙雪泥、杨彦宾，编辑主任徐卓呆。该刊以风趣幽默著称，刊登生活趣事、滑稽漫画、滑稽小说、新笑话、打油诗、笑谈等方面内容。徐卓呆在创刊词中虽称只有一个让读者发笑的宗旨，但在字里行间、一图一画中，却充分体现出对黑暗现实的抨击，对社会陈规陋俗的鞭挞，让读者笑中带泪。

此类画报以上海、天津两地为多。这是由于当时津、沪两地均为通商口岸，较早对外开放，均设有租界，洋行林立、银行遍布，政坛风云人物、金融大亨、巨商富贾、下野寓公云集，形成五方杂处、华洋杂居的社会居民结构。这两地的出版业又较为发达，《申报》《大公报》《时报》《益世报》站在报纸的潮头。为了满足庞大的上流社会群体的业余生活和娱乐消遣，津、沪两地戏园、影院、游艺场、舞场、妓院、酒吧等娱乐场所星罗棋布，戏剧名伶、游艺场艺人、舞场舞女、妓院名妓在津、沪两地相互转场、相互交流。由此便派出生记录这些娱乐场所和娱乐中人的副产品——娱乐休闲类画报。

上海的娱乐类画报，则以《上海生活》最具特色。其于 1926 年 10 月 15 日创刊，文字编辑赵君豪，图画编辑黄文农，主笔叶秋原。创刊号《〈上海生活〉宣言》中概括了该刊的主要内容："是取有人生兴趣的而又为一般人所需要的……生活二字，并非限于衣食住三项。心灵的微感，天上的白云，凡是与人类直接、间接发生关系或有些微之感想的，都可以说是生活，衣食住不过三大端罢了。所以，我们这本杂志并没有限制，也不分门类，无论什么问题，只须有人生兴趣而为人所需要的，我们总得尽量发表。另外，'上海生活'也非限于上海，不过上海是《上海生活》的发祥地罢了。明白这一层，所以无论海角天涯，只要有人生兴趣的事情发生，我们也尽量登载。除了文字以外，图画是任何人所爱的，不过画的范围甚广，我们的画是努力于人生兴趣的。"该刊印刷精美，编排新式，装订大方，纸张上佳。封面以彩铅画作底，颜色鲜艳，充满时尚元素。追求通俗而不低俗，崇尚趣味但不一味地迎合读者。分为文字和图画两类，图文并重，占比均衡，在视觉和阅读上能带给读者很好的体验。该刊从时事新闻、市井百态、消遣娱乐、都市风情等多方面勾勒出民国时期的大上海形象，清晰地展示了 20 世纪 20 年代中期上海市民的休闲娱乐生活和精神世界，对今人研究民国时期上海社会史、上海城市史等都有一定的史料参考价值。

1933 年元旦创刊，至 1937 年 7 月终刊的《风月画报》，是这一时期天津娱乐类画报的较典型的代表。为津门名士叶庸方出资主办，主编魏病侠。记录了天津、上海、北京等地娼妓、舞女、女招待的生活，因而人们称之为"黄色画报"。因格调不高、有伤风化，所以从出刊之日起一直受到社会的指责甚至谩骂。但该刊也有闪光之处，它记录了旧中国被压迫、被蹂躏的社会下层妇女的真实生活，揭露了一些上层社会达官贵人在风月场中的丑恶表现，明确地指出：是这个畸形的社会逼迫她们走上了这条出卖肉体、出卖灵魂的道路！

古都北京向以艺术类画报著称，但也偶有娱乐类画报，如 1934 年 4 月创刊的《新光》图画周报。正如编者在创刊号《呱呱》中所言："《新光》实在没有救国的可能，也就没有复兴民生的可能。在一般的眼光看来，他不过是茶余酒后和百无聊耐〔赖〕时的消遣品而已。可是，《新光》本身却有狂妄的奢望，他不仅想替国家挽救危亡，替人民谋新出路，他还想复兴中华民族的文化。"但从内容上看，该刊追求风趣幽默，倒是很符合"一般的眼光"。

（四）艺术类

这一时期的艺术类画报分为摄影、美术、漫画、电影、戏剧、广播、金石、人体、综合等九类，为数量最多的一类画报。

1. 摄影类

这一时期的摄影类画报主要集中于上海，但我国最早专门介绍摄影的画报《摄影杂志》，则出现在广州。

1922 年 5 月 15 日，《摄影杂志》在广州创刊，印刷兼总发行所为广州摄影工会，发行人邓肇初，编辑主任张雨苍。办刊宗旨为谋求中国摄影术之发展，推陈出新，"举凡学理技术，新药新器，以及本会之会务，本界之消息，匪不锐意搜求，按期登载"，以研究实用的学理技术为宗旨，登载研讨摄影艺术、冲印技术的文章，报道该工会会务以及摄影作品，并且列出"七大要领"：即阐明学理、改良技术、选录要方、抽罗新药、介绍利器、解答疑问、调查消息，与之相对应的栏目有插画、学理、技术、要方、新药、利品、制品、杂谈、答问、本届消息、来函、会务报告等。该刊从排版设计、栏目规划、印刷质量、内容介绍等方面均具专业水准。图文并茂的形式，深入浅出的内容，对于当年摄影专业人士和摄影爱好者提高摄影技术具有一定的指导意义，而其对摄影理论的探讨与研究，对提高我国摄影界整体理论水平也具有一定的推动作用，同时该刊也是研究中国近代摄影史的重要参考资料。

如果说 1920 年创刊的《时报图画周刊》，因最先以摄影作品为画报主体内容而被誉为"中国现代摄影第一画刊"的话，那么，《摄影画报》则是"全国首创唯一研究摄影之周刊"。"画不在多，精美则名；文不在长，简练乃胜。是乃画报，因此风行。中外争购阅，士女群赞称；编辑皆名士，摄影多闻人。可以增兴趣，减烦闷。无裸体之照片，无污秽之斯文。画似吴道子，文比韩昌黎。读者云：'画报之首'。"这是作者维垣仿刘禹锡《陋室铭》而作的盛赞《中国摄影学会画报》之《画报铭》，虽有过誉之词，但亦可管窥该画报当年的社会影响。

1924 年，福建古田人林泽苍就读于上海圣约翰大学，参加该校摄影研究会，任会长，获得摄影比赛第一名。1925 年 8 月 5 日，他在上海发起成立了中国摄影学会。当时，上海画报业风起云涌，报摊林立，画报多达数十种，但大多取材欠精湛、印刷少精良。鉴于此，他遂有意创办一种精品画报。乃访好友丁惠康，告以此意。丁亦为摄影专家且酷爱美术，闻言跃起道："予有此意久矣！"二人一拍即合。林、丁两君遂着手进行，并邀请赵君豪、庞亦鹏加盟。林负责印刷和广告，丁负责图片和发行，赵任文字编辑，庞任绘画编辑。在几人一番紧锣密鼓的工作后，8月22日名为《画报》的摄影杂志问世了。此后，报社又吸收了张若谷、吴微雨、王敦庆、朱逸民、吴农花、赵子龙等一批文艺界、书画界、翻译界等名家。出刊至第20期时更名为《中国摄影学会画报》，从1931年第6卷第278期开始改称《摄影画报》，1932年11月19日出版375期后停刊，1933年元旦复刊，1937年8月10日终刊。该刊为存世最长、出刊最多、影响最大的摄影类画报。

"纯正高雅、图片精美、文字翔实、印刷精良"为该画报的办刊宗旨。内容包括国内外新闻、摄影、教育、妇女、体育、生活、发明、电影、家庭布置、漫画、歌谱、名胜、风俗等，选材上遵循"十二要、十二不"：一要有聪明的智慧，二要有透彻的观察，三要有深厚的同情，四要有敏捷的手腕，五要有忠实的态度，六要有无畏的精神，七要有生动的笔致，八要有锐利的辞句，九要有讽刺的风味，十要有浓郁的兴趣，十一要有明了的描写，十二要有简短的叙述；一不谈政治，二不尚空论，三不说废话，四不作诽谤，五不为诬蔑，六不讲嫖赌，七不捧伶角，八不言鬼怪，九不造谣啄，十不抄旧文，十一不登劣作，十二不收长篇。曾有记者问林泽苍："何不间刊妓女或坊间流行之模特儿造像（人体艺术）？"答曰："吾愿吾报以不合潮流而销数减退，而绝不愿刊妓女照相或模特儿造像，以诲谣而增销数也。人斥吾迂腐顽固均可，吾惟坚守吾不登妓照，不刊淫画，不脱一期之三不主义耳！"当年，在上海滩轰轰烈烈的画报潮中，各种画报旋起旋伏，短命画报俯拾皆是，而《画报》从1925年创刊到1932年的数年中，却"从未停刊、从未脱期"。读者在百期专刊中盛赞它具有"百美俱全的图画、百读不厌的文字、百折不挠的精神"的"三百主义"。

该报还面向社会举办中国最早的摄影月赛，参赛者有摄影家、报社摄影记者及一些摄影爱好，来稿图片要求一律"在三寸以上，放大者尤佳，在照片背后注明姓名住址、露光时间、光圈大小、天气情形、用何种相纸"，所有来稿均由中国摄影社审查、评比，入选者在画报上发表，并在发表作品中评选出一、二、三等奖，予以奖励。这项活动一直坚持了13年，不仅培养了一批中国早期的摄影家，而且还促进了中国摄影事业的发展，促成了数家摄影团体的成立，组织了多个大型摄影展览。

2. 美术类

在中国近代史上，由文化教育行政部门、美术团体、各级各类美术学校以及图书出版机构创办的美术期刊达数百种之多，这些期刊传递美术界的各种讯息，介绍西方美术理论和美术流派的知识，传播美术家的创作和研究成果，无论是在理论还是实践层面都有力地推进了中国近代美术的改革与发展。近代美术期刊不仅为我们留下了中国近代美术史的大量的第一手珍贵资料，其本身也是中国近代美术发展进程中的一个重要方面，是美术史研究不可或缺的重要组成部分。这一时期美术类画报主要是刊登书画作品，介绍书画名家，传授书法、绘画的技巧和理论的画报，或为某书画组织的会报，或为某书画展览的精品荟萃。

1922年初，上海书画会在闸北中公益里三街267号成立，以挽救国粹之沉沦，表彰名人之书画为宗旨。该会于同年10月10创刊的《神州吉光集》，为这一时期最早的美术艺术类画报。主编钱病鹤，上海书画会编辑、印刷、发行。创刊号的《编辑大意》介绍了创刊缘起："我国书画夙为中外人士所推重，近以时尚新奇愈趋愈下，反致国粹沦亡，殊深浩叹。爰集同志，征求书画，在新世界开陈列大会，自壬戌夏历六月十五日起至七月三十日止。来宾参观，盛极一时，各家书画陆续送到本会数逾千种。则虽广厦五楹，未能悉数陈列，不得已更送披露，终如昙花一现，转瞬即灭，尚属缺点。乃由公聚议决，审定原本依样缩小，制版精印，借以就正有道，又可垂为永久纪念。"

《神州吉光集》以图为主，版式设计华丽，富有色彩上的变化，首版中间竖排印有刊名，刊名常用名家花体字并签名。首版左侧配有知名画家的画作，作品主题和对象多为民间信仰、麒麟祥瑞、闺秀生活等，极富情趣。刊内作品顺序"无分轩轾，但依来件先后为准。或者尺寸稍有不合恐占闲空地位，且与形式上未必雅观，择其篇幅大小配合成页，绝无阶级意见。"主要内容：一是书画家小传，详细介绍其求学经历、画作风格和绘画兴趣，并刊有润例，以便读者邮费求作，如萧蜕公、苏人权、丁以昂、蒋通夫等人。二是书画家的代表作，所刊书法作品讲求笔力和笔锋，以求展现作者刚劲浑厚的用笔之法；绘画作品多为人物、山水与静物，每幅作品各具所长，以形求神，墨韵见笔，浓淡有韵。三是对流行笔法和画法进行点评，介绍中国传统书法和画作的创作手法和表现方式。该刊中的作品虽不都是著名的书画家，甚至有些作品还是一些画家早期的习作，但却几乎涵盖了当年上海的所有书画作者和其代表作品，代表了那一时期海派书画艺术的水准和中国传统书画艺术的发展水平。

六朝古都北京具有悠久的历史和深厚的文化底蕴，曾为北方乃至全国的政治经济文化中心。清朝倾覆、民国肇始，大量达官显贵、文人墨客和鬻画为生的画家咸聚于此，形成浓厚的艺术氛围。因此，这一时期北京出版的美术艺术类画报虽然只有《湖社月刊》《艺林月刊》两种，但却代表了此类画报的最高水准。

创办于1919年的湖社画会是中国近代著名的学术团体，也是中国现代美术史上重要的美术组织。它的前身是中国画研究会，是近代著名的国画家、文艺理论家和教育家金城（字巩北，一字拱北，又名绍城，号北楼，又号藕湖），用日本退还的"庚款"创办的。1926年9月金城英年早逝，由其长子金开藩（字潜厂，号荫湖）继承父志，会同其父的其他弟子惠孝同、赵梦朱、陈少梅、李五湖等，在金城故居北平钱粮胡同14号组织画会，金开藩任总干事，陈缘督、惠孝同任副总干事。因金城旧号藕湖，其弟子均以"湖"字为号，故画会以"湖社"称之。该会于1927年创办的《湖社月刊》，因其推崇的艺术风格和取得的艺术成就，占据了在中国近代绘画史上独一无二的重要地位，对中国绘画事业的继承、创新和发展做出了不可磨灭的贡献。

1927年11月，湖社画会创办了《湖社半月刊》，自第11册起改称《湖社月刊》，总编金荫湖，以"提倡艺术、阐扬国光"为办刊宗旨，印刷精美，图片清晰，文字高雅，质量上乘，堪称画报中的精品。主要刊登古今名家作品及书法、篆刻、画评、画论、诗词、轶闻等图片和文字。其发行范围很广，行销日本、美国、加拿大、古巴及东南亚等十几个国家和地区。画报"册""期"并行，每月一册，每册两期，如第20册即为39期、40期的合刊。至1936年3月停刊时，共出刊100册。

近代美术类画报有比较固定的作者群，对问题的探讨比较集中、深入，易于形成较强的学术影响。《湖社月刊》积极维护中国绘画传统，张扬文人画的价值，对主张全盘西化、否定传统一派的艺术力量起到了有效的制衡作用，从而使中国近代绘画艺术能够在多元格局下获得健康发展。该刊聚集了一大批秉持"精研古法、博采新知"艺术理念的画家和学者，这不仅包括了画会的骨干成员，还包括当时北京书画界名流，如齐白石、方药雨、汤定之、溥雪斋等也都先后加盟。

专门性美术期刊一般都有一个对美术及其发展的基本观点，并以此作为办刊宗旨，因此它会有意地在某些方面加以侧重，从而以期刊的方式引导和促进美术的发展。《湖社月刊》是民国时期影响最大的美术类画报之一。其以金城提倡的"精研古法，博采新知"为宗旨。在该刊发表的《画学讲义》中说："世间事物，皆可作新旧之论，独于绘画事业，无新旧之论……化其旧虽旧亦新，泥其新虽新亦旧。"①显然是对当时画坛一味崇洋媚外的现状深表不满，欲以组织美术社团和创办专门的美术刊物予以纠正。

3. 漫画类

20世纪30年代，在相对自由、开放的文化空间下，一批留欧、留日的艺术家相继回国，加之照相、制版、印刷等技术日趋成熟，中国的出版业进入前所未有的高潮时期，而随着《生活漫画》《独立漫画》《上海漫画》《时代漫画》《漫画界》等漫画类画报的相继出版，中国的漫画出版也达到顶峰。这一时期的漫画类画报几乎均出自上海，此外仅有天津于1934年5月创刊的《天津漫画》，但仅出版一期便夭折了。

1934年1月12日，《时代漫画》在上海创刊，主编先为鲁少飞，后改为张光宇、张振宇兄弟，上海时代图书公司出版，宗旨是将时代与漫画相结合，以漫画的形式表现时代性。该刊以漫画的形式记录了当时政局的动荡、社会的变迁、民众的生活，让读者直观而真切地感受那一时期上海乃至全国的时代风貌和芸芸众生：或揭露社会的丑恶，或鞭挞国民政府的腐败，或表现小市民生活的迂腐，或挖掘国民思想的劣根性，但又充满了

---

① 金绍城：《画学讲义》，《湖社月刊》1929年11月1日第24册。

对民众生活疾苦的深深同情，嬉笑怒骂，入木三分，让读者产生笑中带泪的效果。该刊还聚集了鲁少飞、张光宇、张正宇、曹涵美、张乐平、叶浅予、黄苗子、丁聪等一大批漫画家、商业美术家和出版精英，因此被称为"一代漫画大师的摇篮"。创刊号多次再版，销量达到一万册，成为当时最畅销的漫画期刊。

在编辑《时代漫画》的同时，张光宇、张振宇兄弟还于1935年9月25日在上海创办了《独立漫画》。该刊"以漫画家的开路先锋，漫画界的独立精神"为办刊宗旨，刊登反映世界局势的时政新闻、揭露中国社会黑暗的讽刺漫画、使人放松心情的幽默笑话以及介绍讨论中国漫画发展的图文。以漫画的形式，生动形象地描绘了世界大战迫近对于民众的影响，呼吁和平能够重新到来；记录了学生们抗日救国请愿的活动，揭露和批判了国民政府镇压学生抗日救亡运动的罪恶行径。1936年2月29日出刊至第9期后，便被国民政府以"诋毁政府、侮辱最高领袖、提倡阶级意识"为罪名查禁了。同年5月7日，张光宇变更刊名为《上海漫画》后继续出版。该刊从形式到内容，与《独立画报》如出一辙，只是将"主编张光宇"改为了"编辑上海漫画社"。从表面上看，该刊积极配合国民政府的双十国庆活动，响应政府的各项规章、政令等，但实质上仍保持讽刺"攘外安内"政策、贪污腐败恶行等；更记录了都市生活中男男女女千姿百态的生活，报道了当时的青年人追求时装、发型、妆容的都市生活，入木三分地刻画了他们虚伪空洞的言谈和矛盾的心理。同年8月，《时代漫画》《上海漫画》联合主办了第一届全国漫画展览会。展会广泛搜集了"突梯滑稽的，讽刺入骨的，奇思异想的和五花八门的作品陈列"。此为中国漫画界的第一次盛会，在中国漫画史上具有重要意义：一是"以示近年来漫画界同仁纸上谈兵的结果，对于国家社会的机构究竟是正动的或是反动的，是前进的或是落后的，是大公无私的批判或仅仅是诋毁谩骂而已——统共地作个清算"；二是出版一册《第一回中国漫画年鉴》，以使这些作品留给子子孙孙；三是将来这些漫画作者们"一旦群英相会，意气相投，苟不幸大家能把永久的漫画公会组织起来"，长期抵抗日军的侵略而精忠报国；四是将这次全国漫画展览会办得愈有流动性愈好，"把这吃力不讨好的漫画艺术送到山城水镇，穷乡僻野里的民间去，使大众都能感受漫画艺术的熏陶，成为激昂慷慨的爱国志士"。①

4. 电影类

中国电影是中华文化的重要组成部分，自1905年《定军山》在北京丰泰照相馆拍摄并在前门大街放映，中国没有电影的历史结束了。该片属于戏曲电影，由任庆泰指导，谭鑫培主演，共30分钟，成为中国电影诞生的标志。1921年，中国的第一部有情节的电影长片《阎瑞生》问世，该片由中国影戏研究社投资，商务印书馆代理摄制。随着电影事

---

① 《时代、上海漫画主办：全国漫画展览会征求作品》，《漫画界》1936年第4期。

业的发展，逐渐衍生出许多新兴行业及周边产品。电影画报便是其中之一。

电影类画报雄踞这一时期艺术类画报之首，不仅因为此时《魂断蓝桥》《摩登时代》等西方电影大量涌入，也因为"明星""联华""天一"等中国电影公司相继成立，并且拍摄了《渔光曲》《船家女》《新女性》《啼笑姻缘》《姊妹花》等百余部无声和有声电影，更因为胡蝶、徐来、阮玲玉、黎明晖、陈燕燕、叶秋心、袁美云、王人美、周璇等数十位影星成为这一时期画报的主角。画报捧红了她们，也成就了电影画报的繁荣。

当年的电影公司、电影发行公司和电影明星集中于上海，上海遂成为中国电影制作中心。上海出版的电影画报更居霸主地位，占这一时期电影画报的88%，中国的第一本电影杂志——《影戏杂志》也诞生于上海。1921年4月1日，《影戏杂志》在上海山西路32号创刊，编辑顾肯夫、陆洁、张光宇，顾肯夫负责创作部分，陆洁负责翻译部分，张光宇负责美术和设计，上海中国影戏研究会出版、发行。顾肯夫在发刊词中表明该刊宗旨为"发扬影戏在文学美术上的价值""介绍有价值的影片给读者""防止有害影片的流行""在影剧界上替我们中国人争人格"。该刊一经问世，立刻风行全国。该刊介绍电影历史、拍摄电影技巧和欧美影片、影人，也刊登电影评论、电影剧本、影星特写、小传，大约70%的篇幅介绍西方电影，国内电影现状记录较少。该刊出版两期后，便被明星电影公司收购，仅出刊4期即宣告停刊。它虽是一种短命画报，但却开创了中国电影画报的先河，确定了电影类画报的模式，为此后电影画报的出版奠定了基础。

此后，上海还相继出版了注重推介外国电影和影星的《影报画刊》《影画》《开麦拉》《开麦拉电影图画杂志》等，宣传国产电影、探索中国电影发展方向的《白幕》《中国影声》《电影月刊》《电影三日刊》《影戏生活》和出刊近20年的《青青电影》等。各电影公司出版的画报有：明星公司出版的《明星特刊》《明星》、联华公司的《联华画报》、新华公司的《新华画报》和六合影片营业公司创办的《电影月报》；专门介绍当红影星有《中国电影女明星照相集》《影星生活集》《影星照相集》《中国电影明星大观》《群星集》《胡蝶女士欧游纪念册》《明星特写》等；而素有"民国电影第一刊"之称的《电声》、极富传奇色彩的《电通》和"中国印刷最精照片最美的影刊"《影坛》三种画报是这一时期电影画报中最耀眼的明星。

当时的天津，无论是电影发行公司还是影戏院数量，均不逊色于上海。清光绪二十二年（1896），法国百代公司的电影步入天津市场，在天丰舞台放映电影。当时的司机（放映员）是周紫云（外号电影周）、王子实（外号电影王）。电影短片在"戏法""焰火""文虎"等游艺杂耍节目中穿插放映，每套播放10分钟左右，为无声风景片、滑稽片等，这是天津最早的电影放映。比1895年12月28日，在法国巴黎卡普辛路14号"大咖啡馆"的地下室印度沙龙里世界第一次公开放映电影，仅晚了不到一年。与1896年8月11日在上海徐园内的"又一村"我国第一次放映电影为同一年。1906年12月8日，天津人创建的全国最早影院——权仙茶园开始正式放映电影。这一时期，天津除《北洋画报》《天津商报画刊》等综合类画报每期均以较大篇幅报道国内外电影界动态外，1927年出版的《京津画报》附刊《电影》、1928年同时在平津两地出版发行的同名同内容的《华北画报》、1929年的《银镫画报》、1931年的《银弹》、1932年的《北洋画报》附刊《电影周刊》等也是各具特色，形成了天津电影类画报体系。

1928年1月1日，《华北画报》在北平创刊，发行人罗明佑，编辑部、发行部初在真光电影剧场，12月16日第51期时迁至天津英租界华北电影公司，1929年2月再迁回北平。同年7月21日第82期后改由天津法租界24号路商报馆承印。值得一提的是，该刊从1928年5月20日第21期开始，同时在北京（北平）、天津两地发行，刊头分别为《北京华北画报》和《天津华北画报》，直到1929年10月27日出刊至第96期终刊。此前北京虽然也有介绍电影的画报，如1925年9月创刊的《星期画报》、1926年9月创刊的《北京画报》，但电影内容仅为其中之一，《华北画报》则为北京的第一本定期出版的电影类画报，为研究世界电影史、民国时期中国电影史和以华北电影公司为代表的近代中国电影公司的发展，提供了较为系统全面的图文史料。

此外，1929年5月，在香港也出现了第一种电影画报——《幔影》。1932年1月，在广东也出版了自称"影戏院之指导，电影观众之南针"的《戏院杂志》。

5. 戏剧类

京剧起源于清代乾隆五十五年（1790年）三庆、四喜、春台、和春的四大徽班进京，流播全国，影响巨大，素有"国剧"之称。19世纪末至20世纪三四十年代，北京出现富连成科班，京剧界出现程长庚、余三胜、张二奎等早期京剧大师，后来的梅、尚、程、荀四大名旦，马、谭、杨、奚四大须生，更是享誉海内外。卢胜奎、汪笑侬、翁偶虹、马少波等剧作家，创作了《三国志》《火烧红莲寺》《瓮头春》《锁麟囊》等一系列戏曲名剧。与此同时，西洋戏剧也传入中国，其美轮美奂的舞台美术、布景、道具、灯光、服装、化妆、音乐等的构合，给国人带来巨大的震撼和强烈的刺激，国剧艺术一时趋于衰落，废除和改良旧剧的呼声更是此起彼伏。于是，在这种背景下，上海、北京、江西三地先后出版了《上海妇女慰劳会剧艺特刊》《戏剧月刊》《国剧画报》《京戏杂志》《江西梨影丛刊》《半月剧刊》《戏剧周报》《戏剧画报》《半月戏剧》等9种戏剧类画报。这些画报以振兴国剧、改良旧剧为宗旨，以图为经，以文为纬，普及戏曲知识、报道戏剧动态、研讨旧剧改良、探索京剧发展方向，既为中国戏曲史积累了重要文献资料，也指出了当时旧剧中的不足，弘扬了中国传统文化，促进了戏剧艺术的良性发展。

1928年6月10日，《戏剧月刊》在上海创刊，戏剧月刊社出版，主干王得天，主编刘豁公，理事编辑初为郑过宜，后改郑子褒，1932年9月出刊至第3卷第12期终刊，共36期，刊载文章800余篇，计100万余字，图片有名伶、名票、剧照、书法等，共220余张。创刊号《卷头语》表明"绝不主张墨守旧章，却也不赞成一笔抹煞"的办刊宗旨，发表的文章能将"好的地方，像腔调、韵味、板眼、武工等类应该竭力的保留；坏的地方，象不通的戏词，无理取闹的做派等类，也应该酌量改良"。该刊内容丰富，印刷精良，五光十色，美不胜收，封面以四色彩印，内文黑白双色，设置剧照、戏谈、伶评、戏曲沿革、歌场掌故、伶界逸闻、名优小史、剧本、乐谱等栏目。

该刊是这一时期出版较早、影响较大的戏剧画报，聚集了一批京剧界剧评家、编剧、名伶和理论研究者，植根于舞台，以《戏剧月刊》为平台，考证京剧历史，探究京剧艺术的规律，收集几近散佚的京剧剧目和剧本，整理京剧脸谱、曲谱、行头、砌末等资料，为中国京剧艺术的发展积累了资料、打下了基础，更为当年的京剧热起到了推波助澜的作用。为此，梅兰芳在第 2 卷第 5 期曾题词"《戏剧月刊》是我们的新生命"。

1931 年 12 月 21 日，梅兰芳、余叔岩等在北平发起成立了京剧界学术团体"国剧学会"，会员多为戏剧名伶、剧评家、书画家、金石家等社会名流，邀请李石曾、胡适之、徐永昌、刘半农、刘天华、傅西园、梁思成、焦菊隐等担任顾问，设指导、编辑、审查三组，分掌教学和刊物等活动，创建国剧陈列馆和国剧传习所。虽然当时已有一些戏剧画报，但大多只注重戏曲的研究与批评，更不能做到文图并重。为振兴国剧，发扬文化，补助教育。国剧学会在学习和借鉴欧美舞台画报《Thethentre》和日本演艺画报的基础上，于 1932 年 1 月 15 日创办《国剧画报》。

该刊以忠实的态度，科学的方法，对国剧进行整理与研究。其文字"悉以戏剧全部原理为标准之客观的平衡之批评，毫无派别及个人成见，纯以绝对的真善美为归宿，而成一公共研究国剧之公开机关，期于戏剧刊物中，辟一新途径焉"；其大量戏剧、戏楼、戏剧团体等图片，形象直观地展示了京剧从发轫、发展到兴盛的历史脉络，对研究民国社会民俗、文化、戏曲史、剧场史等都有着极其重要的文献价值。

6. 人体类

人体艺术最早出现在古希腊、基督教神话或西亚国家宫廷情调的作品中。19 世纪末，随着摄影技术的发展，人体艺术也从绘画发展到人体摄影，人体的生命力、美感、自然永恒的美，也得到了西方国家的广泛认可的赞赏。20 世纪后，人体摄影作品开始广泛出现在西方画报之中。20 世纪 20 年代，徐悲鸿、刘海粟等艺术大师把人体美术引进中国。在封建思想禁锢下，为了中国人体艺术的生存发展，艺术家们进行了艰苦卓绝的斗争。20 世纪 20 年代，在中国画报的鼎盛时期，西方人体摄影作品也屡屡出现在《上海画报》《北洋画报》《北平画报》《美美画报》等画报中，并成为吸引读者的一大噱头。发展到 1930 年代，更在上海、天津、香港三地出现了《健而美影刊》《健美画刊》《健美月刊》《现代美》《处女美》等专门介绍人体艺术的画报。

1934 年 7 月 10 日，《健美月刊》在上海创刊，主编严次平，上海青青画报社出版发行。该刊以"提倡健美运动，发扬人体艺术"为办刊宗旨，无论图片还是文字均与人体艺术有关，并不涉及其它方面的内容。画报不仅有丁悚、郎静山、严次平、杨世芳、刘旭沧、陈家枢等一批著名摄影家为其供稿，还有许多名家为画报题词，如刘海粟的"生命之流芬"、上海美术专科学校校长王济远的"非健美不足以图存"等。该刊还让人体摄影走出室内，来到了大自然，走进了森林树木深处、原野或牧场的尽头、流水滔滔的河畔以及一片碧海无际的沙滩，因而被誉为中国人体艺术摄影的第一画报。

"人体书出版虽多，但类多缺乏一贯的系统与艺术，以致粗制滥造者层出不穷。然凡事草率，每致偾事，对于人体艺术之书籍，更不可贸然粗率将事。在编制与辑务方面，本刊抱绝大努力从事艺术之使命，敢于同类型之人体艺术书籍中以超然自负。"此为《现代美》画报第8期《编后》的一段话，说明了当时人体画报的乱象，也表明了该刊的底气和自信。

1936年12月15日，《现代美》画报在香港创刊，现代健康研究社编辑、出版，上海四马路380号的中国图书杂志公司总经销。该刊谈及办刊宗旨时称："凡是人类，无不爱美。凡是艺术，无不以自然之美为对象。艺术之所以能感动人者，人体美也。人体美是自然美之极致，故人类无不爱人体美，艺术无不赞颂人体美者也。公开人体美之艺术，所以欲训练人们之鉴赏力也。《现代美》乃人体艺术画报，搜罗世界所有美的人体摄影，逐月更换，姿势之优美，摄影之技巧，为二十世纪人体美杂志中之精华。"该刊虽然满纸都是赤裸裸的人体，但却丝毫没有轻浮、淫邪之感，一是追求人体艺术的唯美；二是传授女性生理、心理知识，让国人拥有一个身材健美、身心健康的完美人生；三是意在改变女性必须守信贞操、男性却可恣意妄为的传统观念；四是强调女性的身心健康关乎着国家的前途命运。因此，该刊的出版不仅让国人欣赏到了中西各国的人体美艺术，还让一些难以启齿的性文化登上大雅之堂，更试图改变国人对妇女的传统看法，宣传了男女平等、妇女解放的进步思想。

7. 金石类

金石学是以古代青铜器和石刻碑碣为主要研究对象的一门学科，"自汉代萌芽，宋代创建，到清代鼎盛，入民国后，仍然出现了不少辉煌成果"[①]。"金"主要指青铜器及其铭文，"石"指石刻而且主要是指石刻文字，偏重于著录和考证文字资料，以达到证经补史的目的。研究范围主要是上面的文字铭刻和拓片，广义上还包括竹简、甲骨、玉器、砖瓦、封泥、兵符、明器等一般文物。近代考古学传入中国后，金石学遂变为考古学的组成部分。甲骨、铭文、拓片作品也是画报鼎盛时期的内容之一，如《北洋画报》《语美画刊》《故宫周刊》《北京画报》《鼎脔》等均有刊载。而以金石为主题的画报则有《金石

---

① 张毅巍：《金石学研究史述略》，《华章》2011年第2期。

画报》。

　　1925 年 11 月 12 日，《金石画报》在上海创刊，由叶更生、顾青瑶、马轶群等发起创办，叶更生任主编，以"保存国粹、提倡金石书画"为办刊宗旨。该刊为三日刊，4 开一大张四版，采用上乘的道林纸，锌版精印。《征稿简章》要求，文字方面，不论小说、笔记、琐闻、论著、随录、补白、小品均可，惟须简短而富有趣味，每文不得过千字。文章投稿无论是否刊登，概不退还。其刊登的金石、书画、篆刻、碑拓等艺术品及其相关论文，为近代中国金石研究提供了较为丰富的资料。

8. 广播类

　　早在 1923 年 1 月上海即已出现广播电台，为驻日本的美国记者奥斯邦（E. G. Osborn）与留日的张姓华侨，共同创办的一个 50 瓦广播无线电台，这是上海的第一家广播电台。但因经营不善，不到两个月就停播了。1924 年，外商开洛公司在福开森路建了一个 100 瓦的广播电台，并在申报馆、市政厅等处设立分播音室，播出节目的同时也承接广告，经营有道，生意红火。1927 年夏，南京路上的新新公司在屋顶修建了一个 50 瓦的广播电台，播放新闻、广告、商情和音乐，此为上海滩第一个国人创建的电台。进入 20 世纪 30 年代，上海广播事业进入高速发展阶段，电台数量骤增，至抗战前夕，总数已达 50 多家。这些电台多设在商店、饭店和戏院内，如金山饭店里的大公电台、皇后戏院顶层的军政电台、鹤鸣鞋帽商店上的国民电台、大美夜报楼上的大美电台等。1935 年创办的同乐广播电台，设在上海北京路 800 号祥生公司楼上，邀请地方戏曲、歌星、舞星、滑稽演员演播节目，插播广告。为扩大宣传，提高知名度，该电台曾于 1936 年 7 月创办《同乐艺声集》，但仅出版一期便停刊了。

　　其中的《序》介绍了创刊背景和办刊目的："同乐广播电台自迁新址以来，内部焕然一新，所播节目名目繁多，举凡话剧、申曲、故事、滑稽、弹词、歌唱、摩不应有尽有。因词句之繁多，及播音者之庐山真面，社会人仕〔士〕莫不一睹为快。爰从各界人仕〔士〕之请故，特由修光、兆平二君，特辑《艺声集》一册，并商请诸艺员将所播各项节目之词句，摘精去芜，并播音诸君之本来面目，付之剞劂，以献于社会人仕〔士〕共好焉。"

　　该刊内容丰富，栏目众多，设有弹词开篇、苏州文书、四明宣卷、四明南词、苏滩、滑稽、文艺、歌曲、独幕剧、故事、漫画等栏。内容既突出南方地方戏剧特色，又注重娱乐性与消闲性。该刊印刷精美，图文并茂，照片方面主要是在同乐广播电台演播的艺人生活照，在电台里，听众只闻其声，在画报中则可见到庐山真面目。文字方面，主要刊登电台播出各项节目的词句、章则。曲艺方面有弹词、苏州文书、四明宣卷、四明南词、苏滩等多种南方曲艺唱词。弹词即苏州评弹，是苏州评话和弹词的总称；苏州文书是当时上海风行一时的一种曲艺样式，由王宝庆所创，吸收江南民歌、滩簧等曲调，用吴语说唱，以三弦、二胡伴奏，一人或多人弹唱均可，以唱为主，唱词多为七字句韵文，呈上下赋式。四明宣卷是浙江的传统说唱艺术，一般在佛事活动中进行；四明南词又称四明文书，也是浙江的传统曲艺之一，是以宁波方言说唱的弹词；苏滩即苏州滩簧，是苏剧也是戏曲剧种中的一种。极为难能可贵的是其中一些曲种早已成为绝响，读者通过该刊能领略这些失传艺术的独特魅力。

民国时期的电台多属牟利性质，设备简陋，条件较差，以插播广告为主要营利手段。为吸引听众，播放节目大多低级庸俗，毒害青少年。虽经官方多次整顿，但收效甚微。从《同乐艺声集》所刊内容，可以了解到同乐电台属于追求艺术的高雅广播电台，对宣传地方曲艺、戏剧发挥过积极作用。虽然那些播音因为没有录音而未能保存下来，《同乐艺声集》则弥补了这一缺憾，以图文的形式很好地保留和传承这些艺术形式，为今天研究这些早已失传的艺术瑰宝提供了珍贵史料。该刊是同乐广播电台节目的文字版，通过这些丰富而翔实的内容，可以窥见当年广播电台的概貌，对中国近代广播史研究大有裨益。

9. 综合艺术类

这一时期的艺术类画报异彩纷呈，除有以上 8 种相对专一的艺术画报外，还有 35 种两种以上艺术形式混搭的画报，如有绘画和金石相结合的《鼎脔》，崇尚艺术兼重文学的《旁观者》《青青》；也有以电影、戏剧、书画为三大主题的《玲珑画报》，融"考古研究、艺术绘画、文化教育"为一体的《河北第一博物院半月刊》，介绍电影、戏剧和美术的《艺术画报》和以艺术内容为主，兼有体育、科学的《常识画报》；更有汇集青铜器、碑帖、织绣、瓷器、玉器、电影、书画、摄影、戏剧、人体、治印等多种艺术形式的《美美画报》《故宫周刊》《北平画报》《日曜画报》《醒狮画报》《丁丁画报》等。在综合艺术类画报的数量和质量上，京、津、沪三地呈鼎足之势。

1924 年冯玉祥发动"北京政变"，将末代皇帝溥仪逐出紫禁城，组织摄政内阁，修订清皇室优待条件，同时成立了"办理清室善后委员会"，负责清理清皇室公、私财产及处理一切善后事宜。同年国立北平故宫博物院宣告成立，昔日供一人独享的秘殿宝笈，正式向民众开放。为了传承中国悠久的历史文化，让这些稀世珍宝传播更加广泛，在院长易培基的倡导下，故宫的工作者人员开始拓印古器、影印字画，并出版了专刊《故宫月刊》。但由于博物院经费奇绌，不能连续支付印刷精美的《故宫月刊》的高昂出版费。于是，1929 年 10 月 10 日故宫博物院成立四周年之际，《故宫周刊》问世。

《故宫周刊》由故宫博物院编辑出版，主编吴景洲。编者在创刊号《故宫周刊弁言》中表明了办刊宗旨："……周刊者，取资既微，流传自易，一方以故宫所藏，不分门类，不限体例，陆续选登，以视国人；一方以故宫工程建筑以及本院先后设施、计划工作情形，公诸有众，期以唤起全国人士之艺术观念，又使讲艺术者多得古人名迹奇制，以资观摹，俾恢复吾国固有之文明而发扬广大之，则庶乎温故而知新，不至数典而忘祖矣。是此一周刊之微，他日者或将谓为吾国文艺复兴之权舆，亦奚不可，斯又岂独本院及本刊之幸哉！"

《故宫周刊》以米色铜版纸精印，图文并重。图片部分以介绍院藏文物为主，包括周朝的青铜器，历代的碑帖、印壁、书法、绘画、瓷器、玉器、织绣、工艺品，以及帝后画像、名臣画像、戏剧行头道具、铜印、故宫建筑、匾额等；文字部分有专著、考据、史料、笔记、校勘、目录、剧本等。全面、系统地报道故宫馆藏是该刊的最大特色，因而深得世界文博界重视，也为收藏界所青睐，且有较高的文献资料价值。而画刊中大量珍贵的历史照片，更是中国古代史、近代史研究不可多得的珍贵史料，更以其突出的文献性、艺术性，成为新中国成立前研究故宫藏品的可靠资料，弥足珍贵。

1934年，中国漫画家张光宇与过继给舅舅的二弟曹名涵、三弟张正宇，联合富家子弟、诗人、画家邵洵美创办时代图书公司。该公司因出版五大刊物：林语堂主编的《论语》、叶浅予主编的《时代》、鲁少飞主编的《时代漫画》、宗维赓主编《时代电影》和张光宇主编的《万象》，而在中国出版史上占有一席之地。

《万象》创刊于1934年5月20日，主编张光宇、叶灵凤，发行人张光宇，时代图书公司出版。彩色封面和插图，铜版、胶版兼有，投资巨大。从编者到作者均为当时著名的画家、作家、摄影家、出版家，如雷贯耳，有林语堂、邵洵美、叶浅予、张光宇、陆志庠、宗惟赓、胡考、施蛰存、穆时英、刘旭沧、刘呐鸥、梁得所、杜衡、郑光汉、黄嘉谟、张崇文、秦静闻等。

该刊内容可分为照片、漫画和文字三大部分。每帧照片都具有较高的艺术水准。这些照片虽然也是影星写真、名人照片和风景名胜，但绝不是一般画报的普通摄影，而是摄影家拍摄的具有较高水准的、又经过编者精心设计的艺术品。文图搭配得当，每文均配有与内容契合的插图、漫画，相辅相成、相得益彰。该刊为时代图书公司精心制作的艺术画报，向世人展示了当时出版界、文化界的最高水平，对于研究同时期的文化艺术、出版印刷等具有重要的价值，同时也为研究中国近代的漫画家、摄影家、文学家等民国人物提供了重要的参考资料。尽管《万象》画报前后仅出刊4期，但其超前的艺术设计、精美的印刷、摩登时尚的风格、高雅脱俗的内容，却在人们心中留下了不可磨灭的印象。因此，后来才有陈蝶衣、刘自勤、汪子美等报人，多次沿用《万象》之名创办杂志。《万象》之名如此获得社会各界的青睐，成为出版业的一段佳话，也在中国近代画报史上留下浓墨重彩的一笔。

1936年9月9日，《语美画刊》在天津创办，主编李幼珉，乡贤耆宿赵元礼、王守恂、王襄、陈宝泉等为撰稿人，参与者还有弘一法师李叔同、南开大学创办人严修以及著名武侠小说家郑证因（李叔同内兄）等。该刊刊登了大量的珍贵历史图片和中国曲艺史、戏剧史、天津地方史资料，如李叔同的最早篆刻作品及最早个人照片等；严修、王仁安、方地山等学者，及刘宝全、马增芬、花小红、小彩舞等曲艺名家的个人介绍多为首次发表。

该刊为别开生面的大 16 开型横开版，图文并茂，套色彩印，质量上乘高雅，是天津出版的小型精美画刊，堪称当时国内影写版印刷技术尖端。内容多为诗、书、画、印、邮票、戏剧、曲艺和观光览胜等，两个主题贯穿画报始终：一是怀念弘一法师李叔同，一是赓续水西庄以来的津沽文脉。它于李叔同在世时，就较系统地介绍了这位艺术大师和佛教高僧的生平事迹，是最早宣传李叔同的报刊，也是研究李叔同的重要史料。

（五）儿童类

中国最早的儿童画报是光绪二十八年（1902）彭翼仲在北京创办的《启蒙画报》，以"开通学业""启迪学智"为办刊宗旨，主张用新思想、新知识来教育儿童。进入民国后，儿童教育进入现代教育的重要发展期，这一时期的画报集中展现了当时先进的儿童教育理念和教育方法。相关画报创办者有郑振铎、叶圣陶、伍联德、陈伯吹、赵景深、谢六逸、丰子恺等著名作家、画家。《儿童世界》《儿童画报》《好孩子》《小学生》《儿童杂志》等早期儿童画报的图画多为手绘彩印，图画和连环画多出自知名学者和画家之手，画工精良、色彩鲜艳，即使以今人眼光审视，依然堪称经典。20 世纪 30 年代后的儿童画报仍以绘画为主，也增加了摄影照片，如《我的画报》《儿童科学画报》《常识画报》《儿童常识画报》《儿童生活》等。画报记录了当年儿童的多种传统活动和生动的游戏场景，内容生动向上，充满童趣，尤其关注儿童生活和儿童心理，具有很高的艺术价值和教育价值。

1922 年 1 月，《儿童世界》在上海创刊，1938 年迁至长沙，至第 41 卷第 4 期再迁香港，1941 年 6 月，出刊至第 46 卷第 9 期后终刊。该刊发行人为徐应，编辑郑振铎、徐应昶，星洲出版社出版，商务印书馆发行。郑振铎早在 1921 年 12 月 28 日《时事新报》上发表的《儿童宣言》中表明了办刊宗旨："以前的儿童教育是注入式的教育；只要把种种的死知识、死教训装入他头脑里，就以为满足了……儿童自动的读物，实在极少。我们出版这个《儿童世界》，宗旨就在于弥补这个缺憾。"1931 年九一八事变后，该刊注重报道与抗日相关的政治、军事等方面新闻，培养少年儿童的抗日爱国思想。该刊是五四新文化运动以来中国现代文学史上第一本儿童画报。作为我国现代儿童文学早期的刊物，它为儿童开辟了一个清新美妙、启迪心智的精神乐园；作为我国现代儿童文学最初的一块园地，它为发展和繁荣我国现代儿童文学的创作，发挥着重要作用；它也为儿童报刊的出版工作积累了宝贵经验，为我国现代儿童文学的发展作出了突出贡献。

在这一时期的 10 种儿童画报中，9 种出自上海，唯有《儿童科学画报》在北平出版。1932 年 11 月，国民党政府高官和研究机构学者联合发动了中国科学化运动，并在南京成立了中国科学化运动协会，创办了《科学的中国》半月刊，在全国主要城市相继建立了分会，提出"科学社会化，社会科学化"的思想理念。为了实现协会"以500万人受科学知识之直接宣传为最低要求"的目标，为了普及科学知识从娃娃抓起，中国科学化运动协会北平分会遂于1936年5月1日创刊了《儿童科学画报》。该刊以"对于儿童、青年日常生活上予以科学之指导及介绍各种科学知识有益于儿童、青年生活者，以图画、照片为主，文字为辅"。初期只以单色印刷，从第6期开始，"不惜工本，加添了五彩精印图画"，增加了一项简易机械制造比赛，如《制造飞机比赛》等。从第7期起增加"怎样做一个科学的孩子"栏目，引导儿童如何学科学、爱科学，成为一个科学家。该刊主要面向在校学生，文字通俗，语言活泼，具有趣味性，是启蒙儿童科学意识、增长科学知识的良好课外读物。

（六）女性类

1920年6月，中国摄影第一画刊《时报图画周刊》问世；1925年6月创刊的《上海画报》，被视中国画报热的发端；1926年2月诞生的民国第一画报《良友》在全国热销，引领了书册型画报的先河；同年7月，在天津异军突起的《北洋画报》，标志着报纸型画报走向成熟。一时间，南方以《良友》为模板，《时代》《中华》《大众》《今代妇女》等画报如影随形，北方以《北洋画报》为范示，《天津商报画刊》《北晨画报》《中华画报》《华北画刊》等画报亦步亦趋。随着《北洋画报》从形式到内容上的相对稳定，女性影星、歌星、舞星、名伶、名闺、名媛、学生等渐成画报必不可少的重要内容，也成为各地画报营销的第一要义。于是，这一时期七成以上的画报以名闺名媛为封面，开设电影、戏剧、跳舞、歌场、人体等栏目。画报创办人正是看准了这一商机，迎合读者的需求，出版了中国第一份以妇女为主角的《解放画报》，开中国妇女服装革新先河的《装束美》，号召女性直立于社会的《现代妇女》《今代妇女》，号称"华北唯一的彩色图画周刊"的《安琪儿图画周刊》，中国最早的时尚杂志《玲珑》，摩登女性读本《妇人画报》，自称"上海滩女性的挚友"的《皇后》，《女子月刊》的图画照片专号《女子画报》、女明星和名闺名媛的相册《时代美人》，内容新潮、设计时尚、印刷精良的《女神》，供给读者精神食粮的《沙乐美》，关注女性社会问题的《女人》，《特写》画报的附刊《女性特写》和"趣味和写实的画报"《小姐》等14种女性专刊。

1920年5月4日，为纪念五四运动一周年而在上海创刊的《解放画报》，被称为"中国第一份以妇女为主角的画报"，至1921年12月30日出刊至18期。创办人周剑云，新民图书馆出版发行，特约丁悚、张光宇等13人为图画作者，以"在旧社会中站住脚，和旧人物继续奋斗"为《解放画报》办刊要义，批评、讨论人生问题，引导平民走向光明，革新旧社会，振兴国家。毋庸置疑，旧中国最需要得到全面解放的莫过于妇女，晚清、民国时期的多种画报都涉及妇女在旧中国的悲惨遭遇，但像《解放画报》一样，将妇女解放作为办刊任务开宗明义地提出的却不多。该刊从爱情婚姻、妇女经济独立、妇女参政、妇女教育、妇女与男子的关系等多方面探讨中国妇女解放的问题。编者希望各界女性踊跃投稿，以女性之视角观察当时妇女问题，提出与男性观点不同的看法。该刊每期几乎一半以上的篇幅涉及妇女问题，这些内容或是表现旧女性的悲惨生活和新女性的奋发进取，或是表达腐朽思想对女性的束缚，或是引进西方近代化女性思想以启迪读者。因此说，《解放画报》也不失为一部近代女性社会学研究资料汇编。

在这些女性专刊中最著名的当属口袋画报《玲珑》了。该刊创刊于 1931 年 3 月 18 日，以"为增进妇女优美生活，提倡社会高尚娱乐"为号召，瞄准大都市已嫁或待嫁的时髦女性，倡导有知识、讲洋话、善打扮、长跳舞、通家政、懂烹饪、管男人的女性时髦生活。其思想之新潮，言论之大胆，品味之高雅，图片之精美，文字之轻松，堪与现仍在流行的《女友》《瑞丽》相媲美。因为《玲珑》64 开本的小巧，更成为 20 世纪 30 年代上海女学生人手一册的"手掌书""口袋书"，当年的《玲珑》已成时尚的代名词，摩登女郎的名片。可以说《玲珑》的出现，为中国女性开启了一扇时尚之窗，实现了女性领域在公共空间的扩张。该刊初期关注的是妇女的独立与解放，把培养社会政治角度的新女性当做了己任；后期更加侧重倡导女性的摩登与时尚，教导女性如何提高自己的素养、出入各种交际场所、装饰自己家居、应对男人的出轨、筹划自己的家庭。张爱玲总结说："《玲珑》杂志就是一面传授影星美容秘诀，一面教导'美'了'容'的女子怎样严密防范男子的进攻。"

（七）专业类

专业类画报由于具有专业性强、内容单一、受众面窄、发行量小的特点，故而数量较少，出版者也多为不计盈亏的政府机构和社会组织。这一时期专业类画报分为航空、军事、体育、科技、宗教、公安、校园、印刷出版、医学健康等 9 类。

1. 航空类

"自从九一八的事变，以至热河的断送，一般不抵抗的将军所给予我们的解释和借口是中国的军队没有现代化，没有高射炮（?），也没有飞机（?），因为这样，要救中国，便只有航空救国。国难年是早已随着塘沽协定而消逝了，现在应该是航空救国年。"[①]特别是 1932 年一·二八抗战爆发后，日本空军对上海的吴淞口、闸北、真如等地区实施狂轰滥炸，中国军队和广大民众遭受重大损失。国人如梦方醒，认识到航空建设在国防中的重要性和急迫性，遂在全国范围内发起航空救国运动，掀起航空热潮。飞行家孙桐岗从德国驾驶"航空救国号"归国后，又在国内举行飞行表演，一时轰动全国，成为当年各大画报的主角。与此同时，《航空杂志》《飞行月刊》《飞报》《空军》等介绍航空知识、宣传航空重要性的期刊相继问世。《航空露布》就是在这一社会背景下创刊的。

---

① 《航空热（一）》，《生活》1933 年第 8 卷第 30 期。

1933 年 9 月，《航空露布》在浙江杭州创刊，国民党空军航空署情报科编辑、出版、发行。"露"，无所遮掩；"布"，广而告之。"露布"是一种公布信息的方式。《航空露布》旨在报道世界航空新闻、公布航空消息、传授航空知识。该刊以图为主，以文为辅，回顾了中国航空制造业和航空教育事业的肇始与发展，介绍了世界各国在航空、防空方面突飞猛进的发展和最新成果，展示各国在航空方面的军事实力，旨在让国人看到我国航空业与世界列强的差距，以引起社会各界对航空事业的重视。

1933 年，在国民政府高度重视航空事业的同时，上海民间也成立了中国航空协会，成为中国唯一航空民众团体。为启蒙国人的航空意识，发动民众共建中国的航空事业，该会在国内外广泛搜集关于航空的情报和信息，选取其中较为重要的内容，定期编辑出版《航空画报》。

1935 年 1 月 28 日，《航空画报》在上海创刊，中国航空协会画报社发行，赠阅各大机关，"广为分发，劝告订阅"。该刊之所以选择在一·二八抗战三周年之际创刊，旨在提醒国人不要忘记三年前的国耻，表达知耻后勇、急起直追、抗日复仇的决心，号召民众同心协力，辅助政府，发展航空，充实国防，抵御外侮，为实现国家强盛的前途带来无穷的希望。因此，"航空救国""努力建设空防""赞助政府，扩大空军""必须建设航空"等口号在画报中俯拾皆是。作为中国民间第一家航空类画报，《航空画报》对启蒙和增强民众航空意识，帮助政府普及航空知识，曾经发挥了较为重要的作用。1937 年全面抗战爆发初期，我国空军在空中作战中也曾具有一定的战斗力，对支援地面作战发挥过一定的威力。

2. 军事类

民国时期战乱频仍，在这一时期的综合类画报中，多有从不同角度记录各场战争的图文，同时也出版了专门记录和介绍北伐战争、九一八事变、一·二八抗战的军事类画报，如记录 1924 年江浙战争的《江浙战事画报》《江浙直奉血战画宝大全》，介绍世界各国军事现状的《世界军情画报》、启蒙国人防空意识的《防空画刊》，记录九一八事变的《日本侵占东北真相画刊》《锦州战事画刊》《九一八国难纪念》《榆关战事画刊》《东北战影》《民众画报》，记录九一八事变后华北地区战事的《华北战事画史》，记录一·二八抗战的《上海战影》《抵抗画报》《锦州战事画刊》等。

中国最早的军事类画报当属 1924 年 8 月在上海创刊的《江浙战事画报》。江浙战事，又称齐卢战争、甲子兵灾，是 1924 年江苏督军齐燮元与浙江督军卢永祥之间进行的战争。这场战争是直系军阀与反直系军阀势力之间的一次重大较量，也是第二次直奉战争的导火索。该刊主编为平襟亚、胡憨珠，绘图者是胡亚光、孙步月，由共和书局出版发行，仅出刊一期。由于当时摄影技术尚不甚普及，更没有战地记者，故该刊还是手绘图画，主要登载江浙战争的形势图、讽刺画、滑稽画、肖像画、速写画、写真画、新闻画、趣闻画等。以"本匹夫有责之旨，唤醒群众俾国民，咸知兵凶战危，能自决而起，共迎和平之神焉"为办刊宗旨。江浙战事留存下来的资料较少，《江浙战事画报》则以图画形式记录此役，从而成为研究江浙战事的重要史料。

北伐战争爆发后，军方很注重政治宣传，沿途贴标语和图画，专设随军战地摄影记者，中国最早的战地摄影记者黄英便是其中之一。在枪林弹雨中，他用摄影机捕捉到了许多珍贵的历史时刻，并把这些照片寄给了《良友》画报。主编梁得所以职业的敏感立即意识到这些照片的稀少可贵，马上与摄影者黄英取得了联系。1928年7月，良友图书公司利用黄英提供的近400张北伐战争的照片，出版了《北伐画史》，这是我国近代史上最早的战地新闻图片集。

日本侵略者既于1931年9月18日以武力侵占我国东北领土，复于1932年1月28日午夜突袭上海闸北，我国守军第十九路军在总指挥蒋光鼐、军长蔡廷锴指挥下奋起抵抗，给日军以迎头痛击。双方激战于闸北、江湾、吴淞之间30余日。中国军队因战略关系，全师退守昆山、太仓一带的第二道防线。越二日，日军进占昆山、嘉定，双方复成相持之局。南京政府采取"一面抵抗，一面交涉"的政策，国际联盟遂有停止敌对行动的决议，国联调查团于同年3月5日从东京抵达上海做实地考察。日本当局为掩盖其侵略野心，缓和国际舆论，同意召开停战会议。但其态度强硬，野心勃勃，俨然以战胜国自居，要求中国政府做城下之盟。在英美公使的斡旋下，谈判会议不致决裂。惟会议议案枝节横生，一改再改，和议前途不容乐观。就在此时，《上海战影》《抵抗画报》先后出版。这两种画报以图片的形式真实地记录淞沪抗战的真相，揭露日本军国主义对华的侵略野心，为国联调查团及时提供了日军挑起战争的铁证。在巨大的社会舆论下，1932年3月3日，日军司令官根据参谋总长电示，发表停战声明。同日，国联决议中日双方下令停战。24日，在英领署举行正式停战会议。两刊展现了中国军队英勇抵抗、顽强御敌的精神，强烈地激发了国人的爱国热情，更让民众清醒地认识到，面对强敌入侵，山河变色，只有团结一致，抵抗到底，才能取得最后的胜利。

3. 体育类

"五四运动时期，随着军国民主义思想的消退和新教育思想的流行，学校体育不仅有普通体操和兵式体操，还有田径运动、球类运动、国技、童子军等。"[①]与此同时，世界（奥运会）、远东、华北、全国、省市、城际、校际、校内等运动会定期举办。1927年至1937年是中国体育发展的高峰期，政府在体育发展中开始发挥主导作用。在此期间，《体育世界》《精武画报》《体育画报》《竞乐画报》《全国女运动员名将录》《全运会专刊》《第十一届世界运动大会画报》等体育类画报相继诞生。

---

① 曹永光、曾耀荣：《从竞技体育到大众体育：近代中国体育发展问题研究》，《浙江体育科学》2022年第44卷第1期。

1927 年前，中国体育虽在远东运动会上小有成绩，但国内体育运动尚不能普及，重视体育者仅限于学校，工商各界则鲜见参与。在同时期的美国，体育画刊已是多不胜数，近邻日本也有多种。有鉴于此，李伟才、余巨贤等抱着对提倡体育的热诚，于 1927 年 3 月 30 日创办了中国近代体育第一画刊——《体育世界》。良友图书印刷有限公司老板伍联德给予大力支持，负责印刷、出版，并亲自作序，希望"行见此刊一出，举国人士，将望风景从，致力于体育之研求，而一洗国民尚文轻武之陋习"。编者在《发刊词》中表明了办刊宗旨和希望："国人大部分对体育二字，还不大注意吗？我们一定要设法子来宣传，文字宣传之外，还把图画来极力鼓吹，本刊的宗旨，就是向这一方面着手！虽然是力量薄弱，也不敢不勉力去干，将来国人不用说全体！得到大部分都向体育路途上来研究，同时远东运动与及凡有对外人的竞技，都得着良好的结果，这就是本刊的最初希望了。"虽然早在清宣统元年（1909），由中国体操学校主办，徐一冰、王均卿主编的《体育界》便在上海创刊，成为我国最早的体育期刊。但该刊只是没有图画的文字期刊。摄影画报问世后，也曾有一些画报零星刊登学校体育的图文报道，但不够系统、全面、具体。因而，以体育为主题、以照片为主体的《体育世界》遂成为我国第一本体育画刊。该刊在宣传体育、普及体育、振兴体育方面发挥了一定的作用，同时也记录了我国香港、澳门、南京、天津等城市的体育活动，为中国近代体育史研究提供了珍贵的图文资料。

1929 年 1 月 1 日，《体育画报》在上海创刊，体育画报社编辑发行，"取浅近而有味的文字，及各种研究上，表演上，照片或插画，来告诉一般不明了的人，或者要明了和已明了而不知实行的人，还有要实行和已实行而没有兴味的人。我们要使他发生出热烈兴味至少要使我在体育界中更进一个阶级"，为其办刊宗旨；"宗旨纯正、取材严格、印刷精美、图文双绝"为其特色；"提倡体育、指导体育、促进体育、发扬体育"为其职责。该刊报道的体育新闻，介绍的体育知识，传播的体育理念，记录的体育人物，披露的体育界逸闻，都是研究近代中国体育的重要史料。

4. 科技类

1915 年，中国科学社在美国成立，由赵元任、任鸿隽等 9 名康奈尔大学的中国留学生创建，是中国第一个综合性学术团体。其宗旨为"联络同志、研究学术，以共图中国科学之发达"，刊行社刊《科学》，1918 年迁回中国。"'民主'与'科学'这两个先进思想是在五四新文化运动爆发后被知识分子们热烈追捧的新思潮。这次新文化运动的爆发使新观念、新思潮与旧传统观念进行了鲜明对比，打破了统治中国 2000 多年的旧传统思想。推动了现代科学，以及民主觉悟，使新中国到来的脚步更加稳妥。"[1]五四新文化运

---

① 刘敏：《近代科学救国思潮与民国时期的科学教育——民国时期科学发展研究》，《教育现代化》2008 年第 11 期。

动后，科学救国思想成为当时的主要社会思潮。进入20世纪30年代后，随着画报热的出现，《科学画报》《导光》《科学图解》《上海无线电》《儿童科学画报》等5种科技类画报，先后在上海、天津、北京创刊。

1933年8月1日，《科学画报》在上海创刊，由中国科学社主办，总编、发行人杨孝述，经理编辑杨臣华，常务编辑刘佩衡，艺术编辑殷云泉，资料编辑成绳伯，知名科学家秉农山、任叔永、竺可桢、刘淦芝、任鸿隽、赵元任、裘维裕、吴有训、茅以升、汪胡桢、伍献文、柳大纲等都曾是画报的特约撰稿人。该刊是我国历史最悠久的一本综合性科普期刊，更是唯一一本建国后继续出刊的科普画报。其办刊宗旨是，"要把普通科学知识和新闻输送到民间去"。办刊方式则采取"用简单文字和明白有意义的图画或照片，把世界最新科学发明、事实、现象、应用、理论以及谐说、游戏都介绍把〔给〕他们"，从而"逐渐地把科学变为他们生活的一部分，使他们看科学为容易接近、可以眼前利用的资料，而并非神秘不可思议的幻术"。其特点是题材丰富，内容广泛，信息量大，通俗易懂，图文并茂，趣味性强，涉及天文、地理、生物、自然、生理、医药、化工、机械、航空、军事、土木、农业、无线电、渔业、实验、航海等多种学科和行业。及时介绍科技新成就、新发现、新进展和新产品；深入讨论社会科技热点；不懈追求自然和科学上的奇闻怪事，努力预测未来科技，引导青少年学会动手动脑；迅速传递最新的生活科技创意，启发青少年爱好科技、投身科技事业。

《科学画报》创刊不久，天津工商学院内北辰社也出现了《导光》科技画报。该刊1933年9月15日创刊，北辰社编辑、出版、发行。创刊号《导言》表明了办刊目的、介绍了主要内容："知识大部分的灌输自然是教育，而教育两个字包罗甚广。最有力输入知识的工具就是小说和报纸。这就是我们出版《导光》的一点小意思。关乎知识方面范围太大，决非如《导光》似的一个小小刊物便能负诺大的使命。但是我们不揣愚昧，愿以我们的极微薄的力量、细小的知识，来介绍与大家一些科学的常识与新闻、文艺、体育等，凡有兴趣而又可以增进我的知识的，皆尽力贡献的。"自称"是现代唯一的青年科学画报"。该刊介绍先进的科学知识、新发明，报道西方政治、体育、文艺等方面的发展动态，包括极地探险、飞行试验、体育竞技、发明家传略、海底生物、考古发现、科学试验成果、五行拳谱、生命科学等与科学技术相关的诸多方面内容。是了解当时世界最新科技的重要窗口，同时也是研究民国时期新事物、新科技在中国传播与应用的重要史料。

5. 宗教类

这类画报仅有《慈航画报》一种。该刊于1933年7月5日在上海创刊，创办人刘仁航自任主编，以文字为主，图画为辅，内容有简短社论、家庭卫生医药常识问答、各地民众教育及识字运动、各地工读合作新村状况、观音救劫问答、各地观音灵感近闻、戏曲小说上之因果研究、宗教之比较革新与社会进化、各地民众神话歌谣之调查、科学新知识发明之机器、新建筑之工程、民众美艺、佛像佛迹与观音变像、各地佛教状况及普陀道场事迹、武术、无线电常识、航空知识、通讯、青年报恩会运动、海外华侨的佛教状况等。该刊不仅以传播佛教知识、劝人向善为宗旨，而且还试图"应用科学方法，创造新东方的文化"，聘请精通各类的专家，撰述通俗文字，让读者以极少的费用，在极短的时间内，获得各方面的文化知识，以达到"养心健身，安家乐村，护国救人"的目的。

6. 公安类

民国时期各省市各机关出版专业期刊较为普遍，但画报仅有 1930 年 4 月天津市公安局出版的《公安画报》。该刊宗旨有四：一是把天津一切警察的职能、责任、设施等介绍给民众，让百姓了解警察的日常工作，架起民众与警察之间的一座桥梁；二是把一些警务常识以图画、文字的形式灌输给全市各级警察，让他们在工作中得以应用；三是记录警察的各项工作，在民众方面看了可以明了，在警察方面可以格外勤励；四是以美育来陶冶民众性情，给大家一些精神上的安慰。该刊除记录了 20 世纪 30 年代初期天津的警务治安工作外，也以较大篇幅的图文报道了国内外的时政消息，为研究民国时期公安制度、管理、工作等提供了参考资料。

7. 校园类

20 世纪二三十年代虽是出版物最繁盛的时期，适合学生阅读的期刊固然不少，但专为学生而作的却不多。当时各校也有自己的刊物，少者一两份，多者十余种，不仅发行范围狭小、内容以本校为主，而且还只是纯文字型刊物。在当时的画报中虽多有反映校园生活的专栏或板块，但以校园生活为主题的专刊画报却很少，只有《青春画报》《中国学生》和《学校生活》3 种。

1931 年 9 月 5 日，《青春画报》在天津创刊，编辑部设在南开中学校园，编辑、记者也多为在校学生，内容更是以记录全国各名校教学、社会活动、体育运动及教师、学生对时局变幻的反应和看法为主。它是名副其实的民国校园第一画刊。

1929 年 1 月创刊的《中国学生》是良友公司出版发行的第五种画报，自称"是为中国学生而产生的"，"是全国学校共同的机关报，要替全国的学校宣传……它是所有中国学生的机关报，也就是所有中国学生的园地"。以介绍国内外教育状况，培养学生品德，丰富学生课余生活为宗旨，以"提倡、介绍并使人领略美满的学校生活"为使命。

1929 年 12 月 22 日，《学校生活》在上海创刊，编辑季小波，亚细亚美术书报编印所发行，内容丰富、发行广泛，深得全国青年学生欢迎，一时成为大学生的必备读物。该刊不仅系统地记录了当年国内外大中小学生的学习、生活状况，还增进了青年学生的相互了解、相互沟通，也让全国各校通过这一平台学习他校之长、改善本校不足，更为研究中国近代教育提供了丰富而翔实的一手资料。

8. 印刷出版类

曾经留学法国、日本的民国时期印刷业专家高元宰，在法国时，惊艳于其辉煌灿烂的文化艺术，更看到其美术印刷的成就。因此在留学之余，进入印刷工厂学到一些印刷技术。回国后却发现中国印刷业进步得如此迟缓，为最早发明印刷术的国家竟至如此落后而扼腕叹息。痛定思痛，他认为中国印刷业落后的最大原因是没有印刷教育。于是，他抱定"愿意牺牲吾个人的一切，来做'印刷教育'的开路先锋"的宗旨，于1934年5月创办了《印刷画报》。

《印刷画报》是中国画报史上第一本以印刷专业为主题的画报，承担了推进中国印刷教育，提高中国印刷技术水平的重任。现仅见创刊号，据《发刊小言》介绍，该刊还将出版许多精美的图画，反映中国当时的印刷水准，更为研究20世纪30代中国印刷史提供了弥足珍贵的参考史料。

9. 医学健康类

"民国时期，社会掀起收回教育主权运动，医学院校普遍创办医学报刊。据初步整理，53所医学院校创办医学报刊119种，平均每所学校创办2种。"[1]社会各界也出版了一批如《中国医学月刊》《中国医学》等一系列医学期刊，但画报仅有《生命与健康画报》（后更名为《生活画报》）一种。

1929年8月10日，《生命与健康画报》在上海创刊，生命与健康社和中国艺术摄影研究社联合编辑、出版，自诩是"健康的源泉""心灵的安慰者""卫生的保障""家庭的福星""个人的医师""民众的好友""生命的花朵"。该刊是中国近代画报史上第一本西医专业科普画报，多为具有极高专业水准的西医论著和译文，而语言又力求简洁通俗，还配有增加趣味性的摄影作品，在轻松愉快中向读者普及了医学常识，增强了民众的医药知识和卫生素养，同时也为研究西医在中国的应用与普及提供了宝贵的史料。

1934年8月15日，《健康生活》在天津创刊，健康生活社编辑，健康生活社、天津时代公司等发行，1941年9月10日出刊至第25卷第3、4期合刊后终刊，每卷6期，共出版146期。该刊注重两性知识普及介绍，客观上解决了青年男女们一些难于启齿的隐私问题，对提高民众的身体健康、心理健康水平发挥了一定的指导作用。通过该刊登载的大量有关健康的图文，可以了解到当年民众的思想意识、社会心态和生活状况，也为今天的性别史、医学史、健康史研究提供了丰富而翔实的资料。这样前卫的画报能够在不断的指责声中坚持出刊7年之久，实属难能可贵。

---

[1] 潘荣华、杨芳：《民国时期医学院校创办的医学报刊研究》，《辽宁医学学报》2011年11月第9卷第4期。

（八）专刊特刊类

上海的《时报》《申报》《新闻报》，天津的《大公报》《益世报》《天津商报》《新天津报》，北京的《京报》《晨报》《北京晚报》等全国各大报社都相继出版画报、画刊，而一些小报小刊如《天津晶报》《浙江新闻》《锡报》《东南日报》等，虽无力出版画报，但在元旦、国庆、新址落成等纪念日也会出版专刊、特刊画报。政府机关、社会团体、工商企业等，遇有社会热点和纪念活动也会出版此类画报。这一时期的专刊特刊遍及山东、上海、浙江、江苏、天津、北京、香港等地，有山东青岛的《接收青岛纪念写真》、上海《图画时报》的《全运会专刊》、上海勤奋书局的《第十一届世界运动大会画报》、良友图书印刷公司的《第十一届世界运动大会图画特刊》，浙江《东南日报》的《东南日报新厦落成纪念特刊》、《浙江新闻》的《浙江新闻图画增刊》，江苏的《锡报》附刊《锡报二十四年双十画册》、《明报》的《苏州明报新屋落成纪念国庆专刊》，天津启新洋灰有限公司的《启新洋灰有限公司三十周纪念册》、《天津晶报》的《天津晶报元旦特刊》，北京铁路沿线出产货品展览会的《铁展画刊》和香港《南星杂志》的《南星周年纪念画刊》等13种。

1922年12月10日，鲁案善后督办王正廷、山东省省长兼胶澳商埠督办熊炳琦与日本青岛守备军司令由比光卫举行青岛交接仪式，宣告中国政府从日军手中收回对青岛主权，历经德国、日本两代殖民主义者统治了长达25年的这座工商港口城市重新回到了祖国的怀抱，标志着中国人民的爱国主义斗争取得了历史性的胜利。这是中国近代史上的一个重大事件，为中国外交史开一新纪元。为此，时任胶澳中国青年会美术干事的班鹏志于1924年4月出版了《接收青岛纪念写真》，以图文的形式记录下了这一庄严而又神圣的时刻。该刊开创了图片记录重大历史事件的先河，也成为青岛最早的画报。刊物所搜集和编者实地拍摄的珍贵图片，很多为近代青岛的早期历史照片资料，除记录接收青岛历史事件外，还刊登有许多当年青岛的行政机关、军事机构、学生运动、学校、商会、民俗、寺庙、街景、公园、泳场等影像，以图片的形式记录了20世纪20年代前的青岛历史，成为研究青岛历史的重要文献资料。

实体企事业出版画报在中国近代画报史上，天津启新洋灰公司当属首例。该公司是中国最早的一家水泥厂，其前身为清光绪十五年（1889）建立的唐山细绵土厂，光绪三十二年（1906），北洋大臣袁世凯命令周学熙从英国人手中收回重办，更名为启新洋灰公司。该公司是中国大型民族工业企业的代表，它在旧中国建筑业占有重要地位。

1936年1月，《启新洋灰有限公司三十周纪念册》在天津出版，编辑汪仲尝、袁铸厚，启新洋灰有限公司刊行，包括三部分内容：一是该公司沿革，二是用该公司水泥建造的主要建筑，三是该公司的荣誉。该刊回顾了启新洋灰公司30年的奋斗历程，展示了该公司取得的辉煌成就，这些足以让国人骄傲和自豪，提振了当年的实业家们的信心，同时也记录了中国民族工业企业的发展史、奋斗史，为中国近代工业史研究提供了典型的案例。

二、按地域分

上海是这一时期的文化出版中心，在望平街、福州路、北四川路一带有《申报》《时报》《新闻报》《良友》《时代》等数十家报馆，还有"良友""时代""中国图书""三友"等十数家出版公司。因此，在画报出版数量上，上海出版画报 400 多种，冠居全国之首。天津和北京各出版画报数十种，位居第二、第三。广东（包括香港）、浙江、江苏、辽宁四地出版画报几种至十余种。吉林、湖北、湖南、江西、山西五地则仅仅出版画报一至两种。

（一） 上海

这一时期有 405 种画报创刊，加上前两时期创刊、这一时期仍在刊行的 24 种，数量多达 429 种。包括在中国近代画报史上具有划时代意义的"中国摄影第一画刊"《时报图画周刊》、中国第一本电影画报《影戏杂志》、中国现代文学史上第一本儿童画报《儿童世界》、开启民国画报先河的《上海画报》、民国第一画报《良友》、引领中国妇女服装革新的《装束美》、中国近代体育第一画刊《体育世界》、倡导唯美主义的《时代》、中国最早的影写版画报《申报图画周刊》、开画报绘画封面先河的《中华》、中国研究摄影理论第一画刊《摄影画报》、中国最早的时尚杂志《玲珑》、中国最早的综合性科普期刊《科学画报》、号称"民国电影第一刊"的《电声》、中国人体摄影第一画报《健美月刊》、中国最早、最权威的歌坛杂志《歌星画报》、"中国印刷最精照片最美的影刊"《影坛》、最早的青少年科普期刊《少年画报》等著名画报、画刊。这便是上海的第一大特点——名刊最多。二是画报内容上包罗万象，综合、时政、艺术、女性、儿童、专业各类齐全；形式上一应俱全：版式有报纸型、书册型，开本大到 4 开、小到 64 开，印刷有石印版、珂罗版、铜版、锌版、影写版，正文用纸则连史纸、新闻纸、道林纸皆有。三是寿命较长的画报多在上海，出刊在 10 年以上者多达 16 种，有《神州画报》《儿童教育画》《时事画报》《图画时报》《儿童世界》《儿童画报》《联益之友》《紫罗兰》《良友》《中华》《东方画报》《科学画报》《青青电影》《半月戏剧》等。

（二） 天津

这一时期有 42 种画报创刊，前两时期创刊、这一时期仍在刊行的 1 种，其中《华北画报》在平津两地同名同内容出版，《健康生活》先后辗转天津、汉口、上海三地。1921年 8 月 28 日创刊的《天津画报》仍为手绘石印画报。此后 5 年中天津没有画报创刊，直到 1926 年 7 月 7 日《北洋画报》的问世。最具影响力的也当属《北洋画报》，而 1930 年叶庸方创办、张聊公、王伯龙主编的《天津商报画刊》，倡导体育、介绍科学的《常识画报》，中国早期的收藏专刊《醒狮画报》，民国第一校园画刊《青春画报》，考古学、博物学研究的重要资料《河北第一博物院半月刊》，风月中有风骨的《风月画报》，著名报人刘髯公创办的《新天津画报》，屡出特刊的《银线画报》，以漫画著称、出刊近 12 年的《星期二午报画刊》，上乘、高雅、唯美的《语美画刊》等，也都名动一时。

天津画报这一时期的显著特点：一是以《北洋画报》为引领，出版了一系列印刷精美的综合类、报纸型画报；其次，画报虽出版于天津，但内容并不局限于天津，广泛涉及广东、上海、浙江、江苏、北京、东北等地；三是兼有综合、艺术、专业、科技、校园、专刊特刊等多种类画报；四是出现了冯武越、叶庸方、刘髯公、王伯龙、张聊公、谭林北、魏病侠等一批画报人。因此，从数量到质量上，天津稳居这一时期第二的位置。

（三）北京

这一时期有 26 种画报创刊，其中《华北画报》在平津两地同名同内容出版，没有前两时期创刊、这一时期仍在刊行的画报。1924 年、1925 年间相继创刊的《图画周刊》和《世界画报》是北方最早的摄影画报，均早于天津最早的摄影画报《北洋画报》。著名的画报有《北京画报》《艺林月刊》《湖社月刊》《故宫周刊》《北晨画刊》《国剧画报》《半月剧刊》《369 画报》等。

北京画报这一时期最突出的特点：一是出版了 14 种艺术类画报，占这一时期北京画报数量的一半以上，包括美术、摄影、考古、戏剧等。这当然与古都北京的深厚文化底蕴是分不开的。二是在 1928 年、1929 年两年中 15 种画报密集创刊，而在 1932 年至 1935 年的"杂志年"中仅 3 种画报创刊；三是报纸型、书册型画报并重；四是虽然数量不多，但从设计、印刷、装帧到内容，均为高质量，每种画报各具特色。

（四）广东

有 17 种画报创刊，其中包括香港 7 种，没有前两时期创刊、这一时期仍在刊行的画报。最具影响力当属邹韬奋在香港创办的《生活星期刊》，但因抨击国民政府的不抵抗、积极宣传抗日救亡，数月后就被国民党当局查封了。广东的画报以香港、广州两地居多，形式上以 8 开本、书册型画报为主，如《珠江星期画报》《天趣画报》《海珠星期画报》《非非画报》《香花画报》等。

（五）浙江

创刊 5 种，前两时期创刊、这一时期仍在刊行的 1 种，共 6 种，分别为《浙江民报》附刊《浙江民报画报》、《航空露布》、《民众画报》、《杭州民国日报画报》（后更名为《东南日报画报》）、《浙江新闻》特刊《浙江新闻图画增刊》、东南日报的特刊《东南日报报馆新厦落成纪念特刊》，5 种在杭州、1 种在萧山，多为各家报纸出版的增刊、特刊。

（六）江苏

创刊 8 种，分别在南京、无锡、镇江、苏州等地出版。1927 年 8 月 7 日出版的《工商日报》附刊《工商画报》为江苏历史上的第一张画报。出刊时间最长、影响最大的是《中央日报》附刊《中央画刊》，《江苏画报》《苏州画报》《革命军人画报》《南京特写》也较具特色，而《锡报》附刊《锡报二十四年双十画册》和《苏州明报新屋落成纪念国庆专刊》均为报纸的临时专刊，仅出刊一期。

（七）辽宁

创刊 3 种，分别为《大亚画报》、《盛京时报》的附刊《图画周刊》和《东三省民报》副刊《沈水画报》，均集中于沈阳。其中《大亚画报》虽地处沈阳，内容却涵盖全国，以东北、北平、上海、天津居多，包括时政、军事、文学、艺术、教育、经济、民生等诸多领域，并在天津、上海、北平、哈尔滨、营口、黑龙江、大连、吉林等国内各大城市，及美国、加拿大等国，均设有分社。因此，著名作家何海鸣曾撰文称：东北报纸虽有多家，而负有宣扬文化、提倡美学之使命的画报，仅有《大亚》。

（八）吉林

《斯民》是吉林的第一张画报，也是该地这一时期唯一的画报。该刊是为伪满洲国代言的大型综合类画报，出刊 6 年之久，一直保持较高的发行量，高峰时曾达到 1.5 万册，在当时起到了一定的毒化国人的作用。但这些图文也是记录日本侵华的重要史料和铁一般的证据，通过该刊不仅能够了解日本侵略者利用文化和宣传工具，宣扬和灌输其政治理念的过程；站在今天的世界大环境下，还能够进一步认清当年日本侵略者的本来面目和险恶用心；更能警示后人，前事不忘，后事之师，时刻牢记历史的深刻教训，决不让历史悲剧重演。

（九）湖北

创刊 2 种，分别为《武汉日报》附刊《武汉画报》和《华昌摄影月刊》（后更名《华昌影刊》），均在汉口出版。前者不仅为研究中国近代史特别是湖北历史提供了宝贵资料，而且也为中国近代艺术史研究提供了绘画、摄影、治印等方面的重要史料。后者作为汉口当时唯一的摄影专业类画报，填补了武汉地区摄影画报的空白，保存下来众多民国摄影家的精品力作，启蒙和培养摄影爱好者的摄影兴趣，推动了武汉、湖南、江西三地的摄影发展，提高了全国摄影理论研究的水平，更为今天的中国近代摄影史研究提供了宝贵的图文资料。

（十）江西

创刊 2 种，分别为《江西梨影丛刊》和《扫荡报》的附刊《扫荡画报》，均在南昌出版。

（十一）湖南

仅有 1931 年 7 月 5 日在长沙创刊的《湘珂画报》一种画报，也是湖南最早的画报。

（十二）山西

1929 年 10 月 10 月出版的《画报汇刊》，是山西出版最早的画报，也是笔者见到的这一时期山西出版的唯一一张画报。

据 1935 年第 1 卷第 4 期《报学季刊》中蒋荫恩的《中国画报的检讨》一文载，四川重庆曾有《艺薮画报》、黑龙江哈尔滨曾有《哈尔滨画报》、陕西西安曾有《西北画报》，因笔者并未见到，故而不做记述。

第四节　机 构 与 人 员

进入鼎盛时期后，画报已经成为这一时期信息生产、转换、传播和强化社会舆论的重要工具和手段。画报的创办与经营呈现出纷繁复杂、鱼龙混杂状态，生产画报的基地——报馆也呈现出从家庭作坊到伟岸大厦的多元多样，制作画报的主体——编者也出现了从一人办刊到数十人编辑的巨大差异，而为画报提供图文的作者更是有中小学生、家庭主妇、职员、作家、摄影家、书画家等各色人物。

一、机构

中国画报馆的组织，其简陋情形较之普通日报馆尤甚。一个独立的画报，大多只有一名或几名编辑，既没有制版部，也没有印刷部。还有许多画报是附属在某种机关或者某种报纸，根本就没有独立的组织。因之，画报机构设置的多姿多彩、参差不齐是这一时代的显著特点，这也导致了画报良莠不齐、忽生忽灭。《北平画报》《蜜蜂》《美的结晶》等则只有一二人主持，甚至《维纳斯》画报的报馆就设在主编家中。甚至连在华北的画报中资格较老、销路较多、内容较好的《北洋画报》，也没有一个正式的报馆组织，也没有自备的制版部及印刷部。而上海的《良友》《时代》《文华》画报、天津的《天津商报画刊》等组织机构则最具规模。这一时期，画报机构经历了一个从个人办刊时代转向股份制时代的发展过程。

（一）股份制

画报的鼎盛时期正是中国报业迅猛发展且日趋成熟的时期，画报报馆自然汲取了

《申报》《大公报》《民国日报》《时报》等报馆的经营模式。股份制机构是这一时期画报业最强大、最稳固、最具竞争力的组织形式，画报机构也最为健全，通常设社长（或发行人、主干、总经理、董事长），多为最大股东，侧重人事、财务、广告等行政管理工作；各报馆的下设机构多有不同，一般为总编辑、编辑部、总务部、印刷部、广告部、发行部等；编辑部是报馆的核心部分，设有一名主任，分设图画主任和文字主任，下设若干编辑；虽设发行人，但发行业务通常也是交给发行公司承办，如位于上海四马路324号的中国图书杂志公司、上海福州路望平街95号的时代图书公司和上海山东路221号的五洲书报社等。

"全国唯一杂志的总汇"——中国图书杂志公司是画报的第一发行机构。该公司为各地读者、图书馆、学校、军部、机关等代订国内外画报杂志，如遇中途停刊，可凭该公司订单取还订洋，更有活期订户，随时代订，随时退还，随时换订，极为便利。无论一般读物或学术专刊，私人出版或团体刊行，无不提前寄到，中国图书杂志公司发行的各刊物，到达之迅速，为上海任何书店所不及，又因为销售网络的普遍，委托其代理发行的各刊物，销行的地域范围和数量，也为任何其他书店所不及。至于付款之准期与简捷，信用早经卓著。既无发货之麻烦，放账之牵累，更获得成本收回之安全的保障，中国图书杂志公司实为当时出版者与贩卖者中间唯一的沟通机关。该公司于1934年8月成立。在南京、广州、开封、云南等地设立分店。

国闻画报社是中国近代画报史上较早的股份制画报机构。1923年初，上海商界、新闻界人士严慎予、王晓籁、李子宽、王一亭、沈田莘、张振远、刘云舫、严独鹤、朱义农、董克仁等，鉴于社会缺少正当娱乐，遂议定合资创办《国闻画报》。2月3日，召开股东大会，公推严慎予任经理，李子宽任编辑，张振远任营业主任，黄文农为图画编辑。2月12日，《国闻画报》创刊号正式出版，社址位于上海山东路德兴坊底。

创办《良友》的良友图书印刷公司（简称良友公司）、创办《时代》画报的上海时代图书公司、创办《青青电影》的青青出版社和创办《文华》画报的上海文华美术图书公司等均属股份制机构，而其中最典型的当属良友公司。

1925年7月15日，伍联德创办良友公司，聘请老同学余汉生管理，社址位于上海北四川路，是鸿庆坊的一间一楼一底石库门面。经过认真学习和悉心研究，伍联德很快就掌握了印刷技术。1926年2月15日，伍联德创办《良友》画报，取得巨大成功，公司主要业务由初时的印刷业务转为出版业务。

良友公司创办后，曾先后两次招股：第一期为4万元，第二期为6万元。1926年11月和1927年4月，伍联德先后赴东南亚和美国寻求新投资。其间结识了一位陈姓华侨，在伍的游说下，此人后来成为良友公司的大股东。1929年初，为了进一步扩展业务，公司第三次扩充股份，招股10万元，分为1000股，每股百元，其中400股向老股东定向募集，其余 600 股则向社会公开发售，并在旧有良友公司的基础上成立"良友图书印刷股份有限公司"。参股股东除获得股息外，尚可长期免费阅读当时已出版的四种定期刊物：《良友》《今代妇女》《中国学生》《体育世界》。

良友公司主要业务是出版画报，出版有《良友》、《艺术界》、《现代妇女》（后更名《今代妇女》）、《体育世界》、《良友银星》（后更名《电影画报》）、《妇人画报》、《美术杂志》、《音乐杂志》、《知识画报》、《中国学生》、《健美月刊》、《世界画报》、《远东运动会特刊》、《摄影名作集》、《中华景象》、《第十一届世界运动大会图画特刊》、《日本侵占东北真相画刊》、《锦州战事画刊》、《榆关战事画刊》等画报。赵家璧担任良友文艺书籍出版部主任后，出版了鲁迅、老舍、巴金、徐志摩等名家的作品，主编了"一角丛书""良友文学丛书""良友文库""中国新文学大系"等丛书。这些出版物不仅标志着良友公司的发展壮大，还确立了它在中国出版界的重要地位。而在良友公司的出版物中，成本小、销路广的要数中外电影明星彩色图片和外国名曲及流行歌曲相关的出版物了。前者为 8 开单张，达 100 多种，每张售价 2 角，相当于当时的一本普通期刊售价，其丰厚的利润可想而知；后者销量更大，初为翻印外国歌曲，由梁得所翻译中文歌词。随着有声电影的勃兴，美国歌舞片的插曲风靡一时，良友公司遂将这些歌曲翻印，在电影放映时同步推出，畅销一时。《璇宫艳史》中的五首插曲合印在一起，售价 1 元，每日销量可达一二百套。其它画报见有利可图，遂竞相效尤，但良友公司是首创者且印刷精美，其销量冠军的地位无人能及。

《良友》画报向由自办的印刷厂用道林纸精印，为追求图片清晰、印刷精美，良友公司陆续购进了几部美国平版印刷机。《良友》也于第 37 期起改用铜版纸印刷。在销数增至 3 万册以上时，平版机的印刷条件已不敷应用，为确保质量，从第 45 期开始交由商务印书馆以影写版承印。影写版是滚筒凹版，刻蚀细密，不仅效果比铜版更清晰悦目，还可以使用吸墨性较佳的道林纸，并能多印而无损于图片的清晰，读者称善。

至 1931 年良友公司创办七周年之时，公司年营业额已达 53.4 万元，且设立十家分公司，遍及全国各大城市和美国、新加坡等国家。但天下没有不散的宴席，1938 年六七月间，良友公司三巨头伍联德、余汉生、陈炳洪之间的矛盾表面化并不断激化，最终导致良友公司破产。此后虽有几次在上海、桂林和重庆的重组，但业绩已是大不如前，终于1946 年五六月间再度停业。

（二）商业投资

1925 年 6 月 6 日毕倚虹创办的《上海画报》引燃了中国的画报热潮，1926 年 2 月 15 日伍联德在上海创办《良友》画报，同年 7 月 7 日冯武越在天津创办《北洋画报》，均取得巨大成功，有了较好收益。巨大的商机自然引得社会各界人士竞相投资画报。当年的投资方式有三种：

一是投资谋利的商业行为，投资者既有大手笔的巨商富贾，也有小额投入的知识分子，还有偶有涉足的社会名流。如靠房地产起家的黄伯惠，在上海投巨资创办《时报》后，复于 1920 年聘请戈公振创办《时报图画周刊》；1926 年创办《大亚画报》的社长沈叔遽，原为财政经济学家，曾服务于东北银行界，后来退出银行事业，倾注全力创办画报，视之如生命；天津名士刘先礼在 1929 年创办《银幕舞台画报》，自任总理兼总编辑，聘请何怪石为编辑，维持 4 个月停刊后改组为《玲珑画报》；痴迷跳舞的海上名士韩素心、张大帝、卢一素、陆回凤等，于 1936 年合资创办《跳舞世界》。

《良友》创刊号封面为"胡蝶恋花图"，图中手捧鲜花的摩登女郎就是后来红极一时的影后胡蝶。自成为《良友》封面女郎后，她的电影生涯风生水起，因主演中国第一部有声电影《歌女红牡丹》而名声大噪，1933 年更是荣获"电影皇后"桂冠，成为家喻户晓的头牌女星。因此，胡蝶一直视伍联德为恩公，1935 年她与潘有声举行盛大婚礼的喜帖也由伍一手操办。胡、潘夫妻当时曾创办中华广告公司，并创刊《艺声》画报。当听说伍联德被踢出良友公司后，便请其担任编辑。伍联德当时正处无路可走之时，因此欣然应允，只是碍于面子不愿自己的名字出现在编辑之列。

当年红极一时的中国流行音乐的奠基人黎锦晖和电影明星徐来也曾合作，于 1935 年 5 月 18 日投资创办了《舞伴》画报。主干黎锦晖、徐来，编辑程霞夫，中华舞学社出版、发行，汉文正楷印书局印刷。

二是家道殷实、财力雄厚者不计得失、不计回报地投资画报，如上海叶仲方投资创办《大方》画报、天津叶庸方投资创办《天津商报画刊》、邵洵美投资创办《声色画报》等，他们三人均为富二代，继承巨额家财，喜爱舞文弄墨、附庸风雅，广结文化、艺术界朋友，遂投资画报业，但因不善管理，多聘请友人主持报务。终因财尽人散而致画报停刊。又如 1925 年 8 月 16 日在上海创刊的《环球画报》，主编严芙孙在创刊号《开场白》中表明了他与投资人的关系："友人周君拂尘，对出版事具狂热，以办《旨报》之余绪，复有《环球画报》之组织，以辑务一职，谆嘱不佞担任……不佞滥竽著作亦已有年，编辑画报初无经验，所赖大画家、美术家、摄影家加以匡助，譬诸演戏，不佞仅担任后台邀角之责，能博美誉者，全赖诸大名角之能卖力耳。"第 3 期时，严芙孙因事务繁忙，分身乏术，故刊登启事，辞职卸任。但不久再应周拂尘之邀重回报馆，仍任主编。

1925 年 11 月 26 日，宁波帮富二代叶仲方与友人张恂子合伙在上海创办《大方》画报，从其运营中更可清晰地梳理出当年这类画报创办、出版、发行的全过程。

叶仲方亲任《大方》画报编辑兼发行，张恂子为助理编辑。叶除题写刊头，亲写每篇文章标题外，还以小抖、阿抖、小抖乱、仲方、仲芳、补拙斋主等笔名，在该刊发表了 30 余篇文章，刊发了多篇道歉信、启事、声明、复函等。从这些文字中可以看出他对画报的用心和投入，也可以清晰地梳理出《大方》画报从创刊到停刊的全过程。

叶仲方与张恂子的合作从第1期开始即发生了摩擦，以致断绝往来，反目成仇。叶在第4期、第5期的道歉书中称，《大方》画报连期印刷模糊，内愧实深，兹特在此道歉，希阅者鉴谅。叶延请张为理事编辑，不意所托非人，竟使订阅者和投稿人蒙受损失。张因"人贵事忙"，对于报馆无补有损，对订阅诸户之手续亦均置之不理，叶深致不满，已请张脱离报馆，除令其将事权交卸外，并表明所有张在外一切交涉与报馆无涉。同时，报馆编辑部也与发行部合并至南京路77号。

在《答某某》一文中，叶更对张的行为给予无情地揭露。《大方》画报问世前，他二人关系很好，张替叶周密筹划，叶遂将财权交与张。不料第1期发行时，张竟将前10期的费用悉数用尽，以致第2期印刷所没有收到印刷费而不能按期交报，幸亏叶接手及时，才未出意外。第3期尚在校样时，张即遣人送信，要向叶借150元"救急"。叶想，张平素只是做做稿子，写稿亦有稿费，况且他又不是自己的干儿子，为什么一定要借款给他呢？叶遂谢绝。第3期出版后，叶到张家要求看账，张虽含糊着答应了，但却始终不肯交出账本。第4期发行后，叶又到张宅看账，张不在家，叶随手翻看字台上的东西。这一翻不要紧，账没翻着，却翻出许多当票，什么大成啊、元昌啊，五光十色，真好看煞人了！最后在抽屉中竟找出致报馆的十余封信，都是外埠寄送邮票订阅《大方》的，还有十多封却是作者的投稿。打开一看，邮票没有了，稿子仍旧丢在那里未做任何处理。这下叶可就气大了，用去邮票事小，倒《大方》的胃口事大。情急之下，叶将信件一理，就跑到发行部，起草了一篇与张断绝关系的广告，刊登在《申报》上。张看到后声明要以法律手段起诉叶，让叶后果自负。叶也声称，一定在家里好好等着吃官司！

1925年12月30日，叶仲方刊登启事称，因他忙于婚礼，无暇顾及《大方》画报，特聘请同乡赵秋帆担任助理编辑，广告事宜统由山东路雅声公司李雅声先生代理。而赵秋帆当时兼三家报刊的编辑，遂刊登声明三处交接时间表，每日上午11时至12时在爱而近路曼秋社，下午1时半至4时在爱多亚路海军海道局，4时至5时在本报编辑部，余时则在白克路寓所。不久，叶又请好友刘恨我加盟担任编辑。由此可见，在画报热席卷全国的情形下，图文编辑供不应求，一人兼职数家报刊的情况较为普遍。

三是画报编者寻求具有社会影响者投资，如《良友》画报第三任主编梁得所，1932年9月随全国摄影旅行团来北方时，在北平采访了少帅张学良，客观地报道了张学良的现状，深得少帅赏识，视为挚友，时常亲笔写信给他，还寄来一些可以发表与不可发表的照片，也曾诚邀梁在他手下任职，梁的志向在于画报，遂婉拒。1933年8月，梁离开《良友》画报，但并没有离开他所钟爱的画报事业，在得到张学良1万银元的资助后，他与好友侨商黄式匡共同创办了大众出版社，并于同年11月1日创办了《大众》画报。1935年初，《大众》画报资金枯竭、无力支撑时，大病一场后的梁赴武汉再次向张学良求助。张学良给了梁3000元，让他赴国外休养。但梁又将这笔钱投入《大众》。当时《大众》负债甚巨，这个数目仅是杯水车薪，仍未能挽救《大众》停刊的命运。

再如，《良友》画报的创办人伍联德离开良友公司后，凭借他昔日在画报界的光环，接连与多名投资人接洽，获得创办画报的资金。1936 年 1 月，伍联合万籁鸣、韦乃纶、徐心芹、明耀五等，创办了"全国最精美的图画文字杂志"《图文每月画报》。该刊采用头等道林纸，影写版印刷，厚厚的一大本，每册仅售 2 角。伍联德创办《图文每月画报》是抱着要压倒《良友》的野心，在创刊前，他与广东方面投资人接洽，投资人答应看过画报印制成品后再出资。他为争取到投资自然不惜血本，将画报做得尽善尽美。但第 2 期出版后，投资人仍不肯出资支持，因此，读者终究未能见到第 3 期《图文每月画报》。

（三）政府机关

如果说民办画报多以新、奇、特的图片和内容取悦读者，以增加发行量的话，那么官办画报则更侧重宣传政治主张、维护政党利益。办报人员多为文职官员兼职，不设独立的画报机关。其中较具社会影响的画报有如下几种：

1929 年 10 月 10 日，《画报汇刊》在山西出版，山西省党部宣传部编审科编辑、发行。该刊站在国民政府的立场上，宣传国民革命，拥护三民主义、反对日本帝国主义，反对中国共产党。

1930 年 4 月 7 日，《公安画报》创刊，天津特别市公安局刊行，其办刊目的有四：一是把天津一切警察的职能、责任、设施等介绍给民众，让百姓了解警察的日常工作，架起民众与警察之间的一座桥梁；二是把一些警务常识以图画、文字的形式灌输给全市各级警察，让他们在工作中得以应用；三是记录警察的各项工作，在民众方面看了可以明了，在警察方面看了可以格外勤励；四是以美育来陶冶民众性情，给大家一些精神上的安慰。市长崔廷献为创刊号题词："报以画名，意匠在手；图形铸怪，不胫而走；亦蓄新知，具备万有；公共安宁，书此弁首；世之览者，岂曰复讯。"

1930 年的元旦，蒋介石在《中央日报》上发表《以气节廉耻为立党立国之本》的文章，大骂反对者"以投机取巧为智，以叛乱反复为勇，气节堕地，廉耻道丧"，矛头直指督师河南的阎锡山。1 月 13 日，前往郑州参加军事会议并准备出席"国民革命军陆海空军"副总司令就职仪式的阎锡山，在得知蒋介石命令河南省政府主席韩复榘逮捕自己的密令后，连夜逃回山西太原后倒蒋，提出要建立"整个的党，统一的国"，反对蒋介石的独裁统治和武力政策，公开指责蒋介石是引发内战的根源。4 月 1 日，阎锡山就任"中华民国陆海空军总司令"，冯玉祥、李宗仁就任副总司令，3 人分别在太原、潼关、桂平宣誓就职。冯玉祥在就职宣言中历数蒋介石践踏民主、弄权卖国的种种恶行，发誓要为国除害。5 月至 10 月，蒋介石与阎锡山、冯玉祥、李宗仁等在河南、山东、安徽等省进行混战，因此役的主战场均在中原地区，故又称为"中原大战"，为中国近代史上规模最大、耗时最长的军阀混战，最终以蒋介石的胜利而告终。1930 年 3 月 12 日创刊的《江苏画报》，正是为配合蒋介石的政治宣传，由中国国民党江苏省党务整理委员会宣传部编辑科编辑、出版的。

1936年3月，《防空画刊》在上海创刊，为国民政府军事委员会防空处在整理防空展览会资料的基础上，再搜集各种有意义的防空照片，分类编辑而成。

（四）报纸附刊

20世纪二三十年代，各大报纸出版附刊画报，为出版界的一股热潮。为满足读者需要、增强报纸社会影响力、提高发行量，上海的《时报》《申报》《新闻报》分别出版附刊《时报图画周刊》《申报图画周刊》《新闻报图画附刊》，天津的《大公报》《天津商报》《新天津报》分别出版附刊《大公报星期影画》《天津商报画刊》《新天津画报》，北京的《京报》《北京晚报》《世界日报》分别出版附刊《图画京报》《霞光画报》《世界画报》，辽宁的《盛京时报》《东三省民报》分别出版附刊《图画周刊》《沈水画报》，江苏的《工商日报》《锡报》分别出版附刊《工商画报》《锡报二十四年双十画册》等。

除以上各大报馆外，也有一些小报附刊画报。如1925年5月1日，《中南画报》在上海创刊，由中南晚报馆画报部编辑出版，编辑部主任谢之光。既为附刊，其重要内容自然要配合《中南晚报》的文字版时政新闻，出版相应的图片新闻。创办伊始就爆发了五卅运动，因此该刊多期连续以图文形式报道了五卅运动的全过程。此外还报道了同年举行的各种大型会议，如中俄会议、第七届远东运动会、中日妇女界之联欢、上海国民大会、闸北市民大会、我国委员与六国委员的中外会议等，以及北京学生为罢免章行严发动学潮，外国军舰停泊黄浦江中示威，南通、宁波等地民众声援沪案，日本大地震等中外历史事件。该画报与正报《中南晚报》相辅相成、相得益彰。再如1928年4月5日，民国小说家、时任《晶报》编辑的黄转陶在上海创办《星报》。星的古体字为上晶下生，取《晶报》所生之意。同年5月16日出刊至第13期后扩组，更名为《图画星报》。

各大报馆多设铜版部，一为报纸插配摄影照片，二是出版附刊画报。

（五）社会团体

"在民国时期，社会团体得到空前的发展与壮大，即数量的迅猛增长与类型的多样化。较有名的仅文教社会类的就多达270余个，遍及经济、社会科学、自然科学、艺术等各方面。"[1]其中有关摄影、书画、文学、电影、戏剧等方面的社会团体，为宣传社团组织宗旨、扩大社会影响、招徕会员等，也创办了作为会刊、社刊的画报。如1925年8月中国摄影学会创办的《画报》（后更名为《中国摄影学会画报》《摄影画报》）、1928年3月文学社团骆驼会创办的《骆驼画报》、1929年9月艺苑绘画研究所创办的《艺苑》、1931年10月天津美术馆创办的《美术丛刊》，1933年8月中国科学社主办的《科学画

---

① 夏珑、刘敏卓：《民国时期社会团体发展的经验、教训及启示》，《兰台世界》2015年第13期。

报》等。

1920 年，在时任民国大总统徐世昌的资助下，北京著名画家陈衡恪、周肇祥、贺良朴、金城等有感于"中国为东方文化先进之国，政俗日偷，而艺术遂奄奄无生气"，发起成立了"中国画学研究会"，金城、周肇祥分任正副会长。研究会以"精研古法，博采新知"为宗旨，组织画学研究、举办画展、进行美术教育，培养了一大批中国画家。1928 年 1 月 1 日，研究会创办会刊《艺林旬刊》。

1926 年，明星影片公司、上海影戏公司、大中华百合影片公司、神州影片公司等联合成立的六合影片营业公司，是中国最早的专业电影发行公司，为上海电影界巨擘，营业面向全国，远及欧美、南洋，对中国早期电影在国内和南洋等地的发行、放映起到了极大的推动作用。该公司于 1928 年 4 月创办的大型电影画报《电影月报》虽然仅出刊 12 期，但却以 2.5 万册的发行量，风行一时，影响巨大。

1928 年初，中华摄影学社在上海成立，由郎静山、胡伯翔、张珍候、陈万里、黄振玉、黄伯惠等联络各报社和摄影界同仁共同创办，是 20 世纪 20 年代影响最大的摄影艺术团体之一。该社曾先后编辑出版《天鹏》《中华摄影杂志》两种中国早期的摄影画报。

1931 年 12 月 21 日，梅兰芳、余叔岩等在北平发起成立了京剧界学术团体"国剧学会"，会员多为戏剧名伶、剧评家、书画家、金石家等社会名流，邀请李石曾、胡适之、徐永昌、刘半农、刘天华、傅西园、梁思成、焦菊隐等担任顾问，设指导、编辑、审查三组，分掌教学和刊物等活动，创建国剧陈列馆和国剧传习所，并于 1932 年 1 月 15 日创刊《国剧画报》。

二、人员

"民国时期各种类丰富、贴近民生、关注时政的大批报刊，为普通民众提供了众多了解现实、开化思想、追求时尚、休闲娱乐的通道，也为知识分子提供了展示才华、秉笔报国的平台。随着新闻出版事业的兴盛而逐渐崭露头角，以记者、时评家、作家等为主体的民国报人借助新闻舆论的力量，积极参与和干预国家民主政治建设，在民国社会发展进步的进程中发挥着不可或缺的重要作用。"[1]画报人自然也在张朝阳先生所述的报人之中。而《风月画报》编者则将画报馆形象地比作舞台，报馆中人均扮演着不同的角色："舞台上的戏，要想得到观众们的赞美和欢迎，那么总要一班演员们协力同心来卖力气，各献其能，甚至于锣鼓场面也要紧凑。小小一张刊物，也正和唱戏一般，你要想得到读者们的称许和爱护，那么也要仗着执笔撰稿的一班老板们，不惜脑汁和精神来赐刊杰作，至于编辑，正和戏院后台管事一样，不过来排排戏的次序和催场，或者顶多来饰上一

---

① 张朝阳：《魏晋风骨与民国报人》，《新闻爱好者》2014 年 10 月。

个配角而已。"①

（一）编者

20世纪二三十年代，我国出现了《图画时报》《上海画报》《良友》《北洋画报》《中华》《大众》《时代》《文华》《天津商报画刊》《湖社月刊》《故宫周刊》《时代漫画》《万象》等数十种名动全国，甚至行销海外的著名画报，也出现了戈公振、毕倚虹、周瘦鹃、伍联德、冯武越、邵洵美、梁得所、叶庸方、叶仲方等一批优秀的画报编者。他们钟情于画报事业，付出了雄厚的家产、全部的精力甚至年轻的生命，打造出一册册传世精品，更成就了中国近代画报史的鼎盛时期。如果将画报馆比作一个人，那么编者则为人之灵魂。

"画报之编辑，譬若菜馆之烹饪焉。阅报者遍全界，亦如顾客省籍之各有不同，专为南菜不可，专为北菜亦不可，必须一席之间，罗列众味，既不失之太浓，又不失之太淡，使南北顾客皆能下箸。则其菜馆必发达矣。敝社画报即循斯理，选材必求其新而择其精……书画、雕刻、风景、时事、及至奇风怪俗，与艺术家及闺秀之小影。俾各界士女星期休暇，披阅吾报，皆餍其欲，于高尚娱乐中，而达提倡艺术之目的"。从1928年12月15日创刊的《中国画报》的发刊词中，可以初步了解画报编辑的工作和作用。

1928年第5卷第201期《北洋画报》中《〈北画〉产生之程序》的图文，介绍了该刊编辑、制作、发行的全过程。照片分设"摄影、制版、编辑、排印、发行、折封、交邮、递送、贡献、保存"等程序。主编冯武越在文中称："凡一纸《北画》之得贡献于读者之前，其间所需要之手续，至为繁多，'来处不易'一语，未尝不可用之于此。《北画》原料以摄影、绘画为大宗，有若干外勤记者努力搜罗绘制，寄致本报，经过审选，然后规定尺寸，制为铜、锌等版。至于文字，亦由若干撰述担任之。每期报之底样，于一星期前即约略拟定，将图画、文字地位先期排妥，然仍不免变更。因印刷份数太多，底样制成后，须于出版之前四五日即交印刷所排样，且至少须经两次校对。然再经垫版、磨字、上板等手续，舛误即所难免。发行一事，分趸批与零寄二种。直接订阅，均由本报营业部径行封寄，所有定户姓名、住址、期数均有详细记录。印戳、折叠、装封等手续完竣后，即运至邮政总局，照立券报纸例收寄，所以不须粘贴邮票，此邮局为销路广大之报而设之特例也。邮局按住址将报投递，于是本报乃得与读者相见。凡每纸之出，必经三四十人之力，不可等闲视也。故读者慎为保存，迨每至半年，本报出过五十期，作一结束时，即装订成册，置之案头，以供暇时浏览。每与青灯嘉茗，相为伴侣，实生活享用中之一段清福，足与衣食住行四端，共存于不敝，俨如名葩芬馥，历久而弥馨也。"②《良友》画报

①　魏病侠：《编者的几句话》，《风月画报》1935年第5卷第1期。
②　冯武越：《〈北画〉产生之程序》，《北洋画报》1928年第5卷第201期。

第 100 期以样本的文本形式从"编辑之手续""内容制版及印刷""封面之印刷""钉装之情形"四方面，较为详细、系统地介绍了该刊的编辑、印刷、装订的全过程。

1. 一人办刊

由于创办程序简便，官方审查相对宽松，甚至可以先办刊后申报；也由于办画报的机构可大可小，甚至可以在家中设立报馆；还由于画报多以摄影照片为主、文字为辅，或仅为照片配以简短文字说明，甚至照片亦可以翻印其它报刊，即"剪子活"；更由于投资较少，只需预订一些纸张，向代印印刷厂支付小额印刷费，即可开工。因此，这一时期竟有一人办刊的情形。

1928 年 8 月 5 日，《北平画报》在北平创刊，樊山老人（即樊增祥）题写刊名，主编、编辑、出版、发行均由李乐天一人负责。该刊"纯属营业性质，同仁集资合办，以求文艺之大同，任何党派均不加入，任何机关均不联络"，以"破除寂寞，增进兴趣，负载义之神的使命，散布艺术于人间"为办刊宗旨。面对当时数家画报相继停刊的残酷现实，深受经济困扰的李乐天，在第 30 期《饯行》中与读者告别的同时，也不无感慨地写道："《北平画报》是北平市画报中的落伍者……落伍的报，独个的人，存在可以说没有这可能性，死之神或要来握手了……希望你们也在那里欢迎我——《平画》。"但从画报内容上看，画报之所以能够坚持近一年，是因为它有樊山老人、王君异、韩楣楣、李小雪等文坛、画界大家作为画报的固定作者群，而且在全国各地甚至日本、英国都有其特约摄影记者。

1930 年 3 月 11 日，《蜜蜂》画报在上海创刊，虽写明由上海蜜蜂画社编辑、出版、发行，但从第 11 期《废话》一文中可以得知，实际编辑只有一二人。这张画报虽是十天一期，但组稿、编辑、校阅、制版，都是一二个人来做，而就是这一二个人也都有自己的工作，编画报只能在公余时间兼任。

1937 年 3 月 25 日，《世界猎奇画报》在上海创刊，初时为范寄病、薛志英两人编辑。著名漫画家薛志英同时担任着《特写》画报的编辑兼发行工作，因此，第 2 期、第 3 期均由范寄病一人编辑，画报材料均选自各图书馆的图书、杂志，为典型的文摘画报，这也正是该刊署名多为笔名的原因。即使这样，每期收集资料，范寄病都要花费几天的时间，跑好几家书馆。一个人又要收集资料，还要编排图照，撰写文字说明，忙得不可开交。因顾及画报质量，避免脱期，从第 4 期起他特请友人帮忙，并打算增加国内内容。但笔者仅见该刊出版至第 4 期。

2. 联合办刊

"大批传统知识分子在科举制度废除以后，不得不寻找新谋生之路，上海全国文化中心地位的确立以及近代稿费制度的实施，为他们提供新的生存空间，卖文为生以及编辑报刊成为这群知识分子新的生存手段。由于共同的文化背景、相似的生活经历和兴趣爱好，促成小报文人群体的构成。"①通过以下几种画报的创办、运营、停刊的简略介绍，读者可以看到这一时期画报的基本人员构成。

"人类的愉快欲，决不是简单的一二种东西可以满足的，惊天动地泣鬼神的文章，东西洋的时髦画片，也并不是一定可以令人欣赏的。《香花画报》里几个记者都没有什么海外知名，蜚声著述的浪荡声价，说破来总值不得一个烂桔。不过是三两个一知半解的类似文人，拿着一管秃笔、几块旧铜版，杂在三五个蓬头垢面的工人里，说说笑笑、横横直直，胡乱砌成一本书籍罢了，就是整个《香花画报》的价值。"②此为《香花画报》创刊号的《编后语》，从中可以了解到该刊的创作团队基本情况。

1928年11月的一个下午，辞去《银星》《星火》编辑的卢梦殊与曾任上海《大晚报》记者的黄震遐，从上海平安公司广告部出来，漫无目的地在街上闲逛。天空中飘着蒙蒙细雨，他二人从苏州路走到天妃宫，单薄的衣服已被打透。他们钻进一间咖啡店，两人无语地对望着，像一对迷途的羔羊。但一杯咖啡进肚后，卢梦珠突然来了灵感，办一本名《第八艺术》的画刊！原因有二：一是他们对于影戏的欣赏、意见及其它的一切看法，都要讲出来，那么讲出来就需要一个阵地；二是除了影戏，他们还共同爱好文艺、享受生活，平时总是海阔天空地聊，不如把聊的话题写出来，写出来就变成自己的文学了。黄震遐表示赞同并鼎力相助。于是，两个月后，《第八艺术》诞生了。

1930年1月21日在上海创刊的《金刚画报》，创办人为徐朗西、丁慕琴、郑子褒和顾洞僧。该刊虽对社会影响不大，但创办人却为民国时期四位著名的剧评家，被出版家、作家陈蝶衣称为"四大金刚"。因他们四人平素均好曲成迷，无日不优游于歌台舞榭之间，故小说家严独鹤将他们喻为戏曲中的"生旦净丑"。徐朗西好发议论，高谈阔论，滔滔不绝，喻之为唱工老生，可谓确切不移。丁慕琴素有"琴艳亲王"之雅号，举止谈吐，无一处不含有女性的表演，以青衣花旦相比拟，不特符合，且又现成。郑子褒本性率真，如黑旋风李逵，身体矮胖如名净郝寿臣，拟以净角，亦甚对工。顾洞僧的尊容，绝似唱小花脸的小秃扁，平时闲谈颇饶逸趣，恰似京剧中的丑角。

1934年7月7日在上海创刊的《蓬勃》，为几位不知名小文人联合创办的文艺类画报。一是没有雄厚的资金做支撑，没有固定的办公地址，邮寄地址写明"南京路百胜公司转"；二是由于办刊人缺乏知名度，更不能支付作者稿费，遂导致稿源匮乏，撰稿人多为编辑和友人，于是就会出现到第4期时四版整版全是广告的现象；三是虽然该刊能够拉来一些广告，但有限的广告收入只能支付纸张费和印刷费；四是由于画报内容单调，照片只能以严次平的人体照片为号召，加之没有良好的销售渠道，发行量不大。因此，

---

① 洪煜：《近代上海小报与市民文化研究（1897—1937）》，上海：上海书店出版社2007年版，第349页。

② 仲禹：《编后语》，《香花画报》1928年8月1日创刊号。

该刊仅出版 4 期、寿命不到一个月也在情理之中了。

画报的编辑群体初时多为友人合作，后期则以画报为媒介吸引志趣相投者加盟，成为一个彼此信任、相互扶持、利益共同、目标一致的团队。这一时期的《上海画报》《良友》《北洋画报》《大亚画报》等之所以存续时间长、社会影响大，成为画报中的佼佼者，不仅是因为拥有一支强有力的编辑群体，而且"与编辑群体懂得如何运用共同的血缘、地缘、学缘、业缘不断巩固联结，进而形成层次清晰、结构紧密的社会网络不无关系。"①如张光宇、张正宇昆仲数次联手创办《三日画报》《时代》《独立漫画》《时代漫画》等画报，林泽苍请弟弟林泽民担任《摄影画报》编辑皆为血缘；冯武越请吴秋尘、张聊公主编《北洋画报》，叶庸方请魏病侠、姚惜云主笔《风月画报》，伍联德启用年仅 22 岁的梁得所出任《良友》第三任主编均是地缘；《良友》第五任主编张沅恒曾与良友公司股东赵家璧同为光华大学同学，此为学缘；每一种成功画报的背后一定有拥有一支有共同爱好、视画报为事业的团队，画报犹如磁石一般吸引这些同业者，业缘的情况最多，如当年的各种摄影学会、绘画协会、文学社团等创办的画报。这里介绍几位在中国近代画报史最具影响的画报编者。

戈公振

戈公振（1890—1935），原名绍发，江苏东台县人。父亲戈铭烈，育二子一女，长子绍甲，次子绍发，女绍怡。戈公振自幼与兄在私塾读书，8 岁入东台高等小学就学，毕业后考进南通师范学校。但因戈家生活贫寒，只能供一人深造，当时其兄先已进入该校，戈公振只得辍学，赴东台日报馆做学徒。虽为生活所迫，但他却由此爱上了新闻工作，并在此后将其作为一生的追求。

报馆学徒收入微薄，他遂利用业余时间，在当地乡绅夏寅官家兼职做家庭教师。因其教学有方，夏家子弟学业突飞猛进。夏寅官便将他推荐给了上海《时报》社长狄平子（字楚青）。戈公振于 1913 年进入时报馆做学徒。初时，收入无多，工作忙碌，竟然每每不得按时用餐，他的同事朱应鹏在 1935 年第 2 期《大上海人》中的《我与戈公振》一文中追忆道："在他的抽斗中，时常可以看见面包和糖果之类，以为他爱吃这些东西，实则他竟是用以代饭的。他自恨对于外国文字的不足，在工作之余，每天必须补习英文几小时，他这种精勤刻励的精神，真正可以佩服的。"1935 年 10 月 26 日《时代日报》中的《戈公振遗事》一文也介绍称："（戈公振）任时报馆编辑时，其宿舍即在编辑室之畔，每夜必读英文，其英文也有东台音调，同人极厌之，而他不以此自馁，西文得以日进。"英文水平的提高为他日后两次出国奠定了坚实的语言基础。

《时报》位于上海福州路望平街路口，楼上是报馆，楼下是有正书局。该书局专门发

---

① 王晏殊：《民国画报编辑群体的社会网络研究》，《编辑之友》2017 年第 12 期。

行珂罗版影印古今名人字画和法帖墨迹等。狄平子初时安排戈公振在书局图画部，负责在画片上盖章的是狄平子的夫人汪观定，戈经常送画片给汪。汪见戈对工作任劳任怨、踏实勤快，就对丈夫称赞此人可以委以重任。

因戈公振工作认真，刻苦钻研，为人朴实，好学不倦，故而深得狄平子器重，旋即改任校对，未几复升编辑，终为副总主笔。故而，戈一生将狄平子视为引路人和知己。戈任副总主笔期间，撰写的评论观点犀利、语言老辣，丝毫不逊色于当年新闻界的斫轮老手。

戈公振开中国报业多个领域之先河。当时国内报纸多不注重体育新闻，他以《时报》为阵地，首倡体育赛事报道。1920 年 6 月，他创办的《时报图画周刊》（后更名为《图画时报》），结束了中国画报的"石印时代"，开启"铜版时代"，让中国画报从此由"手绘时代"步入"摄影时代"。1927 年第 1 卷第 2 期《新闻学刊》中《戈公振》一文中写道："时吾国报纸尚在幼稚时期，昧于新闻原理，且多因陋就简，墨守陈法。《时报》则根衡学理，旁考西文，为种种之革新，作同业风，皆戈氏之擘画也。如'特约通讯'独开风气之先，名记者黄远生、徐雪汉、李昭实、王万叶诸氏先后荟萃。年来风行一时之文学、小说、电影各种刊物亦创自《时报》。氏主编之《图画时报》久已脍炙人口，今日隐然主盟画刊矣。"著名报人邵洵美在 1935 年第 8 卷第 10 期《时代》画报的《戈公振先生》一文中对戈公振在中国画报史的突出贡献给予高度评价："谈到现在中国新闻界人格最清高的，莫不推崇戈公振先生。他是一种埋头苦干的人才，眼光远，毅力大，生活有规则，有高宏的志愿，但不求鄙俗的虚荣。这些对于他的总括的论评，决不是过誉。我可以用最简单的几件事来证明。我和戈先生认识在十五年前，这时他还坐在望平街时报馆的一间小编辑室里。这正是他勇敢地承认画报在新闻界在文化界的重要性，而独自编辑《图画时报》的时候。他绝不和当时一般人的观念一样，以画报为仅供低级娱乐的消遣品，而对之抱极严重的态度与极伟大的希望。"

1921 年，因资金周转出现问题，狄平子将报馆兑给上海富商黄伯惠。戈虽有突出的业务能力和超前的新闻思想，但黄却聘请陈景韩、金剑花为总主笔，任副总主笔的戈并不受重视，无权参与编务，后不得不辞职。1935 年第 12 卷第 42 期《国闻周报》中的《悼戈公振先生》一文称："公振先生一生完全是一部奋斗的活历史……自狄楚青出卖了《时报》，他在馆中的地位便不似旧日的重要，精神苦闷，因而决定出洋。"

1927 年，倾注了戈公振三年心血的《中国报学史》在上海商务印书馆出版发行。该书通过作者积累的大量一手珍贵资料，第一次全面、系统地记述了从汉唐到五四运动前的中国报刊产生、发展的概貌，成为中国新闻史学的开山之作。不久，在狄平子等朋友的资助下，戈赴欧洲考察。同年 8 月，应国际联盟之邀，参加了日内瓦国际新闻专家会议。会后，他转赴伦敦，连续一年在大英博物馆查阅报学资料，报学理论水平再上一个台阶。

1929 年回国后，正值史量才收购《新闻报》，遂邀请戈公振到《申报》馆总管理处任职。戈向史建议"本报为中国唯一大报……倘有图画增刊，不仅增加声价、扩广销数而已，且将为国家光荣有进一步之努力焉"。于是，1930 年 5 月 18 日，戈主编的第二种画报——《申报图画周刊》问世了。当时中国报刊插图多用铜版，影写版印刷首先试用于《东方杂志》的插图，报纸摄影附刊采用影写版，《申报图画周刊》是中国的第一家。该画报因图片质量清晰上乘，被誉为当年画报之冠。1934 年第 26 期《十日谈》中象恭的《戈公振》一文曾这样介绍《申报图画周刊》："曾蜚声海上脍炙人口的两年前的《申报》画刊，那就是由漫游归国的戈先生所主编的，画刊的编排是很多采仿美国出版的'New York Times'的星期画报。"戈公振进入《申报》后，自认为获得了大展宏图、实现自己改进中国报业理想的大好机会，岂料同样遭受排挤，仅任设计主任，只能办理秘书性质的事务，根本无权过问报馆发展大计。《新闻报》主笔顾执中在 1935 年第 2 期《大上海人》发表的《杀戈公振者》一文，记述了戈在《申报》时的情景："戈先生从国外满载而来的时候，表面上尽管有人恭维他，天天请他吃饭，实际上东也遭人吃醋，西也受人暗中反对……结果他只能蜷伏在《申报》的屋顶仍旧编编画刊。"在主编该刊期间，戈公振虽小小显示本领，但终究郁郁不得志，于是，随同国际东北调查团一游南北，而后再赴欧洲。1935 年 10 月 15 日戈公振回国抵达上海，不久因病住院。10 月 22 日病情恶化，不幸去世，享年 45 岁。

1935 年 11 月 5 日，著名报人张若谷主编的《大上海人》出版了"追思戈公振特辑"，20 位社会名流撰文表达哀思。《世界知识》编辑毕云程在《社会负戈先生》一文中披露，顾维钧任外交部长时，曾请戈出任外交部情报司长，戈力辞说："因为我不做官，所以对民众说话，还有一些信用；倘然做了官，则一些信用便没有了。"《新闻报》编辑陆诒的《效法他忠于新闻事业》一文，分析了戈公振与普通新闻界前辈者的两点不同："一、他并没有以前辈先生自居，而不肯接近一般新闻界的后生小子，还常常诚挚地做启迪后进的工作；二、他对学术上思想上的求进，还是很努力，并没有自满，更没有懈怠。跟戈先生同时代做跑腿执笔的新闻记者，有许多已经成了现在的达官要人，他们被汽车、卫兵、洋房、美人和一切优越富丽的享受，弄得目眩头晕了，丧心病狂地忘尽了新闻记者职业的神圣，毅然将新闻记者这个头衔当做升官发财的阶梯，但我们的戈先生却没有这样做。这并不是他没有这种卖身投靠的机会，而是因为他忠诚于新闻事业的服务，愿意为新闻事业尽瘁而死。……只有效法他忠于新闻事业的信念，不断求进的精神，在推进中国新闻事业的大道上迈步前进！"

伍联德

"良友"早期是一家名不见经传的印刷公司，1926 年成为一本"遍天下的"画报，20

世纪 30 年代变成一家出版数十种期刊的知名出版社，如今已演变为一种代表民国画报最高峰的文化符号，而它最典型的代表人物便是一生跌宕起伏的伍联德。

伍联德（1900—1972），生于广东省台山县的一个普通家庭，其父伍礼芬早年漂洋过海赴美国开办洗衣铺。伍联德少时随伯父生活，高中毕业后入岭南大学预科班，与同学陈炳洪合译英文美术书籍《新绘学》，为上海商务印书馆采用，得稿酬 300 元。他二人遂携款赴上海开眼界，十里洋场、灯红酒绿的大上海磁石般地吸引了伍联德，于是，他做出一个决定：放弃父亲为他安排的赴美留学一途，锁定在上海打拼天下的目标。

预科班毕业后的 1923 年，通过岭南大学校长钟荣光介绍，伍联德进入王云五主持的商务印书馆，编辑 16 开本的《儿童教育画》。他为商务印书馆设计的商标，一直沿用至 20 世纪 50 年代。北伐战争爆发后，一些岭南大学学生随军来沪，在上海官场占有一定地位。同学聚会时，大家都为伍屈居商务印书馆而感到可惜，问他对哪一行较为熟悉。伍想了想，觉得还是更喜欢做印刷这一行。一些得意的同学集了一笔款子，为他租了一个写字间，开启了伍联德的画报人生。

伍联德在 1934 年《良友》第 100 期中的《〈良友〉一百期之回顾与前瞻》一文中回忆称："盖远在良友印刷公司成立之前，当时四开大小之单张画报，颇为流行，惟一察其内容，大都缺乏学问之原素。窃以为在文化落后之我国，借图画做普及教育之工作，至为适宜。因见市上所有者，皆未能与此道相吻合。其时适有友人如故莫先生澄斋等，拟办一画报，以志趣共同，遂相合作，创刊《少年良友》，亦四开单张，内容皆手绘之图画，杂以少年德育故事。盖纯以儿童为对象，偏重儿童之教育者。"不料，该刊出版未及数期，即因销路不畅、经济支绌而停刊。伍以自信、不服输的坚韧性格，再筹若干印刷费而续刊，但很快就又被迫中辍。就这样，经历了屡仆屡起后，《少年良友》终因计穷力尽而彻底夭折。

1925 年，在欧斌夫人的慨然相助下，伍联德函召同学余汉生来沪，几经奔走筹划，购得北四川路鸿庆坊口的一家小印刷所，稍事装修，于是年 7 月 15 日开业，定名"良友印刷所"。店为石库门式，一楼一底，店内仅有三架小型印刷机。该所以印刷优美、制作精良而业绩颇佳。经济既有基础，伍再次萌生办画报的想法，初与罗诗白共同编辑出版单张画报，但仍未获成功。嗣后，伍在心中开始酝酿一次"冒险之尝试"。

1920 年 6 月，戈公振创办的《时报图画周刊》，被誉为中国摄影第一画刊，掀开了中国画报史上崭新的一页。但这一时期出版的画报多为 4 开单张两版，如《时报图画周刊》《京报图画周刊》《南方画报》；或是 4 开单张四版，如《中南画报》《上海画报》等；或为 4 开单张三版，如 4 开《联益之友》《乒乓画报》等。均为报纸型画报。偶尔有整本成册的《好孩子》《银幕周刊》《摄影杂志》《笑画》等，也是上市未久便宣告停刊。伍所说的"冒险之尝试"，正是要摆脱司空见惯的报纸型画报而出版成本书册型的画报。创办这种画报，他们"既乏此种经验，而横于前者胥为前人失败之阴影，同时社会人士对整本画报之能否发生兴趣，亦无把握，至于内容之编排取材，更无可借镜，仅在个人之坚决自信力之下，日夜编辑筹划"①。

1926年2月15日，《良友》创刊号面世。初版仅印3000册，因在港、粤各地畅销，先后再版4000册。而此后，《良友》更是不胫而走，遍销全球，"不特为画报界奠一稳固之基，且为后来者开一康庄之大道也"。同年9月公司又创办了提倡电影艺术的《银星》画报。

精力所限，伍联德于第5期延聘周瘦鹃担任主编，俾得分担工作。周为鸳鸯胡蝶派作家，主要负责文字部分，伍仍负责图画的选材和编排。随着该刊的不断改良，每期销数屡有递增。1927年冬，《良友》出刊至第12期，周以事告退，伍遂大胆启用年仅22岁的新人梁得所担任主编。

为考察和借鉴国外画报和印刷事业的先进经验，开拓国外发行市场，1926年冬，伍联德乃有美国之行。在考察期间，他在好莱坞得识美籍华人影星黄柳霜，经黄介绍再识美国武侠影星范朋克及其妻子，伍深以成为范朋克接谈的第二名东方人士而感到自豪。1927年归国后，伍将美国办画报的理念引进《良友》，通过扩大招股，改组成立良友图书印刷公司。公司原址不敷应用，遂迁至北四川路蓬路口。新址环境适中、办公环境敞阔，业务蒸蒸日上，《良友》销数已达2万余份。公司营业渐具规模，伍又大刀阔斧地开始拓展新业务，1928年至1929年先后创刊《今代妇女》《中国学生》《体育世界》，改《银星》为《新银星》，印行单行本书籍若干种。因事务繁巨，伍联德当时已无暇兼顾编务，梁得所未免不胜其劳，遂于1929年夏再请马国亮加盟。1930年，公司再出版《中国大观图画年鉴》，好评如潮。

梁得所会作画、擅摄影、文笔好，接任总编后，大力革新。《良友》从第37期起全部改用铜版纸印刷，因纸质优美、选材精良、印刷精美，销数增至3万份。从第45期起更由铜版改为影写版，在梁、马的通力合作、共同努力下，《良友》销数一跃而至4.2万余份，执全国画报销售之牛耳，不仅行销全国各地，还远销美国、加拿大、苏联、澳洲、日本等27个国家和地区，当年凡有华侨居住的地方就有《良友》，更获"良友遍天下"之美誉。

1932年1月28日，日本侵略者袭击上海，良友公司适在战区，印刷所毁于炮火，1月份的稿件亦化为乌有。面对国难，伍联德率领公司同人咬定青山不放松，不懈于对文化、新闻事业的追求，在江西路设立临时办事处，力保《良友》赓续出版，以慰读者之望。鉴于排版、印刷皆处困难时期，遂将9开本改为16开本，改回铜版印刷。为唤起民

① 伍联德：《〈良友〉一百期之回顾与前瞻》，《良友》1934年第100期。

众抗日救国的热情，良友公司及时将战时新闻汇集，出版了《战事画刊》，以使世界各国人士及时了解到暴日侵华的真相。一·二八抗战结束后，公司迁回原址。《良友》虽改回9开本，但因印刷条件所限，影写版印刷未得恢复。

中国幅员辽阔，因路途遥远、交通不便，彼此之间殊多隔阂。为使读者了解到全国各地的风景、风俗、文化、物产等，伍联德决定建立一支良友公司摄影旅行团，深入高原深山、河流湖泊、边陲之地实地拍摄，堪称中国近代画报史上空前壮举，也唯有伍联德这样的气魄才有如此大手笔。由梁得所、欧阳璞、张沅恒、司徒荣4人组成的良友全国摄影旅行团，于1932年9月从上海北站出发，历时8个月，行程3万里，耗资1.3万余元，拍摄1万余幅照片。这些图片除供《良友》刊用外，1933年5月，还从中精选200余幅照片，在上海、南京、汉口、北平、香港、广州、济南、开封、天津等地举办巡回展览。一为广泛展示摄影旅行团的拍摄作品，二为结集出版《中华景象》画册。

《中华景象》以"选集全国照片表现中国今日景象"为宗旨，深得社会各界人士推许，未及一月，即已再版。与此同时，《良友》恢复影写版印刷，选材更广、更精，得以在战后社会不景气的状况下保持素有的销数。此时的《良友》画报、良友公司达到鼎盛，赵家璧主编《中国学生》，陈炳洪主编《新银星与体育》，马国亮主编《现代妇女》（后更名《今代妇女》），方雪鸿主编美术类杂志，陈嘉震主编电影明星类画报，伍联德的画报人生也达到顶峰。

伍联德性格豪爽，讲排场，善交际，能花钱，有钱时大手大脚，没钱时狼狈不堪。1946年第1期《上海滩》中《伍联德"跳伪加官"》一文，披露了伍脱离良友公司的内幕："这时伍联德有机会和女明星接触了，大出其女明星照片集（如共出版8册的《中国电影女明星照相集》），狂捧胡蝶，尤其是梁氏四姊妹（梁赛珍、梁赛珊、梁赛珠、梁赛瑚），不惜工本的，追随左右，死充大佬倌，把公司里的账用得欠了一屁股的债，后来被董事会踢了出来，给副经理余汉生取而代之。"伍在1936年1月15日《图文每月画报》创刊号的发刊启事则称："惟十载辛劳，心力交瘁，孱弱之躯，难胜繁剧，故于前岁辞去良友公司总经理职务。拟作长期修养，以为异日效力社会之地步。"

脱离良友公司后，伍联德曾做短暂修整，但他怎肯轻易服输，岂能就此放弃他的人生追求！为挣回面子，伍于1935年9月与陈亦云合作开办图文出版社，联合陈嘉震创刊影写版画报《影坛》半月刊。该刊虽然纸质上乘、印刷精美，但内容空泛，毫无新意，每期勉强发行3000册左右，仅出版6期便宣告终刊。1936年2月12日《社会日报》中《〈图文月刊〉伍联德将去广州拿货色给老板看》一文称，同年1月，伍联合万籁鸣、韦乃纶、徐心芹、明耀五等，创办"全国最精美的图画文字杂志"《图文每月画报》。该刊采用头等道林纸，影写版印刷，厚厚的一大本，每册仅售2角。据印刷界业内人士称："（《图文每月画报》）至少要售出一万册以上，才不会蚀本。但在这个年头儿，像〈图文月刊》要立住脚是不容易的，每期亏上千八百的还算常事。"办画报十余年的伍联德在做生意方面绝不是个傻瓜，那么，他怎会情愿做这种蚀本生意呢？原来他创办《图文每月画报》是抱着要打倒《良友》的野心，在创刊前，他与广东方面投资人接洽，投资人答应看过货色再拨款。他为争取到投资自然不惜血本，将画报做得尽善尽美。但第2期出版后，投资人仍不肯拿出真金白银，因此，读者便未能见到第3期《图文每月画报》。

1935年12月19日《社会日报》中《伍联德够朋友》和1945年第6期《海风》中《从伍联德入狱想到胡蝶的成名》两文，记述了伍屡战屡败的蹉跎人生。《良友》创刊号封面为"胡蝶恋花图"，这位手捧鲜花的摩登女郎就是后来红极一时的影后胡蝶。因此，胡蝶一直视伍为恩公，1935年她与潘有声举行盛大婚礼的喜帖也由伍一手操办。胡、潘夫妻当时曾办中华广告公司，并创刊《艺声》画报。当听说伍被踢出良友公司后，便请伍担任编辑，当时主编已有人选。伍正处无路可走之时，虽然每月的编辑费只有35元，但钟情于画报事业的他还是满口答应下来，并介绍了陈嘉震加盟，只是碍于面子不愿自己的名字出现在编辑之列。《艺声》成绩平平、人员也不稳定，不到一年的时间进行了三次调整，更糟糕的是，1936年8月，年仅24岁的陈嘉震突然病逝，成为压倒《艺声》的最后一根稻草。

据《社会日报》1936年10月21日的《伍联德还是干老本行，大业出版社组织成立》和12月24日的《伍联德独霸画报界》两文记载，经历了《影坛》《图文每月画报》《艺声》的失败后，伍曾一度有南洋群岛之行。陈嘉震在上海殡仪馆举行大殓的那天，吊客中就有刚从南洋回来的伍联德。有人问他此次到南洋收获如何，伍一时无语，只是连连摇头。但不到半月，伍又有了新的转机。他设法找到了承印农民银行钞票的大业印刷公司老板李祖永。伍与李一向友谊甚笃，影后胡蝶的结婚喜帖，便由伍托大业公司印赠。伍与李组织了大业出版社，并拉来《图文每月画报》编辑之一的徐心芹和曾任《时代》画报编者的张大任。于是，伍对外宣布，他正在筹备出版5种画报，每6天出版一种，涉及家庭、国情、儿童等方面。《儿童生活》画报标定出版日期为1937年1月10日，但1936年12月10日提前一个月就已经面市了，这种画报早产的经营策略是伍取法于东邻日本杂志界的做法，开中国画报出版经营的新模式。一种名为《家庭什志》的杂志更是仿照日本的主妇和妇人之友之类的期刊，内容侧重家庭、工业、家政等，由一位何姓女士主编，于1936年12月15日出版。1937年1月15日，"硬性画报"《国情画报》问世了，该刊在形式上具有《时代》画报的唯美，内容上洋溢着民族精神和爱国情怀，积极宣传抗日，号召中国国民都要为合力救亡贡献自己的力量。查阅民国画报目录，《儿童生活》出刊两期，《国情画报》仅出刊一期，而《家庭什志》更未找到。由此可知，尽管伍气势宏大、雄心勃勃，但结局仍是虎头蛇尾，昙花一现而已。

冯武越

冯武越出身名门，父亲冯玉潜曾任驻墨西哥代办，叔父冯耿光曾为中国银行总裁，妻妹更是家喻户晓的赵四小姐。他 16 岁出国留学，分赴法国、比利时、瑞士，学习航空机械和无线电，游历欧美各国考察。学成归国后，入北洋政府航空署任教官，曾任农商部咨议、京畿警备司令部参议等职。因厌倦仕途，于 1926 年创办华北第一画刊——《北洋画报》，从此声名远播，广交平津一带社会名流。

冯武越（1897—1936），名启镠，别署笔公，广东番禺人，自幼聪慧，慷慨有壮志。"少忠谨，好读书，又善骑射"，因头长且尖，颇似笔头，日后又从事写作，故时人皆称之"笔公"。后因办报过度劳累而身躯佝偻，又被友人称作"虾米"。他的好友、《天津商报画报》的老板叶庸方，也是个驼背，同人戏称他二人为"对虾"。

1912 年，16 岁的冯武越负笈至法国留学，后赴比利时、瑞士，潜心于航空机械和无线电等专业技术，漫游欧美各国考察学习，开阔视野。1921 年学成归国，进入北洋政府航空署，历任航站管理讲习所机械科教官、编查科科长、技正、参议，航空名词审订委员会委员、《航空月报》总主任等职，其间曾为农商部咨议、京畿警备司令部参议、张学良的法文秘书。曾于 1923 年第 1 期《御风》杂志发表《航空名言集》，同期刊发《降落伞问题》一文，详细介绍了自动降落伞、帽式降落伞、法人研究中之降落伞、救护全舱之大降落伞等航空常识。同年翻译法国航空家专著《实用空中航行术》一书，为"当世航空界之杰作，飞行家之南针"，时任北京南苑航空学校校长的沈觐宸为该书作序。

1925 年，冯武越进入东北航空署，任总务处第五科中校科长、佥事，与姚锡九、王成志等同僚。其父卸任后定居北京。同年夏，冯武越移居天津英租界新华村 10 号一楼一底的一幢小楼，任《益世报》总监察兼撰述。由此，开始了他的报人生涯。此后，他仍在京奉铁路管理局、直隶全省矿政监督公署等处供职。1929 年第 18 期《军事杂志》刊登他的译述《世界最大之飞机》，同年 1 月 26 日，他在《大公报》发表《航空器名称之解释》一文。1930 年任东北边防司令长官署东北文化社委员，主编 20 余万字的《东北年鉴》。1934 年，升任国民革命第三集团军第十五军总指挥部少将参议。但他性情率直，蔑视权贵，不屑随俗俯仰，斡旋于官场实出无奈。

据冯武越在 1926 年第 18 期至 20 期《北洋画报》连载的《画报谈》一文介绍称，北方最早的照相铜版画报，是冯在 1924 年刊行的《图画世界》。该刊为月刊，以时事、艺术、科学三类图文为主要内容，甚得知识阶级赞赏，盛赞该刊"可媲美欧、美、日画报"。但仅出刊 3 期，即因战事突起，销路阻滞，亏累千金，而不得不停刊。冯深以为憾，但办画报的想法始终萦绕心头。

1926 年 7 月 7 日，《北洋画报》在天津创刊，亦取时事、艺术、科学三大主题，实为继承《图画世界》未竟之志。主干冯武越，主编吴秋尘，王小隐、刘云若曾任编辑。该刊为 4 开一大张四版，道林纸，铜锌版印刷，在形式上仿效毕倚虹创办的《上海画报》。据老报人吴云心回忆称，该刊创办初期，人员甚少，冯事无巨细，事必躬亲，社址设于法租界蓝牌电车道北 23 号路，报馆后即为印刷厂。厂内有一副五号字字架，半副三号字，一台八页平版机，有几位工人，没有制铜版的车间，铜版由外面制版厂代制。编辑部有一位编辑兼校对员，加上冯武越本人，还有一个交通员兼勤杂。全部报社人员就是这么多。

1928 年 7 月 7 日《北洋画报》中《〈北画〉产生之程序》一文，详细记录了创刊一年后的情景。摄影、绘画是《北洋画报》的主要内容，有若干名外勤记者努力收罗，寄至该报，经过编辑的审选，按照规定尺寸制成铜锌版。文字也有韩慎先、许姬传、袁寒云、方地山、王伯龙等若干名撰述担任。每期画报的底样在一星期前约略拟定，将图画、文字的位置先期排妥，但仍不免有所变更。因印刷数量过大，底样制成后须于出版前四五日送交印刷厂排样，至少要经两次校对。然后，再经垫板、磨字、上版等程序。发行有囤批和零寄二种形式，直接订阅者均由该刊营业部径行封寄，所有订户姓名、住址、期数均有详细记录。印戳、折叠、装封等手续完竣后，即运至邮政厅局，按报纸类新闻类收寄，无需粘贴邮票。每张画报从编辑到寄出，必经三四十人之手。两年后，报馆规模扩大，人员逐渐增多，组织日臻完善，还成立了北洋画报社，"社内事务统归北洋画报社出名负责"。

《北洋画报》办刊 11 年，出刊 1587 期，内容包括时事、美术、科学、戏剧、电影、体育、风景名胜等，以图片为主，兼有文字，印刷精美，版面沿用不易翻版的蓝黑色调。创刊一年后，即为天津乃至整个华北地区最热销的画报，有"华北第一画刊"之誉，成为北方报纸型画报的范本，此后出版的《天津商报画刊》《中华画报》《风月画报》《星期画报》《北晨画报》，在编辑形式、版式设计上无不竞相模仿。《北洋画报》对天津文化影响巨大，正如吴秋尘在 1936 年 4 月 26 日的《益世报》中的《记冯武越》一文所说："十年来，天津文艺空气之养成，武越实为首功。"

冯武越不但是亲力亲为的画报主创人，还是撰有《画报谈》《读伯龙〈自行检举〉书感言》《〈北画〉真正价值之所在》等论文的画报研究者。这些文章梳理了中国画报发展的历程，检讨了画报业的不足，记述了他对中国近代画报的理解和见解。在 1935 年 5 月 4 日第 14 卷第 14 期《天津商报画刊》的《读伯龙〈自行检举〉书感言》一文中，冯对画报的校对工作提出了自己的独到见解。自入报界后，他总想做两桩事：一是发明一架新型排字机，提高排版效率，让编校人员有较多时间从事校对工作，尽量减少画报中的文字舛误。为此，他在七八年前与香山慈幼院的朱君复先生合作，试验新型打字机。朱是著名机械师，慈幼院又有制造机械的设备和专业人员，只可惜仅制成装字模的弹簧匣子，就因各自忙碌公务而中辍了。二是计划编写一本《校对必读》。办报人看到画报中的错字都感到难受，但又不肯多出代价，聘请专业人士充当校对。报馆里的校对都是月薪15元至20元的青年们。当时就连拉洋车的每月也要赚个二三十元，这样代价的校对，画报能不错漏百出吗？在他看来，校对是一项神圣的事业，因为画报一经印行，白纸黑字印在那里便更改不得，错了便会误人误事，贻害无穷。他的《校对必读》，就是打算把所有的校对常识囊括其中。但因自己身染重病、力不从心，只得抱憾放弃。

据 1932 年 1 月 5 日《小日报》消息称，冯武越在津再创一种名为《图画日报》的画报，王小隐任主编，已于元旦出版。而 1 月 24 日该报的《图画日报停刊中之艳闻》一文又称，1932 年，三津文化界第一件新闻就是《图画日报》的发刊。天津当时的画报虽多，但均为定期刊物，日刊画报尚付阙如，冯乃约集报人王小隐、吴秋尘等，联合创办《图画日报》。经筹备数日，于 1932 年 1 月 1 日与读者见面。该刊为 8 开一小张两版，内容有新闻、文艺、小说三类，一版"日刊时评"栏目由王小隐主笔，每期刊登四篇小说，最能叫座者为北方武侠小说家赵焕亭的《姑妄言之》，另有宫竹心的《拔舌地狱》、吴秋尘的《楼上黄昏》、施冰厚的《人间味》，亦均可观。但好戏刚唱出引子却要戛然而止。该刊出刊十天后，即传出停刊的消息。

原因是同年 1 月 6 日晚，冯武越突然接到北平打来的电话，称其父被电车所撞，伤势甚重，促其从速来平。冯当晚乘车抵平。翌日，冯自平电告王小隐，谓其父以年老流血过多而卒，自己因要留平起诉电车公司，请王即日将《图画日报》停刊，来平共同参谋一切。但王以画报刚刚创刊，兴致颇高，故未允冯之请，继续出刊。

主办《北洋画报》的出版经费多为冯武越叔父冯耿光和张学良资助，后随着发行量扩大，广告增多，此两项收入基本保证报社正常运营。1931 年九一八事变后，张学良不再投资该刊。又因冯之父因车祸而亡、弟弟病故，冯之肺病复发，1933 年 3 月 1 日遂将《北洋画报》兑给同生照相馆经理谭林北。冯此后赴家乡番禺，又至北京西山边治疗边修养。

回顾前事，1932 年 1 月 6 日午后 2 时，冯武越之父冯玉潜（名祥光）在北平东西牌楼大街上行走，突在背后被电车撞伤，急送入附近医院抢救。终因伤势过重、失血过多而逝。冯武越得信后，自天津连夜赶至北平，仍未能见父亲最后一面。冯玉潜曾任中国驻墨西哥代办，在外交界极富声望，为人慷慨豪侠，健谈善饮，做事果断，此次意外，识者皆以为憾。时居上海的冯玉潜之弟冯耿光闻听噩耗，极为震惊，立即动身来平。

同年 2 月 21 日，冯玉潜追悼仪式在平举行，冯武越的多名津门好友，赶来追悼。曾与冯玉潜素有交往的"联圣"方地山撰联痛悼："论文把酒，极意为欢，知己相逢真恨晚；奔车覆舟，殊难逆料，人生何处不颠危。"仪式后，冯武越与胞弟冯至海共同扶榇回乡安葬。

冯武越胞弟冯至海，因过度悲伤和一路鞍马劳顿，回北平后即一病不起，竟于 1932 年 8 月 10 日不治而亡。接踵而来的不幸，使冯武越迭遭重创，肺病复发，只得留在番禺老家疗养。养病期间，冯游于城西华林寺，感慨庙宇凋零、寺产割裂，惟恐 500 尊罗汉横受摧残，为中国文化保此遗迹，遂费三月之功，将 500 尊者逐一摄影，部分刊于画刊。他还师从赵松声，学习绘画，并研究颖拓，书写《金刚经》等。1934 年夏转至北平德国医院疗养。同年其妻赵绛雪之母在津去世，冯回津料理丧事时再染风寒，病情加剧。复回北平西山疗养。同年 12 月，画家黄少强、赵少昂北上来津举办画展。接到消息后，冯毅然下山，先行到津，不顾体力虚弱，筹备招待、宣传诸事。7 日晚，复在新居英租界马场道开官胡同 17 号，设宴为两位画家接风，柬请陈少梅、巢章甫、钱达根、黄道敏、赵松声、许琴伯、王伯龙等社会名流同聚，实为一场小型欢迎会。经此劳心费神，冯之病症再度加重，再回西山疗养。

冯武越在平疗养期间，巢章甫、宣永光等津门名士屡有探望，冯也多次写信、寄物与王小隐、王伯龙、李壮飞等，表达思念之情。1935 年，王小隐执笔《新京日报》时，冯自山中寄书，素楮盈尺，类似当年流行的画报模样，两面遍写细字，密若蝇头，在 2000 字以上，且配以图案、插画、摄影等十余幅。自注称，此系山中独力创办之画报，印刷（手写）、编辑、采访、发行，一人兼任。出刊两份，唯有两位读者：一为本埠读者一人——绛雪夫人，二为外埠读者一人——王小隐。此虽自娱嬉戏之作，亦可从中窥见冯对画报的钟爱与不舍。冯在病中仍致力中国图案学研究，遍搜秘籍，欲著专书。即使是在病逝前半月，他犹遣夫人自平回津，向友人借书研读，其勤勉不辍之精神可见一斑。

1936 年 1 月 12 日，冯武越病危，急送至北平德国医院，汽车中途抛锚，辗转送至医院时，人已昏厥。虽经医院全力救治，但其最终于 19 日上午 10 时病逝。

梁得所

梁得所 22 岁担任《良友》画报主编，勇于探索，锐意革新，将《良友》推上巅峰，被继任主编马国亮称为"奠定了画报地位的第一个编辑"；他创办《大众》、接办《时代》，在海派画报中留下浓墨重彩的一笔，这两种又与《良友》《中华》并称为中国画报史上的"四大名旦"。

梁得所（1905—1938），生于广东连县的一个牧师家庭，天资聪颖，才华出众。1922 年自连县高小毕业，升入广州花地培英中学。该校为教会学校，实行双语教学，故学生英语功底深厚。其兄梁得允亦在该校就学，毕业后随一位西方教士赴美国留学。梁得所宗教信仰虔诚，乐于服务社会，在英语、绘画、音乐等方面极具天赋，在校刊《培英青年》上时有作品发表，与两名梁姓同学合称"三梁"。

据司徒荣撰文称："他在念书的时候，身体倒相当的强健。那时，他在学校还充任喇叭手，朝晚的起床号、睡觉号都由他担任。在冬天的季节，寒气刺骨的时候，他常懒洋洋地躺在床上吹着破人清梦的起身号。能够有这样体魄的人，委实是不错。"[①]

---

① 司徒荣：《记梁得所先生》，《明灯道声非常时期合刊》1938 年 11 月。

明耀五是梁得允的同班同学，曾先后担任《少年良友》《良友》的编辑，与梁得所相交 16 年，他在《忆得所》一文回忆说，1925 年夏，伍联德等几个岭南大学同学在上海创办良友公司，约自己来上海编辑《少年良友》。梁得所常有文稿寄来发表，还翻译了一本土耳其民间故事《凯亚》，逐期在《少年良友》上连载，后来印成单行本，此为梁的第一部译著。主人公凯亚的生活很苦，但为人很达观。梁更把凯亚的悲苦经历译作一段段笑料，让人读后，颇有笑中含泪之感。"译这书时'幽默'还未盛行，他可说是得风气之先"①。来沪遇有宴集，梁在席间讲笑话，也常引用其中的一两段活跃气氛。梁少年时还经历过一次险境：培英中学曾遭遇抢劫，土匪绑架了教员、学生二三十人，梁也在其中。军警查缉多日不获，后来还是梁设法逃出报告当局，才将其余的人悉数解救出来。

1925 年，梁得所本欲报考岭南大学，却因当地缺少医生，而进入山东齐鲁大学攻读医科。《忆得所》一文称："（1925 年）8 月里，得所已在培英毕业，由广东转上海，到良友访我，告诉我连县缺少医生，医院无人主持，教会希望他学医，以便将来好付托给他。所以，送他去进山东齐鲁大学。他说，医科于他的志趣本不相合，不过为了故乡，也只好去学了。"②

进入齐鲁大学后，梁得所曾写信给明耀五，说他对学医科不感兴趣，想要改行，请明问问良友公司能否录用他。明即与良友公司老板伍联德商量，伍虽未曾见过梁，但早在《少年良友》《良友》上读过其作品，对梁甚为赏识，遂答应梁做《良友》助编，月薪 30元。明立刻回信通知梁。当时，梁在齐鲁大学读书完全由教会出资，条件是必须完成学业，毕业后到指定的机关服务，如中途退学或改业，须偿还之前补助的费用。梁时已下定决心，与齐鲁大学签订分期偿还协议后便到良友公司报到。司徒荣的《记梁得所先生》一文中也有"只肄业一年，觉得没有兴趣，就停止了"之说。

1926 年 2 月 15 日，《良友》画报在上海创刊，创刊人兼第一任总编辑伍联德，时为商人办刊理念。后伍因业务繁忙，从第 5 期开始由周瘦鹃主编，转为文人办刊风格。梁得所来到《良友》后，颇得伍之倚重，据《忆得所》一文称，梁初来之时，周为名誉编辑，梁是实际编辑，并不具名。1927 年，公司便辞退了周，由梁完全负责，从第 13 期起便改用梁的名字。梁接编《良友》后，时刻谋划改进，每期亲撰一篇随笔，每篇随笔"起首多半是引录一名诗，到末了题旨合到诗意，把诗句译成中文句作结"。这些随笔积累若干篇后，便结集出版单行本《若草》，此为他的第一部创作。民国十六七年间，好莱坞电影歌曲盛行国内，梁遂将歌词译成中文，附上歌谱，以笔名"梁深"刊于《良友》，为此同事们都叫他"阿深"，后来又改称谐音"阿森"。他翻译的歌曲带动了《良友》的销行，给公司带来丰厚收益，而他只得每首 5 元的酬报。

---

①② 明耀五：《忆得所》，《自由谭》1938 年第 3 期。

1932 年 9 月，他与欧阳璞、张沅恒、司徒荣组成全国摄影旅行团，深入高原深山、河流湖泊、边陲之地实地拍摄，栉风沐雨，风餐露宿，历时 8 个月，行程 3 万里，拍摄 1 万余幅照片。在《良友》开设"全国猎影记"专栏，逐期刊发。一为搜集各种材料，充实画报内容；二为详察和介绍全国各地真实情况，纠正外国人对中国的恶意宣传。这期间，梁采访了胡适、蒋梦麟、张学良、冯玉祥、吴佩孚、梁鼎铭等社会名流。

梁得所接任总编后，大力革新，确立和规范了《良友》的稿件种类、投稿手续、稿酬标准和聘用特约记者办法等。仅用了两年的功夫就让画报的销量由最初的 7000 册激增至 4 万册，行销美国、加拿大、苏联、澳洲、日本等 27 个国家和地区，当年凡是有华侨居住的地方就有《良友》，赢得了"良友遍天下"的美誉。随着《良友》的畅销，梁也是声名远播。香港有位何小姐，多次写信给梁深致景仰，后来更是亲自到上海来看他。梁在岭南大学分校居住时，距良友公司较远，就买了一辆旧汽车代步，自己驾驶。有一次，他违反了交通规例，被传去巡捕房问话。当他说出自己名叫梁得所时，那位问话的警官便不再和他谈论汽车违规的事，大谈特谈起《良友》画报来。原来他也是一位《良友》迷，更是梁的忠实粉丝。

1933 年 8 月，梁得所在第 79 期《良友》刊文《梁得所启事》《告别良友》，后文中称："我觉得人有许多地方应该学学禽兽，比如鸡犬，它们养育儿子，幼稚时爱护无微不至，到它们长成了，母狗母鸡就再没有追数以前的功劳。现在我说这点，阅者不要以为我把这杂志当作自己儿子，其实我只是一个雇来的保姆。八年来日夜看顾他，因为爱顾之切，有时别人见了还当作是我的儿子哩。"伍联德深为失去一位患难与共的良友和梁的"另谋高就"而深感遗憾，马国亮在《良友忆旧》中则称"他只是一个雇来的保姆，他不甘于只当保姆，他要另谋发展，当自己的主人"，而良友公司"一向重视他，可惜只局限在雇佣观点上，没有把他作为一个平等的伙伴看待。事后我曾经想过，假设当时他不仅是个雇员，而且是个股东，并且成为决策的董事之一，他可能不会离去"。①

梁得所主编了《良友》第 13 期至第 78 期，历时 7 年。这期间，他还主编了美术方面的《世界美术史纲》，音乐方面的《音乐词典》和几种歌曲集，摄影方面有《猎影集》《中华景象》《中国建筑美》《中国雕刻美》《中国风景美》，文学方面有《得所随笔》等。这 7 年是他人生中最辉煌的时期。

告别《良友》后，梁得所并没有离开他钟爱的画报事业。在得到少帅张学良 1 万银元的资助后，他与侨商黄式匡共同创办了大众出版社，并于 1933 年 11 月创办了《大众》画报，梁任主编，社址设于上海舟山路 12 号，在广州、香港、汉口、南京、北平、厦门、汕

---

① 马国亮：《良友忆旧：一家画报与一个时代》，北京：生活·读书·新知三联书店 2003 年版，第 102 页。

头、天津均设有报刊代理，还远销东南亚。该刊以大众关心的问题为内容，以成为大众的"良伴良朋，良侣良集，好友雅友，词友文友"为办刊宗旨。好文章能说出读者想说而未能说出的话，好画能写出观者所能领会而未能分析的意境。

《大众》画报封面全部采用绘画作品，前 4 期为方雪鸪的画作，后 15 期均为梁韬云的手笔，而梁韬云正是梁得所在美国的哥哥梁得允（又名梁得云）。据明耀五的《忆得所》一文载："得云原欢喜美术，赴美后更求深造，作品曾在展览会得奖。得奖的作品摄影寄给得所，得所又寄给我在当时盛行的四开画报刊载出来……当《大众》出版后，得云由美国画封面回来，每次都说明阴阳及用意，谆谆不倦。他在美曾开照相馆，本定回国共同办理《大众》，已行抵旧金山，因《大众》情形不稳，遂又中止回国。"[1]《大众》图片种类多样，包括新闻时事、美术作品、珍奇事物、名胜风景、体育、戏剧、风土人情、家庭、学校和社团生活等，图片的穿插、呼应、补空、腾挪、不留痕迹，浑然天成。文字以短篇为主，有随笔、散文、短篇小说、新闻故事及各种趣味性或有意义的译著及学术常识。因此，该刊风靡一时，对《良友》画报形成冲击。马国亮说："特别是《大众画报》，它的取材与编排完全可以和创刊多年，并由他主编多年的《良友》画报争短长。它的出现，不同于别的画报，可以说是《良友》画报最足注意的劲敌。"[2]

合伙人黄式匡自称实力雄厚，但时间不长便宣告资金枯竭，梁得所将多年在良友的积蓄也搭了进去，但仍不见起色。心力交瘁的梁大病了一场。病后赴武汉再次向张学良求助。先前，良友摄影旅行团到北平时，梁曾专访过张，从此张便将梁当作挚友，时常亲笔写信给他，还寄来一些私人的照片，也曾诚邀梁在他手下任职，梁的志向在于画报，遂婉拒。此次，张也是非常周到，招待梁吃、住、行。梁直言报告《大众》实情，请其帮助维持。张对梁说："你身体不行，不必过分努力，我看你不如出国去休息几时，并且到国外确可开开眼界。"他还给了梁 3000 元治装费，约定一切手续办妥动身有期时，再给他汇寄旅费。回沪后，梁本想作此壮游，但经不住黄式匡的怂恿，又把 3000 元全数投入《大众》。当时《大众》负债甚巨，这个数目仍是杯水车薪。黄遂劝梁再次赴武昌找张学良作秦庭之哭。入见时，张正在打针，对梁说："我很忙，就这样谈吧。"梁实言相告，治装费已挪去《大众》应急了。张说："我对于这些不甚了了，我来介绍个朋友替你通盘打算一下，再定方针。"[3]张的朋友就是他的机要处长。梁与处长谈了一次话后，说不久再到上海详谈，届时再行决策。

梁反复考虑后认为：一是社里负债已多，起死回生的希望渺茫，商誉也未必值得维持；二是自己与张个人关系是一句话的事，今既交到属员手里，变成公事，较及锱铢，便

---

①③　明耀五：《忆得所》，《自由谭》1938 年第 3 期。
②　马国亮：《良友忆旧：一家画报与一个时代》，北京：生活·读书·新知三联书店 2003 年版，第 105 页。

不好办了；三是社里情形紧急，若待处长到上海，不知要等到何时，远水解不了近渴；四是黄的为人已经清楚，勉强再办下去仍不免上当，且张过去如此厚待自己，再失败便对不起他了①。因此，梁当即决定停止进行，更觉回沪也是无补于事，遂经粤汉路回乡休养。1935 年 5 月《大众》画报出刊至第 19 期后终刊。而大众出版社创办的《小说半月刊》《科学图解月刊》《文化》《时事旬报》四种刊物也随即停刊。

马国亮总结说："一个新的牌子要使它站稳，需要时间，首先要具有一定的经济实力。大众出版社的经济调度能力不足以同时应付几个刊物的支出。而每一刊物本身，包括《大众》画报在内，销路在短期内还不可能自给自足。这个大众出版社开业了仅仅一年半，终于不得不宣告结束。"②

1936 年 5 月，梁得所病愈后来到广州。良友公司部分股东找到他，自称可以筹资维持，希望他东山再起，主编《良友》，共图复兴。因当时良友公司股东之间形成两派，产生内讧，他觉得问题复杂，不愿重为冯妇，遂拒绝。嗣后，再接《时代》画报来函请其接任主编。一则自己当年创办《大众》时，时代公司曾有诸多帮助，今既有求，正是一个酬情的好机会；再则自己虽不是大众公司的经理，但公司停业后尚有债务问题未得了结，他想与债权人当面说清楚自己的苦衷和地位，以取得他们的谅解，彻底了却这段因缘。于是他便痛快地答应了。

1936 年夏，梁得所重回上海，居于德邻公寓。时代公司经济并不宽裕，待遇也不高，梁觉得难以维持生活和医药费。在乡居期间，他曾译了一本名为《人生的把握》的宗教类书，送到英、美基督教传教士等在上海创办的广学会，询问能否出版。鉴于梁在出版界的声誉，广学会不但答应出版书籍，并且还请他到会任职。梁答应可以每日上午到会主编《福幼报》，取半薪，下午则到时代公司主编《时代》画报。

1937 年 5 月，随着《时代》画报因亏累过重而停刊，梁得所长达十年的画报人生随即宣告终结。翌年 8 月 8 日，梁得所病逝于广东连县家中，时年仅 33 岁。

梁得所将《良友》画报推上巅峰。他离开后，《良友》开始走下坡路。他创办的《大众》画报、接办的《时代》画报也曾风靡一时，在中国画报史上占有一席之地，但仍不能超越《良友》。因此，马国亮认为："良友失去了梁得所，梁得所失去了良友，双方都是损失。我今天甚至认为，如果当时梁得所没有离开良友，并且成为公司的当权人物之一，那么一九三八年良友公司一度解体的情况可能不会出现，他本人后来也

---

① 明耀五：《忆得所》，《自由谭》1938 年第 3 期。
② 马国亮：《良友忆旧：一家画报与一个时代》，北京：生活·读书·新知三联书店 2003 年版，第 106 页。

不致成为悲剧人物。"①张若谷则在《梁得所的遗书》中评价说:"得所终身过着独身汉的生活,但是他希望有一个理想的家庭,他更希望有一个理想的社会。这两种希望,在他死前都不能让他如愿以偿。他的外貌冷静,内心热烈,所以为了追求他的理想,最后竟把自己忘怀,而扩大了这理想的范围:结果,我们可以说,他是为了为大众去实现理想的家庭和理想的社会而活了一世……得所的死,我并不为了他的正在壮年,而觉得可悲,我只觉得在中国文化界出版界,失去了像他那样一个埋头干肯负责任而且有良心的文化工作者,是一个大损失!"②

3. 名人办刊

(1) 摄影家

由于摄影艺术尚未普及,摄影家和摄影爱好者还不具规模,亦因画报有以图为主,尤其以摄影作品为主导的特点,因此摄影家办画报就具有得天独厚的优势,他们约上二三位同业简单分工,模仿其它画报的设计,再找一个投资人,联系一家印刷厂代印、一家图书公司或书店代销,就算大功告成了。

林泽苍

提起林泽苍,或许知道的人并不多,但如果说他是《摄影画报》《电声》《玲珑》的创办人,是中国第一个摄影团体——中国摄影学会的发起人,是上海三和公司的老板,人们恐怕就会对他肃然起敬了。

林泽苍(1903—1961),又名竟成,福建古田人,生于富商家庭,少年时代随父来沪。自幼聪颖,勤于思考,长于动手,尤爱摄影和打乒乓球。1921年考入上海圣约翰大学,参加该校摄影研究会,任会长。1925年5月,该校举办第二届摄影比赛,经郭叔良、高伯赞、克来林三位评判员裁定,林荣获第一名,摄影才华崭露头角。

1922年1月1日,林泽苍之父以林泽苍之名独资创办三和公司,取天和、地和、人和之意。初时,该公司位于北四川路上海大戏院旁的一幢大楼内,资本有限,组织亦简,在四楼仅设一个写字间,聘用一名职员,专司接收来往信札和门市部事宜。公司经售乒乓用具、电影明星照片、摄影用品三种货品。林入学圣约翰不久,边学习边经营,学业紧张时,公司业务即由其父和雇员代理。1925年,林大学毕业、获商科学士学位,全力投入三和公司管理,学以致用,立竿见影地发挥其在经营上的才能。公司业务不断拓展,包括中外贸易、摄影用品、运动器材和图书出版;公司销售的中外电影明星照片,品种繁多,样式新颖,小巧玲珑,清晰精美,形态毕肖,远近视之,栩栩如生,畅销一时。林抱

---

① 马国亮:《良友忆旧:一家画报与一个时代》,北京:生活·读书·新知三联书店2003年版,第103页。

② 张若谷:《梁得所的遗书》,《自由谭》1938年第3期。

定货精价实、信用服务、顾客满意的三大经营理念和创新方针，专门创制社会需要而市场缺乏的产品，以本求利，公平交易。林时任中华全国乒乓联合会主席，为上海乒乓联合会发起人，他发明的"家庭乒乓戏"，最适合家庭运动，设备简易经济，更可利用家庭桌案，不论老幼，不拘性别，不择地点，随时随地均可进行，既可改变市民的抽大烟、博赌等恶习，又益于锻炼健身。

1929年8月，公司营业日趋发达，原址不敷应用，乃迁入位于南京路56号的新址，添设代办、信托两部，门市部代售药品和书籍。在1931年后，再成立三和乒乓社、影星照片社、三和出版社、中国摄影供应社、中国摄影新闻社、一乙制药社、中国商业顾问报等机构，均设专人负责，各部门分工合作。公司产品虽多次被人模仿，但林富于创新精神，不断推陈出新，更新换代，模仿者只能望其项背，却永无超越之日。

1932年10月10日，林泽苍与海上名媛梁爱保在慕尔堂隆重举行了西式婚礼，嘉宾满座，乐声悠扬，一对璧人，郎才女貌，六礼之仪换作教堂神父，洁白婚纱取代凤冠霞帔，展现了当年新青年的摩登时尚，礼毕后宴于大东酒楼。婚后的生活幸福美满，梁爱保的玉照时常刊于《摄影画报》《玲珑》《商报画刊》，她撰写的介绍室内装饰的《室隅的衣装台》一文，则刊于1931年第1卷第30期《玲珑》画报。

20世纪二三十年代，我国一些商人、富家子弟、知识分子，最先掌握摄影技术，利用业余时间摄影和洗印照片，投稿报刊。他们动摇了照相馆的摄影专权，让摄影走进民众、走进生活，将摄影艺术发展成为一种职业、一种艺术形式。林泽苍便是其中之一。

1925年8月5日，上海摄影界的领军人物林泽苍，开风气之先，发起成立了中国第一个摄影团体——中国摄影学会。初时会员仅有数十人，两年后已达800余人。1928年3月，该会举办了第一届全国摄影展览大会，此后又多次组织全国摄影展和全国摄影比赛。在我国摄影发展史上，该会对普及和推动我国摄影艺术的发展发挥了重要作用，但遗憾的是，1937年该会因淞沪抗战后上海沦陷而被迫终止。

1929年10月，在三和公司的摄影画报社，摄影家陈传霖与林泽苍、林雪怀三人偶聚，商议决定成立一家新的摄影团体——黑白社。同年12月，他们在四川路的大中华酒楼召开筹备会，1930年1月1日召开成立大会，该社设于南京路138号三和公司内，其宗旨为"本社社友的为艺之道，在正直平等，不分高下你我"，著名摄影家陈传霖、林泽苍、吴中行、卢施福、吴印咸、叶浅予等皆是社员。如果说中国摄影学会侧重吸纳上海本埠会员的话，那么，黑白社的社员则遍布全国各地，甚至延伸到海外，是第一个名副其实的全国性摄影团体。该会出版了3期图文并茂的《黑白影集》，先后举办四届摄影展览会。同样因1937年八一三淞沪抗战爆发而停止活动。

在管理三和公司业务、组织摄影团体活动的同时，林泽苍对摄影情有独钟，摄影作品刊于《摄影画报》《电声》《玲珑》《良友》《联益之友》等多种报刊。1927年12月，他先后在上海基督教青年会、大华饭店拍摄了蒋介石与宋美龄中西合璧的婚礼；1932年一·二八抗战时，他冒着生命危险，到闸北前线拍摄战地实况，是我国最早的战场摄影记者之一。

林泽苍购买许多国外摄影画报和书籍，认真学习和研究，并在长期的摄影实践中，总结经验和规律，撰写了大量的摄影论文，既有普及摄影知识的《摄影记者指南》《摄影漫谈》《北游猎影记》等，又有介绍照相器材、照片后期制作技术的《镜头之缺点》《定影之通病》，还有指导专业摄影的《人像摄影之要诀》《风景摄影》《建筑摄影》《摄影常识》《运动摄影》《足球摄影》《团体人像摄影》等，更有对摄影艺术深入研究的《美术摄影之研究》《新闻摄影之商榷》等。

应《良友》画报主编梁得所之邀，林泽苍在1927年第18期、第19期刊发的《新闻摄影之商榷》一文，为我国较早系统阐述新闻摄影艺术的一篇论文，从理论的高度回答了什么是摄影记者、摄影记者的社会地位、摄影记者的种类和如何实施新闻摄影等四个问题。

20世纪20年代，随着《时报图画周刊》和《上海画报》的创刊，上海掀起一股画报出版热潮，但大多取材欠精湛、印刷少精良。鉴于此，林泽苍有意创办一种精品画报。乃与友人丁惠康商议，丁也是摄影专家，闻言跃起道："予有此意久矣！"二人一拍即合，再邀请赵君豪、庞亦鹏加盟。林负责印刷和广告，丁负责图片和发行，赵任文字编辑，庞任绘画编辑。在几人一番紧锣密鼓的筹备下，1925年8月22日《画报》问世了，社址就在三和公司内。此后，报社又吸收了张若谷、吴微雨、王敦庆、朱逸民、吴农花、赵子龙等一批文艺界、书画界、翻译界等名家。该刊为铜版印刷，周刊，初为4开一大张四版，后改为两张八版。后更名为《中国摄影学会画报》，再定名为《摄影画报》。该刊以"纯正高雅、图片精美、文字翔实、印刷精良"为办刊宗旨。内容包括国内外新闻、摄影、教育、妇女、体育、生活、发明、电影、家庭布置、漫画、歌谱、名胜、风俗等。选材上遵循"十二要、十二不"：一要有聪明的智慧，二要有透彻的观察，三要有深厚的同情，四要有敏捷的手腕，五要有忠实的态度，六要有无畏的精神，七要有生动的笔致，八要有锐利的辞句，九要有讽刺的风味，十要有浓郁的兴趣，十一要有明了的描写，十二要有简短的叙述；一不谈政治，二不尚空论，三不说废话，四不作诽谤，五不为诬蔑，六不讲嫖赌，七不捧伶角，八不言鬼怪，九不造谣啄，十不抄旧文，十一不登劣作，十二不收长篇。当年，在上海滩轰轰烈烈的画报潮中，各种画报旋起旋伏，短命画报俯拾皆是，而《画报》到《摄影画报》的数年中，却"从未停刊、从未脱期"。读者在百期专刊中盛赞它具有"百美俱全的图画、百读不厌的文字、百折不挠的精神"的"三百主义"。

到了20世纪30年代，我国的电影业和电台播音得到了蓬勃发展。1932年5月1日，善于抓住商机的林泽苍创办了集电影和播音于一身的《电声日报》。该刊是中国最早、最具影响的电影类画报之一，以满足"市民情趣""大众阅读"为宗旨，标榜畅所欲言，舆论公正，并再三申明"不受威吓利诱，消息灵通正确；不被人所利用，批评严正忠实；不登宣传稿件，提倡国产影片；不接受任何免费赠票，宁愿自己掏钱"的立场。以报道电影界新闻、介绍国产新片、刊登电影评论为主。至1933年底，报刊发行至600期时，改版为《电声》周刊。1941年12月太平洋战争爆发后被迫停刊。《电声》存世整整十个年头，发行总期数为901期，其销量最高时达3万余册，是一部20世纪30年代的中国电影史，因而被称为"民国电影第一刊"。

《电声日报》的横空出世和热销，震惊上海的电影界和报界。林泽苍在三和公司15周年纪念刊中撰文称，《电声日报》创刊不久，《时报》率先模仿而有《电影时报》，《申报》《时事新报》《新闻报》等上海各大报纸也亦步亦趋地出版了电影专刊，1935年《时报》出版的《无线电节目表》也未能摆脱三年前《电声日报》的窠臼。

1931年3月，林泽苍创办了第三种画报——《玲珑》。该刊以"为增进妇女优美生活，提倡社会高尚娱乐"为号召，瞄准大都市已嫁或待嫁的时髦女性，倡导有知识、讲洋话、善打扮、长跳舞、通家政、懂烹饪、管男人的女性时髦生活，其思想之新潮，言论之大胆，品味之高雅，图片之精美，文字之轻松，堪与当今的《女友》《瑞丽》相媲美。因《玲珑》为64开本，小巧玲珑，更成为20世纪30年代上海女学生人手一册的"手掌书""口袋书"。当年的《玲珑》已成时尚的代名词，摩登女郎的名片。可以说《玲珑》的出现，为中国女性开启了一扇时尚之窗，实现了女性领域在公共空间的扩张。该刊初期关注妇女独立与解放，把培养新女性作为己任；后期则侧重倡导女性的摩登与时尚。张爱玲总结说："《玲珑》杂志就是一面传授影星美容秘诀，一面教导'美'了'容'的女子怎样严密防范男子的进攻。"

林泽苍出版的这三种画报，图文并茂、内容丰富、风行一时、影响深远，因此，让他在中国近代画报史上也占有一席之地。

但杜宇

但杜宇早期学习绘画，1917年在上海创办《美人世界》，将美人图主题从精英转变为普通女性；1920年，创办上海影戏公司，自编、自导、自摄影片，处女作《海誓》是中国最早的三部长故事片之一，后又导演《顽童》《杨贵妃》《盘丝洞》《媚眼侠》《豆腐西施》等影片；1930年、1931年，他又连续出版个人摄影集《美的结晶》，充分体现了他在绘画、导演、摄影三方面超群的艺术天分。

1930年8月15日，《美的结晶》在上海创刊，社址位于闸北严家阁路1号，但杜宇摄影，上海美社出版发行，大中华百合影片公司、上海影戏公司总批发，文华美术图书公司、良友图书公司、东方图书公司出版社代发行，美美公司和全国各大书局分售，声明"版权所有"，终刊时间不详，已见1931年3月31日出刊至第2期。

《美的结晶》为但杜宇的个人摄影作品集，内容以诗情的风景、画意的静物、形态各异的动物和风姿绰约的美人为主。汇集了但杜宇 11 年来的摄影精品，凝结了他 11 年的艺术结晶，名胜奇俗、珍禽异兽、花木果物、仕女新装、曼妙人体，尽收其中。开卷之余，令人如同登群玉山，瑰异光怪；入众香国，浓郁芬芳；尝五侯鲭，隽美有味；观天魔舞，荡魄销魂。所选作品既有云雾烟景之奇，也有风涛晦冥之怪，更有绰约仕女之美，融合书理，逸致超远，神态欲活，呼之欲出，刊载有《西湖灯影》《渔舟晓发》《春水微波》《敆发初匀》等代表作。人体作品的取名也是煞费苦心，独具匠心，如《宽褪罗衣玉色鲜》《玉人来去影珊珊》《一帘香雾未分明》《只露香肩削玉温》《两湾红玉软难支》《一朵雕文坐上花》《绰约佳人睡正浓》《情态无如午睡佳》等 36 幅美人图的说明文，连接起来就是一首七律诗，诗情画意，美不胜收。

谭雪蓉是民国时期的奇女子之一，出身花国，做过影星、舞女、模特，数度改嫁，人生跌宕。1947 年第 11 期《中外春秋》有文称："中国女人肯脱去了衣裳给人家拍照片的，除了一般模特儿外，很少出名的女人。记得在十几年以前，有一个名女人叫谭雪蓉的，却欢喜赤裸了供人家摄影。美术家但杜宇先生曾经出过一本《美的结晶》，中间谭雪蓉的裸影最多。在那时女子的风气还没有现在开通，见的人那〔都〕认为奇迹。"《美的结晶》中或全裸或半裸的人体女模特多为谭雪蓉。郑逸梅在《谭雪蓉女士传》一文中，介绍了她的天生丽质、多才多艺以及为但杜宇做人体模特的经过："天生佳丽，镂玉以为洁，撷花以为妍，搓酥以为柔，滴粉以为芳，掬冰雪以为聪明，非偶然也。岭海间有谭雪蓉女士者，慧中秀外，为一时名姝，性娇憨，人咸以小妹妹呼之。善创时装，别饶妖媚……海上文人素称好事，竞为篇什以讽咏焉。雪蓉固交际之花，倾慕但杜宇君之艺术，芳躅常临上海影戏公司。杜宇君喜撮景，雪蓉至辄为之留真，或曳裾飘香，或回眸浅笑，翩鸿环艳，呼之欲出也。雪蓉能作吴下之音语，软婉似饮山塘七里水者，且工书法擅绘画，举凡国粹之文横行之字，均有相当之造诣。旁及舞蹈歈吟，靡不曲尽其妙，求诸当世巾帼中洵不易觏。"[1]

严次平

严次平出身宁波帮富商之家，自幼受到良好教育，很早接触照相机和电影，摄影和办电影画报成为他一生的事业。他创办的《青青电影》因出刊 18 年而成为中国出版时间最长、最具权威的电影画报；他创办的《健美月刊》，因大量刊登人体摄影且创刊时间最早，而被称为"中国人体艺术摄影第一画刊"；他更因从 1934 年至 1948 年创办了多达 12 种的画报，而成为"画报大户"。

严次平（1908—？），浙江宁波镇海人，祖父、父亲均为宁波富商。严生于上海，自

---

① 郑逸梅：《谭雪蓉女士传》，《美的结晶》1930 年第 1 期。

幼聪颖，勤奋好学，毕业于上海美术专科学校，擅长摄影，早期以拍摄女性人物为主，以人体摄影著称，与摄影家何佐明、杜鳌、陈嘉震、翁飞鹏、秦泰来、穆一龙、丁舜若等多有合作，与郎静山合作出版了两集《人体艺术摄影集》，著名报人、《良友》画报第四任主编马国亮为其作序。

一次偶然的机会，少年时的严次平在商务印书馆看到电影《戆大女婿》，回家后躺在床上，半夜三更在梦里回放电影的一情一节。从此便爱上了电影。年龄稍长，一有空儿就钻进电影院。他家住在虹口，门口就有中山大戏院，由于他总看电影，戏院的售票先生居然把他当作老主顾看待，遇有紧俏电影也主动替他留张票子而无需挤进挤出地抢票。后来，他家搬到南市，小南门的通俗大戏院便是他常去的地方，每次 15 个铜子就能让他满意而归。进入中学后，他开始醉心于张慧冲、范朋克等中外影星，成为名副其实的影迷。1933 年开始，他设法进入电影圈，与新华影业公司经理张善琨私交甚好，并在张善琨的推荐下，成为影星陈云裳的经纪人。从此，严次平的身影时常在影星家中、电影公司、电影拍摄现场，与阮玲玉、徐来、谈瑛、顾兰君、胡蓉蓉等影星私交很好。

严次平充分利用在摄影、电影这两个领域的优势，与投资人张静庐合作，共同创办青青出版社（后改称青青电影出版社）。从 1934 年 4 月至 1948 年 12 月，先后创办了《青青电影》《健美月刊》《女神》《万影》《明星特写》《夜生活》《上海特写》《明星照相本》《影迷画报》《女明星照相集》，以及《青青电影日报》的两个特刊《美人计特刊》《周璇严华婚变续刊》，共 12 种画报，素有"画报大王"之誉。其早期的画报多以人体摄影为噱头，后期则转移至报道电影新闻，刊登新片影评，披露影星轶事，介绍影星成名之路，探索中国电影发展方向等。

由于画报种类多、期数多，严次平经常同时编辑多种画报。他曾撰文写道："关于编者的能力是这么薄弱有限，在每月在编辑的《青青电影》和《健美月刊》这二册小小的杂志和自己还想常常摄影，实在时间方面的限制着，已经是很忙啦！因为这二册刊物内容常使自己没有满意，正在想整顿一下的时候，整顿没有清楚，我正又负着这册《女神》编辑的使命了！"[①]他在多种画报中专门开放了一个公共空间，登载读者来信和明星问答，实现了影星、画报、读者之间的沟通与交流，彰显明星们的亲和力，对该刊发行也发挥一定的促进作用。在摄影、编辑的同时，他还要为《女神》《青青电影》《万影》写《编辑室》《编后》，为《青青电影》回复读者来信。字数虽不多，但每期都要写。他对待读者很是耐心细致，总是不厌其烦地回复一些琐碎的问题。如他在回复读者时写道："承蒙询问今年流行的春季服装式样……这里简略的答复如下：旗袍袖子比较去年的长了一些，但是袖口更作得大了，大约在四寸到四寸半的样子，这是要看手肩的粗细而定尺寸的，领

---

① 严次平：《创刊号编后》，《女神》第 1 期。

子是低的，大约是一寸的模样。领子的前面低些，后面大约高来二三分的样子。旗袍仍是通行长的，长得差不多在地上。大衣与披风二种，各有所美，现在都风行，不过式样上的改变而已。大衣的领子上，大该〔概〕都是随着洋化而变改了，披风在天气较热的时候穿相宜，在文字上是说不大清楚的，下期制版刊出时，请注意。"①

创办画报后，拍摄电影明星，报道电影界消息，采写影星工作、生活新闻，便成了严次平的日常工作。他和何佐明等摄影家，经常要到影星家中，或带着明星到户外取景，严次平有文称："在这么炎热的夏季里，在被太阳溶化了的柏油路上奔驰，在电影公司的水银灯下照着去访消息，在海边的游泳池旁站着去摄影，在作家的室中去等候特约的稿件，更邀请了韩兰根似的滑稽人儿赵突山、黄包车夫拖不动的关胖子鸿达一同去拍摄《赵二先生》……"②为了便于拍摄，青青电影出版社内设置一个大的摄影棚，邀请优秀摄影家和化妆师，准备了多种风格的服装和布景，把影星们请到社内拍摄。当时刊登在画报上的大量的艺术水准较高的影星写真照就是在这里完成拍摄的。

同时期的郎静山、卢施福、林泽苍等摄影家们时常举办个人摄影展，甚至将作品拿到国外去参展，而严次平的作品多在出现画报上。他多才多艺、精力旺盛，绘画、摄影、音乐、写作均有建树，除为自己的画报提供图文外，还为《图画时报》《良友》《摄影画报》《号外画报》《电影世界》《大上海图画杂志》《银色》《影与戏》《上海影讯》《跳舞新闻》等十数家期刊提供摄影作品，新加坡出版的《星光》封面照片，也多是他的杰作。

为了摄影和画报，严次平殚精竭虑、精益求精，在摄影、电影、画报三个领域颇具声望，这也招来一些世人的非议。虽然严次平不甚在意，但不免也会偶尔发发牢骚。他曾在文中写道："最近有几份小报谈及电影刊物，同时更以无意义的咀骂，更有因骂陈嘉震之追逐女明星、编辑电影刊物与摄女明星照片，而谈及创办电影刊物者及我之编辑与摄女明星照片。其实对于这些无意义漫骂的人，尽可置之不闻，或许是如此，他也是为了生活，不，尽是为了没饭吃，因此而写二篇骂人的稿子来换取他所须要的面包。这正也是一件可怜的故事。在这个不景气的社会现象中，我虽不愿被骂，但毕究骂我的人有了饭吃。我置之不答，骂我的人谅已感恩不浅了，我已可算是救了他，济他饿于一时了。救人管救人，无意识地被骂，我实不愿忍受。但我也不想和这小子去多什么是非，在这里我不过想讲些我们要讲的话……"③

严次平创办的画报具有四大特点：一是以电影和女性两大主题，追求趣味性、进步性和时代性。他曾多次表示，这些画报的"内容只是以趣味为中心的，使读者们在工作之余，读者之暇，得到些安慰和快乐"，"但至少是应该比较以前的进步些，跟着时代共

---

① 严次平：《代邮：今年流行的春装》，《万影》1937 年第 8 期。
② 严次平：《编辑室》，《女神》1935 年第 4 期。
③ 严次平：《我们的话》，《青青电影》1935 年第 2 卷第 8 期。

同进步些"①。二是画报中的图文均属原创，严次平在文中称："本画报所有文字稿件均系创作，并非来自张小泉（即转载其它报刊的'剪子活'）。如承同业不弃，拟转载借用，则请注明转载《影迷画报》。"②三是不脱期。因经济、稿源、排版、印刷等诸多原因，当年画报脱期是较为普遍的现象，但严次平却固守着"决不脱期"的原则，且为了读者看到最迅捷的消息，他的画报经常是提前两天印刷，交由上海最大、最具实力、渠道最畅通的上海图书公司代理发行。倘若遇到问题，严次平宁可休刊、停刊，也不脱期。因此，《青青画报》在出版的 18 年间就曾停刊 6 次，而《夜生活》仅出刊一期，《明星特写》出版 3 期后出现问题即停刊，4 月后再复刊时更名为《上海特写》。四是以《青青画报》为代表的电影画报，跨越时间长、出版期数多、内容集中，对近代中国电影业的发展发挥了重要的宣传和推动作用，催生和促进了中国电影理论的产生与发展，该刊对中国影坛长达 18 年的记录，见证了 20 世纪上半叶中国电影事业的发展历程，是研究早期中国电影产业、明星制度以及近代中国电影史最重要、最全面的参考史料。

（2）画家

沿袭了清末民初的惯例，画家办画报也是这一时期较为普遍的现象。画报中的图画一是摄影作品，二是绘画作品。随着漫画画报的应运而生，画家沈泊尘、叶浅予、张光宇、张正宇、曹涵美、鲁少飞等也纷纷加入创办画报的队伍。

张光宇

张光宇放弃祖辈的医术，转而从事绘画，与胞弟张正宇、曹涵美驰骋上海画坛和出版界。他们联合邵洵美等人创办在中国出版界享誉一时的时代图书公司、独立出版社；建立中国第一个民间漫画团体——中国漫画会，举办中国漫画史上的第一届漫画展；创刊中国第一本电影画报——《影戏杂志》和培养出中国一代漫画大师的《时代漫画》，以及《三日画报》《中国画报》《时代》《时代电影》《漫画界》《独立漫画》《上海漫画》《万象》《泼克》等 11 种画报。张光宇在绘画、漫画、平面设计、舞台美术、电影艺术、出版等诸多领域均有建树，而他的漫画艺术成就尤为突出。

张光宇（1900—1965），生于江苏无锡一个中医家庭，其父张亮生育有三子，老大张光宇，老二曹涵美自幼过继给舅舅，老三张正宇。其父收藏大量医书、字帖和木版水印画册，如《三国》《水浒》《西游记》之类的旧小说，张氏兄弟自幼喜爱读书，后均从事艺术，无人继承父辈的医术。

在家中常见前来问诊的病人，个个愁眉苦脸的样子，张光宇遂想从事一个愉快的职业。13 岁时进钱庄学徒，但他不喜欢，遂于 14 岁要求去上海就学。到上海后，住在亲戚家，课余时间常进门口的一家戏园子听戏，散场后，便把记忆中的伶人以速写的形式画

---

①②　严次平：《发刊词》，《影迷画报》1940 年 3 月 1 日创刊号。

在墙上。不久，他便与戏班伶人交上朋友，常到后台看他们化妆，前台有空座他就看白戏。时间一长，他也能清唱几个小段，偶尔戏班缺人手，他也客串上台。受到京剧艺术熏陶，他对京剧的人物形象、脸谱、服饰等产生浓厚兴趣，伶人的江湖义气也深深地感染了他。

小学毕业后，张光宇本想投考美术学校，就在此时结识了画家张聿光。张聿光是上海美专的校长兼上海新舞台戏院的置景主任，张光宇便拜他为师。在学习之余，张光宇的工作就是做舞台布景。他充分汲取京剧舞台艺术博大精深的文化底蕴，如饥似渴地向师父学习，两年的刻苦钻研，他打下了坚实的绘画根基，形成较为纯正的艺术素养。

1920 年，20 岁的张光宇经老师介绍，做了生生美术公司《世界画报》助理编辑，著名漫画家丁悚任该刊编辑。虽然丁比张大了近 10 岁，但丝毫没有架子，很快他们便成了好朋友。张称丁"老丁"，因张当时比较胖，丁就叫张"肚块头"。张光宇爱看外国电影，注意研究电影画面和导演摄影手法。他结识了中国影戏研究社的顾肯夫等，并于1921 年 4 月 1 日共同创办中国第一本电影画报——《影戏杂志》，顾肯夫负责创作部分，陆洁负责翻译部分，张光宇负责美术和设计，中国影戏研究会出版、发行。虽然因办刊经验不足，该刊仅出刊 3 期（一说 4 期）就停刊了，但却让张光宇明确了自己事业的发展方向，更为他日后创办画报积累了宝贵的经验。

1921 年至 1925 年，张光宇转到南洋烟草公司广告部任绘画员，绘制报纸广告和月份牌。1926 年，他担任上海模范工厂的美术工作，经济收入稳定，便租了半间房子，娶妻生子。美术既是他的爱好，也是谋生的手段。1927 年，他再进英美烟草公司广告部美术室任绘图员。除中国画家外，公司还请不少外国画家。他们每人都有一套绘画技法，尽管秘不示人，但张光宇悟性很高，偷艺颇多。随着绘画技艺的突飞猛进，他开始独立承担项目。

张光宇勤奋好学，更爱读书。公司订阅的各种广告、印刷、美术方面的画册、杂志，让他大开眼界，因此他的绘画技法中吸收了很多西方美术艺术。他兴趣广泛，大量收集绘画资料，订阅国外美术期刊，他爱逛书店、旧书摊，购书成癖，收集大量的书画、字帖、拓片和各种工艺品、民间艺术品。家中书满为患，她太太时有怨言。一次，他将一大套书抱回家，对太太谎称是向丁聪（丁悚之子）借的。但时间一长，太太便开始怀疑了，问他："你从来借人东西总是要及时归还的，这些书放在家里怎么这样久？"①他一看瞒不过去了，只得老实坦白。受书籍、画册、杂志的启发，办画报更成为他挥之不去的一个愿望。

---

① 丁聪：《创业不止的张光宇》，《装饰》1992 年第 4 期。

1925 年 8 月 2 日，张光宇与戏剧理论家刘豁公、郑子褒，摄影家徐小麟等合作，在上海新新照相馆楼上创办了第二种画报——《三日画报》，与鲁少飞、黄文农创办的《上海生活》期刊共用一个编辑室。该刊以提倡文艺、传播美术为宗旨，以刊载书画、文学、戏剧、电影动态消息、人物往来为主要内容，以报道烟花柳巷轶闻趣事、为名花名妓做广告为噱头。邀请叶浅予、包笑天、曹涵美等当时国内著名文学家、画家为特约撰述。因所刊内容失实，曾两度涉讼，被告上法庭，不到两年即被迫停刊了。

　　在编辑《三日画报》的同时，即 1925 年 8 月 8 日，张光宇还与南社成员潘毅华、徐小麟三人各自出资 100 元作为基本金，在上海创办《中国画报》。潘毅华任文字编辑，张光宇任图画编辑，徐小麟任摄影编辑，张正宇襄助绘画，每人均不取薪金。但不久，徐小麟离沪赴粤，全权交与张光宇负责。他三人曾订立一份合同，其中一条称，无论何事，如得多数同意者即可表决。徐小麟走后，张光宇一人即可代表两人，他的一言一行，皆可作为报社的决策，为此，再吸收闻野鹤加盟，任文字编辑。但闻野鹤身体孱弱，不堪重任，从第 24 期始再由潘毅华接任。因缺乏稿源、销售不畅，同年 12 月 28 日出刊至第 40 期后停刊。

　　随着国内反帝爱国热潮高涨，张光宇也不再为洋人做事，1933 年遂辞去待遇优渥的工作，自己独闯天下。在英美烟草公司工作的 7 年中，他与英、美、德、法、日等世界各国的美术设计高手成为同事，在与他们的合作与竞争中，充分领悟到西方现代美术的精髓。其间他开始创作讽刺画、时政画、民间情歌画和书籍插图，将中国本土艺术元素与西方现代绘画艺术熔于一炉，为他创办漫画画报奠定了坚实的基础。他为人忠厚，待人真诚，乐于助人，结交了很多朋友。1934 年，他与友人邵洵美、叶浅予、鲁少飞、黄文农、林语堂和三弟张正宇等人共同创办了时代图书公司。

　　1929 年 10 月，时代图书公司创办了第一种画报——《时代画报》，张光宇、叶灵凤、张正宇、叶浅予、张大任、梁得所等先后担任主编。创刊词写道："我们要从宇宙的残忍的手中，挽回这将被摧残的一切，使时代的青华，永远活跃在光明美丽的园地中，不再受到转变的侵蚀。"①追求美、留住美、弘扬美是该刊的宗旨，而办刊人漠视利润，无视发行量，一味追求艺术美，甘愿赔本赚吆喝的唯美主义风格，在当年的画报中更是独树一帜。

　　20 世纪 30 年代，在相对自由、开放的文化空间下，一批留欧、留日的艺术家相继回国，加之照相、制版、印刷等技术日趋成熟，中国的出版业进入前所未有的高潮时期，1932 年至 1935 年期刊画报出版达到鼎盛，1934 年之所以被称为"杂志年"，众多画报的出版功不可没。随着《时代漫画》《独立漫画》《漫画界》等漫画画报的相继出版，中国的

---

① 《时代的使命》，《时代画报》1929 年第 1 期。

漫画出版也达到顶峰。

1934年1月20日，《时代漫画》在上海创刊，主编先为鲁少飞，后改为张光宇、张正宇兄弟，时代图书公司出版。该刊将时代与漫画相结合，以漫画的形式表现时代性。聚集了鲁少飞、张光宇、张正宇、曹涵美、张乐平、叶浅予、黄苗子、丁聪等一大批漫画家、商业美术家和出版精英，因此被称为"一代漫画大师的摇篮"，"成为中国新兴漫画的纪念碑和漫画艺术的基石"①。创刊号多次再版，销量达到一万册，成为当时最畅销的漫画期刊。该刊或揭露社会的丑恶，或鞭挞国民政府的腐败，或表现小市民生活的迂腐，或挖掘国民思想的劣根性，嬉笑怒骂，入木三分，但又充满了对民众生活疾苦的深深同情，起到让读者笑中带泪的效果。正因为如此，1936年2月，《时代漫画》出刊至第26期后，被国民政府以"污蔑政府"等罪名勒令停刊三个月。

1934年5月20日，《万象》画报在上海创刊，主编张光宇、叶灵凤，发行人张光宇，时代图书公司出版。彩色封面和插图，铜版、胶版兼有，8开大本。该刊第2期上的广告语写道："本刊是利用现代最精致的印刷术，为图文综合性的杂志，为艺术化的软性刊物，在图片方面，尽力介绍中西美术古今名画和精警的讽刺画。文字方面，有文艺创作小品散文，以及尖端猎奇珍秘的刺激读物等，印刷方面有三色铜版、双色铜版、彩色橡皮版等，我们总是不惜财力和精力巨大的消耗，来满足读者们的欲望。"②由此可知，该刊从内容到形式，从编辑到印刷均投入巨大。由于销量没有达到预期，没能吸引到足够的投资，因此，仅出刊两期就一度停刊。尽管一年后勉强复刊，终因累亏过重，仅出刊一期就终刊了。

1936年3月，张光宇联络叶浅予、王敦庆、张正宇、曹涵美等成立了漫画建设社，并于4月1日创刊了《漫画界》，该刊实际就是《时代漫画》的临时代言人，"《时代漫画》现时已像一个患喉症的人一样，感到一讲话语就觉得喉头难过。其致病的原因：一则是它平时过于高兴大声呐喊，以致声带每一伸缩，便感到酸痛，这是他不遵，'守口如瓶'之古训而自作之孽；一则是近来白喉流行，他不知不觉地在这空气中感染了危险的病菌，此乃环境不良，有非人力所能抵抗。好在《时漫》已入医院暂时休养，我们只希望他自身没有大变化，更不为庸医所误，则可早占勿药，在不久的将来的言论自由的时代多讲些天真烂漫的老实话。那吗〔么〕，读者诸君当然明了这一本《漫画界》仅仅是《时代漫画》的暂时代言人而已。执笔者一概是《时代漫画》的老弟兄，编辑方法也和《时漫》像姊妹刊一样。'天有不测风云，人有暂时祸福'，环境如此，无法可想。我们的数万读者对《漫画界》的发刊当能格外加以原谅和爱护。"③该刊主编虽名为曹涵美，但幕

---

① 《编印者言》，《漫画界》1936年11月5日第7期。
② 《广告语》，《万象》1934年5月20日创刊号。
③ 编者：《发刊之话》，《漫画界》1936年4月1日创刊号。

后仍由张光宇主持。同年 6 月《时代漫画》复刊,《漫画界》仍出刊一段时间,直到 12 月 5 日出刊至第 8 期才停刊。《时代漫画》于 1937 年 6 月出刊至第 39 期后停刊。其间的 1936 年 11 月 4 日,经张光宇与叶浅予、鲁少飞、王敦庆、黄苗子、张正宇发起,第一届全国漫画展览会在上海南京路大新公司开幕。1936 年 11 月,《漫画界》第 7 期刊行《全国漫画展览会第一届出品专号》,刊登展会作品,介绍展会盛况。

在《时代漫画》存续期间,张光宇、张正宇兄弟二人再成立独立出版社。1935 年 9 月 25 日又创办《独立漫画》,主编张光宇,张正宇负责广告,独立出版社出版、发行。该刊"以漫画家的开路先锋,漫画界的独立精神"为办刊宗旨。刊登反映世界局势的时政新闻、揭露中国社会黑暗的讽刺漫画、使人放松心情的幽默笑话以及介绍讨论中国漫画发展的图文。以漫画的形式,生动形象地描绘了世界大战迫近对于民众的影响,呼吁和平能够重新到来。1936 年 2 月 29 日出刊至第 9 期,被国民政府中宣部以"诋毁政府""侮辱最高领袖""提倡阶级意识"三项罪名下令查禁。

1936 年 5 月,张光宇将《独立漫画》变更刊名为《上海漫画》后继续出版,仍由独立出版社出版、发行。为避免再遭查禁,该刊既没有发刊辞,也没有编后语,但从封面设计、内文版式到基本供稿人和主要内容来看,与《独立漫画》并无二致,只是关注时政新闻的内容占比更多了。表面上看,该刊积极配合国民政府的双十国庆活动,响应政府的各项规章、政令等,但实质上仍保持讽刺"攘外必先安内"政策、贪污腐败恶行等,由此可见张光宇毫不动摇的办刊宗旨和坚持正义的立场。但因全民族抗战即将爆发,战火有逐渐燃向上海的趋势,1937 年 5 月 30 日,该刊出至第 2 卷第 12 期宣告终刊。

四川书画名宿

1927 年秋,鉴于蜀地世风日下,人心日坏,四川省内书画名宿王觉吾、杨重岳、杜柴扉等筹创画报,意在挽救世风,使人心入于正轨。1928 年 2 月 19 日,《蜀镜画报》在四川成都创刊,编辑部、发行部设于成都中山公园内,社长王觉吾,编辑杨重岳、杜柴扉、姚野樵、马履翁、刘允延、黄子厚、张雪鸿等,先由成都维新印刷局代印,后改为同昌石印馆印刷,成都新街的四川日报社、成都昌福馆华阳书报流通处分设第一、第二特派处。

该刊以"发扬先总理主张恢复之七端八目,用以正人心倡美术以助革命建设之成功"为宗旨,"借书画以结因缘,敲词曲而当钟鼓。用以保存国粹,畅叙情怀。不愿高谈政治,致贻出位之讥,无非游戏文章比诸歇后之语云尔。"意在"恢复中华民族旧有道德",提倡"七端——忠、孝、仁、爱、信、义、和平""八目——格物、致知、诚意、正心、修身、齐家、治国、平天下",并"望各界男女同胞切实遵守奉行之"[1]。

---

[1]　王觉吾:《本报发刊宣言》,《蜀镜画报》1928 年 2 月 19 日创刊号。

《蜀镜画报》以图为主，以文为辅，主要作者有诸葛金礼、黄绍庭、黄子厚、刘师亮、张雪鸿、晚禅老人、刘永年、杨重岳、方鹤斋等，蒋介石、邓锡侯、李家珏、文和笙、董玿、马传芝、刘师亮、李澄波等先后为该刊题词。蒋介石也曾对该刊给予肯定："《蜀镜画报》于蜀创刊，以诗、书、画三者提倡忠信之道，不啻暮鼓晨钟，警觉愚人痴梦，使民众心正身修，而后党国平治亦革心，而后革命之道也，读者岂可以腐化目之乎？"①

　　该刊包括忠孝节义事略、世风道德、时事画、民俗画、风景画等内容。世风道德类刊有《破山和尚》《伯乐识马》《乱爱的结果》《成都市之三毒》《怀橘遗母》等；该刊反对军阀割据，支持北伐，向往和平，时事类刊有《已打倒之鲁军阀长腿狗肉将军张宗昌像》《鹿钟麟》《假革命急时抱佛脚可笑又可恶》《酷爱和平之华侨闻人何东爵士》等，曾发出"国失其鹿，中原共逐，南北分裂成割据，民受其虐，徒唤奈何"之慨；民俗类有《爆竹声中一岁除》《灯谜同参》《拟辛未春联十则》等；风景类有《外东江楼之崇丽阁风景》《剑门》等。此外还有京剧脸谱、名人画像、花草鸟虫等。

　　百期纪念时，编者在《本报之过现未来》一文中有"查成都自有画报以来，从无满足百期者"之句。可知成都此前曾有过画报（但笔者没有见到），但数量极少且短命。早在1920年6月上海即已诞生中国摄影第一画刊《时报图画周刊》，1924年6月《图画周刊》也在北京问世，1926年天津的《北洋画报》更是蜚声全国，手绘石印画报逐渐淡出人们的视线。但1928年至1931年，在成都出版的《蜀镜画报》仍沿用落后的手绘石印形式，由此可见四川画报业与京津沪三地的差距。

　　值得一提的是，该刊出版至1928年秋间，发起人之一、著名画师杨重岳先生即仙逝而去。1928年该刊共出版48期，外加"西山告祭""晋康劝匪"两期增刊，共50期，合订成册，名为《蜀镜第一集》，稍做休刊。1929年2月复刊，隆冬时节，发起人之一杜柴扉先生继杨重岳之后亦因病去世。是年出版至第88期止，共40期，复装订成册，名为《蜀镜第二集》。1930年，因人员和经济原因，社长王觉吾拟停刊解散，但因社会各方来电询问、鼓励、敦促，编者欲罢不能，遂在停刊三月有余再次复刊。1931年2月8日出刊至124期再度停刊，社长王觉吾曾赋诗一首，表达了自己对停刊、对世风、对国事的感慨："浮生若梦转瞬过，强笑为欢有几何。炭送雪中人独少，花添锦上世偏多。交情透视如幻影，国病从来误妖魔。伤心一掬英雄泪，不洒潇湘洒黄河。"②

　　（3）富家子弟

　　民国是中国近代史上一个新旧交替的特殊时期。一方面，旧事物逐渐退出历史舞

---

① 蒋介石：《本报题词》，《蜀镜画报》1928年4月8日第8期。
② 王觉吾：《感时》，《蜀镜画报》1931年2月8日第124期。

台，新事物在悄然萌生、滋长、蔓延；另一方面，旧事物仍有一定的生命力而做最后的挣扎，新事物则不断地适应民国土壤而艰难生长。于是，就出现了新旧杂陈、中西碰撞的现象。在这一混乱时期，有的富家子弟寻求救国之路，追随革命先驱走上革命道路；有的承袭祖辈福荫投资实业、涉足商业，摸爬滚打，艰难图存；有的无所事事，逛青楼、抽大烟，走向堕落；有的追影星、捧名角儿，附庸风雅；也有一些自幼受到良好教育，既固守中国传统文化，又接受西方文化的熏陶，多才多艺，交游甚广，在文人圈里是文人，在戏剧界是票友，在报界是投资人。而创办画报最著名者当属叶仲方和叶庸方了。

叶仲方

叶仲方（1909—1943），名谋通，以字行，号补拙斋主，1909 年生于浙江宁波镇海。清末时，其祖父叶澄衷只身来沪，充任渡艇海员，克勤克俭，稍有积蓄，自设小肆老顺记，经销五金，蒸蒸日上，财运亨通，遂成上海巨富，性慷慨，好施舍，设善堂，兴教育，得"首善之人"美誉。富三代叶仲方自幼聪颖，能文善书，活泼顽皮，长而弥甚。1920 年，其父去世后，遂与其母来沪，居于上海公共租界胶州路 65 号，就读于基督教青年会日校，仅半年即离校，时入青楼冶游。因其仪表堂堂，翩翩少年，出手阔绰，为人侠义，花间猎艳，无往不利。然其不拘绳墨，天马行空，放浪不羁，好事争胜，喜弄狡狯，恒作恶剧，更时常捉弄老鸨、妓女，令人苦不堪言，有名妓绾春老六遂呼之为"小抖乱"。此名遍播海上，响彻江南，20 世纪 20 年代至 40 年代，全国各大小报刊竞相刊载"小抖乱"轶闻数百篇。

1925 年 11 月 26 日，16 岁的叶仲方与友人张恂子合伙创办《大方》画报，叶为民国时期年龄最小的办报人。发行处设于南京路 77 号。叶亲任编辑兼发行，张为助理编辑，编辑部设于张之私宅上海西门大街泰瑞里。

《大方》画报属综合画报，道林纸，铜锌版印刷，初为三日刊，自第 3 期即改为五日刊，初为 8 开四版，从第 4 期起即一版二版合并，三版四版合并，变成 4 开一大张，正反两大版。聘请唐行健为法律顾问，主要撰稿人有零丁、若其、南墅、媞媞、旭光、梅鹤、就是我、宇宙室主、尖翁、平秋翁、赵秋帆、小逸、红梵等。画报图文并茂，以文为主，每期约有一万字，图片七八幅。设置大方小语、社会短篇、通讯等栏目，图片方面有戏剧名伶、电影明星、名闺名媛、名妓玉照、人体摄影、风景名胜等，文字方面有时事、评论、小说、笔记、谐文、词曲等。画报印刷质量时好时坏，因字体、图片过小，排版过密，致使辨识不清，整体美感不足。1926 年 2 月 20 日出刊至第 18 期终刊，加上 1926 年 1 月 1 日出版的一期元旦特刊，共出刊 19 期。

叶庸方

叶庸方（1903—1941），字畏夏，号朝歌斋主，为宁波富商叶星海之独生儿子，1903

年生于天津。其父叶星海 1887 年来津，与曹汝霖、陆宗舆等合伙创办天津最早的华商对外贸易商行——利济贸易公司，自任董事长；先后充任兴隆洋行、永兴洋行买办。1929 年 9 月叶星海病故后，叶庸方承先人余荫，继续兴办实业。

叶庸方久居北方，擅操纯正的京津方言，又天资聪颖，多才多艺，性豪爽，喜交游，有古孟尝之风。京津两地文人均为其座上客，如宁波旅沪同乡会理事长李征五、《新天津报》创办人刘髯公和主笔薛月楼、《实报》创办人管翼贤、小说家郝东哲、报人王镂冰，以及著名文人冯武越、王小隐、刘云若、张聊公、何怪石、董笑侠、吴秋尘、吴云心、张雷公、沙大风等。

1921 年前后，天津文人何怪石在法租界 21 号路上的《庸报》担任撰稿，曾发表一篇评论有关尖团字的文章，其中两字颠倒而出现错误。何发现后正拟更正，不料翌日即有人撰文攻击，致无更正余地，何不得已起而应战。两人笔战数月，何始知笔战健将乃叶庸方。后经友人刘髯公、薛月楼、刘叔度等从中调解，何亦久仰叶之大名，遂化干戈为玉帛。"不打不相识"，二人相见恨晚，视为知己。嗣后，何曾有琐事，须与明星电影公司股东陈诒孙交涉，头绪繁杂，十分棘手。幸赖叶居间斡旋，终归圆满解决。叶当时正与吴季玉发生纠纷，几有自顾不暇之虞，但他居然为友人之事奔走数日，身心肝胆，古道热肠，令人钦佩。

叶庸方为天津卫著名捧角儿家，无论男女伶人，一经赏鉴，无不尽力揄扬。拟稿后遂交京津两地各报代发，但人心之不古，竟有几家报纸借机要挟敲诈，叶遂耗资巨万，愤而投资《天津商报》《天津商报画报》《风月画报》，与著名小说家刘云若创办《大报》，获"天津黄伯惠"之誉。

1930 年 7 月，天津名票叶庸方在法租界 24 号路创办《天津商报图画周刊》，先后由张聊公、王伯龙任主编，李逊梅任副主编。该刊初为周刊，后改一周两期的《天津商报图画半周刊》，从 1932 年初开始一周三期，每周二、四、六出版。1934 年后曾出刊两种：甲种画报用白洋纸印刷，零售批发；乙种画报用普通报纸印刷，随报附赠。其间还出过日刊《天津商报每日画刊》。

《天津商报图画周刊》旨在"规规矩矩办出一张画报来供献读者，并不想用这张报来给某人宣传，替那一方张目。更不敢对某一件事捧个不休，骂个不了"[①]。办刊风格基本模仿《北洋画报》，为 8 开本道林纸，四版。头版上半版是明星照，多为电影、戏剧、舞场明星的美人照和名闺生活照，下半版尽为天津地区各商场、银行、医院的广告。二版时政版，登载官场消息、政府要员行踪、中国驻各国领事代表往来、体育比赛、名人轶闻等，间有国内名胜、外国建筑图片等。三版戏剧、电影、书画、漫画、儿童专版。初设

---

① 编者：《发刊例言》，《天津商报图画周刊》1930 年 7 月 8 日创刊号。

"剧画"，自 1934 年 10 月 6 日第 12 卷 29 期始开辟由王伯龙亲自主编的"戏剧专号"，介绍戏剧界名伶动态，戏园演出剧目，各戏校消息等。同年 10 月 11 日第 12 卷 31 期开辟"电影专号"，介绍各影院上映的电影，电影明星行踪、日常生活、轶闻趣事、花边新闻。从 1935 年开始大量整版刊登全国各地书画家简介、作品精选、画展消息和摄影作品、收藏知识等。从 1936 年 1 月 30 日第 16 卷 26 期开始专辟的"漫画"版和同年 10 月 20 日第 12 卷 35 期特设的"儿童"版，为该画刊的两个特色版面，这在当时其他画报中极为鲜见。四版长期连载刘云若的《红杏出墙记》并登载各地广告，其间因刘云若患病未能及时供稿时，临时刊登了一些《点石斋画报》和《飞影阁画报》的图文。1937 年 7 月 25 日天津沦陷前夕，出版至第 24 卷 41 期后终刊。

《风月画报》创刊于 1933 年 1 月 1 日，叶庸方出资主办，经理为宁波人吴葆甫，主笔是诸暨人魏病侠。1935 年由姚惜云接办，姚本是盐商子弟，常年游山玩水，遍历南北名胜，无暇顾及办报，画报业务便全权委托魏病侠主持。选址旧法租界兆丰路兴义里 3 号，旧日租界旭街利亚书局和旧法租界 24 号路佩文斋南纸局均设分理处。

《风月画报》主要反映天津、上海、北京等地娼妓、舞女、女招待的生活，因而人们称之为"黄色画报"。该刊办刊宗旨自称："本报以风月为前提，并不是导淫倡嫖，那么本报罪过太重了。实则本报的意义乃是寓警于娱，在谈笑之中，无形中可以示以嫖之利害，以及社会上一切黑暗狡诈等真实的情况……"①该刊每年都要出版一期纪念专刊，请一些名伶、名流、书画家等撰文、作画。方地山、何海鸣、王伯龙、张聊公、何怪石、刘云若、巢章甫等津城名士都是《风月画报》的撰稿人，北京同仁堂的乐咏西长期供给画报梨园名伶、青楼名妓的照片。一个风格低俗的画报之所以能吸引这么多社会名流，是因为主笔魏病侠的"敬业精神"。他不但自己才高八斗、学识渊博，而且待人真诚，第一次约请名流撰稿时，他都要双膝跪倒，直至对方答应赐稿。作者刘先礼曾著文介绍："风月主人老魏，独身主义，面孔长的像橘子皮，不修边幅，有时擦点雪花膏，更觉其丑，一高兴要洗洗澡，刮刮脸，简直的丑极不可暂注目了。老魏人虽丑，心却好，很少在报上骂骂人（只骂过我一个人）……他不'拍马屁'，也不'吹牛□'，他第一次和我要稿子的时候，是屈膝一跪，这着真损，从这一跪，《风月画报》上算是多添了我这一块料。后来我又介绍王季龙和老汝给他，少不得他又跪了两跪。我们几个人成天价在一起泡，写写稿子，谈谈女人，到现在竟成了莫逆。"②

（4）文人

民国时期画报被认为是小报小刊，鲁迅、胡适、林语堂、梁实秋等大文豪，多创办

---

① 季龙：《介绍风月》，《风月画报》1935 年 1 月 2 日第 5 卷第 1 期。
② 刘先礼：《风月主人与我》，《风月画报》1935 年 1 月 2 日第 5 卷第 1 期。

《新青年》《论语》《人间世》《宇宙风》《新月》等文学期刊，而不屑于办画报，甚至将画报看作不正经的东西。但也有周瘦鹃、毕倚虹、邵洵美等在撰文、写诗的同时，创办、编辑画报的文人。

周瘦鹃

周瘦鹃是中国近代小说"鸳鸯蝴蝶派"的领袖，主持《申报》副刊"自由谈"长达 12 年，最早将高尔基的作品介绍到中国。他是民国时期的著名报人，先后创办、编辑《礼拜六》《半月》《紫兰花片》《乐观》《游戏世界》《舞侣》《新家庭》等期刊；他主编了《紫罗兰》《上海画报》《紫葡萄》《良友》和《电影画报》等画报，因而成为中国近代画报史上的重量级人物。

周瘦鹃（1895—1968），原名周祖福，字国贤，江苏苏州人，生于小职员家庭，6 岁丧父，母亲含辛茹苦，靠为人做针线活糊口。周瘦鹃 7 岁入私塾，读诗集经传，后转入储实两等小学和民立中学。1940 年 4 月 12 日至 15 日《奋报》连载了玖君的《自由之花周瘦鹃》一文，较为详细地介绍了他的生平。

周瘦鹃天资聪慧，勤奋好学，中英文卓具根底，中学时期造诣已使大学生甘拜下风。1910 年，16 岁的周瘦鹃编写八幕话剧《爱之花》，并以"泣红"笔名投稿商务印书馆，不久即刊发于《小说月报》，在文坛上崭露头角。1914 年夏，协助王钝根编辑《礼拜六》周刊，但不久即宣告停刊。1921 年春，他凭一己之力复活该刊。复刊后的《礼拜六》追求休闲娱乐情调，迎合小市民、小知识分子口味，广受消闲读者狂热吹捧，成为鸳鸯蝴蝶派文人的主要阵地和代表刊物。他在该刊发表的小说、译作最多，以是知名文坛。主持《申报》副刊"自由谈"的剧作家陈蝶仙，因创办家庭工业社，而向《申报》提出辞呈。陈亦曾投稿《礼拜六》，赞许周"后生可畏"，遂介绍周担任《申报》副刊"自由谈"编务，主持笔政，时为 1920 年 4 月。陈乃周生平第一知遇，日后成名，红且发紫，饮水思源，感陈奖掖，始终事以师礼。1940 年 3 月陈蝶仙病逝，大殓世界殡仪馆之日，周赶往祭吊，穿白长衫，抚棺恸哭。

主持《申报》副刊"自由谈"后，周瘦鹃声名日隆，与主持《新闻报》副刊"快活林"的严独鹤并重报界，有"自由之鹃"与"快活之鹤"之誉。社会各界宴请沪上报人，座无严、周，算不得盛会。因此，东道主事先必托人代邀，到期专车迎迓，临时缺席，电话速驾，务使双双惠临，才觉蓬荜增辉，阖座生光。严、周二人在上海文艺界沾无限荣光。

1925 年 12 月，《紫罗兰》在上海创刊，其前身为《半月》杂志，主编周瘦鹃，大东书局出版发行，撰稿人有朱瘦菊、郑逸梅、范烟桥、王小逸等。该刊既承续清末民初通俗文学传统的血脉，又根植于 20 世纪二三十年代上海发展上升期中的现代化土壤，堪称同时期的"杂志霸王"，有"海上杂志之冠"之称。1930 年 6 月 15 日，该刊出版至第 4 卷第 24 号时，因故停刊。1943 年 4 月，在周的努力下得以复刊，1945 年 3 月出刊至复刊号第

18 期后终刊。为周瘦鹃编辑画报中寿命最久者。

《紫罗兰》始终贯彻着周瘦鹃的编辑理念，不仅融会了通俗文学期刊编辑理念的共性特征，而且贯通着他独特的创作风格、人生经历、情感创伤等因素交织而成的个性气质。日常生活的叙事是《紫罗兰》的主要风格，偏向于女性定位的格调，使其成为一种女性时尚画报，体现了 1925 年至 1930 年上海多元的本土性现代化、商业文化和民众生活状态。

1925 年 6 月 6 日，《上海画报》在上海创刊，主编毕倚虹。该刊虽风行一时，在全国范围内掀起一股画报潮。但由于毕倚虹身兼数职，劳累过度，身患重病，不得不找人将画报盘出。适值钱芥尘来沪接洽某大报让渡事宜，毕遂经中间人说项，向钱告以私衷，后双方往返商谈条件，盘顶《上海画报》①。不久，钱宴客于倚虹楼，周瘦鹃也在被邀之列。席间，钱突然宣布，近已接办《上海画报》，延聘周为编辑。事前一无所知的周当即愕然，避谢弗遑，钱则力请，周以情不可却，勉强答应，并提出条件"不主张骂人，否则，致谢不敏"，双方由此商定②。

周瘦鹃接手后，秉持"不主张骂人"原则，改变了《上海画报》针砭时弊的风格，而改为以趣味为主基调。如第 476 期的《敬告读者》明确写道："本报现为谋努力革新内容起见……征求富有趣味之外稿（迹近攻讦者不取）。"正如该报作者张丹斧所言："如今小报实难为，谁肯平空得罪谁……颇费思量八方面，等闲可有漏恭维。"③该刊尤为关注女性话题，那些京昆名伶自不消说，就连京沪两地的青楼名花也是屡见不鲜，更大量刊登名门闺秀、演艺明星以及各行各业的职业女性，如陆小曼、吕碧城、潘玉良等。"新女性"典范陆小曼既有冲决封建礼教罗网、追求个人幸福的勇气，又虚心好学，醉心于传统文艺。她正式登场是在 1927 年 6 月 6 日《上海画报》"二周年纪念号"头版上的大幅照片，只见陆小曼两手托腮，面带微笑，发际簪一朵花，既有名门淑女的清秀典雅，又不失妩媚动人。从此，这位来自"北方"的"名媛领袖"便成为《上海画报》的常客。其玉照出现在头版的频率，远远超过胡蝶、阮玲玉、唐瑛等风头正盛的女星名媛。《上海画报》记录了徐志摩、陆小曼从结婚到徐志摩早逝的整个感情旅程。

徐陆结婚不久，该刊就登出《徐志摩再婚记》一文，称"鼎鼎大名自命诗圣的徐志摩先生"和"也是大名鼎鼎声震京津的陆小曼女士"，各自经历了婚姻破裂后重新找到了感情的归宿，"从此，徐先生无妻而有妻，陆女士离夫却有夫。真是一时佳话，多么可喜"④。

---

① 《〈上海画报〉易主记》，《晓报》1926 年 1 月 11 日。
② 《〈上海画报〉易主续闻》，《晓报》1926 年 1 月 14 日。
③ 丹翁：《小报记者》，《上海画报》1931 年 5 月 3 日第 699 期。
④ 金人：《徐志摩再婚记》，《上海画报》1926 年 10 月 21 日第 165 期。

从徐陆的"闺房亲昵",到徐志摩去欧洲游历,陆小曼结识翁端午后成为瘾君子而移情别恋,最后到他二人出现感情危机,徐志摩赴北京飞机失事。《上海画报》一直在维持陆小曼的美好形象。画报记叙了徐志摩北上时还带着陆小曼的山水长卷,友人交相称赞,他颇为得意。而行前陆小曼也曾一再叮嘱徐志摩"飞机还是不坐的好"。而这段传奇式的罗曼史终以天才英年早逝而终结。

1930 年 2 月 6 日刊出的特写照,差不多是陆小曼在《上海画报》上的最后亮相。图为陆小曼侧面头像,黑衣、黑发和黑色的底子浑成一片沉重;面部由高光打出,目光略朝下,略长的勾鼻,抿紧的嘴唇,显得肃穆而沉毅。

在青年时代,周瘦鹃结识务本女校学生窦吟萍,二人产生恋情,但最终遗憾分手。《周瘦鹃与紫罗兰》一文记录了周亲口讲述的分手原因,"一则曰女已早字,二则恪遵母命,不欲多事更张,故我二人间,亦只能以纯洁之友谊,终此一生矣!"①此后,周对紫罗兰情有独钟,先后创办了《紫罗兰》《紫兰花片》《紫葡萄》等刊物。还在苏州辟有"周家花园"——紫罗兰庵,名重一时,引得众多社会名流来此观赏。

1925 年 9 月 14 日,《紫葡萄》画报在上海创刊,周瘦鹃主编,5 日刊,道林纸,影写版印刷,初为 4 开一大张两版,1926 年 1 月 20 日出刊至第 21 期时第二版一分为二,成为正面一版,反面两版的版式,每期零售大洋 3 分,1926 年 2 月 13 日出刊至第 25 期终刊。

周瘦鹃在《开场白》中介绍该刊的偶然得名说:"已凉天气未寒时,一颗颗鲜艳甜美的紫葡萄上市了。我们的画报恰也在此时出版。要想一个妥帖的名儿,左也想不出,右也想不出,大踏步走到大街上。瞥见水果店中满挂着紫晶球似的一串串紫葡萄,十分可爱,禁不住拍手大呼道,有了有了,紫葡萄,紫葡萄,愿我们画报中的文字,也像紫葡萄一般的滋味甜美,愿我们《紫葡萄》画报中的图画,也像紫葡萄一般的色彩鲜艳。"②

同时期画报的封面人物多为影星、名伶玉照,而《紫葡萄》画报别具一格,一例刊登当年著名作家的夫人的生活照。前几期出版后,有两位朋友开玩笑称,将来《紫葡萄》倘若能持续出版至百期千期,作家夫人都用尽了该怎么办呢?另一个说,这不打紧,夫人没有了,还有如夫人、未婚夫人、下堂夫人和临时夫人呢!纵观画报封面人物,其实也没有多少期是作家夫人,稍后一度改为女性儿童照片,是不是作家女儿尚不能确定,其中倒有王元龙的两个妹妹。从第 13 期开始也便随波逐流地刊登名花、名伶、影星的写真照了。

《紫葡萄》画报以刊登小品文、杂诗、轶事、书画作品为主,记述文人趣闻、明星小史、社会轶事等。以周瘦鹃的号召力,蒋吟秋、天虚我生、何济翔、庞亦鹏、朱铁水、金

---

① 赵笤狂:《周瘦鹃与紫罗兰》,《总汇报》1940 年 6 月 16 日。
② 周瘦鹃:《开场白》,《紫葡萄》1925 年 9 月 14 日创刊号。

智周、顾悼秋、黎明晖、舒舍予、虬髯客、顾灵云、田西魂、金石寿、陈积勋等众多文艺界大腕皆为供稿人。

这一时期的周瘦鹃最为忙碌，他除主持《申报》副刊"自由谈"外，还要编辑大东书局的《半月》杂志，又在《乐园日报》担任编务，更有《紫葡萄》画报的文字撰述，每日上午必要到大东书局行使编译主任职权。《紫葡萄》画报依旧保持着周瘦鹃办画报的高贵文雅品味，正如1925年9月22日《时报》对该刊的评价"统观全报，足当雅洁二字"。该刊出刊不久，周瘦鹃的朋友就曾置疑，画报创办之时正值紫葡萄最丰盈甜美之时，遂取名《紫葡萄》，那么，等到入冬后紫葡萄凋零之际，该刊会不会随之停刊呢？这虽是朋友的一句玩笑，但却一语成谶，《紫葡萄》挺过了寒冷的冬天，却在万物复苏的初春停刊了。

1926年2月15日，《良友》画报在上海创刊，创刊人兼第一任总编辑为伍联德。从第5期开始，由周瘦鹃接任主编一职。《良友》第四任主编马国亮在《良友忆旧》一书中写道："《良友》画报由创刊直至第四期，都是伍联德自己主编的。他胸怀大志，不满足于只出版一个画报。《良友》画报一炮打响，使他对出版事业有了更大的信心。他一直是个思路灵敏、行动迅捷的人。一想到什么，立刻着手进行，从不犹豫。良友公司这一个规模不算大的出版机构，在以后的十多年中，出版了许多期刊和大小画册书籍，多半都是他计划出来的。画报由他自己主编了四期以后，他觉得必须腾出手来从事其它出版的计划，因此从第五期起，便邀请了周瘦鹃主编。"①

《良友》创刊之时，以《礼拜六》为阵地的鸳鸯蝴蝶派在文艺界和出版界仍具较强势力，周瘦鹃是著名的编辑家、翻译家、鸳鸯蝴蝶派代表作家，不仅自己勤奋写作，而且交游甚广，与当时的很多通俗文学家关系很好。伍邀请周加盟，正是看中了周在鸳鸯蝴蝶派中的号召力，以实现名人效应，扩大《良友》的社会影响，特别是可以争取到《礼拜六》《紫罗兰》的作者群和读者群。

改变之前内容庞杂的特点、设置固定栏目、增加文学作品，是周瘦鹃在任期间对《良友》的主要贡献，也体现了他独特的办刊风格。走马上任后，他果然为《良友》吸引了范烟桥、包天笑、郑逸梅、王天恨、程小青、刘恨我等众多鸳鸯蝴蝶派作家，周更把译作《穿珠集》拿到《良友》连载。《良友》第5期便刊登了近10篇文学作品，第6期更将版面明确划分为各占一半的"图画""文字"两大部分，文学作品几乎占去了《良友》的半壁江山。此后，文学内容逐期增加，第8期达到顶峰，刊有郑逸梅的《张謇公轶事》、程小青的《电影话》、范菊高的《情侣絮语》、江红蕉的《留云榭杂谈》、卢梦殊的《鬼火烹

---

① 马国亮：《良友忆旧：一家画报与一个时代》，北京：生活·读书·新知三联书店2003年版，第15页。

鸳记》等。周在《良友》的文学版面倾注了很大心血，也体现了较强的包容性，"既有大量的极具现代气质的文学作品，如施蜇存、穆时英等人的新感觉派小说，左翼作家新伯奇的激进评论，以及老舍、巴金、郁达夫等新文学大家的文学创作，也有很多的旧派文学作品，如鸳鸯蝴蝶派作家卢梦殊用文言文书写的言情小说，周瘦鹃、范烟桥等的小品文、小说，真可谓文体杂陈、风格迥异，作者群庞大，真实地呈现出当时文坛众声喧哗的繁荣景象"①。

周瘦鹃善搞活动。1926 年 8 月起，《良友》推出"婴儿竞赛会"，让读者将孩子照片发来刊登，再经读者评选，共选出 30 名最强健的婴儿照，第一名奖金 50 元，第二名 30元，第三名 20 元，其余二十七名 10 元，此活动由美国牛奶商赞助。《良友》免费刊出近 400 张照片，发行量一下子蹿升至 1 万份。

周瘦鹃曾分别在第 6 期、第 8 期中表达了自己力不从心的情绪："不道那位《良友》主人伍联德君，偏不肯让在下舒舒服服享读者的清福，偏要把那编辑的一副重担推在在下的肩上。在下本来挑着几副担，已挑得曲背伛腰，筋疲力尽了。如今平白地又加上了一副。如何应付得来。但是伍君的一片厚意，又不可孤〔辜〕负，且把肩背上挺一挺，试试这副担的重量。"②"俗语所谓公要馄饨婆要面，岂不使做媳妇的左右为难呢。杂志和报章的编辑人，也就好似做媳妇，对于公啊婆啊，一一都要迎合。所以在下就一面做馄饨给公公吃，一面又做面给婆婆吃，总之样样都做一些，让大家各爱其所爱就是了。"③

周瘦鹃的《良友》时代以旧派言情小说为噱头，这也引起读者来信表示不满。如第 9期中的一封读者来信就周瘦鹃的这一办刊理念提出尖锐批评："短篇文字中如先生的《穿珠集》等好稿不少，可时〔是〕不见得有好处的稿也不少，如第六期简时雨君的《百闻不如一见》拖泥带水而无意味，并用'刁拉妈'等广东下流语，又如第八期绣娟女士的《颤动的心弦》简直是一篇肉麻丑态的淫小说——就看这两篇，已令人不能不怀疑《良友》对于艺术之提倡及对于教育之补助！……《良友》既可登'刁拉妈'的拖泥带水文和'半推半就'的淫小说，那么谁肯把有价值的作品投来？'鸡鸣狗盗出其门，此士之所以不至也。'"④第 11 期刊登的读者来信更直截了当地指出周瘦鹃的编辑思想问题："出版物应具发展个性而持高标准，这句话的确不错，而且这种标准要以现代青年所需要者为标准，万不能公要馄饨就给馄饨，婆要什么就给什么，这样不审食品劣优和需要，结果不但难于应付，而且他们的胃力反被你们弄坏了……文字则以女性为谈笑品，图画则以女性

---

① 宋媛：《新旧共存 雅俗易位——从〈良友〉画报看民国二十年代文学时尚》，《福州大学学报（哲学社会科学版）》2009 年第 1 期。
② 周瘦鹃：《编辑漫谈》，《良友》1926 年 7 月 15 日第 6 期。
③ 周瘦鹃：《编辑漫谈》，《良友》1926 年 9 月 15 日第 8 期。
④ 编者：《编辑者话》，《良友》1926 年 10 月 15 日第 9 期。

为装饰品……鄙意以为文字一方面，多采有国家观念及国民常识为主旨，图画则多集时事片以警惕国民。至于不合卫生的食品，须要顾及人们的胃力呀！"①

《良友》将这些读者来信如实地刊登出来，一是体现了伍联德不怕揭丑，敢于直面尖锐的批评；二是体现了读者至上的理念，更激发了读者的参与热情；三是表达了对这些意见的认同，预示着《良友》将要实行改良。尤其是第三点在此后的《良友》中迅速得到体现，减少了内容低俗的旧派小说比重，更以年轻有为的梁得所取代了周瘦鹃。第 12 期《编辑室杂话》中称："因周瘦鹃先生除主编《紫罗兰》《申报·自由谈》等等刊物之外，还有不少的著译工作，委实是忙得很的，所以我们不敢再劳周先生了。"②马国亮则更明确地说明了周离职的原因："一两篇文稿的选用偶然有欠慎重，事属寻常，不应因此全部否定编者。但当时的情况是，周瘦鹃对图片的组织、选用和编排都是外行，同时也实在是个忙人，难以兼顾，绝大部分的编辑工作，还是落在伍联德身上。他原以为周来了，他可以脱身，另行计划其它的出版项目。结果未能如愿。他不得不另外物色接代周瘦鹃的人了。"③伍联德在《〈良友〉一百期之回顾与前瞻》一文也有同样的表达："吾人于感奋之余，更思力图改进。同时觉个人精神力量究属有限，遂于第五期起，延聘周瘦鹃先生主其事，俾得分负工作。惟以周先生属文艺中人，故报中文字一项，由其负责，个人方面则仍全力注意于图画之编排与选材之精美。"④

周瘦鹃时代是《良友》的探索时期，遵循的是游戏消遣的办刊宗旨，从第 13 期开始，梁得所继任主编一职。从此，《良友》画报开始走上"国事，家事、天下事，事事关心"的正轨，更以此赢得了"民国第一画报"的美誉。

1926 年 10 月 25 日，由卢某投资，周瘦鹃与骆无涯共同创办了三日刊《电影画报》，社址位于上海海宁路天保里后新民坊 44 号。一月后，因内部发生分歧，从第 9 期开始改由杨某出资，社址迁至静安寺路 F91 号，庞亦鹏、谢之光绘画，前期供稿人较少，自 1927 年出版的第 15 期开始，增加了任矜苹、陈寿荫、程步高、周世勋、李元龙、张伟涛、李鹭洲等多位供稿人。周瘦鹃在创刊号《开场白》中阐明办刊宗旨为"讨论电影艺术、鼓吹电影事业"。

同时期的电影画报多达数十种，且实力雄厚的"明星""联华"等电影公司都有自己的电影画报，主要是为电影公司出品和影院上映的最新影片做广告，也为影迷追捧影星提供平台，还为观众选择影片提供指南，但较少有对中国电影理论和发展方向的探索。

① 《致读者》，《良友》1926 年 12 月 15 日第 11 期。
② 编者：《编辑室杂话》，《良友》1927 年 1 月 15 日第 12 期。
③ 马国亮：《良友忆旧：一家画报与一个时代》，北京：生活·读书·新知三联书店 2003 年版，第 17 页。
④ 伍联德：《〈良友〉一百期之回顾与前瞻》，《良友》1934 年第 100 期。

周瘦鹃创办的《电影画报》也同样没有新意和独特之处，但难能可贵的是，该刊较为关心时政，支持国共两党合作，如《电影界与导演家的责任》一文称，当年的上海虽然素有"安乐窝"之名，但国共两党关系日趋紧张，人们也已感到战争危机的步步逼近。有鉴于此，电影界和电影工作者应该积极合作，为国家和平贡献自己的一份力量，"平定这纷扰的时局，非借电影宣传不可"①。在作者看来，国共两党之所以关系紧张，皆因不了解对方的实情而产生误会，所以，应该请电影界出面召集一个宣传和平大会。事前有两项工作，一是到支持共产党的一方去摄影，二是到反对共产党的一方也去摄影。让双方将各种苦衷、理由和真相清楚地表达出来，拍成电影，并到对方阵营交换放映，以期达到宣传和平的效果。或者将这两部影片同时向公众放映，请民众共同评判双方孰是孰非。国共双方坦诚相见，以期实现真正的和平共处。今天看来，这一想法虽然太过天真、简单，但也可从中窥见当年知识分子对和平统一的热盼。

《电影画报》是周瘦鹃创办的最后一种画报，随着 1927 年 12 月 2 日出刊至第 51 期而停刊。除时断时续地出版最钟情的《紫罗兰》外，他的画报人生也基本宣告终结。

毕倚虹

毕倚虹一生创作了十部长篇小说，数百万字的中篇、短篇、散文、随笔、诗词，成为鸳鸯蝴蝶派重要一员。1925 年他成功创办《上海画报》，被誉为"三日刊画报鼻祖"，更在全国范围内掀起一股画报出版热潮。

毕倚虹（1892—1926），江苏仪征人，名振达，字倚虹、几庵。自幼聪颖过人，有神童之称。少时，因父亲毕畏三任职浙江，便随父居于西子湖上。15 岁时再随父赴京，纳赀授陆军部郎中。上任前，因恐长官视其弱小而生疑，乃特制厚纸靴以增高。民国肇始，南下居沪，入中国公学攻读法政，讲师为康心孚、张季鸾、胡政之等名士。学业之余，偶写诗词、小说，投稿《妇女时报》。

主持《妇女时报》的包天笑，时常收到署名"杨芬若女士"的诗词文稿，极富文采，乃予刊发。1917 年，包天笑创办《小说画报》，毕倚虹又在该刊连载《十年回首》。此为毕的第一部长篇小说，可惜仅写到 21 回便随着《小说画报》的停刊而中止。

毕畏三并不支持儿子从文，设法为毕倚虹谋得浙江萧山沙田局局长一职。毕畏三病逝后，官府查出他在职期间亏空巨款，毕家将仅有的杭州涌金门外西湖堤上的一处老宅充公抵债，仍不能足额，毕倚虹遂被拘禁于杭州衙门。在押期间，毕得到县官的优待，被安置在花厅的耳房内，可以读书、写作。于是，毕开始创作长篇小说《人间地狱》。后在家人、友人的疏通下，毕重获自由。《人间地狱》从 1922 年 1 月 5 日起连载于周瘦鹃主持的《申报》副刊"自由谈"，至 1924 年 5 月 10 日止，共 60 回、53 万字。

① 小珊：《电影界与导演家的责任》，《电影画报》1927 年第 25 期。

从晚清到民初，随着社会的发展，知识分子的出路由学而优则仕变得更加多元化，报人随之成为其一项新的职业。尤其是一些无法进入仕途或已厌倦官场的文人，投身报业，成为职业报人，试图通过办报办刊实现自己的价值和梦想。

1920 年 6 月，戈公振创办《时报图画周刊》，宣告中国近代摄影画报的诞生。此后出现的《红玫瑰画报》《图画周刊》《中南画报》等报纸型画报，多为日刊、周刊和月刊。毕倚虹创办的《上海画报》为三日刊，是中国近代报纸型画报之鼻祖。该刊将三日刊定型为每三日出刊一期，4 开一大张四版，一版刊一张大幅照片、四版为小说连载，二三版为图文并重的主体内容。此后的《北洋画报》《北晨画报》《星期画报》《天津商报画刊》《中华画报》等京津两地知名画报，无不以其为蓝本。

毕倚虹生日为旧历六月初六，《上海画报》出版日期遂确定为 1925 年 6 月 6 日。毕自任主编，图画编辑初为张光宇、张正宇兄弟，后因与毕产生分歧而离职。摄影方面，聘请黄梅生为摄影部长，黄在军政界和上流社会交际甚广，拍摄名闺、名媛、太太、夫人是他的拿手好戏。毕还在北京、天津、广州、杭州、汉口等地聘请摄影记者，专职当时的新闻时政等照片。文字方面，主要由鸳鸯蝴蝶派作家承担，毕也在小说连载版贡献《极乐世界》一文。

《上海画报》创刊号称："我们尽我们的能力，搜罗有兴趣有价值之照片和图画，贡献于《上海画报》的阅者；我们更尽我们的精神搜取有兴趣的消息、有价值的文艺，贡献于《上海画报》的读者。"[①]表明了兴趣性和价值性是该刊的办刊宗旨。毕倚虹在文学界颇具号召力，故而，画报尚未出版，各报的广告已是铺天盖地了。该刊编辑具有以下特点：一是在创刊之前广泛宣传；二是图文并重，刊登大量国人喜闻乐见的时事新闻图片和鸳鸯蝴蝶派作家名作；三是有以袁寒云、张丹翁、包天笑、江红蕉、范烟桥等鸳鸯蝴蝶派作家为主干的作者队伍；四是不畏强暴，敢于揭露社会黑暗。《上海画报》风行一时，仅出版 5 期，销量已达 2.6 万份。问世一月后，每期行销逾 3 万份。包天笑称《上海画报》兼具"二美"：一是《图画时报》的摄影美，二是上海《晶报》的文字美。

《上海画报》创刊之时，正值五卅惨案发生。毕倚虹亲赴红十字会医院，视察伤者。创刊号《感谢心心》一文中写道："此次沪上发生空前之惨剧，南京路一带戒备甚严……本社特请心心照相馆，于无可设法中摄取数影付印，以供众览。"毕撤下创刊号原已排好的图文，刊发《沪潮中我之历险记》《学生在华界沿途自由讲演》《凄凉之南京路》《热心之学生捐募队》《南京路之西兵防守》等记录五卅惨案的图文，让读者身临其境，大大激发了广大市民同仇敌忾、视死如归的决心。其后，又结合时事新闻登载了圣约翰大学学

---

① 编者：《我们的宣言》，《上海画报》1925 年 6 月 6 日创刊号。

生反对外籍校长阻止爱国运动而造成全体退学的照片。出于爱国热情，市民纷纷争先购买。由此，一是可以窥见毕的高度职业敏感性；二是可以感受毕的拳拳爱国之情，看到他在民族大义面前的挺身而出。

《上海画报》的成功，引起席卷全国的画报热和画报潮，因此毕倚虹不无自豪地说："余稍稍引以自慰者，吾报未出世以前，海上无独立三日刊之画报。吾报既出，效者踵起。规模格局，十九惟吾是式。在最初同人拟定报格，亦随意为之。初不料后之办画报者，即奉之为模范。当时心血曾不虚掷。"①

《上海画报》出刊不到两个月，《光报》《晶报》《小日报》《晓报》等报，即刊出很多有关该刊的负面新闻。如有文章称，1925 年 7 月 6 日的第 11 期《上海画报》一版刊预告：承天津的一位阅者寄来张宗昌第十五夫人的一张照片，附有有趣味的说明，该报非常感谢，下期将予披露。7 月 9 日，读者买到第 12 期画报，翻来覆去地找了半天，也没有找到张宗昌十五夫人的照片。读者连呼上当②。稍后又有文称，《上海画报》每期出来总有一些错误，如第 17 期有一张照片名为《〈南华梦〉里的一幕》，照片印得很清楚，图注写明张无知、张凌云、钟扶东三人，但读者却没有在三人中找到钟扶东，仔细一瞧，原来该刊竟将蒋耐芳误认为钟扶东了③。

随着画报潮的风起云涌，读者购不胜购，《上海画报》销数乃渐减退，再者该刊内容日渐退化，屡有错漏，上当后的读者不敢领教，最重要的是毕倚虹在笔政之外还在大东书局、申报馆、律师事务所兼职，不堪重负的身体也出现了问题。毕倚虹肺胃有疾，延请庞京周医师为其诊治，诊断为痨症，嘱其少事而休养。毕虽一口应允但并未在意，竟至咯红。已无力支撑的毕不得不找人将画报盘给钱芥尘，钱遂邀请周瘦鹃出任主编。毕在病榻上向读者作别时称："改岁以来，余自信以余之精神、余之经济，余实无再有管理《上海画报》之可能，勉强为之，余病增剧，报益退化而已。余负报，余负读者更甚。余乃于最短时间决心以简单条件，让渡有实力者，继续管理此《上海画报》。凡吾今日，感受痛苦诸点，后来者或能一一改良，如吾之最初希望。则余虽负报，而终不负报；虽负读者而终不负读者。"④1926 年 5 月 15 日，毕倚虹在上海病逝。

邵洵美

邵洵美（1906—1968），祖籍浙江余姚，生于上海，出身官宦世家。曾祖父邵灿曾任清朝漕运总督，祖父邵友濂历任道员署使俄钦差大臣、上海道、台湾巡抚、湖南巡抚，生母是清邮传部大臣盛宣怀的四女儿。伯父邵颐身后无子女，遂将邵洵美过继为嗣，伯父的原配为清末重臣李鸿章之女。因此，邵洵美既是盛宣怀的嫡亲外孙，又是李鸿章的

①④　毕倚虹：《余之新年回顾谈》，《上海画报》1926 年 1 月 3 日新年号。
②　《〈上海画报〉之忠实》，《光报》1925 年 7 月 20 日。
③　《〈上海画报〉又错了》，《光报》1925 年 7 月 29 日。

外孙。

邵洵美 1923 年初毕业于上海南洋路矿学校，1925 年初与盛宣怀孙女盛佩玉订婚后，即赴英国剑桥大学留学。留学期间，他除研读经济学外，还自学英国文学，结识徐志摩、徐悲鸿、张道藩等在英的社会名流。1927 年，因家遇火灾，经济吃紧，他遂中止学业返国，同年与盛佩玉结婚。婚礼场面宏大，名流云集，盛极一时。他二人的大幅结婚照载于 1927 年 1 月 21 日的第 195 期《上海画报》头版。

1927 年 4 月，旧友刘纪文出任南京特别市市长，邀邵洵美做秘书。邵文笔细腻，善写情书，当时刘致恋人许淑珍的情书，均由邵捉刀。但邵追求个性自由，三月后便弃官回沪，发誓此生不再为官。

1927 年初，邵洵美曾在上海光华书局出版第一本诗集《天堂与五月》，出版过程颇费周折，遂产生自创书局的想法。1928 年 3 月，受忘年交友人曾孟朴办真善美书店的启发，邵在上海静安寺路斜桥路口创办金屋书店，出版《狮吼》《金屋月刊》和唯美派文艺类书籍，其中有邵的译诗集《一朵朵玫瑰》《花一般的罪恶》等。同年，与徐志摩合伙经营新月书店，出版《新月》《诗刊》等杂志。

1930 年 10 月 15 日出版的第 1 卷第 12 期《时代》画报曾刊发广告称："金屋书店所出版新文艺及政治科学书籍数十种……自本月起交由本社代理发行。"宣告时已亏累的金屋书店正式结束。与此同时，邵在霞飞路成立上海时代图书公司。1931 年 7 月，邵以 5 万元的高价，在上海德商泰来洋行订购了一套德国郁海纳堡厂制造的最新式影写版印刷机。这套巨型设备约有两层楼高，配备照相设备、磨铜机、镀铜机等一系列完整配件，为当时世界最先进印刷机，也是中国第一台影写版机器。邵遂在杨树浦创建了时代印刷厂。他亲自研究厚厚的英文说明书，以期印出满意的产品。时代公司的产品因用纸考究、印刷精美、质量上乘，被誉为上海最精致、最讲究、最昂贵的出版物。由此，邵的出版事业也达到了鼎盛。他汇集了徐志摩、林语堂、叶浅予、鲁少飞、张光宇、宗维赓、项美丽等一大批文化名流，相继出版《时代》画报以及《论语》《十日谈》《时代漫画》《人言周刊》《万象》《时代电影》《声色画报》《文学时代》《自由谭》等十余种期刊，涉及时政、文学、评论、电影、漫画等多个领域，形成了中国出版史上的"邵洵美系"期刊。

在时代公司出版的诸多刊物中《时代》《时代漫画》《时代电影》《万象》《声色画报》等均属画报类期刊。作为这些画报的掌舵者，从制定编辑方案到组织撰稿，从文字编辑到图片编排，从组织发行到洽谈广告，邵洵美无不事必躬亲，常与编辑在家中讨论稿件和编务至深夜。正是由于他的全情投入，这些画报无不装帧精美，内容丰富。邵更是漠视利润，无视发行量，一味追求艺术美，甘愿赔本赚吆喝。

1929 年 10 月，《时代》画报在上海汉口路 544 号创刊，初由漫画家张光宇、张正宇兄弟主持，中国美术刊行社发行。但出刊至第 1 卷第 3 期时，由于资金匮乏而有停刊之虞，张氏兄弟遂邀邵洵美投资合办。接手后，邵决意将该刊办成全国一流画报，制定三大编辑措施：一是改良印刷和图版，从第 2 卷第 1 期开始采用影写版印刷；二是革新内容和编排，做到有血有肉、图文并茂，增加时政要闻版块，注重漫画作品的艺术性和观赏性；三是文字方面更加通俗化、大众化，面向普通市民。为此，邵从第 2 卷第 1 期开始亲自参与该刊的编辑工作并任第一编者。该刊是一群当时最为时尚的文化人，依循自己的审美理想，生产出的极富现代都市感的大众读物，反映出 20 世纪 30 年代上海中产阶级的思想空间。它延续了《点石斋画报》《良友》等中国画报的传统，融绘画、摄影、文学、新闻、评论以及新闻报道于一身。它准确地把握住时代的脉络，大量采用当时著名摄影家或摄影记者拍摄、提供的时事新闻照片，反映国内风云变幻，展现全国军民团结奋起、反对日本侵略的斗争。它更以追求美、留住美、弘扬美的唯美主义办刊风格，在当年的画报中独树一帜、引领时代风潮。

当时上海有两个画报系统，良友出版公司属于"广东帮"，有《良友》画报等好几个刊物。时代图书公司属于"上海帮"，有张光宇、鲁少飞、叶浅予，以漫画家为主，邵洵美做老板，刊物有《时代漫画》等。1934 年 1 月 20 日，《时代漫画》在上海创刊，社址位于汉口路同安里，主编先为鲁少飞，后改为张光宇、张正宇兄弟，其宗旨是将时代与漫画相结合，以漫画的形式表现时代性。该刊或揭露社会的丑恶，或鞭挞国民政府的腐败，或表现小市民生活的迂腐，或挖掘国民思想的劣根性，但又充满了对民众生活疾苦的深切同情。通过该刊，邵洵美与丁悚、丁聪等漫画家们结下深厚情谊，也因在该刊发表了三篇与鲁迅有关的文章而引起一场误会，由此演成一段文坛公案。1937 年 6 月出刊至第 39 期后停刊。该刊出版时间长达三年半，拥有百人以上的作者群，发行量达 1 万余册，是民国时期我国出版时间最长、影响最大的漫画类画报。

1935 年 9 月 1 日，《声色画报》在上海平凉路 21 号创刊，邵洵美和美国女作家项美丽主编，同年 11 月 15 日出刊至第 3 期停刊。该刊虽仅出版 3 期，但因拥有中英文合璧，语言率真直白，图片清晰，印刷精良的独特风格而在中国近代画报中占有一席之地。邵在谈及办刊宗旨时称：随着交通的进步，各国交往逐渐频繁，而以往的交际仪式过于虚伪，该到了剖心相见的时候了。各国人民若要相互了解，建立真正的友谊，那些官样文件当然不可靠。为了介绍各国文化、分析国际形势，增进中西方文化交流，遂有此刊的诞生①。该刊在南洋和美洲销路最好，其次是广东，再次是上海，而上海的外国读者居多。

邵洵美拥有纯熟的英文功底，在上海常与外国人打交道，且喜欢收藏英文书籍，故而他非常关注外国人眼中的国人形象，并以《声色画报》为阵地，发表文章纠正他们对国人的偏见，为国人辩护。《中国之谜》一文称，1935 年 9 月，英国的《纳喜》杂志登载了

---

① 邵洵美：《编辑者言》，《声色画报》1935 年 9 月 1 日创刊号。

许多短篇文章，执笔者都是当时著名文人，讨论现代各国的青年状况。勃克夫人（即赛珍珠）撰文介绍了中国青年，主题是中国青年有最大的束缚也有最大的自由。她说，中国青年须服从因袭的旧礼教，但因为一切经济负担均由家长负责，于是他们便能享受绝对的放纵。中国青年虽也反对大家庭制度，试图打破旧礼教，但未获较大效果。一切经济由家长负担的中国青年，从小过着安定的生活，这是无上的幸福。相信全世界都会羡慕中国青年这种不负责任的"安定的幸福"。邵洵美觉得勃克夫人虽然真心爱中国，但对于中国生活仍然只见到一角。他指出中级产阶，即使是大家庭也不容有这许多的寄生虫了，中国现代青年的生活是最不安定的了。外国人所见到的是罩了一层面具的中国人生活①。

而邵洵美在第 1 卷第 2 期《声色画报》中的《中国的仇敌》一文，更列举了若干条外国人对国人的指摘，逐一辩驳，进一步说明了东西方文化差异的隔膜。一是外国人指责中国人不守信，没有时间观念，宴会总是迟到。邵反驳说，实际上中国最务实，极守信义。譬如中国人的钱庄、商店，业务往来只凭一句话，几百年来毫无纠葛。中国庄票凭单的信用是为全世界经济界所惊奇的。再比如绸缎局，外国人记账非主顾签借据不可，中国人则用折子，折子又执在主顾手里，一年三节按时交割，丝毫不苟，从未听说有人否认或赖账。中国人赴宴有自己的规矩，客人谦谢不敢领情，主人坚邀再三劝驾，客人晚到乃是敬主人的礼数。二则外国人常说中国人柔弱，不敢与人争辩，受了欺侮也不敢抵抗。邵的观点是，中国或许身体柔弱，但绝不能否认他们思想的坚强，只是国人偏于理智，西人偏于情感；国人是心役手，西人是手役心。这是中国几千年传统文化使然。三者外国人妄称中国人缺乏冒险精神。邵分辨称，冒险性或与地理位置极有关系，中国乃大陆国家，人民自然更加安居乐业，而沿海一带如广东等处的国人便四处探险，如今广东人已然遍布全世界。

《声色画报》不仅向国人打开一个了解世界的窗口，而且向世界介绍了中国，也成为东西方文化交流的使者，更让外国人认识了与刻板印象不同的中国人。

邵洵美不仅是创办、出版画报的实践者，也是中国画报理论的探索者，更是中国近代画报史的研究者。他在诸多画报中发表的创刊辞、编辑者言和《画报在文化界的地位》《出版事业在中国》等文章，阐明了他对画报价值的理解、画报对社会的贡献，以及国民政府对画报事业的影响等。这些理论、思想和观点，为中国近代画报史研究提供了可供参考的理论依据。

20 世纪 30 年代，尽管画报的出版如火如荼，从数量和质量上而言，均达到近代画报发展的鼎盛，甚至 1934 年被称为"杂志年"，但在政府官员、社会大众甚至一些著名文

---

① 邵洵美：《中国之谜》，《声色画报》1935 年 11 月 15 日第 1 卷第 3 期。

人的眼中，画报仍是不能登大雅之堂、"不正经"的小刊小报。针对这种倾向，邵洵美在《画报在文化界的地位》一文中，从多方面论述了画报在中国现代文化发展中的重要地位。

他首先讲了一个故事：1934年7月25日，奥地利总统陶尔斐斯遇刺后，多国报章、杂志均警告着第二次大战的可能到临。他们回溯了20年前第一次世界大战爆发的原因和造成的后果，"英国的《伦敦图画新闻》、法国的《插图报》、美国的《中土周刊》，竟将当时奥皇子被刺，德国宣战以及战后军士的残废状态，失业情形等照片系统地重行登载。使我们曾参加及未参加大战的都得到一个整个的回忆或追想的印象"①。由此可知，文字只能使人们知道20年前有过这样一段惨痛的历史，但是图画却能使人们最直接地领略当时那种恐怖的空气，让读者产生视觉上的冲击感。

接着他又讲了第二个故事：有次宴会上，一位朋友问他为什么花了全副的精神去办画报，为什么不再办一个正正经经的纯文学刊物？邵回答说："为什么你们以为画报是不正经的呢？况且，你办一个刊物，不是先应当有一般读者么？试问，我们中国有这许多人口，但是报章、杂志的销路为什么这样微小呢？普及教育唤了这许多年，为什么没有多大的成效呢？原因是你们办的高深的刊物，只能供给极少数人去享受，而这极少数人的知识又都是和你们的知识相差不远；他们能读得懂你的文章，但是读了你们的文章以后，很少会有什么进步，也很少会有什么退步。你们的刊物有和没有几乎一样。办画报的目的，是使人感觉到这是一种快乐，而不是一种工作。我们要增加识字的人对于读物的兴味；我们要使不识字的人，可以从图画里得到相当的知识，同时假使他们是有灵魂的，他们一定还会觉得光看图画不能满足，而开始想要认字。这时候画报的功绩是多么伟大！ 所以我们先要养成一般人对于读书的习惯。"②邵说明了两个新闻学上的问题：一是画报通俗易懂，具有普及性；二是读画报使人快乐，让一些文盲产生识字的兴趣，进而养成读书的习惯。因此，养成人们读书的习惯，从画报着手是最好的方法。先用《时代》等画报满足人的眼睛，再用《论语》等趣味性刊物松弛人的神经，最后才用所谓的正经刊物的思想灌溉人的心灵。这条路最正当也是最有效的。办画报是一种冲锋的运动，是一种牺牲的工作。1934年中国出版界热闹得演成"杂志年"，难道不是画报发挥了重要作用吗？

此文还提出"图画能走到文字所走不到的地方，或是文字所没有走到的地方"的观点。当时，新文学运动已经开展多少年，但除对部分学生有所作用外，它还打进了何种地域？以群众为对象的普罗文学（无产阶级文学）刊物销数1000册，非普罗文学刊物销数1万册，而《时代》《大众》《良友》等画报的销量则可达六七万册。这充分说明了画报

①② 邵洵美：《画报在文化界的地位》，《时代》1934年10月10日第6卷第12期。

深受欢迎的程度和巨大的社会影响。当时流行的大众语问题，虽然喊得震天响，但它不过是一些有闲阶级的玩意儿。"他们既不懂什么是文学，更不懂什么是大众；他们以为大众是奴隶，可以受他们自由地驱逐；他们以为大众是猴子，可以受他们强迫的训练"①。试问"大众语"和《时代》画报中叶浅予的漫画"王先生"，同样是三个字，哪个才是大众需要的？

此文不仅为画报正名，确立了画报与其它期刊、杂志一样，在中国出版史上具有同等重要的地位，而且让办画报者扬眉吐气，为他们平添了一份荣誉感和自豪感。

在《出版事业在中国》一文中，邵洵美则以犀利的文笔，指出了当年出版业的弊端，并提出了改善措施。虽然对象泛指中国的出版业，但当时的画报业也具共性。文章称，当时中国出版界不景气是不争的事实，究其原因，人们普通认为有三个，"（一）一般教育程度幼稚；（二）购买力薄弱；（三）交通不便"。更有人进一步指出"稿费过低"也是原因之一：作家们不能靠鬻文生存，只得兼任其它工作，也就没有充裕时间全身心投入写作，作品自然水准不高，从而拉低了出版物的质量，读者花钱买了这样的出版物便会大呼上当，其结果便是出版物的销路不畅。但邵却更加深刻地认识到两大症结，"（一）一般人的忽略文化；（二）政府当局对文化事业的隔膜"。第一个原因由来已久，一时不易校正。因为中国的传统观念从来没把文化当作目的，而是把它当作达到某种目的的阶石。有了"学而优则仕"，才有"惟有读书高"。当时做官已不必再靠学问，文化自然没有了用处。文化人失去了出路，谁还会看得起文化人，谁还会看得起文化？第二个原因更为现实，就是当时政府制定的、最令人注目的"报纸配给制"②。抗战胜利后，百物腾贵，纸张较战前涨到 500 多万倍，工资照生活指数也有所递加，但是出版物售价却不能按照相应比率而增高，稿酬的上升速度也打了折扣。根据出版界的呼吁，政府实行划定外汇、配给报纸的制度，意在直接降低出版成本，间接促使作者、读者同享其利。事实上，政府这一恩典确使小部分出版商发了财，但大部分出版商却只能流涎而休想染指。出版界遂出现了"出版者配不到报纸，配到报纸者不出版"的怪现象。因为有权利、有办法的人不是虚报销数以期多配纸量，便是减少销数将剩余的配纸拿到黑市上卖高价。政府扶助出版业的苦心，很像大慈善家的义举，捐了钱而不问钱的去处，故只能引得大多数出版商怨声载道。为此，邵提出具体措施：认真调查出版界的现状，认真调查配到报纸者的出版物数量，认真调查未曾配到报纸者的出版物数量而立即予以配给，认真调查黑市纸的来源。"其实，直截了当，根本不必配给什么官价报纸，只要准许自由输入纸张，那么，一切便尽够公允了。大家本来要的是自由，并不是什么额外的

---

① 邵洵美：《画报在文化界的地位》，《时代》1934 年 10 月 10 日第 6 卷第 12 期。
② 邵洵美：《出版事业在中国》，《申论》1948 年第 1 卷第 1 期。

恩典！"[①]

文章最后更表达了邵对国民政府的不满情绪："总之，只要有一天政府对文化真正注意了，一切措施不再是慈善家捐款式的态度，不再是让几个人发财的变相特别费，人们便自会重视文化，出版事业也自会走上轨道。否则，中国的出版事业，总有一天会变得像在女儿国卖阳性荷尔蒙，谁再有这种需要？"[②]

邵洵美提出的改善出版界措施，前线节节败退的国民政府显然无暇顾及。随着国民党大陆统治的日趋溃败，中国近代画报业也无可挽回地陷入低谷。

（二）作者

画报的质量优劣、销量多寡，虽与画报的排版、印刷、装帧有一定的关系，但起决定作用的还是内容。内容则取决于作者的创作和编者的取舍，俗话说"巧妇难为无米之炊"，一名再有水平的编者，倘若没有佳图妙文也是枉然。画报作者主要有摄影、文字、图画三类。

1925 年 8 月在上海创刊的《美晶画报》征稿启事称，图片有影星、名伶、名闺、名媛、名妓、名胜风景、漫画等。图片、文字的稿酬均设三等：照片一等每张三元，二等每张二元，三等每张一元；文章一等每篇二元，二等每篇一元，三等每篇五角。并声明已在其它报刊登载过的照片不用，文章无确实消息的、无兴味且冗长者不用。图片、文字无论刊用与否，均不退稿。作者可将稿酬换为赠阅画报。

1925 年 10 月创刊的《西湖画报》明确说明支付稿酬有三种形式：一为现金，二为书籍，三为赠阅画报。

1925 年 11 月创刊的以美术作品为主的《金石画报》，其《征稿简章》要求为：文字方面，不论小说、笔记、琐闻、论著、随录、补白、小品均可，惟须简短而富有趣味，每文不得过千字。文章投稿无论是否刊登，概不退还；书法、绘画、篆刻、碑帖等，未能登者一律退还，已刊登的作品将于 6 个月后该报举办的书画展览会上一次性售出，售价一半奉酬本人。

《良友》的《征稿启事》中谈道：一、影片图画投稿：甲种每幅由一元至十元；乙种每幅由一元至五元；丙种每幅由五角至三元（面积大小价格一律）。二、文字投稿：甲、稿件不拘文言、白话；乙、须注明投稿人姓名、住址；丙、投稿须用毛笔或墨水笔缮写清楚；丁、投稿酬费：甲种每千字五元，乙种每千字三元，丙种每千字二元，丁种每千字一元，或酬本报全年；小品文字如不够一千字，亦照一千字算酬费同上。[③]

《万影》画报的《本刊征稿条律》写道："封面的——彩色的照相版，刊载明星个人

---

①② 邵洵美：《出版事业在中国》，《申论》1948 年第 1 卷第 1 期。
③ 编者：《征稿启事》，《良友》1926 年 3 月第 2 期。

照相，原照片须三寸以上，无须设色。铜图的——需要各种艺术性的个人、人体、风景、新闻性有趣味的联络性照片。文字——小品文、日记、情书、小说、新闻性的记述。手续——来稿无论铜图、文字都须盖章，否则作却酬论。来稿如需退还，务请附足回件邮票。一稿请勿两投，经人告发者取消酬金。来稿有增删权，不愿增删者请于稿末注明。稿酬于每期出版后 10 日内寄出。注意——来稿或函件请直寄本出版社。"①

通过查阅这一时期画报的征稿启事可以看出，报馆对以上三方面内容的重视程度依次为摄影、图画和文字，但因各画报办刊宗旨、主要内容和经济实力的不同，对投稿的要求和稿酬也不尽相同。

1. 摄影作者

"新闻摄影，是对正在发生的新闻事实进行瞬间形象摄取并辅以文字说明，予以报道的传播形式。"②"在图像复制的过程中，手第一次从最重要的艺术职责中解脱出来，完全被现在通过镜头观察对象的眼睛所取代。由于眼睛的捕捉速度要比手的绘制来得快，所以图像复制的速度大大加快，以至可与说话同步。"③

20 世纪初，随着摄影术在我国的广泛应用，《申报》《时报》《新闻报》等报纸最先刊登新闻摄影，但受传输、冲洗、制版、印刷等技术的限制，新闻照片与世人见面的时间往往滞后于报纸的文字新闻。于是，不过于追求时效性的摄影画报便异军突起，报道新闻事件、记录人物活动、定格风景名胜等的摄影作品逐渐成为画报的主角。画报的摄影作品主要来自照相馆、摄影记者、通讯社、摄影专家、摄影爱好者和编者六大渠道。

（1）照相馆

中国摄影第一画刊《时报图画周刊》虽于 1920 年 6 月即已创刊，但当时拥有照相机、掌握摄影术、从事职业摄影者并不多。"华文各报之新闻照片，均仰给于各照相馆，往往不另付值。盖各报馆于登出时，照片之旁注明'某某照相馆摄'。在照相馆方面，则为广告作用，而报馆则得免费之资料，是固互相利用耳。"④照相馆也是画报照片的主要来源。如上海的王开、启昌、启新、天星、中华、大同、大都会、沪江、心心等照相馆，北京（北平）的同生、大北、容丰、源记、大北照相馆，天津的鼎章、同生、美丽、瑞星等照相馆，南京的中华、庐山等照相馆，汉口的启新、品芳照相馆，以及萧山的兄弟、金华的三友、广州的西湖、厦门的东山等照相馆，都曾是全国各地画报的供稿者。

马国亮在《良友忆旧》也曾写道："照相馆的主持人如上海王开照相馆的王开，汉口照相馆的过志毅、过志杰兄弟，启新照相馆等，他们除了利用他们的有利条件，供给我们

---

① 编者：《本刊征稿条律》，《万影》1937 年 3 月第 8 期。
② 许必华：《新闻摄影概论》，北京：新华出版社 1999 年版，第 1 页。
③ 本雅明：《经验与贫乏》，天津：百花文艺出版社 1999 年版，第 261 页。
④ 林泽苍、高维祥：《增广摄影良友》，上海：中国摄影学会出版部 1928 年版，第 219 页。

社会知名人士的肖像外，还走出照相馆外面及时送来有关社会活动的各种为读者所乐见的新闻照片。"①1934 年 12 月 15 日《良友》百期纪念刊以《我们的良友》为题，用整整两版的篇幅，刊登了主要摄影作者的肖像和名单，以示对作者的谢意和敬意。肖像照有：黄英、王小亭、王开、伍千里、陈昺德、李尊庸、舒少南、聂光地、张建文、魏守忠、徐天章、黄剑豪，名单中列有：沪江照相馆、国际新闻社、远东新闻社、东北摄影社、鼎章照相馆、新声摄影社、中华照相馆、南京中华照相馆、中国摄影社、民觉摄影通讯社、首都摄影社、亚东新闻社、以及戈公振、蔡俊三、陈传霖、卢施福、郎静山、胡伯翔、胡伯洲、司徒光、向慧庵、徐雁影、过志毅、过志杰、吴宝基、刘体志、陈万里、赵澄、蒋汉澄等②。编者表示：这些人和社团"皆为历年赐助甚多，为敝志深所感戴者，谨志于此，聊表谢忱，并示不忘"。由此可知，1930 年代画报摄影作者中，照相馆虽然占比逐渐减少，但仍为供稿者。

（2）摄影记者

如果说《时报》的《图画周刊》是中国现代摄影第一画刊，而《京报》的《图画周刊》是我国北方地区创办的首家摄影副刊的话，那么《申报》的《图画周刊》和《新闻报》的《图画附刊》则以设备完备、制版精良著称，标志着中国摄影技术的日臻完美和中国职业摄影记者队伍的初步形成。我国的职业摄影记者最早出现在上海，至 20 世纪 20 代末已渐成规模。正如报人张友鸾所说："吾国报纸，近年亦知图照重要，故略具规模之新闻社，必皆设立摄影制版部。上海以《时报》图照为最佳，《申报》《新闻报》之制版部，亦甚完备。而年来摄影记者之专门人材亦辈出。"③

1926 年 8 月在上海创刊的《天民报图画附刊》，曾面向中外招聘特约摄影记者，启事称："凡在中国各大商埠、各大省会、国外各处以及现在战事区域内，而愿应征者，请先惠寄最近新闻照片两次，合格者，当专函聘请，酬金从丰。"1930 年 5 月，《新闻报图画附刊》在上海创刊，该报在每埠招请一名摄影记者，"专任摄取有关新闻性质之各种照片"。不久，画报便建立了一支由鉴荣、祁学章、霁明、魏守忠、陈其昌、恼武等十数人组成的庞大摄影记者队伍，为当年报刊界首屈一指。他们遍及全国各大城市，他们的活动对发展我国的新闻摄影事业发挥了重要作用。而《良友》《北洋画报》《上海画报》《大亚画报》等大型画报，则在全国各大城市均有特约摄影记者。

随着摄影术的普及和报刊的需要，20 世纪 20 年代，以王小亭、黄英为代表的一批中

---

① 马国亮：《良友忆旧：一家画报与一个时代》，北京：生活·读书·新知三联书店 2003 年版，第 230 页。
② 马国亮：《良友忆旧：一家画报与一个时代》，北京：生活·读书·新知三联书店 2003 年版，第 226 页。
③ 张友鸾：《新闻与图照》，《报学月刊》1929 年 6 月第 1 卷第 4 期。

国摄影记者应运而生。

"中国摄影大王"王小亭

王小亭（1900—1981），又名王海升，北京人，少年时代喜爱摄影，1918 年留学美国学习摄影，入美国籍，毕业后，入职英美公司电影部，担任摄影师两年，为中国最早从事新闻摄影兼摄像者之一。

王小亭喜欢旅行探险，1923 年春随美洲探险队一行 8 人（3 名外国人），赴内蒙古、新疆、西藏等地考察，拍摄新闻照片和电影纪录片。1926 年第 4 期《良友》中的《王君探险记》图文记录了此行经过。探险队一行从上海出发，先至北京，再至包头，旅途中道路畸岖，满是荒山野岭，24 天后抵达宁夏。此后，或徒步或骑骆驼，由宁夏到蒙古王爷府用时四星期。这里是一望无际的大沙漠，十里荒僻不见一树，风吹沙滚，犹如海中巨浪，令人望而生畏。在大沙漠中行进 10 日，绿色绝迹，不得水源，所见者唯有狐狸、野马、黄羊。此时，他们携带的干粮已尽。面对人类绝迹之地，唯一的食物就是打猎野兽。不得野兽之时，只能杀掉自用骆驼，分而食之。值得庆幸的是，就在水尽食绝之时，他们终于走出沙漠。从镇番来到凉州，稍见人烟，复前行抵达一座小镇，众人不禁欢呼雀跃，一种爬出地狱升上天堂的幸福感油然而生。从甘州往迪化的路上平原渐多沙漠渐少，他们改乘骏马，行进顺畅而快速。

到达迪化时，大家屈指一算，不觉已过一年光景。他们在新疆仍多次陷入上无亲下无邻、衣食均绝、山穷水尽的窘境，但这里的风景却令他们叹为观止。因途中时遇匪人贼人，复杂地貌更是险象环生，故到新疆后就将所拍照片悉数邮回上海。到甘肃后，探险队正欲收程回沪，又偶遇班禅活佛。班禅不仅热情款待他们，还劝他们到西藏一行，且赐给护照。他们随即继续前进。到了西藏，探险队一致认为不虚此行。这里风景绝佳，庙宇堂皇，令人肃然起敬。草原上的野牛、野马更为壮观，每闻人声，一二千头如潮水般滚滚而来。当时虽值暑天六月，但西藏仍是白雪皑皑，路上积雪极厚，行走不易。西藏民众个个热情豪爽，待人殷勤。西藏民俗颇多，给他们留下深刻记忆的当属"鬼跳"，是当时每年举行一次的奇俗，红男绿女，相围而跳，音乐铿锵，舞蹈劲美，体态婀娜，给人强烈的冲击和感染。

将近两年的长途跋涉，探险队历经千难万险，所到之处幸赖各地官长派兵保护。虽历尽千辛万苦，但他们用镜头记录下沿途的地理、风景、民俗、民情，获得 2000 余幅无价的摄影，实现了此行的目标，虽苦犹甘。此次探险旅行，他们幸得健康而归，只是无暇顾及装饰，个个蓬头垢面，发长如草。去时，王小亭还是一个 20 岁出头的翩翩少年，回来时从相貌上看已经犹如 60 岁老翁，进家门时，胡须蓬勃，父母竟然不敢相认。

1920 年戈公振创办《时报图画周刊》，结束了手绘画报时代，开启了摄影画报时代，但版面设计上只是各种照片的堆砌，文字说明过于简短，不能充分表达照片的时代背景和主题内容。1926年5月出版的第4期《良友》，刊发了王小亭的《王海升探险记》，这是中国新闻史上最早报道我国西北角、西南角的一组图片。这种图文并重的形式，让画报在编辑形式上发生了深刻而永久的改变。正如袁舒在《王小亭：动荡中国社会的记录者》一文中的评价："这篇报道虽然编辑方式很粗糙，但可以看出以视觉元素来引导读者的企图。由此，王小亭开创了摄影报道的先河。"[①]

1924年夏秋之交，王小亭回到上海，受万国新闻通讯社之邀，任该社摄影记者。1929年出任《申报》新闻摄影部主任。1930年协助戈公振创办《申报图画周刊》，采用影写版印刷，图片质量清晰上乘，为当年画报之冠。1930年11月，《申报》特派他和刘硕甫随美国芝加哥博物院史密司氏生物采集团赴川边考察。他二人携带照相机和摄像机，初时在重庆、叙府、嘉定、雅州一带拍摄。后因采集团所至范围不广，他二人遂单独行动，深入川西、川北、川南等地少数民族地区和各个部落，拍摄寨屋、服饰、生活、习俗、风景和康藏战事，既有奇异险峻之峡谷，又有绵延百里之高山，还有鲜而未见之习俗，更有对康藏战事的详细调查。

1931年5月，他们与采集团在嘉定会合，在宜昌乘坐平和轮于6月22日抵沪，在杨树浦码头登岸。此行历时7个月，行程7000里，拍摄照片1600余张，电影胶片6000余尺，采集特产14箱。这些图片部分刊于《申报图画周刊》。

从1932年至1933年，王小亭的足迹走遍了全国22省，但人事倥偬，他从未得暇写过游记。1933年11月，《大众画报》创刊后，应主编梁得所之约，在前12期开设"王小亭中国游记"专栏，刊有《三峡天险》《蜀道难》《西藏新年之鬼神舞》《贡嘎雪山》《男惰女勤之打箭炉》《四川茶与西藏人》《川边行猎》《失去的热河》《游牧生活》《北平印象》等，每期一个专题、两块版面，每期除有祖国各地精美新奇的摄影作品外，另配一篇数百字的游记。既是对他10年来旅行摄影的一次小结，也为中国近代边疆史、少数民族史研究提供了宝贵的图文资料。

1926年7月北伐战争爆发，9月至11月，广州国民革命政府的北伐军和孙传芳的东南五省联军在江西展开激战。王小亭迅速进入南昌，首次乘坐飞机航拍前线实况。1927年1月，汉口一·三事件爆发。2月，武汉国民政府与英国签订协定收回汉口、九江英租界。他再赴现场，用镜头记录下英勇斗争的中国人民。同年秋，北伐军分别从东路、中路直取上海，上海工人爆发武装起义，王小亭也紧追热点来到上海。从此开始了他的战地记者生涯。

1928年5月，日本制造了济南五三惨案，作为万国新闻社记者的王小亭，来到济南摄影，虽曾受日军监视，但他仍不惧危险，拍摄十余幅被日军残杀的国人尸体照片，刊于

---

① 袁舒：《王小亭：动荡中国社会的记录者》，《青年记者》2013年第29期。

第 26 期《良友》。1929 年发生蒋冯战争，他赴河南前线拍摄了《西北战事真相》，除报道战事外，还记录了战后河南地区满目疮痍、野有饿殍的惨景。

1931 年九一八事变后，王小亭来到锦州前线，以锦州为起点向东走，一直走到辽河西岸的大虎山前线。12 月 20 日《申报图画周刊》刊登的"锦州前线"整版专题报道，即出自他之手。1932 年 4 月出版的《锦州战事画刊》也收录他的许多作品，该刊有战前锦州城、备战情形、人民遭难、辽西沦陷、日军进城等版块，以大量的图片报道了锦州战事的实况，记录了日本侵略者对我国军民犯下的滔天罪行，是日本侵华战争的又一铁证，也是研究抗战早期日军侵略东北历史的重要史料。

1932 年 1 月 28 日上海一·二八抗战爆发，日军先后出动飞机 300 余架次对上海狂轰滥炸。在日本人严禁华人进入的情况下，为进入虹口拍摄，王小亭想尽一切办法。他的皮肤棕黑，穿着猎装，极像菲律宾人，于是他时常乔充英美记者的菲律宾司机混入。一次，终被日军发现，没收了照相机，人被扣留，幸有英美记者及时赶到再三要求，方才获释。事后，王小亭对人说："迟几分钟性命便没有了。"王小亭冒死换来的独家照片，《申报》以每张 5 元的价格卖给国内外报刊，竟为《申报》创造了 2 万多元的不菲收益。这些照片也成为当时《上海战事画报》《上海战影》《抵抗画报》三种画报的主干。这些照片报道了国民政府第十九路军一月来的英勇抗敌经过，介绍了上海社会各界的支持与救护，揭露了日本侵略者的暴行，再现了上海地区和闸北、江湾、吴淞口一带民众遭受的浩劫，记录了国际联盟来华的调查与调停，全面、立体地展现了一·二八抗战的全貌。

中国新闻摄影先驱黄英

黄英生于广东南海的一个名门望族，自幼聪颖，倍受家人宠爱。在学期间，年仅 16 岁即追随孙中山先生加入革命党，从事秘密工作，曾两次入狱，均被家族疏通关系以钱赎出。第三次被捕后，官府宣布判处他和其他两名同党死刑。在法场上，他目睹左右二人先后人头落地，不禁眼前一黑昏死过去。待醒过来时，发现竟然躺在自家的床上，摸了摸脑袋还在颈上。原来，家族仍买通官方，念其年少无知而免除一死。不过，为警告他，家人商定吓他一回，以使他不再参加革命。

既然进学堂读书容易闹革命，家里便给了 3 万大洋的本钱叫他做生意。年轻的大少爷从此便开起了摄影器械洋行，自己做买办，聘请一个名叫葛洛斯洛的德国摄影师做销售经理。自此，黄英对开麦拉（Camera 的音译，意为摄影机）产生了浓厚的兴趣，闲暇之余便向葛洛斯洛学习摄影、摄像。由于广州精通摄影的人寥寥无几，当地摄影器材市场尚处萌芽时期，供应远远大于需求。加之，黄英也不是做生意的材料，整天醉心于钻研摄影技术，从不过问生意，洋行支撑了两年便告歇业。黄英只得扛着几件价高无人问津的照相机、摄像机打道回府。生意失败了，他却熟练掌握了摄影、摄像技术。这一意外收获为他日后从事摄影、电影工作奠定了基础。

读书、经商都不成的黄英又开始涉足戏剧，很长一段时间泡在戏班里扮起了花旦。谁能想到，当时已经微胖、20岁出头的黄英，粉墨登场后，却也唱、念、做、打，颇具模样。

此后几年中，他一面扛着照相机、摄像机四处拍摄，一面以票友的身份搭班跑龙套。他的朋友很多，时常请他们到酒楼吃饭饮酒。酒楼老板知道他曾是洋行的买办，又有深厚家庭背景，便任由他挂账。不知不觉中时光已至除夕，照例是清账的最后期限。身无分文的黄英想了个躲债的好去处，招呼着朋友来到一家名叫华盛顿的西菜馆吃晚饭。这家老板素来铿吝，脾气又坏，从不肯挂账。菜吃饱了，酒喝足了，黄英开始上演诈醉行凶的好戏，先是摔了一只玻璃杯，后是大骂老板，并伸拳蹬腿地作搏击状。他预料老板见状定会发火，呼来巡捕拿他进牢里过夜，债主们断然不会追到牢房讨债。岂料，事与愿违，那天晚上的老板不知何故忽然变得和蔼仁慈，不但原谅了他醉酒，还破例免了他的单，知道他家住西关，狭街不通车，更为他叫一顶轿子径自送至家中。刚一下轿，他就撞见在家门口恭候多时的债主们。被他们推推搡搡地押进屋来，父母对他一顿训斥后替他付清了账，年关这才过了。

1924年的一天，黄家来了一位生客，点名要找黄英。黄英心想，无非是收账之流，未加理会。但来人却自称来自黄埔军校，专程请黄英到该校拍摄电影。黄英一听拍电影来了精神，立刻答应下来。当时黄埔军校校长是蒋介石，校方想为他拍摄一部纪录片，闻得黄英家里有开麦拉，便请他去拍摄。于是，黄英选了晴朗的一天，扛着摄像机来到学校。国民党政要廖仲恺热情地接待了他，还特意给他冲了一杯浓浓的咖啡。黄英把开麦拉架在校门前，随着一声"开始"，蒋介石穿着笔挺的军装健步走出，黄英便开始摇动机器。但匣子里的胶片已经所剩无几，只拍到蒋介石从出门到上车就没了片子。黄英回到家，冲洗出来后只有16呎，以至于根本不能放映。黄英的电影处女作被梁得所称为"只好晒在药纸上……活而不动的影片"[1]。

1922年后，随着上海的"明星""联华""天一"等电影公司相继成立，1925年初，广州也成立了一家影片公司。公司经理极力邀请黄英加盟担任摄影兼演员。第一部影片正在筹拍之时，五卅运动、"六二三"沙基惨案先后爆发，继之是香港开始大罢工。这一系列的政治事件重又点燃了黄英的革命热情，他提议该公司全体演员演出话剧筹款声援罢工。公司老板出于盈利目的并不赞成，黄英便鼓动演员全体退出，自组剧团排戏公演，亲自承担推销戏票的任务。除向亲朋好友兜售外，他又想起与蒋介石总算有过一面之缘，便拿着两张百元名誉券到黄埔军校推销。不但票子卖了，校方还请他的剧团到军校演出一场。演出后，校方认为该剧颇能表现革命思潮，遂将他和部分演员留在学校，组

---

① 梁得所：《谈画报取材纪念一位摄影者》，《大众画报》1935年第16期。

成血花剧社。后来该剧团在北伐沿途每天对民众公演，宣传革命思想。当时的戏剧如同革命文章一般，简洁明快但标语化，剧情的起承转收公式化：强欺弱，弱觉悟，起而反抗，终得胜利。剧中压迫民众的强暴者，如军阀、土豪劣绅、帝国主义等都是剧中的主角。黄英便自告奋勇地专演这类角色。佩起嘉禾章，挺胸收腹，就是军阀神气；穿上长衫马褂，戴上瓜皮帽，大腹便便，像极土豪劣绅；换上洋服，头顶微秃，颇肖洋大人。每场剧情演至民众联合起来的高潮，台上台下革命空气异常激奋，齐喊打倒。于是，黄英便在一片声讨中一次次被摔倒、被痛殴。

北伐战争爆发后，北伐军很注重政治宣传，沿途贴标语和图画，专设随军战地摄影记者，黄英便兼任了这些工作。在枪林弹雨中，他用摄影机捕捉到了许多珍贵的历史时刻，也尝尽了种种艰辛苦辣，比如爬到树上拍电影时被敌军发现，一通乱枪中险些丧命；又如因为过于劳累而睡过了头，队伍开走时他却浑然不知，在迷途中追赶队伍，做了四天的落伍者。他的付出是值得的，由此，他成为我国最早的战地摄影记者。经过这场战争的洗礼，积累了可贵的拍摄经验，他的摄影技术突飞猛进，摄影和电影也成为他终身奋斗的事业。

由于摄影技术的出现和发展，中国画报也由手绘石印变为摄影照片，但这些照片多为名闺名媛、明星、儿童、风景之类。一天，《良友》画报的主编梁得所收到了一沓北伐战争的照片，记录的是丁泗桥的战事。片子颜色略觉灰黄，显系忽忙冲晒的结果，但却是之前尚未出现过的战场摄影作品。梁得所以职业的敏感立即意识到这些照片的稀少可贵，马上与摄影者黄英取得了联系。1928 年 7 月，良友图书公司利用黄英提供的近 400 张北伐战争的照片，出版了《北伐画史》，成为我国近代史上最早的战地新闻图片集。自此，黄英便成为《良友》的主要供稿人。马国亮在《良友忆旧》中也写道："《良友》画报能畅销五大洲，主要原因之一是它对时事的重视，每月发生的重大新闻，几乎都可以从画报中找到如实报道的照片……其中最早和支持最努力的当推黄英先生。"①

北伐胜利、新都奠定后，黄英继续在中央党部服务。远在广州的家人则盼他早日回乡团聚。正巧，广东省某要人也想聘他回去做些艺术工作。于是，他便打点行囊启程回粤。在广州，黄英的身影时常出入某要人俱乐部——退思园。岂料，回来不多时，那要人便被赶下了台，黄英也在家赋闲一段时间。但他一心想着新闻摄影，1928 年 10 月前后，便借机跑到香港做起了摄影通讯员。

当时摄影通讯员还不是一种职业，酬劳上毫无保障。黄英约了几个摄影记者共同为几种画报投稿，换得一些微薄的稿酬。黄英在香港度过几个月纯粹的新闻记者生活，自

---

① 马国亮：《良友忆旧：一家画报与一个时代》，北京：生活·读书·新知三联书店 2003 年版，第 225 页。

称这是他"一生中最穷最乐的一段时光"。香港原是寸土寸金之地,为节省开支,黄英租住在一家汽车公司停车场的一角,每天早上,他都会被汽车喷出的一阵阵尾气呛醒,这也使他从未睡过一回懒觉。香港地界过小,可拍摄的素材实在有限。1929 年初,黄英便来到了上海,一面替朋友筹设照相馆,一面继续摄影。这期间,他深入民间,拍摄了许多底层百姓的现实生活,发表在《良友》《大众》等画报上,真实地记录了民国时期的人生百态。生活虽然清苦,但他豪放如故。一日,他实在太累了,想到隔壁的浴池泡澡,但囊中羞涩,他一狠心把心爱的怀表当了 5 块钱,冲进浴池,泡澡、搓背、扦脚后再美美地睡上一觉。潇洒的代价是他兜中的 5 块钱已所剩无几。

1929 年 5 月,黄英再回南京,将主要精力转移至电影事业,历任中央宣传委员会电影股总干事、中央电影事业指导委员会委员、电影剧本审查委员会委员、中央电影摄影场场长、中国教育电影协会理事、国际摄影新闻社社长等职。同年 6 月 1 日,中华民国国民政府在南京为孙中山先生举行葬礼。在孙中山先生的灵榇从北平西山碧云寺迁至南京中山陵的过程中,黄英负责奉安大典的摄影工作。在灵榇专列前面加开了一列迎榇宣传车,黄英带的电影队、摄影队,在沿途的北平、天津、沧州、德州、济南、泰安、兖州、临城、徐州、符离集、蚌埠、明光、滁州等站台,拍摄了各地民众迎榇的场景。大纪录影片《孙中山出殡》、专题画册《奉安大典写真》《孙中山先生奉安写真册》都倾注了他的心血。

黄英在南京身兼数职,在文化界颇具影响力。为此,许多旧友到南京来投奔他,倘友人遇公家不能录用,工作没有着落,他便请朋友与他同吃同住,像当年的孟尝君一般,终日座上客常满。有段时期,他实在太忙了,朋友来信又多,他不能逐一回复,就请文书代写后签名寄出。一次,有位朋友来信戏称:"来示得兄亲笔签名,何幸如之。"[①]阅罢,黄英身感惭愧,自此每信必亲写亲复。

黄英与著名导演卜万苍、但杜宇关系最为亲密。他二人每至南京时,黄不仅盛情款待,而且还介绍他们晋谒军政要员,为他们日后的电影事业铺路搭桥。他二人在电影事业上做得风生水起,黄英功不可没。1934 年 6 月,但杜宇筹办《健美月刊》。因为该刊多为女性裸照,同人担心不能通过官方审查,但杜宇则拍着胸脯说:"有黄英在,必能通过。"果然,黄英以"《健美月刊》与时代新生活极为吻合"而使之于 7 月间与读者见面。

通过《北伐画史》,黄英与梁得所也成了好朋友。黄英来沪,他俩即借着午饭时间畅谈一回,除了聊新闻摄影外,谈得最多就是黄英生活中的趣闻轶事,聊到乐处,二人屡屡捧腹。黄英曾对人说:"梁某真是一个有常的人,我赋闲无聊时他请我到新雅(食堂名)

---

① 梁得所:《谈画报取材纪念一位摄影者》,《大众画报》1935 年第 16 期。

饮茶，我乘飞机来往京沪时，他也请我新雅饮茶。"①梁得所到南京时，黄英也惯邀他到金陵春品尝南京菜。1934 年秋天的一个晚上，是他二人最末一次见面。饭后，他们一起荡舟，畅游秦淮河。黄英谈起他当年的 16 吶"活而不动的影片"，忆起他从大少爷到战地记者再到电影官员的传奇人生。梁得所认为，黄英跌宕起伏的经历见证了中国一个新闻摄影者的成长过程，不仅读者喜闻乐见，而且也为正在起步的摄影爱好者们提供了一个可供参考的样板。于是便约黄英写一篇小传，他欣然应允。不料，此约未践，黄英便长辞人世了。

1934 年 10 月 10 日，黄英因扁桃腺发炎而发烧，送至医院经连续 5 日的抢救，10 月 24 日，终因病势日深医治无效而逝。

从乡村走出的摄影记者张进德

张进德是民国时期著名的摄影记者，他曾在《北洋画报》《良友》《中华》《美术生活》《摄影画报》《现象》《天津商报画刊》《风月画报》《特写》等 20 种画报上刊发 1000 余幅摄影作品。1934 年第 23 卷第 1123 期《北洋画报》出版了"介绍张进德君摄影专刊"专栏，并以《介绍风景摄影名手张进德》《个人影展之意义》等图文，记述了他的生平和影展盛况。

张进德，1909 年生于河北静海（今隶天津），以字行，家境优渥，父亲拥有一架进口照相机。十余岁时，张进德就对摄影极感兴趣，在饱览乡村大自然界的晨烟、暮霭、春树、秋云之余，常以拍摄风景自娱。1925 年来津，进入美术照相公司，边学习边拍摄。1928 年北伐战争后，国民革命军第四集团军前敌总指挥白崇禧，召请上海大中华影片公司联艺组主任王元龙，北上拍摄纪录片《北伐完成记》，但在滦州、古冶一带，竟未能找到一位专业新闻摄影记者。经胞弟王伯龙之介，王元龙约请张进德共襄其事。合作数月，圆满完成拍摄，并公开刊行了《北伐完成记》摄影集，风行一时。张进德不仅得到丰厚的赍赏，更得王元龙赏识，遂被招至麾下，随王元龙赴沪，不久被"明星"公司聘为专职摄影，艺技日精。他的摄影作品在题材、背景、光线、构图等方面弥不佳妙，不仅全国各家画报竞相刊登，而且他本人更被多家画报聘为驻沪摄影记者。

1933 年，张进德随"明星"公司赴西北拍摄华山一带风景。同年 8 月黄河水灾，洪水所到之处，屋舍荡然，民众失所。为赈济灾民，河北各界人士发起救济黄河水灾书画展览会。应王伯龙函约，张进德捐赠数十幅影星、华山风景和风土民俗等佳作。1934 年 7 月，展览会在河北美术馆隆重开幕，社会各界人士踊跃参观、义买热情高涨。该展结束后，应观众之邀，复于 9 月 15 日在天津英租界银行公会续展。为褒奖张进德之义举，《北

---

① 梁得所：《谈画报取材纪念一位摄影者》，《大众画报》1935 年第 16 期。

洋画报》遂出版"介绍张进德君摄影专刊"专栏表达敬意。

此外，宗惟赓、李尧生、何佐明、秦泰来、王锡璋摄影记者等都是画报摄影作品的主要供稿人。马国亮在《良友忆旧》中介绍说："与官方有关系、热心支持我们的摄影记者还有宗惟赓先生，他在北京艺专攻读的时候便开始给我们投稿，国民革命成功以后，他参加了中央电影制片厂的工作，在他摄制新闻纪录片的同时，仍为《良友》供稿，不遗余力。宗氏热情，乐于助人。"[1]

（3）通讯社

民国初期，我国的新闻通讯社（早期称通信社或新闻社）虽有一定发展，但运行尚不成熟，至20世纪二三十年代渐趋完善。这些通讯社不仅在新闻传播中为各大报纸供稿，而且也为画报提供摄影作品。其中万国新闻通讯社、国际新闻社、东北新闻影片社、南京中华社、南京光华社、北平东北文化社、新声摄影社、民觉摄影通讯社、首都摄影社、亚东新闻社、广州民声社、绥远新闻社等，均为全国各地画报的主要供稿者。

《良友》创刊伊始，即采用万国新闻通讯社的时政摄影。在第3期《鸣谢》中称："本报图画、照片材料，多蒙万国新闻通讯社供给，此后关于万国时事照片全由该社负责采集。除在《大陆报》登刊外，只在本报发表。本报同人固然感激莫名，想阅者诸君亦同表谢忱也。"马国亮在《良友忆旧》中也写道："国民党中央宣传委员会后改为宣传部，建立了中央通讯社，设有摄影部，专向国内外报刊供稿，主其事的是罗寄梅先生……三十年代军政方面最重要的人物，无过于蒋中正委员长，他理所当然地成为画报最常出现的人物。蒋氏有个侄儿蒋仲琪，经常随侍在侧，并作为蒋和夫人的摄影专员。蒋氏的军政活动照片多半由中央社供给，至于私人活动照片，包括政余休憩生活，出外旅游几乎全由蒋仲琪提供给我们。"[2]

早期的万国新闻通讯社社员范济时、王海升、雷荣基等，主要为《北洋画报》《良友》两刊供稿，兼投《图画时报》《中国摄影学会画报》《上海画报》《天民报图画附刊》等刊。第3期《良友》曾对三人做了介绍：范济时，工于摄影，性尤喜冒险，雄有胆量。欧战之役，屡获奇功。曾三次周游世界，宇宙珍奇，无不尽览无遗。其学识渊博，见闻广博，精神勇锐，实为当世摄影界之独才。美洲万国新闻活动影片公司特聘他为远东分部干事。工作期间，游历亚洲各地，俾得将远东风俗、文化及时事新闻拍摄照片，介绍世界各国人士。1926年国民军与直系交战，他毅然北上，实地拍摄，虽经各方劝阻仍冒险出入枪林弹雨，终将此次战事实况报道世人。王海升则为中国人投身新闻电影界之鼻祖，

---

[1] 马国亮：《良友忆旧：一家画报与一个时代》，北京：生活·读书·新知三联书店2003年版，第228页。

[2] 马国亮：《良友忆旧：一家画报与一个时代》，北京：生活·读书·新知三联书店2003年版，第227页。

祖籍北京，曾任英美公司电影部摄影师两年，后随美洲探险团往华西各地探险，历时两年有余，足迹遍及新疆、西藏一带，渡漠越岭，饱经风霜，始得将此间风土名胜呈现于读者面前。返沪后，范济时聘其为助手，共同拍摄国直战事。雷荣基为粤籍，长于南洋新加坡，性活泼，好运动，喜交游，更富冒险。就学后，每当课余闲暇，则研究摄影。回国后，续学于香港。1925年，范济时来粤，与之相遇，畅谈之下，志趣相投，遂为同事。《北洋画报》曾刊启事文字称："范济时君为纽约万国新闻社驻远东记者，常不惮劳险，出入阵地，摄取战事照片，供给世界各国报纸之用。今范君受本报特约，所得多数资料，以供给本报登载，范君声明只有本报享此特种，其它中国报纸，以后不受供给，诸祈注意。"[1]当时南北两大著名画报之竞争，由此可见一斑。

（4）摄影专家和摄影爱好者

19世纪末摄影技术传入中国后，促使画报从手绘石印向摄影影写版转变。丰富多彩的画报也为摄影作品提供了广阔的展示平台，更培养和提高了业余摄影爱好者和专业摄影工作者的摄影兴趣与水平。一批中国早期的摄影家通过不懈的努力，成立摄影团体，创立摄影培训班，举办摄影展览会，推动中国摄影事业的发展和走向世界。他们通过报社约稿、特聘摄影和自由投稿等方式，为画报提供了大量的摄影作品。

"中国摄影大师"郎静山

郎静山（1892—1995）是中国摄影先驱，自幼喜爱摄影，1920年开始发表作品，先后在《申报》《时报》供职，是我国最早的摄影专家之一。他祖籍浙江兰溪，生于江苏淮阴。其父郎锦堂是清末幕僚，曾在漕运总督陈夔龙属下先后任"左营参将""两镇总兵"，后为运河工程督导，驻节清江浦。像著名报人毕倚虹、戈公振一样，郎静山也讲得一口江北话。他10岁始入学，学名国栋，后因算命先生说他缺金，遂更名郎鑫，字金三，在南洋中学求学时，便用此名。1909年，曾一度至北京，友人甘眠羊以"金三"谐音，为其定名为静山。

郎父爱好书画，更爱摄影。郎静山三四岁时，见到父母的一张放大设色的结婚照，为之吸引，留下深刻印象。14岁考入上海南洋中学，该校国画教员李靖澜爱好摄影，以铂金纸印晒照片。郎深受其影响和启发，寒假回家时，对着穿衣镜自摄己像，并以蓝晒纸洗印照片。

1912年毕业后，郎静山进入《申报》广告部任职。郎与同事江尚青、曹雪赓共同寄宿在上海基督教青年会。他们自己布置暗房，每日下班后三人便钻进小黑屋研究摄影。后又得到画家沈伯尘、丁悚的指点，郎的摄影技术突飞猛进。一次，郎奉派为基督教青年会全国协会总干事王正廷摄影，经王介绍，与永安堂主人、药业大王胡文虎相识。胡

---

① 《北洋画报》1927年8月24日第115期。

为南洋华侨，热心公益，先后创办《星洲日报》《星华日报》《星光日报》等十余家报纸。胡对郎甚为赏识，赠郎一架四寸格莱佛力克司（即柯达）反光镜箱。郎拥有数架相机，最喜爱、最常用的还是这一部。这部相机很是沉重，但郎却片刻不离地背着它长途跋涉、翻山越岭，乐此不疲。

1915 年，郎静山升任《申报》广告部主任。1919 年，又在《申报》对面大楼创设了静山广告社，公私兼顾，相得益彰。通过旅沪湘绅中孚银行监理聂管臣介绍，郎与三菱银行买办胡筠籁相识。胡是一名地道的摄影爱好者，拥有多部最先进的相机和各国的摄影杂志，于是郎又多了一位摄影导师。1919 年的一天，胡对郎说，有一位西人在上海亚洲文会举办摄影展览，让郎也选几张照片参展。郎选了四张作品，竟有三张入选优等 B 类。这是郎的作品首次参展。

1920 年春，郎在哈同花园的一座桥畔，拍摄了一张杨柳照片，丁悚见了，认为柳丝依依，与水中的荷花相映成趣，颇有诗情画意，遂推荐给了《时报图画周刊》主编戈公振。不久，郎静山的画报处女作《荷花柳树》发表了。从此，郎的作品时见于《时报图画周刊》《中国摄影》《华昌摄影月刊》《良友》《联合画报》《艺文画报》《中华》《美术生活》《健美月刊》等十数种画报。1922 年 3 月 3 日，法国霞飞将军到沪，在法国公园举行植树仪式，郎以《时报》摄影记者身份参加活动，他也是在场的唯一一位华人摄影记者。此后，郎便正式入职《时报》，成为中国最早的摄影记者之一。1927 年 8 月 27 日到 9 月 3 日，第八届远东运动会在上海召开，注重体育报道的《时报》社长黄伯惠，便派郎赴赛场全程拍摄。不仅这些照片刊发于《时报》，时报馆还出版了《远东运动会特刊》。1930 年，上海松江女子中学首设摄影班，校长江龙泓聘请郎静山主讲摄影课程，开创中国摄影教育之先河。

随着郎静山在国内外摄影界声名鹊起，全国各家画报均以能刊登他的作品为荣，社会各界人士也争购他的作品收藏、赠送友人。为了满足社会需求，1931 年，郎在上海北四川路创办静山摄影室，承揽摄影展会和作品订购、销售业务。

郎静山是中国摄影界的革命者，在改革创新中形成了自己独特的郎氏风格。他大胆借鉴我国传统绘画的"六法"，摄制了许多具有水墨画韵味的照片，他的摄影作品在实现中西文化融合的同时，更表现出鲜明的民族特色，正如《郎静山倦游归来》一文对他的评价："尤其是郎先生，在世界摄影艺术上占有崇高的地位，每次沙龙比赛中都有他足以代表中国的得奖作品。郎先生的作品是把中国古有的艺术——图画融合在完全西洋化的摄影中，这是使他能超过同时代的本国摄影家而取得国际地位的唯一原因。记得有位西洋批评家说过，只有他能利用这最近代化的机械，以摄制中国的名山大川而仍旧保有它们旧有的美点。因为虽然艺术的欣赏是没有国别的，但是若使一种艺术品而不能表示出一个民族特有的伟大之点，那它只是一个躯壳，缺乏灵魂，而不能成为一件真正的艺术作品。"①

　　郎静山成为《时报》摄影记者后，参与拍摄了 1927 年远东运动会、1929 年西湖博览会等重大活动，其早期摄影作品多为新闻摄影、静物、人像和人体。主要刊发于《时报图画周刊》《新闻报图画附刊》《美术生活》《良友》《骆驼画报》等画报。1937 年抗战全面爆发后，郎的作品主要集中于风景摄影。他遨游黄山、雁荡山、天台山、峨眉山等名山大川，足迹遍及四川、云南、贵州、广西、安徽诸省。其摄影作品除刊于《中国摄影》《联合画报》《上海图画新闻》《特写》等画报外，主要参加海内外各种展览会。

　　郎静山的后期作品具有画意摄影和集锦摄影两大特色。郎既是一名摄影家，也是一名画家，更有张大千、齐白石、叶浅予等一批画家朋友，其夫人雷佩芝也是师从张大千的著名画家。因此，他的摄影作品极具画意，达到"影中有画，画中有影"的境界。1946年 10 月 12 日《大众夜报》中署名"老凤"的《引凤廔缀语四郎静山摄影》一文称，郎先生的高明之处就在于他独具慧眼。有一次，他们二人同游昆山，老凤只注重拍摄沿途的美景，并未理会山顶上的一堆乱石。回来后，郎却说最满意拍摄的那几块石头。老凤一看，惊叹不已，照片上哪是昆山的石头，分明是世上最完美的石景！郎先生采用干皴法，将乱石变为美丽的岩石，而岩石旁的那枝枯柳尤具奇姿。石头本无生命，枯柳毫无美感，但经郎先生之手便让它们生动而鲜活起来。1945 年 9 月 26 日《辛报》中纪逸的《郎静山倦游归来》一文亦称，郎的作品简直可以作为一幅图画来看，其中含有图画的画旨和画趣，却比图画更为逼真。

　　集锦摄影是一种利用暗房技术将多张底片，数次曝光于一张相纸上的独特技法，充分发挥了"暗房叠放技术"。在《论集锦照相》一文中，郎静山详细介绍了集锦摄影的含义："照相之称为集锦者，乃集合多数底片之景物，而放映于一张溴纸上也。盖以一底片中，每因局部景物之不适人意，遂致全部俱废。若集合各底片之良好部分，予以适宜之接合，则相得益彰。非独可使废片景物化为理想之境地，且足令人得更深之趣味，此即集锦照相之目的也……虽同一拼合，但经作者于放映时之意匠与手术经营之后，遂觉天衣无缝，其移花接木、旋乾转坤，恍若出乎自然，迥非剪贴拼凑者所可比拟也。"②集锦摄影不仅体现出郎静山的手法高、剪裁妙、工具精、冲洗美，更能表现出鲜明的民族色彩，传达民族文化的精神，因而更具现代性。

　　郎静山曾是美国摄影学会、英国皇家摄影学会的甲等会员，比利时、荷兰等国摄影学会的名誉会员。甲等会员的条件是必须在摄影技术上有所创新，有自己独特的风格。郎当时在国际摄影界的地位和影响，国人无人企及。从 1919 年至 1949 年，他的作品共参

---

① 纪逸：《郎静山倦游归来》，《辛报》1945 年 9 月 26 日。
② 郎静山：《论集锦照相》，《申报》1941 年 3 月 11 日。

加国内外摄影展会 700 余次，1944 年至 1946 年，仅在美国就展览 39 次。他的一帧《日出》甚得美国摄影学会评判员唐拉夫因的嘉许，名列展会第一名。抗战胜利后，郎在青年会举办个人展会时，唐拉夫特从美国汇款 3 万元，以资庆贺。郎静山的摄影作品在获得国际社会认可的同时，也让中国摄影走向世界，让世界欣赏到中国艺术、了解到中国国情。

郎静山与诗人徐志摩、才女陆小曼是好朋友。1926 年，徐、陆结婚时，郎曾送他们一张名为《愿作鸳鸯不羡仙》的摄影作品，作家郁达夫在其上题写"终成眷属"四字，照片中一对鸳鸯正在兰草中嬉戏，意在祝福徐、陆作一对神仙伴侣。据徐心芹的《郎静山先生与其作品》一文载，诗人徐志摩评价郎静山的摄影艺术时说："艺术的一个问题是材料的取舍。一个艺人有他独有的艺眼，他的眼不仅能见，还能看。他不能脱离自然，但他从不倚赖自然：他不享现成。因为艺术的美与自然的美是截然不同的，各有各的格律，各有各的韵味。我们不能想象一个'照抄'的艺人，然而事实上几乎每一个艺术学校都得派学生到——比方说——西湖去写生，照抄！伟大是艺人创造的憧憬。因此真纯的艺术品不仅使我们愉快，它也使我们惊奇。'想不到他会这么来'，我们说。但是一般人只要认出一幅画是西湖的景致就高兴，因为他喜欢西湖。但这于艺术有什么相关？可有人只要看出一幅画里有他认得的一点诗意就高兴，因为他喜欢文学。但这于艺术又有什么相关？我佩服静山先生的景作，因为他是有眼睛而且真知道看的一个艺人。因为他省得取舍的秘密，因为他能为摄影辟出一个影片上独有的一个境界。"[1]

摄影家郎静山、胡伯翔、陈万里等于 1928 年发起中国南方第一个摄影艺术团体"中华摄影学社"，简称"华社"，以研究摄影艺术、宣传中国文化为宗旨，张珍侯、王大佛、祁佛青、朱寿仁等一批摄影爱好者先后加盟。社员每周集会一次，或研讨摄影技巧，或结伴出外寻找摄影材料。该社编辑出版《天鹏》《中华摄影杂志》两种画报，培育摄影新人，促进摄影艺术繁荣。1931 年初，郎静山与黄仲长、徐祖荫、刘旭沧等创立三友影会，专为提供优秀摄影作品赴日、美、英等国参展，发挥中外文化交流的桥梁纽带之功效。1934 年末，郎与画家叶浅予、张善孖、罗谷荪等共同创办黄社，旨在以绘画、摄影等文艺手段宣传推广黄山名胜，直到 1937 年全面抗日战争爆发后停办。

视摄影为第二生命的卢施福

卢施福的主业是医生，兼职摄影，从医为了谋生，摄影则是他一生的爱好。他的百余幅作品分别刊发于《良友》《时代》《中华》《玲珑》《美术生活》《生活画报》《摄影画报》《青岛画报》《天津商报画刊》等 20 余种画报，他不但多次与陈传霖、郎静山等摄影家在国内举办摄影展，而且还在国际沙龙摄影展中多次获奖。

---

① 徐心芹：《郎静山先生与其作品》，《图文》1936 年第 1 期。

卢施福（1898—1983），又名卢克希（DR. K. CLUSIEVG），广东香山金鼎人。在他3岁那年，祖父母召集一家三代拍摄全家福。在广东没有找到很好的照相馆，遂从香港请来一位摄影师，仅用几分钟便完成拍摄。全家福寄来后，卢施福凝视良久，只见照片上祖父母分坐在茶几两旁的椅子上，父母站在他们后面，自己头戴八仙童帽、手持一枚饼干，站在茶几前面，茶几上放着自鸣钟、盖茶碗、万年青。全家福中的每个人虽然表情都很呆板，但在如此短的时间内就能把所有人的样貌定格在照纸上，这让年幼的卢施福感到无比神奇，摄影之事遂深刻地印在他的脑海中。此后，每经照相馆则伫立良久，心驰神往。

1914年，卢施福考入天津英文商业专科学校，1916年升入上海同德医学院。在大学期间，他开始实践自己的理想，购买了一架明信片大小的折合式照相机，装有一个F77的镜头。课余时边揣摩边拍摄，起初只拍亲友人像，后以拍摄风景为主。为了提高水准，他购买了欧美各国摄影书籍，研究光线之阴阳、镜头之快慢，几度寒暑，技乃日进。师长、同学见其作品，莫不赞叹，以摄影家称之。

大学毕业后，卢施福留沪行医，专治脑病、性病。在经济能力允许的情况下，他又添购了照相机和暗房设备。虽诊务倥偬，未有暇晷，但研究摄影亦不曾稍懈。公余时，他不是翻阅摄影书籍、默坐细阅，便是在暗室中忙碌。有朋友问他："如此生活，得无太苦乎？"他答曰："予无嗜好，是即予之消遣品也。"从那时起，他已将摄影视为第二生命。

1928年从医后不久，卢施福就结识了当时已小有名气的摄影家陈传霖。陈传霖，毕业于南京金陵大学建筑系，时在英商祥泰洋行供职，为人谦和，酷爱摄影，共同的志趣让他们很快就成为朋友。他二人时常在一起研究摄影技术。每逢休息日，卢必驾车接陈，做郊外猎影旅行。1929年底，陈传霖与聂光地、丁升保、林泽苍等筹设黑白影社，陈邀卢加入。1930年元旦，黑白影社正式成立，社址设在上海跑马厅路485号卢施福寓所。陈卢共同主持社务，二人出入相偕，成为摄影界"劳莱和哈台"式的绝妙搭档。

1933年，卢施福的摄影作品参加美国芝加哥博览会影展，其一幅名为《老人像》的作品入选，并永久保存于该会美术馆。卢施福在接受记者采访时称："参与沙龙竞赛的相片从各地寄去共有3000余张，从3000余张里挑出300多张，再从300多张里选出最优秀的30几张来。"

1933年6月和1936年6月，卢施福与陈传霖分别在中国青年会与上海大新公司合组举办了两次摄影展，观者如堵，好评如潮。展会作品在《良友》《中华》《时代》《文华》等画报中刊登。卢施福更加入美国摄影学会，先后参加巴黎、伦敦、德国、加拿大等国举办的沙龙摄影展，均获奖章及奖状。一时间，陈传霖、郎静山、卢施福三位摄影家之名享誉海内外。

画报除刊载摄影专家作品外，也很重视自由投稿，几乎每种画报在每期刊首或刊尾均载有启事，面向社会广泛刊登征稿，得到了社会上摄影爱好者的响应和支持，因此，画报中留存下来一大批摄影爱好者的作品。

（5）编者

画报的编者大都多才多艺，尤其是在摄影、绘画、文学等方面颇有建树，如《摄影杂志》《中国摄影学会画报》《摄影画报》《中华摄影杂志》《柯达杂志》《华昌摄影月刊》《中华景象》等摄影艺术类画报，或为某摄影专业机构而办，或为某摄影者所做的专集。因此，他们既是编者又是作者。一些小型画报，编者则身兼摄影、文稿、编辑等多项工作，而如《良友》《文华》等大型画报则拥有自己的摄影团。

《图画时报》摄影团

1920 年 6 月，《时报》增出画报《图画周刊》（后改名《图画时报》）后，《时报》社长黄伯惠极重视画报的摄影作品质量，常常是自己出马亲自带领摄影团实地拍摄。据 1930 年 4 月 12 日《小日报》中《黄伯惠对于运动之牺牲》一文载，杭州全国运动会中，黄伯惠除派十余名得力记者赴杭工作，本人也亲自出马担任摄影职务。黄更事先与沪杭铁路局约定，在每日由杭开沪的夜车上，包定一间头等房间，布置成暗房，专作洗制照片之用。凡当日在会场中拍摄的照片，黄辄亲自携之登车，与一名助手在暗房中洗印淘汰。车抵嘉兴，照片洗制已竣，黄遂下车，将照片交助手带沪，送报馆制版刊用，黄仍乘车返杭，翌日清晨再入会场拍摄，日以为常，毫无倦容。新闻方面则租用开洛公司无线电通讯设备实时报告赛场消息，也较其他家报馆迅捷便利。尤胜人者，为独用飞机运报一事。当时沪上各报向由早班车运杭，抵杭时已至中午 12 时左右，《时报》为争取时间，乃斥日租 300 元租金，包定沪蓉航空公司一架飞机运报赴杭，清晨 8 时即可看到花花绿绿的《时报》在运动赛场上分送，各选手获睹自己的照片和优胜的报道，莫不异常兴奋，《时报》有价值的声浪随即弥漫全场。综计《时报》在此次全运会中的花费达万金以上，能具此远大眼光而又不惜小费者除舍黄伯惠外，报界恐无二人！

《良友》摄影旅行团

1932 年 9 月，由梁得所、欧阳璞、张沅恒、司徒荣 4 人组成的良友全国摄影旅行团，从上海北站出发，深入高原深山、河流湖泊、边陲之地实地拍摄，栉风沐雨，风餐露宿，历时 8 个月，行程 3 万里，耗资 1.3 万余元，拍摄 1 万余幅照片。这些图片除供《良友》刊用外，1933 年 5 月，还从中精选 200 余幅照片，在上海、南京、汉口、北平、香港、广州、济南、开封、天津等地举办巡回展览。马国亮在《良友忆旧》中称，当时中央研究院院长蔡元培先生对《良友》此举大加赞赏地说："我国土地的广大，历史的悠远，久已为世界所注目。海禁大开以后，各国的学者到内地探险考察的，不胜计数……我国人士对此，尚无自动的组织，可称遗憾。良友公司自创刊《良友》画报以来，以图画之力，介绍我国的国情风俗于海内外；成绩昭著，久为识者所钦佩。现在又组织摄影旅行队，将遍游全国，采取壮丽的山川，醇美的风俗，以及种种新的建设，都收之于印画，宣示世界，以为文字宣传的佐证，其目的远大，实堪称赞。"①曾任国民政府铁道部长的叶恭绰对摄影旅行团的热心赞助，不只见于言，也见于实际行动。在酝酿组织摄影团时，他多次到良友公司来提出自己的意见。摄影团出发的前一天，他还到火车站送行，"濒行对领队梁得所说的不是一般的祝旅中珍重，而是谈他对采访的补充想法，意有未尽，看看火车开行的时间已到，他临时买一张车票，和摄影团一起，同车到苏州，利用车上两小时的时间，在行程的订正方面提供他的意见"。他不无感慨地说："国际上，人家对我们的恶意宣传非凡之多，因为我们一点自身的表现都没有，结果那些恶意宣传便占了大势力，或且形成一种舆论。所以把我们一切文化道德艺术的真相，充量给人知道，亦是当今急而且要的。所以不但要有调查研究，而且要有表现的好机关与方法，就是真正不好的地方，我们也可以等大家知道，想出改良的方法，而且是切实地去改良。这就是我所以十二分赞成良友公司组织国内摄影旅行团的缘故。"②

电影明星的御用摄影家陈嘉震

陈嘉震（1912—1936），浙江绍兴人，父亲曾任县令，母亲早年病逝。其父希望他在商业方面有所成就，遂将其送进一家绸缎庄习业。而他人虽小，却有自己的主张，不愿做一个庸碌的商人。父子二人意见不一，加之继母从中挑拨，他们的感情陷入窘境，终致陈嘉震 15 岁离家出走，不再返乡。离家后，他来到济南，开始半工半读的生活，肄业于齐鲁大学，同时兼任《大公报》体育记者，读书费用完全自给。他的老师是老舍先生，他当时的理想就是成为一名作家，所以除了研究摄影技术外，对于文艺也是甚为努力。

1932 年一·二八抗战爆发后不久，陈嘉震来到上海，曾在天一、明星两家电影公司担任摄影，其作品最早刊于《图画时报》，后在《良友》《北洋画报》《时代》《中华》《大众》《摄影画报》《青岛画报》《明星》《万影》《文华》《天津商报画刊》《新天津画报》等全国 20 余种画报发表，多为影星和风景摄影，在摄影界闻名一时，许多女明星以得到他的摄影为荣。

1934 年初秋，良友图书公司出版的《良友》画报在出版界风头正劲，但主编马国亮并未满足，他又策划出版了王人美、阮玲玉、胡蝶、徐来、袁美云、陈燕燕、叶秋心、黎明晖八大女明星特刊，聘请年仅 22 岁的陈嘉震担任摄影。陈嘉震不负众望，历时月余，圆满完成摄影工作，并亲自主编摄影专刊，刊名定为《中国电影女明星照相集》。该刊虽以大洋 1 元的高价出售，但因满足了影迷们的追星心理而风行一时，"民国八大女明星"

① 马国亮：《良友忆旧：一家画报与一个时代》，北京：生活·读书·新知三联书店 2003 年版，第 76 页。
② 马国亮：《良友忆旧：一家画报与一个时代》，北京：生活·读书·新知三联书店 2003 年版，第 78—79 页。

之称传遍全国。陈嘉震也随之声名鹊起，成为专拍影星的御用摄影家，影后胡蝶更称之为"摄影大王"。

《中国电影女明星照相集》中的袁美云当时刚刚出道，此前寂寂无闻。陈嘉震喜其天真，尽力提携，设法将其名列其中，袁美云自此一路走红。但他二人不久便分道扬镳。陈嘉震深受刺激，从此脱离电影业，以摄影为职业，编辑画报和为画报投稿成为他的主要事业。

1935年，陈嘉震加盟艺华出版社，主编《艺声》画报，拍摄、编辑了《中国电影明星大观》《胡蝶女士欧游纪念册》等影星专集，当时的电影演员竞相拉关系找他拍摄。他的摄影作品具有很高的艺术水准，他编辑的画报设计精巧，编排新颖，印刷精美，装帧考究。更为难得可贵的是，他完全抱着一视同仁的态度，没有排斥小规模的电影公司，没有忘却尚无名望的导演、编剧，更没有忽略不被影迷们注意的临时演员。因为他相信，那些小规模的电影制片公司也能拍摄出优秀、完善的作品，那些不知名的临时演员中也会产生杰出的表演人才。因此，他的画报还专设"临时演员群像"专版，刊登了数十位在水银灯下最吃苦最出力却永远被观众遗忘的、在银色刊物上不会有他们露脸机会的临时演员们的相片。今天看来，这些演员日后大多没有成为明星，就像是电影圈里的一颗流星，已被人们淡忘。在当年所有画报只载明星大腕的情况下，这些演员的影像或许仅此一次出现在画报中，这便也是陈嘉震摄影作品的独有价值之一了。

1935年7月，应《妇人画报》编辑郭建英之邀，陈嘉震再为影星貂斑华拍摄照片，貂斑华一时成为当年著名的封面女郎，未及成功演出影片就已红极一时。后来，他二人又陷入了一场订婚风波，竟至对簿公堂。这场讼事，陈嘉震虽然胜诉了，但他在精神上却遭受重大打击。同年秋，他的项间生出一核，初时疑为瘰疬，只是休养一段时间。至1936年春，病渐加剧，但因生活问题，他仍扶病为艺声出版社出版《艺声》画报。7月1日，始入浏阳太保加医院治疗。一个月后，病势愈重。8月1日改入虹桥疗养院，时双肺尽腐，挽救乏术，终于8月16日病逝，时年仅24岁。

2. 图画作者

"图画为最妙之有形新闻，任何人能直接了解，不必经过思考，且不限智识高深，即妇人孺子亦能一目了然"[1]。画报中的图画包括书法、中西绘画、漫画、雕塑、木刻、制印、题词、剪影等。图画在种类不同的画报占比不尽相同：在《良友》《北洋画报》《上海画报》《大亚画报》等综合类画报约占10%；在《湖社月刊》《艺林月刊》《美术生活》《国画特刊》《醒狮画报》《绿葉画刊》等美术艺术类画报中绘画作品约占50%以上；在《时代漫画》《独立漫画》《上海漫画》《滑稽画报》《天津漫画》《美人世界》等漫画艺术类画报中

---

① 戈公振：《画报的责任与前途》，《中国摄影学会画报》1930年第5卷第250期。

漫画作品约占 70% 以上；而在《联益之友》《戏剧月刊》《369 画报》《开麦拉》《新天津画报》《航空露布》等以文为主、以图为辅的画报中，图画占比则约在 10% 以下。图画作者有古今中外书画家、社会名流、漫画家和制印、雕塑、木刻、金石等艺术家。

（1）书画作者

追求高雅、弘扬艺术是很多画报的宗旨，如美术艺术类画报多以刊登古今中外书画作品为主，而《北洋画报》《良友》《上海画报》等综合类画报中也有书画版块。这些书画作者中既有吴昌硕、徐悲鸿、刘海粟、张大千、吴湖帆等名动全国的各画派的领军人；也有活跃在民国时期的各个美术社团成员，如中国画学研究会的陈师曾、周肇祥、齐白石、金城等，湖社画会的金开藩、惠孝同、陈少梅、叶恭绰、陈半丁、于非厂、傅儒、徐燕孙、胡佩衡、秦仲文、马晋、王雪涛、吴镜汀、汪慎生等，烂漫社的黄宾虹、张善子、张大千等，海上书画联合会的于右任、王一亭、陶冷月、谢公展等，峨眉画会的陈靖业、蒲宣三、周稷、方矩、余光阎等；更有宋代范宽、崔白、张择端、夏珪、李唐等，元代赵孟頫、黄公望、倪瓒、李士行等，明代董其昌、文徵明、沈周、唐寅、米万钟等，清代石涛、王时敏、郑燮、郎世宁等。这些多为当年全国各大收藏家将藏品拍摄照片赠送画报的，经过战火的洗礼、自然灾害和人为原因，有些已流失海外，甚至散佚了，今天只能在画报中得以欣赏。可以说，从宋代到民国各时代著名画家的作品和介绍，多可在这一时期的画报中找到，这也从一方面凸显出画报的珍贵价值。

1925 年 11 月，《金石画报》在上海创刊，由叶更生、顾青瑶、马轶群等发起创办，以"保存国粹、提倡金石书画"为办刊宗旨。该刊图画部分有书法、绘画、篆刻、碑帖等，刊登邓钝铁、顾青瑶、马轶群、黄界民、李亚东、徐烈哉、晦庐、黄阁、刘未林、蔡伯衡、陈肩苍、罗伯华、汤东甫等篆刻家、书画家的作品。

1925 年 12 月，《鼎脔》在上海创刊，创办人兼主编为浙西名士王修（字季欢），上海巽社襄助。巽社为王修 1925 年创办，以研究金石、书画等美术界问题为宗旨，社友大多来自全国各地的美术界。这些社友也组成了一个强大而稳定的《鼎脔》作者群。随着画报声誉日隆，陈师曾、贺履之、傅增湘、罗振玉、胡佩衡、张度、沈尹默、林琴南、黄宾虹、齐白石、吴昌硕、汪大燮等 200 余位全国名家纷纷投稿。

1934 年 4 月，《美术生活》在上海创刊，创办人金有成，发行人俞象贤。该刊之所以成为当年美术界的一面旗帜，是因为它有一般美术刊物望尘莫及的强大感召力，它将张大千、徐悲鸿、林风眠、黄宾虹、吴湖帆、梁鼎铭、贺天健、方君璧、俞剑华、陈抱一、颜文樑等当年美术界众多精英，均列为"特约编辑"，最多时达 36 人。他们除参与办刊事务外，更多的是提供画作。此外，黄苗子、蔡若虹、钱瘦铁、齐白石、高奇峰、叶浅予、庞薰琹、万籁鸣、朱屺瞻等名家的作品在画刊上也时有出现，为画刊增光添彩。因此，当年的画家以能在此刊发表作品为最高荣耀。

美术类画报的出版多集中于中国近代画报鼎盛时期，多达 20 余种，但因专业太强、受众过窄，发行量较小，或局限于出版地，或读者仅为美术界人士。《良友》《北洋画报》等知名画报，则发行量大、出版时间长，对社会影响深远。这两种画报均以较重篇幅报道当年各种画展、介绍展览精品、刊登画家小传。如《良友》，第 24 期有"上海新华艺术大学成绩展览会""上海美专成绩展览会"，第 38 期有"艺术运动社展览"，第 40 期有"广州青年艺术社秋季展览"，第 50 期有"中华国立西湖艺专成绩展览"，第 60 期有"上海艺苑美术展览"，第 85 期有"柏林徐悲鸿绘画展览会开幕"，第 87 期有"刘海粟主持的柏林中国绘画会开幕"等；而《北洋画报》，1927 年第 127 期介绍钱铸九画展，1929 年第 6 卷第 265 期为"李子畏国画展览专页"，1929 年第 8 卷第 362 期为"石冥画展特刊"，1930 年第 9 卷第 426 期为"颜伯龙画展特刊"，1930 年第 10 卷第 472 期为"闺秀画展"，1932 年第 16 卷第 785 期为"女子图绣画展"，1933 年第 20 卷第 982 期推出的是杭州西泠和南京艺光的联合画展，1934 年第 23 卷第 1137 期推出邵逸轩的儿女邵少逸、邵幼轩的兄妹画展和 1936 年第 29 卷第 1419 期介绍青年画家刘维枢、魏赓的画展等，可以看出，这两种画报既介绍名人画展，又推出崭露头角的青年画展。

（2）漫画作者

漫画是一种浅显易懂、深受民众青睐的艺术形式，具有夸张、幽默和讽刺的特点，由于它具有平民化的表达方式和诙谐中寓含启示的特点而成为画报重要内容之一。在鼎盛时期的画报中，既有以滑稽搞笑画面，使人轻松愉快的喜剧艺术漫画，又有以幽默笔调，讽喻社会的丑陋现象，达到启蒙民众作用的写实漫画，更有介绍世界漫画的经典作品。这一时期漫画艺术类画报有《中国漫画》《时代漫画》《上海漫画》《独立漫画》《漫画界》《天津漫画》等近 20 种；综合类画报或设置漫画专版，或在艺术版块中为漫画辟有一席之地；即使是电影、戏剧、游艺类的单一主题画报，也刊有一定数量的漫画作品。

这些漫画的作者多为上海漫画会、五三漫画会、四川漫画社等各个漫画社团成员，也有一些漫画爱好者的自由投稿。画报充分利用其大众化功能，汇聚了一批漫画家，发表一系列名人漫画，如丰子恺的《护生画集》《非战漫画》《学校生活漫画》《小钞票历险记》等，张乐平的《三毛》《云云氏》等，叶浅予的《王先生》《小陈》《装束美》等，丁聪的《青春狂想曲》《新上海漫画》《礼拜六漫画》等，汪子美的《一个故事》《八仙过海》《抗战情歌》《电影人物志》等，郭建英的《新家庭的经济问题三部曲》《人生最黑暗的时间》等，报道时政新闻，介绍民众生活，展示世间百态。

1927 年秋，丁悚、张光宇、黄文农、叶浅予、鲁少飞、王敦庆、张正宇、季小波、张眉荪、蔡输丹和胡旭光 11 人，在上海共同发起中国漫画史上第一个成立的民间漫画团体——上海漫画会，张光宇主持会务工作。该会意在组织会员相互协作，普及漫画基础知识，研讨漫画社会功能，组织漫画作品展览，促进中外漫画界交流，出版漫画类画报。

1928 年 4 月，《上海漫画》在上海创刊，经理程冠唐，漫画会会员叶浅予、黄文农、王敦庆，集合文艺界名家丁悚、张光宇、张振宇、郎静山、张辰伯、鲁少飞、王启煦、季赞育、陈秋草、方雪鸪等执笔，中国美术刊行社出版、发行。此后，以漫画会成员为主干又先后出版了《生活漫画》《独立漫画》《时代漫画》《漫画界》等。

1935 年 1 月在上海创刊的《今代漫画选》则是一册漫画家精品作品专辑，选登了当年名重一时的丁聪、丁影、江栋良、江毓祺、江枚、江翰青、史济宏、沈宝辉、余月华、余忘我、余振雄、周汉明、李吉生、李康年、林浪沙、胡考、吴世禄、金剑凡、金善生、徐进、茅愚言、唐敏生、陆志庠、陈青如、陈静生、陈少白、陈权可、黄嘉音、黄文新、黄士英、张英超、张乐平、程柳燊、华君武、叶浅予、钱云、钱敦德、薛志英、瞿松寿、顾政书等 40 位漫画家的代表作品，既代表那一时期中国的漫画创作水平，又体现了当年漫画家们的创作思想和对社会的认识，更以漫画的形式艺术地呈现了当时的政治、军事、经济、文化、社会等诸多方面的现状。

外国漫画作品也通过这一时期的画报与读者见面，很多名作后来被改编成电影、动画片，流传至今。1936 年 8 月 1 日，林竞成在上海创办的《滑稽画报》，汇集了世界各国的精彩笑料、滑稽漫画、幽默故事，尤其是先后连载了《父与子》《大力水手》《人猿泰山》《一身是胆》《安得生》《狄克探案》《雌老虎》《怕老婆》《摩登家庭》《她的矮情人》《女职员》《摩登小姐》《罗曼笑史》《劳来和哈台》《聪明的黑猫》《禽兽国米老鼠》《顽皮姑娘》《胜利者》《顽童日记》《探宝记》《小妹妹》《荒岛女盗》《大腹贾》《琳丁丁》《小人国》《救火车》《探宝记》《拳大王》《花花公子》《女巫》等数十种连环画，成为研究世界漫画史的珍贵素材。1920 年 10 月 17 日，瑞典著名漫画家奥斯卡·雅各布在《星期日——尼斯》幽默周刊第 42 期上连载长篇连环漫画《安得生》，第二年起，每年出版一个单行本。秃顶上只剩三根头发的矮老头——安得生"其貌不扬，身材却很结实；上了岁数，可并不世故；经常戴着礼帽，叼着雪茄，独自踽踽街头，经历着各种奇遇，即使闭门家居，也常遇麻烦；他是一个不识时务而永远胜利的英雄"的形象，从此发生了世界性的影响，《安得生》成为欧洲漫画宝库的经典之作。德、英、法、美等国先后出版其选集。1925 年至 1926 年，雅各布在希腊、意大利旅行期间，创作了《安得生漫游记》。1934 年我国漫画界老前辈张光宇编选其中的 100 幅作品出版了单行本。1934 年 12 月，第二次世界大战前夜的德国，到处充满了火药味，正是在这样的一个背景下，一套取材于日常生活反映父子间感情的漫画作品开始在《柏林画报》上连载，它的幽默温情犹如一片人性的绿洲，拂过万千民众的心，这便是德国漫画大师埃·奥·卜劳恩的传世名作《父与子》。《父与子》所塑造的善良、正直、宽容的一对父子形象深深地打动了千百万读者的心，被誉为德国幽默的象征。它的幽默感和人情味表露得如此纯真，以致在问世近 70 年后，依然不断征服着世界各地的读者，散发出不衰的艺术魅力。《父与子》问世的第二年，即被我国著名出版家吴朗西先生引进，在中国出版发行，丰子恺先生欣然为该书作序。《父与子》出版后到了鲁迅先生等人的高度赞誉。在此后的数十年里，《父与子》一直是中国读者最喜闻乐见的连环漫画佳作。《人猿泰山》是一部优秀的小说，在书中巴勒斯一方面对人类社会的弊端感到深恶痛绝，另一方面又指出了非洲原始丛林对"泰山"人性发展的限制。"泰山"就是像孙悟空在中国一样受人欢迎。很快，《人猿泰山》就被改编成连环漫画。这部漫画开启了英雄漫画市场，同时促使美式漫画史发生了重大的改变，以拥有超能力的英雄为主角的类型漫画开始粉墨登场，继而愈演愈烈。1929 年，又被改编成电影搬上银幕，一时风靡美国，从而拉开了漫画改编电影的序幕。

　　《良友》《北洋画报》《上海画报》等综合类画报也注重深受读者青睐的漫画作品。1925 年 9 月 7 日，北京《晨报》创办《星期画报》，以"报道时事、提倡艺术"为办刊宗旨。据《传统媒介中的新闻漫画研究——以〈星期画报〉为例》一文载："136 期《星期画报》共刊载图片 3123 幅，其中新闻漫画 221 幅，占比 7%。"①据《〈良友〉漫画视域中的民国社会研究》一文载："《良友》多达 614 幅的漫画中，其创作者中有 107 位是明确署名的中国画家以及绘画团体。"②其中有丰子恺、叶浅予、丁悚、张乐平、黄尧、丁聪、张光宇、江栋良等著名漫画家，也有摘自外国报纸、期刊的外国漫画家作品，还有不知名的自由投稿人，更有署名"年""未人""占士"等笔名的作者。《北洋画报》也经常刊登新闻、人物和讽刺漫画，并对作品进行深度解读和评论。如自 1927 年至 1930 年连载《女子三百六十行》连环画，记录了当年女性的生活百态。1928 年 5 月 3 日济南五三惨案爆发后，该刊以图文的形式连续报道：5 月 23 日特辟"济南事件写真"专版，26 日刊出一组《民四（1915）日本逼我国承认廿一条时之外国讽画》，30 日刊登童漪珊的漫画《同胞! 留神田中的痴想实现! 》，与数十幅现场照片相得益彰地揭露该案真相。为此，以宗惟赓、王君异、王石之、蒋汉澄、孙之俊为代表的漫画家成立"五三漫画会"，同年 7 月 14 日的《霞光画报》专辟五三漫画会专版，详细介绍了五三漫画会概况，刊发宗惟赓、王君异、蒋汉澄、王石之、孙之俊等漫画作品。王君异的《漫谈五三漫画会》也谈及了该会的缘起："好像是'五三'济案逼出来的……用严正的态度来描写社会上的一切阴险、卑污、虚伪、骄矜的罪恶丑态，而给予暗示或讽刺，以驱策社会往美的、善的、人生的大道上去。"③

　　在一段时间中，五三漫画会成员成为《北洋画报》《世界画报》《北京画报》《霞光画报》《日曜画报》等画报的主要供稿人。

　　漫画也是《图画晨报》的重要版块，从创刊号到第 184 期一直连载著名漫画家叶浅予

①　江悦：《传统媒介中的新闻漫画研究——以〈星期画报〉为例》，《科技传播》2021 年 10 月。
②　王昕：《〈良友〉漫画视域中的民国社会研究》，河北大学历史学硕士学位论文 2018 年 5 月。
③　王君异：《漫谈五三漫画会》，《世界画报》1928 年第 138 期。

的《王先生别传》，为此该刊每月支付叶浅予 100 元的高额稿酬。叶浅予每周画一套《王先生别传》和一幅封面广告时装画。因当时他已在《时代》画报中发表"王先生"，遂改为"王先生别传"，王先生的穿着也由西装改为长衫配马甲、头戴白盔帽，以示区别。1935 年 7 月 28 日，张乐平创作的第一幅三毛漫画出现在《图画晨报》上，这个"光光头上三根毛，圆圆鼻子往上翘"的儿童形象，从此成为中国几代人的成长记忆。这两组漫画，成为该刊的亮点，引起读者浓厚兴趣，为《晨报》打开了销路，发行超过万份。

此外，这一时期仍有以图画为主的石印画报出版，如《天津画报》《民权画报》《笑画》等。《笑画》的图画部分皆为漫画，载有丁悚、同光、韦光、旭光、许一沤、洁贞等漫画家的作品，如《矮颈女子学时髦》《起死回生术》《东西南北之人》《纸烟之将来》《走路机器》等。《民权画报》刊有新闻和滑稽两个部分的时事画和讽刺画：新闻包括社会新闻和国际新闻，图文并茂，颇具讽刺意味；滑稽画主题多为反对借外债、反对帝国主义瓜分中国，揭露立宪丑行和袁世凯篡权阴谋，如连载钱病鹤的《百猿图》，通过描绘袁世凯妄做皇帝美梦、众人捧其登上皇帝龙位、在御座前参拜等丑态，揭露袁世凯窃取辛亥革命果实，妄图称帝的阴谋和野心，神态逼真，惟妙惟肖。这也是我国最早的漫画之一，只是当时尚无"漫画"一词。

3. 文字作者

"画报，顾名思义，当然以图画为主体，画报而有文字，所以记一事之变迁，一人之事迹，阐人群玄妙之理；示谐谑讽刺之旨。总之，所以补图画之不足而已。是以此种文字，与一泻千里之论评既不相同，与典雅朴实之传述更异其趣。不尚铺张扬励，尤忌琐细雕饰；下笔清峭，自饶雅趣。净恶胜于谩骂，奖善不用阿谀，庶乎近之矣。此就行文言之也。至若取材，则事不伤雅，人不过褒，斯为至上。伧俗之言，虽大人先生所言不取；韵味之论，即贩夫走卒所论亦采。娼妓非不可谈，应不及于淫秽；剧优亦可以评，要免流于谬滥。善固当传，恶岂应讳？褒贬之旨，在留意于字句之间而已。晚近画报刊行多矣，其文字能近于此者，殆不多靓。非笔下拉杂生涩，即取材猥亵俗冗。传人则不发其隐私，即诮其起居；记事又不指为下流不足齿数，即奖作空前未曾或见。于是执笔者一喜怒之间，奸邪可以升天；德者亦能入地；画报之价值乃为之败坏无余矣。"[①]此文高度概括了当年画报文字部分的内容和不足。

这一时期的画报大多图文并重，图文各占一半，只有《时报》附刊《图画时报》、《京报》附刊《图画京报》、《中央日报》附刊《中央画报》《中央画刊》、《时事新报》附刊《时事新画》、《东方杂志》刊内的《东方画报》和《新闻报图画附刊》《申报图画周刊》等 10 余种画报，专为配合主刊报纸而出版的附刊，以摄影照片为主体，文字仅为图片说

① 微哂：《略谈画报文字》，《北洋画报》1932 年第 17 卷第 803 期。

明，没有文字作者。

画报虽以图为主，但文字的作用亦不可小觑。当时由于受传播技术所限，照片的传输速度较慢，从拍摄、冲洗、制版、印刷到发行，新闻照片往往不能在事件发生后短时间内呈现给读者，而文字的时效性则较强，能够辅助照片传递信息。新闻图片受摄影技术和经济条件限制，一个新闻场景不能从多角度摄取，不能全面再现事件面貌，需要配发文字说明或背景资料，读者才能真正了解照片背后的故事。与照片的形象、直观相比，文字更适合传递抽象、复杂的信息。曾主编过三年《大亚画报》的呆呆对画报文字选材提出的要求是："合于画报选辑之文稿，极其难选，其主要点：一、要有时间性；二、要趣味化；三、合于审美艺术；四、逸闻独得，不可再见于他报。以此数种条件为衡，则投稿虽多，而能如其选者，戛戛乎难也。"①

画报的文字主要有新闻消息、时事评论、人物介绍、小品文、随笔、杂文、散文、小说、诗歌等，以短小精悍为主，一般不超过千字，偶有长文也采取多期连载。因为画报在当时仍被时人认为是登不得大雅之堂的"不正经"小报，因此，如鲁迅、胡适、林语堂、茅盾、辜鸿铭、陈寅恪等名家大家绝少为画报投稿。只是偶尔为《良友》《北洋画报》《上海画报》《中华》等全国知名的画报撰写几句贺词、祝语。画报的主要作者有老舍、张恨水、刘云若、郑逸梅、范烟桥、周瘦鹃、冯武越、叶庸方、张丹斧、严独鹤、袁寒云、王小隐、吴秋尘、张聊公、方地山等。

（1）编者

编者的多才多艺和多重身份是这一时期画报的一大特点。由于人才匮乏、财力所限，编者大多集编辑、摄影、绘画、写作于一身。如《北洋画报》的冯武越、刘云若、吴秋尘、张聊公，《良友》画报的周瘦鹃、梁得所，《大方》画报的叶仲方，《风月画报》的魏病侠等，既是主编又是重要撰稿人。而《北洋画报》《天津商报画刊》《北京画报》《玫瑰画报》等综合类画报还辟有戏剧、电影、游艺专版，聘请专家主持。如《北洋画报》的戏剧专版为张聊公主持，老宣（宣永光）主持"妄言"栏目，姚惜云主持《风月画报》的"戏剧专页"，叶庸方亲自主持"剧画"专版等。

主持人让专版或栏目成为画报的品牌，专版或栏目又使主持人声名远播。"老宣（宣永光）在《北洋画报》上可以算是第一位骂将军，我觉得他句句话入木三分，搔着社会的痒处。我曾听到许多小姐们骂老宣缺德，但是没有一个恨老宣的，这应该是因为老宣骂的不是恶意的骂，而是用一种尖酸滑稽的面具遮盖着他本来悲悯的心怀。我以为这是极要注意的事。"②由此可知，读者对"妄言"栏目和主持人老宣的认可。平民大学新闻系

---

① 呆呆：《谈画报之取材》，《天津商报画刊》1934年第11卷第9期。
② 凫公：《读画报的感想》，《北洋画报》1932年第17卷第801—802期。

教授王小隐为冯武越故交，他在编辑《北洋画报》期间，先后提携了吴秋尘、刘云若等一批青年人，他们日后都成为著名编辑、知名通俗小说家。吴秋尘文风老辣、语言尖锐，散文、小说、杂文，无所不能；创作内容广泛，既有时政新闻，又有艺术研究，更记录文人往还。吴秋尘曾担任《东方日报》副刊"东方朔"编辑，青年刘云若时有投稿，吴对其文风颇为欣赏，遂推荐给王小隐。王读罢刘文，认为前途无量，遂被冯武越聘为《北洋画报》编辑，月薪百元。进入所馆后，刘兢兢业业，组稿、编排、校对、撰文，无不尽心尽力，一时间将《北洋画报》推向顶峰。但时间一长，付出巨大、成绩突出的刘云若内心起了变化，他认为自己没有得到应有的回报，甚至觉得冯武越剥削太甚，便离开了《北洋画报》，吴秋尘继任其职。随着《北洋画报》社会影响的与日俱增，袁寒云、方地山、何海鸣、吴云心、韩慎先、王伯龙、陈诵洛、王诚斋、徐凌霄、沙大风等近30人的作者队伍逐渐形成。他们虽算不得一流作家，但或出身名门望族，或学识渊博，或具有较高社会地位，通过文章折射出他们的世界观、人生观、价值观，这股民国清流也构建起《北洋画报》独特的个性和风格。

（2）特约撰稿人

为保持源源不断的供稿，除主编亲自披挂上阵外，很多画报在创刊前既已联系了若干名特约撰稿人，拥有自己固定的作者群。

1923年7月创刊的《笑画》，以风趣幽默著称，一是因为其办刊人徐卓呆是当时著名幽默家，二是因为它凝结着众多文化名人的集体智慧。该刊的特约撰稿人有求幸福斋主（何海鸣）、舍予（老舍）、漱石生（孙家振）、周瘦鹃、胡寄尘、赵苕狂、徐卓呆、杨佩玉、胡亚光、孙雪泥、刘豁公、郑逸梅、梅子馨、范菊高、羽白、徐序秋等，阵容豪华。周瘦鹃撰文称："老友徐卓呆是我们中国的笑匠，人家既读过他许多发笑的滑稽小说，看过他许多发笑的滑稽新剧，又见过他那本发笑的滑稽新诗集《不知所云》，差不多已笑歪了嘴了。如今他偏要发展他发笑的本能，再编一种《笑画》，这岂不是笑歪了人的嘴不算，再打算笑断人的肚肠根么！"[①]

1925年11月，《紫罗兰》在上海创刊，主编为鸳鸯蝴蝶派的杰出代表周瘦鹃，特约撰稿人有朱瘦菊、郑逸梅、范烟桥、王小逸等。该刊既承续清末民初通俗文学传统的血脉，又根植于20世纪二三十年代上海城市发展上升期中的现代化土壤，堪称这一时期的"杂志霸王""海上杂志之冠"。

1928年6月《戏剧月刊》在上海创刊，主干王得天，主编刘豁公，理事编辑初为郑过宜，后改郑子褒，聘请海上漱石生、周瘦鹃、陈道安、苏旷观、张肖伧、看云楼主、严独鹤、舒舍予、齐如山、吴我尊、程玉菁、余空我、郑剑西、张舜九、张次溪等近百名剧

---

① 周瘦鹃：《抄一首布袋和尚笑呵呵歌贺〈笑画〉出版》，《笑画》1923年7月1日创刊号。

评家担任特约撰述。该刊的文字方面首先介绍名伶特点和轶事，刊发杨宝森、汪笑侬、时慧宝、梅雨田、刘彼荫、方星樵等伶人小传，文中揄扬伶人多不着痕迹；注重挖掘戏剧历史和探讨戏剧理论，如孙玉声的《上海戏园变迁志》、刘蛰叟的《戏曲沿革》、张燕侨的《廿年来戏剧杂谈》、齐如山的《论戏剧之中州韵有统一语言之能力》、张肖伧的《谈捉放曹之唱词念白及谭调之一斑》等；该刊中的剧评类文章少有当时大多评剧家、捧角家笔调的火炽与幼稚，多中肯坦诚，如刘豁公的《哀梨室戏谈》、詹脉脉的《退思庐剧话》、小织帘馆主的《名伶小纪》、张肖伧的《蒨蒨室剧话》等。

马国亮在《良友忆旧》中介绍了《良友》的文字作者群："《良友》画报虽以图片为主，但从创刊伊始，便编进了一些文艺作品，例如第一期，就有卢梦殊写的小说《鬼火烹鸾记》。周瘦鹃主编时，有程小青、刘恨我、范烟桥等'礼拜六派'作家的文章。到了梁得所主编的初期，也刊登过当时新文坛著名作家如田汉、郁达夫的作品。……其后还有老舍、丰子恺、穆木天、鲁彦、何家槐、施蛰存、洪深、茅盾、欧阳山、黎烈文、丁玲、巴金、叶灵凤、张天翼、郑振铎、阿英、林语堂、黄苗子、曹聚仁、王家棫等等，都是名重一时的文坛硕彦。"[1]

《良友》办刊宗旨纯正，设计精美，印刷精良，内容丰富，才得以一纸风行，受到国内外读者一致好评。《良友》的名声日隆，遂得到更多社会名流的广泛支持。当时其他画报若想请名家撰稿，不但需要有人介绍，还得设宴请客，而《良友》仅凭一封约稿信即可使作家们有求必应，这在当年的画报中也是绝无仅有的。

最早为《良友》撰稿的著名作家当属老舍先生。他的文章，语言幽默，文笔隽永，感情真挚。《良友》的编辑约稿时，他总爱问："你看我该写些什么呢？"商定下题目后，他便耐心地与编辑协商具体内容。刊于 1934 年第 92 期的《头一天》一文，记述了 1924 年老舍先生初到英国时的情景。文章开头便真实地记述了他当时英语的糟糕，"那时候，我的英语就很好。我能把它说得不像英语，也不像德语，细听才听得出——原来是'华英官话'。那就是说，我很艺术地把几个英国字匀派在中国字里，如鸡兔之同笼。英国人把我说得一愣一愣，我可也把他们说得直眨眼；他们说的他们明白，我说的我明白，也就很过得去了"。文中还介绍了与许地山同住时的一段掌故和他是怎样走上写作之路的，"许地山在屋里写小说呢，用的是一本油盐店的账本，笔可是钢笔，时时把笔头插入账本里去，似乎表示力透纸背"[2]。他正是受了许地山的感染和怂恿，才拿起笔来，开启了作家生涯。在英期间，他将《老张的哲学》寄回国内刊发在《小说月报》上。于是，中国文坛

---

① 马国亮：《良友忆旧：一家画报与一个时代》，北京：生活·读书·新知三联书店 2003 年版，第 131—132 页。
② 马国亮：《良友忆旧：一家画报与一个时代》，北京：生活·读书·新知三联书店 2003 年版，第 135 页。

上才出现了一颗巨星。郁达夫也是《良友》创刊初期就写稿的著名作家之一，编辑向他约稿，他一向极为爽快，且按时寄到，绝少延误。于 1927 年发表的《祈愿》一文，是他在《良友》上的第一文，随后又有《冰川纪秀》《半日的游程》《伟大的沉默》《雁荡山的秋月》《上海茶楼》等文发表。他的小说、游记、杂文，还曾在良友公司出版单行本。

《良友》不拘泥于画报应以画为主、以文为辅的旧例，在文字上下了很大功夫。成功人士的生平履历、成长经历、成功秘籍、惊人事迹，一向是读者最为关注的话题，也是激励青年人积极向上的最好素材。因此，《良友》从第 45 期开始增设"成功人物自述"专栏，邀请足球名将李惠堂、著名画家徐悲鸿、英语教育家邝富灼、医学家丁福保、交际博士黄警顽和女权运动者王立明等，约请他们自述自己的成长历程和成功之路，既真实、亲切、生动，又具推广、仿效意义。从 1935 年 1 月，为扩大征稿范围，改专栏名为"名人生活回忆录"，先后约请冯玉祥、甘乃光、丰子恺、梁寒操、戈公振、马思聪等一批社会名流为《良友》撰稿。大大增加了《良友》的名人效应和社会影响。

吕碧城才华超群，学贯中西，曾为《大公报》第一个女编辑，还是 1928 年 8 月、9 月先后在北平、天津创刊的《日曜画报》《丁丁画报》的主要撰稿人。

《日曜画报》最具价值的当属艺术性文字部分，长期连载于非厂的《华萼楼论印》、叶德辉的《三秀草堂印谱序》、钝佛的《搣闻碎墨》、潮音的《鸥梦楼诗话》、程瑶田的《我作画之经验谈》、古愚的《隶楷源流》、遐庵的《我国雕塑漫话》、愫倩的《古琴谱指法概要》、若夷的《黄山画叟纪略》等文，是研究中国近代各种文化艺术的重要理论资料。文艺作品内容丰富多样，吕碧城、江寄萍、李薰风、陈慎言、啸云等当年的著名写手，都是画报的常客，第 50 期除发表了吕碧城的《瀛波梨影》外，还登载了她的大幅玉照。通过特约作者凌椊民的穿针引线，《丁丁画报》得到吕碧城许多诗词稿，并从第 6 期开始，每期刊登《信芳集》中的近 10 首作品，另有《念奴娇·为刘豁公题戏剧大观》《洞仙歌》等当时创作的最新作品，而她特为"跳舞专号"撰写的《跳舞考》一文，引经据典地记述了中国跳舞的起源及其跳舞的意义，显示了她的博学多闻。

特约撰稿人具有一定的地域性，如刘云若、巢章甫、冯武越、王小隐、吴云心、何怪石等多为平津画报撰稿，而陈冷血、张丹斧、严独鹤、孙玉声、徐卓呆、黄天鹏等的文章多刊于南方画报。即使是在一地，每个作家也有自己的阵地，如钱芥尘（炯炯）、张丹斧（丹翁）、余空我、舍予（老舍）和黄俞（俞俞）是《上海画报》的五虎将[①]，刘云若是《北洋画报》《风月画报》的中坚，吴云心是《银线画报》《新天津画报》的主力，何怪石的文章多刊于《游艺画刊》《新天津画报》《天津商报画刊》，包经第常为《电影周刊》《玫瑰画报》撰文。但也有如舒舍予（老舍）、张恨水、袁寒云、方地山、何海鸣（求幸福斋

---

① 丹翁：《〈上画〉五虎将》，《上海画报》1930 年第 549 期。

主、一雁）、叶庸方（朝歌斋主、叶畏夏）等文坛大腕则是南北通吃，遍地开花。

（3）自由投稿人

编者的精力毕竟有限，必须以编辑为主业，特约撰稿人是画报的基本保障，而源源不断的自由投稿则是画报最乐于见到的。因此，各画报多在创刊号上刊登征稿启事，表明征文的形式和内容。知名度不高、存世时间短的画报自由投稿量较小，闻名全国、发行量大的画报往往外稿更多。

1929年3月，冯梦云在上海创刊《大晶画报》，创刊号中署名"云芳"的《晶画出版与本报几位健将》一文，介绍了部分撰稿人：舒舍予、鄂吕公是冯梦云在《小日报》时就已结识的两位作者，他二人对《大晶报》帮助较大，擅长撰写剧评，更善摄影，所以该报时见他二人的图文。1928年，鄂吕公移居美国，但仍时常寄来稿件。《大晶画报》创办伊始，他二人仍鼎力支持，投稿颇多。小辈英雄洪洪水曾创办《洪水报》，风行一时，时供职于南京财政部，工作虽忙，但因与冯梦云私交甚好，故仍为该刊执笔，主要侧重南京政府政治风云方面的文章，"红狮"为其笔名。大郎的诗文极有功底，文章集中于文艺类，颇受读者欢迎，尤得有学识之士的赏识，但该刊编者未曾与之谋面，也不知他的真实姓名。徐堪回是冯梦云的多年同好，从《小日报》到《大晶报》《大晶画报》，他都是铁杆作者。毛子佩与冯梦云交谊已近十年，情好胜于骨肉，毛先生为人和善，从无疾言厉色，时居汉口，所以，该刊有关汉口方面的消息均出自他之手。更为可贵的是，往往为一条独家消息的时效性，他不惜用快邮寄来，盛情十分可感。蔡钧徒在小报界甚为有名，广结友，善交际，曾创办《龙报》，后因事务繁忙而停刊，专心为《大晶画报》供稿并提供照片。易立人长与花界姊妹接近，该刊中的花稿和名花玉照多为他的杰作，也为《大晶画报》赢得了很多读者和订户。徐卧云也是冯梦云的故交，曾任大华通讯社记者，文字清新，大半时间在苏州生活，该刊关于苏州题材的稿件均为他的杰作。

（4）社会名流题字、题词

当年画报有一个不成文的规则，那就是在创刊、周年、百期等纪念日，都要请军政、文化、教育等社会名流题写贺词。也有一些画报每期刊头请不同名流题写，如1925年12月创刊的美术类画报《鼎脔》的刊头，就曾请康有为、齐白石、吴昌硕、胡佩衡、寿石工、金息侯、林白水等数十位名家题写刊头，也形成了该刊的一大特色。而1933年12月出版的《良友八周年纪念刊》，则以两个版面刊发了国民政府主席林森、军事委员会委员长蒋中正、立法院院长孙科、考试院院长戴传贤、司法院院长居正、监察院院长于右任、经济委员会常务委员宋子文、司法院副院长覃振、内政部部长黄绍雄、实业部部长陈公博、司法部部长罗文干、内政部次长甘少光、铁道部次长曾仲鸣、外交部次长唐有壬、实业部次长郭春涛、交通部次长俞飞鹏、财政部次长邹琳、侨务委员会委员陈树人、蒙藏委员会委员长赵丕廉、中央研究院院长蔡元培、中央党部秘书长叶楚伧、立法院秘书长梁寒操、监察院秘书长王陆一、江苏省政府主席陈果夫、南京市长石瑛、上海市长吴铁城、上海市教育局长潘公展、中央大学校长罗家伦和中央委员马超俊、周启刚、陈肇英、白云梯、刘守中、谷正纲、王祺、邓飞黄共 36 名政府官员的题词，这在当时画报中绝无仅有，从这一个侧面也可窥见《良友》在当时的巨大影响力。

邀请名人题字、题记，一是体现了画报的活动能力和社会认可；二是借助名人效应为自己做广告，提高社会知名度；三是与社会各界建立联系和交往，以为将来发展的铺垫和进阶；四是通过画报留存下诸多社会各界名流的墨宝。

（5）画报作者的笔名

翻阅这一时期画报，我们发现，几乎半数文章均署笔名，一位作者拥有几个甚至几十个笔名，有些笔名很是随意，如 1926 年第 52 期《三日画报》中《邵力子之鬼话》署名为"CS"，1927 年第 113 期《北洋画报》中《杀人的名词》署名为"诛心"，1929 年第 441 期《上海画报》中《于右任之爱梅癖》署名为"道听"等等。他们之所以用笔名发表文章，归结起来，有以下几个原因：一是画报初创时期撰稿较少，主要是一两位编者自己撰稿，如果不以笔名出现，就会出现一人多文的现象；二是有些文章转载其它报刊，画报又不想支付稿酬，遂以笔名署名；三是作者队伍鱼龙混杂，有些人为了追求投稿成功率，赚得稿酬，不惜捕风捉影，夸大其辞，甚至捏造、杜撰，而画报只要来稿内容博人眼球，至于真实与否并不审核；四是有些别有用心的人故意歪曲事实，无中生有，掩盖真相，混淆视听，以达到自己不可告人的目的。

我们阅读画报中的文章，首先阅读内容，其次了解文章作者，而这些笔名则给今天画报研究者带来了不小的麻烦。为了弄清这些笔名，笔者也曾下过一番功夫，最重要的突破口，就是查阅各种画报的周年和百期纪念刊。因为在纪念刊中，编者通常要赞赏在以往的时日里，为该刊做出贡献的编者和作者，要列举他们的功劳，记述他们的性格、特点、优长。文中会直接说明哪些作者曾用过什么笔名，发表过什么文章。如此，便揭示出了笔名作者的庐山真面目。

《北洋画报》三周年纪念刊以整版介绍了该刊的作者团体，其中《作者七人》一文写道："今天欣逢'报庆'，我们自然是说说'报的朋友们'的生活为最相宜；他们形形色色的尊容都已登在本期报上，那更值得描写一下了。'寒云'迩来心广体胖，以唱戏为消遣，虽热不怕也；下期有其裸体上装照片刊出。'大风'因上海《晶报》诬其受章遏云赠银百元，闹得满城风雨，因之愤慨激昂；但近以白牡丹开到津沽，气当稍息。'梦天'富于情感，日常慷慨悲歌，不失齐鲁健儿风度；毁誉不计，嬉笑一生；友朋偶聚，无此君辄不尽欢。以其博学广知，记忆力强，因尊之为'大字典'；以性情论，又可称之为'哈哈笑'也。现以其高足'秋尘'高就北平，《商报》所有副刊，悉归统制；大才小用，为梦天惜；而发扬光大，又不禁为《商报》庆也。'斑马'现主干《大公报》游艺栏，公余则奔走各娱乐场所，应为上'娱乐场上行走'尊号；尤注意富于肉感之跳舞与影剧，苟有机会，百不失一；斑斑之首，必于万头攒动中得见之。'木寿'为读书健将，是为'书虫'。旧学淹博无论矣，新学亦喜研求，新出杂志无一不读，又可称为'杂志研究专家'；在最近之将来，将发行一种杂志，现正在进行中也。木寿于学问上几乎目空一切，新旧圣人都不在其目中，实学术界中之革命者。'云若'少年得意，于今潦倒，小心翼翼，忠于所事，其文字感人甚深，则尤余事矣。现一目患疾甚剧，而仍力疾从公，可称为'独眼龙'。'笔公'以生而头尖得名，若论其笔，既不能书，又不能作，其体亦不笔直，立时辄作鞠躬状，大若礼多人不怪欤！"①

同版配发了七人的照片或速写，其中寒云、木寿、梦天为照片，大风、云若、斑马、笔公为速写。"寒云""大风""云若"显然为袁寒云、沙大风、刘云若无疑。冯武越、吴秋尘曾在多篇文章中写明"笔公"即为冯武越。对照1930年7月7日出版的《北洋画报》四周年纪念专刊第三版刊登的多张署名照片，参考《作者七人》中的介绍，则可以确定"梦天"即为王小隐，"斑马"即为张聊公。而王小隐的高足"秋尘"系指吴秋尘。

木寿的照片在《北洋画报》中仅出现一次，发表诗文共10篇，多为诗歌。1929年1月10日，他的《戊辰仲冬念三，笔公伉俪与聊公、小隐、秋尘、若云诸君，集新华楼为木寿寿，戏成一律聊志盛意》②一诗，前四句为："欲溯吾生多计左，漫劳君辈作回东；生辰适值小除夕，徽号曾传大杀风。"可知其生日为腊月二十三，注语中有"余旧名中有景字"之语，言明其名中有一个"景"字。同年1月8日王小隐在该刊《寄木寿》③诗的后四句诗是："姓名早许成三变，雅篆无妨尽四凶；修到市花白下住，西山而外论王冯。"小注中有"君名与南京市花同"之句。当时南京市花为兰花，其名中应有一个"兰"字。其名应为"景兰"或"兰景"。结合《作者七人》对其"书虫""杂志研究专家"的描述，查阅同时期文化名人中有文字学家、金石学家唐兰（字景兰）者。将其照片与《北洋画报》中的照片比照，确定无疑。值得一提的是，王小隐诗中小注中还有"木寿化名至多，早已以隐为名矣""君名穷奇，又名梼杌"两句，表明唐兰应该还有"穷奇""梼杌"和含"隐"字的笔名。但查阅唐兰的介绍，没有找到这三个笔名，尚待相关学者进一步研究。

那么，《作者七人》署名的"之一"是谁呢？显然"之一"意指七人中的一位，应为冯武越。理由有三：一、他是《北洋画报》创办人，如果此文为其他人所作，依其老大地位当列七人之首，但此文却把他放在文末，显为他的自谦之举；二、从内容上看，其余6人多有溢美之词，而对"笔公"却称"既不能书，又不能作"；三、该刊作者多达数十位，隆重推出7人，也只有冯武越最具权威。查阅当年报刊，冯武越的"之一"笔名仅用

① 之一：《作者七人》，《北洋画报》1929年7月7日第7卷第341期。
② 《北洋画报》1929年第6卷第267期。
③ 《北洋画报》1929年第6卷第266期。

过这一次。当年笔名的随意性由此可见一斑。

《北洋画报》从创刊号即开始连载署名"喜晴雨轩主"的长篇小说《津桥蝶影录》，开画报连载长篇小说之先河。从小说内容上看，作者对天津甚为了解，那么他是谁呢？该刊的《别号解》一文解开了这一谜团。

文中写道："别号之名，何自而昉，此为考据家之事业，而非吾辈所应谈也。不佞名'正'，幼于庭训之余，奉先公意，而命字曰'健民'，盖取正则健之意也。后不佞以产自闽，虽北人实生于南。但考之族乘，远籍实肇江西，高曾辈迁于三津弱水之滨，则自江苏，武进有梅里，盖吾族再迁之源。一因私易'建民'，至今殆将十载。人之知我，除仅以文契神交，盖无不以是相呼，亦几以字行矣。昔为'健民'时代，读《龚定盦集》，好之，窃慕其才，遂又别署曰'健盦'。读《易·乾卦》得'天行健'，因名其室曰'天行室'。近十年东涂西抹，散见于报章者，率以是二者为标帜。玩物表〔丧〕志之篇，不欲以真名与世相见，以异谫庸愚，亦不欲人之共知为我，自彰其丑也。'喜晴雨轩'之命名，则以北来几及念载，凡百皆习，独黄沙弥漫，无风尺土，为不堪须臾忍受。尝与友好痛言之，以为科学文明，至今为极，飞行御空，光烛骨髓，皆可立致而实践之，独风沙则无法消除，若夫晴岚叠翠，烟雨迷离。此予旧游之乡，亦但托诸梦想耳，遂又名其轩曰"喜晴雨"。晴雨皆佳，风来不喜，词虽不典，而非苟然，寓意在斯也。昨晤越公（冯武越），欢谭之顷，予戚然以书毁于雨相告。叹息久之，已乃越公莞然曰：'君号喜晴雨，今雨果沛然如注矣，乃犹不喜胡为乎？'冷隽足资一笑，而予词塞。相与拊掌有间，予复为言曰：'是夕予书虽毁于雨，然无风势助之，雨之为虐，固不至是，则与予不恶风之旨仍合也。'丙寅立秋，作《别号解》。"①由此可知，"喜晴雨轩主"，名正，字健民，后自改为建民，别署健盦，堂号天行室，发表文章常署"天行室""健盦"两名，而"喜晴雨轩"为后改之堂号。

文章接着写道："世人林林总总，同名者多矣，而无如予之奇也。始名为'建民'，则京有'何建民'大医士以同之，巾帼中人也。'健盦'名出，而京晨报有'张健庵'，盦、庵虽不相同，而人或以是为予之作矣。后冠以张氏，人疑始祛。友人自沪书来，附剪报一则，为'健盦'所作，与予平日署名，若合符节，俱未以姓氏冠其上，问是君所作否？而予不记有此，笔墨亦不相合也，即以不敢掠美复之。惜原报随手放置，至今百觅无着矣。《天行室剧谭》，五年前为之，几累十万言，谬以是而浪得浮名者。一年前上海乃有'许天行'，今日'天行'之名，散见各报，而实非出诸区区之手也。凡此诸端，可云巧合，区区之名，不值假借，亦断不敢以此上疑群贤也。故别署屡易，实半为此。至喜晴之名，不见经传，予以为可无巧合矣。乃昨报差以近刊之《小日报》来，则赫赫'喜雨'之

---

① 喜晴雨轩：《别号解》，《北洋画报》1926 年 8 月 18 日第 13 期。

名，又见弁端，特不晴而雨耳。嘻！巧至于斯，正不让三小隐专美于前矣（冯、尹二小隐，与本报之王，鼎足而三。冯、王皆有声艺林，而不佞之神交也。王著《可想集》，中载杂诗，曾承见惠，雒诵一过，至今齿颊犹芬，不让前贤，置之《定厂集》中，可乱楱叶，尹则《启明报》之发起人）。第二日又记。"①这段文字则道出当年作者喜署笔名的另外一个原因：重名者过多。

虽然此文明确这位作者的名字，却未见姓氏。再查 1927 年第 1 期《北画副刊》中《本报的"一群小孩子"》图文，分别为冯武越、王小隐、赵翔生、张聊公、赵牧辕、梅健盦等人的幼时照片和当时的肖像漫画，从而得知健盦姓梅。梅健盦在照片文字说明中的"此念年前在福州城内"，正与《别号解》"不佞以产自闽，虽北人实生于南……以北来几及念载"相吻合。

（6）笔名作者的假消息

由于画报笔名泛滥，编者也可以与作者不相识、内容无法核实等理由相搪塞，画报管理者也不会依法追究画报责任，当事人缺乏拿起法律武器的维权意识等原因，这一时期画报中的假新闻、假消息也是屡见不鲜。因此，画报研究者在利用画报内容时就需要必要的考证和甄别。

1925 年 8 月，《三日画报》在上海创刊，所刊文章多为街谈巷议的花边新闻，烟花柳巷的风流韵事。为此，该刊曾两度吃官司，一次主笔坐牢，一次报社赔款，可谓赔了夫人又折兵。据 1926 年 3 月 16 日《时报》消息称，家住上海重庆路 4 号，时任上海浦口商埠督办的李斐，近日延请律师，在公共公廨以刑事罪指控《三日画报》主笔郑振英。因同年 3 月 5 日该报曾载文称，原告李斐之妾与其子有秽亵行为，公然侮辱原告人格。公廨准词出票，发交总巡捕房，并于 14 日派包探孙德福与西探将郑振英拘入捕房，15 日晨解送公堂。原告代理律师当庭陈明案情，并将当日《三日画报》作为证据呈案。该案证人金涛禀称，阅见该报登载此文后，他即于当月 12 日前往该报调查。据该报美术编辑徐小麟称，该报登载文字系主笔郑振英负责，并由徐小麟书有字条证明，遂将该字条呈案。被告律师金煜辩称，被告系该报副主笔，此稿系友人寄登，被告并未过目，无重大责任，请求从轻发落。经谳员核供，会商英国副领事，当庭宣谕此案：依照刑律 360 条规定，被告应处五等有期徒刑，判处郑振英拘押西牢三个月，并着各巡捕房对于各小报此案同类之登载随时注意检举。《三日画报》第 158 期曾刊载署名"治花生"的《香田出浴记》一文称，上海画家近期创办漫画会，特辟远东饭店 507 号房间为临时集议之所。会议既毕，黄文农、张振宇和少飞三人枯坐无聊，乃倡征花，以遗寂寥。民和里香田老七年可十七八，深得文学家包天笑赏识，黄文农与包笑天稔熟，遂出花符征之。随着花符飞去，香田姗

---

① 喜晴雨轩：《别号解》，《北洋画报》1926 年 8 月 18 日第 13 期。

姗而来，因天气炎热，香田日夜出堂差，奔波数十处，香汗湿衣，遂至远东饭店浴室沐浴……同期还刊登了《漫画会宣言》和香田老七的玉照。岂料此文一出又生祸端。再据1927年1月11日《时报》、12日《晶报》各载，远东饭店费经理读阅此报后，以《三日画报》刊载猥亵文字有伤风化和散布流言损害远东饭店信用两项罪名，将该报诉诸上海临时法院。10日晨，法院开庭审理此案。此案为会审公解改为临时法院后受理的报界第一案。到庭被告两人：一为报馆张振宇，他曾延请蒋保厘律师做辩护，但蒋律师因在另一庭辩护，故未莅庭；一为承印该报的瑞文印刷所经理刘文才。远东饭店费经理居于证人。工部局刑事科代表梅脱兰律师上堂禀明案情，推事李晋孚即询被告，此稿从何而来？张答：此期报纸发稿时我适返乡无锡，由友人代理其事，故未留意。问：汝于何日返乡？答：约在上年12月29日，住三日。问：汝于28日返乡，此前之报纸汝当负责？答：是。问：然则，此登载《香田出浴记》之报，为1926年12月25日出版，并不在汝返乡之期，汝当然须负全责，此文汝亦认为猥亵乎？答：后半段为猥亵。问：尚有一事，捕房指认张振宇即郑青士，前曾犯案拘留两月，汝是否即郑青士，张振宇力辩，非也。继询被告刘文才：《香田出浴记》一稿汝可过目？刘辩称：本人又不常到印刷所，稿件校核之事，悉报馆自理，文章有无猥亵句语，无从得见。推事曰：汝既承印，谓须负责。推事当庭宣判：罚张振英50元，罚刘文才30元，至于损害远东之信用一罪应不成立，因远东饭店不致因此文而累及营业。1927年2月6日《晶报》载，除夕之夜，《三日画报》以400元代价售于杭州摄影家黄梅生，但该报仍由张振宇主编。但并未见《三日画报》继续刊行，或停刊或易主后更名。

1930年1月21日在上海创刊的《金刚画报》，刚一出版就出了问题。创刊号中《谭泽闿投笔从政》一文写道："谭泽闿，字九思，湘人，为行政院长谭延闿介弟，以书法名海内，书学柳平原，浓点纤波，大气磅礴，与乃兄大笔，几无分轩轾。顾自乃兄贵为院长后，泽闿初未抛弃其笔墨生涯而改入仕途，人金以为怪。最近，农矿部在南通所设之江北农产物检验分所，所长萧方直为通邑商界所反对而辞职。农部批准后，改委谭泽闿继任所长，至此谭始投笔从政云。"[1]画报出刊后的第二天，报社就收到谭泽闿的来函："顷阅贵报第一期陈蝶衣君所登，不胜诧笑。鄙人不号九思，更无荣任所长之事，想传闻失实，误认颜标。鄙人方鬻书作业，此笔未可投也。愿为更正为感。"[2]《金刚画报》遂于第3期予以更正。

1930年《北京画报》曾有《梁启超公子服毒记》一文称："梁启超之公子梁亚声，现年廿二岁，自攻读津门，一文弱书生也。自乃父逝世，感受家庭环境之痛苦，即辍学而谋自立，而乃父遗产，均由其母掌管，亚声不能自由取用，尝受经济与环境之压迫，遂一气

---

① 陈蝶衣：《谭泽闿投笔从政》，《金刚画报》1930年1月21日创刊号。
② 《更正》，《金刚画报》1930年2月11日第3期。

而走，离津南下，以冀寻一出路。临行只随带当差一人，聊资照拂。乃抵南京后，下榻逆旅，求谋多日，终无成就，且资斧即将告罄，焦灼异常。店主屡索店费，大有秦二爷困在天堂之势。不得已乃于本月五日由京来沪，且以房金无付清，故将行李暂押寄旅馆中，俟将店费偿清，再行领取。当晚九时抵沪，寄寓安东旅馆，即飞函致乃父生前至友伍连德医生处，命当差送往，书中略谓：'请暂假洋若干，以资救济……'云云，伍见信后，念其先人在日之交情，遂对当差者曰：'旅馆中开支颇大，请其即来我家居住可也。'而现金则分文未给。梁自当差去后，以为有十分把握，伍君定可接济一二，及当差归，以伍之言以对，梁以为伍乃故意敷衍，顿时心神昏迷，不觉悲从中来，讵萌厌世之念，即于昨晨潜服安神药一瓶，以图自尽，至十时许当差起身，见梁仍安睡，而桌上置有安神药瓶，知梁所吞服，大骇，即怀空瓶飞奔伍医生处报告，伍闻讯，立即前往，见梁熟睡床上，按其脉息，确系服安神药，当即车送至仁济医院，经该院施救，始庆苏生。据该院云，幸发觉尚早，中毒未深，尚无大碍，约息养数日即可出院云。"①

　　而据笔者了解，梁启超曾有两位夫人：李蕙仙和王桂荃。育有9个子女依次为：思顺、思成、思永、思忠、思庄、思达、思懿、思宁、思礼，其中并没有亚声。为此，笔者再查阅大量报刊，发现最早刊登这一消息的1930年9月9日的《新闻报》，消息标题为《梁任公之公子困于环境而服毒，由安东旅舍送仁济医院，生命尚无忧》，内文为："已故新会梁任公之子梁亚声，日前由京来沪，寓湖北路安东旅馆一百三十号房间，昨晨突然吞服安神药自杀，幸察觉尚早，即送医院救治，可无性命之虞。"此消息并未署名。此后《大公报》也转载了这一消息。

　　1930年9月12日《大公报》第四版刊出的梁启超长子梁思成致该报函称："径启者，顷阅九月十日贵报登载《梁启超子自杀遇救》新闻一则，不胜骇异，贵报称'梁启超第三子亚声于梁启超故后来沪……等等'，三舍弟思忠现在美国国立高级军官学校炮兵专校肄业，去国已经四年，明夏始拟回国，二舍弟思永回国不及一月，现在北平中央研究院任考古专员，四舍弟思达尚幼，现在南开中学肄业。且鄙人兄弟均以思字排行，概无别号，所谓亚声者何人，并不认识，显系谣传之误。贵报既经误载，理应代为更正，祈即登报声明是荷。此致大公报馆。梁思成（十九年九月十日自北平寄）。"由此可知，《北京画报》中的《梁启超公子服毒记》确为假消息。

　　1932年6月6日第30期《开麦拉》一版署名"反光板"的《丈夫不在家时候的谭雪蓉》一文称，影星谭雪蓉在雅秋小妹妹（她曾做舞女）时代，已经有许多人狂热地迷恋着她。她有个姐姐名叫谭绍基，嫁给了影星兼编导王元龙。有了这层关系，谭雪蓉遂得进入电影界，并与王元龙主演了《骆驼王》，此后她又主演了《战血情花》，一举成名，一

---

① 福若：《梁启超公子服毒记》，《北京画报》1930年9月22日第3卷第119期。

跃而为电影明星。更因被漫画家、摄影家兼编导但杜宇看中，被请去拍了一些人体美的写真，许多刊物竞相刊登。谭雪蓉小姐果真非常健美，但杜宇的眼光也委实有些道理。但是，据作者了解到，谭小姐更是一位放浪形骸的快活天使。如果没有丈夫陪着，她从来不能在家里安安稳稳地坐着。她丈夫上个月刚去了香港，她便真实地感到寂寞和苦涩，差不多每天早晨七点钟就要从家里走出来，找一个人陪着玩。人们在南京路上时常瞧见她与一个体贴的少年一起，不是在三大公司，便是在某绸缎局，每天都要买些不实用的东西回去。这个少年遂获得了一个荣衔——"太监"。这一是说他的体贴功夫好像太监一样无微不至，二是说他和谭雪蓉的关系如太监与皇后之间那样纯洁，谭雪蓉充其量也只想要些精神上的安慰而已。

到了晚上，他们也时常在一起，不过不是什么别的不该去的地方，却是高尔夫球场。谭雪蓉对高尔夫球确实有研究，这位"太监"的球技也不差。他们在一起打球，倒也逍遥自在。但是就在半个月前一个雨天的早晨，谭雪蓉却扳起了人们不常见的怒容，对着人老是唉声叹气，因为她的小孩子害了病。当日经过医生诊治，孩子病势渐得好转。于是，她又嬉皮笑脸地嚷着要出去玩。晚上，竟果真与"太监"共同出现在高尔夫球场上。

文后还配发了一张但杜宇为谭雪蓉拍摄的露背裸腿的玉照。

不久，谭雪蓉便撰文说明这是一条假消息。这篇文章果然给画报带来了麻烦，但编者不但将谭雪蓉的来信刊登出来，还很有底气地表示不怕打官司。

谭雪蓉的来函写道：

讨厌的《开麦拉》：

从前我在香港还未曾到上海来的时候，我便听见你在上海的作怪，今天登过这个明星不好，明天登那个明星不是。前个星期，我的一位朋友又告诉我——这位朋友或者就是你所侮辱他是'太监'的一位，《开麦拉》又要出版了，当时我很快活而且很着急盼望你的出世，因为至少你可告诉我许多滑稽而有趣味的消息。不料，你这讨厌的《开麦拉》，令人看了就不快活的《开麦拉》，却偏偏拿我寻开心，而且还来要将人家加上'太监'的名字，这简直是侮辱人家！你要知道公然侮辱人家是什么罪名了？况且你侮辱了他，就如同侮辱了我一般。《开麦拉》，讨厌的《开麦拉》！我一定要你偿还我和他的名誉损失，否则，我真的会提出法律起诉的！勿谓言之不预也！等候你的答复。①

---

① 《谭雪蓉写给我们的信说："讨厌的〈开麦拉〉"——一个总答复》，《开麦拉》1932 年 6 月 8 日第32 期。

编者还对谭雪蓉不无讽刺地说："《开麦拉》果然讨厌吗？我们真懊恼极了！这是很明显的，我们是为读报诸君谋兴趣而使以往有相当声誉和成绩的《开麦拉》复活起来，也自然不是一件容易的事。前天，我们随便写了一篇《丈夫不在家时候的谭雪蓉》短文，我们自信这稿子是'兴味浓厚'。岂知，谭雪蓉小姐偏说'讨厌'，写了一封信送到报馆里来，还预备不惜'法律起诉'和'讨厌的《开麦拉》'周旋一下。这里，我们得向谭小姐谈谈过去的事。也许你也知道，我们是和人家打过官司的，也差不多时常闹着'打官司'的事情的。我们好像不预备在'打官司'方面向你多说话，不过很希望你仔细研究我们的文字，是否'破坏'或是否能'成立什么罪名'，还必要明白我们在怎样鼓励你啊，美的谭雪蓉小姐！不过在作者方面，自然是非常觉得不安，无缘无故地'讨厌'了谭小姐，是应该诚意地向谭小姐表示歉意的。"①

从以上文字上可以看出，《开麦拉》不认为那种文章对谭雪蓉及其朋友带来了什么精神伤害，只是代作者敷衍地表示歉意，并没有诚心认错，反而态度傲慢地鼓励谭雪蓉到法院起诉他们。还可以知道，《开麦拉》之前也曾吃过官司，或许也是因为诸如此类的名誉和精神伤害问题，或许之前的一度停刊就是因为吃了官司。但最重要的是，《开麦拉》对于称谭雪蓉朋友为"太监"这样明显的精神伤害，为何如此"理直气壮"？

在此后《开麦拉》的出刊中，再也没有找到关于此事的任何文字，因此，谭雪蓉是否起诉了《开麦拉》，《开麦拉》是否向谭雪蓉和他的朋友支付了精神损失费，没有找到明确答案。但从《开麦拉》仍在继续出刊、类似的文章依旧刊登的事实上看，《开麦拉》显然是胜利者。

1934 年 9 月 18 日《天津商报画刊》刊登了署名"烂脚道人"的《谭名人之健康》一文，作者现身说法地分析了一些三流文人为生存而炮制假新闻的心理，同时披露了几条假消息。

作者称自己也是一位写手，却没有听到有人在提及自己的名字时鼓掌，也没有见到有人对着自己写的文章大声喝彩。为此，他心情郁闷，挖空心思想着名利双收。于是，他想起一句俗话"好事不出门，坏事传千里"，好名望不易出去，坏消息还不好传扬吗？不管它是好是坏，只要能名扬遐迩就算达到目的了。但是，他又为难了，自己既没过犯法也没坐过牢，更是无病无灾，哪有什么坏事可资宣传呢？事有凑巧，那些日子正赶上自己犯湿气，于是灵机一动，这就有了好题材！提笔便写下《鄙人脚上湿气》的标题，还没等写正文，敲门进来一位朋友。朋友见了此题，不禁哑然失笑。作者遂将用意对朋友详细说明。朋友听了连连摇头，并将他着实地讥讽了一通。朋友说，老兄啊，阁下既非

---

① 《谭雪蓉写给我们的信说："讨厌的〈开麦拉〉"——一个总答复》，《开麦拉》1932 年 6 月 8 日第 32 期。

国府要人、社会名流，又非艺术大家、影剧明星，你的死活存亡，只要你自己当心就好了，与其他人有何关系！更何况你只是一个区区的脚气，似乎没有公开报告、众所周知的必要吧！即便你的脚烂掉了，恐怕也不能博得他人的任何同情。一个毫无价值的消息，编辑先生怎肯牺牲可贵的版面，替你做宣传呢？作者听后恍然大悟，原来文章的主人公是需要先有名望，然后才会有人关心啊！一个名人的身体健康与否，才有宣扬的价值哩，才有耸人听闻的可能！而报刊的编辑们才是欢迎这般的投稿啊！

由此，作者想起了前几天看过的几则假新闻、假消息。

日前，他曾见到南北各报多有刊登蒋介石在庐山患病甚剧、张发奎在日本撞机遇险这两则新闻。后经核实，均为不实消息。考其来源，前者是从臆测而故意夸大其辞，将伤风咳嗽说成了重病险症；后者是因附会有意无意地误将别人的事，来一个张冠李戴，弄成冬瓜缠豆棚了！

当时在新闻界就有人说，南方尤其是上海为谣言产聚之区，而据作者看，华北尤其是平津地区，制造谣言的质量丝毫也不逊色。只就几家小报上的地方琐闻专栏，就常有以莫须有之事说得活灵活现。如北平某小报 11 日刊载了一段天津通讯，题为《白昼闹鬼》，内容大意是说，9 日清晨，在影星王元龙的天津寓所内发生了一桩离奇怪事，他家楼上陈列的藤椅突然自行走动起来，附近居民纷往围观。在场的童年男女二人亲眼看到藤椅背后蹲着一个披头散发的恶魔！张元龙也因此受惊吓患上一种怪病，大吐大泻，终日胡言乱语，朋友们想去探望却不敢登门。

这则新闻，看上去是多么的耸人听闻啊！但若冷静下来分析一下，却是不胜惊奇。让作者惊奇的却不是这件事情本身，而是诧异此消息内容的奇怪。作者与王元龙并不熟识，没有代他辟谣的义务，也并不是对这家某小报的投稿者有意见。只是心存疑虑，好奇地想研究一下此事的真伪。按情理说来，天津租界是很热闹的地方，倘若真有这样一出活生生的神怪剧，惊动了附近多人围观，而且还有人亲眼看见活鬼，连人家主人患病，亲友不敢登门，都打听得这般清楚，以至于事情都闹到数百里外的北平了！可见这事已是不可以隐藏的了。岂料作者前去王宅探问时，不但附近的居民一无所知，就连天津卫各家报馆的外勤记者，也没有一个人能将这则消息采来，难道说是天津的记者们太过麻木了吗？这是此消息的疑点之一。

其次，据消息说王元龙是 9 日患病，但就在此后一日，作者在一位友人家中却亲眼看见王元龙也在那里，而且举止正常，谈笑有序，兴高采烈，决不像是个神经错乱的患者。这是便是此消息的疑点之二。

综此两点，已经足以证明此事之真伪，无需再做其它调查考证，即可肯定投此稿者是无中生有。至于他为什么要给王元龙造此谣言呢？将此假消息舍近求远地报到北平去？有接近王元龙的朋友说，王元龙在天津是寄居在他的老兄王伯龙家中，自己并未另有寓所。他此番从上海来到天津的任务，也是寻求在华北发展他的本行电影事业，顺便给他老兄王伯龙庆祝寿诞。王伯龙的寿诞庆过，王元龙便开始筹划电影业务了。岂料却生出此种谣言。王元龙来津，既是做客性质，在交际场中又都与人为善，和气对待，向未与人红过脸，所以这次的谣言，他自己也不晓得所为何来。

而王元龙为王伯龙过生日之说，可在 1934 年 8 月 16 日《天津商报画刊》中《伯龙初度》一文得到印证。王伯龙为天津名士，他的几位弟弟强要给他做寿，王伯龙苦口相劝也未能制止。据说，这件事的原动力还是出于与王氏兄弟时常往来的天津文人们，他们想借此机会，"畅快一天，放浪于形骸之外，寄兴于歌舞之间，来打破那久呈沉闷的天津卫的空气"。寿诞的地点定在永安饭店，帖子早已暗地发出了，届时前来捧场的非雅即骚，有星有辰，连男带女。

据王伯龙家里人透露，发生谣言的前几天，在他家门口曾来了一位不速之客，带着小孩，求见王元龙，看样子像是丐帮的。他们因为面生，未能接见。现在想来，是不是此君开的一个玩笑。至于此消息所以舍近求远投稿，分明是恐近处容易打听虚实，只好去哄骗远些的小报了。报馆方面被其蒙蔽，落得个报道不实之名，表面上看是受投稿者所累，实际也有自己失察之嫌，更是受了名人二字的影响。王元龙虽非大伟人，但究竟是电影明星，当属名人之列。

画报的文字作者多是一些名头不大的二三流文人，他们靠卖文为生，生活并不富余，甚至有的要为衣食住行奔波，因此，他们写的文章内容和观点，更贴近民众，更能感受到民间的疾苦，更能真实地记录中下层民众的生活。从另一个方面讲，这些文章多是记录社会表象，没有大报大刊那样具有思想性、洞见性，即使是针砭时弊，也只是就事论事，而不能透过现象看本质，深挖现象背后的根源，既而提出改变的措施和方法。

第五节　社　会　影　响

"画报有确定之宗旨，方有精彩，或注重政治，或注重国际问题，或注重社会生活，或注重文艺与科学，最初能引起阅者之兴趣，既而能增进其知识，最后演进为有益社会国家之刊物。"[1]

---

[1] 戈公振：《画报的责任与前途》，《中国摄影学会画报》1930 年第 5 卷第 250 期。

一、启蒙作用

开启民智、启蒙思想是中国近代画报贯穿始终的永恒主题，也是画报人的第一使命，只是在不同时期有着不同的内涵。画报鼎盛时期的启蒙作用主要表现在科学思想、摄影技术、人体艺术、防空意识、美术广告等方面。

1. 科学思想启蒙

近代以来，中国屡屡遭受西方列强的欺凌，原因之一就是"器不如人"。西方工业革命的浪潮使欧美列强率先进入现代化，靠此先进科技开疆拓土建立殖民地，遂有一些工业水平落后的国家被迫面临国破家亡的命运。因此，近代中国有识之士，便致力于提高中国的科技水平，同时普及科学知识，开启民智。1933 年 8 月，中国科学社在上海创办了《科学画报》，成为我国历史最悠久的一本综合性科普期刊，而稍后出版的《科学图解》，则是将科学知识用图解的方式呈现于世人面前的一种尝试。《科学图解》刊载的内容包括介绍欧美尖端科技、大众科技知识、欧美科学消息等，主要偏向军事科技。形式为科技图片和科普文章配图，介绍世界最新兵器的进步、欧美最新科学技术、电气兵器的未来等。《科技图解》作为近代中国探索国际先进技术的一种尝试，将复杂难懂的技术用图解的方式进行说明，可以称得上是开了中国科普读本的先河，在民国时代是一种极为独特且罕见的尝试。该刊对科学技术解说细腻，编辑眼光具有前瞻性，对民国时期的科学发展起到了启蒙和推动作用。

2. 摄影技术启蒙

1925 年 8 月 5 日，林泽苍等在上海发起成立了中国摄影学会，同年 8 月 22 日创刊《画报》（后更名为《中国摄影学会画报》）。但该刊以"纯正高雅、图片精美、文字翔实、印刷精良"为办刊宗旨，并未注重启蒙民众的摄影兴趣、传授摄影技术。1930 年 7 月，《柯达杂志》在上海创刊前，中国的摄影技术一直为照相馆业所垄断，对一般国人来讲甚为神秘，即使是当年的留学生、上层知识分子和达官显贵，也只把它当作一种消遣娱乐的玩物。摄影爱好者如果想学摄影技术还要正式拜师，而更多的普通百姓不但没有见过照相机，更没有进过照相馆。《柯达杂志》兼具面向大众、服务大众、娱乐大众的特点，除推介该公司商品外，还起到了启蒙我国大众摄影的作用。随着《柯达杂志》的不断出刊，人们对摄影行业的了解逐渐加深，摄影业的神秘面纱随即被揭开，一股摄影热潮随之而来。该刊还培养了一批我国早期的摄影家。1931 年第 2 卷第 3 期，该刊短期举办柯达世界摄影大比赛。从 1931 年第 2 卷第 8 期《柯达杂志》开始，该刊连续举办摄影月赛，每月举办一次的摄影活动，参赛者仅限画报订户和柯达产品使用者。该刊每月刊登月赛征题，比赛结果在隔期画报上揭晓。月赛一等奖一名，得大洋 10 元；二等奖两名，各得大洋 5 元；三等奖十名，各得大洋 2 元；每人每月只限一张照片得奖，惟不限投寄照片数量。首期月赛与柯达摄影大比赛时间过近，参赛者仅有 135 人，参赛照片只有 500 余张。1936年1月，该刊为鼓励初学者参与，月赛分成甲乙两组，甲组为专业摄影者，乙组为初学者，奖额及奖金也有所扩充。至终刊止，共举办71次月赛。参赛队伍日趋庞大，其中李尧生、刘旭沧、吴印咸、魏守忠、吴中行、杨子颐、金石声、吴寅伯、冯四知等摄影者为铁杆参赛者，也是获奖专业户，随之名声日隆，遂成著名的摄影家，这些名字不断地出现在全国各种画报中，支撑起民国画报的图片天地，为随后出版的《中华摄影杂志》《文华影展》《快镜》《天鹏画报》奠定了人才基础和办刊样本。

3. 人体艺术欣赏启蒙

1925年后，在《上海画报》《良友》《北洋画报》《北京画报》《天津商报画刊》《风月画报》等画报中即已出现人体艺术作品，但多为转载西方画报的外国人体作品。20世纪20年代，徐悲鸿、刘海粟等艺术大师把人体美术引进中国。在封建思想禁锢下，为了中国人体艺术的生存发展，艺术家们进行了艰苦卓绝的斗争。1934年7月，摄影家严次平创办的《健美月刊》，是向中国民众启蒙人体摄影艺术的开山之作，它不仅刊有大量国人的人体作品，而且让人体摄影走出室内，来到了大自然，走进了森林深处、原野或牧场的尽头、流水滔滔的河畔以及一片碧海无际的沙滩，因而《健美月刊》被誉为中国人体艺术摄影的第一画报。此后随着天津的《处女美》、香港的《现代美》、上海的《健而美影刊》《健美画刊》等以人体摄影为主要内容的画报陆续创刊，人体艺术逐渐被世人接受。

1928年4月，漫画会会员叶浅予、黄文农、王敦庆等主持的《上海漫画》在上海创刊。该刊编者和作者多受西方艺术影响，作品中较多描绘女性身体，同年9月22日出版的第23期画报中刊载了《世界人体之比较》五帧照片并配以短文，介绍关于世界各国女性人体发育的研究，却惹来了麻烦。

这期画报被上海租界总巡捕房刑事检查科阅见，以此种照片实属妨害风化，更触犯新刑律251条之罪为由，告诉至上海临时法院，法院遂签出传票，饬传该报撰述丁悚、张光宇、张振宇、黄文农、叶浅予、鲁少飞、郎静山、张辰伯等八人，届时自投法院候讯。1928年10月4日，临时法院开庭审理此案。葛世勋推事升坐第一法庭，被告方只有经理程冠唐到庭，并延请詹纪凤律师为代表。先由捕房博良律师声述案情，后因其所控为叶浅予等八人，而今到案者为另一程姓者，遂要求当庭传唤叶浅予等八人到庭。詹律师起立反对称："程君系《上海漫画》之经理，当然可负完全责任。譬如有人控告申报馆，而《申报》中编辑及发行、排字共有数百余人，若不由负责之经理出庭，岂亦将传此数百人一一到庭耶？按照小报规则，凡一照片或稿件登出后，一切责任均由经理或编辑负担，且其八人内有一二人不在上海，故不能到案。"而捕房律师则称："丁等八被告既经贵院出有传票，应须到庭候质，不应托故不到。"辩论至此，时已过午，遂由葛推事核供，谕知原告被告双方："本案延期至9日，候饬传丁悚等八人到案后再审。"

9 日晨，临时法院二次开庭续审该案。被告代理詹纪凤律师起称，今日只有叶浅予、程冠唐到案。捕房律师闻语回称："依照收回会审公廨协定，凡法庭出传票传唤之人，须亲自到庭候质，应再饬传各被告到案讯究。"詹律师辩称："依照新刑法 172 条、168 条规定，凡处拘役或罚金之被告，得由其辩护人代理到庭，今捕房系根据刑律 151 条起诉，按该条处刑至多不过罚金而已，可由律师代理之。"捕房律师坚欲各被告到庭，双方互辩良久。后经推事裁决："不到之丁悚等七人，得由詹律师代理之。"捕房律师闻谕遂称："既然庭上裁决，敝律师只有服从。"原告律师在陈述案情后将第 23 期《上海漫画》呈案请察。继由詹律师辩称："该报所登之《世界人体之比较》图系从德文书中所翻版者，并无淫秽之处。"遂将德文书籍呈案。捕房律师称："我不识德文，想此书在德国亦必禁止。"詹律师立即质问捕房律师："既不识德文，又何由知德国之必禁此书？"捕房律师一时语塞。审判推事复向叶浅予、程冠唐两被告质讯一过。起立判决："本案改期候调查后，再行宣判。"

此次《上海漫画》提出的证据，即为德国出版《人体学》一书。此书为艺术家江小鹣在德国时，因其在某艺术学院研究人体学而从该国著名书肆所购。归国后，初拟译述以向国人介绍生理学，但因事务繁忙，一时无暇顾及，遂置之一旁。后为《上海漫画》社借去，简略摘录转载。刊登于《上海漫画》的人体照片即自此书转载。

16 日，临时法院对《上海漫画》被控案做出判决："查该报所刊《世界人体之比较》，委系译自德国原本专书，并无淫秽等情，当庭宣判被告无罪。"但捕房律师当庭声明不服，提起上诉、丁悚等仍延请詹纪凤律师辩护。11 月 21 日，经上诉院讯供终结，钟、熊、瞿三位推事升座判决本案："捕房上诉驳回，仍照原判，丁悚等均无罪，书籍发还。"①

通过此案，一是可以看出，当时租界巡捕房对于画报内容只有监督权而无处治权，如想处罚画报主办者仍需由法院最终裁决；二是可以知道，如果画报中发表的某件作品出了问题，一切责任均由经理或编辑负责，与作者无关；第三也可了解到，当时对于画报中女性人体的展示，从政府到民间均持宽容态度，因此才有当年画报人体艺术俯拾皆是的现象。

4. 防空意识启蒙

1932 年一·二八抗战中，日军出动 300 余架飞机，对上海守军和城区实施狂轰滥炸，中国军队和上海民众损失惨重。从此，民国政府开始重视防空建设，充分认识到"将来科学战争爆发，国家由空袭所生的危机，比之闸北的惨状，更在千百倍以上！"为达到防

---

① 《因裸体照〈上海漫画〉被控》，《时报》1928 年 10 月 5 日；《〈上海漫画〉被控案昨已宣判》，《新闻报》1928 年 10 月 17 日；《〈上海漫画〉无罪》，《新闻报》1928 年 11 月 22 日。

空宣传教育的效果，1935年6月，在国民政府的组织下，南京率先举办防空展览会，嗣后，并在全国各大城市巡回展出，以推动防空知识在民间的普及。1935年5月，杭州防空学校在杭州创办《防空杂志》月刊，同年9月，南京军事委员会防空委员会编审委员会在南京出版《防空杂志》季刊，但均侧重理论研究。1936年3月，由军事委员会防空处编辑发行，图文并茂、通俗易懂，兼具启蒙性、普及性、知识性、趣味性的《防空画刊》在上海应运而生。战争时期，城市是政治、经济、交通、文化和军事的中心，也是敌机攻击的主要目标。倘若城市在开战之初即遭毁灭，则资源失、精神丧，人心也随之瓦解。而当时我国民众的防空知识极为匮乏，一旦战争爆发就会束手无策，甚至坐以待毙，一·二八抗战便是最痛的教训。作为中国画报史上第一本防空画报，《防空画刊》在全民族抗战爆发前夕及时出版，启蒙和传播了防空知识，促进了民国时期全国各地防空组织的建立和完善，对于我国防空建设及防空现代化具有重要意义。相信在此后日军对上海、南京、重庆、广州等地的大轰炸中，应该有市民因掌握了适当的防空技能而幸免于难。同时，作为一份由政府组织出版的军事宣传画报，它内容丰富，资料翔实，对20世纪30年代中国军事史研究也具有一定的史料参考价值。

5. 美术广告理念启蒙

在1929年至1934年的世界经济危机中，全球经济陷入恐慌，各个国家使出浑身解数试图尽快从中挣扎而出。1934年的西方资本主义依靠疯狂的商品倾销、铺天盖地的广告宣传和精美的产品装潢，在激烈的商业竞争中走到了顶端。反观中国的工商业者仍停留在国内的相互倾轧、恶性竞争之中。有鉴于此，王宸昌、萧剑青、徐民智、何一鸣、郑汝良、陈施君、林蔚如、薛萍、卢新、严次平等20位美术界、设计界、教育界精英，于1934年8月17日，在上海南京路新新酒楼成立了中国商业美术作家协会，会址初设于汉口路457号的新新广告社。该会宗旨为"联络商业美术作家研讨实用商业美术之理论，并促进制作技巧，保护商业美术作家之进展，谋国内工商业宣传上之新生路"。1935年初，该会创办的会刊《商美》，则成为中国最早的商业美术广告画报。中国商业美术的落后，造成了中国商人对商业美术认识上的欠缺。当年中国商业在国际竞争中衰败不振，原因很多，而不注重商业美术的广告宣传和装潢设计，应该也是其中之一。《商美》画报的出版，最重要的意义就在于，对中国工商业的商业美术意识起到了启蒙作用，让他们认识到商业美术对工商业发展的重要影响，从而推动了中国早期商业美术发展。

二、报道时政

"民国时期种类丰富、贴近民生、关注时政的大批报刊为普通民众提供了众多了解现实、开化思想、追求时尚、休闲娱乐的通道，也为知识分子提供了展示才华、秉笔报国的平台。随着新闻出版事业的兴盛而逐渐崭露头角，以记者、时评家、作家等为主体的民国报人借助新闻舆论的力量，积极参与和干预国家民主政治建设，在民国社会发展进步的进程中发挥着不可或缺的重要作用。"①画报则以图文的形式更加生动、具体、形象地报道时政新闻，传播、普及科学文化知识，调剂市民休闲娱乐生活，促进文化繁荣和中西方文化交流，引领时代潮流，塑造时代新女性形象，宣传抗战、激发民众爱国热情，推动着社会的发展。戈公振有文称："世界愈进步，事愈繁赜，有非言语所能形容者，必借图画以明之。"②作为一位忠实记录者的画报，真实地记录了中国乃至世界近代史的风云变幻。

20世纪20年代到1937年全民族抗战爆发前，恰是我国经历了外侵内乱的时期，直奉战争、收回青岛主权、北伐战争、五卅运动、五三惨案、九一八事变、一·二八抗战等重大历史事件，在当年的《江浙直奉血战画宝大全》《接收青岛纪念写真》《图画时报》《申报图画周刊》《良友》《北洋画报》《孔雀画报》等专刊或侧重时政的综合性画报中，均可找到相应的图文报道，可以说，画报记录和见证了这一复杂动荡的历史年代。

五卅惨案发生后，全国各大城市纷纷举行"三罢"（罢课、罢工、罢市）声援，促使政府强硬交涉。1925年6月19日、21日，香港、广州工人分别举行大罢工，英、法等国派军舰以武力威胁。6月23日，广东各界群众10万余人在东较场举行集会。午后，游行队伍到达沙面租界对岸的沙基时，租界内的英军竟然开枪扫射群众，其军舰亦开炮助威，酿成死52人、重伤170多人、轻伤无数的惨案。这就是中国近代史上著名的广州沙基惨案。《孔雀画报》第1期、第3期中的《广州惨案别报》追述了惨案的细节，很有史料价值。

6月23日，广东省社会各界举行市民巡行，因在华界，不虞有他。岭南大学的美国教职员因时常来往沙面，探得租界内另有阴谋，故对该校参加巡行的学生，预先曾有私人警告。果然，市民大会方毕，游行行至途中，枪炮声即起。随着队伍前面的人纷纷倒下，众人惊慌，队伍凌乱，哭声四起，尤以女生幼童为甚。有一名英勇的学生军大声呼叫"趴下"，他也同时卧下，并且开枪还敌，但不幸身中6弹，奄奄一息之时犹强抬头开枪，不意枪未及发，即已气厥，为国牺牲。有一名粤军兵士持枪直立，因未得长官命令不敢开枪，有某校学生质问曰："汝有枪而不敢发，不如给我。"兵士答以身为军人，枪即是命，何能将枪给人！言罢，扣动扳机还射，亦因寡不敌众而饮弹以终。

当日上午举行市民大会时，烈日光天。午后惨案发生后不及半小时，大雨倾盆。有人说此为英人的残暴震怒天地，特降雨以为死难者鸣冤；也有人说，此雨是为死难者洗去身上的血污。不过，受伤者经雨水一洗，轻变重，重变危。

---

① 张朝阳：《魏晋风骨与民国报人》，《新闻爱好者》2014年10月。
② 戈公振：《导言》，《图画周刊》1920年6月9日创刊号。

惨案发生当夜，国立广东大学校长邹鲁即率领学生向代帅兼省长胡汉民请愿，请求他即日下令收回沙面。有学生甚为悲痛，当场向胡打躬作揖，请求严重交涉，惩办凶手。胡答称，收回沙面并非难事，一二点钟内即可恢复国家领土。所惧者收回后不能久持，数日间又将为外人夺去。与其用武力解决，勿宁用和平的外交，况理直在我，交涉必可终获胜利。希望汝等坚持为政府后盾可也。

据悉，在此惨案中，岭南大学惨死一名教员、一名学生。教员区励周被举为巡行教职员领队，夫人闻知后曾再三劝阻，以致泣下，但区以职责所在，别妻而往，义无反顾。中弹牺牲时，他犹执旗直立不仆，可谓悲壮。24 日，岭南大学高挑遇难二人血衣巡行，抬着他二人的灵柩到省署暨外交部请愿，沿途市民颇受感动。

但是，惨案发生后，也有一些麻木商民的行为让人心痛。巡行前一日，广东商会议决全市罢业一天，以表声援，省公安局亦沿户派送罢业传单周知。不料，仍有部分商人照旧开市营业。惨案当日下午枪炮声起后，这些商店才慌忙闭户。时值端午节前几日，仍有一些市民在珠江中赛龙舟。惨案当日的枪炮声，竟与珠江中的锣鼓声遥相应和，形成强烈的对比。因此，有人改杜牧诗句为："乡民不知亡国恨，珠江犹唱龙舟歌。"希望全体国民在民族大义面前都要自问一句："汝忘英人杀汝同胞之仇乎？"

《上海画报》创刊之时，正值五卅惨案发生。该刊不仅以文字及时向社会报道了新闻消息，而且还刊登了许多现场图片，如《沪潮中我之历险记》《学生在华界沿途自由讲演》《凄凉之南京路》《热心之学生捐募队》《南京路之西兵防守》等，激发了广大市民同仇敌忾、视死如归的决心。其后，又结合时事新闻登载了圣约翰大学学生反对外籍校长阻止爱国运动而造成全体退学的照片，如《圣约翰之旗杆》《禁止学生升中华国旗之圣约翰大学校长卜舫济》《人去楼空之圣约翰大学》等，配以题为《约翰潮》的文章。出于爱国热情，市民纷纷争先购买。从此，《上海画报》一鸣惊人。

1928 年 7 月 7 日《北洋画报》中《〈北画〉真正价值之所在》一文写道："报纸为传播消息之利器，以时事真相披露于众，使国人借图画之介绍，了然于各种时事之经过，因推测其发展之趋势，是其所影响于社会之观听，至巨且大也。"该刊曾获张学良的资助，因此前期曾以较多篇幅报道奉系的军事行动和张作霖、张学良的社会活动报道。1931 年九一八事变后，该刊对李顿调查团做了跟踪报道。

1922 年 12 月 10 日，鲁案善后督办王正廷、山东省省长兼胶澳商埠督办熊炳琦与日本青岛守备军司令由比光卫举行青岛交接仪式，宣告中国政府从日军手中收回对青岛主权，历经德国、日本两代殖民主义者统治了长达 25 年的这座工商港口城市重新回到了祖国的怀抱，标志着中国人民的爱国主义斗争取得了历史性的胜利。这是中国近代史上的一个重大事件，为中国外交史上开一新纪元。为此，时任胶澳中国青年会美术干事的班鹏志曾主编《接收青岛纪念写真》，以图文的形式记录下了这一庄严而又神圣的时刻。

《接收青岛纪念写真》出版之时，中国的摄影画报尚处发端之际，该刊开创了图片记录重大历史事件的先河，也成为青岛最早的画报。该刊搜集和编者实地拍摄的珍贵图片，很多为青岛历史上最早的照片资料，除记录接收青岛历史事件外，还有许多当年青岛的行政机关、军事机构、学生运动、学校、商会、民俗、寺庙、街景、公园、泳场等，以图片的形式记录了20世纪20年代前的青岛历史，成为研究青岛历史的重要文献资料。

1920年直皖战争后，直、奉军阀共同控制北京政权。直系取代皖系，反映英、美帝国主义在华势力的扩张和日本帝国主义在华势力的受挫。日本不甘心失败，扶植奉系，并促使奉、皖两系重新联合，对抗直系。1922年4月28日，奉系张作霖自任总司令，率12万名奉军官兵发动总攻击，第一次直奉战争爆发。直系以吴佩孚为总司令，以保定为大本营，分头抵御。双方在马厂、固安、长辛店激战。吴佩孚变守为攻，主力迂回作战，绕至奉系后方卢沟桥，致使奉军腹背受敌。奉军张景惠部第十六师停战倒戈。卢沟桥、长辛店等要隘被直军攻占，中路奉军退至天津。张作霖下令退却，率残部出关。10日，徐世昌总统下令免除张作霖东三省巡阅使等职。6月17日，在英帝国主义干预下，直奉两系停战议和，签订和约。双方自19日始将军队撤退，终结战争。1924年9月，直系江苏军阀齐燮元与皖系浙江军阀卢永祥爆发了江浙战争。9月3日，张作霖通电谴责曹、吴攻浙，并以援助卢永祥为名，组织"镇威军"，自任总司令，将奉军编为6个军；总兵力约15万人，于9月15日分路向榆关（即山海关）、赤峰、承德方向进发，第二次直奉战争爆发。奉系获胜，直系惨败，从此直系势力一蹶不振。当年全国各报对这两次战争均以详文连续报道，1924年8月，上海共和书局继出版《江浙战事画报》后，再出版《江浙直奉血战画宝大全》，以图文的形式详细记录了两次直奉战争始末。《江浙直奉血战画宝大全》以丰富生动的图画和少量照片，不仅报道了两次直奉战争实况，而且介绍了战事的时代背景，分析了两军的战术与实力，总结了战后对社会的影响；这些丰富而翔实的资料，对研究这一时期的政治史、战争史、社会史都具有重要的参考价值。

《申报图画周刊》始终坚持报道时事为主的办刊宗旨，大凡从1930年至1937年国内政界、军界发生的重大事件和重要人物的活动，均可在画报中寻到踪迹，如《监察院于右任回陕与陕主席邵力子游太白山留影》《港粤报界考察团在津与河北省主席于学忠会晤》《孙科夫妇参观虹桥疗养院》《避暑庐山之段祺瑞氏》《陕西绥靖主任杨虎城赴赣谒见蒋介石》《庐山陆军军官训练团》《中央军校驻赣训练班》《军事委员会派员检阅上海南市保卫团》《广东燕塘军校野战演习》《三十二军军长商震奉蒋介石召赴庐山就任第二期军官训练团团附职》《何应钦氏在沪行踪》《班禅大师行踪》等。

据1930年第620期《上海画报》中的《申报画报新消息》："《申报》自添印《星期画刊》后，以编者戈公振先生对于新闻学上之经验，一切编排材料的是不同凡响，故虽刊行未久，已誉满海内外。闻《申报》且以增辟画报之故，销数亦激增二万份，其价值固为有目所共赏也。"由此可知，报纸附刊的画报对于以报道时政为主的报纸的发行也发挥了重要作用，这也是《时报》《申报》《新闻报》等大报增辟画刊的原因之一。马国亮则在《本刊百期言》中高度概括了画报的报道时政的作用："把每一期的画报存起来，并不是件浪费的工作。倘若你能把一百期的《良友》也存起来，那没你便无异存有了一本范围最广博的、最可靠的、最兴味的历史。这话并不夸大，至少这百期的《良友》便是一本中国的，甚至可以说是世界的，近十年的历史。除了百科全书，我想，再没有像那么的复杂、那么的广博的历史的了。近十年来的世界政治舞台的变迁，近十年来各国的变乱，近十年来社会风俗的转移，近十年来科学的发明，近十年来美术作风的倾向，与及宦海的浮沉，人物的出没等等，都可在这百期中了如指掌。以图画记历史，更使读者如身历其境，仿佛把地球倒转过来一样……"①

三、传播知识

传播知识是每种画报的基础，也是办刊宗旨中必不可少的一项内容。

伍联德在《良友》百期纪念中所言："本志既握全国杂志界销售之牛耳，对于文化之推进，及智识之灌输，更思竭其驽骀，以求精益求精……良以图片灌输智识，显浅易晓，实为目前普及教育之最善工具。"②他在《良友·回忆·漫谈》中更将办画报比作办学校："如果能把画报办得好，其所发生的作用效果，也就等于办学一样，可以启迪民智，提高大众文化水准，而且说不定比较办学更为有效，更易为大众得益。"③王小隐在《北洋画报》一周年纪念刊中所云："试问吾人今日除饮食、睡眠以外，将以何事稍为精神之安慰？公共之设备既无可游览（天然美如公园，人造美如画院），而私家收藏又尽在估客巨室，亦无从而窥见。《北画》而于尺幅之间，设法罗致而表现之，同时使中国以外之人亦得略窥中国艺术之过去成绩与未来之发展，不复以'无文化'相訾謷，并介绍东西两方之作品，用以放开新旧之范围，成为世界的艺术之汇。"④

1928 年 11 月，巴黎大学理科中国同学会联合法国巴黎政治学会《中国与世界》主编尹凤藻、《工育杂志》主编张德禄等组建天津常识社，创办《常识画报》，以"倡导强身健体，介绍科学、提倡美育、崇尚艺术"为宗旨，用图画的形式辅解和应用美学、科学常识，以达到向民众灌输常识的目的。

1933 年 1 月，周瘦鹃在上海创办《银光》画报。他在《发刊辞》中表明了时代背景和办刊目的："在这万方多难的年头儿，内忧外患，相煎相迫，真使人活得有些不耐烦起

---

① 马国亮：《本刊百期言》，《良友》1934 年第 100 期。
① 马国亮：《本刊百期言》，《良友》1934 年第 100 期。
② 伍联德：《〈良友〉一百期之回顾与前瞻》，《良友》1934 年第 100 期。
③ 伍联德：《良友·回忆·漫谈》，良友画报出版社 1966 年版，第 10 页。
④ 王小隐：《一年以来》，《北洋画报》1927 年 7 月 6 日第 101 期。

来。但是前途无论如何悲观、黑暗，大家究竟不能都去跳黄浦，寻死路，总得想个调剂之道，使你的精神奋发起来，徐谋打开国难的方法。调剂之道很多，而最有意义的，莫如看影戏。看影戏，不但是为娱乐而已，并可扩大眼界，增进知识，所以影戏院可说是一座新知识的宝库，而本刊的使命呢，就是要做这宝库上的一个钥匙。"

1933 年 9 月在浙江创刊的《航空露布》，回顾了中国航空制造业和航空教育事业的肇始与发展，介绍了世界各国在航空、防空方面突飞猛进的发展和最新成果，展示各国在航空方面的军事实力，旨在让国人看到我国航空业与世界列强的差距，以引起社会各界对航空事业的重视。

1933 年 11 月，梁得所在上海创办了《大众》画报，普及科学常识是该刊的内容之一，但其科学价值已远远超出常识之外。它对羊乳业、瓷业、蚕业、地毯业、绒线编织等都做了详尽介绍。《蚕丝的故事》《天蚕丝之研究》从蚕业鼻祖嫘祖谈起，记叙了蚕的生长程序、蚕种的选择、蚕丝的制造，最后强调作为中国农村经济生命线的蚕丝业应该引起各方的高度重视。《地毯之制造》以北平仁立毛纺厂为例，从地毯主要原料之来源、羊毛的处理程序，到地毯的制作和后期花纹的修剪等生产的全过程均有介绍。

1934 年 5 月，《印刷画报》在上海创刊。曾经留学法国、日本的民国时期印刷业专家高元宰，在法国时，惊艳于其辉煌灿烂的文化艺术，更看到其美术印刷的成就，因此在留学之余，进入印刷工厂学到了一些印刷技术。回国后，他发现中国印刷业进步得如此迟缓，不禁为最早发明印刷术的国家竟至如此落后而扼腕叹息。痛定思痛，他认为中国印刷业落后的最大原因是没有印刷教育。于是，他抱定这个宗旨，"愿意牺牲吾个人的一切，来做印刷教育的开路先锋"。1933 年，他曾在中华职业教育班办过印刷学术演讲会，成绩尚佳。此后，他更想创办一种印刷杂志。同人听到他的想法就对他说，这个杂志恐怕全中国也没有 500 人有兴趣看。听了这话，他思忖良久，但终于还是创刊了《印刷画报》。《印刷画报》是中国画报史上第一本以印刷专业为主题的画报，承担了推进中国印刷教育、提高中国印刷技术水平的重任。

1936 年 8 月，良友公司创刊了《知识画报》。该刊认为"介绍实际智识是比介绍什么抽象的学问还来得重要"，因而其出版目的是"专为大众介绍世界科学知识的工作，以图片介绍实况的工作"[1]。

四、传播艺术

艺术传播是指人们运用各种传播方式对艺术信息加以传播的过程，其目的就是要让更多的人有机会接触并了解艺术，从而提升大众的艺术修养。传播艺术也是画报崇尚的

---

[1] 《致读者》，《知识画报》1936 年 8 月创刊号。

职能之一，向以传播"真、善、美"自居的《北洋画报》便是典型之一。"胡为而办画报乎？欲答此一问，必先问胡为而看画报乎？人类于饥食渴饮之外，所以异于其他之动物，以其能有精神之享乐，换言之即有'美育的涵融'与'美的赏鉴之本能'而已。昔之办画报，有一时期，固将为不能赏鉴文字之美者而设（清光绪末年，北京有《启蒙画报》，为儿童最早之读物，继有刘炳堂所绘之画报，亦意在辅助识字不多者而设）。今日画报则不然，非不能赏识文字之美也，读者之眼光程度，殆已非仅记述文字所能满足其欲望，必另求造形艺术，始能畅适其玩赏。吾敢矢言，读《北洋画报》者，其赏鉴图画之力，必且超过爱好文字之美，若仅仅能看图画者，必非真能赏鉴图画者也。"①

1927 年 11 月，湖社画会在北京创办《湖社半月刊》（后更名为《湖社月刊》），以"提倡艺术、发扬国光"为办刊宗旨，该刊积极维护中国绘画传统，张扬文人画的价值，对主张全盘西化、否定传统一派的艺术力量起到了有效的制衡作用，从而使中国近代绘画艺术能够在多元格局下获得健康发展。

1928 年 8 月 5 日，《北平画报》创刊，主编李乐天宣称，该刊"纯为营业性质，同人集资合办，以求文艺之大同，任何党派均不加入，任何机关均不连络"，以"研究文艺，提倡美术"为办刊宗旨②。

1929 年 10 月 10 日，在故宫博物院成立四周年之际，《故宫周刊》创刊，院长易培基在创刊号上的《故宫周刊弁言》中明确其办刊宗旨："周刊者，取资既微，流传自易，一方以故宫所藏不分门类，不限体例，陆续选登，以视国人；一方以故宫工程建筑以及本院先后设施、计划工作情形，公诸有众，期以唤起全国人士之艺术观念，又使讲艺术者多得古人名迹奇制，以资观摹，俾恢复吾国固有之文明而发扬广大之，则庶乎温故而知新，不至数典而忘祖矣。是此一周刊之微，他日者或将谓为吾国文艺复兴之权舆，亦奚不可，斯又岂独本院及本刊之幸哉？"③

1936 年 9 月在天津创刊的《语美画刊》，质量上乘高雅，格调阳春白雪。内容多为诗、书、画、印、邮票、戏剧、曲艺和观光览胜等，两个主题贯穿画报始终：一是怀念弘一法师李叔同，一是赓续水西庄以来的津沽文脉。它是最早宣传李叔同事迹的媒体，它于李叔同在世时，就较系统地介绍了这位艺术大师和佛教高僧的生平事迹，是今天研究李叔同的重要史料。仅以其中的传记为例，就比《弘一大师永怀录》（1943 年大师辞世后刊行）中的要早出六年，但由于此刊极少流传，多种李叔同年谱都未提及。对水西庄的介绍内容也与李叔同相关，从 1925 年到 1937 年十多年间，天津文士组织的"城南诗社"，每年都有雅集活动，其中 1935 年、1936 年重阳节的雅集都是在水西庄遗址举行

---

① 王小隐：《一年以来》，《北洋画报》1927 年 7 月 6 日第 101 期。
② 《本报启事》，《北平画报》1928 年 8 月 5 日第 1 期。
③ 《故宫周刊弁言》，《故宫周刊》1929 年 10 月 10 日创刊号。

的。这是水西庄大型活动的最后两次，除了详细的文字报道外，画刊还刊出了大幅合影，分别摄于水西庄的匾厅前，芥园的"功赞平成"牌坊下，其中李叔同乡友的图片甚为难得。

这一时期以艺术为主题的画报多集中于平津地区，除以上数种，尚有《河北第一博物院半月刊》《玲珑画报》《醒狮画报》《中华画报》《美术丛刊》《维纳丝》《民言画刊》等。

五、教化作用

民国是我国近代史上一个新旧交替的特殊时期。一方面，旧事物逐渐退出历史舞台，新事物在悄然萌生、滋长、蔓延；另一方面，旧事物仍有一定的生命力而做最后的挣扎，新事物则不断地适应民国土壤而艰难生长。于是，就出现了新旧杂陈、中西碰撞的现象。这一时期的画报也是如此，有引领时尚新潮、开风气之先的《中华》《时代》《玲珑》《装束美》《健美月刊》等，也有固守传统文化、倡导改良社会风气的《北京画报》《天民报图画附刊》《蜀镜画报》《海珠星期画报》等。但传承中国"文以教化"的传统，是它们肩负的共同使命。王小隐在《北洋画报》创刊一周年时就说："人类于饥食渴饮之外，所以异于其他之动物，以其能有精神之享乐，换言之即有'美育的涵融'，与'美的鉴赏之本能'而已。"[①]

1926 年 8 月，马相伯在上海创办了《天民报图画附刊》。该刊刊头左侧设置格言栏目，每期刊登一两则格言，配发格言诠解，如"言恶毋及人，言善毋及身""勿以善小不为，勿以恶小为之""激人起事，小人也；劝人息争者，君子也""高存乎操守，大存乎器量，厚存乎根柢，深与远存乎识虑"等劝人向善的格言警句。著名画家徐咏青在创刊号赠画中题词为"恭祝《天民报》出世，唤起民众道德"。唤起民众道德，劝人弃恶从善为《天民报图画附刊》的办刊宗旨。1928 年 6 月，《北京画报》在北平创刊，其宗旨为"提倡保存北平固有的文明，反对破坏北平一切的文物"。

1927 年秋，鉴于蜀地世风日下，人心日坏，四川省内书画名宿王觉吾、杨重岳、杜柴扉等筹创画报，意在挽救世风，使人心入于正轨。这便是 1928 年 2 月创刊《蜀镜画报》的初衷，该刊以"发扬先总理主张恢复之七端八目，用以正人心倡美术以助革命建设之成功"为宗旨，王觉吾在《本报发刊宣言》中表明："借书画以结因缘，敲词曲而当钟鼓。用以保存国粹，畅叙情怀。不愿高谈政治，致贻出位之讥，无非游戏文章比诸歇后之语云尔。"意在"恢复中华民族旧有道德"，提倡"七端——忠、孝、仁、爱、信、义、和平""八目——格物、致知、诚意、正心、修身、齐家、治国、平天下"，并"望各界男

---

① 王小隐：《一年以来》，《北洋画报》1927 年 7 月 6 日第 101 期。

女同胞切实遵守奉行之"。刊有《破山和尚》《伯乐识马》《乱爱的结果》《成都市之三毒》《怀橘遗母》等世风道德类图文。

1928 年 3 月,《海珠星期画报》在广州创刊,以"艺术为主,兼有时论"为办刊风格,关注社会风化,改良社会风气。"近年以来,社会人心,日趋诡异。即以图画论,画报之首,动现鬼脸奇形,伸纸描摹,好作裸体曲线。人人受此观感,习见鬼脸遂等人世于九幽,习见裸形乃敢宣淫于白昼。作俑者是何心理?非吾人所知。然已混人鬼于一途,大长凶残之焰,乱人禽而莫辨,尽拔廉耻之根,迎合社会弱点于一时,聊以取快。而所谓导以美者,乃转导以恶焉!此则同人所兢兢自矢,不敢以挽救社会之初心,转陷社会于堕落者也"①,编者李大醒在《海珠星期画报》的发刊词中,既批评了当年画报多以裸体、妓女为噱头的通病,又表明了"改善世风,化恶为善,化戾为祥,除以文字感化外,亦求以艺术之途改变社会。同人等不识政治,亦绝不含有政治臭味"的办刊宗旨。

诚然,受时代的局限,这一时期也有一些固守传统观念,坚守文言文的画报,因而出现新旧观念并存、新旧文体杂陈的现象,既有通俗易懂的白话文和新思潮、新观点,也有晦涩难懂的文言文和封建陈腐的旧思想、旧观念。

六、宣传抗日

面对积贫积弱的国家,怀有一腔爱国热忱的国人,有的提出实业救国,有的提出教育救国,有的提出科学救国。忧国忧民是自古以来文人的普遍情怀,报人尤甚。"以出版业保国育民,以印刷业富国强民。我们的志愿许是很小,但是我们以为这是实行的救国良方,我们恐怕我们的实力或有不足,所以联合多数没有党派的同志来组织《良友》。《良友》的使命是来普及教育的,发扬文化的。如其能够达到这个使命,那我们小小的初志也可以偿了。我们再也没有什么奢望——或者也可以说这就是我们的奢望"②,这一时期的画报,如《良友》《中华》《北洋画报》《上海画报》《申报图画周刊》等综合类、时政类的画报,多有宣传救国图存的内容。1931 年九一八事变后,上海良友图书公司相继出版了《日本侵占东北真相画刊》《北伐画史》《甲午中日战事摄影集》《黑龙江战事画刊》《锦州战事画刊》《九一八国难纪念集》《榆关战事画刊》《上海战事画刊》等专刊与号外;1932 年一·二八抗战后,更有《上海战事画报》《上海战影》《抵抗画报》创刊,报道战事,宣传抗日,旨在揭露日军侵略罪行,激发国人的爱国热情,唤起全国民众团结起来投入抗战。

1931 年 10 月,《日本侵占东北真相画刊》出版,较为翔实地记述了 1931 年 9 月 19 日

---

① 李大醒:《发刊词》,《海珠星期画报》1928 年 3 月创刊号。
② 伍联德:《为良友发言》,《良友》1928 年第 25 期。

至 23 日，日军侵占辽宁、吉林的全过程。设有东北时局要人、辽吉要地、人民逃难、抗日救国运动、日军占领后情形等五个板块。"东北时局要人"有中方的东北边防司令张学良、吉林省主席张作相、辽宁省主席臧式毅、东北边防司令部参谋长荣臻等，日方有关东军司令官本庄繁、东北驻扎第二师团长多门二郎、关东军参谋长三宅光治、混成旅团长嘉村达次郎等；"辽吉要地"包括日军空前暴行之辽宁省会沈阳城、沈阳日本总领事馆、四平街、长春日军军营、公主岭车站、抚顺永安大街等；"人民逃难"板块揭露日本侵略烧杀抢掠的滔天罪行和人民群众背井离乡、四处逃难时的惨状，载有《沿铁路扫射无辜旅客之日本飞机机关枪》《大西门外逃难人民出走之情形》《居民群集郊外避难情形》等组图；"抗日救亡运动"以《群情忿激：市民大会空气紧张》《抗日救国：东北疆土被占后全国人民悲愤异常各地市民均有热烈之集会》《南京市民大会群众之拥挤》《唤醒民众之学生演讲队》等图片，报道了南京、上海等地爱国人士掀起的抗日救亡运动；"日军占领后情形"通过《奇耻大辱永世不忘：沈阳城墙上被日军据为战垒排枪向我军民射击之实况》《铁甲车：沈阳城内日军横行，如入无人之境》《战壕：日军作战行动，暴露武力侵略之面目》《失守：东北边防司令长官公署被占》《沈阳城外兵工厂被占后摄影》《被占后之东三省官银号（中央银行）之大金库》《强换日本旗帜后之辽宁财政厅》《被搜劫后之张副司令住宅》等图片，再现了当年日军侵占辽宁、吉林后的猖狂、野蛮行径。

《日本侵占东北真相画刊》报道了当时东北抗战时的实况，揭露日本侵略者对我国东北的疯狂掠夺和对东北人民的残酷压迫。这些新闻消息迅速、准确地传递到全国各地，让国人认清了日本侵略者的罪恶行径和本来面目，激发了全国民众的抗日热情，更清醒地认识到只有团结起来共同抗战，才能将侵略者打回老家去。

1932 年 1 月 28 日至 3 月 3 日，中国军队进行了抗击侵华日军进犯上海的作战，史称一·二八抗战。战争爆发不久，同年 2 月，许乃悟创刊《上海战事画报》。其宣言称，上海是中国的门户，而日本最初也和中国一样是封建的国家，但自从明治维新之后便迅速实现了资本主义化、工业化，1931 年的九一八事变后，更以武力强占了我国的东三省。但这仍不能满足他们鲸吞中国的欲望，1932 年又悍然在上海发动侵袭，而且阴谋策划对中国的全国性军事占领。在中华民族处于生死存亡的危急时刻，该刊的创刊，意在揭露日本侵略者的侵华暴行，激励前线忠勇士兵拼死抗敌，警醒国人行动起来共赴国难，积极投入抗战。

1932 年 3 月，现代印刷公司出版《上海战影》，以图片的形式真实地记录淞沪抗战的真相，揭露日本军国主义对华的侵略野心，为国联调查团及时提供了日军挑起战争的铁证。在巨大的社会舆论下，1932 年 3 月 3 日，日军司令官根据参谋总长电示，发表停战声明。同日，国联决议中日双方下令停战。24 日，在英领署举行正式停战会议。该刊展现了中国军队英勇抵抗、顽强御敌的精神，强烈地激发了国人的爱国热情，更让民众清醒地认识到，面对强敌入侵，山河变色，只有团结一致，抵抗到底，才能取得最后的胜利。

1932年6月，文华美术图书印刷公司创办的《抵抗画报》，在真实记录中国军队抵抗日军侵略的同时，也表明了反对"不抵抗主义"的鲜明立场，大声呼吁中国军队不辱使命，勇敢地拿起枪来，奋勇抵抗。正如第2期中《对全国军人说一句话》所写："可敬可爱的军人啊，大家觉悟起来，认清我们的天职吧！在全国民众的面前，显示一下我们军人的正当的功能，一洗从来祸国殃民的恶名吧！"①

七、塑造新女性形象

经过五四新文化运动洗礼后，妇女解放的思想逐渐深入人心，中国新女性开始走上历史舞台，尤其是在北平、天津、上海等大都市，"饿死事小，失节为大""女子无才便是德""缠足"等词句，在知识阶层中已经被认为是封建腐朽的代名词。关于女性的种种进步言论开始活跃于中国的公共舆论界，出版发行领域正是看到了这一商机，先是画报多设女性专栏，后又有《现代妇女》《今代妇女》《妇人画报》《玲珑》《女朋友》《皇后》《女子月刊》等女性专题画报应运而生。这些画报中的女性阳光、健美、时尚，塑造了时代新女性形象。

在中国古代，女子以柔弱病态为美，女性为男子附属品，缠足就是最典型的代表，遵守的是三从四德，相夫教子的理念，她们在经济上、人格上不能独立。这一时期的画报展示的则是健康、健美的女性形象，画报中的女性可以和男子一样受到良好的学校教育，参加丰富多彩的体育活动，走出闺房享受室外的阳光，进入机关、工厂、医院、学校，从事各种职业，胡蝶、徐来、陈燕燕等影星照片中的脸上总是洋溢着灿烂的笑容，美人鱼杨秀琼拥有健美的身体和活力四射、骄傲自信的神态。画报还通过北洋总统黎元洪之妾危文秀的再婚、淑妃文绣与末代皇帝溥仪的离婚等图文，鼓励女性大胆地追求自己的幸福生活。

服装为文身之具，随着人类文明的进步，社会交际愈加频繁，服装因之而愈为讲求。因此，早在民国初期，欧美各国交际名人即有设计师为之特制新装，别出心裁，争奇斗妍，一袭而成，群相倾倒。中国女子素受旧礼教束缚，对于服装少求个性。虽然五四运动后，提出了"妇女解放""男女平等"等观点，但中国妇女的社会交际仍然极少，服装革新仍趋缓慢。随着西风东渐，妇女社交渐为公开，新装、时尚、摩登等逐渐成为民国时期的热词。1926年10月，白鹅画会的陈秋草、方雪鸪以审美的观念，参酌古今中外服装的优长，以20幅美术图画的形式编辑而成《装束美》，开中国妇女服装革

---

① 霜刃：《对全国军人说一句话》，《抵抗画报》1932年6月第2期。

新之先河。

辛亥革命后，女权问题被列入政治议题，一批有识之士纷纷筹备创办女性期刊，以呼唤中国女性的觉醒。1928 年 6 月，由上海良友出版公司创办的《今代妇女》，正是带着让女性"直立于社会"的神圣使命，用轻松活泼的文字和精美鲜亮的插图，以休闲娱乐的优雅风格展现给广大女性读者，被誉为"最具当代女性时尚杂志雏形的刊物"。"探讨女性最关注的话题，争取妇女在社会中的地位"始终是画报的主题。该刊 1931 年 3 月第 26 期出版之时正值国际三八妇女节之后不久，刊登的《我们的三月八日》和《编辑后记》强调了"应该是妇女们直立起来的时候了"的主题，后文说道："我们可以看见，外国的妇女们都已很坚强地在人类中和男子们一样地直立起来了。在中国，我们看见能够直立起来的不过寥寥几个，有些是想立起来而没有气力，有些是口里只晓得呼喊着'直立'口号，而自己却仅在懒懒地伏着不愿起来，有些却简直不知道她是应该要站立起来的。三八节就是向全世界的妇女敲着的一只警钟，敲响了妇女们的灵魂，叫她们站立起来。但是要站立起来必得要自己有气力，正如须莱纳女士说，她们不能靠男子的力量，这是无用的。因为她根本是自己太软弱了，即使他扶起了，她也一样地会跌回下去。所以，我们妇女们想站立起来的根本要件，不是在三八节的那一天里摇旗呐喊几声，而是好好地把自己的体力和智力培养，这就是支持你能够站立起来的气力。"① 《终身大事》一文，记叙了 20 世纪二三十年代知识女性对婚姻的迷惘，分析了当年出现女大学生嫁不去的怪现象的原因。当时流行着这样一个说法："女学生一进大学便难嫁了，大学一毕业更嫁不出去了。"对燕京大学 60 名女生的调查显示，竟有四分之一赞成独身，"其他四分之三想嫁的尚不知能否达到她们的理想"。该文得出结论：一是女性向上看的惯例，即小学的女生想嫁中学的男子，中学的女生想嫁大学生，大学里女子想嫁博士。小学女生年纪太小谈不到结婚，中学生的理想大学男生尚多，所以还容易找到，唯有大学的女生要寻硕士、博士或是外洋毕业的就少了。二是从男子方面说，男子娶妻大多选择美貌，而且希望女子比自己小五六岁。在混乱不定的中国大学毕业后出路难寻，男子毕业通常要二十四五岁，至少要做三四年事业才能有所积蓄结婚，这时就得二十八九岁了，如果要他娶上一个同龄的女子总不免嫌老一些。三是从女性方面说，女大学生在大学里目空一切，志高气傲，让男生视为畏途，知难而退，造成她们在大学里找不到对象。等走向社会后，面对一个个男人阴险的面目，狡猾的手段，不纯洁的目的，她们更加惶恐而兢兢不前了②。

1932 年 8 月 25 日，《汕头画报》在广东创刊。该刊关注女性生活，特别是女性的发

① 《编辑后记》，《今代妇女》1931 年 3 月第 26 期。
② 铮：《终身大事》，《今代妇女》1930 年 12 月第 23 期。

型、服装、观念，这是该刊的一大主题。其刊有《女人的肉腿》《髦登女郎爱美丽》《接吻的卫生》《打倒裤子》《头发的变迁》《中国妇女之手脚》等，其中《头发的变迁》一文称，古人对于头发极为尊崇，甚至有"身体发肤，受之父母，不取毁伤，孝之始也"之说，头发关乎孝道。但自西风东渐，断发却成了时髦的象征，男人断，女人也断，短发蓬蓬已成新女性的必要点缀。从前头发讲求光滑，"油光可鉴"为美之条件，但后来则"首如飞蓬"才叫漂亮——此文从发型的变化管窥时代的变迁①。《中国妇女之手脚》一文，则充分肯定了女性裸露四肢的自然美，讽刺陈果夫、张溥泉等政界要人，在国难紧急时期不谋救国大计，反在政府会议和就职演说上大谈取缔妇女时装，大骂剪发妇女为长发鬼②。该刊不落窠臼，思想进步，倡导女性独立，追求男女平等，该刊封面人物一律是青春女性的短发照这一点，也可表明其鲜明立场。

1932 年 9 月，《女朋友》也在上海问世。该刊以女性为重点阅读对象，以维护妇女合法权益为根本，设置妇女、闺秀珍闻、婚俗、新装、短篇创作、给女朋友们、影星漫谭、常识、医学问答、女子法权、女子体育、影星小史、影讯影评等多个栏目，但并不固定，时有更迭。妇女专栏为该刊的第一栏目，对妇女的恋爱、婚姻、家庭、社交、职业和妇女在社会中的责任和使命等诸多问题展开讨论，刊有《爱情是个什么东西》《不要忘了微笑》《处女美与时代转变》《解决婚姻问题的浅说》《提倡女子职业》《恋爱与结婚》《时代需要的女性》《友谊与恋爱》，学校专讯《女校中发现滑稽情》《活跃的智仁勇女校》《凄惨的爱国女学》《好学生的转变时期》等；短篇创作专门刊登女性题材的小说、散文，文章有长有短，多为女性作者所写，极富女性特质，如《色鬼群里的一个阔客》《活泼的小天使》《小妹妹的气》等；女子法权专栏由法律界人士主持，指导女性在婚姻和家庭方面如何维护自己的合法权益，刊有《解除婚约》《妨害家庭》《预立遗嘱》等；女子体育栏目报道女校和女学生参加的各种体育赛事，说明在多项体育比赛中巾帼不让须眉，如《两江体专的女健儿》《重振旗鼓的海星排球队》等；医学问答专栏请著名医生主持，回答读者提出的关于健康方面的问题，如《雀斑有法治疗吗》《狐臭可以治疗吗》等；影讯影评和影星小史为电影专栏，介绍当年拍摄的新片，展示了诸多女影星的风采，如《〈自由之花〉的一幕》《电影与女人》《谈瑛小史》《黎莉莉小史》《黎明晖以后的方针》《被当作"野玫瑰"的王人美》《关于许曼丽》等；婚俗专栏则图文并茂地介绍了《马来半岛土人的婚俗》《蒙古的婚俗》等，让读者开阔了眼界，增长了见识。而每期刊登的特约女性撰稿人的《玲姑的悲哀》《我的丈夫》《要丈夫何用》等文，则号召女性朋友们在合法权益受到侵犯时，一定要拿起法律的武器勇敢捍卫。

---

① 老毛：《头发的变迁》，《汕头画报》1932 年第 6 期。
② 有：《中国妇女之手脚》，《汕头画报》1932 年第 7 期。

1934 年 6 月，何丽娜出资创办的《皇后》画报，创刊号的第一篇文章《不要低头：低头所见尽是黑暗》，即充满了与男人一决高下的霸气。该刊的思想较为开放，毫不隐晦性的话题。"恋爱讲座"栏目的主要内容就是两性关系及性心理学方面知识，在今天看来，有些观点都十分前卫，如独身主义、同性恋等话题到现在仍在学术界、法律界有争论。罗芳的《谭同性恋爱》一文，阐明了自己对于女性同性恋这一在伦理学、心理学、社会学、民法学、生理学等领域备受争议的社会现象的看法，作者认为女性同性恋会产生沉溺过甚、生理变化、神经刺激、犯罪自杀等诸多负面影响①。我国对男性同性恋早有文字方面的记述和评论，但涉及女性同性恋的很少，此文观点在今天看来虽有偏颇，但在当年社会局限的时代背景下，也可算作民国时期对此社会问题的一家之言吧。《独身主义的内幕：还是他们的作祟》一文中，作者姚静姝认为所谓独身主义，只不过是为自己与男子无所顾忌地交往所找的一件护身符而已，反而会让人觉得这样女子更加少廉寡耻。在采访持独身主义观点的朋友后，作者归结出来独身主义的罪魁祸首之一正是那些先是花言巧语后则始乱终弃的男性，一些女性正是为了避免男性的骚扰和抛弃，才出此下策，自称为独身主义者。作者既表明对独身主义的反对态度，又抨击了社会上那种轻薄孟浪的男子②。这也从一个侧面表明，当年的女性仍普遍处于被动和低下的地位，所谓的男女平等、妇女解放还有较长的一段路要走。

1936 年 5 月，《女人》画报革新号第 1 期出版，其中"小型杂片"讲述妇女遇到的恋爱、婚姻、家庭、就业、社交等方面的问题，探讨妇女解放、男女平等、婚姻自主等社会问题，如《男女解放的研究》《保障妇女生育》《婚姻谈》《职业妇女的大问题》《谈谈女子的贞操问题》《女孩儿与玩物》《谈摩登》《如此美人》《女子的隐痛》《无邪的女人》《接吻的味儿》《我的恋人》《狂海里的挣扎者》《农村之春》《一片枫叶》《妇女与肺病》《情书揭示处》等，其中《贤妻良母问题之检讨》一文，既否定了"女子无才便是德""三从四德"的陈腐观念，又批判了当时男人们声称的"教育的儿童和不用丈夫担忧家内""间接的服务社会国家"的"新贤妻良母"论，并发问"妇女有贤妻良母，为什么男子就没有贤夫良父"呢？③《女人》画报出刊时间，正值民国时期的"黄金十年"，社会环境相当宽松，思想较为活跃，知识分子在报刊上大打笔战，针对一些社会问题提出自己的观点，新旧观念激烈碰撞。该刊中有关妇女解放、男女平等、婚姻自主、女性就业、禁娼废妾、生活独立、现代新女性等思想，对冲破封建禁锢、更新旧观念、推进时代发展和社会进步具有一定的积极意义。

1936 年 12 月，《现代美》画报在香港创刊。该刊虽然满纸都是赤裸的人体，但却丝

① 罗芳：《谭同性恋爱》，《皇后》1934 年第 2 期。
② 姚静姝：《独身主义的内幕：还是他们的作祟》，《皇后》1934 年第 2 期。
③ 娜拉：《贤妻良母问题之检讨》，《女人》1936 年革新号第 7 期。

毫没有轻浮、淫邪之感，一是追求人体艺术的唯美；二是传授女性生理、心理知识，让国人拥有一个身材健美、身心健康的完美人生；三是意在改变女性必须守信贞操、男性却可恣意妄为的传统观念；四是强调女性的身心健康关乎着国家的前途命运。因此，该刊的出版不仅让国人欣赏到了中西各国的人体美艺术，而且还让一些难以启齿的性文化登上大雅之堂，更试图改变国人对妇女的传统看法，宣传了男女平等、妇女解放的进步思想。文章内容关注女性身心健康、身材健美等问题，以超前的思想灌输人体艺术的至上价值，注重介绍西方的健康观念，如《优美的条件》一文称，中国女性除注意面部修饰外，其它方面多不加问闻。但身体的健全有关于民族的前途，女性更要在减少疾病、拥有一个健康的体格的前提下，注意身体健美。当时，欧洲各国正在崇尚日光浴，将平日掩藏起来的皮肤暴露在强烈的阳光之下。中国因为受着佛教、儒教的束缚，对于女性的身体久未解放，以致全体女性都变成病态美①。《女子臀部的发达运动》一文则具体介绍了中国女性不常注意的臀部健美，健美的人体要求各个部位均衡发达、协调，倘有一部分不发达，整个身体就会产生美的缺憾。女性的人体美全赖强度变化的曲线美，以表现温柔之趣味，而胸廓与臀部便是形成曲线美最关键的部位②。

这一时期的画报还通过报道林徽因、陆小曼、吕碧城等女性文化精英，杨秀琼、刘文靖、庄铭箴等女性体育健将，唐瑛、赵一荻、谈雪卿等著名交际花，胡蝶、徐来、周璇等女影星，梁赛珍、梁赛珠、梁赛珊、梁赛瑚四姊妹等明星的生活、家庭、社交、穿着、装饰、发型、气质等方面，向读者传递站在时代前沿的新女性的生活方式、时尚理念。她们的形象，成为当时女性学习和模仿的榜样，引领着女性形象的发展潮流，影响和改变着当时女性的形象；更改变了旧女性三从四德、烈女不侍二夫、女子无才便是德等封建礼教思想，对女性走出深闺、走向社会，追求人格独立、经济独立、男女平等、妇女解放、婚姻自主起到摇旗呐喊的积极作用。

八、促进中外文化交流

戈公振、伍联德、邵洵美、冯武越、叶浅予等众多画报创办人和主编，或有留学经历，或曾出国考察。他们了解美国新闻业巨子、画报大王亨利·鲁斯（Henry R. Luce，1898—1967），以及他创办、主编的《时代》周刊、《生活》画报和《财富》杂志。尤其是《生活》画报，"每期销行数量是一千万，每月发刊四回，八开大册，凡一百二十余页，包括图片五六百幅，文字十余万言，销行全世界，在战时并且发行了军用海外版，为了转运轻便，抽去了广告，特用轻量纸印刷，但它的精彩内容，是丝毫不受影响的"③。他们

---

① 《优美的条件》，《现代美》1936 年 12 月 15 日创刊号。
② 《女子臀部的发达运动》，《现代美》1936 年 12 月 15 日创刊号。
③ 编者：《画报的功能》，《天津民国日报画刊》1946 年 1 月 13 日第 7 期。

深为画报的巨大影响力、市场潜力所震撼、所吸引，回国后在充分借鉴西方画报的基础上，结合中国国情，创办了《图画时报》《世界画报》《申报图画周刊》《良友》《中华》《鼎脔》《大新潮画报》《俄国五年计划画刊》《国际画报》《世界军情画报》《国际现象画报》等，或发行至海外，向世界各国介绍中国，或开设专版、专栏，向国人介绍国际时政、各国风情等。

1925 年在北京创刊的《世界画报》，以较重篇幅报道世界新闻，通过"国际时事""风情民俗""趣闻轶事"等栏目，让读者认识了世界各国的人物、名胜、风俗等。如第 248 期的《最近的土耳其文坛》一文，详细介绍了土耳其全国共有 500 万人"不识字问题"、近年在土耳其"销路最好的书"，以及土耳其当前的"出版事业"等文坛情况。

1925 年 12 月在上海创刊的《鼎脔》画报，饮誉海内外，行销朝鲜、蒙古、日本及东南亚地区，其刊登的数百件名家书画、金石作品，充分展示了中华民族的璀璨历史文化，发挥了让世界认识中国、了解中国的作用。

良友图书出版公司自 1926 年 2 月成功创办《良友》画报后，不断出版特刊、专刊，陆续出版"壹角丛书"，每册行销 5000 册以上，至 1931 年已出版 24 种。这些画报大多行销至新加坡、印度、暹罗（今泰国）、美国等国家，并在一些国家派驻通讯记者。1931 年，该公司又出版了《俄国五年计划画刊：活跃的苏俄》。该刊揭示了苏联"振兴实业，惊动全世界之真相"，展示了 20 世纪 30 年代苏联国家建设的成果。良友公司出版该刊，也充分说明了当年国人对苏联发展的高度认可，为当时中国的建设与发展提供借鉴和参考。读者还可以从多方面了解当时苏联五年计划的建设情况、苏联人民的社会生活、苏联各个领域的发展，这也为苏联史研究提供了重要的参考资料。

1930 年 5 月创刊的上海《申报》附刊《申报图画周刊》，关注国际时事，介绍异国民风民俗是画报的重要内容，如《意大利之乡村教育》《美国驻俄大使威廉布里脱自备飞机一架遨游苏俄全土》《德国总统兴登堡逝世》《英国空军演习》《日本风灾后的大阪惨状》等；记述 20 世纪 30 年代间中外外交人物的往来，如《比利时专使强森抵沪》《驻意大利公使刘文岛回国》《旅日华侨在日本侵华时，受尽残酷待遇，无礼驱逐》《新任驻菲律宾总领事邓宗瀛与美国驻菲陆军总司令派克将军合影》《驻华苏俄大使鲍格莫洛夫回国》《中美尼加拉瓜副总统到沪》《驻华英使贾德干南下视察侨务及观光建设》等。

1932 年 3 月，梁伯行创办的《国际现象画报》，以介绍世界知识，报告国际情况，启发我国民智，促进中国文化为宗旨，其发刊词表明了办刊目的和主要内容与形式："不知一国家的强弱分野，不在坚甲利兵的多少，而在文化超越水准的高下。故使某一国家的文化如在水准之上时，虽无坚甲利兵，世界亦必没有一国敢去欺侮他的……本报之产生，就是要负起这项责任来的。故其目的，在消极的方面说，是要将固有的文化的加以疏浚，以积极的方面说，是要将停滞的文化注以清流。换言之，本报一方面在发挥我国之固有文化，他方面在介绍最新之世界文化，然后使此新旧之文化，互相摩荡，而产生一种新文化……但是时代的文化，不是某一阶级的文化，是全民众的文化，故本报既负起产生这种文化的责任，当然以全民众为对象的。因此，对于编辑方面，以图画、文字兼重，其意则在使本报不为某一阶级之读物，而为全民众之读物，故既用图画以证实世界之文化，同时以文字解说世界之文化。如此则读者当然对于世界之认识，此〔比〕较读其他任何刊物为容易了。"①该刊虽以国际命名，但国际、国内两方面内容平分秋色。既记录 1932 年至 1934 年的国际新闻，也报道了同时期的国内消息；既将西方文化介绍至中国，也将中国文化宣传至国外，发挥了促进中外文化交流、融合的作用。

1935 年 10 月，范寄病、徐今生、罗毓青等在上海创办《国际画报》。该刊介绍世界各国海陆空军军事装备、军事动态和局部战事，以及各国所处军事地理位置、攻守要塞、必经通道、各国军事分布图和实力对比等。报道意大利的"穷兵黩武、蹂躏和平"，入侵阿比西尼亚（今埃塞俄比亚和厄立特里亚）的经过和阿比西尼亚当时的国情；介绍了因意大利拒绝国联调解，坚欲入侵阿比西尼亚，因此，英国不得不调动大队军舰到地中海布防的军事行动；报道了美国在纽约北部松林区营地举行了由 3.6 万正规军参加的军事演习，其中"素来开口和平闭口军缩的美国，亦在暗中准备，巩固他的实力，以随时应付这一触即发的第二次世界大战"②等语，则表明编者对美国的不满情绪。同时也报道了当时各国人民的现状，如《埋头苦干：今日之苏俄迥非本来面目，人民生活日益舒适》《世界瞭望》《东京茶室潮》等。

第一次世界大战后，虽然世人认识到战祸的危害且各国接连召开军缩会议，但军备竞赛如故，几乎每天都有新兵器发明，军事操演、防空演习，日有所闻。各国都在研究攻取他国之方，谋求自身防御之策。军人固然应当观摩研讨，民众也应备为常识。有感于此，明耀五等遂于 1935 年 11 月创刊《世界军情画报》。他在《为发刊世界军情画报致读者》一文中称："本报之发刊，系应时势之需求，有当声明者：本报纯为介绍事实，不参议论；取材皆有所本，文字仅具说明。事涉双方，绝对居于中立地位；关系国交，尤当恪遵敦睦邦交明令。"③表明了该刊宗旨与立场。而 1937 年 1 月出版的《国情画报》附刊《西安事变蒋委员长蒙难画刊》的广告则称《世界军情画报》为"中国唯一的通俗军事画刊""军人须资以参考，民众应备作常识"④。明耀五看到各国列强军事上的飞扬跋扈，意欲号召国人"发动民族自卫战争来消灭帝国主义的战争"，首先需要向中国民众灌输一点军事知识，"认清谁是拿着枪口对着我们的敌人，要晓得环围中国的几多国家哪一只是

① 本社同人：《发刊宣言》，《国际现象画报》1932 年 3 月 25 日创刊号。
② 《美国所谓和平时的动员令》，《国际画报》1935 年 10 月 15 日创刊号。
③ 明耀五：《为发刊〈世界军情画报〉致读者》，《世界军情画报》1935 年 11 月 30 日创刊号。
④ 《西安事变蒋委员长蒙难画刊》，1937 年 1 月 15 日。

狼而哪一只是虎"，以备民众们能个个成为捍卫国家的战士。向国人灌输军事知识，启蒙国人认清形势、认清敌人，并勇敢地起来与之进行殊死的斗争，正是《世界军情画报》在当时发挥的重大作用。

九、调剂生活，休闲娱乐

"画报应注重趣味，尽人而知，而趣味未易言也！风韵与下流，蕴藉与颓靡，仅一间耳。派头必须高尚，调门莫唱低级，与其使读者服麻醉剂，勿宁使读者'啃木梨'"①，趣味性是画报最显著的特点，也是画报的噱头和卖点，这一点在诸多画报的办刊宗旨和发刊辞中得以体现。

1923 年 7 月，《笑画》在上海创办，编辑主任徐卓呆在《卖笑生涯开业谈》一文中表明了办刊宗旨："我们这册杂志，不敢说有什么堂堂皇皇的目的，不过要使诸君看了笑笑而已。没有第二件事了。但是还有一句要紧话，这笑不是无条件给诸君的，买笑的代价是两角洋钱。这一层，在我们倒也看来很重大。总之，我们简直是个卖笑生涯，请诸君花了钱来买笑。倘使买了去一看，以为没有什么好笑，说这东西不值一笑。那对不起，只好请暂时忍耐一下，等候第二期出版了再笑罢！"②

1926 年 9 月，"消遣的无上妙品"《小笑画报》在上海创刊，自称有十大优点：内容丰富、美术风景、滑稽趣闻、奇巧魔术、尽善尽美、完全图画、纯正白语、新闻事记、优待征画、特别赠奖。这也是对该报风格、特点、内容的介绍。该刊在创刊风格上摆脱了刻板、呆滞的印象，并十分注意站在读者的立场上甄选题材；内容上力求通俗易懂，诙谐有趣，以小漫画、小故事讲述大道理，寓教于乐，提高国人的艺术欣赏水平，培养民众的社会公德意识。

20 世纪 20 年代末 30 年代初，湖南长沙的新闻事业蓬勃发展起来，日报、午报、晚报、大报、小报，如雨后春笋般地不断涌现，高峰时期多达十数种。这些报纸虽然引导着社会舆论，但作为纯文字报纸，只能惠及识字的人，而一些不识字的平民百姓、儿童妇女、贩夫走卒却得不到教益。于是，以"解决人生苦闷"为宗旨的《湘珂画报》应运而生了。1931 年 7 月创刊的《湘珂画报》，多次宣称休闲、娱乐、消遣、解闷是该刊的特点，而署名"蔓如"的《一篇〈湘珂〉底广告》也写到："带着《湘珂画报》，无论到什么地方……你会忘了你，忘了物，忘了一切，忘了世界……然而，你们却不要把湘珂忘记。湘珂，大自然的作品！"③湖南省公安局长彭灼写的《祝词》既是对该报的希望，也是对内容的介绍："藻绘江山笔一枝，传神不让虎头痴，个中消息关惩劝，此是无声绝妙诗。世

---

① 吴秋尘:《谈办画报》,《玫瑰画报》1936 年 2 月 28 日创刊号。
② 徐卓呆:《卖笑生涯开业谈》,《笑画》1923 年 7 月 1 日创刊号。
③ 蔓茹:《一篇〈湘珂〉底广告》,《湘珂画报》1931 年第 3 期。

间怪怪奇奇事，几幅丹青刻画新，岂独铸奸能象物，还应郑侠写流民。"①

1936 年 8 月，著名报人林竞成在上海西藏路创办《滑稽画报》，以幽默的图画、轻松的文字，解读者烦忧，引读者发笑，逗读者开心为办刊宗旨，其创刊词写得更为神奇："只要一看此书，立刻笑逐颜开，愤气全消，饭量不好，一看此书，马上津津有味，连吃三碗。总之它能把你带到另一个快乐世界去，使你忘掉一切现实的痛苦，只有哈哈大笑。"②

1937 年 3 月，范寄病、薛志英创刊《世界猎奇画报》，《创刊献词》表明了办刊目的和基本内容："以整个宇宙为材料，以天地万物为对象，怀寻珍猎奇之心，抱有异必录之旨。上自天，下迄地，一切自然界之珍异怪象，及世界各国之风土人情，科学发明，军备武器等等，均在兼收并蓄之列。图照务求新异，文学必须珍奇，借新奇为号召，寓智识于兴趣，言所未言，见所未见，既可供酒余饭后消遣阅读，亦可由此而知宇宙神秘究竟如何。读者设若能于趣味之外，另有所得，那便是我们底意外收获了。"③

1937 年 6 月，《夜生活》在上海创刊，收录了大量描述民国时期上海夜生活的图文，不仅为市民提供了一份调剂生活的消遣品，还以悲天悯人之心对挣扎在社会底层的百姓充满了同情；以沉着、冷静、不动声色、娓娓道来、鲜明对比的笔法，呈现给读者一幅幅"朱门酒肉臭，路有冻死骨"的残酷画面，揭露了社会的黑暗和不公；更以灯红酒绿、醉生梦死的上海夜生活与东三省沦陷区难民们水深火热、颠沛流离的生活形成鲜明的对比。让读者能够剥离抗战全面爆发前夕大都市蒙蔽双眼的虚假繁荣，认识到当年夜生活的本质，以独特视角管窥一个真实的民国社会。

趣味性也是画报有别于大刊大报的特质，通过描摹民众在电影院、戏园、咖啡厅、舞场、饭店、茶楼、公园、溜冰场、回力球场、跑马场等娱乐场的社会生活，展示市民文化娱乐活动；通过记述人力车夫、舞女、女招待、杂耍艺人、乞丐等下九流民众的活动，展现社会底层百姓的日常生活、消费娱乐和街头文化，让民众在苦难生活中得到一丝慰藉。

十、为画报正名

在《良友》《北洋画报》等创刊以前，社会各界均视画报为"小报""小型报"等，为不能登大雅之堂的"不正经"的"消遣品"，"据一般文人及高谈'文字'者看来，总以为画报是'茶余酒后'之消遣小道，难登大雅之堂，正如有高谈文学的人对鄙夷默幽一

---

① 彭灼：《祝词》，《湘珂画报》1931 年第 2 期。
② 《快加入新开的滑稽乐园》，《滑稽画报》1936 年 8 月创刊号。
③ 编者：《创刊献词》，《世界猎奇画报》1937 年 3 月 25 日创刊号。

样"①。也有人将画报当作小报的"旁枝","但当时的小报，是无关宏旨，既不足以代表舆论，又不致力于新闻报道，只是谈谈优伶，捧捧娼妓，诗词唱酬，文章游戏，算是提倡风雅，聊资谈助……从光绪年间到民初，是初期萌芽时代，其形式和内容当然不能同后来的小报比。但同时却有值得注意的另一种出版物，也可以说是小报的旁枝，便是介乎报纸、杂志间的画报了。吴友如等主绘的《点石斋画报》，在我国报史上、美术史上、印刷术发达史上，均占有相当的地位，是光绪十年二月间创刊的。光绪十六年九月，吴友如个人又独创《飞影阁画报》。以上两种，都附于申报馆发行，其石印之精、绘画之工，不特当时独步，后来的反不能及，堪称空前绝后。例如宣统元年环球社发行的《图画日报》，绘图、文字、印刷均不如《点石斋》远甚。所以，小报后来进步，画报却退步了，而初期的小报，比较的是不如画报"②。萨空了则称，在《良友》《现代》《中国学生》等画报问世前，"中国之画报，确可谓毫无贡献于中国社会，社会人士除富有资产者外，亦罕有人对画报感觉需要"③。

但随着 1926 年 2 月 15 日《良友》画报在上海创刊，1926 年 7 月 7 日《北洋画报》在天津问世，画报的形象得到很大改变，地位有所提升。前者是书册型画报的代表，占据着南方画报的顶峰；后者为报纸型画报的典范，引领着北方画报的潮流。

《良友》第四任主编马国亮在《本刊百期言》中写道："它（《良友》）所得到的唯一的酬报，便是那百期以来的信誉，那从万里外、从海角、从天涯、从世界的四周，所纷纷响着的称许之回声。那末即使经了如何的困苦艰难，也便觉得苦乐相抵了。这从许多人的心底发出来的同情的声音，至少在证明这工作不是没有意义的一件。在昔，画报是盲目地被认为消遣品，但这观念是渐渐被纠正了。《良友》画报最初的狂热的接受者，大部分是那些毫无成见的海外侨胞们，其后，国内一般的人士们也开始认识了这画报的价值了。关于近年来本志在国内销数的激增，和其他新办画报的出现，便可明白。直至最近，大家都了然于画报是一种最愉快的读物，从这里，人们可以毫不费神地得到最新的世界知识，最新的社会的，科学的，与及美术的文学的种种学问。进步的印刷术更增加了读者的爱好和兴味。因为画报所给与读者不是抽象的理论，却是摆在眼前的以图画来表现事实的学问。小学生不会嫌其太深，大学者不会嫌其太浅，甚至不识字的人，也可因看图而心领神会。最能实施普及教育的工具，除了电影大概要算是画报了。可是说到随时可看，随地可看，和能自己永久保存占有的话，则又非电影所能及的。"④由此可知《良友》画报在纠正世人对画报的偏见中所做出的贡献。

---

① 林语堂：《谈画报》，《良友》1935 年 7 月 15 日第 107 期。
② 鹤群：《小型报漫谈》，《上海记者》1942 年第 1 期。
③ 萨空了：《五十年来中国画报之三个时期及其批评》，《新闻学研究》1932 年 6 月初版。
④ 马国亮：《本刊百期言》，《良友》1934 年第 100 期。

童漪珊和君宜也在《北洋画报》九周年时发表文章，谈及《北洋画报》取得的显著成绩："况处今日之时代，画报之为物，已非只取悦心目，资茶余酒后之消遣，其倡导社会之力，恒能超文字报章而上之。《北画》最大之目的：曰传播时事，曰灌输常识，曰提倡艺术，曰陶冶性灵。九载以来，此旨不渝。宜其能博得广大读者永久之信仰者，亦因其有不可泯灭之价值，与以往光荣之历史，岂幸致哉？"①"盖《北画》自创刊以来，即抱定'真''美''善'三字，向前做去，九年以来如一日，宜乎其风行海内，无远弗逮也。按画报图文并重，非仅鼓吹风雅，为调剂精神，作茶余酒后之消遣；其有助于艺术之提倡，尤为更重大之使命。"②

"海上才子"邵洵美对画报情有独钟，除曾创办、接办或参与编辑《时代》画报、《时代漫画》《时代电影》《万象》《声色画报》《见闻》等画报外，还曾撰写文章从理论上论述了画报的地位与价值，也驳斥将画报视为"不正经"消遣品的错误观点，他提出：

1. **画报较文字更具冲击力。**"奥总理陶尔斐斯被刺以后，多国报章杂志便都警告着第二次大战的可能的到临。他们回溯到 20 年前大战爆发的原因，以及其所造之结果。特别是图画刊物，尽量在表现着它的功用：有许多名画刊如英国的《伦敦图画新闻》、法国的《插图报》、美国的《中土周刊》竟将当时奥皇子被刺、德国宣战，以及战后军士的残废状态、失业情形等照片系统地重行登载。使我们曾参加及未参加大战的都得到一个整个的回忆或追想的印象。文字只能使我们知道二十年有过这样一段惨痛的事迹，但是图画却能使我们领略当时那种恐怖的空气。"③

2. **画报可以培养一般人读书习惯。**"办画报的目的，是使人感觉到这是一种快乐，而不是一种工作。我们要增加识字的人对于读物的兴味；我们要使不识字的人，可以从图画里得到相当的知识，同时假使他们是有灵魂的，他们一定还会觉得光看图画不能满足，而开始想要认字。这时候画报的功绩是多么伟大！所以我们先要养成一般人对于读书的习惯。"④

3. **画报只处于介绍者的地位。**"所以它的取材，不是完全在表现自己的艺术，而是在供给大众的需要。办画报和办文字的刊物也两样，它不看重自己的主张或是意见，而注意人类所应享受的幸福。它不相信凭你的三言两语可以移风易俗，它只想把一切的真相有组织地显示出来，使你们自己去欣赏你们的长处，惭愧你们的弱点。总之，它绝不有一些自私的念头。再说得透彻些，那么，画报的自身始终只处于一种介绍者的地位，不像旁的刊物总把自己揭出来。"⑤

4. **画报可以发挥文字无法实现的价值。**"我总觉得，图画能走到文字所走不到的地

① 童漪珊：《九年来之〈北画〉》，《北洋画报》1935 年第 26 卷第 1266 期。
② 君宜：《由〈北画〉九周纪念谈起》，《北洋画报》1935 年第 26 卷第 1266 期。
③④⑤ 邵洵美：《画报在文化界的地位》，《时代》1934 年 10 月 10 日第 6 卷第 12 期。

方，或是文字所没有走到的地方。对于前者，我有一个极好的例子：譬如说，新文学运动到现在已多少年了，但是除了一部分的学生以外，它曾打进了何种地域？以群众为对象的普罗文学，它所得到的主顾，恐怕比贵族文学更少数。但是画报是走到了他们所走不到的地方了。所以普罗文学刊物的销数一千，非普罗文学刊物的销数有一万，而画报如《时代》《大众》及《良友》之类便到过六七万……要养成人读书的习惯，从画报着手应当算是最好的方法。用图画去满足人的眼睛，再用趣味去松弛人的神经，最后才能用思想去灌溉人的心灵。第一步工作是《时代》画报的，第二步工作是《论语》半月刊的，最后一步工作才用得到我那位朋友所希望的所谓正经的刊物。这条路径最正当的，也是最奏效验的。今年出版界热闹得变成杂志年，谁说上面几种刊物没有相当的功绩？"①

正是《良友》《北洋画报》《时代》《大众》等画报的出现，伍联德、冯武越、梁得所、邵洵美等画报人的不懈努力，才为画报正名，才有了鲁迅、林语堂、郁达夫、老舍等大文豪的文章出现在画报上，才有了蒋介石、林森、孙科、张学良等政要为《良友》题词，才有了鲁迅、张学良、冯玉祥、徐悲鸿、丰子恺、洪深等诸多社会名流接受《良友》采访，成就了"成功人物自述"的专栏。

林语堂在《谈画报》一文中，既强调了画报通俗、有趣和贴近人生问题的特点："其实画报之未列入'文学'，倒是画报之幸。一登彼辈所谓'大雅之堂'，便要失了生趣，要脱离与吾人最切身关系的种种细小人生问题。在我看来，今日画报比文字刊物接近人生的切身问题，而比文字刊物前进。"也肯定了画报的知识性："画报已经能相当的弥补中国影片的缺憾。西洋影片有所谓'教育影片'，其内容包括：1. 各地的风光，令人引起爱自然之美；2. 动植物之生活；3. 科学之秘密；4. 实业工业物料制造之手续等，令人得不少知识。试就中国范围举数例：1. 四川盐井是如何样式；2. 古法造纸造墨之程序如何；3. 桂林山水如何甲天下；4. 北京胡同生活如何；5. 蒙古之服装风俗如何。这些都是'教育电影'应做而中国影片公司所不敢做或未曾做的事，而这种知识常常被我由看画报得来。影片银幕所不收，曲尸文学所不谈，反而被画报注意到了。这也是我所以说中国画报前进之一理由。"②

十一、不良影响

尽管各种画报创刊号的发刊辞一般都信誓旦旦地声称其办刊宗旨是崇高的，譬如"慰藉枯燥之人生，调济物质生活之不逮，使阅者养成爱好艺术之美感""使命至为伟

① 邵洵美：《画报在文化界的地位》，《时代》1934 年 10 月 10 日第 6 卷第 12 期。
② 林语堂：《谈画报》，《良友》1935 年第 107 期。

大，与新闻纸之为国民喉舌，日常课本，正相牟也"①，但翻阅这一时期的画报，可以看到其中有很大一部分为迎合读者的低级趣味、增加发行量，刊登妓女、舞女、女向导、女招待的大幅玉照，配以广告性的文字；还有一些画报打着"倡导艺术"的旗号，刊登中外人体摄影。如专门介绍妓女、舞女、女招待的《风月画报》，以及《健美画刊》《健美月刊》《现代美》《处女美》等人体摄影专刊，均风行一时。正如"老上海"在《青报》发文所称："自《上海画报》兴，继而起者有《南方》《中国》《三日》，近者又有《寰球》及《申江》等，不日亦将发行矣。在今日文化沉寂之中国，而有若是之小报及画报等出而提倡，未始非吾艺术界之幸运。惟推诸创办及阅者之心，则又与原旨大背驰。凡今之一般阅报客，咸喜睹人体美与曲线美，因是创办者投其所好而罗致之，若女明星、名妓等，莫不应有尽有，其生涯之盛，殆无以已。于是他报亦更相模仿之，而销数皆在数万以上，足征今日社会心理趋向之狂热矣。"②

这些画报在一定程度上影响青少年的身心健康，污染了社会风气，如"看客"就曾在《光报》上发表文章，表示不满道："《上海画报》之得以风行，则全恃模特儿。模特儿，单人春宫也。《上海画报》借春宫之力而风行，毕倚虹借《上海画报》之力而坐汽车，一时风闻之者，莫不群思效之。于是《三日》《中国》应运而生，且竞以春宫相号召。"③"佚名"更把画报以刊登女模特儿为噱头的现象戏称为"画报之美人计"，"夫此种画报之读者，大多数为青年男子及男学生，美人之计得售，以此故也。盖艳丽之面孔，对于此辈实有一种不可抵御之魔力，其为利用性欲，殆甚明显。然一般美术家每喋喋于女性曲线美一语，欲借此美术之美名，掩饰此种利用女性之卑污手段，其人之思想谓非幼稚即属虚伪"。但追根溯源，画报界的这一现象还是来自于西方的影响，"我国出版界施行美人计，实欧西首作其俑，尤以美法两国为甚。有麦佛登者为《体育杂志》《真故事杂志》及多种销路甚广之美国刊物之出版人，其倡导登载少妇画片最力，故同时成为美国一最阔之出版人。美人计洵生财捷径，无怪彼只知图利之中国出版家争相模仿也。"④

为此，《怎样编辑画报》一文就对画报编辑的选材明确提出了道德化和伦理化的要求："道德化：画报影响社会是很大的。所以编辑画报人，应该造成一种善良的社会意识，对于一切伤风败俗的照片，须竭力删除，免使人生陷入罪恶与混乱的迷途。反过来说，对于人类善良行为的照片，应该竭力的提倡。伦理化：编辑画报的人，往往放弃了他应有指导社会的责任，倒过来迎合社会的弱点，目的在吸引读者，提高销路，增加收入。每每搜罗下流社会妓女的照片，充塞了全报的大部分。这样画报不是改善人类的行为，

① 一苇：《对于画报界之刍言并祝〈京画〉》，《北京画报》1929 年第 2 卷第 51 期。
② 老上海：《论画报将来之失败》，《青报》1925 年 8 月 15 日。
③ 看客：《谈画报》，《光报》1925 年 8 月 11 日。
④ 佚名：《画报之美人计》，《英华独立周报》1931 年第 1 卷第 15 期。

却在引导社会日趋堕落。所以画报非提倡伦理化不可。"①

官方也曾颁布相应法规，以"有伤风化"为名勒令整改画报。在社会呼吁和官方监管下，一些人体专刊先后停刊，但画报中刊登妓女、舞女、女招待照片的现象却是屡禁不止。

第六节 经 营

投资画报的商人均以盈利为目的，特别是 1925 年《上海画报》创刊后发行量一路飙升，收益可观，有些商人闻风而动，形成一股画报潮，数十家画报应运而生。但不到一年光景，大部分画报却是折戟沉沙，过早夭折。1932 年至 1935 年画报卷土重来，出现第二次热潮，这几年也被时人称为"杂志年"。在众多画报忽生忽灭、挣扎图存和经久不衰的不同境遇背后，自然蕴含着画报主办者的经营之道。可以说，他们是八仙过海，各显神通。

一、广泛的媒体宣传

画报在创办前和存续期间，多在《申报》《大公报》《时报》《新闻报》《小日报》等报刊上刊登新闻类广告，介绍该刊的创办人、宗旨、内容、特色、订阅方式和售价。

1925 年 8 月，鹏社在上海创办《乒乓画报》。创刊前一天，编者印刷了十几万份五色宣传海报，两名编辑骑着摩托车从宝山路出发，一路抛洒，车后面彩纸纷飞，好似东风桃花，满地落英。第 2 期刊登启事称，读者如能拾得已经散发出去的海报 100 张，可换 1 期画报，得 500 张可换半年画报，得 1000 张可换两年画报。

1928 年 6 月，由刘豁公主编的《戏剧月刊》在上海创刊。创刊前，该刊即开始广告宣传，除在《申报》《时报》《福尔摩斯》《小日报》《正气报》《大上海》《金钢钻》等报刊发布出版消息外，还印有彩色广告在上海街道里巷各处张贴。刘豁公更分别宴请各方人士。第一次邀请的是票界、报界友人，请他们做稿子，在《戏剧月刊》创刊号出版后，大肆鼓吹。最后一回邀请的是票界和戏园界，《戏剧月刊》创刊后，一是请他们特许在各票房、戏园内寄卖；二是与戏园界交换广告。

各种画报出版后，则由编辑写好充满溢美之词的稿子，主办人或主编利用关系在各报发表。还有几家画报编者结成同盟，相互在对方刊物上登载出版消息。而如良友、时

---

① 苏锦元：《怎样编辑画报》，《青年界》1934 年第 6 卷第 5 期。

代、三和等图书出版公司旗下画报、刊物甚多，其出版消息更是你中有我，我中有你了。

二、广告收益是画报的经济支柱

刊登广告是画报的重要收入来源，以广告收入维持报社基本运营，是画报的生存之道。在日报上刊登广告，时效只有一两天，大多数读者阅后便丢进纸篓里，而画报有周刊、月刊、旬刊，不仅时效性更长久，而且有些画报还被读者收藏，随时取出翻看。因此，画报在刊登广告方面具有一定的优势。有些画报创刊本无资金，就是靠主办者三寸不烂之舌，四处游说拉广告，赢得商家的资助。如果画报畅销、发行量大，则商家会持续刊登广告，再有新的商家加入，如此画报就会蒸蒸日上；倘若画报滞销、发行量小，则商家就会及时止损，画报停刊之日则不远矣。

1925 年 9 月，在上海创刊的《明星画报》，以大篇幅刊登广告，其中不乏南洋兄弟烟草公司等大企业的产品广告。与其他报刊不同的是，该刊刊登的广告以宣传国货为主，如南洋兄弟烟草公司的香烟广告词：自五卅惨变以来，同胞义愤所激，爱国之热顿增百倍，而尤以所吸香烟一律改吸国货最为明白显著。本公司所出各种香烟承爱国同胞一致购吸，良用感激，近复精益求精，加工制造以应各界之需。因此也可以说，《明星画报》是在为民族工商业的振兴摇旗呐喊，而这些广告自然赢得爱国民众的支持，可谓一举两得。

有些画报苦于广告商过少，因此来者不拒。而已经做大做强、在画报中最具声望的《良友》，则是在广告商家中优中选优，坚守着商业道德的底线。据马国亮在《良友忆旧》中回忆称，刊登广告的商家首先考察的就是画报的销量和销地，当时《良友》是全国销量第一的画报，远销世界各地，自然是投放广告的最佳选择。但当年的商家也是鱼龙混杂，良莠不齐，有的广告上讲的天花乱坠，实际却是夸大其词，哄骗买家。虽然当年尚无维持消费者利益的协会组织，消费者买了不良商品很少找到商家索赔，更没有人找到刊登广告的媒体追求责任。因此，不良商家就钻空子，尤其喜欢在《良友》这样无远不届的当红画报上刊登广告，因为骗上海以外的顾客更容易、风险也更小。《良友》则认为，一旦广告在刊物上登出，就是借画报的信誉向读者推荐，如果商品出现问题，画报也要担负道义上的责任。因此《良友》有规定，不刊登治疗性病的医药广告，不刊登有名无实的广告，编辑部有拒绝广告的权力。公司认为，画报应固守质量第一的底线，如果广告占用过多篇幅，又不能增加篇幅的情况下，为了保护读者的利益，编辑部可以拒绝刊登广告。因此，《良友》从始至终一直保持广告不影响阅读的尺度，尽量少刊广告。商家虽然唯利是图，但不能不择手段[①]。

---

① 马国亮：《良友忆旧：一家画报与一个时代》，北京：生活·读书·新知三联书店 2003 年版，第119 页。

1926 年 5 月,《小游艺》在上海创刊, 一版以广告为主, 二版也配发广告, 广告的密集程度为当年画报中少见。这些广告涉及自行车、手表、眼镜、香烟、止痛药等, 均以提倡国货为号召。一方面, 这些产品、商号不少为上海著名品牌, 为研究民国广告史提供了重要参考; 另一方面, 该刊娱乐休闲的办刊内容决定了读者多为上海及周边地区的平民阶层, 从这些广告中也可窥见江浙普通百姓的日常生活。

《戏剧月刊》创刊前, 主编刘豁公与各戏院达成共识, 该刊免费登载各戏院的广告, 而各戏院则在戏单后面赠登《戏剧月刊》广告。早期的戏单向以报纸制作, 嗣后戏院老板们嫌报纸篇幅太小, 遂改用油光纸自印。但油光纸薄且透, 背面如果印字就会有碍观瞻。刘豁公遂想出一个折衷办法, 由《戏剧月刊》自备报纸, 其开型与油光纸戏单一致, 背面先由《戏剧月刊》自行印制广告, 再送若干万张到承印戏单的印刷所, 听凭印刷所在正面排印各戏院戏单。印刷所照常向各戏院结账, 各戏院再将节省下来的油光纸费用找给《戏剧月刊》。如此一来,《戏剧月刊》方面虽多花些纸钱, 但免去了种种不便利的手续, 戏院方面、印刷所方面也是有益无害。天蟾舞台、共舞台、笑舞台等 7 家戏院即行接洽妥当。有记者为《戏剧月刊》算了一笔账: 每家戏院每天要发放 4000 张戏单, 7 家每天即 2.8 万张, 广告连登 5 天, 共计 14 万张。虽然《戏剧月刊》要花费数百金, 但 14 万张戏单将会有近百万人过目, 广告效力非同小可。由于前期的宣传有效且出版后内容吸引人, 该刊发行量由四五千逐渐增加到一万三千以上[1]。

1929 年 1 月,《体育画报》在上海创刊, 其营销形式颇具特色。创刊伊始, 自元旦日起实行特价一个月: 凡直接向报社订阅全年者, 一律减收半价, 即上海本埠一元二角, 外埠一元四角。画报广告极为丰富, 除第 4 页、第 8 页为整版广告外, 其他版面也有广告插入。画报的广告"封面广告每六方寸起码, 每期大洋十元, 普通广告每期每方寸洋一元, 五方寸起码"[2]。

1930 年 4 月,《艺友》在上海创刊, 出资人为商人徐咏青, 他深谙经营之道, 一是刊有较多综合广告, 包括女士时装、照相摄影、绘画艺术、香烟酿酒、戏剧电影、百货商店等, 既有广告宣传语, 也有插图设计, 以女性在现代生活中的吃穿用度为卖点, 整体风格贴近该刊的女性风格定位。二是促销方式灵活多样, 除一般画报之订阅全年的优惠措施外, 该刊还开辟读者来信一栏, 专门刊登初学绘画者的铅笔、钢笔、水彩等习作, 并附有说明文字, 以供初学者交流临习。寄来的画作由专家评定等级, 择优发表。为防止来稿过多, 只以直接向该社订阅画报者为限。

1935 年上半年, 陈嘉震离开良友加盟艺声出版社, 主编《中国电影明星大观》。为了

---

① 梅:《介绍戏剧月刊》,《正气报》1930 年 10 月 19 日。
② 《广告》,《体育画报》1929 年 1 月 1 日创刊号。

获得高额广告费用于编辑、制作，艺声出版社煞费苦心，让胡蝶、徐来、陈玉梅等分别为某种产品代言，刊登独具特色的广告。如"十九电影明星爱用力士香皂"以标准美人徐来的裸照为主，刊登其亲笔广告词"力士香皂，洁白可爱，香气袭人，用后确有使皮肤光滑之功能，特此介绍各界一试"，让其他 18 位影星众星捧月般地环绕四周。电影皇后胡蝶为先施化妆品代言，玉照旁配文"先施化妆品公司所出各种化妆品如花露水、白兰霜、千里香牙膏等品质高超，风行全国，诚国货中之极品也"。天一电影公司的老板娘陈玉梅则专为百代唱片公司做代言。

三、不断扩大发行量

发行量关乎着画报广告的多寡，关乎着报社的基本运营，关乎着社会影响的大小，更关乎着画报的前途命运，因此，最为画报投资人所关注。

1925 年 8 月 24 日至 9 月 23 日，《中国画报》为提高发行量，特举办推销大会，无论何人皆可成为推销会员。订报费每元算作一分，推销会员得五分者奖一分，得十分者奖二分，得十五分者奖三分，得二十分者奖四分，以此类推。奖分每分可作现金一元计，凡得三分者可得送阅该刊一年的奖励，如不欲送刊也可直接兑付现金，或由报馆代购各种货品，惟寄费须由推销会员认付。推销员征得订户，订报费由推销员负责。推销员将志愿书和订户报费寄交报馆后，报馆当即按期将画报邮送订户。颁奖在推销大会闭幕时举行，外埠推销员应得资金，可经邮局汇款。这一招果然奏效，该刊订阅量一度曾超过 3 万份。

薛志英同时主编《世界猎奇画报》《特写》两种画报，遂采用双刊捆绑发行，已订阅《世界猎奇画报》读者，凡订阅《特写》画报者，可得打折优惠，订阅全年 12 期仅需 1.8元，为保障订户安全，订款由中国图书杂志公司及特写出版社负责担保。

四、举办各种社会活动

举办有奖猜谜增加了与读者的互动；举办影星、名伶、舞星的海选，扩大了画报的社会影响；利用纪念日打折促销，让读者得到实惠。这些花样翻新的活动，都是画报社经常使用的策略，其目的就是让画报活下去。

1932 年 3 月，梁伯行在上海创办《国际现象画报》。该刊制定了若干优惠订户措施：一、该刊一年原订价加邮费为国内 2.4 元，国外 3.9 元，凡直接和该社订阅者为优先订户，改收特价，全年国内 2 元，国外 3.5 元，邮费在内；二、如遇国际间或我国发生重大事件，随时出版特刊，凡优先订户概不加价；三、该社拟译刊各项丛书，凡优先订户购买时享受 8 折优待；四、优先订户如有委托该社代购上海各种书报，该社代办，不另收费[1]。

---

[1] 《本报重要启事三》，《国际现象画报》1933 年 1 月第 2 卷第 1 期。

梁得所在《大众画报》创刊前，先请读者有奖竞猜画报的名字。"关于本报的命名，还有一段闲话可供谈助。那便是第一期将出版时，广东分销处的主持人想做特别的广告，结果商定登报叫人猜名，所登启事大意是：'大众出版社将出一种画报，请梁得所主编，读报定名为何，请猜答，在期限内答中的赠该报第一期一册，以三千册为限'。这样的启事在广州、香港的日报登出，填答来信每日数百。只因出版期近限答日子只有三天，猜答来信总共不过一千八百四十二封。这千余答案中，当然大部分猜中的，社名与刊名很易联想得出。但有一部分太用心思的却猜远了去，有一百三十余人猜错的。本报未出世前，就被人送了一大堆绰号。现在篇幅有限，错名不能尽列，兹举数例：如'良朋，伴侣，摩登，贡献，欢迎，社会，平民，异彩，再励，精华，极观，最灵，金刚，神化……'另有填答'贵社新出画报'，答了等于未答。"①

1936 年 3 月 15 日，《红绿》画报在上海创刊。为增进读者兴趣，增加发行量，该刊在第 1 卷第 4 期开始举办"拼图游戏"奖励大洋 200 元的活动。从某刊物上选取头身分离的四位著名女影星的照片，读者将照片拼接后寄回报社，全部拼接正确者，按寄回时间先后，获取一二三四等奖，未中奖者获赠画报一册。此举引起读者的极大兴趣，参加者甚为踊跃，该刊每天都会收到数百封读者回函。

为增强画家竞争意识，更为吸引读者参与，《图画晨报》制定了一个连环三角兑奖的办法，即该刊每满 10 期，由读者评选一次自己最满意的一幅广告画，得票最多的绘画入选，由该刊奖给商家、画家现银各 60 元，再由商家代表在入选广告选票中抽取 5 票作为读者中奖票，亦由该刊赠给现银：一等奖 50 元、二等奖 30 元、三等奖至五等奖各 10 元，俾得利益均沾。据当年《金钢钻》报称，该刊此举"淘空前未有之办法"②。《新闻报》也有消息称，《图画晨报》仕女封面第一次竞选已告结束，加入者多达 5000 余人。12 日，该刊假上海市商会大礼堂举行了公开揭晓大会，与会者 200 余人。由《晨报》总经理宓季方介绍发起竞选活动始末，继由《图画晨报》主编季小波报告竞选活动目的和意义。最后公布该刊第 5 期刊登的华成烟草公司广告画获得冠军，该画为画家张获寒所绘。该刊在揭晓大会上当场宣布各个奖项的获得者名单，发放各项资金。气氛热烈，堪称画报界一大盛事③。

为了扩大发行量，引起读者广泛关注，《男朋友》画报专设"这是谁"栏目，邀请读者猜一猜每期画报某照片中的人是谁，并在下期公布答案，来函者和猜中者可获不同的奖品。古人称"久旱逢甘霖，他乡遇故知，洞房花烛夜，金榜题名时"为人生四大乐事。

① 梁得所：《书报的命名》，《大众画报》1933 年第 2 期。
② 天鸡：《〈晨报〉近增刊〈图画晨报〉一种》，《金钢钻》1932 年 6 月 30 日。
③ 《〈图画晨报〉仕女封面画竞选结果》，《新闻报》1932 年 9 月 13 日。

一对新人在新婚燕尔那天，要算人生旅程中最幸福的日子了。如果一对新人选定了黄道吉日，只要是在婚期的前一周内将婚照寄到编辑部，《男朋友》准于结婚当日把婚照刊登在画报上，并写上几句祝词，送到婚礼现场，由新人亲手将画报分赠亲友来宾。不但亲友、来宾会欢悦和惊喜，新人也会感到快乐和满足。《男朋友》作为贺礼，完全免费奉赠。这一营销妙招，丝毫不逊色于今天的纸媒。

五、充分利用名人效应

社会各界名流、影星、歌星、舞星、名伶都是画报追逐的对象，他们的名人效应可以带动画报的社会影响。各家画报有的以名人作为画报的内容，有的在创刊时会请名人撰写祝辞或题写刊头，有的在举办周年纪念、百期纪念等活动时，也会请名人撰写吹捧文章，题写贺辞。画报通过建构名人形象取得辉煌业绩，销售范围不断扩展，发行量不断攀升，影响不断扩大。

1934年初秋，良友公司出版了民国八大女明星专辑——《中国电影女明星照相集》，以当红影星王人美、阮玲玉、胡蝶、徐来、袁美云、陈燕燕、叶秋心和黎明晖为主角，刊登她们的生活照、艺术照和剧照，拍摄地点有室内、外景，包括运动场、游泳场等，衣服有便装、时装、运动装和泳装等。该刊制定了优惠读者方案：凡一次购买全套《中国电影女明星照相集》者，可赠8位明星亲笔签名，但该刊每册售价大洋一元，价格比较昂贵。许多影迷因买不起整套画报，只能挑选其中最喜爱的一两本。

民国时期的上海是远东第一大都市，更是冒险家的乐园。经济繁荣，交通便利，时尚摩登，各种社会名流咸聚于此，电影公司名冠全国，电影明星层出不穷。胡蝶、周璇、阮玲玉、徐来、黎明晖等诸多耀眼女星均在上海走红。联华、明星、天一、月明等电影公司挖掘出的一颗颗影星、歌星，使得上海滩的娱乐事业火爆炽热、竞争激烈。与此同时，也出现了一批追星族，他们以拥有自己心仪影星的签名照片为荣耀，收集影星们的照片便成了他们的一大兴趣。1935年，席与群主编的《群星集》随之应运而生，为专门介绍旧上海明星的一种画报，几乎囊括了所有女明星的照片，精制成册，让粉丝们一册在手，便可观赏群芳。

1935年6月，《电影生活》在上海创刊。《时报》中的《明星们的六月游泳热——〈电影生活〉工作记》一文，介绍了该刊"游泳专号"中图文资料的来历，从中折射出当年民间办报的各种艰辛，也是民国时期民间创办画报的缩影。文章大意说：时值盛夏，烈日炎炎。像夏明义、何佐明这般靠办小报吃饭的人，却不得不在酷暑中东奔西走，在大日头底下为了生活而忙碌。在上海，6月是游泳月。他们约了女影星徐来、黎灼灼、黎莉莉、貂斑华、白虹、梁赛珊、梁赛珠、叶秋心、黎明健、英茵等，挨个用汽车接来游泳场。祥生汽车行的司机已经熟悉他们了，游泳池卖票的也熟悉他们了。他们不禁疑惑地问：“这二个家伙，整天在这里做什么呵？”游泳场上一下子来了这么多大腕影星，可谓星光灿烂。她们立刻受到广大影迷的包围：这里，徐来被注意到了，有人在索要签名；那里，黎灼灼陷入影迷阵中动弹不得啦。夏明义、何佐明动作专业地用镜头捕捉下一个个场景，一卷一卷胶卷变成了一张张照片。在这些女明星中，要属“黎家二小姐”的游泳技术最为娴熟。你道黎家二小姐是谁？一是黎灼灼女士，一是黎莉莉女士，她们二人是同姓，但不同家，否则真可称得上一对姐妹花哩。黎灼灼精于蛙式，动作轻盈、活泼、自然；黎莉莉长于仰泳和自由泳，忽而是悠闲自在的仰泳，忽而是劈波斩浪的自由泳。其余各位影星也都喜爱游泳，各有千秋，每人都有自己的拿手绝活。影星们玩美了，编者拍够了，一起来到冷饮室吃冷食。在夏明义、何佐明的“逼迫”下，每位明星硬是在冷饮室里写了一篇文章。一天的活动这才算结束，“游泳专号”的基本素材也齐了。最令编者欣慰和感动的是，女明星们身着泳装在镜头前积极配合，摆出各种活泼可爱的姿式，字斟句酌写稿时也表情专注。两位编者为了编辑画报，自己搭了租车费、游泳票和冷餐费，影星们在炎炎烈日下，暴晒一天，还要硬着头皮写游泳“心得体会”[1]。这期“游泳专号”也算是来之不易了。这篇文章无疑是对《电影生活》“游泳专号”的最佳广告宣传，相信会有很多读者阅后，在报摊花上 2 角钱，买上一册画报，一睹游泳场的影星荟萃。

六、新闻炒作博人眼球

借题发挥、自我炒作，也是画报营销的一种手段，有时会得到出奇制胜的效果，有时也会弄巧成拙而闹砸锅。

1935 年 10 月，《艺术风景线》在上海创刊，以丰富民众娱乐生活为办刊宗旨，自称“没有野心的希望，没有侈大的计划，没有过分的宣传，没有欺骗和造谣，没有正动，也没有反动，不是人言，也不是鬼言，不需要背景，更不发生政治关系。只是按着内容和取料，来被读者接受”。但该刊出版后，因内容平庸，题材贫乏，排版呆板，设计缺乏新意，更无鲜明的特点，而行销不畅。于是，为博人眼球，满足人们的猎奇心理，编者竟异想天开地放出反宣传的空气，声称因该刊骂潘有声是“商男”、胡蝶为“庭花”，胡蝶、潘有声已延请律师向该刊交涉，如不能得到满意答复，必将对簿公堂。遂引起一阵风波。同年 11 月 23 日，电影皇后胡蝶与潘有声的婚礼在上海江西路基督教堂隆重举行，全国各地大小报刊竞相报道。该刊发表分别署名“梅心”“混蛋”的《胡婚》《潘胡婚筵志》两文，以“商男不知亡国恨，隔江犹唱后庭花”为副标题，文章除记述了潘胡婚礼盛况外，因作者参加婚礼时受到冷遇而宣泄了不满情绪。潘、胡要与《艺术风景线》对簿公堂

---

[1] 夏明义、何佐明：《明星们的六月游泳热——〈电影生活〉工作记》，《时报》1935 年 7 月 20 日。

的消息一出，立刻引起电影界和新闻界的高度关注，《金钢钻》《福尔摩斯》《新闻报》等均做跟踪报道，《社会日报》还专程派记者前往该刊探询。《艺术风景线》的出版方信行服务社坐落于石库门地区的一处房屋内，走进房间，左边卧室里摆着一张写字台，便算是《艺术风景线》的编辑部了。据办事人员讲，编辑委员会的诸位先生并不来此办公，稿子均由办事员上门自取。至于潘有声、胡蝶夫妇要与报社交涉一事，他们也是一头雾水，也不过在报上见到这一消息，究竟消息从何而来，他们也不知晓。报社正准备发表启事，在各报予以更正呢。记者问他们，听说《艺术风景线》的编辑中有一部分是明星公司内的人，与胡蝶有同事之谊，相信事情不会闹得很严重吧？回答说，编辑委员会里虽然有明星公司的人，但信行服务社与明星公司绝对没有关系。此后，记者又设法联系到潘有声询问此事。潘有声称，自从与胡蝶结婚后，全国各报纸、刊物对于他二人均有不少取笑文章，他二人一概持置之不理的态度，更没有想与哪家报刊诉诸法律的想法。由此可知，这种消息纯属一些无聊之辈的庸人自扰[1]。

　　1935 年 12 月 15 日《金钢钻》中一则《〈艺术风景线〉短命》的小消息则披露了这一假消息出炉的真相。信行服务社所出版的《艺术风景线》，虽以若干电影作家相号召，但第一期出版后，因内容贫乏，极为文艺界所不满意，行销当然不畅。于是，当事者异想天开，放出反宣传之空气，称因该刊上有讽刺潘胡之文字，他二人极为愤慨，将控告该社。见者以为确有其事，及至购来画报一读此篇中所谓引起问题的文章，无不哑然失笑。因为此文内容决不会引起法律纠纷。《艺术风景线》的戏法被戳穿后，偷鸡不成反蚀一把米，落得个不光彩的名声，第 2 期画报自然也就无法出版了[2]。

七、多种经营创造收益

　　良友、时代、三和等出版公司不仅创办多种画报，而且还有印刷、出版、代销等多种经营；一些社团创办的画报，也以社团其他活动的收入补助办刊的费用。

　　《鼎脔》为上海舋社发起人王修于 1925 年创办，以研究金石、书画等美术界问题为宗旨，社友大多多来自全国各地的美术界。这些社友也组成了一个强大而稳定的《鼎脔》作者群。社友入会时需缴纳入社费一元，每季度再缴纳社费一元，每月举办一次活动，获赠《鼎脔》一份，画报优先刊登社友的山水润格、金石画鬻例和鬻书例等，代售名家的书画、金石作品和书籍，蔡元培、贺履之等名家都曾在该社预约书籍。这不仅促进了美术作品的流通，还是报社的一项副业，逐渐形成了一个良好的运营模式。

　　柯达公司创立于 1880 年，是世界上最大的影像产品及相关服务的生产和供应商，总

---

① 《潘有声胡蝶勃然大怒!》，《社会日报》1935 年 12 月 7 日。
② 神钻:《〈艺术风景线〉短命》，《金钢钻》1935 年 12 月 15 日。

部位于美国纽约州罗切斯特市。20 世纪 20 年代，柯达公司上海分公司成立后，发起柯达摄影会，凡有志摄影艺术者均可入会，惟需缴纳会费大洋四元五角。会员除由该会颁发证书外，可免费享阅《柯达杂志》，赠送 120 号柯达胶片两卷，可优惠购得出口第 2 号 B字鹰眼牌镜箱一只，可随时函询关于摄影术上的疑难问题。

八、坚持内容为王方向

1920 年 6 月，中国摄影第一画刊《时报图画周刊》问世；1925 年 6 月创刊的《上海画报》，被视为中国画报热的发端；1926 年 2 月诞生的民国第一画报《良友》在全国热销，引领了书册型画报的先河；1926 年 7 月，在天津异军突起的《北洋画报》，标志着报纸型画报走向成熟。一时间，形成南方以《良友》为模板，《时代》《中华》《大众》《今代妇女》等如影随形，北方以《北洋画报》为范示，《天津商报画刊》《北晨画报》《中华画报》《华北画刊》的亦步亦趋。随着《北洋画报》从形式到内容上的相对稳定，女性影星、歌星、舞星，名伶和名闺名媛渐成画报的一大卖点，而成为各地画报营销的第一要义。于是，当年七成以上的画报多以名闺名媛为封面，开设电影、戏剧、跳舞、歌场、人体等栏目。因此说，画报的装帧设计、排版、用纸、印刷和营销方式，虽然对画报的发行能够发挥一定的作用，但最根本的要素还是画报内容能吸引读者。

1928 年 6 月 10 日，《戏剧月刊》在上海创刊。该刊曾分别推出梅兰芳、程砚秋、尚小云、王少楼、杨小楼、谭鑫培等名伶专号，深受读者欢迎，其中梅兰芳号、尚小云号均再版。当年所有名伶的剧照、便装照均可在该刊中找到。文字方面首先是介绍名伶特点和轶事，刊发杨宝森、汪笑侬、时慧宝、梅雨田、刘彼荫、方星椎等伶人小传，文字中揄扬伶人多不着痕迹；其次是注重挖掘戏剧历史和探讨戏剧理论，如孙玉声的《上海戏园变迁志》、刘蛰叟的《戏曲沿革》、张燕侨的《廿年来戏剧杂谈》、齐如山的《论戏剧之中州韵有统一语言之能力》、张肖伧的《谈捉放曹之唱词念白及谭调之一斑》等；再次是对剧本、唱腔和流派等表演艺术的研究，如《论京剧唱法取径之不同》《青衣唱法概论》《谭腔之研究》《梅荀尚程之我见》《京派新戏和海派新戏的分析》等；再者是该刊中的剧评类文章少有当时大多评剧家、捧角家笔调的火炽与幼稚，多中肯坦诚，如刘豁公的《哀梨室戏谈》、詹脉脉的《退思庐剧话》、小织帘馆主的《名伶小纪》、张肖伧的《蒨蒨室剧话》等；再有是更刊载数十种剧本，既有今天耳熟能详的名剧，如《玉堂春》《四郎探母》《梅龙镇》《珠帘寨》《李香君》《三娘教子》《湘真阁》《贵妃醉酒》《五花洞》《法场换子》《徐策跑城》，也有稀见的《梅妃》《安天会》《摩登伽女》《博浪锥》《狮吼记》《丹阳恨》《贩马记》《千金全德》等；最后补白多以戏名缀为游戏，如《四郎探母母女会》《天门走雪雪艳琴》《寄柬拷红红鸾大喜》《天女散花花田错》等，这种顶真的语法，读来饶有情趣。

1937 年 5 月，《明星特写》在上海创刊。当时许多画报的照片为转载其它刊物的"剪子活"，而该刊所有照片均为独家拍摄、首次发表，实属难能可贵。据说，该刊出版的三期画报中的生活照均为严次平及何佐明等摄影家屡次到影星家中、带他们到户室取景，而那些艺术照均在青青出版社摄影室内完成。该社邀请优秀摄影家和化妆师，准备了多种风格的服装，拍摄了大量艺术水准较高的影星写真照。

反观 1925 年 9 月在上海创刊的《申江画报》，发行人李雅声是当时著名的社会活动家。在创刊之前，他便四处活动，在《时报》《新闻报》《晶报》等报刊上刊登广告广泛宣传。但因该刊为民国时期较为典型的软性画报，以香艳娱乐题材为号召，一味满足读者的消遣趣味，格调不高，因而出版后，便受到当时一些正派报人的批评。当时的《晶报》曾刊登消息称："画报潮已渐平，有沈延哲者，承办一《申江画报》，仅五期，遂延搁未出版。据主其事者言，亏蚀已至数百元之多。"[1]一是因内容香艳而受到报界批评，二是亏累过重，遂导致该刊仅存世半月便夭折了。

九、多种措施并举，增加综合实力

成功的画报常常有多种多样的经营手段和强大的综合实力，其中最具代表性的是《环球画报》《良友》和《北洋画报》等。

1.《环球画报》

1925 年 8 月，周拂尘投资创办《环球画报》，他经营有方，灵活多样。在预订方面，每期售价大洋 3 分，预定半年、全年者附送《旨报》两月、四月，外埠代派该刊者从 500 份起，价格可面议，函订亦可。广告收费，每期每方格三英寸宽、二英寸高，大洋 12 元，签订长期合同及特别广告者，价格面议。该刊一版多期刊登屈臣氏饮料、福禄寿冰淇淋、中国南洋兄弟烟草公司的金龙牌香烟、上海先施公司和兆芳照相馆等广告。该刊在创刊前，就曾策划一场上海花国选举大会，为此，从创刊号起便在显著位置，连续刊登《上海花国选举大会条例》《上海花国选举大会选举票》，分期刊登多幅名花玉照和小传，以《花国大选启事》《花国大总统就职宣言》《花选大会纪事》，报道花选始末。上海花国选举大会由《环球画报》主办，周拂尘主持。1925 年 9 月 15 日下午 2 时，大会假座康脑脱路（今康定路）徐园举行开幕式。是日适值中秋，各机关、学校休假，故而来宾甚众，车水马龙，盛极一时。各娼寮的名花陆续到场，鬓影钗光，争奇斗艳。3 时许，大会开始，由该刊法律顾问范咏春、徐纫荪全程监督，时由来宾推举检票、唱票各员，计票开始。最终以得票多寡定名，分选出花国大总统、副总统、总理、参议长、众

---

[1] 孙行者：《画报潮已渐平》，《晶报》1925 年 9 月 21 日。

议长、才部长、外交部长、艺部长、品部长、貌部长等。当选者由大礼官导领就职，先向国徽行礼，再登台宣誓，音乐响起，掌声雷动。5时许，当选者陆续退席，杂耍演出正式开始，异彩纷呈，大鼓、双簧、魔术、游艺等陆续表演。9时许，花国当选者由主办人颁发银盾和证书，以示荣宠，再由先施、康成、泰丰、冠生园、老九章、南洋、张裕等十余家赞助公司，分赠戒指、衣料、化妆品、美食等物品。来宾尽兴而散，名花满载而归①。

2.《良友》画报

《良友》画报的成功是最典型综合实力的体现，通过余汉生的《良友十年以来》一文记述，可以了解到该刊前十年从创办到鼎盛的奋斗历程②。

（1）内容为王。该刊自创刊后就非常注重内容的丰富多彩，所刊图文涉及时政、经济、军事、娱乐、文化艺术、名人传记、名胜古迹等，更注重出版特刊。《良友》创刊不久，适值孙中山先生逝世，遂出版《中山特刊》，将中山先生生前照片、墨迹、事略等，搜罗几遍，以图片作传，开中国出版界空前之举。"迨《中山特刊》一出，即轰动全国，远至海外各地侨胞，亦争相购阅。几经再版，始足分配。计该特刊销行几十万册，其在画刊所创之纪录，至今仍可谓前无古人，后无来者"。1927年，北伐成功后，该刊又及时出版《北伐画史》，"亦行销数万，继复出版各种画刊书籍，一书既出，万人争读，声誉日著。"

（2）形式多样。该刊出版之前，单张报纸型画报在上海极为盛行，《良友》另辟蹊径，开中国出版史书册型大型画报之先河。该刊初期虽大受欢迎，但纸质粗糙、印刷不佳。从第37期起，改用铜版纸，印刷精良，销数达到3万册。但随着销量的不断扩大，铜版印刷过多，则模糊失真，未能尽善尽美。遂于45期开始改用更先进的影写版印刷，"良以是项印刷，虽印百数十万份，版面仍可保持其清晰玲珑，开中国画报界影写版印刷之新纪元，以故一经出版，更大受读者之欢迎"。第49期再增添四页彩图，虽然价值由3角增至4角，但销数竟猛跃至4.2万册。

（3）机构扩充。1927年，由于原社址不敷应用乃迁入新址，同时在香港、广东增设分公司，在南洋成立美美公司，加大《良友》的营销力度。随后，又在汉口、北平、厦门、南京等地成立分公司。为扩大该刊在东北的销路，1931年再拟在沈阳设立分公司，但因九一八事变爆发而停顿。正是该刊机构的不断扩大，才有了该刊最高销数超过5万份，行销美国、加拿大、澳洲、日本、新加坡等国，号称凡是有华人的地方就有《良友》的成绩。

---

① 《花选大会纪事》，《环球画报》1925年第8期。
② 余汉生：《良友十年以来》，《良友》1934年第100期。

248 · 中国近代画报大系 · 中国近代画报史稿

（4）吸收人才。在该刊创办伊始，伍联德身兼数职，既负责编辑又负责发行，后虽有周瘦鹃的加盟，但《良友》仍未见大的起色。伍联德大胆起用新人，从第 37 期起，聘请年轻人梁得所、马国亮先后担任主编。梁得所不仅对画报内容和形式进行改革，而且于 1932 年 9 月，亲自带领该刊的全国摄影旅行团，深入高原深山、河流湖泊、边陲之地实地拍摄，历时 8 个月，行程 3 万里，拍摄 1 万余幅照片。在《良友》开设"全国猎影记"专栏，逐期刊发，终将《良友》推向辉煌。

（5）实行股份制。当年画报多由于规模小、人员少而成为私人小作坊，《良友》是实行股份制的最成功案例。该刊初期因为股份制参与人员过少，融资有限，限制了一些业务的开展。1928 年冬该刊登报增招外股，因"信誉早著，故应者纷至沓来。国内虽远如云南、四川，国外如南非洲等，皆争相投股"。

3.《北洋画报》

冯武越在《北洋画报》初创时期，得到银行家冯耿光和少帅张学良的资助。在走上正轨后，广告收入则成为该刊赖以生存和发展壮大的经济支柱，第一版和第四版及中缝基本由广告占据，二、三版的报头位置及中缝也充斥着大量广告。广告收益对于《北洋画报》来说不仅是其经济独立的重要条件，更是言论独立及事业发展的重要经济基础。该刊广告极具特色，一是请明星代言广告商品；二是在小说附带广告，即在小说内植入各类广告，奇特新颖；三是将广告内容编入竹枝词内，滑稽而别致，给读者以较深印象。为中国近代广告学研究提供了具有代表性的范本。

《北洋画报》发行能力很强，除在天津本埠销售外，还积极拓展外地市场，在北京、济南、营口、奉天、上海、青岛、成都、哈尔滨、唐山、长春、张家口、石家庄、烟台、承德、包头等地设代售处，甚至远销朝鲜和日本。

在《北洋画报》创刊两周年之际，编者的《〈北画〉真正价值之所在》一文，介绍了该刊能够跻身大报之列，在画报取材、编辑方法等方面的原因："《北画》出世以来，华北日处于热烈战争之中，交通梗塞，我报销路居然得位'大'报之列，日报中望尘不及者比比皆是。是固主事者两年来惨淡经营之成绩，然《北画》之受民众欢迎，亦自有故。《北画》印刷之精，纸张之美，此皮毛事，皆易摹仿，可以勿论。惟取材之广与善，实为造成《北画》真精神之原素。《北画》取材，包含一切时事，如民众运动，国家大典，国耻事迹，战争实景，各项发明，社会游艺，各种集会等是。至如人物，则凡闻人、学者、艺术家、体育家、闺媛、伶工等之照像，罔不加意搜罗，随时刊布。艺术部分，则不分中外古今，举凡金石，书画，戏剧，电影均广为登载。此取材之广也。至于编辑方法，亦独擅胜场；每期所登照片，种类支配，十分均匀，不偏于一种一类。缘乎社会上嗜好各异，欲使人手此报，均得其所乐睹之照片也。至于各项材料，亦均有其一定之位置，非不得已，不轻易移，所以使读者一展报章，即知何自而获睹其所最注意之部分；此种办法，画报中，亦惟《北画》独有。"①

4.《文华》画报

《文华》画报的发行量、受众群体在当年仅次于《良友》画报，1930 年 9 月《申报》刊登的一则广告称之为"中国最有价值的文艺杂志"②。该刊之所以有如此辉煌的成绩，一方面是因为从内容到形式上的精心编辑和印制，另一方面得利于该公司先进的经营理念。从该刊每期近 10 页的广告，可知该刊的广告收入不菲。该刊每年均有丛刊出售，公司同时经营四种期刊，每月均有新书问世，批发兼零售近百种文化用品。文华公司还从小处着眼，1932 年添辟美术卡片部，制作"文华美术卡片"，先后有"女明星""抵抗战绩"两组 24 张，式样新颖，价格低廉。书家还可私人订制，无论要求何种字体只需向公司说明，或自己写就寄来，均可照办。卡片一律以锌版精印，采用最上等卡纸，装以美术锦匣。第一次包括制版费在内每百张取大洋 1.2 元，第二次每百张取大洋 5 角。如第一次以后声明不须再印，可将锌版奉赠。1933 年 9 月 1 日，发行部迁入新址后，从 9 月 5 日至10 月 14 日发起购物赠品活动。活动期间，该公司商品一律廉价出售，顾客不论购货多少均有赠品，加设投资活动，凡购物者均有机会获得 1 000 元大奖。该公司灵活多变、多种经营的理念，为四种期刊的出版奠定了坚实的物质基础，也换来了《文华》画报在艺术类画报中长达 6 年的一骑绝尘。

第七节　停　　刊

"《北画》自发刊以来，迄今已历八载。创办之初，与《上海画报》，南北颉颃；彼时画报之崛起，如春潮带雨，奔腾澎湃，凡百数十种，每入报贩之肆，五光十色，神迷目炫，未几淘汰殆尽；或限于资本，或窘于材料，相继夭折"③，报人王伯龙的这段话，道出了当时画报停刊的部分原因。

鼎盛时期创刊的画报多达 400 余种，但除却《青青电影》《科学画报》《良友》《北洋画报》等 10 余种存续时间达到 10 年以上，多数为短命画报，甚至有的画报仅出版一两期便夭折了。究其停刊原因有五：一是内容空洞、稿源枯竭；二是经济匮乏、难以为继；三是人员变动；四是政治问题；五是战争原因。

---

① 编者：《〈北画〉真正价值之所在》，《北洋画报》1928 年 7 月 7 日第 201 期。
② 张霞：《〈文华〉研究（1929—1935）》，杭州师范大学硕士论文 2013 年 5 月。
③ 王伯龙：《祝〈北洋画报〉出版千号纪念序》，《北洋画报》1933 年第 20 卷第 1000 期。

一、内容空洞，稿源枯竭

"届夫（中国画报的）铜版时代（一九二〇——一九三〇），时间虽经过数十年，然画报内容仍无何等进步。以此期内之画报代表《时报图画周刊》论，其中外新闻脱胎自石印画报之新闻，所不同者为自手绘变为照像。因工具之变换，神怪性之新闻片无法摄取，而归于天然淘汰。其余百兽图等则归并于名人书画而成艺术介绍，百美图则化为高材生肖像与裸体照片，海上时装则依然如旧。此外，虽新增有讽画、连续漫画、美术摄影等，但亦皆抄自外报。且以作画者、摄影者，高手较少，故多恶劣，难以入目。更以此等画报多系周刊，篇幅又小，中国交通又不便利，故对于新闻照片，直无法注意。于是遂不能认定报道新闻为画报之任务，而须另辟蹊径，以求读者欢迎。于是照片则倾于高材生及裸体，文字则出于揭人阴私与性之描写，竟至迫画报成为纯重肉感之刊物。其销行愈广者，趣味愈卑下，云之殊堪痛心。固然其间亦不无报格较高之画报，然以组织规模甚小，新闻片无来源，而不得不倾向于艺术介绍及消闲之无聊文字。艺术介绍以编者并不一定内行，故刊一名画，注释亦只为"某题""某某作"，即认为竣事，毫无系统，致其结果直与不介绍等。而此类画报遂亦以无人爱读而多夭折矣"①，萨空了于 1931 年 3 月 30 日在燕京大学的新闻讨论周的发言，对 1920 年至 1930 年画报内容做了一个小结，文字虽有些苛刻，但也基本反映了当时画报内容空洞和低下的问题。

1925 年 9 月 12 日《晶报》刊登了一则小消息称，据某报贩曾言，画报业正处于一个随起随灭的时代，《新闻画报》《美晶画报》均已停刊。他因经售过两期《美晶画报》而亏损近百元。当年 8 月底创刊的《美晶画报》，仅出版两期，即于 9 月 5 日停办了。其迅速夭折的表面原因是销售不畅，但认真阅读此两期画报后，就会发现该刊之所以销售不畅，主要原因还是其内容既无个性又极空洞，更没有达到主编郑影隐所说的"美"的标准。

从 1925 年 9 月创刊之日起，《紫兰画报》每期都曾刊出面向社会征求照片和文章的广告，由此推断，该刊缺乏稿源。同年 10 月 13 日第 7 期刊登的《本报紧要声明》则称，编辑部同人组织了一个 23 人的旅行团，游历国内各大城镇，携带摄影器材拍摄各地奇异风景，并采访当地新闻，以备该刊复刊之用。故自第 8 期起暂时停刊三个月。查阅相关资料，并未找到此旅行团的行踪，也未见到《紫兰画报》复刊，第 7 期即为终刊号。稿源枯竭应为停刊之重要原因。

二、资金匮乏，难以为继

画报规模可大可小，人员可多可少，甚至有些画报报馆就设在创办人家中，稿子可

---

① 萨空了：《五十年来中国画报之三个时期及其批评》，《新闻学研究》1932 年 6 月初版。

以友人写，图片可剪贴其他画报，但至少需要买纸、找印刷厂印刷，联系发行机构发行，均需有一定数量资金的支撑。创刊前或许可以拉商家赞助或几人集资，但如果发行不佳又无广告商支持，画报想继续发展下去，则必须要有资金的不断注入。

1933年8月，梁得所告别《良友》，在得到少帅张学良1万银元的资助后，便与侨商黄式匡共同创办了大众出版社，并于1933年11月1日创刊了《大众》画报。黄自称实力雄厚，但时间不长便宣告资金枯竭，梁将多年在良友工作的积蓄也搭了进去，但仍不见起色。心力交瘁的梁大病了一场，病后赴武汉再次向张学良求助。张学良劝梁出国休养，并给了梁3000元治装费。回沪后，梁得所经不住黄式匡的怂恿，又把3000元投入《大众》。当时《大众》负债累累，这个数目只是杯水车薪。黄又劝梁再赴武昌找张学良求助。张学良此次接见便只让机要处长代为处理。梁与处长谈了一次话后，说不久再到上海详谈，届时再行决策①。

梁得所经过反复考虑，权衡利弊后，决定停办画报。1935年5月，曾经辉煌一时，能与《良友》一较高下的《大众》画报出刊至第19期不得不宣告终刊。

1935年，伍联德离开《良友》。1936年1月，他联合万籁鸣、韦乃纶、徐心芹、明耀五等，创刊《图文每月画报》。该刊采用头等道林纸，影写版印刷，厚厚的一大本，每册仅售2角。据印刷界业内人士称："（《图文每月画报》）至少要印一万份以上，每册成本也需二角。在这个年头儿，像《图文月刊》要立住脚是不容易的，人家料他不月蚀一千八百还算常事哩。"②伍联德创办《图文每月画报》是抱着要打倒《良友》的野心，在创刊前，他与广东方面投资人接洽，投资人答应看过画报再拨款子。他为争取到投资不惜血本，将画报做得尽善尽美。但第2期出版后，投资人仍不肯出资，因此，《图文每月画报》便只得就此停刊。

三、内部动荡，人员变动

画报规模大小不一，编辑队伍参差不齐，大者如《良友》成立股份有限公司，小者一二人身兼数职。编辑的素质直接决定着画报的质量，人才流失是小型画报停刊的主要原因之一。

1925年11月，叶仲方与友人张恂子合伙创办《大方》画报，但他们的合作从第1期开始即发生了摩擦，以致断绝往来，反目成仇。

1925年12月30日，叶仲方刊登启事称，因他忙于婚礼，无暇顾及《大方》画报，特聘请同乡赵秋帆担任助理编辑，广告事宜统由山东路雅声公司李雅声先生代理。而赵秋

---

① 明耀五：《忆得所》，《自由谭》1938年第3期。
② 黑君：《〈图文月刊〉伍联德将去广州拿货色给老板看》，《社会日报》1936年2月12日。

帆时兼三家报刊的编辑，叶又请好友刘恨我加盟担任编辑。尽管叶仲方为宁波帮巨富叶澄衷之嫡孙，实力雄厚，但因编辑人员不固定，画报质量无法保证，《大方》只得于 1926 年 2 月出刊第 19 期后便草草收场了。

1930 年 4 月，《艺友》画报在上海创刊，出资人徐咏青，周世勋、沈衡庄、范光华、徐进之、范基平先后任编辑。该刊也时常出现脱期现象，编者解释第 9 期脱期原因为，担任印刷业务的文华公司因平日业绩繁忙，外来的印件日见增多，尤其是年关将至之即，更是忙得不可开交，无法按时印刷。编者在终刊号《别了，朋友》一文与读者依依惜别称：“不久，为了某种无法变更的支配，将不得不与他最亲爱的人儿赋别。这最亲爱的人是他的恋人和他们间的爱果。当然，无庸吾来赘说，这恋人是亲爱的读者，而吾们的爱果便是这册小书了。”[1]停刊前该刊只有两名编辑，还都有各自的职务，编辑《艺友》都是在职务之外抽时间来做。当时《艺友》的发行量在国内画报中尚算不差，但成本日趋昂贵。虽然编者没能赚到钱，但也不想骗得了一笔订费而回家享福。他二人把这个情况报告了该刊主人，请他物色继任人，但出资人没能找到合适的人选。于是，《艺友》只有与读者朋友说再见了。

1934 年 12 月 1 日，《现象》画报在上海创刊，社址位于爱文义路 460 弄 16 号。该刊出版后一直处于动荡飘摇状态，一是多次迁址，二是屡屡脱期。第 11 期时，编者刊登启事称，社址已迁至四马路仁吉里 33 号；第 12 期时，再次刊登迁址启事称，原有编辑部兹因交通不便已迁往上海四马路崇怀里 5 号；而第 21 期出版时，社址又改为贵州路 134 号。该刊创刊号称每月 1 日出刊，但 1935 年 12 月 1 日第 12 期出版后，就一直未见出刊，直到 1936 年 6 月 10 日脱期半年的第 13 期才姗姗来迟。第 22 期《编后》称，因不愿见到这活泼的小生命日趋萎缩，编者遂自告奋勇来肩担这个重任。由此可知，《现象》画报在这一期更换了编者，编辑人手过少或许是该刊再次停刊的原因。

四、政府查禁

这一时期的画报从申请注册登记到出版、发行，均受地方政府和国家机关的监管，出现有伤风化、言论不当等问题，便会被勒令停刊。

1925 年 12 月，在上海巽社的襄助下，浙西名士王修（字季欢）在上海创刊《鼎脔》画报。初在有正书局印刷，因屡有脱期，王修遂重金购置先进印刷设备，在上海威海卫路 343 号创办了自己的王家印刷所，除印刷该画报，还刊印《画篷丛谈》《长兴诗存》《抱蜀老人山水册》等，并承接外界印刷业务。如此，既保证了画报按期出版，又提高了印刷质量，还节约了成本。但 1927 年印刷所接印了一批上海中共地下工作者反对国民党新军

---

① 编者：《别了，朋友》，《艺友》1931 年第 11、12 期合刊。

阀的传单，5月8日，"打倒新军阀蒋介石"的传单被军警机关发现，武装特务立即包围了印刷所，逮捕了主管钱一飞（后壮烈牺牲），并扬言定要彻查此案。王修不得不丢下印刷所逃亡日本，《鼎脔》遂于1927年3月14日停刊①。

1935年9月25日，《独立漫画》在上海创刊，主编张光宇，其弟张振宇负责广告，独立出版社负责出版、发行。1936年2月29日出刊至第9期后，国民政府中宣部下令查禁，理由有三：一是诋毁政府，二是侮辱最高领袖，三是提倡阶级意识。《独立漫画》因三项"罪名"被国民政府勒令停刊，但张光宇并不气馁，不久便筹划着《上海漫画》了。据《时代日报》消息称："不久之前，一大批漫画刊物同时寿终正寝，什么《时代漫画》《独立漫画》《漫画与生活》，统在被禁之列。不错，他们的讽刺太辣毒了吧！然而这不是一个根本的办法。你看，他们都是在变名而出版。《独立漫画》是改为《上海漫画》。那是老早宣传的事，本来二十日就要出版了，不知为什么，现在据说要延迟到月底才出书呢！"②1936年5月7日，《上海漫画》正式创刊，从形式到内容，与《独立漫画》如出一辙，只是将"主编张光宇"改为了"编辑上海漫画社"。

1928年9月22日，由中国美术刊行社编辑发行的第23期《上海漫画》刊载了《世界人体之比较》五帧照片并配以短文，被上海租界总巡捕房刑事检查科阅见，以该刊登载此种照片实属妨害风化，更触犯新刑律251条之罪为由，告诉至上海临时法院，法院遂签出传票，饬传该报撰述丁悚、张光宇、张振宇、黄文农、叶浅予、鲁少飞、郎静山、张辰伯等8人。

11月16日，临时法院对《上海漫画》被控案做出判决："查该报所刊《世界人体之比较》，委系译自德国原本专书，并无淫秽等情，当庭宣判被告无罪。"但捕房律师当庭声明不服，提起上诉，丁悚等仍延请詹纪凤律师辩护。21日，经上诉院讯供终结，判决本案："捕房上诉驳回，仍照原判，丁悚等均无罪，书籍发还。"③经过此案后，《上海漫画》很受影响，于1930年6月出刊至第110期后并入《时代画报》。

五、战争原因

战争既是画报记录的重要内容，也是影响画报出版的主要因素。如1932年一·二八抗战后，一些画报因遭战火而停刊；1937年七七事变后，从北到南大半个中国相继沦陷，沦陷区画报大批停刊。这是中国近代画报史上的最为猛烈的画报停刊潮。

1928年6月，《戏剧月刊》在上海创刊，刘豁公任主编，1932年9月出版至第3卷第

① 张一驰：《美术周刊〈鼎脔〉的研究》，《民族艺术研究》2017年第4期。
② B：《〈独立漫画〉改名〈上海漫画〉即出版》，《时代日报》1936年4月23日。
③ 《因裸体照〈上海漫画〉被控》，《时报》1928年10月5日；《〈上海漫画〉被控案昨已宣判》，《新闻报》1928年10月17日；《〈上海漫画〉无罪》，《新闻报》1928年11月22日。

12 期停刊。编者在终刊号《卷头语》中称："再不料东瀛帝国主义者大炮一轰，竟把我们惨淡经营的一点根基完全轰去，本刊万不得已而停刊。"①这里的"大炮一轰"即指一·二八抗战。

1929 年 1 月，良友公司出版、赵家璧主编的《中国学生》在上海北四川路创刊，1931 年 12 月出版至第 3 卷第 8 期停刊，时值 1931 年九一八事变不久。编者在《最后谈话》中介绍了停刊原因："是因为经过我们编辑部同人与本公司当局的商议，觉得目前的中国，已不需要像《中国学生》般的刊物。我们张眼看世界，再回头望望我们这老病的祖国，一切已是危如累卵，顷刻就有全盘颠覆的危险。在这样一个紧急的时代里，学生们应当负起重大的使命。老年人快要死去，小孩子还没有长大成人，能拯救我们这民族的只有年青的学生。然而中国学生目前最大的毛病，是没有充分的学识，同时，社会上也缺乏一种以纯洁态度供给学生们以廉价的合时的学识的书。经过我们几次的讨论，为了适合于这种时代的需求起见，我们把《中国学生》忍痛停办，而由我另编一种《一角丛书》……我们公司当局为了求对于我们的国家社会有所切实的贡献起见，把《中国学生》停办而替以定期的小丛书，一方面固抱有绝大的牺牲精神，一方面更希望在《一角丛书》方面，有所实际的成绩，供给读者们一些名贵而急需的材料。"②

而 1937 年七七事变后，随着日军侵华的进程，我国沦陷区各大城市相继建立日伪政权，一些爱国画报人以停刊来表明不为日本侵略者做事的立场。天津的《北洋画报》《天津商报画刊》《玫瑰画报》《语美画刊》等，上海的《万影》《知识画报》《滑稽画报》《东方漫画》《世界猎奇画报》《中国电影》等和江苏的《南京特写》等沦陷区的 20 余种画报同时停刊。

六、综合因素

诚然，有些画报的停刊是以上某种原因造成，也有一些画报停刊是由两种或两种以上的因素共同造成的。

1925 年 8 月，李润棠出资在上海创办《乒乓画报》，尽管编者为了扩大发行量煞费苦心，但收效甚微。据《晶报》发表的《画报乒乓记》一文称，自《上海画报》创刊并获得成功后，一时画报风行全国，报贩也因卖画报赚了钱。但随着画报越出越多，越出越滥，尤其是一些印刷不精美、材料不佳、内容也差的画报，常有卖不出的现象，名头大的画报还不许退报，赚来的钱就要贴补存报。《乒乓画报》创刊号是一本小册子，有报贩拿到手后竟然一本也没卖掉，只好全部退还，并建议编者改印单张画报。老板李润棠倒肯听劝，第 2 期就改成报纸型画报了，销路果然得到改善。但第 3 期却迟迟不见出刊。于是，

① 《卷首语》，《戏剧月刊》1932 年 9 月第 3 卷第 12 期。
② 赵家璧：《最后谈话》，《中国学生》1931 年 12 月第 3 卷第 8 期。

他到报社询问。谁知刚走到门前，就听见到报馆里面乒乓乱响，进去一看，只见一个十八九岁梳着辫子的广东女郎和一个四十多岁的大块头广东太太正在那里大闹。他上前一问才知原委，原来广东女郎是报馆的秘书叶小姐，胖太太是她的母亲。之前谈妥每月薪水 30 元，但她任职两个月，李老板却一毛不拔，遂屡次来报馆索欠，老板却避而不见。报馆附设了一个法文学校，教室油漆得很好。叶小姐这次来报馆仍未见李老板人影，一怒之下，就把教室的玻璃窗"乒乓"砸碎了，学生们见势不妙也都跑了。报贩走进另一间屋子，里面站满了人，有柴板店老板，有米店伙计，都是上门讨债的。有位挺胸凸肚的先生则是《时事新报》林炎夫的弟弟小林先生，他是来索要广告费的。有人开玩笑说，不知当初李老板为什么把画报取名"乒乓"，现在好了，报馆真的被"乒乓"了，李老板的事业也随之破碎了①。

　　1928 年 2 月，《蜀镜画报》在四川成都创刊。该刊出版至 1928 年秋间，发起人之一、著名画师杨重岳先生仙逝而去。1928 年该刊共出版 48 期，外加"西山告祭""晋康劝匪"两期增刊，共 50 期，合订成册，名为《蜀镜第一集》，稍做休刊。1929 年 2 月复刊，隆冬时节，发起人之一杜柴扉先生继杨重岳之后亦因病去世。是年出版至第 88 期止，共 40 期，复装订成册，名为《蜀镜第二集》。1930 年，因人员短缺和出版经费不足等原因，社长王觉吾拟停刊解散，但因社会各方来电询问、鼓励、敦促，编者欲罢不能，遂在停刊三月有余再次复刊。1931 年 2 月 8 日出刊至 124 期再度停刊，社长王觉吾曾赋诗一首，表达了自己面对停刊和世风国事的感慨："浮生若梦转瞬过，强笑为欢有几何。炭送雪中人独少，花添锦上世偏多。交情透视如幻影，国病从来误妖魔。伤心一掬英雄泪，不洒潇湘洒黄河。"②

第八节　相对宽松的政府管控

一、北洋政府后期

　　进入 20 世纪 20 年代以后，北洋政府的新闻立法趋于沉寂，仅在 1925 年 4 月由京师警察厅发布了《管理新闻营业条例》。此条例共有十二条，其第九条规定新闻纸"登载新闻言论，须遵照《出版法》第十一条办理"，为对新闻纸的查禁提供了依据③，该条例因

---

① 　一小报贩：《画报乒乓记》，《晶报》1925 年 9 月 3 日。
② 　王觉吾：《感时》，《蜀镜画报》1931 年 2 月 8 日第 124 期。
③ 　刘哲民编：《近现代出版新闻法规汇编》，上海：学林出版社 1992 年版，第 570—571 页。

此遭到新闻界的反对。同时，新闻界反对《出版法》的呼声越来越高，迫使北洋政府在1926年1月将该法废止①。2月，京师警察厅颁布了修正后的《管理新闻营业条例》，删除了第九条，剩余的所有条款都是关于报纸、杂志发行登记的规定。按照这个条例，报纸杂志发行时须向警察厅呈报，由警察厅查明核准发给执照后才能开始营业②。

以上的事实表明，北洋政府在这一时期摆出了尊重新闻自由的姿态。北洋政府的这种做法是出于以下的原因：一是经过清末民初的社会变革、思想启蒙，以及《中华民国临时约法》《中华民国宪法》等法律对公民言论出版自由的确认，新闻自由思想已经深入人心，北洋政府和各军阀已经不敢明目张胆地加以破坏；二是各军阀有意利用新闻舆论打击对手，因此容忍报刊登载一些内容敏感、措辞激烈的内容，无意中营造出相对宽松的新闻出版环境。这使得中国的新闻出版事业迎来了大发展。画报也迎来了发展的高潮，仅1925年一年创刊的画报就达30种，1926年也有16种，其中绝大部分创刊于上海。画报中针砭时弊、涉及时政的内容也越来越多。比如创刊于1921年的《天津画报》，主要反映当时社会生活及市井民情的丑恶与阴暗。在1925年5月9日，该画报详细记录了反对北洋政府接受"二十一条"的五七"国耻日"天津大游行的盛况，对北洋政府来说，这是一个非常敏感的政治事件。几乎同时爆发的五卅运动，激起许多新闻记者举起照相机投入战斗，上海《图画时报》直到6月底都在连续跟踪报道五卅惨案，深得国人尊重。1921年中国共产党成立后，也将画报作为重要的宣传手段，在大革命时期创办了《工人画报》《农民画报》等十余种画报，成为反帝反封建、与军阀斗争的有力武器③。

在报刊登记注册方面，此时的最终审批机关仍为内务部，但增加了向中华邮政登记的手续。《邮政章程》规定："华文出版物，在中国发行，具有新闻纸之性质者，倘未向邮局照章挂号，即不准按印刷物或他类代为邮寄投递。"挂号在获取登记执照后进行，按照邮寄方式，将新闻纸分为"平常""立券""总包"三类。在实际发行中，画报多登记为第一类平常新闻纸，即以一份寄一处。该类新闻纸挂号时，需向邮局提供报纸名称、主笔及馆主姓名、发行处所、几日一期、发行份数等信息④。另外，上海租界内创办的画报需要向租界当局注册登记。比如1926年《妇女画报》在上海法租界创刊，即向法租界巡捕房申请登记注册。其内容为：

> 敬启者：敝报设于治下,志在提倡文学、研究美术,无关政治,更无党派。兹特遵章报告贵捕房,至希准予注册为荷。谨启。计开:馆址:法租界辣斐德路冠华里二十四

① 穆中杰：《北洋政府的新闻立法活动（1916—1928）》，《新闻爱好者》2011年第3期。
② 刘哲民编：《近现代出版新闻法规汇编》，上海：学林出版社1992年版，第572—573页。
③ 夏羿：《红色画报发展研究（1921—1949）》，北京：人民日报出版社2022年版，第43页。
④ 戈公振：《中国报学史》，北京：生活·读书·新知三联书店2011年版，第278—283页。

号;主任:汪小闲,上海人;宗旨:提创文学、研究美术;出版:每月出版一册,第一册拟于中秋日出版;售价:每册售价二角。①

可见,上海法租界画报创刊需要向巡捕房呈报画报主持人、出版宗旨、地址、刊期等基本信息,还必须要申明"无关政治,更无党派"。

由于短时间内涌现出大量新创办的画报,其内容难免良莠不齐,甚至有的在管理机构眼中"有伤风化",往往被加以查禁。1925 年,上海《星期画报》曾刊文评论道:"沪地画报,风起云涌,层出无已,统计算之,有十余种之多,未始非发展艺术思想之佳象,惟当初起时,均满刊模特儿照片,以为吸引买客之要素。今因淞沪警厅,明令取缔,不若从前之盛行矣。"②可见淞沪警察厅曾经禁止画报大量刊载模特照片。上海画报众多,其中有相当大一部分创办于租界内,当局对画报的管理与北洋政府有所不同,一个比较明显的差异,就是以司法程序代替行政指令。租界巡捕房对画报的处罚只能依据司法机构的裁决。比如 1926 年,上海《三日画报》刊文称,浦口商埠督办李斐之妾与其子有秽亵行为,于是李斐延请律师,向上海公审公廨指控《三日画报》公然侮辱人格。公审公廨受理了此案,最终援用《刑律》判处《三日画报》主笔郑振英拘押三个月,并着各巡捕房对于各小报与此案同类之登载随时注意检举。1927 年 1 月,《三日画报》又被远东饭店经理控告刊载猥亵文字有伤风化、散布流言损害远东饭店,刚刚由公审公廨改组而来的上海临时法院受理了此案,结果报馆又被罚款。

北洋政府和各地军阀从来没有放弃钳制舆论的企图。广州、上海等地的地方军阀自行颁布了《广东暂行报纸条例》《上海取缔印刷所办法》等新闻法规,用以加强对新闻事业的管理。军阀钳制舆论并不一定要以出版法规作为依据,袁世凯时期颁布的《戒严法》《治安警察条例》《陆军刑事条例》等还都在沿用,其对新闻舆论的控制更加严酷,动辄即施以徒刑甚至死刑。更何况军阀打击舆论有时并不需要援用任何法律。比如 1925 年五卅惨案发生后,为了压制舆论,段祺瑞政府仅在北京就查封了 19 种报刊③。1926 年奉系军阀杀害邵飘萍、张宗昌杀害林白水,这些出于政治目的的非法迫害,都未经正式的法律程序。

二、南京国民政府时期
(一) 国民政府的出版法规

1927 年 4 月,南京国民政府成立。从 1927 年到 1929 年,南京国民政府先后制定颁

---

① 1926 年 9 月 5 日《妇女画报馆为登记注册事致上海法租界卢家湾巡捕房函》,上海市档案馆档案 U38 - 2 - 649。
② 飞:《吾之画报观》,《星期画报》1925 年第 1 期。
③ 方汉奇主编:《中国新闻事业通史第二卷》,北京:中国人民大学出版社 1996 年版,第 208 页。

布了《指导普通刊物条例》《审查刊物条例》《宣传品审查条例》《出版条例原则》《日报登记办法》等，对报刊管理审查的原则、范围、手续、标准都进行了详细的规定。在 1930 年《出版法》出台之前，这些法令就是南京国民政府管控报刊的主要依据。这些法令反映出南京国民政府在新闻出版管理方面遵循"以党治报"的原则，以求达到言论一律、思想一律，巩固其一党专政。比如 1929 年 1 月 10 日国民党颁布的《宣传品审查条例》，不但规定各级党部及党员印刷的宣传品及刊物一律送国民党中央宣传部审查，还规定"凡不属本党而与党政有关之各种宣传品，除由中央宣传部调查征集外，其关系重大者，各级党部须随时查察征集，呈送中央宣传部审查。"①

　　1930 年 12 月，国民政府整合了此前关于新闻出版方面的种种规定，制定并颁布了《出版法》。该法是关于新闻出版的基础性法律，共分为六章，即总则、新闻纸及杂志、书籍及其他出版品、出版品登载事项之限制、行政处分、罚则。其中的"新闻纸及杂志"专章，规定了报刊的登记申请手续及发行人编辑人的资格、新闻检查、新闻纸登载事项的更正辩驳等事项②。1931 年 10 月，国民政府内政部和国民党中央宣传部制定了《出版法施行细则》二十五条，加强了《出版法》的可操作性。1933 年 9 月、11 月，内政部、司法院分别咨各省政府、训令最高法院，明确了"新闻纸之编辑人，非因个人行动有违犯普通民、刑法之规定，以及违犯《出版法》第十九条之限制，依照同法第三十五条之规定，得依其他较重之法律规定处罚外，其余凡有违反《出版法》之处，各级法院自应依照《出版法》之规定处置，不得引用其他法律以为制裁。"③1935 年，国民政府颁布了《修正出版法》，通过采用核准制、改变主管官署、增加禁载事项等方式，加大了对新闻界的管控力度，引发新闻界强烈抗议，国民政府不得不重加修订，直到 1937 年全面抗战爆发后才正式实施④。

　　在《出版法》出台后，国民党密集地制定颁布了一系列新闻检查管控法规，包括1932 年 11 月的《宣传品审查标准》、1933 年 1 月的《重要都市新闻检查办法》、4 月的《新闻电讯检查标准》、7 月的《各报社违反新闻检查办法惩罚规则》、10 月的《新闻检查标准》《取缔不良小报暂行办法》、1934 年 6 月的《修正图书杂志审查办法》、8 月的《检查新闻办法大纲》等。此外，内政部还于 1934 年 7 月公布了《取缔发售业经查禁出版品办法》。这些密集出台的新闻检查法规，似乎表明国民政府加强了对新闻出版的管控，但是由于在这一时期，新闻自由的观念已经深入人心，至少在表面上，国民政府不得

---

① 张静庐辑注：《中国近现代出版史料·现代乙编》，上海：上海书店出版社 2003 年版，第 522—523 页。
② 刘哲民编：《近现代出版新闻法规汇编》，上海：学林出版社 1992 年版，第 104—109 页。
③ 刘哲民编：《近现代出版新闻法规汇编》，上海：学林出版社 1992 年版，第 462—463 页。
④ 徐基中：《1930 年代国民政府与新闻界的关系—基于〈修正出版法〉的分析》，《江汉学术》2014 年第 3 期。

不作出承认言论自由的姿态，明确将新闻检查的对象限定于军事、外交、地方治安、社会风化的范围内①。这种表面上的相对宽松，给报刊的发展带来新的机遇，而且中国的新闻出版事业经过数十年的发展，又经过"五四"的洗礼，已经逐步走向成熟，因此从1927年到1937年十年间，包括画报在内的中国报刊进入发展的黄金时期。这十年内全国新创刊的画报多达300余种，平均每年有30余种。

（二） 画报登记的情况

在1930年《出版法》出台之前，各地画报的登记手续由各级党部负责办理。1929年《日报登记办法》并没有明确规定画报的登记办法，南京、北平等市的市党部先后向中央党部请示，通讯社、画报、周刊等是否与日报一同登记。国民党中央宣传部令"通讯社性质与日报相同，应一同履行登记；画报之逐日刊行者，亦应同样办理；周刊与定期刊物暂行缓办，除指令外，并分电各省、各特别市党部一体知照"②，各地党部于是遵令设立了相关机构。比如浙江省规定，"本省各县日报、通讯社及逐日画报登记事宜，经省宣传部呈准中央，由各该县党部宣传部或直属区党部宣传委员负责代办"，并在各县区成立日报、通讯社及画报登记处。凡呈请登记者，须提交志愿书、登记考察表、登记员询问表等表格③。

1930年《出版法》规定，新闻纸或杂志应于首次发行期十五日前，"呈由发行所所在地所属省政府或隶属于行政院之市政府，转内政部声请登记"④，这就改变了此前报刊向警察机构登记注册的惯例。报刊登记注册机构变为各地方政府（省政府或隶属行政院的市政府）和内政部。报刊登记获得通过后，由内政部填发登记证，咨送各地方政府转发给报社。如报刊有所变更，也要走审批手续，由地方政府和内政部批准方可施行。在新闻纸登记执行过程中出现了一些问题，国民党政府给出了相应的解释，体现出一定程度的宽容、务实的态度。比如有些新闻纸在呈请登记后，由于"程序辗转，稽延时日"而未能领到登记证，因此无从刊载字号而无法发行。1932年12月，内政部咨各省、市政府，遇到上述情况，新闻纸只需刊载"本社已遵于某月某日呈请登记"字样即可发行，执行机关应视同刊载登记证字号⑤。

各地方政府办理报刊登记的程序是不一样的，有的系由省政府或市政府直接办理，有的则由省政府或市政府下辖的厅局具体经办。比如1934年7月，上海中华书局发行

---

① 1933年10月5日国民党中央执委会修正通过的《新闻检查标准》，刘哲民编：《近现代出版新闻法规汇编》，上海：学林出版社1992年版，第538—539页。
② 《通讯社画报亦须登记》，《新闻报》1929年11月15日。
③ 《浙江各县办理日报通讯社及逐日画报登记须知》，《浙江党务》1929年第67期。
④ 刘哲民编：《近现代出版新闻法规汇编》，上海：学林出版社1992年版，第105页。
⑤ 1932年12月2日《新闻纸类呈请登记尚未领到登记证者之刊载方法咨》，刘哲民编：《近现代出版新闻法规汇编》，上海：学林出版社1992年版，第453页。

《小朋友画报》，即向上海市政府提交呈文，得到上海市政府的批示："仰候核办可也"①。同年9月，上海《青青电影画报》向上海市政府呈请登记，市政府给青青电影画报社的批文中说：

> 呈一件为发行《青青电影画报》声请核转登记由。呈件均悉。查该刊内容，未臻妥善。除姑准转咨内政部核办外，仍仰注意改进为要。此批。②

这说明在上海，画报的登记注册是由发行人向上海市政府呈请，再由上海市政府咨转内政部核办。从这件批文还可看出，上海市政府对画报登记的要求还是比较宽松的，虽然发现该刊内容"未臻妥善"，但还是给与转咨内政部，只是要求其"注意改进"。内政部审核通过后，填具登记证，咨复上海市政府，再由上海市政府转发给报社，报社须按时将刊物寄送地方政府、内政部。1933年上海市政府给《科学画报》的一件批文可以作为例证：

> 具呈人中国科学社社长王琎，为《科学画报》业已出版，呈送四册，请存转迅发登记证由。呈件均悉。查该画报登记证业于本月三日转发在案，据呈前情，除将画报二册咨送内政部核办外，合行批饬知照。此批。③

可见在上海，画报的登记注册手续从始至终都是由市政府具体经办的，但在其他一些城市却并非如此。比如1933年长沙《湘珂画报》登记注册获得批准后，由湖南省会公安局承湖南省政府之训令，向该画报社发放登记证，并训令其将登记证字号刊载于报端、按期呈寄刊物④。而同年济南市《艺林画报》登记注册，向画报社发放登记证、下达上述训令的，则是济南市教育局。按照内政部的规定，画报刊载登记证字号的具体位置为"各该新闻纸类名称之上或左右两方，以便该管地方官厅就近查考"⑤。比如1933年《联华画报》在第一版刊载"小消息"称："本报业经由内政部登记，该项登记证已于本

---

① 《上海市政府批第二〇〇三号为据呈发行〈小朋友画报〉声请登记一案仰候核办由》，《上海市政府公报》1934年第147期。
② 《上海市政府批第二一二八号为据呈发行〈青青电影画报〉月刊声请登记一案姑准转咨核办由》，《上海市政府公报》1934年第149期。
③ 《上海市政府批第一二四八号为〈科学画报〉登记证业已转发在案仰知照由》，《上海市政府公报》1933年第136期。
④ 《湖南省会公安局训令湘珂画报社奉省府令发登记证仰转饬具领并遵照规定办法具复以凭转呈由》，《公安月刊》1933年第15期。
⑤ 《济南市教育局训令第二一〇一号为令仰刊载登记证号数并呈验刊物以凭查考由》，《济南市教育行政旬报》1933年第42—43期。

年三月廿五日发下，登记证系警字第一九七六号。"①

按照《出版法》规定，报刊中"有关于党义或党务事项之登载者，并应经由省党部或等于省党部之党部向中央党部宣传部声请登记"②，由于大部分画报以休闲娱乐为宗旨，所以一般都无须经由党务机构审核。比如1932年上海《枕戈半月刊》《平民晚报》《华年周刊》《我的画报》《电影周报》等向上海市政府呈请登记，上海市政府将这些报刊的登记声请转咨内政部查核。内政部咨复："除《我的画报》《电影周报》两家径由部填发登记证外，余俟函送中央宣传委员会核准见复再行转发。"上海市政府接到内政部咨复后，将《我的画报》《电影周报》登记证发放给了两家报社，并转饬其他报刊社补填登记书表，呈交市党部核转国民党中央党部③。

（三）新闻检查及查禁画报的情况

从1928年至1930年，国民政府先后三次因军事原因实行新闻检查，又三次在新闻界的持续反对下将新闻检查取消④，表现出尊重新闻自由的态度。比如1929年9月，国民政府以新闻纸的出版前检查"收效甚鲜，甚且引起纠纷，新闻界尤以为苦"为由，下令"凡新闻纸之一切检查事宜，除经中央认为有特殊情形之地点及一定时期外，一律废止"⑤。1930年《出版法》规定，"应于发行时以二份寄送内政部，一份寄送发行所所在地所属省政府或市政府，一份寄送发行所所在地之检察署。"若有关于党义、党务事项之内容，则"并应以一份寄送省党部或等于省党部之党部，一份寄送中央党部宣传部"⑥。该法明确规定了对出版品登载事项的限制及违反这些条款的行政处分和法律惩罚。按照《出版法》的原则，画报既然多数无关于党义、党务，也就无须由党务机构进行审查。但是国民政府并没有将这一原则贯彻下去。

1933年1月，为了执行国民党中央委员会制定的《重要都市新闻检查办法》，国民党政府在北平、上海、天津、南京、汉口等地设立了新闻检查所，这些检查所由各地高级党部、高级政府（或指派公安机关）及高级军事机关（或指派警备机关）派员共同组织，受国民党中央宣传委员会指导，主持各地新闻检查事宜，其检查的范围包括"军事、外交、

---

① 《联华画报》1933年第1卷第16期。
② 刘哲民编：《近现代出版新闻法规汇编》，上海：学林出版社1992年版，第105页。
③ 《上海市政府咨第四〇八号为据〈枕戈半月刊〉〈我的画报〉〈电影周报〉〈华年周刊〉〈平民晚报〉等声请登记填具考查表并检同原附呈各件咨请核办见复由》，《上海市政府公报》1932年第124期；《上海市政府咨第四七七号为准咨复我的画报社等请登记案除〈画报〉〈周报〉填发登记证外余俟中宣会核准再发复请查照由》，《上海市政府公报》1932年第125期。
④ 虞文俊：《抗争与妥协：国民党与新闻界博弈下的新闻检查（1927—1937）》，《新闻春秋》2015年第3期。
⑤ 1929年9月14日国民政府《取消电报新闻施行检查令》，刘哲民编：《近现代出版新闻法规汇编》，学林出版社1992年版，第528页。
⑥ 刘哲民编：《近现代出版新闻法规汇编》，上海：学林出版社1992年版，第106页。

交通、地方治安及与有关之各项消息"①。此后新闻检查所的隶属关系几经变更。比如上海市新闻检查所于 1933 年 3 月成立，由上海市政府、党部、警备司令部三方面人员组成，隶属于国民党中央宣传委员会，不久改隶中央秘书处，数日后又改隶行政院，1934年又改隶军委会，直至 1937 年②。

新闻检查所的职责是报纸发稿前对其内容进行检查，其《检查规程》规定各类新闻纸"于发行前均须将全部新闻一次或分次送各该新闻检查所检查"③，由此，国民党的新闻检查又倒退为事前检查，拒绝接受检查或者被查出违规者将受到严惩。1934 年 2 月 21日国民政府训令行政院军事委员会："在检查期间，如新闻有不服检查者，军政机关得予以一日至一星期停版之处分及其他必要之处分。"④1934 年公布的《图书杂志审查办法》规定一切图书杂志应于付印前将稿本送国民党中宣部图书审查委员会审查，图书审查委员会则可随意删改稿本⑤，同年，国民党中央执行委员会又制定通过了《检查新闻办法大纲》，决定于中央执行委员会下设中央检查新闻处，掌管全国各大都市新闻检查事宜，对各地新闻检查所都能有所指示⑥。所有这些做法，都将针对报刊的检查置于国民党一党专制的框架内。

这一时期国民党对报刊查禁有两个重点：一是在政治上批评反对其独裁统治的报刊，尤其是左翼报刊和红色报刊。早在 1929 年 1 月，国民党中央常务会议通过的《宣传品审查条例》所规定的"反动宣传品"中，第一种就是"宣传共产主义及阶级斗争者"⑦。6 月份，国民政府就专门针对中国共产党出台了《查禁反动刊物令》《取缔共产书籍办法令》。根据这些法令，共产党出版物受到坚决的抵制和查处。据国民党中央宣传部1929 年公布的一份查禁刊物报告，这一年查禁的共产党刊物有 148 种，占到全年查禁刊物的一半以上⑧。有了这种法规作为依据，国民党当局即可以随意给报刊扣上"反动刊物"的帽子加以查禁。在《出版法》出台之前，国民政府延续了北洋政府的做法，允许军方和警察机构参与刊物的查禁。比如 1930 年 4 月，天津《玲珑画报》被查禁，系由天津

---

① 1933 年 1 月 19 日国民党中央执委会通过的《重要都市新闻检查办法》，刘哲民编：《近现代出版新闻法规汇编》，上海：学林出版社 1992 年版，第 531 页。
② 宗兰：《中国的新闻检查制度》，《上海记者》1942 年第 1 期。
③ 《各省市新闻检查所新闻检查规程》，刘哲民编：《近现代出版新闻法规汇编》，上海：学林出版社1992 年版，第 543 页。
④ 刘哲民编：《近现代出版新闻法规汇编》，上海：学林出版社 1992 年版，第 541 页。
⑤ 虞文俊：《抗争与妥协：国民党与新闻界博弈下的新闻检查（1927—1937）》，《新闻春秋》2015 年第3 期。
⑥ 刘哲民编：《近现代出版新闻法规汇编》，上海：学林出版社 1992 年版，第 542 页。
⑦ 张静庐辑注：《中国近现代出版史料·现代乙编》，上海：上海书店出版社 2003 年版，第 523 页。
⑧ 熊欣、王翎：《南京国民政府前期新闻出版政策及其实施（1927—1936）》，《新闻传播》2012 年第8 期。

警备司令部特务处通告天津市公安局特务队，再由后者分函各区所。天津警备司令部特务处给公安局的通告中只是说"查该项画报纯属反动出版物品，应饬所属严行取缔"，却并未详细说明《玲珑画报》触犯了哪一条法规①。

在《出版法》及一系列新闻检查办法出台之后，对报刊负有查禁责任的机构也并不仅限于这些法规所规定的范围，尤其是对于所谓的"反动刊物"而言。比如 1930 年 11 月，汉口邮件检查所查出《讨蒋画报》《革命战线画报》等八种"反动刊物"后，上报给汉口市社会局，此后又上报给汉口市政府、行政院，由行政院送交宣传部办理。宣传部判定八种刊物皆为"反动刊物"，并饬令各地邮件检查所予以扣留、焚毁，行政院训令下属各级机构查禁②。再比如 1930 年，浙江省省立图书馆数次接到寄件处盖有趋时周报社邮戳、收件人为"钱之光"的邮寄包裹，内有《星期画报》《中国苏维埃画报》等报纸。该图书馆认为这些报纸中有的"鼓吹反动，殊属荒谬"，便经浙江省教育厅向教育部呈报。教育部在审核后确认其为反动刊物，而后将原报呈送国民党中央执行委员会，并令全国各省教育厅"转饬严密查禁"。该禁令还由南京国民政府行政院下发各省政府，然后层层转发至各地民政局、警署③。可见从中央到地方，负有报刊查禁责任的至少包括宣传、教育、民政、警察等多个部门。

二是"有伤风化"的"不良通俗"报刊。北洋政府对画报尤其是不涉及政治的画报的管理相对宽松，由此导致大量娱乐性画报出现，内容不乏过度低俗者，有的甚至演变成"专事谩骂"，与小报无异，时常引起纠纷或吃官司。国民政府当局注意到了这种现象，将其作为新闻出版管控的一个重点来对待。比如上海的很多小报并不严格履行送检，1929 年 3 月淞沪警备司令部为此训令上海市特别市公安局：

> 案查本埠发行之各种小报，言论复杂，前经登报通告，各小报一律送往新闻检查处检查，方准发卖。兹据新闻检查处报告，送来检查者只有数种等语。似此自非实行取缔，无以纠正。除《福报》《礼拜六》《小日报》《上海滩》《琼报》《大晶报》《晶报》《金钢钻》《上海日报》《真报》等小报业已送来检查，准予照常发行外，其余各小报应饬所属一律随时查扣，不准发卖。④

---

① 《〈玲珑画报〉公安局令所属查禁》，《益世报》1930 年 4 月 5 日。
② 1930 年 11 月 6 日《天津市社会局为查禁〈讨蒋画报〉等八种刊物事致天津总商会函》，天津市档案馆档案 J128 - 3 - 6339。
③ 《复县教育局训令各学校为饬查禁〈星期画报〉及〈中国苏维埃周刊〉》，《复县教育周刊》1930 年第 6 卷第 36 期；《南海县训令县属各警署、九江市政局奉令查禁〈星期画报〉及〈中国苏维埃周报〉》，《南海县政季报》1931 年第 6—7 期；《教厅饬属查禁〈苏维埃画报〉等刊物》，《江苏省政府公报》1931 年第 660 期。
④ 《未经检查之小报一例查扣》，《新闻报》1929 年 3 月 29 日。

此训令发布后，上海各家小报不得不执行送检制度。1932 年 12 月，国民党西南执行部第四十九次常会通过了《取缔各大小报纸刊登淫亵新闻办法》，规定"凡有妨害风化之新闻"一律不得刊登①。1933 年 10 月，由国民党中央执委会修正通过的《新闻检查标准》中"应扣留或删改"的内容分为四大类，即关于军事、外交、地方治安、社会风化，其中第四类与画报关系较为密切。所谓"关于社会风化"，具体来说即"关于淫盗之记载特别描写，以煽扬猥亵、凶恶之影响者"与"其他有妨善良风俗者"②。1935 年，国民政府内政部将《荒江女侠》等六十五部书刊列为"不良通俗书画刊物"加以查禁，为此专门咨行河南省政府，由后者饬令各区专员公署、各县政府一体查禁③。

画报容易被打入"有伤风化"之列而遭查禁的一个重要原因，就是很多画报都会登载人体艺术图片。当时官方对此有一定的容忍度，但是如果登载超过一定限度，还是会遭到官方的查禁。比如 1937 年 1 月，上海《健美与艺术》《健康美》两种画刊，被国民党上海特别市执行委员会以"其内容完全以裸体照片材料，名为艺术，实系诲淫，其有害于社会风化者甚大"为由查禁④。租界当局对于人体图画同样比较敏感。1928 年 9 月 22 日第 23 期《上海漫画》刊载《世界人体之比较》五帧照片并配以短文，被上海租界总巡捕房刑事检查科阅见，以该刊登载此种照片实属妨害风化，更触犯新《刑律》251 条之罪为由，告诉至上海临时法院。10 月 16 日，临时法院对该案做出判决："查该报所刊《世界人体之比较》，委系译自德国原本专书，并无淫秽等情，当庭宣判被告无罪。"但捕房律师当庭声明不服，提起上诉。11 月 21 日，经上诉院判决："捕房上诉驳回，仍照原判，丁悚等均无罪，书籍发还。"通过此案，可以看出当时租界巡捕房对于画报的监管需依据法院的裁决⑤。

三、伪满洲国对画报的管控

1931 年九一八事变后，日本侵略者很快占领了东北三省，并于 1932 年 3 月扶植起伪满洲国。在侵略战争及殖民统治的过程中，日伪感受到了舆论的压力，所以在伪满洲国成立后立刻开始对新闻出版进行严厉管控，为此专门成立了以"宣传建国及施政精神""涵养民力及引导民心向善""普及自治思想"为主要职能的思想宣传部门。日本侵略者对图画出版物尤其警惕，1932 年满洲日报社编的《时局及排日写真贴》中就声称："满洲

① 刘哲民编：《近现代出版新闻法规汇编》，上海：学林出版社 1992 年版，第 530 页。
② 刘哲民编：《近现代出版新闻法规汇编》，上海：学林出版社 1992 年版，第 539 页。
③ 《河南省政府通行查禁不良通俗书画刊物》，《河南省政府公报》1935 年第 1220 期。
④ 1937 年 1 月 14 日《中国国民党上海特别市执行委员会为禁售〈健美与艺术〉〈健康美〉画刊事训令书业同业公会》，上海市档案馆档案 S313 - 1 - 148。
⑤ 《因裸体照〈上海漫画〉被控》，《时报》1928 年 10 月 5 日；《〈上海漫画〉被控案昨已宣判》，《新闻报》1928 年 10 月 17 日；《〈上海漫画〉无罪》，《新闻报》1928 年 11 月 22 日。

事变以后，排日辱日宣传越来越辛辣，通过资料收集了解中国人对日态度。"①1932 年 10 月，伪满政府制定公布了《出版法》，不但列出八项禁载事项，还规定"民政部大臣、军政大臣或外交部大臣关于外交、军事或财政上认为有障碍，或于治安维持上认为有必要之事项"，就可以禁止新闻纸及杂志揭载②。伪满政府还通过禁止"满洲国通讯社"以外的其他通讯社来垄断新闻来源，通过"新闻事业调查"来控制报刊主办人员。这些严苛的控制措施给我国东北报刊业带来重创，大量报纸刊物都被封杀或被迫停刊③。

东北地区原有的画报并不兴盛，九一八事变后更是遭遇毁灭性打击。此前较为成功的沈阳《大亚画报》被迫停刊，1932 年转移至上海复刊。创刊于 1929 年的沈阳《沈水画报》，在 1931 年九一八事变后停刊，1934 年复刊时已被日伪控制，内容发生根本改变。在伪满期间，东北地区的画报基本上都是由日本人或日伪官方所创办的，仅 1931 年前后用日文出版的有关"满洲"的画报就达 20 多种④。日本人在伪满还创办了一些中文画报，比如 1934 年日本人在新京创办的《斯民》画报，从头至尾都站在日本侵略者的立场上，为日伪政府服务。

---

① 满洲日报社编：《时局及排日宣传写真帖》，满洲日报社 1932 年版，第 2 页。
② 刘哲民编：《近现代出版新闻法规汇编》，上海：学林出版社 1992 年版，第 639—646 页。
③ 钤坤：《〈哈尔滨五日画报〉研究》，哈尔滨师范大学硕士学位论文 2016 年 6 月。
④ 吴强、刘亚编著：《中国影像史（第七卷）：1937—1945》，北京：中国摄影出版社 2015 年版，第 229 页。

第五章

衰落时期（1937—1945）

七七事变爆发后，随着 7 月 29 日天津沦陷、11 月 13 日中国军队撤离上海，天津、上海出现一股画报停刊潮，天津的《北洋画报》《天津商报画刊》《河北第一博物院半月刊》《玫瑰画报》《中南报星期六画刊》《语美画刊》，上海的《申报图画周刊》《柯达杂志》《摄影画报》《玲珑》《联华画报》《明星》《电影画报》《号外画报》《美术生活》《时代电影》《长虹社画刊》《现象》《沙乐美》《飞鹰》《万影》《舞国》《跳舞世界》《知识画报》《滑稽画报》《东方漫画》《影与戏》《大公报星期影画》《世界猎奇画报》《万有画报》《中国电影》等相继停刊，直接造成中国画报数量的大幅减少，而画报用纸、印刷、装帧等的退步，也导致了画报质量的直线下降。从此，中国画报进入一段衰落时期。

第一节　抗战画报成为主旋律

1937 年八一三淞沪抗战爆发后，"上海的新闻和摄影界，出现了一个前所未有的现象，就是摄影画报风起云涌，盛况空前。'八一三'前出版的画报除《良友》《中华》两种外，因战争影响，大部分停刊。却出现了近二十种，内容专门以战事新闻题材的摄影画报。如《抗敌画报》《血战画报》《抗战画报》等等。原来摄影画报多为月刊，或半月刊。为了适应战时人民的阅读需要，这时多改为周刊、五日刊，甚至三日刊。直到现在，这在中国摄影史和出版史上，都是空前绝后的。摄影画报的突然增多，集中在'八一三'战争爆发，到 11 月中旬上海沦陷的三个月中。上海的摄影记者活跃在前线与后方，拍摄了大量的新闻照片，如前线军事将领、将士奋勇杀敌，人民支援前线，慰劳前方将士，敌机狂轰滥炸，市民逃难惨景，严惩汉奸，俘虏日军等等。上海人民的抗日情绪极为高昂，军民同仇敌忾，浴血奋战。上海市民和全国人民一起，不满足于报刊的文字报道，迫切希望看到战争中敌我双方的真实情况，而报刊上大量刊载新闻照片，可以使人们在精神上得到满足，于是大量的短期摄影画报应运而生。"[1]这一时期北方各省市基本没有出版过抗战类画报，这类画报多在上海和后方出版，可分为沦陷前上海的抗战画报、"孤岛时期"

---

[1]　王天平、蔡继福：《上海近代摄影团体及其作用》，《上海大学学报（社会科学版）》1993 年第 1 期。

上海的抗战画报和其他地区出版的抗战画报三类，共 54 种，是这一时期出版数量最多的画报种类。

一、沦陷前上海的抗战画报

1937 年 7 月 7 日，侵华日军在宛平城外卢沟桥悍然发动七七事变，中国军民奋起抵抗，拉开中华民族全面抗战的序幕。同年 8 月 13 日淞沪会战爆发后，为报道卢沟桥事变真相，揭露日军暴行，宣传抗日救国，激发国人斗志，坚定民众必胜信心，上海最先掀起一股出版抗战画报的热潮。在短短的三个月内先后涌现出《新生画报》《大众抗战画报》《卢沟桥事件画刊》《战事画刊》《抗战画报》《救亡画报》《战时画报》《战声画报》《抗日画报》《抗敌画报》《救亡漫画》《战时生活画报》《辛报战情画刊》《战情画报》《铁血画报》《万有战报》《胜利画报》《总动员画报》《战地画报》《血战画报》等一大批抗战画报，上海各家报刊也纷纷出版画报号外。

1937 年 7 月 10 日，《新生画报》在上海创刊，发行人王叔旸，主编张光宇。该刊创刊时原为报道国内外重大事件和情形的综合性时政画报，之所以称之为抗战类画报，是因为该刊出版的三天前爆发了举世瞩目的卢沟桥事变，画报风格随后也发生重大改变：第 2 期、第 3 期分别出刊"卢沟桥抗战特辑"和"抗战号外第一辑"。从画报的出版周期来看，编辑的组稿时间显然要在一个月前，创刊号虽在七七事变三天后出刊，但未涉及相关内容和报道，也在情理之中。这一重大事件的发生，改变了该刊的主题，也改变了该刊的命运。8 月 10 日第 2 期出刊三天后，淞沪抗战在上海打响。第 3 期尚在编排之时，编辑部已被战火笼罩，他们不得不从虹口搬到法租界。随着战事发展，上海租界的人口密度陡增，编辑部只得挤在一所小角楼里。虽然条件简陋、环境恶劣，但编辑们的工作欲望愈加强烈，肩负的责任更加重大。为了及时报道抗战实况，他们同时创刊了《新生画报》号外——《抗日画报》，五天一期，出至第 15 期时，残暴的日敌不让他们托庇于孤岛，《抗日画报》随即停刊。《新生画报》秉承着支持国共合作、拥护建立抗日民族统一战线的立场，故而"抗战号外第一辑"也以较重篇幅报道了八路军在抗战中的骄人战绩，展示了总指挥朱德、副总指挥彭德怀、副参谋长左权等八路军指战员的风采；《活跃的肤施》《游击战术在第二期抗战中的意义》《陕北天险·我军杀敌之处》等图文，较为详尽地讲述了八路军如何争取民众、怎样改善民众生活，游击队的组织和纪律、游击战术的精髓。最后得到的结论是："应该重新检定抗敌战争的立场，改阵地战为游击战，同时要缴发全国人民参战，造成真正的全民的抗战，那末过去的失败就可以当他是换取将来胜利的代价，亦无不可理。"[①]

---

① 池鱼：《游击战术在第二期抗战中的意义》，《新生画报》1938 年 4 月抗战号外第一辑。

1937 年 10 月 15 日，《战情画报》在上海创刊，张大任主编，其口号是"在统一的响号下团结御辱"。《战情画报》与同时期上海抗战画报的显著不同之处，就在于以较重篇幅详尽地报道了国共合作的过程和成果，表达了"国共统一、齐心抗日"的决心。该刊刊发了《九月二十三日中国共产党发表宣言全文》："亲爱的同胞们，中国共产党中央委员会谨以极大的热忱，向我全国父老兄弟诸姑姊妹宣言，当以国难极端严重、民族生命存亡绝续之时，我们为着挽救祖国的危亡，在和平统一团结御侮的基础上，已经获得了中国国民党的谅解，而决心共赴国难了。这对于我们伟大的中华民族的前途，有着这样重大的意义啊！"文中提出了奋斗目标："一、争取中华民族之独立自由与解放，首先须切实的迅速的准备与发动民族革命抗战，以收复失地和恢复领土主权之完整；二、实现民权政治及开国民大会，以制定宪法与规定救国方针；三、实现中国人民之幸福与愉快的生活。"最后写道："我们伟大悠久的民族，是不可战胜的，起来为巩固民族的团结，为推翻日本帝国主义的压迫而奋斗，胜利是属于我们中华民族的，抗日战争胜利万岁！独立自由幸福的新中国万岁！"①该刊还介绍了多位中共领导人，《国共统一齐心抗日》图文介绍了毛泽东主席向第八路军高级干部人员演讲时的一幕，他语多幽默，引得满座哄堂②。还有同年 8 月 25 日就任国民政府任命第八路军总指挥职的朱德将军，时正率领部队在平绥前线奋勇杀敌。周恩来也是中国共产党主要领导人之一，更是奔走国共合作的中心人物。中国共产党设立的抗日军政大学，是培植抗日人才的最高学府，画报配发了校长林彪的照片。《共产党少年团表演打东洋捉汉奸露天群众剧的一幕》《赤脚健美的女青年团在军民联欢会中表演飞机舞精彩之一幕》等图文，展现的是红军根据地丰富多彩的文化生活。

1937 年 11 月 3 日，《战地画报》在上海创刊，社址位于上海同孚路华顺里，新新出版社出版。该刊以照片为主，配以简要中英文说明。登载最多的是淞沪会战的内容，如《前方我军之动态》《黄浦江内日军舰弥漫》《敌五次援军开到吴淞登岸之情形》《敌犯淞沪屡遭重创，六次援军又开到》等；也有揭露日军残酷暴行的《惨哉吾民流离颠沛》《二次遭毁之吴淞镇》《千年古寺华龙塔亦遭轰炸》《敌机惨暴意欲轰炸》等；更有表现中国军队英勇杀敌的《屡予敌重创我军重机关枪》《卫国守土枪林弹雨下我军夺获之胜利品》《我空军在镇江东乡击落敌重轰炸机一架，其残骸已运镇陈列》等；为突出国共合作、全民抗战，还刊有国共双方军事将领的照片，如第八路军总指挥朱德、军事委员会副委员长冯玉祥、青年模范军官师长王敬久等。

①　《九月二十三日中国共产党发表宣言全文》，《战情画报》1937 年第 1 期。
②　《国共统一齐心抗日》，《战情画报》1937 年第 1 期。

该画报第1期整册仅刊发一篇文章，题为《两月来淞沪抗战之回顾》①。因画报出刊时，淞沪会战已接近尾声，这篇文章可说是对此役的总结。作者把这两个月的淞沪抗战分为两个阶段。自8月13日战事爆发至9月13日为第一阶段，这期间，中国军队先后移至浏河、罗店、刘行、八字桥、庙行、江湾镇，迄北站止。这一阶段战斗的主要意义在于阻止敌军登陆，大量消耗日军实力。9月14日至11月初为第二阶段。这一阶段中，9月14日至29日的前两周，因中日双方阵地发生变动，均需巩固防线，重整军队，故而未曾发生激烈战斗。但29日至10月13日间的后两周，则发生了此役中最为惨烈的战斗。

10月15日，日军突破蕴藻浜，战局告急。19日，中国守卫蕴藻浜南岸的部队，配合第21集团军发动全线反击。激战至25日，中国军队被迫撤退。左翼军4个团在广福南侧向北路日军反击作战，也被日军击退。日军乘机反扑，兵锋直指大场。大场丢失后全线撼动，我军防线遂被突破。10月底至11月初，中国军队虽处于被动地位，一再后撤，但仍控制上海。11月8日夜，日军凭借强大火力从东、南、西三面突入松江城，占领松江。在日军的合围之下，淞沪地区中国70万大军顿陷危险境地。当日晚，蒋介石下令中国军队全面撤出上海战斗，11日上海宣告沦陷。

此役虽以中国军队失败而告终，但我军将士以血肉长城，抗拒暴敌的猛烈进攻，终使日军三个月内灭亡中国的美梦破灭。不仅在世界大战史中留下抵抗侵略的浓墨重彩的一笔，而且使中国军队不畏强敌、勇于牺牲的民族精神大放异彩，更加坚定了全国同胞抗战必胜的决心。

1937年7月至1937年11月出版的抗战类画报，有着两个共同特点：一是出版地全部在上海；二是存续时间短暂，均在上海沦陷后停刊。这些画报真实地记录了国共两党合作的过程和成果，见证了国共合作对抗战胜利发挥的重要作用；揭露了日军突破国际法，对非战区狂轰滥炸，炸毁医院、学校、公路等公共设施，让无数无辜平民、妇女、儿童丧命的残酷暴行；及时报道前线战事，表现了中国军队英勇作战、不畏牺牲、战斗到底的精神，满足了民众急于了解战况的心理，提振了前线将士的士气，鼓舞了国人抗战必胜的信心，有力地回击了日伪画报歪曲事实、美化日本侵略者的不实之词。为研究中国抗战史提供了翔实而珍贵的历史资料。

二、"孤岛时期"上海的抗战画报

1937年11月12日，中国军队撤离上海战区后，上海公共租界和法租界变成了没有中国武装力量保护的"孤岛"。这一时期上海新闻出版业人士部分转移到内地和香港，一

---

① 《两月来淞沪抗战之回顾》，《战地画报》1937年第1期。

部分仍留在上海，利用租界的特殊环境进行顽强而坚韧的战斗。"上海新闻界在战争中积极发挥抗日宣传鼓动作用，使上海这个素称全国报业中心的城市，成为抗战初期的全国抗日宣传中心。"①

上海沦陷后，《救亡日报》《立报》《民报》《时事新报》《大公报》《申报》等报纸，因拒绝日伪政府的新闻检查，1937 年 11 月下旬起纷纷停刊。1938 年，上海新闻出版业出现了一种前所未有的现象。租界当局标榜中立政策，而日伪政府也对租界有所顾忌，因此凡属洋商所办的报刊，均可免受新闻检查。于是，《文汇报》《译报》《导报》《中美日报》《华美晚报》《大英夜报》等，这些中国人所创办的报纸，纷纷挂上洋商牌子继续出版。上海画报界也利用租界的特殊地位，先后挂上洋商的牌子，继续宣传抗战。在 1938 年一年内，就有《远东画报》《大美画报》《大风画报》《大路画报》《世界战事画报》等多家画报用外商的名义出版。1939 年下半年，敌人利用汉奸特务实行残酷的迫害手段，如开列黑名单、暗杀爱国的新闻工作者、向报社投掷手榴弹等，报刊即使挂洋商招牌也难以幸免。于是上海抗战画报都在 1940 年 1 月前停刊了。

1937 年 11 月日军侵占上海后，迅速管控新闻出版行业，各种抗战类画报宣告停刊。但上海租界时在英、美、法三国掌控之中，特别是有三国背景的报刊未遭查禁。同年《大美晚报》利用其美商身份和地处"孤岛"的优势继续出版，英文版负责人是史带，中文版负责人为张似旭。12 月 16 日，该报发行人史带发表《责任声明启事》称：英文版和中文版《大美晚报》属于一家，编辑方针相同，主张报纸言论自由，登载消息不参成见，纯重事实。两报虽为美国人所有，对服务于带有国际性的上海社会负有责任。因此，两报将不受任何方面之检查。于是，当时留在上海的爱国新闻工作者积极加盟，许多宣传抗日的文章光明正大地在该报与读者见面。一时间，《大美晚报》成为上海抗战宣传的舆论先锋，不久，《中国画报》《大美画报》《远东画报》和《远东新闻摄影》四种画报也相继创刊。

抗战全面爆发后，抗日民族统一战线建立之初，全国人民团结一致，全力抗战，中国共产党抗战形象在当时的画报中有所体现。但这一情况并未维持太久，随着战事深入，国民党新闻控制随之加深，进一步限制中共发声，只允许宣传国民党主导下的正面战场。蒋介石曾多次在公开场合批评中共"像吉卜赛……游来游去，游而不击"②。为限制中共发声，1937 年 12 月国民政府行政院还颁布了《随军记者及摄影人员暂行规则》，规定"新闻记者及摄影人员欲随军工作，须由报馆或通讯社填具姓名、履历，并附二寸半身照片三份，呈由中央宣传部审查合格，转请军事委员会发给随军证。外籍记者及摄影人员（敌国国籍除外）如欲取得随军地位时，须先经各该国使领馆或军事代表之正式介绍，

---

① 马光仁主编：《上海新闻史（1850—1949）》，上海：复旦大学出版社 2014 年版，第 815 页。
② 任文主编：《永远的鲁艺（下册）》，西安：陕西师范大学出版总社有限公司 2014 年版，第 67 页。

再由外交部核准，并须依照第一条之规定办理"①。且他们采访的新闻和拍摄的照片都须接受检查，进出战区时所携物品也须受检查。这一规则随即成为控制记者对中共报道的条例。从此，沦陷区、国统区出版的画报再也没有了中共抗战的内容。

1938年5月1日，《大美画报》创刊于上海，英文名为《Ta Mei Pictorial》，印刷所、发行所均为大美晚报馆，编辑高尔德，董事兼发行人史带，副董事兼总经理白罗司。但此三人只是挂名的负责人，实际主编则为《良友》画报的创办人伍联德，这样做可以避免送交日方审查。同年9月，伍联德辞职后，赵家璧继任主编。由于当时国人创办的抗战画报均告停刊，《大美画报》的出现极大满足了国人的需求，标价一角半的创刊号，出版不及一周，初版1.5万册即销售一空。

《大美画报》虽属综合类画报，但更侧重于抗战内容。据《立报》消息称："美商《大美画报》因误将《朝日新闻》所刊津浦前线敌军作柔软体操照片，作为武汉敌俘虏集中营生活照片，敌方当向美领事提出抗议。结果，由该报刊登启事道歉，并开除职员二人了事。"②可见，《大美画报》已成为日方忌恨的重点目标。

该刊最鲜明的政治立场就是宣传抗日，最主要的内容就是揭露日军暴行，报道前线战况，抨击汪伪政权，号召全世界爱好和平的人民团结起来，夺取反法西斯战争的胜利。刊登国共两党军政要员、抗日名将的照片与介绍，第1—9期封面分别刊有国共两党军政要人的照片，如毛泽东、周恩来、蒋介石、李宗仁等，体现了拥护国共合作、一致抗敌的爱国立场。其中第8期中胡耀邦、陈赓、陈光、谭政、周建屏、蔡乾、项英、袁国平等一组八路军、新四军高层人物的照片，尤其珍贵。第7—9期分别以朱德、毛泽东、周恩来三位八路军领导人的照片做封面。该刊刊登的《纪念双十节与保卫大武汉》《四行孤军抗战一周年》《抗战期间之文化人物》《华军反攻广州》《沈钧儒先生在前方》《四川妇女救护队》《香港妇女慰劳会筹赈大会：慰劳会特写》等，全面报道八路军、新四军、国民军在抗战前线取得的战果，以及后方社会各界参与救护、加紧生产，支援前方的情形。《日机狂炸广州市》《日机连续轰炸后之桂林》《日军严密封锁天津英租界》《日机到处滥炸的结果》等图文，则揭露日军侵华的种种暴行。《法西斯黑影遮没了捷克斯洛伐克》《欧局极度紧张·捷克动员自卫》《莫斯科天空之铁鸟阵》《血战中的西班牙巴萨龙那城动态》《纳粹与西班牙为备战忙》等组图，让国人了解到世界反法西斯战争的概况。

《大美画报》刊登的大量抗日战争时期的写实照片和文字报道，为中国抗战史研究提供了一手的宝贵资料；该刊记录的社会各界人物的生活状态，则是研究抗战时期社会史的重要参考资料。作为美资支持、国人创办的画报，它的出版、发行、运营，则是研究

---

① 刘哲民编：《近现代出版新闻法规汇编》，上海：学林出版社1992年版，第518—519页。
② 《沪电一束》，《立报》1938年6月8日。

中国近代新闻出版史的重要样本。

　　七七事变后至上海沦陷前，上海曾出版了《战事画报》《战事画刊》《抗战画报》《新生画报》《战声画报》等一批抗战类画报。但在1937年11月上海沦陷后，这类抗战类画报普遍停刊，在公共租界内虽有画报继续出版，但抗战类也是屈指可数，《大风画报》算是其中之一。

　　1938年12月，《大风画报》在上海创刊，与《大美画报》同在爱多亚路上。该刊以宣传全面抗战为宗旨，图文并茂，以图为主，兼有少量文章。一些照片除有题名外，还有一段较为详细的说明文，如《上海——一面是荒淫与无耻，一面是壮肃的工作》一图的文字说明写道："从廿六年十一月十二日起，上海暂时被叫做'孤岛'了，可是孤岛不孤，繁华依旧。这里还是交织着一切瑰奇的光影，灿烂的色彩，骚乱的音律。只有一些无家可归、流离失所的同胞，还在告诉我们一些战时的苦况，一些惊心动魄的事件，带给我们以斗争的消息！"①这是当时上海"孤岛"的真实写照。《秀丽的河山，无尽的宝藏，我们的伟大可爱的祖国！》组图，展示的是中国版图和各地风貌，意在让全国人民起来抗战到底，收复失去的家园，维护领土完整。《全面抗战的第一炮》《火中的上海》组图，记录了八一三淞沪抗战时的战场和日军狂轰滥炸的场景。《大风画报》揭露了日寇侵华阴谋，展示了日军暴行下的中国人民的生活状况，谴责那些醉生梦死、仍沉醉于灯红酒绿下的国人，激励民众坚持抗战，在各自的岗位上为抗战出力，对提高民众士气，坚定必胜信心起到了一定的积极作用。

　　1939年2月《大路画报》在上海创刊，编辑有楼适夷、钱君匋、马耳、蒋锡金等。该刊以宣传保卫祖国全民抗战思想，介绍战时国内现状、国人生活为主要内容。编辑蒋锡金1938年在汉口加入中国共产党，曾任《抗战文艺》副刊主编。1939年参加江南游击战争，在江南抗日义勇军（新四军江南指挥部领导的主力部队）任江南社（新华社在苏、常、太地区的支社）记者，出入抗日前线。因此，《大路画报》在集中报道抗战主题的同时，更是旗帜鲜明地支持国共合作和全民抗战。该刊以《战斗的北线》《粤北前线》等系列图片，反映了正面战场国共两党前线将士英勇的战斗场面，以《精诚团结》《冀察晋边区》等组图，展现了国共两党团结一致共同御敌的战果，尤其突出了八路军坚持敌后抗战。该刊还刊登了毛泽东、周恩来、朱德、贺龙、萧克、陈绍禹、秦邦宪等当时中共党政军高层领导人的照片。

　　《大路画报》既让读者了解到中国抗战的实况，又激励国人的斗志，让民众从中看到中国必胜的希望。正如《创刊词》所写："中国在战争中进步了，她成长得无比地坚强；如今，统一战线愈益巩固，一切的悲观、妥协、阴谋也渐渐肃清。这昭示给世界和将来的

① 《上海——一面是荒淫与无耻，一面是壮肃的工作》，《大风画报》1938年12月15日创刊号。

是：正义者终必要胜利的！"

三、其他地区出版的抗战画报

抗日战争全面爆发后，包括北平、天津在内的北方没有出版过抗战类画报。一些新闻出版人士和漫画家相继转移至后方，"铁肩担道义，辣手著文章"，他们以纸和笔为抗战的武器，在湖北、广西、四川、甘肃、广东、浙江、福建、陕西等省出版《战斗画报》《阵中画报》《广东画报》《战画》《东方画报》《抗敌画报》《大众画刊》《抗战电影》《建国画报》《抗敌画展特刊》《联合画报》等十余种抗战画报。这些画报虽然用纸低劣、印刷粗糙、设计简单，又多以漫画、木刻、版画等为主，少有摄影照片，可以说质量很差，但它们却坚定了国人抗战到底、誓不投降的决心，鼓舞了国人抗战必胜的信心，向全世界揭露了日军的种种暴行，为争取盟军的支持、国际社会的广泛同情，发挥了巨大的作用。

抗战爆发后，许多知识分子来到武汉，迅速建立起一个抗战文化中心，主张文艺要为抗战服务，以画报为武器，宣传抗日救亡，对推动武汉抗战文化运动发挥了积极的促进作用。抗战画报的出版，让国人及时看到了前线的战斗实况，看到了我军将士不畏生死、英勇御敌的精神，看到了日本侵略者在中华大地犯下的滔天罪行；让一些沉睡中的国人猛醒，激发了他们的抗日热情，激励青年和学生拿起武器奔赴前线；促进后方民众加紧生产、救护伤员，支援前线将士；制造国际舆论，争取得到爱好和平正义的国家的声援；抨击投降主义，揭露汪伪政权投敌叛国的罪恶行径；及时报道前线战况，讴歌英勇的前线将士。为抗日战争争取最后胜利奠定了政治基础和思想基础。

1937 年 9 月 18 日，在武汉创刊的《战斗画报》是抗战全面爆发后后方出现最早的抗战画报，时值七七事变、八一三淞沪抗战发生不久，更值九一八事变六周年，其意义不言而喻。该刊以照片、漫画、文字的形式，揭露日军惨无人道的暴行，报道全国各个战场实况，记录救护队冒死救护伤员的情景，号召全国人民行动起来坚持抗战，鼓舞民众坚定必胜信念。分析了国内外战争局势，呼吁国人团结一致，共赴国难，共同御敌。如陈独秀的《多谢敌人的飞机大炮》一文称："醉生梦死昏昏沉沉的我们中国人，令人郁闷欲死的中国社会，日本帝国主义的飞机大炮，固然有毁灭我们之可能，如果我们能够善于利用它，对于我们正是及时的无限大的警钟，一针强心针和一剂最猛烈兴奋剂。"[①]《抗战局势的过去与现在》一文作者总结了抗战全面爆发以来三个月，中华民族在求和平不得的情况下，抱定牺牲的决心，与日本侵略者展开拼死之战。在这三个月中，全民已经从沉睡中觉醒，国共两党形成统一战线，精诚团结，共赴国难[②]。编者的《怎样保持抗战胜

---

① 陈独秀：《多谢敌人的飞机大炮》，《战斗画报》1937 年第 4 期。
② 崔峨：《抗战局势的过去与现在》，《战斗画报》1937 年第 4 期。

利》一文，坚定了国人坚持抗战的决心和信心："只要我们最高当局坚决领导、澈底抗战，只要我们有伟大的牺牲精神，全民族一致的精诚团结，我们的胜利是有充分把握的，我们是必然能够保持抗战的最后胜利的！"①

抗日战争在东部沿海地区首先爆发，但现代化的战争很快让整个中国都卷了进来。随着战争的全面化，沦陷区、敌后抗日根据地、大后方、孤岛（上海租界）、战区等地区概念开始出现。大后方专指战争时期的平民活动区，以生产和供给战争物资、民防以及维护颁布的命令和保持士气来直接或间接地支援国家军队。抗日战争期间，沦陷区亿万普通民众撤退到以重庆为中心的大后方，积极支援抗战，谱写了一曲可歌可泣的英雄赞歌。《建国画报》便是大后方出版的一种宣传抗战的刊物之一。

1939 年，《建国画报》在成都创刊，旨在揭露日军暴行，声讨汉奸罪行，激发民众抗日情绪，主要刊载抗日漫画、木刻、战地通讯、抗战中的忠烈故事、杂文、诗词、小说等，其中 90% 以上篇幅为宣传抗日的漫画。漫画线条简单，但表现力强。在日寇铁蹄蹂躏之下，中华民族遭受大辱惨祸，日军的狰狞面目、抗日志士的英雄气概，跃然纸上。正如画家丰子恺在《漫画是笔杆抗战的先锋》②一文中所述，漫画的优点：一则阅读花费时间不多，二则任何国家的人都能看懂，所以用它为宣传抗日的工具最好不过。

太平洋战争爆发后，英、美对日宣战。根据宣传需要，1942 年中、美、英三国在重庆联合成立了幻灯电影供应社。为扩大宣传、推广幻灯电影，同年 9 月 25 日，该机构创办了《联合画报》，美国人温福立任社长，复旦大学新闻系副教授舒宗侨应邀出任主编，社址位于重庆南岸玄坛庙中央电影场的地下室内。温福立极少过问报社业务，各项事务统由舒宗侨具体负责。其主要任务是以生动的图片，配以通俗、简练的文字向广大民众报道世界各国抗击法西斯的情形，鼓舞民众的信心。同年 12 月 25 日，中美无线电传真直通后，无论世界哪个战场，只要有新闻，画报总能在第一时间内图文并茂地及时报道。如西南太平洋大捷、中国鄂西大捷、非洲沙漠的胜利、斯大林格勒会战胜利等新闻照片都得以最即时地刊登，大大激励了广大的后方民众。该刊在全国各地的代销处从 70 多增加到 100 余处，发行范围从抗日大后方、前线，扩大到沦陷区各大城市及部分乡村；从国内扩大到印度、缅甸、越南等国家。1944 年是世界人民反法西斯战争胜利的前夜，也是斗争最为艰苦的时期，为坚定军民的抗战信心，《联合画报》和美国新闻处、盟军密切合作，由美国空军向敌占区投掷《联合画报》，每期投放 6000 至 1 万份不等。截至抗战胜利，共投放了 20.7 万份。画报也曾被空运送到在印度受训、在缅北丛林中坚持战斗的中国军人手中，成为他们的精神食粮，鼓舞了他们的斗志。

---

① 编者：《怎样保持抗战胜利》，《战斗画报》1937 年第 10 期。
② 丰子恺：《漫画是笔杆抗战的先锋》，《建国画报》1939 年第 23 期。

《联合画报》是这一时期创刊最晚的抗战画报，对宣传抗战、报道世界各国抗击法西斯战争发挥过重要作用，成为中国记录抗战史最为完整的图片新闻报刊，是中国广大民众了解世界战局、增强抗敌信心、树立必胜信念的宣传基地，曾被誉为"世界战场的瞭望台"、"联合国奋斗的缩影"。1943 年初，该刊脱离幻灯电影社，由美国战时情报局（后改名为美国新闻处）主管。抗战胜利后，同盟国反对法西斯斗争任务结束，《联合画报》在重庆出版至第 154 期停刊，经过改组后 1945 年 11 月 12 日于上海复刊，见存最后一期是 1949 年 4 月 1 日出版的第 277 期。

中华民族全面抗战时期，面对日伪大肆的报刊宣传，国民政府也深深认识到舆论宣传的重要性，不仅需要把前线的实况及时地报告国人，而且也需要将沦陷区、国统区的情况传送出来。对内动员青年人积极报名参军奔赴前线，动员民众加紧生产，支援前线将士；对外需要突破日本侵略者的新闻封锁，将中国殊死抗战、决不投降的坚定信念传达到世界各地。抗战画报很好地完成了这两项任务，它们多采用中英双语形式，并且有意识地增加一些涉外内容，比如美国、英国、法国的军事情况，日本国内的反战情绪等，以引起国际社会的关注。

抗战画报在全民族抗战时期报道我国前线将士的英勇战绩，鼓舞了士兵和国人的士气；揭露日寇公然违背国际公约对非战区狂轰滥炸、伤害无辜的罪恶行径，引起国际社会的广泛同情、支持和援助；鼓动全国人民行动起来，在抗战中尽自己的一份力量，热血青年踊跃报名参军，后方民众加紧生产；针锋相对地戳穿日伪画报的"大东亚共荣""建设东亚新秩序"等反动宣传，让国人认清日本侵略的本来面目。正如郭沫若先生所讲："宣传画在抗战中也是一种尖锐的武器，因为它用色彩和形像去传达感情、思想，比文字容易接近广大的群众。"[①]

第二节　电影画报勃兴一时

七七事变后不久，日军便在上海挑起八一三事变，1937 年 11 月 13 日，中国军队撤离上海。上海电影业经历了短暂的萧条。"明星""联华""艺华""天一"等影片公司相继停业。沪上影人出现大面积的失业，一些退守香港，一些转移到了内地——武汉、重庆、太原和延安等，也有一些留居上海。"孤岛"初期，上海租界尚未被日军"代管"，抗日的

---

① 郭沫若：《战时宣传工作》，重庆：青年书店 1940 年版，第 92 页。

报纸、期刊、电影、戏剧等仍能继续产出，这种现象在全国的抗日战争史上是独一无二的。一方面，这一特殊现象为电影的兴盛留下一定空间；另一方面，为满足上海租界急剧增加的人口的文化消费需求，孤岛时期的电影活动出现了畸形的繁荣。"新华"公司先以《乞丐千金》《飞来福》两部影片投石问路，大获成功。1938年上半年补拍的古装片《貂蝉》更是连映70天，场场客满。于是，"艺华""明星"等公司重新开张，"亚洲""国华""合众""金星""天声""光华"等20余家电影公司应运而生。"孤岛"时期，"新华"公司共出产影片120部左右，"艺华"公司摄制了50多部，"金星"公司摄制14部，"国华"公司产出影片近50部，其余若干小影片公司摄制影片也达到相当数量①。邵逸夫等商人、友利公司、银花出版社、中美出版公司、上海金城大戏院等也看准商机，适时出版电影画报。这一时期的电影画报，除长春伪满洲国出版的《满洲映画》《电影画报》和北平伪"华北政务委员会"出版的《华北映画》外，其余均集中在上海。这一时期有47种电影画报创刊，加上全民族抗战前创刊、一直刊行的《青青电影》《新华画报》，共计49种。

1934年2月3日，上海金城大戏院正式开业。自称为"纯粹站在一种介绍人的地位，把国人自制的影片，择其有意义的、有娱乐性的，推荐于国人"。为增加社会影响，提高票房，1938年该院创办了《金城月刊》画报。

1938年11月15日，《金城月刊》在上海创刊，发行人柳中浩、柳中亮，编辑许新裕、周惠石等，金城大戏院编辑、出版。该刊资料丰富、内容翔实、排版新颖、印刷精美，是20世纪30年代末、40年代初最具影响力的电影画报之一。该刊以推介即将上映的新片，介绍电影故事情节，披露编剧、导演、影星的逸闻趣事，记录影片拍摄花絮为主要内容。封面照均为电影明星剧照和艺术照，如周璇、袁美云、路明、胡蓉蓉、韩兰根、顾兰君、周曼华等，尤以周璇最多。据资料记载，创刊号以周璇赴菲律宾演出时的"舞装"照作为封底，曾一度爆出该刊被抢购一空的新闻。因此有人称，《金城月刊》是"一本研究周璇不可不读的刊物"。该刊还刊登了近30部电影的故事情节、电影剧本、演职员阵容、电影剧照、拍摄花絮和影评，介绍了"国华""新华""天声"等多家影业公司、影星训练所的基本概况，是孤岛时期上海电影业的缩影。它在当时满足了影迷们的需求，是观众观影的指南。其电影评论在褒扬各部电影优长的同时，也指出当时电影界存在的问题，探索中国近代电影业的发展方向，为今天的中国电影史、明星史研究积累了丰富而翔实的宝贵史料。

民国时期的电影画报多以刊登中外影星尤其是女明星的私生活为卖点，而对于电影界的发展方向、制片倾向等问题则少有思考和探讨。于是，有人说民国时期的电影画报

① 李少白主编：《中国电影史》，北京：高等教育出版社2006年版，第115—120页。

"纯粹就是影星的附庸品，完全失去了电影界诤友的意义"。1938 年 9 月创刊，艰难图存于日伪时期的上海《电影》画报却以生动鲜活的内容，在广泛介绍美国电影界的动态，评析好莱坞最新影片的同时，也较为完整地反映了"孤岛"电影的发展与演变，从而成为研究"孤岛"电影不可或缺的重要资料。值得一提的是，为提高社会影响、增加趣味性、促进发行，许多报纸出版附刊画报，也有一些画报反其道而行之，出版副刊报纸，更有少数画报因材料丰富、发行量大，而将其中一部分内容分离出来，再行创办另一种画报，《电影》画报副刊《好莱坞》便是其中一例。《好莱坞》画报集十余外国电影杂志之精华，与《电影》画报形成姊妹刊，共同记录中外电影资讯，为当年观众提供观影指南，为读者打开了解好莱坞电影影事、影人的一扇窗口，也是研究世界电影史的参考资料。

这一时期很多影片公司都曾创办自己的电影画报，一是弘扬电影艺术，二是作为一个推介自制影片、旗下演员的阵地，三是宣传自己实力的最佳广告。1937 年 7 月创刊的《艺华画报》，即由上海较有影响的艺华影业公司主办。站在艺华影业公司的立场上，创办《艺华画报》第一目的当然是展现公司良好形象、宣传本公司拍摄的影片信息，以吸引读者关注这些影片和演员，提高票房，回笼投资。艺华影业公司拍摄了第一部佛教片《观世音》，以教化百姓，抨击当时社会上有些人，打着信奉佛教的旗号烧香拜佛，却只为求佛祖保佑自己升官发财、免灾避祸的普遍现象。为了宣传这部电影，公司还请人在《申报》《新闻报》等大报上刊发影评。对影片内容的评论，带有作者自身思想，往往能反映民国时期的社会思想变化。《艺华画报》还刊登了多篇影评，其中一些观点在现在看来亦不落伍。比如匡庐为电影《阎惜姣》所写的影评《"阎惜姣"虽然狠毒——宋江亦有不是之处》，敢为《水浒传》中的淫妇阎惜姣"翻案"，称阎惜娇也有其无辜之处，那就是宋江明知阎惜姣出轨之事，却未能"快刀斩乱麻"地了断不幸的婚姻，最终才导致阎惜姣出卖宋江、宋江怒杀阎惜姣的悲剧发生。这一观点不仅反映了民国时期都市人群的婚姻观，也让读者以一个独特的视角重新审视宋江这一个历史人物，从而吸引观众走进影院看一看与人们传统观念中不一样的阎惜姣。

全民族抗战爆发后，在日伪政权的统治下，沦陷区民众陷入无限痛苦之中，需要寻求精神上的慰藉，电影遂成为他们排解烦恼的重要工具。上海远东影院公司下设的大华影戏院坐落在上海静安寺路，是上海老牌影戏院。该院还获得了独家放映米高梅影片公司最新影片的特权。1940 年 6 月，米高梅拍摄的《乱世佳人》也是在这里最先与中国观众见面。为配合宣传这部美国大片的公映，为使观众"多知道一些电影知识与影城消息，在缜密的考虑下"，1940 年 6 月 15 日，上海远东影院公司创办了《大华影讯》。该刊与其它电影画报的不同之处，一是内容上只介绍美国电影公司的影人影事，没有国内电影业的消息；二是除电影新闻和电影评论外，其它文章大多为译文，少有独创性文章。该刊创办之时正值《乱世佳人》中国公映在即，前几期的主题和内容自然离不开对该片的介绍，如隆重推出女主角费雯丽和导演弗莱明，以及"个个都是卓越天才"的演员阵容和电影剧照；《豪华的成本》一文，记叙了该片使用了45万尺胶片、耗资400万美金的巨大投入；《行销二百万册》一文称，原著《随风而去》（今译《飘》）是美国小说家玛格兰米翠儿（今译玛格丽特·米切尔）历时3年创作的精心力作，时在世界行销200万册；黄寄萍的剧评《如是我评之乱世佳人》，介绍剧情故事的《乱世佳人本事》，揭秘拍摄花絮的《乱世佳人琐屑》，炒作女主角绯闻的《费文丽的新恋人》等文，全方位、立体地介绍了这部美国大片台前幕后的故事。

1942年初，上海三元公司接收协兴公司的红宝剧场。同年3月，为配合新生剧团出品、李绮年主演的《芳华虚度》在红宝剧场首映，该剧场编辑出版了以"南国影后"李绮年为主题的《李绮年画报》。该刊"备受读者欢迎，销路迅速"[1]，于同年8月25日再版。主办人见有利可图，遂于同年9月4日又出版第2期，并将刊名改为《红宝画报》。主编解释道："……在戏剧艺术的研讨上讲，文字的纪载，讨论，批评，都应该以整个剧团作立场，范围似乎有扩充的必要，整个的红宝在话剧界，应当给人明了，整个剧团大大小小的演员的演技艺术，私生活种种，都有公开的价值。"这样做的目标是使剧团上上下下的全体演员，"已经有成就和声誉的，我们给它艺术上的观察及指正，有天才而没有地位的，应当给它被发掘的抬头的机会，不让它永久底埋没"[2]。该刊是研究中国近现代史和中国现代戏剧的重要资料。举例来说，该刊提到李绮年载誉来沪后，献身影坛三年而不曾涉足舞台话剧，却在1942年与红宝合作连演三部新话剧。对此，据说李绮年的解释是她认为"必须在人生或历史上有意义，在艺术上有价值的戏剧，才能献给观众"[3]。这一材料有助于我们了解在太平洋战争初期上海暗潮涌动的局势，美国对日本开战使得宛若国中之国的上海独善其身的最后希望也破灭了，具有革命性地揭露和批判社会阴暗面的现实主义题材戏剧大量涌现。李绮年是否正是受到这样的局势的鼓舞，才决心走上上海的话剧舞台，还需要进一步研究。但是，细读《红宝画报》，会发现其中披露了很多值得深究的细节。此外，读者也可以借此刊了解当时戏剧界的生态和大众的审美倾向。显然，李绮年是绝对的巨星，占据了该画报的绝大多数篇幅。虽然部分照片和标题有故意制造噱头之嫌，但画报格调尚属高雅。尽管号称演员的私生活也有暴露之必要，实际上极少涉及花边新闻，而是着力于刊登具有专业性的评论，对演员的推崇也都建立在他们的敬业和专业的基础之上。

这一时期的电影画报，或介绍最新上映影片的故事情节，或满足粉丝们的追星需求，或作为各影片公司宣传的阵地，或只作为一种消遣娱乐的读物。不管其创办目的为

---

[1][2]　曼华：《为什么改出〈红宝画报〉》，《红宝画报》第2期。
[3]　《李绮年是写实的时代艺人》，《红宝画报》第2期。

何，都在客观上起到了介绍中外电影界的影人影事、促进中外电影业的发展、增加人们对电影的兴趣等作用。这些花花绿绿的画报吸引了读者，读者翻阅后了解到新片信息，预知了电影剧情，见到了喜爱的影星，才会依照自己的喜好有选择地走进电影院。影片公司、电影院、出版商等也正是利用观众的这一特点，才出版电影画报的。电影画报收录的众多电影信息，既使今天的读者穿越时空，让那些淹没于历史长河中的老影片、老影星、老影人重回人们视线，也对了解和研究民国时期上海电影业的发展状况具有重要的参考价值。

　　"'孤岛'局势的复杂性，决定了当时电影生产的复杂性，形成了以商业电影为主流，曲折隐晦地表达爱国热情的特点。"[①]"孤岛"出现了很多神怪片、古装片和时装片，这些影片并不是一味地投机赚钱，有些也蕴含着强烈爱国思想。最为突出的是一大批古装片，披着古人的外衣讲述现代的故事，在保证商业利润的前提下引导国人激发起批判现实的勇气。如 1939 年欧阳予倩编剧、卜万苍导演的《木兰从军》，向国人传递的是团结抗敌御侮思想，更让观众联想到当时的抗日形势，促使他们作出反思，增强了民族抗日爱国情怀。1939 年第 4 卷第 3 期《新华画报》、1939 年第 8 卷第 11 期《电声》、1939 年第 16 期《三六九画报》、1940 年第 5 卷第 15 期《青青电影》、1940 年第 2 期《影迷画报》、1941 年第 2 卷第 11 期《中外影讯》等画报纷纷刊登影评，给予该片高度评价。1940 年吴永刚编导的《尽忠报国》一片，讲述了岳飞从一名少年成长为精忠报国民族英雄的故事，显然为当时的少年们指明了成长之路。1940 年第 8 期《影迷画报》中的《谈〈尽忠报国〉影片》、1940 年第 79 期《电影》中《新片批评：〈尽忠报国〉》等文，不仅颂扬了岳飞的抗击金兵、宁死不屈的精神，而且也肯定了该片的现实意义。

　　1937 年底，一些撤至武汉的电影人在汉口成立了中华全国戏剧界抗敌协会和中国电影制片厂（简称"中电"），出版《抗战电影》月刊。1938 年 10 月武汉沦陷后，中电迁到重庆。皖南事变前国共合作时期，"在抗日统一战线的基础上，这一时期的电影运动比较繁荣，出现《塞外风云》《中华儿女》《长空万里》等一批优秀的抗战影片"[②]。1939 年第 101 期《中国艺坛画报》、1940 年第 2 卷第 12 期《东方画刊》、1940 年第 88 期《中华》、1940 年第 9 期《电影世界》、1941 年第 1 卷第 44 期《中国影讯》等画报，均对这些影片的故事情节、演职员阵容、拍摄花絮、演出盛况做了相应的报道。

　　电影画报是抗战电影的前哨，观众通过阅读画报了解电影故事情节；电影画报是抗战电影的宣传载体，抗战电影是隐晦的，有些观众观影后未必能够理解到其中的寓义，画报则通过影评点明电影的主题思想和深刻内涵。电影画报与抗战电影相辅相成，相得益彰。

---

①②　　陈犀禾：《抗战时期的中国电影和戏剧》，《社会科学》2005 年第 8 期。

第三节　戏剧画报异彩纷呈

　　1937年七七事变后，日本侵略者疯狂进攻，占领了我国大片领土，北平、天津、上海、广州、武汉等大城市相继沦陷。随着北平、天津、上海这三大画报重镇的沦陷，画报出现了一波前所未有的停刊潮。与这拨停刊潮相反的是，戏剧类画报却出现了质量高、数量多的创刊潮，如在北平，1938年10月1日著名的《立言画刊》创刊、同年11月25日《梨园周刊》创刊，在上海，1938年1月1日《戏》画报创刊、同年6月14日《戏世界画报》创刊、1940年11月16日《越剧画报》创刊。随着上海黄金大戏院、更新舞台日益兴盛，他们也创办了近十种画报。这一时期戏剧画报最为突出的特点是，名伶个人的专集、特刊频出，如京剧有《程砚秋专集》《宋德珠专集》《王玉蓉专集》《毛世来剧团专辑》《张文娟专集》《章遏云专集》《李盛藻童芷苓合刊》《奚啸伯侯玉兰合刊》《新艳秋专集》《荀慧生特刊》《黄桂秋特刊》等，沪剧、越剧有《申曲画报》《姚水娟专集》《邢竹琴专集》等。这一时期创刊的戏剧画报多达30种。

　　戏剧画报出现创刊潮的原因，一是日伪当局对新闻出版的严格管控、审查，致使许多侧重时政类的画报停刊或胎死腹中，貌似与时政无关的戏剧画报在"略显宽松的环境下"得以发展起来；二是在沦陷区，日伪当局也想利用戏剧为其营造繁荣的假象，麻痹国人，为其推行奴化政策服务，戏剧的"繁荣"为戏剧画报的创刊提供了充足的素材；三是在沦陷区，国人长期处于日伪的黑暗统治下，心情压抑、内心空虚，急需在电影、戏剧、跳舞等娱乐活动中排遣苦闷、宣泄情绪，戏剧画报恰好满足了他们这方面的需求。

一、传承国粹文化，促进戏剧发展

　　这一时期先后创刊的《戏》《戏世界画报》《立言画刊》《梨园周刊》等画报，不仅普及了戏剧知识、传承了国粹文化，而且指出戏剧存在的问题，提出改良方案，指明发展方向。如剧评家汪觚叟对中国京剧的普及、发展、改革提出了积极可行的意见："国剧为艺术之一，恐任何人皆不能反对，是国剧久已具有艺术之原素明矣。所以未能巩固其在艺术界之地位者，非以其违反艺术原则，乃以国剧未能改善之致耳。吾人今日对于久具艺术化之国剧，倘欲促其进步，必须打起一新的口号，即'国剧合理化'是也。国剧（专指皮簧）之所以不为士大夫重视者，盖以其词句俗陋、情节荒谬，仅能视为娱乐工具，而不能登大雅之堂，更无论在文学上之价值矣。所以，欲求国剧发展，必先求其合理化。但所谓合理化者，对于有艺术价值者仍旧保留，譬如以鞭代马、以椅代门之类，因为在动作中有美化的姿式，倘取消此种抽象动作，则艺术价值乃受影响矣。然则究从何处入手乎？是须先从改正戏词始。改正戏词，必须由具有文学修养、通晓戏剧之士，不惮憎劳，不避嫌怨，彻底修正，则国剧词句或有通顺之一日。然兹事体大，且非本文范围，姑不具论。笔者此篇论文之原旨，盖鉴于一般人根本对于国剧内层未加详考，竟妄发变相地摧残国剧艺术的言论，吾人殊未敢盲从其后，人云亦云，爰提倡'国剧合理化'，并阐明国剧之立场焉。"[①]

1938 年 1 月 1 日，这一时期的第一种戏剧画报《戏》在上海创刊，沈剑公发行，戏杂志社编辑、出版。创刊号的《几句开场白》表明了办刊目的："我们的目的则是希望本刊的读者都能相信戏剧——无论旧剧新剧——不完全是为了娱乐而产生。戏，自有它的教育上的使命，这一艺术若给我们看作一件玩笑的东西，那就似乎太刻薄而轻妄了。我们一面欣赏，我们一面研讨。本杂志的出版，便纯粹的站在这个立场上与诸君相见。"《戏》画报以戏剧内容为主，电影内容为辅，戏剧占比三分之二。从形式上，可分为照片和文字两部分：照片主要是电影明星、戏剧名伶生活照、剧照，文字涉及电影、戏剧两大领域。从内容上，戏剧部分以"介绍发扬中国戏剧，欣赏研讨古老艺术"为宗旨，主要涉及戏剧知识、戏剧评论、流派研究、名伶生活和戏剧理论等方面；电影部分涉及电影资讯、影星动态、电影研究等方面。《戏》画报不只是简单地介绍戏曲业、电影业的新闻和名伶、影星的消息，也讲述戏剧历史渊源、分析各流派优长、批评某场戏剧的不足、研讨戏剧改良的方向，意在向社会灌输戏剧不只是娱乐，也有教化民众意义的理念。

1938 年 10 月 1 日在北京创刊的《立言画刊》，是这一时期最著名的戏剧画报，主编金达志，1945 年 8 月停刊，出刊近 8 年，共 356 期。戏剧内容占 50% 以上，多为第一手资料，深受读者青睐，为中国文化史、戏曲史提供了宝贵的资料。图片部分主要集中在第一个栏目"小画报"，这一栏目专门刊登名伶剧照，净角名宿郝寿臣之《失街亭》、青年须生纪玉良之《宝莲灯》、名丑贾多才之《纺棉花图》、叶盛章叶世长之《三岔口》等剧照，均为中国京剧史上的珍贵图片。该刊还曾出版图集《名伶百影》。文字部分包括京剧、昆曲、文学、食谱、国术、科学、体育、书画、治印、家庭卫生、漫画、星命和小说等。"名伶小史""名伶访问记"等栏目，以及《尚小云奋斗史》《关于宋德珠种种》《一派传人余叔岩逝世》等文，记述了名伶和当红艺人生平、从艺生涯、成名机缘、奋斗史等；陈墨香、汪侠公、徐凌霄、张聊公、景孤血、翁偶虹等著名剧评家开设的"凌霄汉阁剧话""侠公话剧""脸谱讲座""戏剧问答"等栏目，追述了中国戏剧历史，介绍了一些传统戏、新编戏及失传冷戏，评论了各个剧目的优劣和演员表演的得失。此外，还有突出地方特色的专版如"北京通""天津专页"。民俗专家金受申自 1938 年开辟"北京通"专栏，至 1945 年画报停刊，共发表了 300 余篇研究清末民初北京社会生活的文章，内容涉及北京的风土人情、历史掌故、三教九流、五行八作。因此，世人称其为"北京

---

① 汪觚叟：《国剧之立场》，《梨园周刊》第 6 期。

通"。天津报界名士王伯龙主编的"天津专页"，不仅再现了天津当年戏剧、电影的盛况及各娱乐场所的热闹场景，而且记录了许多天津掌故，叙述了一段段耐人寻味的人生故事。

沪剧是上海的代表性剧种，广泛流行于上海、苏南及浙江杭州、嘉兴等地，申曲是它的别称。沪剧起源于浦江两岸的田头山歌和民间俚曲，曾受到弹词和其它民间说唱艺术的影响，遂演变成早期说唱形式的滩簧。清代道光年间，浦江一带的滩簧发展为二人自弹自唱的"对子戏"和三人以上扮演角色、另设伴奏的"同场戏"。早在1898年就有艺人来到上海，并固定在茶楼坐唱，当时戏名为"本滩"，直到1914年才更名为"申曲"。1927年后，申曲开始演出文明戏和时事剧。1941年上海沪剧社成立，申曲遂正式定名为沪剧。

1939年7月9日，在上海创刊的《申曲画报》是唯一的沪剧画报，编辑叶峰、张年。该刊以追溯沪剧历史，探讨沪剧改良，报道沪剧新闻，介绍沪剧名伶为主要内容，图文并茂，内容丰富。其创刊后，《新闻报》《晶报》等报刊纷纷刊发消息，《弹词画报》更称之为"销数最多，广告效力最大"的画报。该刊创刊的消息还在上海明远电台滚动播出。广告宣传收到较好的效果，订阅者纷至沓来，原订征求5000个固定订户，转瞬间即被突破。该刊长期与明远台合作，四版为播音网，专门介绍在该台播放的申曲节目单，介绍各个时段演出的名伶、唱段和唱词。读者还可致函《申曲画报》，任意指定申曲名伶在电台播音，该刊负责电台与名伶之间的接洽，实现读者的愿望，并在播音网预先公告该名伶的播音时间。《申曲画报》是最早以上海沪剧为主题的画报，与继承该刊的《申曲日报》，较为完整地记录了沪剧的历史沿革，全面地报道了从抗战时期到解放战争时期沪剧的所有重要活动，系统地记录了这一时期所有沪剧名伶的演出消息、社会活动、家庭生活，是研究上海沪剧史最为丰富、翔实而重要的史料。

二、上海黄金大戏院与更新舞台的竞争

上海的黄金大戏院与更新舞台竞相出版名伶专集，是"孤岛"时期戏剧画报的独有特色。这一时期的上海曾出现电影、戏剧畸形繁荣的现象，黄金大戏院、更新舞台是当时最著名的两家戏院。它们不但在邀角儿、舞台设施、人员配备等方面竞争，而且也在宣传上展开了激烈角逐。为做好广告宣传，它们先后斥资出版了多种画报。初期以演出剧目为画报名，如《串龙珠特刊》《春秋笔特刊》；后以名伶命名画报，如《程砚秋专集》《章遏云专集》《李万春专集》《黄桂秋特刊》等。

"平剧（即京剧）之在今日之上海，已臻于空前发旺之全盛时代，南北交通虽不若昔日之便利，而北方第一流名伶之南来者，往返迎送，不绝于道，一岁之中，可若干批。旧京为平剧之策源地，亦全国名伶荟萃之中心；今则名伶之成功，多策源于平，而成名走

红，飞黄腾达则多在沪。北伶多以远游而愈红，远游则以上海为唯一出路。于是，北平为名伶出处，上海乃成名伶之聚处。能在上海立足、挑大梁、享盛誉者，斯真成功之第一流名伶矣。以是北伶南来唱红而归者，归后之声价必益高。而上海人观剧之目光亦与时俱进，所谓'海派'之机关布景连台新戏，已成强弩之末，而'京朝派'之大路老戏，价值乃日增，大受观众欢迎，此亦戏剧史上进步而光荣之一页也。"①此为更新舞台出版的《黄桂秋特刊》卷首《发刊词》里的一段话。一是说明了"京朝派"京剧名伶来上海演出的重要性，二是介绍了北派名伶在上海成名走红的盛况。

上海更新舞台为美利公司集资30余万元兴建，初名春华舞台，1922年夏竣工，翌年2月16日举行开幕礼。尚和玉、李瑞九共同主持。建筑仿欧式，钢筋混凝土结构，约800个座位，为当时市北唯一豪华大戏园。园内的旋转舞台、机关布景，更是风靡一时。后因生意清淡转由台记公司接办，改名更新舞台，意在锐意改革，再创辉煌。1924年5月24日重新开张，粤人周筱卿任经理，先后排演连台本戏《飞龙传》《山东响马》《跨海东征》等，其中《飞龙传》开场即有五条电龙从前台台顶直落台上。名伶王虎辰、筱月红、筱菊红等长期为基本阵容。1930年到1931年，王虎辰主演多集连台本戏《西游记》，因每集的机关布景构思奇特，制作巧妙，加之注重广告宣传，一时轰动沪上，仅第一集就连演四个月，客满三个月，布景设计人周筱卿被誉为"机关布景大王"。1932年一·二八淞沪战争时舞台毁于战火。1939年，重建后的更新舞台再度开幕，董兆斌继任经理。他励精图治，大展宏图，实行改革，从内部设施到管理、招待等焕然一新。他更不惜重金，专聘京朝派第一流名角南下上海演出，一饱沪上顾曲家之眼福。成为仅次于黄金大戏院的沪上剧场。上海黄金大戏院1929年开始营造，1930年1月30日开幕，黄金荣创办。该院初时放映电影，以欧美黑白片为主，1934年改演歌舞剧，1935年再演魔术，同年2月4日春节开始演出京剧。从此一鸣惊人。1937年（一说1936年）金廷荪租赁了该院，经过整修装饰，于5月1日开张，专门邀请京派名角来院演出，凡北来名伶到沪一律先在该院登台，先后有马连良、程砚秋、李盛藻、童芷苓、宋德珠、王玉蓉、奚啸伯、侯玉兰、新艳秋、荀慧生、章遏云等来院演出，一时间哄动沪上，成为"京朝派角儿在沪登台的领袖戏院"②。"孤岛"时期，为做好广告宣传，每有一位京派名伶来院演出，该院就出版一册画报。

更新舞台与黄金大戏院不仅在邀角儿上竞争，在出版画报上也要争个高下。更新舞台共出版5种画报，黄金大戏院则为14种，后者在数量上超越前者，但在1942年2月即告停刊，前者则一直坚持到1944年11月。

---

① 孔祥葆：《发刊词》，《黄桂秋特刊》1941年1月。
② 剧侦：《金廷荪收回黄金大戏院》，《海星》1946年第16期。

早在 1939 年春，黄金大戏院就商请名伶荀慧生来申事宜。上海观众闻听消息后，无不欢呼雀跃。但最终竟未能成行。是年秋，更新舞台亦遣人北上邀聘，亦未成局。1940 年又造成黄金、更新两家戏院争聘局面，但结局仍是不尽如人意，两家均失望而归，上海观众更是空欢喜一场。1941 年 3 月，在黄金大戏院的不懈努力下，终于促成荀慧生来沪。为荀慧生此行增光添彩，也为做好前期的宣传工作，黄金大戏院特出版《荀慧生专集》，以飨观众。更新舞台虽未能实现预期，但也大度地出版《荀慧生特刊》，以示欢迎荀慧生来沪。这两本画报，几乎同时出现在上海报摊。更新舞台的《荀慧生特刊》36 页，黄金大戏院的《荀慧生专集》72 页，从封面设计到内文编排，从照片到文字，不得不说，黄金大戏院在胜了邀角儿的同时，在画报出版上也是再下一城。但更新舞台的诚意也打动了荀慧生，结束黄金大戏院的演出后，荀慧生便转入更新舞台献艺。

三、戏剧抗战的宣传媒体

随着北平、天津、上海相继沦陷，原本繁荣兴旺的戏剧舞台顿时冷落，戏剧市场一落千丈，各戏院纷纷停业，戏班相继解散，艺人生活陷入困境。日伪政权想利用戏剧营造繁荣假象，在全国各地邀请名角演出。为此，杨小楼、梅兰芳、余叔岩、刘喜奎、花莲舫、李金顺等具有民族气节的戏剧名伶，或隐居，或改行，长期息影，脱离舞台，宁可损失丰厚的经济收入，抛弃宝贵的艺术生命，也不向侵略者低头，不为日敌演戏。还有一些艺人，虽为生活所迫在沦陷区商业演出，但也有不少人坚持原则，坚决抵制那些为日伪歌功颂德的演出，如荀慧生因拒绝赴长春参加庆贺傀儡皇帝溥仪登基的汇演，连夜逃离北平，辗转到天津名票朱卓舟家里躲避；上海沦陷后，日伪电台要求伶界参加播音，声称"只要周信芳肯出来领导，上海全部演员都可以没有问题"。周信芳明白这是日敌想要通过自己来控制整个戏剧界，遂断然拒绝。

不仅如此，戏剧艺人们还编演了多出有抗敌意义的新戏。如 1938 年 9 月，程砚秋演出了由陈墨香编剧的新戏《费宫人》，剧中演员用吴三桂引清兵入关来影射日军入关。1938 年第 11 月《程砚秋专集》、1940 年第 4 卷第 1 期《戏剧杂志》，不仅刊登了该剧多幅剧照，还详细介绍了剧情和剧评。1938 年至 1942 年，周信芳的移风社编演了《香妃恨》《亡蜀恨》《温如玉》《冷于冰》《徽钦二帝》等宣传爱国思想、抵御外侮侵略的新戏。其中《徽钦二帝》尤受观众青睐。剧中剧情演到徽、钦二帝被金兵俘虏，一路押送时，饰演宋徽宗的周信芳含泪唱道："只要万众心不死，复兴中华总有期。"台下观众联想到日寇铁蹄践踏祖国山河的现实，痛哭失声。后因剧情"过于激进"，此戏仅演了 21 天，就被勒令停演了。不久，周信芳又编写歌颂民族英雄的《文天祥》。"由此可见，这些戏曲演员虽然在抗战时期仍然依靠卖艺为生，但他们有着明确的敌我界限，从其一次次的对敌拒演中，同样可以看到当时梨园界进步人士爱国抗敌的整体风貌。"①如果说戏剧是借古讽今的话，那么，他们的评论就更加明确且更具现实意义。

第四节　红色画报破土而出

1920 年在上海创刊的《友世画报》是最早的红色画报，它是在中国共产党筹建时期，由上海印刷工会的工人组织创办的，发起者为徐小舟、杨迪先。"中国共产党在创建初期便重视宣传，以报刊作为宣传的一个重要工具。可以说，宣传工作的成功，是中国共产党能够从无到有，从弱到强，从艰难曲折、停滞徘徊到势不可挡、蓬勃发展的决定性因素之一。而这些宣传工作所借助的传播工具，最主要的就是报刊，报刊在宣传工作中呈现出的特殊优势，当然地使报刊成为共产党宣传工作中的一个重要组成部分。"②1921 年中国共产党成立后，便认为画报是"宣传的一种最好武器"。1925 年 10 月，时任东征军政治部总主任的周恩来拟定的《战时政治宣传大纲》指出，宣传队"应携带照相机，沿途拍照战时情形及兵民聚欢等照片，并赶快冲洗，沿途陈列于军民联欢会中，或以之赠送各界代表"③。这是中共领导第一次对摄影工作提出的明确指示。1929 年 6 月 25 日，中共六届二中全会的《宣传工作决议案》中强调："党必须注意编印画报画册及通俗小册子的工作。党报须注意用图画及照片介绍国际与国内政治及工农斗争情形……"1929 年底，《中国共产党红军第四军第九次代表大会决议案》明确提出："军政治部宣传科的艺术股，应该充实起来，出版石印的或油印的画报。为了充实军艺股，应该把全军绘画人才集中工作。"④

1926 年，负责湖北农民协会工作的中共党员陈荫林在武汉创刊了《湖北农民画报》，孟道佛担任图画绘制工作。北伐军占领武汉后，龚士希接办，进一步丰富内容，扩大发行。该刊以生动的图像，配以简明的文字，号召工农商学兵等社会各界联合起来，打倒帝国主义、军阀、土豪劣绅和贪官污吏；宣传农运的方针、政策，支持农民的民主斗争。同年 10 月，湖北总工会也创刊了一册由中共领导的《工人画报》。该刊利用美术作品，启蒙工人的革命思想，一面积极宣传工人运动，一面对工人进行革命启蒙教育。此后，

① 管尔乐：《演与不演皆抗日——抗战时期沦陷区的戏曲艺人》，《戏剧之家》2005 年第 4 期。
② 方晓红：《抗日战争与解放战争时期中国报刊事业的特点》，《新闻大学》1998 年第 3 期。
③ 转引自马运增等编著：《中国摄影史 1840—1937》，北京：中国摄影出版社 1987 年版，第 324 页。
④ 中共中央文献研究室，新华社编：《毛泽东新闻工作文选》，北京：新华出版社 1983 年版，第 21 页。

又有《山东农民画报》《镰刀画报》《罢工画报》《革命画报》《红星画报》等相继出版。由于经济条件较差，受纸张、摄影、印刷等限制，早期的红色画报多为油印或石印的美术作品，纸张低劣，印刷粗糙，选材较窄，编排也稍差艺术性，与同时期的《良友》《中华》《时代》《大众》《北洋画报》《北晨画报》等画报不可同日而语，但却使中共利用图像开展宣传的工作日趋成熟。

土地革命战争时期，在红军官兵中就已有了一些摄影活动，但由于条件所限，这些活动尚无组织，基本都是个人爱好，甚至没有一名专业的摄影师。据《苏静将军谈第二次国内革命战争期间红军中的摄影工作情况》载，当时条件艰苦，有一次苏静在江西拍摄的照片，直到贵州才得以冲洗①。他拍摄的照片曾在《晋察冀画报》第4期的"红军时代的生活"专栏刊载。全民族抗战爆发后，他拍摄的《平型关大战中八路军的机枪阵地》《八路军医生为日俘医伤》等都是中共抗战史上珍贵的历史镜头。

抗战时期的红色画报较前从形式到内容都有了明显的改观和进步，不仅报道了中国共产党敌后抗日作战实况，向世人呈现出一个民主、平等、人民当家做主、军民一家的真实的根据地，而且为今天红色画报的发展奠定了基础，形成了范本。比较著名的有《扫荡画报》《解放画报》《晋察冀画报》《冀热辽画报》《战场画报》《胶东画报》《前线画报》《山东画报》《战斗画报》《苏中画报》等。

一、特点十分鲜明

（一）以摄影画报为主

因拍摄过鲁迅，举办过摄影展览，沙飞在抗战全面爆发前就已是一名著名的摄影师了。1937年12月，在前线拍摄战地新闻的全民通讯社记者沙飞被调回河北阜平晋察冀军区总部，正式加入八路军，担任宣传部首任编辑科长、抗敌报社副主任，成为中共根据地历史上首位专职摄影记者。抗战期间，他北上奔赴抗日前线，单枪匹马转战晋察冀军区各地，用镜头记录了八路军在平型关、插箭岭、浮图岭等地的抗日活动，成为1939年1月"华北敌后抗日根据地——晋察冀摄影展"的主体。这些素材更为《晋察冀画报》的创办奠定了坚实基础。抗战时期的红色画报，摆脱了此前单页、手绘、油印的图画小报的状况，以摄影画报为主。画报质量也有较大改观，达到了较高的专业水准，不是单纯以图画作为新闻报道主体，而是增加了文字报道的成分，使其成为画与报的结合体。《晋察冀画报》《胶东画报》《山东画报》是这一时期最具代表性的三种画报。

---

① 庞嵋整理：《苏静将军谈第二次国内革命战争期间红军中的摄影工作情况》，中国摄影学会理论研究部编印：《摄影工作参考资料（1960—1963）》（63.3—52）。

(二) 冲破日伪、国民党的双重封锁

全民族抗战时期，日伪政权、国民党、中国共产党都将宣传视为总体战的一部分，最容易为大众接受的画报便成为三方重点发展的宣传形式。中共当时身处敌后，条件艰苦、设备简陋、交通不畅、信息闭塞，急需将中共抗日的情况传播出去，让世人了解中共在抗日战争发挥的中流砥柱作用，以获得国人、世人最大程度的支持。编辑画报便成为最好宣传媒介。

为了强化殖民宣传，日本对图片出版物十分严格，强化了对墙报、画报的管控。1932 年，日本就曾表示："满洲事变以后，排日辱日宣传越来越辛辣，通过资料收集了解中国人对日态度。"①1937 年，日本又颁布了《新闻（杂志）登载事项许可与否的判定要领》，对摄影图片严加审查，飞机动向、军队转移路线、少将以上官员行踪等均在禁止刊载之列。1941 年 4 月，汪伪政府颁布的《取缔摄影绘画暂行办法》，明文规定凡不利于日伪政权的摄影、绘画、木刻、版面等均在取缔之列，违者交当地最高军事机关训办。

在全民族抗战之初，国共两党建立抗日民族统一战线。在国共两党当时的画报里均可找到对方的图文报道，如报道八路军游击战的《抗战画报》，报道平型关大捷的《大抗战画报》，报道国共合作、齐心抗日的《战情画报》等。但 1938 年 2 月国民政府行政院颁布《随军记者及摄影人员暂行规则》后，控制了中共记者和外国记者的报道，沦陷区、国统区出版的画报中再也找不到中共抗战的图文。

在日伪、国民党的双重封锁下，中共只有创办自己的画报这一条可走。1939 年 2 月，晋察冀军区政治部成立了新闻摄影科，沙飞担任科长。它是中国共产党成立的最早的新闻摄影机构，也为《晋察冀画报》的创刊做好了组织准备。1942 年 7 月，中共在河北平山县创办了第一个以刊载新闻照片为主的大型摄影画报——《晋察冀画报》，1943 年在山东莒南县创办了《山东画报》，1944 年又在山东胶东创办了《胶东画报》。这些画报的问世，在中共宣传工作中发挥了巨大作用。晋察冀画报社第三期摄影训练队学员高良玉回忆："画报的出版，刚一开始即很困难，但很快的传散了全边区，传遍了敌人内部与特务机关。他们即研究，认为这画报在边区文化落后地方与困难条件下一定不能出现，故保定之敌闭城门三天，检查审判各印刷局，结果是'空空如也'。敌人的确对我们的画报是相当注意的，去年反扫荡即如此，敌除军事破坏外，还破坏我们的画报社。"②当时晋察冀军区政治部主任朱良才的儿子朱新春也写道："那时国民党管辖的国统区和共产党领导的敌后根据地都在做宣传，双方的报纸都把自己说成抗日的中坚力量，老百姓

---

① 满洲日报社编：《时局及排日宣传写真帖》，长春：满洲日报社 1932 年版，第 2 页。
② 高良玉：《晋察冀画报社第三期摄影训练队记录本》，石志民主编：《〈晋察冀画报〉文献全集卷三：〈晋察冀画报〉文献史料》，北京：中国摄影出版社 2015 年版，第 1377 页。

不知该信谁的。《晋察冀画报》出版后，人们一看照片，这才是真抗日。我父亲过去有个秘书叫杨克，是个大学生，他就是看了《晋察冀画报》，拿着画报找到晋察冀军区，要求参军。"①

（三）建立了一支相当稳定的画报人才队伍

中国共产党最先采取的宣传形式是电影，为此还成立了"延安摄影团"。但由于农村根据地条件艰苦、设备简陋、资金匮乏，技术落后、人才短缺，无法保障摄影团的正常运行。于是画报便逐渐被重视起来，"图画的功能虽不及电影，不过办起来很是容易些，我们在抗战时期可以画许多抗战图画"②。于是，摄影团的工作者也成为画报社的成员。"到达根据地后，他们很快投入办报实践中，经过一段时间的适应及接踵而至的思想改造，共产党宣传理念根植于他们的思想与行动中，进而明确了画报为政治的功能属性。在画报核心人员带领下，更多基层宣传员获得系统训练，党的一体化宣传观念得到推广，画报出版人群体就此形成。"③1937年晋察冀军区成立之初，专职摄影记者只有沙飞，直到1939年也只发展到四五人。1940年，沙飞、石少华、罗光达开始带徒弟、办摄影训练队，培训学员200余人，在晋察冀军区和各分区形成一张摄影网。晋察冀画报社还输出大量摄影人才，协助其他解放区创办摄影画报。1944年6月，晋察冀画报社分社在冀东成立，画报社副主任罗光达被任命为分社主任。他曾带领一批技术骨干携带摄影器材到冀东开展工作，并于1945年7月7日创刊《冀热辽画报》（后进军东北时更名为《东北画报》）。此后，晋察冀画报社又派人等分赴山东军区和冀中军区，帮助创办山东画报社和冀中画报社。经过创办晋察冀系列画报以及《冀热辽画报》《胶东画报》《山东画报》等实践活动后，中共形成了沙飞、吴印咸、石少华、赵烈、裴植、罗光达、何重生、章文龙、宋贝珩、顾棣、康矛召、那狄、龙实、李善一、李恕、鲁萍、温国华、丁炎、徐肖冰、郑景康等为骨干的画报人才队伍。

二、内容特别充实

（一）报道中共抗日作战实况

红色画报与国统区画报的最大不同就是：后者多为民营性质，更多地强调画报的商业性和趣味性；前者则为中共根据地宣传部门创办，更注重新闻性和政治性。1942年，聂荣臻、朱良才等军区领导与《晋察冀画报》编辑部成员研究该刊办刊宗旨和编辑方针时，明确指出创办画报的两个目的：一是鼓舞斗志、教育激励、建立信心，达到抗战胜利

① 田涌、田武：《晋察冀画报：一个奇迹的诞生/中国红色战地摄影纪实》，北京：金城出版社2012年版，第123页。
② 施叔平：《战时的宣传》，上海：商务印书馆1938年版，第1页。
③ 夏羿：《红色画报发展研究（1921—1949）》，北京：人民日报出版社2022年版，第131页。

目的；二是用照片给人民、历史留下真实的记录①。报道中共敌后抗日作战实况是这一时期红色画报最重要的内容，蒋介石曾多次在公开场合批评中共"游而不击"。而红色画报中真实的镜头是对蒋介石错误言论最有力的回击。

1.《晋察冀画报》

抗日战争时期中华民族历经艰苦抗争，人员伤亡惨重，国家各方面遭受了严重的损失，最终取得胜利，开创了历史新纪元。中国共产党领导的敌后战场和中国国民党领导的正面战场在战略上相互配合，给敌人以猛烈打击。这14年当中，1942年被称为抗战最艰苦的一年，这一年是战略相持的最后阶段，同时是日军对中共敌后根据地大肆进攻的一年，又是皖南事变后，国民党停发八路军军饷的第一年，敌后根据地异常艰苦。也就是在这一年，《晋察冀画报》在这种艰苦条件下诞生于河北敌后根据地。

《晋察冀画报》是中国共产党领导的根据地第一份以刊登摄影照片为主的综合性画报。1942年5月1日，晋察冀画报社于河北平山县成立，同年7月7日创办《晋察冀画报》，由晋察冀军区政治部主办。主任为沙飞，副主任罗光达，政治指导员赵烈。报社分工明确，下设编校、出版、印刷、总务四股，沙飞兼任编校股长，文学编辑为章文龙、赵启贤，美术编辑唐炎，摄影记者杨国治、白连生、张进学等。裴植、李遇寅任总务股长、副股长，刘博芳、王秉中任出版股长、副股长，张一川任印刷股长，何重生任制版、印刷总技师。全社最多时有100多人，这在敌后根据地是极为特殊的。创刊号以晋察冀军区政治部名义出版，印刷1000册，刊登150余张照片，除发至军区、边区、军分区、专区党政机关和有关单位以外，还寄往中共中央、八路军总部、其他根据地、国民政府所在地重庆以及海外。

《晋察冀画报》在抗战全面爆发5周年纪念日创刊，晋察冀军区司令员聂荣臻的题词介绍了办刊宗旨和主要内容："五年的抗战，晋察冀的人们究竟做了些什么？一切活生生的事实都显露在这小小的画刊里：它告诉了全国同胞，他们在敌后是如何的坚决英勇保卫着自己的祖国；同时也告诉了全世界的正义人士，他们在东方在如何的艰难困苦中抵抗着日本强盗！"

这一时期的《晋察冀画报》以刊登抗战前线照片为主，介绍多次战争的经过、细节，反映晋察冀边区各根据地及大后方各种斗争和建设情况。创刊伊始，萧克将军便认为该画报是"边区苦战了五年的伟大收获的真实反映"。照片大多反映中国共产党所率领的八路军进行抗战以及对抗国民党进攻的历史画面。在犬牙交错的敌我地形对峙上，形象地展现了中共部队如何在日军的重重围困之下，利用游击战、运动战的战术，巧妙与日敌周旋，以及双方军队白热化战斗的真实画面。画报的摄影内容属于战争摄影，照片对行

---

① 王雁：《铁色见证：我的父亲沙飞》，北京：社会科学文献出版社2005年版，第148页。

军、伏击、放哨、收复失地等画面进行单独拍摄。著名的《聂荣臻与日本小姑娘》一文便是刊载于此。《晋察冀画报》在某种程度上已经超出"战地新闻"的范畴,承担了一种政治形塑的意识形态任务,告诉全国同胞在抗日战争中晋察冀边区的辉煌业绩。画报中的多处口号标明要激发部队的战斗意志,指明新中国前进的方向。

《晋察冀画报》诞生于波澜壮阔的抗日战争时期,是享誉全国的抗日根据地红色战地画报,是根据地最高编辑水准的呈现,是中共利用摄影画报展开宣传工作的肇始,为宣传我党的抗日业绩、争取世界各国和平人士的支持、团结广大人民群众发挥了举足轻重的作用,也为中国人民抗日战争和世界反法西斯战争的历史,留下了重要、真实的影像资料。

2.《胶东画报》

1942 年 10 月,许世友任山东胶东军区司令员,领导胶东军民开展了艰苦卓绝的游击战争和大生产运动,发展壮大了人民武装,粉碎日伪军频繁的"扫荡"和蚕食。在他的领导下,胶东区党委宣传部和胶东军区宣传部还联合创办了《胶东画报》,报道了胶东八路军战士英勇顽强、浴血奋战的骄人战绩。

1944 年 6 月 20 日,《胶东画报》在山东胶东创刊,胶东画报社编辑、印刷、发行,中共胶东区党委宣传部和胶东军区宣传部抽调胶东军区宣传队美术组的李善一、李恕和胶东区文化工作者抗日协会中搞美术工作的温国华、丁炎等人,宣传干事鲁萍牵头成立了胶东画报社,李善一负责编辑、编绘宣传画,温国华、丁炎担任文字编辑。1945 年 4 月出刊至第 7 期后停刊。

编者在《创刊词》中表明了办刊宗旨:"《胶东画报》在历史与文化的任务上,他应当而且必须:要用工、农、兵的血和汗,来描绘他们的斗争;要用工、农、兵的感情,来体现他们的生活;要用工、农、兵团结各个阶层人士的态度,来纪载他们大公无私的民主精神。《胶东画报》是毛泽东旗帜下的产物,因此,他必须贯澈毛泽东的思想,必须遵循毛泽东所指的方向,同时在新文化事业中,他又必须成为对敌斗争的锐利武器!"

《胶东画报》以文为主,以图为辅,设置报道通讯、图画、图案剪影、诗歌、习作园地等栏目。第 2 期为"军区战斗英雄大会特辑",刊登了该刊特地从青岛请来的照相馆摄影师潘沼拍摄的军区第一届战斗英雄大会照片 13 幅。第 3 期主要报道了八路军攻克登城、进入城区、伪军反正等图文,尤其刊登了许世友司令员撰写的《庆祝我军战役攻势大捷》一文,并配发了他的大幅照片;第 5 期刊登吴克华将军的《人们把希望寄托在我们身上》一文,说明了人民群众对八路军抗敌致胜的希望,激励将士们要肩负重托、不辱使命,表达了抗战必胜的决心和信心。

(二) 将真实的中共根据地呈现给世人

冲破日伪、国民党的双重封锁,将一个真实的中共根据地展现给世人,是这一时期红色画报的重要使命。

《晋察冀画报》创刊号的主要内容为八路军战士英勇战斗夺取胜利、民众与子弟兵血肉相连、人民武装和民主政治等，建构了一个英勇、民主、积极向上、生机勃勃的根据地军民形象。第6期除报道八路军配合正面作战克复城镇、摧毁堡垒的战斗实况外，更以"边区大生产运动蓬勃展开"组图，通过《组织起来》《自己动手克服困难》《沙河两岸滩地的集体生产》《英雄人物在大生产中》等画面，介绍了边区蓬勃开展的大生产运动；《晋察冀画报丛刊》则通过《我们是人民的军队》《帮助人民学习》《替老百姓治病》《子弟兵到处是家》《作战又种地的军队》《北岳区拥军模范》等图文，让世人看到"军民一家"的根据地。

《胶东画报》不仅报道了胶东八路军战士英勇顽强、浴血奋战的骄人战绩，也记录了他们领导民众在后方掀起的大生产运动，更见证了当年浓浓的"军民鱼水情"。第7期报道了胶东首届群雄大会的盛况，大会表彰38位英雄模范，因海阳劳动英雄马光明，机关劳动英雄王永寿，民兵英雄栾宗孔、田延寿、于凤鸣5人的战斗和生产事迹，常见于报纸，故该刊未予重复刊登，而是记录了坚决跟着共产党走的张福贵、战斗生产结合的张秀峰、打井英雄陈世业、响应毛主席号召的吴云胜、组织纺织的王玉兰、苦心研究改造工具的刘卉卿等32位英雄模范的先进事迹（不知何故少了1位英雄模范）。这些英雄模范分别来自部队、田庄、工厂，他们在各自的岗位上英勇作战、积极劳动、辛勤工作。作者在报道中能够抓住重点，描写具体，语言质朴，形式生动，极具感召力。当期还特为封面人物张福贵配了一首小诗：

> 张福贵，你——
> 胸前挂着大红花，
> 手里牵着大黄牛，
> 你，脸上和心里
> 笑成通红的熟石榴。
> 因为你——
> 响应毛主席号召，
> 坚决跟着共产党走：
> 家庭里民主，村中团结，
> 积极劳动，组织起来；
> 所以，你成了状元、英雄，
> 你，脸上和心里
> 笑成通红的熟石榴。

《胶东画报》记录了后方军民加紧生产支持抗战，很好地宣传了毛泽东思想，密切了军民关系。让世人了解到"中国人民的子弟兵——八路军，把人们当着自己的母亲一样，把人民的利益当着本身的利益一样。因而，中国人民——工农大众，也就把八路军当着自己的子弟，当着自身的唯一保护者"。

（三）记录了抗战前期的国共合作

1936 年 5 月 5 日，中国共产党向国民党政府发出《停战议和一致抗日》的通电，将"抗日反蒋"政策转变为"逼蒋抗日"政策。8 月 25 日，中共中央公开发表《中国共产党致中国国民党书》，信中再次呼吁停止内战，建立抗日民族统一战线。全民族抗战爆发后，国共两党摒弃前嫌，建立抗日民族统一战线，实现了国共两党的第二次合作。这次合作结束了国家分裂、两党对立的局面，实现了全民动员，提升了中国在国际的地位，中国共产党是坚决支持和严格遵循统一战线的一方。为此，《晋察冀画报》的宣传始终强调维护抗日民族统一战线，如第 1 期报道《精神总动员大会》的图文，照片中上悬"精神总动员大会"会标，会场中央是蒋介石的巨幅画像，右左分别写有"坚持抗战到底，拥护蒋委员长"，表明了中共对蒋介石统帅地位的认同和拥护。该刊第 6 期主题为"主动配合正面作战"，也突出表现中共主动配合国民党作战的姿态。

第五节 企图控制新闻舆论的日伪画报

抗战期间，中日双方都将宣传视为总体战的一部分，画报也成为双方重点发展的宣传形式。据统计，日本在 1931 年前后用日文出版有关"满洲"的画报 20 多种，1937 年到 1945 年出版画报 30 多种①。日本殖民者认为："把大众迅速组织起来，必须首先鼓动起汹涌澎湃的国民运动，使改造国家成为国民的自发信念，其根本方法就是利用新闻事业。"②全面抗战爆发后，日本遂形成了一套完整的宣传组织体系，军国主义者鼓吹大东亚共荣，提出建设东亚新秩序的"伟大使命"，成立"笔部队"开展笔战争。"抗战时期，日伪报刊为了迎合沦陷区民众的阅读和心理需求，采取了一些较为隐蔽性和迷惑性的宣传策略和手段。以北平沦陷区的《国民杂志》为例，在日本人龟谷利一、附逆报人管翼贤等人的指导下，采取了大众化的经营手段、编辑作者群众的'中国化'，并利用征文等文

---

① 吴强、刘亚编著：《中国影像史（第七卷）：1937—1945》，北京：中国摄影出版社 2015 年版，第 229 页。

② 复旦大学历史系日本史组编译：《日本帝国主义对外侵略史料选编 1931—1945》，上海：上海人民出版社 1975 年版，第 129 页。

学活动进行对农村的宣抚工作等具体宣传策略，以配合日本侵华战争时局，进行所谓的'争取民心的文化工作'。其目的在于通过宣传，进行文化殖民，以消磨沦陷区中国民众的抵抗意识，使沦陷区民众认同日本殖民者的统治秩序，而这也是日伪报刊文化侵略的本质目的。"①抗战期间，日本一方面在国内出版《支那事变画报》《北支事变画报》《大陆画刊》《亚细亚大观》《历史写真》《北支·上海事变画报》《支那事变写真帖》《南支派遣军》《世界画报》等画报，在中国境内发行。这些画报以日本侵略军在中国的画面为主要内容，对日本国内炫耀在华战绩，蛊惑日本国民加入侵略战争；对外美化日本军国主义发动的这场侵略战争，宣传日本军队的"强大力量"和"不可战胜"。另一方面为控制新闻舆论，日本侵略者通过直接出资创办，或暗中投资收买、暗中控制伪政权等方式，创办了《电影画报》《首都画刊》《新满洲》《民众画报》《时事画报》《新中华画报》《妇女新都会》《远东画报》《北京漫画》《妇女杂志》《东亚联盟画报》《民众画报》《汪主席访日纪念画刊》《国民新闻画报》《青年良友》《太平》《大东亚战争画报》《长江画刊》《新影坛》《中华画报》《大同画报》共 21 种画报，它们与日本侵略者一唱一和，宣传"大东亚共荣"等反动思想，试图营造认同日本殖民统治的亲善假象。这类画报遍及吉林、北京、天津、上海、南京、广东、香港等地。可分为直接灌输和间接渗透两种形式。

一、直接灌输

这种画报多在日本支持下，由日伪组织或其所操纵的相关机构参与策划实施，以时政类画报形式出现，站在日本侵略者的立场上，报道时政新闻，介绍国际、国内形势，灌输"中日亲善""大东亚共荣"等反动思想。

1938 年 7 月 1 日，《首都画刊》在北平创刊，新民会首都指导部指导科宣传股编辑，新民书局总代售。新民会源于抗战时期，是日本帝国主义在华北沦陷区建立的一个反动政治组织。1937 年 12 月，日本侵略者在北平拼凑伪中华民国临时政府的同时，又成立了一个所谓思想团体——新民会。其主要任务是：防共反共，收买汉奸，搜集情报，宣扬"中日亲善""大东亚共存共荣"等奴化思想，推行日本的治安强化运动，镇压沦陷区人民的反抗；与此同时，它还控制着沦陷区各机关、学校、工厂、农村和各社会团体，举办各种训练班、讲演会，推行奴化教育和欺骗宣传，直接为日本侵略政策服务，是一个不折不扣的汉奸组织。

该刊创刊号《发刊词》将办刊意义美化为："第一是想作成一个比较可以使人满意的精神食粮，贡献给大家，纵然无益，但至少是无害的；第二是在发扬东方优美的文化，使

---

① 王雪驹：《以"国民"为名：沦陷时期日伪报刊的宣传策略再研究》，《新闻界》2021 年第 1 期，第 75—83、94 页。

它能够光大起来，自然这里面包括着文学的、艺术的以及其他一切属于文化部门的贡献。"其内容可分三大部分：一是报道新民会成立、开展各项活动的实况，如《略论新民主义》《修身的话——新民须知》《各城墙街市悬挂庆祝新民会成立之标语》《王克敏委员长与张燕卿副会长及江朝宗市长于大会礼成时留影》《新民会大门》《三顾茅庐记》《剿共灭党大会》《新民茶社观光记》《新民碎锦》《新民会中央训练所毕业典礼》《新民学院》《新民会之认识》等图文，公然打出"剿共灭党"的宣传旗号，而孙之隽的漫画《共产党是食人的野兽》，更将其反共性质暴露无遗；二是宣传中日亲善，刊有《中日提携下之中国新青年》《亲善的心》等；三是介绍中日文化，意在文化浸透，削弱国人的斗志，载有《归来》《江宇澄将军之诗》《中国文化》《襄阳观赛船》《介绍暑期青年团》《日本文化的真实性》《读书和交际》《态度在严肃》等。

伪满洲国时期是我国历史上的一个特殊时期，东北地区的人民处于日本统治的铁蹄之下，东三省沦为殖民地。大量日本人在伪满洲国任职，牢牢掌控着伪满洲国的军事、政治、经济、教育等各个领域，创办或接办多种报刊，作为他们的舆论宣传工具，为他们的殖民统治摇旗呐喊。1937年3月，伪满洲国设立满洲国国书会社，垄断教科书、报纸、刊物的出版和发行，输入大量日本文化产品。《新满洲》即为该社出版的刊物之一。

1939年1月1日，《新满洲》画报在新京（吉林长春）创刊，满洲图书株式会社编辑、印刷、出版、发行，发行人满洲图书株式会社常务理事驹越五贞，编辑人先为满洲图书株式会社编纂室主笔王光烈，后改为季守仁，印刷人初为满洲图书株式会社理事长石川正作，后改为小川三郎。输入日本文化，对华实施文化侵略，鼓吹建立大东亚共荣圈，是该刊的核心内容，刊有《日本的儿童有用语》《现在日本日语文的缺点》《现代日本语法》《日语讲座：初级·中级·高级》《今年度日语语学检定试验问题解说》《一本最古的日语读本》《日语和翻译》等。该刊打着宣传"忠爱孝义协和"的幌子，实则宣扬日本军国主义"大东亚共荣"的反动思想，意在长期侵占东三省，永久奴役东北人民，并使其侵略行径合法化，因此满纸皆为反动的观点和言论。

1939年6月，由日本人出资、汪精卫政权的政客操办的《新中华画报》在上海创刊，主编兼发行人伍麟趾。该刊完全站在日伪的立场，赤裸裸地为日本的侵略行径摇旗呐喊。如大肆宣传汉奸褚民谊1941年2月5日"出使"日本任"大使"时的情景，露骨地宣称"中日外交成功"，而"太平洋防御如铁壁"则公然炫耀在太平洋上的各种日军战舰和舰载飞机，1941年3月30日，汪伪政府"庆祝还都"一周年时，特别刊登了汪精卫的大幅照片。

1938年10月21日，日本侵略者占领广州，汪精卫在广州成立了汪伪国民政府。为给自己投敌叛国制造理论依据，他标榜以三民主义为指导，在日伪政权控制地区开展东亚联盟运动。1939年10月，汪精卫在日本东京成立东亚联盟协会，进行了"较有影响"

的东亚联盟运动。为与此相呼应，在日本侵略军驻全国各地机关的策动下，东亚联盟运动在中国各沦陷区相继发展起来。1940年9月，广东省也成立了中华东亚联盟协会，省教育厅长林汝珩任会长。1941年1月，《东亚联盟画报》在广州创刊，发行兼主编林汝珩，第1卷第2、3期由中华东亚联盟协会主编，第5期至第9期由东亚联盟广东分会主编，第10期起由东亚联盟中国总会广州分会主编，1945年2月28日出刊至第5卷第1期后停刊，共出版36期。

　　《东亚联盟画报》是在日伪政府策划下创办的、旨在为日本侵略扩张制作反动舆论的刊物。"图片"栏目主要记录汪伪政要时事活动，颂扬日军的"英勇顽强"，报道国内外重大历史事件，如宣传汪伪首脑汪精卫的《中华民国的中心领袖》，鼓吹中日亲善、宣传奴化教育的《中日基本条约结成》《中日满共宣言》《东亚民族的新教育》《中日女学生体育训练之精神》等，报道国外社会生活多介绍日本民众优越闲适的日常生活，描绘东亚各国的风土人情和英美两国给东亚各国带来的灾难等，刊有《荷属东印度》《翼之德意志》《欧洲之新枢轴国》《罗马尼亚与匈牙利加入日德意轴心》等文，众多风景摄影展现了缅甸、老挝、越南、泰国、马来西亚等东亚各国加入东亚联盟后的"新气象"。"漫画"栏目仍以宣扬东亚共荣为主题，如《中华民国的中心领袖汪主席努力和运的过程》《兴亚之歌》《东亚联盟三柱石》《实现大亚洲主义的时机》等。"论著"栏目由林汝珩亲自披挂上阵，引导社会舆论，评论时政发展，尤其注重对东亚联盟的活动介绍与未来规划，如林汝珩的《中日新约与东亚联盟》、陈耀祖的《大时代中的东亚联盟》、李道纯的《对于东亚联盟热烈的期待》等，其中李道轩的《东亚联盟之感想》一文中指出"中日为东亚之两大支柱，为共挽狂澜计，实有转敌为友，紧密提携之必要，东亚联盟运动，于是应运而生"，并阐述了中华东亚联盟协会的缘起和使命①。此外，该刊还载有《广州市校学生成绩展览会》《广东大学巡礼》等图文，报道广东本土学校概况、学生学习成绩和社会活动情况。

　　在受众文化层次普遍较低的民国时期，该刊是普通大众了解时事的重要途径之一，也是当权者宣传政治思想的重要工具。《东亚联盟画报》报道以东亚为主的世界各国时政新闻和汪伪政府的时政活动，是汪精卫政府向广东沦陷区民众宣传奴化思想的工具。通过宣扬日本的对华政策，吹捧日军在中国战场上的"英雄事迹""英勇表现"，打击英美两国在东亚的施政，污蔑中国人民的抗日行为，来取悦日本军部，麻痹国人的抵抗意识，削弱民众的斗志。该刊虽对沦陷区民众产生了一定的负面影响，起到了一定的麻痹和毒害作用，但因其政治性过强，内容相对枯燥，印刷质量每况愈下，发行量逐渐下降，最终不得不宣告停刊。

――――――――――

① 李道轩：《东亚联盟之感想》，《东亚联盟画报》1941年第1期。

1940 年 3 月，汪伪国民政府在南京正式成立，汪精卫任行政院长兼国府主席。1941 年 6 月 16 日至 26 日，汪精卫第一次以"国家元首"的身份出访日本。归国后，汪伪国民政府行政院宣传部出版《汪主席访日纪念画刊》，以示纪念。

1941 年 8 月，《汪主席访日纪念画刊》在南京出版，主编黄庆枢，汪伪国民政府行政院宣传部编辑发行。同年 6 月 13 日下午 3 时，汪精卫从南京启程，先赴上海，再于 6 月 16 日上午 11 时转乘日本邮轮"八幡丸"号从神户入港，登岸后换乘火车前往东京，次日上午 8 点 45 分抵达了东京火车站。汪精卫率领伪行政院副院长周佛海、伪外交部长徐良、伪宣传部长林柏生等 10 余人开始了为期十余天的对日"访问"。汪精卫一行先至伪政府驻日本"大使馆"休息。下午 4 点，汪精卫前往霞关离宫受到了日本皇室的接见。6 月 18 日汪精卫以"中华民国主席"的身份前往日本皇宫拜见了日本天皇及皇后。

汪精卫虽受到了超规格的"国民政府主席"的接待，但这仅仅是表面上的一种礼遇。事实上凡是有损日方利益的一切请求，均被日方完全驳回。6 月 23 日，汪精卫与近卫首相对此次访日事件达成"中日两国永远关系"，并主张日本同中国形成东亚共荣关系，谋求东亚新秩序以及东亚复兴，联合发表了《共同宣言》。至此，汪精卫本人则彻底成为日本各方博弈下的牺牲品，成为了千夫所指的汉奸卖国贼。

《汪主席访日纪念画刊》采取图文相配的形式，以时间顺序编排，全面报道了汪精卫此次访日的活动轨迹，包括《主席及全体随员合影》《离京出发》《过沪时逗留一宵》《启棹东渡八幡丸上》《热烈欢迎中神户登陆》《安抵东京莅大使馆》《以元首资格为友邦皇室贵宾》《参拜明治神宫及靖国神社》《以行政院长资格拜会近卫首相及各枢要》《大政翼赞会晚宴》《帝国饭店前盛大之学生欢迎阵》《发表共同宣言》《访问头山满翁》《参拜故师梅博士之墓》《参观歌舞伎座》《答宴近卫首相及各枢要》《东京中央广播电台播音》《参观贵众两院》《离别东京再莅大阪》《还我们的本来面目——在大阪各界联合恳谈会演词》《归国》《驾返首都》等图文。

该刊以丰富翔实的图文资料，全面系统地记录了汪精卫访日期间的对日态度、媚日言行和小丑一般的表演，充分暴露了他彻底投敌叛国的汉奸行径，更成为他卖国求荣的铁证。

1941 年 12 月 8 日，日本陆军渡过深圳河，南下攻袭香港，很快新界九龙就被占领。24 日，港岛市区英军退至湾仔马师道防线，日军到达波斯富街利舞台一带。25 日，香港沦陷。日本侵略者除对香港实施军事统治外，还大肆展开文化统治，《大同画报》便是他们创办的宣传工具之一。

1943 年 8 月 10 日，《大同画报》在香港创刊，社址位于毕打街毕打行六楼。创刊号为"新香港特辑"，通过《新生的香港》《一年来的新香港》《标准时钟》《市区交通》《归乡·防疫》《粮食配给》《市场》《东华医院》《婴孩保育》《保良局》《新闻事业》《书、画、金石展览会》等图文，展示日本侵略者统治下香港的"繁荣昌盛"；通过《香港攻略战》《猎虎英雄》《迭建奇勋的日舰队》《战无不胜的日陆军》《新舰下水》《战绩凭吊》等图文，展示日军的"强大"与"英勇"；通过《日本海军史》《邮票里的日本》等，让港人认识日本，以实现文化浸透的险恶目的。

二、间接渗透

文化是民族产生和发展的源泉和动力。不同的民族有着不同的文化背景，即有独特的文化特征，表现为不同的文化形态。日本发动对华侵略战争除军事占领和经济掠夺外，还有文化上的渗透。抗战时期，日伪组织还创办了一些以电影、妇女为主题的画报，表面上貌似娱乐休闲类画报，但实际上其中却掺杂了许多的文化渗透，意在潜移默化地让国人接受日本的对华统治。这种画报具有较强的虚假性、迷惑性和欺骗性。

成立于 1937 年 8 月 21 日的株式会社满洲映画协会，是伪满洲国时期成立的一个电影机构，有着明显的政治色彩。曾经做过大量的"日满协和"宣传，美化日本帝国主义的侵略政策，恶毒地攻击英美政治和军事，以利于伪满洲国的统治和日本在伪满洲国的特殊地位。

1937 年 12 月，《满洲映画》在新京（今长春）创刊，1941 年 6 月出版至第 5 卷第 6 号起更名为《电影画报》。发行人陈守荣，编辑人刘玉璋，满洲杂志社发行，印刷人先后为日本人杉元十郎、新井长治郎。该刊名为国人编辑，实则掌控在日本人手中，他们试图以电影吸引读者，以《电影画报》为宣传工具，将日本文化渗透至中国，达到美化日本侵华暴行，麻痹国人抗日斗志的目的。几乎每期刊登一组日本电影资讯，如《日本东宝新人岩村英子、相川路子》《日本电影新作介绍〈湖畔离情〉》《日本电影新作〈姿三四郎〉》《日本电影新作〈音乐大进军〉》《日本电影新作〈葬美的幻想〉》等。通过《好莱坞的罪恶》一文，读者可以清晰地看出其对美国电影的刻骨仇恨："世界最淫荡的巢穴，制造了人类最坏的风俗，好莱坞，它不但是美国的电影城，同时也是美国社会的缩影。那里是充满了奸险、欺骗、金钱、女人的黑暗世界。"结尾写道："世界的战火，动乱的迷云，在东亚新秩序与欧洲新秩序建设中，好莱坞，从新世界中走开吧！好莱坞的女明星，从拥护道义的人类中死灭吧！"[1]更为露骨的是《迎大东亚圣战三年》一文中公然写道："前年的十二月八日，东亚民族的先驱者日本发出了对暴虐英美膺惩的第一炮！ 这也是全东亚开始得着解放的第一步。二年后的今日，万恶英美在东亚的势力，已经全部崩溃。"[2]在一个自称纯电影类的画报中，刊登如此政治化的文章，发表如此过激的言论，

---

① 孟原：《好莱坞的罪恶》，《电影画报》1943 年第 7 卷第 6 期。
② 《迎大东亚圣战三年》，《电影画报》1943 年第 7 卷第 12 期。

其险恶用心已经昭然若揭了。

《妇女杂志》是《武德报》创办的五种杂志之一，也是一个被日军操纵的文化宣传工具。1940年9月15日在北京创刊，社址在王府井大街117号，编辑梅娘、孙敏子。该刊内容最多的就是妇女和家庭。"社论"栏目有《怎样做一个新时代的女性》《时代动乱下各国妇女动态》《评"第二代"》《节约生产与妇女》等文；"论著"专栏有《论婚前性行为》《大东亚战争的开端正是妇女的解放良机》等文；"家庭与工艺"栏目是教育妇女如何处理家庭、相夫教子，如《五月鲜花争艳的季节你怎么布置庭院》《家庭小常识》《衣服上的一件点缀——项链》《家庭工艺讲座——编织·裁缝》《烹饪之一种——调制》《小食谱》《主妇育儿常识》等文；此外还有"妇女法律之友""科学介绍""集体漫画""北京妇女社会""长篇文艺"等栏目。从第2卷第3期开始有"时事常识讲座""服装介绍""读者信箱"等栏目，并面向社会开展"中学生征文活动"，选取优秀文章刊登。

第3卷第5期中的"决战下之日本妇女国民生活特辑"共发表6篇文章：《要生活健全完美》①一文，为日本作家德永直所作，展示一个日本家庭的幸福生活故事；《看她们》②图文介绍的是东京女子大学的通讯；而《大东亚战争的开端正是妇女的解放良机》③一文，先介绍了中国妇女深受"三从四德"等封建礼教的迫害，虽然"妇女解放、争取男女自由平等"的口号喊了很多年，但妇女的地位仍未能提高的现象。再介绍德意志妇女之所以成功，"决非以空喊口号而偶然成功者。因为德意志的妇女有慧明如镜的眼睛，能认识机会的来到！有坚毅沉默的魄力，能担起男人们所轻视她们难胜其任的工作；有埋头苦干的精神，发挥和男人一争雌雄的劳力……"最终得出的结论是："当大东亚战争开端之目前，我妇女界尤当珍视此解放良机。"由此可见，该刊先以人们感兴趣的妇女话题为切入点，再介绍德国、日本妇女解放后的幸福生活，最后指出，正是日本发动的对华战争，为中国妇女们创造了最佳争取自由解放的时机，希望中国妇女抓住这一难得的机会。

而更隐晦的则是在天津创刊的《妇女新都会》。1937年7月天津沦陷后，日本侵略者为了达到长期统治的目的，毒化奴役民众思想，扑灭民众抗日热情，灌输"东亚联盟"亲日卖国思想，对青少年实行奴化教育，而在国民政府大力倡导职业妇女的同时，舞女、女招待、饭店女郎、向导女郎、娼妓等职业应运而生，面对纷繁复杂的政治形势，在新旧文化交替的时代，在诱惑与虚荣面前，都市里的妇女们深深地陷入了痛苦的迷惘。1939年6月21日，《妇女新都会》在天津特一区福州路26号创刊，社长尹梅伯，编辑方竹筠。评论妇女、儿童教育，谈论男人世界，是该刊的三大主题，兼有戏剧、电影、文学、艺术、

---

① 德永直著、谭毅译：《要生活健全完美》，《妇女杂志》1942年第3卷第5期。

② 《看她们》，《妇女杂志》1942年第3卷第5期。

③ 宁勿死：《大东亚战争的开端正是妇女的解放良机》，《妇女杂志》1942年第3卷第5期。

科学等方面有关妇女的内容。该刊从头至尾并未提及"中日亲善""大共亚共荣"等反动口号，也没有展示日本妇女的自由解放，画报中的中国女性个个脸上充满了笑容，文章的字里行间表露着中国妇女的幸福生活。意在表明，日本发动的对华战争改变了以往中国妇女受歧视、受虐待的状况，让她们的家庭更加美满，生活日益快乐。

宣传是现代战争中有力的工具，美国著名政治学家哈罗德·D·拉斯韦尔认为："没有哪个政府奢望赢得战争，除非有团结一致的国家做后盾；没有哪个政府能够享有一个团结一致的后盾，除非它能控制国民的头脑。"①日本正是将宣传视为总体战的一部分，才极其重视日伪画报的出版。他们倚仗先进的出版印刷设备和技术，精心编辑的画报具有很强的欺骗性。

第六节　消除愤懑的娱乐休闲画报

20世纪二三十年代的画报多以娱乐休闲为主题，以电影、戏剧、跳舞、书法、绘画、摄影、趣闻轶事为内容。抗日战争爆发初期，上海也曾井喷式地出版了近 20 种抗战类画报，但随着上海的沦陷，新闻出版业被日伪政权牢牢管控，除个别地处租界的画报仍坚持宣传抗日外，多数画报被迫停刊，存世的画报也演变成"莫谈国事"的娱乐类画报。全民族抗战爆发后，由北向南，中国大量城市先后被日军占领。沦陷区国人身处水深火热之中，生活艰难困苦，心情压抑愤懑。于是，不涉及时政的娱乐休闲类画报应运而生了。娱乐类画报的畸形发展，也是日伪政府粉饰太平的手段之一。"自日寇侵占了华北后，八年间把凡有骨气、有灵魂、有内容的刊物，扫得精光。但日寇为了靡饰都市的繁荣，其他专以营业为目的的小型画刊还许发行，政治、文化、经济等问题，这些刊物既不敢谈，只得把整个的篇幅走向畸形发展的路子。旧剧伶人的起居注、舞女明星的浪漫史，几乎占去了整个的篇幅。"这类画报在麻醉民众、毒害青年等方面起到了一定的负作用，"一般青年，趋之若鹜，看惯了这种刊物，再读一些比较有理性庄严的刊物便觉其焦燥费力而不能安心"②。

这类画报共有 14 种，其中有以跳舞为主的《舞声》《仙乐画报》《都会》《大观园》《舞场特写》，有记录畸形繁荣大上海的《香海画报》《上海画报》《上海特写》《上海日报画

---

① ［美］哈罗德·D·拉斯韦尔著，张洁、田青译：《世界大战中的宣传技巧》，北京：中国人民大学出版社 2003 年版，第 22 页。
② 编者：《在第二卷的开端谈谈画报内容》，《天津民国日报画刊》1946 年第 27 期。

报》《甜心》《我的画报》，有以电影、戏剧为主的《影剧》《影剧界》，有以游艺为主的《游艺画刊》。

一、记录畸形繁荣的跳舞业

"四周流线型的辉煌炫耀，在浅绿而半明暗的色调之下，台的那边一缕缕悠扬的乐曲，伴侣们正在婆娑着有旋律有节拍的享受，充分地流露都市的情调。"此为《舞声》画报创刊号《创刊的话》中，对"孤岛"时期（1937—1941）上海租界舞场的描述。在沦陷时期的上海，相对华界的一片萧条，租界区却是畸形繁荣，尤其是以百乐门、丽都、维也纳、远东为代表的舞厅更是生意兴隆。舞业的兴盛也带动了以报道舞场轶闻、推介舞女特点、传授舞蹈知识为主题的画报业。

1938 年 4 月 15 日，《舞声》画报创刊于上海，发行人施煌、韦陀。该刊登载的当红女影星有严月娴、袁绍梅、宁萱、沈爱妹、美国影星爱华等。女星们美丽动人，衣着、装饰、发型等无不充分展现着时尚范儿。文字方面谢素勤的《解释跳舞的意义》一文，从跳舞对事业起到的积极作用、对于健康的益处等多方面阐述跳舞的益处和对人生的意义；寒英的《舞国刊物总检讨》列举了同时期出版的几种跳舞业的专门期刊，包括《时报舞刊》《新闻夜报舞艺周刊》《社会晚报舞刊》《新夜报舞刊》等；连载署名"瘦云"的《舞国人物志》，介绍了梁家四妹、舞国大总统王小妹的成名之路和实业部长吴鼎昌之子吴元龙的趣闻轶事；马伯的《歌唱明星李爱琳我谈》一文，介绍了自美国好莱坞返回上海的歌星李爱琳的生涯，称其只有 18 岁，但歌声曼妙，身材婀娜，能够讲一口流利的上海话，亦能讲一口入耳的英语。

20 世纪三四十年代，旧上海的跳舞业达到鼎盛，当时名气最大、人气最盛的"四大金刚"，即百乐门、大都会、丽都和仙乐舞宫四家舞场。仙乐舞宫创办人是英商沙逊，靠贩卖烟土起家，在上海开办沙逊洋行。他在一战中伤及左脚，留下残疾。某年圣诞节，他到百乐门消闲，因入场时略晚，该场已告客满，只剩加座。他自认为是有头有脸的人，执意要沙发正座，但没能办到。上流社会人士循例消费后可以签单，但那天的服务生是个新来的不认得沙逊，硬让他付现钞，本来就气不顺的沙逊大为光火，咆哮起来。岂料，服务生也是个愣头青，竟然回敬他道："要想舒坦，你自己盖一座舞厅好了。"沙逊自觉受到天大的侮辱，为了重拾尊严，一气之下将自己在静安寺路上的地皮拿出来兴建舞厅，因完全仿照美国纽约的仙乐斯舞宫建筑，遂取名"仙乐"。该舞厅 1936 年 11 月建成，营业数月后租与章仲英，章重新装修并于 1937 年上半年正式对外营业。1938 年谢葆生接手后，成立了英商仙乐有限公司。为加大宣传，扩大影响，还办起了舞刊。

1938 年 12 月 1 日，《仙乐画报》在上海创刊，上海英商仙乐有限公司出版。但当年跳舞业在人们眼中尚属下九流，艳闻频传，案件迭生。舞刊则多流于低俗，不是狂捧一阵，便是大骂一通，秽文丑史，斯文扫地。该刊编者程克光则认为，跳舞是人类的高尚娱乐，舞场是人类交际的必需机构。跳舞是时代思想者的营养资料，解决苦闷的精神食粮。还在《编后记》中称，该刊的立场是提倡高尚娱乐，来稿须理论正确，富有趣味性，任何具有攻击性的文稿概不录用。编者在发刊词中表明了办刊宗旨，介绍了主要内容："《仙乐画报》的诞生，并不是来纠正所有娱乐刊物的错误，而指陈他人的罪状。我们可以说是应时代人士的需要，以高尚纯正的态度，发扬娱乐的光芒，以富有艺术价值的'跳舞''电影''平剧'为中心材料，并副以其他娱乐的动静。虽然我们是心近力远，能力有限，对于图画、文字暨漫画等各项材料的搜集，务求确切而深蓄趣味，特约海内同人为我们执笔，本我们的精神，负出版物应负的责任。"

跳舞内容自然是《仙乐画报》的第一大主题，刊有仙乐、大都会、大华等舞厅的舞星小史和玉照，回顾中国歌舞团的发展史，分别介绍了明月歌剧社和梅花少女歌舞团，载有程克光的《跳舞论》、吴梦蝶的《舞女与青春》、果子的《谈谈眼面前的跳舞》等文，其中《谈谈眼面前的跳舞》针对时下跳舞和舞女的生活情况作了简要的介绍，并抒发了作者的感慨，呼唤民众爱国热情；《舞女与青春》一文，作者身为一名舞女，号召姐妹们洁身自爱，珍惜自己的青春年华，不为虚荣所误，不为金钱所利诱。这样，春光老去时，回首往事，才能不留下遗憾，给社会留下一个好影像。

《仙乐画报》力图纠正国人对跳舞业的偏见，强调跳舞业是高尚的娱乐、交际的媒介，这些言论是站在舞场经营者的立场。但不可否认，当时跳舞业充满了混乱与黑暗，既有红舞星的风光无限，也有底层舞女靠出卖色相而谋生。该刊见证了上海"孤岛"时期娱乐业的畸形繁荣，从侧面反映出旧上海的社会状况和娱乐事业的发展情况。

1939年6月10日，《舞场特写》在上海创刊，发行人赵天民，主编虹影，上海一鸣出版社发行。该刊以报道舞场消息、描绘舞场众生相、记录舞女生活、推介未来舞星为主要内容，图片方面大多为时尚女性的艺术照和肖像照，有当红舞星、摩登女郎、电影明星等，偶尔也有几位知识女性。从这些女性照片中，读者可以领略到民国女性的时装、化妆、发型、头饰等。文章方面主要是跳舞业的新闻报道，字里行间并没有对舞女的贬低与歧视。如创刊号中刊载的两首诗歌，为女性长年来受性别歧视鸣冤叫屈，表达了女性在社会中的种种艰辛；《献给舞小姐》是一首散文诗，称赞了舞女的美丽与技艺高超，并对舞女身处社会底层的危险境地提出了中肯的建议；霞玲的《假使你要成一个红舞女不可不读》讲述了舞女行业的一些规矩，成为舞女的一些素养等；《舞女罗曼史》传授初入舞行的舞女怎样成为一个红舞女的经验。此外还有《舞女理想中的丈夫》《你可知道一个舞女内心的悲哀》《闲话舞女的裤带问题》《电影小生白云走错路》《星期六与跳舞场》等小品文、随笔和舞女生活素描，堪称"孤岛"时期上海舞女生涯的真实写照。

二、记录畸形繁荣的大上海

"夜上海，夜上海，你是个不夜城，华灯起，乐声响，歌舞升平……"周璇演唱的《夜上海》是20世纪三四十年代大上海的真实写照。"孤岛上的娱乐事业，可说是畸形发展到了最高峰了。不过在市上流散的各种杂志综合娱乐的，虽然也非常多，但是对于提倡高尚娱乐尤其是新闻动态，老实说，是不能包括完备。所以我们便大胆地在娱乐之余，也来办上这本《上海画报》。这点，也可说是我们创办本刊的动机。"《上海画报》的发刊词表明了其时代背景和创刊动机。

1938年11月27日，《上海画报》在上海创刊，主干王庆奎、发行徐端良。该刊图文并茂，内容丰富，正如主编叶灵所写："我们里面的范围是包括影、戏、弹、舞、歌、茶，以及各种孤岛上畸形的娱乐事业，拉杂拢来，集在一起。归纳许多娱乐的动态、实事，做一个集合的透视。同时，我们还加些关于孤岛以外的消息。"编辑朱雨民则称"我预备把这本小册子，当作读者的乐园"。"影"为电影，包括"影星塑像""银花乱溅""霓虹圈""电影圈""影屑"等小栏目，报道新片影讯、影评、电影知识和理论、影星介绍等，刊登《中国电影界中之一页丑史》《英茵在成都》《关于秀兰邓波儿的种种》《影坛东方嘉宝：谈瑛小姐访问记》等图文；"戏"为戏剧，专指平剧（即京剧），包括艺人像、艺人动态、群星灿烂、平剧种种等子栏目，刊有《时慧宝唱甩派戏》《对平剧妄言改良者有感而发》《值得研究戏剧中的"尖团"字》《生旦净丑取名之由来》《中国剧浅说》《梨香馆主谈剧》《戏坛上的几个红角儿》《梅兰芳小传》等图文；"弹"为说书，报道书场消息，介绍说书艺人，刊有《后起之秀的夏文英》《开书》《南京书场巡礼》《谈谈女弹词家沈毓英》《由捧女说书家说到捧稿之无价值》等图文；"舞"为跳舞，包括"香岛舞星""舞男必读""舞国花絮集"等小栏目，传授跳舞知识，介绍舞女轶事，报道舞场消息，刊有《红舞女的秘诀》《谈谈孤岛以外的舞圈》《舞国香艳写真》《闲话康脱莱拉斯》《香港舞国血案》《关于选举上海十大舞星的话》《舞女与理发》《华尔兹活灵变法之一》等图文；"歌"为唱坛，推介新歌，介绍歌星和歌唱团，刊登《歌坛里折了一朵鲜艳的花》《歌唱界的种种》《闲谈爵士歌剧社》《歌选介绍》《大小歌唱团》等图文；"茶"为茶余饭后可供谈论的趣闻逸事，如《在美国原是一种推销糖果的机器》《用显微镜的目光看大都会的内层》《国文考试时的形形色色》《畸形大学生日记片段》《跑江湖：说到吃大胜饭的放花叶子》等图文。

1939年6月5日，《我的画报》在上海创刊，发行人叶绿，我的画报社编辑、出版，向公共租界工部局警务处和法租界公董局登记。该刊旨在"使男女老幼读了《我的画报》，都呈现出兴奋和积极的姿态，更能于忧繁的生活里去找得一点甜蜜的慰安"。"舞海闲谈"专栏刊有《两种不同的舞客》《舞民必读》等文，《一个舞女的自述》一文，则真实地记录了一位女性为生活所迫而不得不从事舞女职业的无奈，字里行间透露出了她的辛酸与苦楚，这也是当年多数舞女的真实写照。即使她身体不舒服，或心情不愉快，也还要在脸上敷脂抹粉，穿得像有钱人占有的女子一样，拿了一只皮包走进舞场，循环往复，天天如此。不论有没有舞客邀请，也要挨到半夜才能回家。她虽然厌恶这种生活，但因为家里有年迈的母亲，自己又没有技能，因此，迫于生活的压力，她没有勇气脱离舞场，不得不每天给人搂抱，甚至忍受不良舞客的轻视与无礼①。"影坛风云""旧片新抄""银坛拾零"三个专栏均为电影专栏，刊有《白杨与国语》《旧事重提》《瑙玛希拉的过去》《不可思议的好莱坞导演》《好莱坞影星的所得税》《她们的年龄》等文章，在《发掘新人才》一文中，作者认为，罗致、发掘、储备人才，是当时中国电影业、话剧界的迫切工作。在美国的好莱坞总有一批接一批的新星涌现，而在中国，影后胡蝶演戏已经十几年了，但至今没有新星能够超越。在电影界不能说中国没有进步，但进步得太慢了，没有新人才接续应该是原因之一②。"文人百态"中讲述了鲁迅像绍兴师爷、巴金不爱多说话、洪深尚没有太太、张资平又黑又胖、穆木天像账房先生等，语言生动形象，风格诙谐幽默，虽是调侃却能抓住文人的某一特点。如描写诗人穆木天时称："一个光秃秃的和尚头，前额很阔，略有些凸出，颇像江西名产的罗汉像。架着一副特别深度的眼镜，看起东西来，眼睛渐渐地眯成一条线，蓦地里一看，你一定会当他是陆稿荐（江苏百年老店）的账房先生。""戏剧杂话"刊有《麟派传人与得意杰作》《谈马富禄：生旦净丑样样来得》等，当年戏剧演员从艺后多将本名改为艺名，如周信芳改为麒麟童，王庆林改叫银达子等，《伶人的改名》一文，正介绍了几位戏剧演员的更名，如李桂春从前叫小达子、韩金奎从前叫小金奎、林树森从前叫小益芳、刘振庭从前叫紫金仙等。

《我的画报》是综合了电影、跳舞、戏剧、文艺的炒什锦娱乐画报。编者认为，在上海沦陷后，民众只要不存"国家的事，管他的娘"的心理，"寻些开心，不但不应苛责，反而应该称颂"③。或许该刊确曾给予身处魅魍出没的"孤岛"的上海民众以安慰，但这并不是根除他们痛苦的治本之策，这种安慰就像该刊的命运一样短暂，如流星般在漫漫长空中一划而过。根本解除国人痛苦的办法只有一种，那就是全国人民团结一致，共同抗战，将日本侵略者打回老家去，解放全中国。

1939 年 7 月 20 日，《上海特写》在上海创刊，发行人朱文德、虞嘉麟，编辑严次平，华安广告公司出版。该刊旨在"以上海的种种分门别类以趣味和常识的态度介绍于读者之前"，让读者见识到时尚、奢华的大上海。创刊号为"游泳号"，面对炎热的夏季，上海的社会名流们穿着花样翻新的各色游泳衣，乘着豪华轿车，进到游泳场消暑。为了他们能够熟练掌握各项游泳技术，该刊特请游泳专家们现身说法，讲解游泳知识，如刊登《游泳的初习法》《游泳九要》《无师自习的游泳法》《游泳术》《游泳须知》等文，从游泳

---

① 《一个舞女的自述》，《我的画报》1939 年第 1 期。
② 《发掘新人才》，《我的画报》1939 年第 1 期。
③ 《开场白》，《我的画报》1939 年第 1 期。

前的准备工作、游泳时的注意事项、初学者的游泳时间以及游泳后的生活保健等多方面提出建议；而林五的《运动在中国：中国人对于游泳的兴趣》一文，提出中国人对运动的兴趣很高，但研究不够，而在各项比赛的运动中，游泳已经算是最为普及的运动了①。该刊中《好莱坞影星游泳新装》《游泳衣花样翻新》《爱好游泳之女明星们，活跃水国的美人鱼》等组图，在让读者大饱眼福的同时，也让该刊风行一时。

取名《上海特写》，自然具有上海特色。仅出刊两期的画报分别介绍了洋房林立、洋味十足的外滩和南京路景象，如《伟大的建筑物鸟瞰》组图，介绍的是外滩上高耸的交通银行、沙逊大厦，静安寺路上的跑马厅，南京路上的永安、先施、新新三大百货公司，外白渡桥下的各国大轮船等；《海上之夜》组图，展现了上海各大旅馆、百货公司的橱窗，灯红酒绿的舞场，霓虹灯下的繁华街市等。该刊注重介绍洋房的室内装饰设计，通过《室内新装饰》《新型的用具》等组图，展示了上海上流社会居住的立体式洋房时尚前卫的装修设计，同时展示好莱坞影星爱妮泰鲁易丝家的休息室、卧室、会客室、餐厅、书房的设计。这两者可说是不分伯仲。上海的名闺名媛爱交际、善交际，为了让自己成为交际场中的焦点人物，首先要有一个姣好的容貌，这就需要有专业人士做辅导，该刊载有《美容研究》《化妆研究》《美容术的几种简便方法》《美容的三原则》《人工美眼法》等，深入浅出地讲解各种美容知识，满足了交际花们的需求。第2期刊登了一则广告，位于南京路233号的哈同大楼一楼有一家美眼整容医院，院中的日本眼科整容专家杨树荫医师，擅长割双眼皮、隆鼻、吊眼皮等美容手术，并为影星白云、白杨成功做了手术。当年的中国能够使用国际流行的护肤美容用品，就已很不容易，而整容手术却已悄然进入上海。该刊也有对下层社会的记述，刊有《女犯性问题》等，而《游戏场里的雉妓》一文，分别介绍了跳舞场里的舞妓、按摩院里的按摩女郎和向导社的向导女②。此外，该刊还有当年画报必有的内容——电影，报道最新上映的中外电影新片，刊登明星生活照和剧照，刊有《白杨在香港》《小明星胡蓉蓉在小侠女中演出》《关于她的戏和服装》等。

编者在第2期《编后随笔》中写道："最近一月里，百物大涨其价，生活在上海的一般中等以下阶级的人们，大有感到不胜负担之苦了。单以我们出版界来讲，纸、制版、印刷，连装钉作也大罢工而涨价，这真是十余年来一个奇迹。各画报有的偷工减料，有的涨价，自下月份起连新闻报纸也要涨二成了。本刊自问对得起读者诸君，决不减料而再增加售价，我们的愿望是销路广而成为一册大众的读物。同时，请密切注意我们下一期（即第三期）的大革新。"③或许物价飞涨、出版业工人罢工是《上海特写》停刊的两大

① 林五：《运动在中国：中国人对于游泳的兴趣》，《上海特写》1939年第1期。
② 上海白相客：《游戏场里的雉妓》，《上海特写》1939年第1期。
③ 《编后随笔》，《上海特写》1939年第2期。

原因。

1937年抗战全面爆发后，我国大半领土落入敌手，难民流离失所、啼饥号寒。上海当时也物价飞涨，中等以下阶层的民众，生活艰难，苦不堪言。但影院、舞场、戏院的生意却兴隆如常，因此，编者不禁感慨"可见上海是富贵人的世界"。《上海特写》正是通过图文记录上海上流社会的达官贵人们住着具有国际水准装饰设计的洋房，坐着豪华汽车出入游泳池、舞场、电影院、戏院、按摩院、向导社等娱乐场所，影星、交际花、阔太太们更为青春永驻而走进美容院整容。纵览该刊，满眼都是纸醉金迷、风花雪月，丝毫看不出中国当时正面临亡国灭种的险境。这一方面体现出大上海的时尚奢华，一方面与下层百姓和外埠地区的生活形成了鲜明的对比。让读者真切感受到什么是冰火两重天，什么叫"朱门酒肉臭，路有冻死骨"。

三、报道北方娱乐业的《游艺画刊》

沦陷时期，上海市民以电影、戏剧、跳舞为主要娱乐活动，北京以戏剧为主，天津则侧重游艺。

1940年4月15日，《游艺画刊》在天津创刊，发行人兼主编潘侠风，至1945年9月15日出刊至第11卷第6期后终刊，共出刊131期。创刊号的《卷头语》表明了办刊宗旨、风格特点和主要内容："我们的《游艺画刊》是以发挥诗文戏剧之功能，评定各种艺术之价值，提倡正当的娱乐，联络同好之感情为主旨的。既不谈世界之大局，又不谈国内之政治。虽卑之无高论，但注重风化，不描写风月，不涉及狎邪。选材立论惟求其与艺术有关。使这小小的《游艺画刊》能普及于各级社会，普及于一般家庭中，那便达到了我们最初的愿望了。"[①] "游艺"有多种解释，这里为游戏、娱乐之意。《游艺画刊》作为天津沦陷时期唯一一种娱乐类画报，具有以下五大特点：

一是题材广泛、内容丰富、栏目众多、推陈出新。该刊以戏剧为主体，涉及电影、杂耍、文艺、金石、书画、台球、国术、象棋、词谱等多个方面。"戏剧"栏目下设戏剧论坛、逸然轩剧话、旧剧集成等多个子栏目，刊登梨园掌故、戏班历史、戏园沿革、剧坛特写、伶界秘闻、名伶影集和戏剧评论，以京剧、昆曲为主，兼有话剧、川剧、评剧等。"电影"栏目报道电影动态，介绍中外最新影片，记录影星轶事，追忆电影历史等。所载国内新片如《貂蝉》《西施》《杨贵妃》《王昭君》，影星有顾兰君、陈云裳、袁美云、陈燕燕、龚秋霞、白云、周曼华、李绮年、高占非、上官云珠、周璇等。所载好莱坞影片有《绝代佳人》《木偶奇遇记》《独裁者》《孤女珍爱儿》《巴巴拉少校》《女人面孔》《俏女郎》等，影星有费文丽、亨利方达、嘉宝、乔治勃伦、贾克古柏、秀兰邓波、杰弗林、卡

---

① 天囚：《卷头语》，《游艺画刊》1940年4月15日创刊号。

瑞林黛、泰伦宝华、琼克萝馥等。"文艺"栏目包括剧本、杂文、散文、随笔、小品文、小说、诗歌、歌谣等内容。诗歌、小品、散文的题材不论新旧，皆有陶冶性灵的效益。游记、漫谈之属，一则远瞩高瞻，介绍异乡之风土人情；二则发隐掘微，公开个人之卓识灼见。长篇小说人物鲜活，情节跌宕，源于生活，折射人生，不仅是人们茶余饭后的消遣品，还能从中感悟人生哲理。"舞榭"栏目刊登半月一星、火山余焰、舞场杂话、货腰日记、舞女自述、舞女园地、舞娘艳史、德律风等，生动形象地描绘出舞业众生相，既有夜上海的灯红酒绿，又有故都北平的歌舞升平，更有天津租界的异域风情。此外，"学生经""雪泥鸿爪""国术讲座""棋弈""漫画"等栏目，分别介绍了当年丰富多彩的校园生活、古今名家的金石书画艺术、国粹武术的精湛技艺、楚河汉界的象棋对局和不落言诠的讽刺漫画等。

二为研究中国近代曲艺史提供了重要资料。从清末到民国，戏剧、电影类画报不胜枚举，曲艺类画报却寥若晨星。曲艺作为说唱艺术虽历史悠久，但一直没有独立的艺术地位，近代将其归为"什样杂耍"一类，盛行于北京天桥、天津"三不管"、南京夫子庙、上海徐家汇、开封的相国寺等地。早在1925年10月，李剑虹就曾在上海创办《游艺画报》，1926年4月又出版子刊《小游艺》，但此两刊均以普及艺术、传播游艺、追求高雅为宗旨，内容侧重于电影、教育、舞蹈、武术、民俗、小说等，涉及杂耍内容较少。而《北洋画报》《都市生活画刊》《立言画刊》《天津商报画刊》《三六九画报》等，虽都有杂耍内容，但只占画报的一小部分。唯有天津的《游艺画刊》以较大篇幅记录杂耍，既介绍各种杂耍形式的艺术特点，又记述当年艺人们的艰苦生涯，还报道全国各地著名杂耍场，更有对各个曲种的理论研究。

三是聚集名家刊登名作，邀请专家主持栏目。潘侠风自幼酷爱京剧，唱念作打，样样精通，且练得一身好武功。曾编辑过《游艺画刊》《国风画报》《游艺报》《旧剧集成》等报刊，素有京剧"活字典"之誉，与在上海创办《十日戏剧》的张古愚合称"南张北潘"。潘侠风在戏剧界的声名远播，颇具号召力，故而《游艺画刊》汇集了章一山、景孤血、戴愚庵、李燃犀、何怪石、于非厂、梅花生、涂雨公、张聊公、罗边生、侯北子、丁继良、张异荪、钟敬甫、王曰叟、王寰如、涂雨公、劳同萍、王猩囚、钟晓雷、夏香如等一大批戏剧、杂耍、电影、艺术界名家写手。该刊各专栏均邀请名家主持，如潘侠风的"旧剧集成"、李曲工的"杂耍"、丁继良的"文艺"、朱墨溪的"山南海北"、鲲生的"国术讲座"、王桂苍的"舞榭"和李济时的"乐苑"等。

四是该刊深受读者欢迎，发行量大。《游艺画刊》的广告部在当年的报刊业首屈一指，每期除确保4个广告专版外，每页都要刊登丰富多彩的广告。即使这样，第7卷第8期画报还称"敝刊近日销路激增，广告亦形膨胀。因地位有限，致近月以来，时有抱向隅之憾者，殊属有负各宝号惠顾雅意，实为歉其。为今之计，自下期起，其广告地位实行分摊制度，以稿到先后为序，刊满为止"，并将该期未能刊登广告的 13 家商号名单列后。正是由于广告部的出色业绩，才为画报在经济萧条、战乱频仍、交通阻隔的特殊时期提供了必要的经济保障。

　　五是该刊不涉及政治、保持娱乐立场。据档案记载，1941 年 3 月 13 日，潘侠风曾通过伪天津特别市公署警察局转呈伪天津特别市公署市长温世珍文称："为呈请准予正式登记，以利刊行事。窃侠风于民国二十八年纠合同志创办天津《游艺画刊》一种，内容纯以游艺为主干，不载政治言论及其他非游艺性质之消息，曾于民国二十九年三月十一日呈奉前天津市新闻管理所批准试办在案。出刊以来，蒙各界人士之协助，发行至第二卷第四期，历时已将一载。兹遵章填具登记申请书表，理合呈请钧局鉴核，准予转呈。"[①]潘侠风为人耿直，《游艺画刊》不为当时日伪政权涂脂抹粉。伪市府屡次命令该刊宣传"中日亲善""大东亚共荣"，他均以画刊为纯娱乐性刊物，搁不进政治内容为借口，婉词拒绝。为此，曾惹恼伪政权，勒令画刊停刊。潘侠风只得托人送礼、讲情。迫于日伪政府的淫威，也为了能够继续出版，该刊被迫做出适当妥协，在第一版刊登时政新闻，如《半月大事记》《美国豪华随风而去》等文。

第七节　编　　者

　　这一时期之所以称之为衰落时期，也是因为没有著名的画报创刊，更没有像鼎盛时期一样涌现出若干可以载入史册的著名画报人，邹韬奋可算一枝独秀。挟画报鼎盛时期余威的伍联德、邵洵美则是在这一时期结束了其画报人生。

一、邹韬奋

　　近代中国著名报人邹韬奋在《经历》一书中写道："我在二十年前想要做个新闻记者，在今日要做的还是个新闻记者——不过意识要比二十年前明确些，要在'新闻记者'这个名词上面，加上'永远立于大众立场的'一个形容词。"[②]他最大的愿望是"办好一

---

① 　1941 年 3 月 13 日《伪天津特别市公署警察局为〈游艺画刊〉声请登记事呈伪天津特别市公署文》，天津市档案馆档案 J1-2-474。
② 　邹韬奋：《经历》，北京：生活·读书·新知三联书店 2017 年版，第 204 页。

个刊物——当然最好是能够办报"[1]。他因在一生中主编、创办了《生活》周刊、《生活画报》、《生活星期刊》、《大众生活》、《抗战》、《抗战画报》、《全民抗战》等多种报刊，发行量屡创新高，社会影响巨大，而成为中国出版史上一座里程碑，被周恩来总理称为"出版事业模范"。

1. 最为辉煌的《生活》周刊

1915 年，在上海徐家汇南洋公学读中学时。邹韬奋（原名邹恩润，韬奋为主编《生活》周刊后的笔名）便在上海商务印书馆出版的《学生杂志》上发表文章。1921 年 7 月从圣约翰大学毕业后，他一心想进入新闻界，遂向中华职业教育社创办人黄炎培寄出自荐信。黄乃请他担任编辑部主任，负责编译《职业教育丛书》等工作。1925 年 10 月，黄创办《生活》周刊，首任编辑为王志莘、杨卫玉。数月后，王调任新华银行总经理，杨被推为中华职校教社副主任。邹乃以职教社编译兼该刊主笔，从 1926 年 10 月第 2 卷起正式接任主编，以"暗示人生修养，唤起服务精神，力谋社会改造"为办刊宗旨。

邹韬奋受任后，殚精竭虑，全神贯注。初时《生活》周刊仅印一千余份，一年后的发行量也仅 2800 册。邹接办两年，发行量就达到 4 万份，1931 年已达 10 万份，1933 年更突破 15 万份，为中国杂志界开一新纪元。该刊不但行销全国，在南洋更有成千上万的读者，世界各地凡有华人之地皆可见之。1932 年 7 月，邹再成立生活出版合作社，即生活书店，分店遍布全国各大城市。

《生活》周刊坚持爱国进步立场，从 1927 年 9 月 25 日的第 2 卷第 47 期开始，《生活》周刊在首页开设"小言论"专栏，邹韬奋亲自主笔。至 1933 年 7 月，邹受到暗杀威胁被迫出国流亡，共发表 417 篇"小言论"。据《谈邹韬奋》一文称，主编《生活》周刊后，邹不仅在上海青年当中取得好印象，即使远在粤、桂以及南洋群岛，也有很高的声誉。该刊最为吸引读者就是"小言论"，其词锋犀利，论点鲜明，议论充分，当时的青年人对国事、对社会上的一切皆感到苦闷，"小言论"在他们中引起强烈共鸣，让他们重又迸发出青春的激情[2]。

该刊从第 2 卷第 12 期开始刊登新闻照片，此后不仅在新闻中配发图片，而且还出版特刊画报、专刊画报、图画附刊。从 1932 年 7 月 2 日第 7 卷第 26 期开始，每隔一期（即双周刊），增加四版《生活画报》，主编戈公振，随《生活》周刊附赠。后报社将画报结集出版，第一集收录画报的 1—13 期，第二集收录 14—26 期，第三集收录 27—38 期。《生活画报》为 16 开 4 页，各期用色不同，编排新颖，内容丰富，以图片为主，配以简要

---

① 茅盾：《邹韬奋和〈大众生活〉》，邹嘉骊编：《忆韬奋》，北京：生活·读书·新知三联书店 2015 年版，第 211 页。
② 腾达：《谈邹韬奋》，《读书之友》1937 年第 1 卷第 3 期。

文字说明。图片分为时事、人物、名胜风景、美术、历史、学术、体育、民俗等9大类，与《生活》周刊文字版内容相契合。

1932 年 7 月，国民政府以"言论反动、诋毁党国"为由，查禁部分《生活》周刊。1933 年 6 月，中国人权运动先驱杨杏佛被国民党特务暗杀，邹韬奋也在暗杀名单之列，他不得不开始了长达两年的海外流亡生活。同年 12 月 16 日《生活》周刊出至第 8 卷第 50 期后被国民党政府查封，《生活画报》出刊至第 38 期也随之停刊。

2. 艰难曲折的《大众生活》

1934 年 2 月 10 日，生活书店创办《新生》杂志，著名爱国民主人士和实业家杜重远主编。1935 年 5 月，因《闲话皇帝》一文，该刊引发日方挑衅和武力威胁，6 月被国民党当局查封，杜重远入狱。邹韬奋得知后，遂于 1935 年 8 月毅然回国，加入上海各界救国会与全国各界联合执行委员会。同年 11 月 16 日，邹在上海创办《大众生活》，邹在发刊词中表明了办刊宗旨："力求民族解放的实现，封建残余的铲除，个人主义的克服。"①该刊作为爱国者的代言人和计划者，大力推动抗日救亡运动，发行量一度达到 20 万份，再创中国期刊发行新纪录。其社会影响引起国民党的恐慌，1936 年 2 月，国民政府以"鼓吹民众武装抗日"罪名，查禁了仅出刊 16 期的《大众生活》。同年 3 月，邹韬奋被迫流亡香港。

1941 年 5 月 17 日，邹韬奋又在香港复刊了《大众生活》。茅盾在《邹韬奋和〈大众生活〉》一文中介绍了复刊经过。皖南事变后，在共产党的策划和领导下，相当数量的进步文化工作者从倍感压迫的重庆"疏散"出去，建立分散的文化据点。转移到香港的一批人以邹为中心，着手筹办报刊。

当时的香港充斥着各种特务。香港政府自然不会欢迎邹韬奋办刊物，因此规定刊物负责者即是发行人，发行人则必为港绅，邹如若办刊必须找一位港绅合作。有志者事竟成，邹终于找到一位合适的人选。有一位港绅之子曹先生时已登记了一个周刊，正在寻找适当的主编。曹读过邹的著作及其所编的刊物，对邹怀有敬佩之心。于是双方一拍即合。

办刊有了眉目，邹韬奋即以一贯负责、不知疲倦的精神开始工作了。他要求编辑部同人在两星期后出版创刊号，也就是说，一星期后就必须将稿件发排。他组织了一个编辑委员会，可其他成员都另有工作，能做的只是每星期开会一次，决定刊物的主要内容，撰稿一篇或拉稿一篇。他自己则负责撰写每期卷首的社评、审阅来稿、给读者的来信写"简复"。"简复"是该刊很重要的一栏，既是刊物与读者联系的桥梁，更是编者发表一些还不宜用其它方式发表的主张或批评的途径。邹曾说他花在"简复"上的时间和精力，比花在社评上的要多得多，还称它是本刊真正的维他命。为此，该刊最多时一月收到一万余封读者来信。

---

① 韬奋：《我们的灯塔发刊词》，《大众生活》1935 年第 1 卷第 1 期。

3. 抗战系列期刊发挥巨大作用

1935 年 11 月，邹韬奋向社会募集十万资本，邀请当时在苏联的戈公振回国，欲在香港共同创办《生活日报》，但未获港府批准而中途夭折。1936 年，邹重回上海创办《生活星期刊》，建立全国通信网，吸纳全国读者担任通讯员供稿，以"记录全国生活状态和解决生活上一切问题"。

1936 年 11 月 23 日，邹韬奋、沈钧儒等七人被捕，史称"七君子事件"。全民族抗战爆发后，迫于社会压力，国民政府不得不于 1937 年 7 月 31 日将七人释放。邹在极短的时间内，一连创办了多种宣传抗战的刊物。8 月 19 日先在上海创办《抗战》三日刊。8 月 29 日，又在上海创办《抗战画报》，社址位于上海城内肇嘉路第 75 号，由邹主持的抗战三日刊社编辑发行，邹亲任主编，生活书店总经售，以"发扬抗战精神，普及抗战教育"为办刊宗旨。

该刊报道了八路军游击战在抗日战争中所做出的重大贡献，体现了中国共产党在全民族抗战中发挥了中流砥柱的作用；记录了抗战初期各大战役的实况，为抗日战争史研究提供了珍贵资料，更是日军在华暴行的铁证；反映了当年新闻工作者不惧生死的爱国热情，而其中的漫画、木刻作品又是中国艺术史研究的重要参考资料。

《抗战画报》以数十幅图片，纪实报道了八路军的游击战在抗战中发挥的神勇威力，以及在平型关战役中八路军第 115 师在师长林彪、副师长聂荣臻的指挥下，成功伏击日军辎重队，粉碎了日军不可战胜的神话，痛击了日军的嚣张气焰，增强了国人的必胜信心。第 6 期抗战知识介绍的《游击战争》列出了游击队担负的十项任务：扶助人民组织抗敌机关，发动群众斗争；保护抗敌区域并联系各区域抗战力量；调查、侦察敌人后方的情状，搜集各种必要的情报；破坏敌人行动地域内的道路、建筑物和电信设施；捣毁敌人兵站；毁坏敌人的粮仓、军械库；袭击敌军后方辎重队、运输队、骑兵队、侦探队等；袭击敌人的小股部队和立足未稳的占领地；侦察敌人的兵力配置和进攻企图；抢夺敌军从后方运往前方的军火和生活品，停止或迟滞敌人的作战，吸引敌人的正面兵力。第 7 期《第八路军的游击战士》一文写道："我第八路军自由陕北出发后，即开赴晋北一带，上月廿三日与敌板垣部队在平型关初次接战，毙敌三千余，廿五日跟踪前进，又毙敌三千余，造成西战场的空前胜利，士气为之大振。现正在晋北一带施展着神勇的游击战！"①配图为《由陕北出发时的第八路军游击队》《第八路军中的回军都是骑击的好手》。第 9 期《威震晋北之第八路军》在配发了晋北前方督战领袖周恩来、彭德怀、何柱国的合影外，还介绍了八路军的游击战术："'敌进我退，敌退我追，敌止我扰，敌守我攻'，这是八路军游击战术的四句要诀。第八路军运用了这种神速的战术，最近在晋北山地中东西活跃，不

---

① 《第八路军的游击战士》，《抗战画报》1937 年第 7 期。

仅屡予南下的敌军以重创，而且使紧迫的山西战局完全改了观。在今天，八路军的威名已从平型、雁门震播到晋北各部。敌人一闻它的名字，就觉得心胆俱寒了。"[1]第10期则以四版图文，记述了平型关战役中八路军游击战的神威。八路军自受命改编后，即东进杀敌，虽交通梗阻，但终不能阻止他们的杀敌脚步。他们凭着二万五千里长征之急行军的本领，不辞日夜，不避风雨，奔上征途。当到达前线时，正值晋北告急，天险之大同、雁门关均已失陷。八路军乃不稍休整，立即投入战斗。1937年9月25日，以其神奇的游击动作，深入敌后之平型关，凭借险峻的地势，乘敌军运动之时施以袭击。敌军虽人众器精，但不能施其力量。战数时，八路军即将日敌完全击溃，俘虏敌军甚多，缴获大批军火。八路军更利用这批军火加强自己的武装，在晋北的一次次战役中，运用灵活多变的游击战术，屡屡打败日军，成为一支使敌军闻风丧胆的军队。

同年11月，上海沦陷后，邹韬奋辗转武汉、重庆办刊，陆续出版了《全民抗战》战地版五日刊、《全民抗战》通俗版周刊等宣传抗战救国的进步刊物，发行量一度突破30万份，再创当时刊物发行纪录。

邹韬奋在《生活画报》《大众生活》《抗战画报》等期刊中，将新闻图片与新闻报道有机地结合起来，相得益彰，相辅相成，将生动、鲜活、立体、形象的新闻事件呈现于读者面前。他不仅拥有一支摄影人队伍，而且自己也亲身实践，在前线拍摄战地照片。因此，《中国影像史》将他与戈公振、梁得所并列称为影像出版人物。

二、伍联德

1937年11月，上海沦陷后，《大美晚报》利用其美商身份和地处"孤岛"的优势继续出版，并于1938年5月创办《大美画报》，伍联德凭借当年创办《良友》的耀眼光环，得以在该刊占有一席之地。该刊旗帜鲜明地宣传抗日，揭露日军暴行，报道全国各战场实况，激励全国人民团结起来，坚持抗战，夺取最后的胜利，曾得到南方民众青睐，销量一度达到1.5万册。但不久，伍竟因经济问题而不得不逃之夭夭。为此，《大美晚报》特刊《警告伍联德启事》："查伍君前在《大美画报》工作时所经手之各项账目，迄未理楚者为数甚多，屡次催促竟置不理，兹特警告伍君，限于日内来馆理楚为盼。"[2]就这样，伍联德就像一只猴子在出版界不停地翻筋斗，屡战屡败，屡败屡战。他在出版界的声誉一落千丈，以致无人再敢与之合作。新新有限公司是上海老字号，曾为上海滩四大百货公司之一，1939年7月14日，该公司斥资十余万元建成新都饭店。凭着职业的敏感，伍立刻嗅到了商机，凭三寸不烂之舌，竟然说服了新新公司老板，同意在新饭店开业之即同时

---

① 顾廷鹏、俞沧硕、沈逸千：《威震晋北之第八路军》，《抗战画报》1937年第9期。
② 《警告伍联德启事》，《大美晚报》1939年8月1日。

创刊一本《新新画报》。该刊是伍的又一惊人杰作，典型的伍氏风格：设计精良、唯美时尚、封面特用七色照相版精印，内文一律铜版印刷。其非同凡响的大手笔是创刊号一印就是数万册。结果销售不及三分之一，积压的画报只得在新新公司内随客附送，不取分文，该刊也被新新老板叫停止损。

此后的伍联德曾一度消沉，长期避居于新新旅馆朋友开的长租房内舐血疗伤。走投无路的伍竟然一改"爱国报人"的人设，攀附上了汪伪宣传部长兼伪安徽省长、广东同乡林柏生，并在林的帮助下于1940年1月创刊《青年良友》。该刊完全站在反动的立场上，为汪伪政府竭力鼓噪。据《一段画报的盛衰史话》一文记载："伍先生叠经挫折，仍矢志不渝。现在他还担任着一本画报叫《青年良友》的发行人，不过用上陈亦云的化名而已。"①《孙科痛斥伍联德》一文也称："伍逆借伪方之资助，曾一度有使《良友》东山再起之念，但为了正义文人不愿合作，故提议即告打消。"②《青年良友》是伍联德在民国时期出版的最后一本画报，以这样一本反动画报收场，不能不说是伍联德画报人生的最后败笔。

三、邵洵美

1937年全民族抗战爆发后，邵洵美家住的杨树浦恰位于淞沪会战战区。战事给邵洵美带来灭顶之灾，从此他的人生进入至暗时刻。仓促之中，邵携全家舍弃印刷厂逃至法租界桃源村的妹妹家，以典物鬻文为生。幸有项美丽来访，先是约他撰稿预付稿酬，解除了邵家的生活之忧；后又数次冒险到杨树浦将印刷厂的设备和部分家用抢救出来。1938年9月1日，在得到美商《大美晚报》的资助后，他二人在爱多亚路21号合作创办了《自由谭》月刊，编辑人、发行人虽为项美丽，但实际由邵主持编务。该刊为大16开本，图片丰富，漫画阔大，设计新颖，一望而知，是典型的"邵洵美系"风格。以漫画、木刻、素描、速写和连环画等"战时轻武器"，积极宣传抗日是《自由谭》的一大特色。该刊报道前线战事，揭露日军残暴罪行，为提振国人士气，坚定必胜信心，发挥了一定的作用。更为可贵的是，毛泽东著名的《论持久战》之英译也在该刊英文版发表，邵还秘密印刷了此文的单行本，部分通过中共地下渠道发行，部分由他开车与助手一起投递到上海外籍人信箱。在此之前，中共地下党员、香港《大公报》女记者杨刚躲藏在项美丽霞飞路的家中翻译英文版《论持久战》，住在不远的麦尼尼路上的邵时常过来与杨刚切磋译文。读了《论持久战》，邵不禁赞叹道："这本《论持久战》的小册子。洋洋数万言，讨论的范围不能说不广，研究的技术不能说不精，含蓄的意识不能说不高；但是写得'浅近'，人人能了解，人人能欣赏。万人传诵，中外称颂，决不是偶然事也。"由于上海日

---

① 马它：《一段画报的盛衰史话》，《先导》1942年第1卷第2期。
② 阿拉记者：《孙科痛斥伍联德》，《星光》1946年创刊号。

伪政权的干涉，《自由谭》不得不于 1939 年 3 月出刊至第 7 期后停刊。

此后的邵洵美虽然生活拮据，以典卖山鸡血图章和田黄石度日，却毅然与时任苏浙皖税务总署署长的五弟邵式军断绝往来，坚决拒绝他的 5000 元支票，体现了中国文人的气节和风骨。

抗战胜利后，百废待举，交通阻隔，物资匮乏，物价飞腾，尤其是印刷画报的纸张成为紧俏商品。在这种情况下，邵洵美重拾旧业，于 1946 年 7 月 1 日在上海中正东路 160 号创办《见闻》周刊，自任总编辑。据同年 7 月 19 日《风光》第 18 期中《邵洵美〈见文〉有纠纷》一文称，邵主编的《见闻》周报格式和编辑风度均模仿美国《时代》周报。故出版之初，大家还以为是《时代》周报的中文版，但仔细一打听，原来二者毫无关系。邵称，他曾与《时代》老板鲁斯谈及出版华文版的想法，但未获结果，出版《见闻》完全是他自己的主意。《见闻》创刊不久，英文《大美报》的社评毫不客气地说："这本杂志全部抄袭《时代》，万一要说关系，那末，是从剽窃而来的一个不道德的行为……《时代》之所以能有目前地位，是经过很大的奋斗才获得的，怎样可以随便给人家利用？"[1] 同时，有消息称，时代公司上海办事处已为此事打电报回美国，并称时代公司准备控告《见闻》，一时成为中国出版界的一件大事。但有知情人透露，当时中国尚未加入国际版权协会，时代公司即使提起法律诉讼，恐怕也是一时无从下手。邵当时恰巧曾因公赴美，为国民政府做采办工作，《见闻》编务工作临时交给明耀五办理。在公事之余，他又在美国通过朋友与时代公司疏通关系。回国后，邵遂将《见闻》略做改版后继续刊行。该刊以报道国内外有关政治、国防、外交、经济等时事新闻为主，如欧洲各国政治局势、国共两党会谈纪要和中苏两国签订友好同盟条约等，为增加可读性和趣味性，也涉及戏剧、电影、美术、文化、体育等方面内容。随着同年 11 月 4 日《见闻》出刊至第 16 期而停刊，邵洵美的画报人生也就此划上了句号。

第八节　画报遭受双重管控

一、国民党方面

（一）新闻出版政策法规

1937 年 7 月 8 日，就在卢沟桥事变之后的第二天，国民政府公布了新修订的《出版

---

[1] 刘思：《邵洵美〈见文〉有纠纷》，《风光》1946 年 7 月 19 日第 18 期。标题中"文"当为"闻"之误。

法》，随后又颁布了《施行细则》。这版《出版法》比之前的版本增加了十条内容，在新闻检查、登记、处分及罚则等方面作出了更为详细的规定，基本精神就是加强国民党对新闻事业的控制。为了实现这种控制，国民党政府随后密集出台了一系列关于新闻检查的法规：1937 年 8 月，国民党中央委员会修正通过了《新闻检查标准》《检查书店发售违禁出版品办法》；1938 年 7 月，国民党中央委员会通过了《战时图书杂志原稿审查办法》《修正抗战期间图书杂志审查标准》，当月国民政府还颁布了专门针对通俗书刊的《通俗书刊审查标准》；9 月，国民政府军事委员会政治部制定了《非常时期新闻检查规程及违检惩罚暂行办法》；1939 年 4 月，国民党中央委员会修正通过了《印刷所承印未送审图书杂志原稿取缔办法》及《检查书店发售违禁出版品办法草案》，6 月，国民政府军事委员会和行政院颁行了《战时新闻检查办法》，12 月又颁行了《战时新闻违检惩罚办法》；1940 年，行政院制定颁布了《战时图书杂志原稿审查办法》；1943 年 10 月，国民党中宣部修正颁布《战时新闻禁载标准》，12 月，国民政府军事委员会颁行《各省市新闻检查规则》。直到 1944 年，国民政府国防最高会议仍在制定新的《出版品审查法规与禁载标准》①。

这些法规有四个特点：一是针对战时特殊情况而专门制定，比如 1937 年 8 月 12 日国民党中央执委会修正通过的《新闻检查标准》中，大幅度增加了关于军事、外交的新闻中应扣留或删改的事项，其中仅关于军事新闻的就有十条之多，详细列出了新闻中可能泄露军事机密的情形②。二是以抗战为名，进一步强化国民党一党专政，加强对民众的思想控制。比如 1938 年的《修正抗战期间图书杂志审查标准》中，即明确地将"恶意抨击本党、诋毁政府、诬蔑领袖与中央一切现行设施者""鼓吹偏激思想，强调阶级对立，足以破坏集中力量抗战建国之神圣使命者"作为"反动言论"加以禁止③。三是强调可操作性。这些法规覆盖了报刊的出版、印刷、销售等各个环节，对于报刊登记、检查等事项的操作程序进行了详细的规定。比如行政院为了更好地执行 1940 年颁布的《战时图书杂志原稿审查办法》，于 1941 年、1942 年先后制定了《杂志送审须知》《图书送审须知》作为补充，其规定事项详细至"用订书机或别针、回文针或用他种方法钉好"④这样的细节。四是参与部门多，可以说党、政、军三方都参与进来了，其结果是制定的法规不仅数量多，而且内容繁杂重复。

通过这些法规，抗战期间的国民政府在国统区制造了一张比以往更加严密的舆论控

---

① 张静庐辑注：《中国近现代出版史料·现代丙编》，上海：上海书店出版社 2003 年版，第 487—534 页。

② 刘哲民编：《近现代出版新闻法规汇编》，上海：学林出版社 1992 年版，第 550 页。

③ 张静庐辑注：《中国近现代出版史料·现代丙编》，上海：上海书店出版社 2003 年版，第 496—497 页。

④ 张静庐辑注：《中国近现代出版史料·现代丙编》，上海：上海书店出版社 2003 年版，第 500 页。

制网。由于客观条件的限制以及这些政策的引导下，国统区原有的许多画报都归于沉寂，新创办的画报基本上都属于抗战类，比如重庆《抗建通俗画刊》《天地画报》《大战画集》，成都《战时画报》等。另外，国民政府的一些部门机构，出于宣传抗战或生产的需要也创办了一些画报，比如 1939 年由国民政府军事委员会政治部编辑出版《抗战二年》报道抗战前线情况，1941 年国民政府粮食增产委员会创办《推广画报》宣传粮食增产活动，1942 年 9 月中、美、英三国联合成立的幻灯电影供应社创办了《联合画报》，以扩大抗战宣传、推广幻灯电影。这些画报在抗战期间曾经对宣传抗战、报道世界各国抗击法西斯战争发挥过重要作用。

（二）登记注册与新闻检查

在报纸杂志的登记手续方面，国民政府 1937 年《修正出版法》仍规定报纸杂志须在发行前向地方主管机关提交登记声请书，但有一个比较大的变化，即地方官署将声请书转呈省政府或直隶于行政院之市政府核准后，报纸杂志即可发行，而无须等待内政部批准①。但是随着战事的发展，这一宽松的政策很快就被改变了。1938 年 9 月，国民党第五届中央常委会通过了《抗战时期报社通讯社声请登记及变更登记暂行办法》，对报社、通讯社的登记作出了严苛的限制。这个办法重新规定，"凡声请登记之报社或通讯社，非领有内政部发给之登记证，不得发行"，"内政部对于报社或通讯社之声请登记案件，得斟酌当地实际情形暂缓办理"，凡迁地出版者需重新登记才能发行，而那些"设备低劣、内容简陋"的加以取缔②。这样一来，想要新创办或异地重办报刊就变得非常困难，并且有一大批报刊因不符合条件而被取缔了。抗战期间，报刊登记的批准权一直掌握在内政部手里，但是若想顺利发行，还需要获得邮政部门的登记认可。比如 1945 年 2 月 31 日创刊于重庆的《人生画报》，标明内政部登记证号，中华邮政认为第一类新闻纸，东川邮政管理局登记执照号③。

抗战时期，国民政府仍沿用了之前的新闻检查所制度框架，由各省市新闻检查所负责当地新闻检查。1939 年 6 月 1 日，国民政府行政院颁布了由军事委员拟定的《战时新闻检查办法》，根据这个办法，国民政府设立战时新闻检查局，集中管理战时全国新闻检查事宜。该局隶属于军事委员会，体现出鲜明的战时特色④。1940 年国民政府行政院制定了《战时图书杂志原稿审查办法》，规定由行政院组织中央图书杂志审查委员会，处理一切关于图书杂志之审查事宜，其审查方式变为更加严格的原稿审查。各省市政府成立图书杂志审查处，隶属于中央审查委员会，办理各省市之图书杂志审查事宜。各省文化

---

① 张静庐辑注：《中国近现代出版史料·现代丙编》，上海：上海书店出版社 2003 年版，第 489 页。
② 刘哲民编：《近现代出版新闻法规汇编》，上海：学林出版社 1992 年版，第 488 页。
③ 《人生画报》1945 年 2 月 31 日第 1 期。
④ 刘哲民编：《近现代出版新闻法规汇编》，上海：学林出版社 1992 年版，第 554 页。

发达之县市政府于必要时得在各省市审查处指导下酌设县市图书杂志审查分处。按照这个办法，图书杂志必须要通过原稿审查后才能发行①。图书审查处设立后，国民政府不再要求报刊必须拿到登记证后才能发行，而是通过了审查处的审查即可。比如 1943 年 4 月创刊于重庆的《天地画报》，在报头标明"本报已呈请登记中，重庆市图书杂志审查处审查证渝安志字第五○七号"②。这说明《天地画报》的登记手续尚未完成，但是已经通过了重庆市图书杂志审查委员会的审查，就被允许发行了。1943 年 12 月，国民政府军事委员会颁布《各省市新闻检查规则》，规定所有新闻纸及通讯社必须将原稿送检后才能付印③。这样，新闻纸和图书杂志都已经被纳入了原稿审查的范畴。

抗战初期国民政府所规定的新闻禁载事项，基本上是出自于抗战的需要。比如 1937 年 8 月 12 日，国民党中央执委会颁布了修正后的《新闻检查标准》，对于新闻纸的禁载事项，增加的只是关于军事和外交方面检查的内容④。1938 年国民党中央委员会制定的《修正抗战期间图书杂志审查标准》，除了将破坏抗战的言论列为"谬误言论"外，将"恶意抨击本党、诋毁政府、诬蔑领袖与中央一切现行设施者""鼓吹偏激思想、强调阶级对立、足以破坏集中力量抗战建国之神圣使命者"等视为"反动言论"加以强调⑤。到了抗战后期，新闻禁载标准完全向维护国民党政府的专制统治倾斜。比如 1943 年 10 月，军事委员会发布了一个详尽的《战时新闻禁载标准》，增加了党政禁载、财政经济禁载、交通运输禁载三大项内容，社会禁载事项的重点也由之前的社会风化变为关于阶级、劳资、学潮等方面，而且其《总则》列出禁止发表的文字、图画、照片或广播六项，如"破坏统一，诋毁领袖者""恶意抨击政府施政方针及现行法律者"等，都以扼杀人民对国民党一党专政的怀疑和反抗思想为目的⑥。

在抗战初期，抗日民族统一战线创建伊始，团结抗战是全国上下的共识，国统区及上海"孤岛"的一些画报甚至对共产党在抗战中的贡献作出了报道。但是国民党政府很快就限制了这一类报道。比如 1937 年 12 月国民政府行政院颁布的《随军记者及摄影人员暂行规则》中规定，所有新闻记者及摄影人员都必须由中央宣传部审查并发放随军证，才能随军报道前线情况，而且"非经军事委员会或战区司令长官署核准之时机或地区，不得前往采访"，其所采访之新闻和拍摄之照片须接受检查⑦，以此来控制对于共产

① 张静庐辑注：《中国近现代出版史料·现代丙编》，上海：上海书店出版社 2003 年版，第 497—500 页。
② 《天地画报》1943 年 4 月 1 日第 1 期。
③ 刘哲民编：《近现代出版新闻法规汇编》，上海：学林出版社 1992 年版，第 567 页。
④ 刘娜：《浅议抗战期间国民政府的出版法规的实施》，《科技信息》2009 年第 16 期。
⑤ 张静庐辑注：《中国近现代出版史料·现代丙编》，上海：上海书店出版社 2003 年版，第 496—497 页。
⑥ 刘哲民编：《近现代出版新闻法规汇编》，上海：学林出版社 1992 年版，第 562—566 页。
⑦ 刘哲民编：《近现代出版新闻法规汇编》，上海：学林出版社 1992 年版，第 518—519 页。

党的报道，在这种情况下，画报很难再刊载反映共产党真实情况的照片。这种控制在国民政府对外国记者的限制中也体现得十分明显。比如荷兰纪录片导演尤里斯·伊文思计划拍摄中国西北时，被宋美龄警告说："中国只有一支在蒋委员长指挥下的军队，在你的影片中要注意不要宣传其他部队，只能突出中国军队。"①1940 年 9 月，国民党中央党部直接给各省党部下达密令，"对以营业为目的之书店，应以威胁方法或劝告方式，使其停止推销"中共刊物，对共产党书店则"派人以群众面目大批收买而后焚之，或冲进该店捣毁之。"②在这种严格的管控下，中共创办的画报根本无法传播到国统区。

二、日伪方面

（一）新闻政策法规

日本侵略者及其扶植下的伪政府，从一开始就非常重视对新闻出版业的控制，这首先体现在他们对《出版法》的重视。1937 年 12 月和 1938 年 3 月，日本侵略者扶植的伪中华民国临时政府（伪华北临时政府）、伪中华民国维新政府（汪伪南京国民政府）分别在北平、南京成立，这两个伪政府于 1938 年 7 月、9 月先后公布了修正的《出版法》。1940 年汪精卫伪南京国民政府成立后，于 1941 年 1 月、1943 年 8 月两次修正公布《出版法》。与 1937 年国民政府的《修正出版法》相比，伪政府的《出版法》都在登记程序、禁载事项之限制等方面进行了较大的修改，意图压制对伪国民政府和日本侵略者的怀疑、否定和反抗，以达到其为日本侵略者服务的目的。这也就是伪政府新闻出版政策的出发点。

除了《出版法》及其施行细则，各伪政府还制定了一系列关于新闻检查、查禁报刊的法规。比如 1940 年 10 月，伪南京国民政府行政院通过了《全国重要都市新闻检查暂行办法》，确定了伪国民政府新闻检查的基本框架③。1942 年，伪教育部公布了《取缔不良民众读物暂行办法》，实施对象包括小说、刊物、唱本、连环图画、花纸等民众读物，赋予了教育部门检查出版物的权力④。

（二）登记注册

各伪政府颁布的修正《出版法》，都对新闻纸或杂志的登记注册作出了具体规定。比如伪维新政府的《出版法》规定，新闻纸杂志在发行前仍需要填具登记声请书，向发行所所在地的地方主管官署呈请登记，该官署审核后呈转内政部核准，由内政部发给登记

---

① 尤里斯·伊文思：《摄影机与我》，北京：中国电影出版社 1980 年版，第 160 页。
② 南方局党史资料征集小组编：《南方局党史资料大事记》，重庆：重庆出版社 1986 年版，第 106 页。
③ 《行政院公报》1940 年第 24 期。
④ 刘哲民编：《近现代出版新闻法规汇编》，上海：学林出版社 1992 年版，第 620 页。

证①。伪南京国民政府的《出版法》中将最终审定和发给登记证的机关改为宣传部，并且要把核准登记的经过转达警政部②。按照《出版法》，登记注册的审批机关从下到上依次是地方主管官署、省或市政府、内政部或宣传部。一般来说，所谓"地方主管官署"，都是当地的警察局或警察署。比如 1939 年北平《时事画报》登记，其登记证书由伪华北临时政府内政部发放，由伪北平市政府再发放给伪警察局，再发放给报社③。另外，沦陷区的中华邮政被日伪掌控后，延续了此前的报刊挂号登记制度，所以画报仍需要向中华邮政注册。

在 1940 年汪伪政府成立前，伪华北临时政府将新闻事业管理所也纳入报刊登记事务中来。报刊在正式登记注册之前，需要先向新闻管理所呈请备案试办，在试办一定时期没有问题后，再填具登记申请表，按照《出版法》规定的程序进行登记。比如 1939 年天津《妇女新都会画报》创刊时，首先向伪天津新闻事业管理所递交了附有计划书的申请呈文④。伪天津新闻事业管理所的批文如下：

> 呈暨附件均悉。查核计划内容尚属可行，姑准试办，俟查看成绩如何再行正式转请登记，仰即遵照定章按期将原稿送呈本所检查，并于报面刊明"天津特别市新闻事业管理所许可试办"字样，以资识别。仍将出版日期呈报备查。附件存。此批。⑤

报刊试办的期限一般为一年，试办期间，报刊须在出版前、出版后接受伪新闻事业管理所的两次检查，出版时须将批准情况标明于报面。由新闻事业管理所进行报刊登记注册的第一步，实际上就是以登记注册之名行内容审查之实。报刊在提交的计划书中，都必须将内容列明，表明"纯以游艺为主干，不载政治言论及其他非游艺性质之消息"的立场，才会获得登记。在试办期间不违背这一立场，才会被认定为"尚无不合"，被批准备案⑥。

1940 年 3 月伪南京国民政府成立后，华北的报刊登记事宜便不再经由新闻事业管理

---

① 刘哲民编：《近现代出版新闻法规汇编》，上海：学林出版社 1992 年版，第 587 页。
② 刘哲民编：《近现代出版新闻法规汇编》，上海：学林出版社 1992 年版，第 609 页。
③ 《伪北京市政府训令警察局准内政部咨送〈时事画报〉登记证书请查收转发具领并希饬将刊物按期送部检阅令仰遵照办理由》，《市政公报》1939 年第 72 期。
④ 1939 年 5 月 23 日《尹梅伯为〈妇女新都会画报〉备案登记事呈伪天津新闻事业管理所文（附计划书）》，天津市档案馆档案 J7-1-13。
⑤ 1939 年 6 月 5 日《伪天津市新闻事业管理所为准予试办事批复〈妇女新都会画报〉》，天津市档案馆档案 J7-1-13。
⑥ 《伪天津特别市公署据警察局呈送天津游艺画刊社长潘侠风呈请正式登记表请咨转等情检同原表咨请查核办理由咨伪内务总署》，《天津特别市公署公报》1941 年第 102 期。

所，而是按照《出版法》的规定进行。比如 1940 年 6 月天津《艺玫画报》创办时，即直接向伪天津特别市警察局申请登记。但是这份申请被伪警察局驳回了，理由是"此类刊物本市出版已有数种，当此纸料缺乏时期，关于社会上不甚需要之刊物，暂缓发行"①。无独有偶，1941 年天津《新大陆画报》申请登记，也被以"在报纸缺乏、力行节约时期"为由驳回了②。1942 年 10 月，伪华北政务委员会内务总署声称"近查各省市发行新闻纸、杂志，于《出版法》规定程序未尽一一依照办理"，所以制定了《华北各省市新闻纸杂志整理办法》，要求新闻纸、杂志重新声请登记，登记声请书中的项目比之前更加详细，名义上是为了规范新闻纸、杂志的登记，实际上是借整理之名行控制、取缔之实③。在日伪苛刻的登记注册制度下，华北地区画报的生存空间被极大地压缩。1943 年 1 月，伪南京国民政府宣传部专门下达指令："为谋积极完成兴复中华、保卫东亚宣传之伟大使命起见，对于报社登记决采取严格管理方针。嗣后关于新设各报，非有特别需要均以不核准为原则。"④所以，1943 年以后除了少量为日伪宣传服务的画报外，敌占区极少再有画报登记创刊。

　　1937 年八一三淞沪抗战期间及上海沦陷后，上海租界采取所谓中立政策，成为免遭日军占领的"孤岛"，大量报刊迁入或创办于租界内，租界当局也开始通过报刊登记注册加强了管理。10 月 21 日，上海公共租界工部局第 4878 号《布告》宣布："任何报纸、杂志、定期刊物或小册子，非先向本局登记，不得在公共租界内刊行、印刷或分送。"⑤在租界成为"孤岛"后，即实际开始执行。在执行登记时，对于一般具有抗日倾向的报刊，甚至国民党当局主办的报刊，也一律发给登记执照⑥。从画报发行后的标注来看，"孤岛"时期负责报刊登记注册的机构有工部局、警务处、巡捕房等，同时也要在日伪掌控下的中华邮政登记。报刊注册登记最终仍需要伪国民党中央政府相关机构批准，但由于租界事实上处于独立状态，这一最终审定程序并不一定必须执行。比如 1939 年 5 月 1 日《电影世界》在上海创刊，在上海公共租界工部局、上海法租界警务处、中华邮政部门注册登记，并从 1939 年 8 月第 3 期开始注明"正呈请内政部登记中"，此"内政部"应该是南京伪维新政府的内政部。从 1939 年 8 月至 1941 年 11 月，该刊一直处在呈请内政部登

① 1940 年 6 月 15 日《伪天津市警察局为不准发行〈艺玫画报〉事批复赵祥生》，天津市档案馆档案 J7－1－37。
② 1941 年 1 月 10 日《伪天津特别市警察局为碍难照准发行〈新大陆画报〉事批复张剑华》，天津市档案馆档案 J7－1－60。
③ 《伪天津特别市公署为检发〈华北各省市新闻纸杂志整理办法〉仰遵照依限声请登记并缴销原有〈天风画报〉登记证事通知新天津画报社》，《天津特别市公署公报》1942 年第 183 期。
④ 1943 年 1 月 19 日《伪宣传部为严格核准新闻纸杂志登记事致伪上海市政府函》，上海市档案馆档案 R1－18－661。
⑤ 《上海公共租界工部局年报》1937 年版，第 29 页。
⑥ 马光仁主编：《上海新闻史（1850—1949）》，上海：复旦大学出版社 2014 年第 2 版，第 824—825 页。

记状态中，并未获得核准，但仍然正常发行了。

1941 年 12 月太平洋战争爆发后，上海租界也被日军占领，"孤岛"时期宣告结束。此时到 1943 年 8 月上海租界被"交还"汪伪政府，租界内的画报仍要向租界工部局警务处登记，但最终的审批权落实在了伪国民政府宣传部。比如 1943 年 1 月《中联新片特刊》创刊，在伪国民政府宣传部和上海租界工部局警务处登记。1943 年 8 月，法租界、公共租界被汪伪政权象征性地"接收"，报刊的注册登记事宜也被移交给汪伪政府，按照其所修订的《出版法》执行。比如 1943 年 10 月 15 日《影剧界》创刊，标注"国民政府沪志字第九十六号、第一警察署字一〇三三号、中华邮政暂准交第一类寄类第五七九号"[①]。该刊出至第三期停刊，1944 年 5 月 26 日复刊时，改在伪上海市特一警局特警处和伪国民政府宣传部登记。

（三）新闻检查

1938 年 7 月 15 日，伪华北临时政府行政部公布了修正的《出版法》，与 1937 年国民政府《修正出版法》相比，在登记程序、禁载事项之限制等方面进行了较大的修改。第二十一条所规定的禁载事项中，删除了"意图破坏中国国民党或违反三民主义者"，而增加了"意图煽惑他人而宣传共产主义者""因蔑视国家之制度或政府之行为，明知其事实系属虚诬或附会而竟公然主张之或揭载之者""诋毁外国元首或驻在本国之他国外交官者"三项[②]。南京伪维新政府于 1938 年 9 月公布的修正《出版法》与之基本相同[③]。汪伪南京国民政府 1941 年公布的修正《出版法》，在禁载事项方面，虽然删除了上引三条，却增加了一条"经宣传部命令禁止登载者"[④]，也就是说，伪国民党宣传部可以随意根据需要发布关于报刊禁载事项的命令，为伪国民政府查禁报刊大开方便之门。

在新闻检查的具体执行上，各伪政府仍延续了国民政府此前的新闻检查所制度，只不过新闻检查所已经被日伪控制。1940 年 10 月，伪南京国民政府宣传部制定、行政院通过了《全国重要都市新闻检查暂行办法》，正式确定了新闻检查所的机构设置。按照这个办法，各地新闻检查所由伪国民政府宣传部设立，其主任、副主任、检查员都要由宣传部委派。所有的新闻纸都要在发行前将稿件送交新闻检查所检查。该办法还规定了应予删扣的稿件十类，"关于违反和平反共建国国策、破坏三民主义或其他有反动形迹者""关于挑拨离间，企图倾覆政府、危害国民者""关于造谣惑众，希图扰乱地方、破坏金融者""关于破坏邦交者"等针对性极强的条款赫然在目[⑤]。新闻检查所成为日伪进行舆论控

①　1943 年 10 月 15 日《影剧界》创刊号。
②　1938 年 7 月 25 日《伪行政部为修正〈出版法〉议决通过并遵照办理事致伪天津特别市公署函（附〈出版法〉）》，天津市档案馆档案 J1-2-245。
③　刘哲民编：《近现代出版新闻法规汇编》，上海：学林出版社 1992 年版，第 561—610 页。
④　刘哲民编：《近现代出版新闻法规汇编》，上海：学林出版社 1992 年版，第 611 页。
⑤　《行政院公报》1940 年第 24 期。

制、为侵略战争服务的工具。比如日军占领上海后，接管了上海新闻检查所，直到 1940 年 12 月才将其移交给伪国民党宣传部。伪国民党宣传部长就此事发表的谈话中，公开声明"挑拨中日恶感者，实政府所不能容忍，自当严予取缔"，暴露了伪国民政府新闻检查服务于日本侵略者的本质[①]。

日伪的新闻管控对包括画报在内的报刊影响是巨大的。平、津、沪是画报集中的城市，而这三座城市恰恰是较早被日伪控制的地方，最早受到了其新闻出版政策的影响。1937 年以后，平津地区原有的画报纷纷停刊或迁往内地、香港。上海的画报在八一三淞沪抗战后曾经出现过一个高潮，出现了《抗战画报》《战事画刊》《战时画报》《抗日画报》《抗敌画报》等多种抗战画报。1937 年 11 月上海沦陷后，所有画报都拒绝接受日伪的检查，全部宣告停刊或迁出。租界当局不承认日伪的新闻检查政策，而日伪对西方国家仍有所顾忌，所以西人所办报刊都免于接受新闻检查。于是从 1938 年起，有不少中国人将画报挂上洋商的名字，在租界内创刊发行，比较重要的有《大美画报》《远东画报》以及 1939 年迁回上海"孤岛"的《良友》。租界当局一定程度上允许报刊进行抗日宣传，在这种相对宽松的政策下，"孤岛"时期的画报一直在进行着抗日宣传。比如《中国画报》大量刊载报道中国人民抗战的新闻照片，《大美画报》甚至曾宣传抗日民主根据地和八路军、新四军[②]。

当然，在英美法等国家"中立于中日战争之外"的总政策下，租界当局不能容忍"过激"的抗日宣传，除了通过登记制度控制报刊外，还明确规定各报不得把日本人称为"敌人"，不得采用可能刺激日本人的词语等[③]。租界当局甚至还会与日本人合作对抗日画报进行查禁，比如 1938 年 8 月，美商英文大美晚报馆《远东画报》就因宣传抗战而被日本人和法租界当局强行勒令停刊[④]。1939 年后，上海租界当局在日本侵略者的强压下，开始对抗日宣传进行严厉控制，其措施包括勒令停刊、强制新闻检查等[⑤]。在这种环境下，"孤岛"时期出现的画报，更多属于电影、戏剧、艺术、娱乐等与政治、军事无关的类型，至少有 30 余种，呈现出一种畸形繁荣的状态。1941 年 12 月太平洋战争爆发，日本侵略者随即占领了上海租界，"孤岛"时期结束，租界内的画报遂全部停刊。《良友》等画报还因宣传抗日而被日军查封，总经理陈炳洪遭到逮捕[⑥]。此后上海的画报，仅存日伪组

① 宗兰：《中国的新闻检查制度》，《上海记者》1942 年第 1 期。
② 甘险峰编著：《中国新闻摄影史》，北京：中国摄影出版社 2008 年版，第 63 页。
③ 马光仁主编：《上海新闻史（1850—1949）》，上海：复旦大学出版社 2014 年版，第 824 页。
④ 王天平、丁彬萱主编，上海市摄影家协会编：《上海摄影史》，上海：上海人民美术出版社 2012 年版，第 61 页。
⑤ 马光仁主编：《上海新闻史（1850—1949）》，上海：复旦大学出版社 2014 年第 2 版，第 851—857 页。
⑥ 上海摄影家协会、上海大学文学院编：《上海摄影史》，上海：上海人民美术出版社 1992 年版，第 98 页。

织创办的《青年良友》《国民新闻画报》等数种。

太平洋战争爆发后，日本侵略者面临双线作战的窘境，伪国民政府为提供物力支持，对报刊出版进行了更为严苛的限制。1945年6月，伪天津市政府宣传处根据伪华北政务委员会令发的《办理刊物停止登记及取缔调整暂行办法》，以"撙节物资，增强战力"为由，制定了天津市《整理杂志刊物大纲》，规定废刊的标准三条：一是"刊物本身贫弱者"，二是"无协力政府宣传文字者"，三是"无存在必要者"。按照这个所谓的"标准"，天津的大部分刊物都被强令废刊，仅留下了包括《游艺画刊》《银线画报》在内的五份刊物，因为这些刊物"内部组织尚称健全，销行区域较广，拥有读者至多"，伪政府要加以"尽量利用，以协力政府实行宣传工作"。但要求其必须"自五月一日起缩小纸型，减少篇幅，以期撙节物资"，而且宣布"本处如认为不必要时，得随时通知废刊"。对于保留的杂志刊物，提出了十条编辑原则、十条禁载事项，将杂志内容牢牢束缚在为日伪服务的范畴之内。其中"灌输战时中心思想，昂扬民众战意""解说时局情势，使市民对时局有深刻认识"等原则，完全将刊物当做为日本侵略战争服务的工具①。

日伪当局对报刊的控制，并不仅限于新闻出版政策的范畴，也并不仅依赖于新闻检查机构。1939年6月，伪天津特别市公署社会局局长祝惺元，曾经以伪华北临时政府行政委员会情报处参议的身份，向情报处建议查禁那些"思想不良或内容荒谬"的书籍、画刊②。对那些拒绝与其同流合污或者有抗日宣传的画报，日伪当局采取了诸多新闻出版政策之外的高压措施，包括查封破坏报馆、通缉逮捕报人等，可以说是无所不用其极。比如天津《每月科学画报》的内容以科学为主，与政治无关，但日伪政府仍然以该刊内文用中英文双语、具有英美色彩、"思想不良"为由多次对其加以调查，甚至威胁停刊。1944年，该刊创办人孔赐安因不与日伪合作而被逮捕③。

为了更有效地遏制抗日言论，日伪还通过军警施加暴力手段。在侵略战争的前线，日伪会直接采用军事手段破坏抗日宣传。比如在晋察冀边区，日伪在扫荡行动中会把中共创办的晋察冀画报社作为破坏的重要目标④。1941年4月，汪伪政府颁布了《取缔摄影绘画暂行办法》，将不利于伪政权的摄影和绘画一概取缔，违者交当地最高军事机关讯办⑤。美商高尔德因所办《大美晚报》《大美画报》旗帜鲜明地宣传抗战而被伪南京国民

---

① 1945年6月8日《伪天津特别市政府宣传处为检发本市〈整理杂志刊物大纲〉事通知游艺画刊社等》，天津市档案馆档案J1-3-9681。
② 1939年6月2日《伪天津特别市公署社会局为禁售思想不纯内容荒诞书籍画刊事呈伪行政委员会情报处处长转呈委员长文》，天津市档案馆档案J1-3-5。
③ 周利成：《孔赐安与〈每月科学画报〉》，《今晚报》2021年5月31日。
④ 高良玉：《晋察冀画报社第三期摄影训练队记录本》，石志民主编：《〈晋察冀画报〉文献全集卷三：〈晋察冀画报〉文献史料》，北京：中国摄影出版社2015年版，第1377页。
⑤ 《取缔摄影绘画暂行办法》，《中华法令旬刊》1941年第2期第9号。

政府通缉，被迫回国，但其在上海所出的《今日之重庆》英文版仍载有有关抗战的文字及铜版画，1941 年 6 月，伪上海特别市政府命令伪上海市沪西特别警察总署对其加以查禁①。同年 9 月，伪上海市沪西特别警察总署因为第四署"取缔抗日及反和平报纸迭令饬遵办理，殊鲜成绩"，下令将该署所有查禁抗日报刊的事务都交给日籍巡官办理②。1942 年由伪教育部公布的《教育部取缔不良民众读物暂行办法》，规定各省、市、县、区主管教育行政机关，对民众读物有审查、检查之权，并且可以协同当地警务机关从编印、发行、售卖各环节对读物进行检查，取缔不良读物③。

总体上，抗战期间沦陷区画报，在日伪的压制下陷入低谷，能够出版发行并维持一定时期的只有两类画报：一是被日伪政府掌控的、为日本侵华鼓噪的反动画报，如《新中华画报》《民众画报》《中国画刊》《长江画刊》《东亚联盟画报》等；二是未涉及政治的科学、娱乐两类画报，多集中于沦陷区，尤以上海、北平、天津为重，如《明星画报》《香海画报》《立言画刊》《梨园周刊》《科学画报》《游艺画刊》等。

三、伪满的画报管理政策

全民族抗战期间，伪满延续了此前对报刊的严苛管控政策，民间创办画报基本上是沉寂的，而日本侵略者和伪满当局却一直利用画报进行侵略和殖民宣传。1937 年到 1945 年，日本侵略者在伪满洲国创办的画报不下 30 种，包括《支那事变画报》《亚细亚大观》等影响比较大的画报。这些画报的目标，就是美化日本侵略者的侵略战争和殖民活动④。伪满官方还与其他地区的日伪政权沆瀣一气，利用画报进行殖民宣传。比如 1943 年，伪满洲国政府弘报处名下的国民画报社曾致函伪北京特别市公署，让其"转饬所属各局处一致订阅"，后者果然照办⑤。

需要提到的是，在伪满新闻出版统治的高压下，中国共产党在东北地区仍领导创办了一些进步报刊，其中就包括画报，比如磐石中心县委创办的《青年义勇军画报》《人民革命画报》等⑥，以斗争的精神开展画报事业，突破了日伪的新闻出版封锁，对团结人民、打击日伪起到了重要的作用。

---

① 1941 年 6 月 19 日《伪上海市沪西特别警察总署为查禁抗战报刊事密令伪第四署》，上海市档案馆档案 R19 - 1 - 1102。
② 1941 年 9 月 5 日《伪上海市沪西特别警察总署为查禁抗日及反和平报纸事应责成日籍巡官负责办理事训令伪第四署》，上海市档案馆档案 R19 - 1 - 1085。
③ 《教育部取缔不良民众读物暂行办法》，《安徽省公报》1942 年第 43 期。
④ 吴强、刘亚编著：《中国影像史（第七卷）：1937—1945》，北京：中国摄影出版社 2015 年版，第 229 页。
⑤ 1943 年 3 月 27 日《伪北京特别市公署秘书处为订阅〈国民画报〉事致伪北京市自来水局函》，北京市档案馆档案 J67 - 1 - 263。
⑥ 蒋颂贤：《吉林抗日报刊述评》，《图书馆学研究》1994 年第 2 期。

第六章

低谷时期（1945—1949）

第一节　短暂的庆祝与长期的挣扎

1945 年 8 月 15 日，日本天皇裕仁发表"终战诏书"，宣布无条件投降，9 月 2 日，日本代表在美国军舰密苏里号上正式签署投降书。中国人民付出惨痛代价，3500 万军民伤亡，长达 14 年的抗日战争，终以胜利宣告结束。胜利的消息传遍中国，整个中华大地为之沸腾，饱受战争苦难的中国人民走上街头，敲锣打鼓地庆祝胜利，他们迫切希望中国从此能够走向和平民主、百姓能够安居乐业。

抗战时期，国统区新闻出版界深受严酷的新闻检查制度之苦，抗战胜利后，新闻出版界掀起了声势浩大的要求开放新闻出版禁令，废除检查制度的民主运动。为了缓和矛盾，收买人心，国民政府不得不做出一些让步，以表明他们的民主姿态。1945 年 9 月 3 日，蒋介石在重庆庆祝胜利的广播演说中表示"克期取消新闻检查制度，使人民享有言论自由"。1946 年 1 月，国民党军事委员会宣布取消一批抗战期间制定的新闻出版法规条令，国民政府同意 3 月在政协会议通过的《和平建国纲领》中写上"废止新闻检查制度""修正出版法"，"扶助"报刊、通讯社发展等。在这样相对宽松的出版政策下，包括画报在内的全国出版业出现了短暂的兴盛，尤其是庆祝抗战胜利、记录日军投降、回顾抗战艰苦历程的画报一度成为主导。

一、短暂的庆祝

1. 最先出版的《特写》画报号外《抗战八年画刊》

1936 年 3 月，《特写》画报在上海创刊，社址位于上海福州路 380 号，以漫画、小说、论述、散文、杂文、随笔、诗歌等形式，描写社会各阶层的生活状况。1937 年 6 月停刊，1945 年 10 月复刊，出版号外《抗战八年画刊》，成为最早庆祝抗战胜利的画报。

《抗战八年画刊》主要刊登三方面的内容：一是报道上海社会各界庆祝胜利、欢迎中国军队凯旋归来，如《上海市民庆祝胜利》《接收京沪地区国军凯旋归来》《大场机场欢声雷动迎接莅沪大员》等；二是记录日本投降仪式的场景，如《五十年历史总清算》《可纪念的九月九日九时日本降书在京签字》《日本降使冈村宁次在签字时之影》《日本降书签字会场》《签字后何总司令率将校谒陵》；三是回顾八年抗战经过，这部分内容是该刊重头戏，总结了每一年抗战的特点。

此外，《抗战八年画刊》还刊登了 1945 年 9 月 3 日，在陪都重庆举行的庆祝胜利大会上，蒋介石发表题为《向建国大道迈进》演讲的全文；词条式地罗列了《抗战八年大事记》；刊登《抗战的前因后果》组图，再现了中国抗日战争从九一八事变到世界反法西斯同盟取得最终胜利的历史过程。在《中苏盟约的签订奠定远东和平基础》一文中，介绍了《中苏友好同盟条约》的签订过程和内容要点。

通览整本画报，首先突出了国民党军队在八年抗战中做出的贡献，其次肯定了美国、英国和苏联等盟国对中国抗战的援助和支持，并未涉及国内社会各界和海外华侨对抗战的贡献，更没有提及中国共产党领导的八路军和新四军等抗日武装力量在抗战中的付出与战绩，就连《抗战八年大事记》中也只有"9月10日，中共军改组为八路军"一个词条。由此可知，由于《抗战八年画刊》身处国统区，其立场的走向显而易见。

2. 紧随其后的《胜利画报》

1945年9月，《胜利画报》在上海创刊，以图文并茂的形式，全面报道了庆祝抗战胜利、记录日军投降、回顾抗战历史、控诉日军暴行、介绍日本国内情形等方面内容。经过八年的艰苦抗战，中国人民终于夺取了最后的胜利，胜利来之不易，胜利付出了惨重代价，压抑多年的中国人民情绪得以释放。全国各地政府举行胜利大会，民众纷纷走上街头游行示威，敲锣打鼓，张灯结彩，燃放鞭炮。刊内《上海市各界庆祝胜利大会》《上海党部主委暨本市副市长吴绍澍氏致辞》等图文，展现了当年上海庆祝大会的盛况；以《中国新空军第一次与上海人相见》《突飞猛进中之我军军备已不后人》《拱卫国土之机械化部队》《头戴钢盔英姿飒飒的前线我军》《新中国陆海空军威力》等图文，展示了抗战胜利后，国民政府军队的武器装备和精神风貌；以《战绩卓著之英驱逐舰来沪》《美国第七舰队莅沪援助中国》等，记述了盟军对中国抗战的援助与支持。

1945年8月15日，日本天皇向全国广播"终战诏书"，日本政府宣布无条件投降。9月2日上午9时，在停泊于日本东京湾的美国密苏里战列舰上，举行了日本向同盟国投降的签降仪式。该刊以《日本接受波次坦宣言经过》《波次坦宣言内容》《米苏里号》《日本无条件投降！！》《日本政府所遣投降代表团由外相重光葵率领登美舰米苏里号舰准备签署降书》《代表我国参加签定日本投降协定之徐永昌将军》等大量图文，记录了这一重要历史时刻。

该刊还以"惨痛的回忆"为题，全面回顾了中国抗日战争中的"一·二八"之役、榆关之战、热河之战、长城之役等多场重大战役，如《九一八事变，日本侵华的阴谋完全暴露！》《日军占领东北兵工厂后，在大门口所挂之招牌可见其暴行之一斑》《芦沟桥之形势》《宛平县内之大街》等，重现了九一八事变中东北的不幸和日军对北平的侵略；以《奋勇守卫之二十九军骑兵巡防平郊情形》《八一三淞沪血战》《在枪林弹雨中抵抗日寇侵略之忠勇将士》等，记叙了七七事变前二十九军巡防和上海淞沪会战的壮烈场景；以《坚若铁壁之长江封锁线》《我精锐国军密集一处准备向敌人反抗》《四行孤军》等图文，再现了前线将士不畏生死、英勇抗敌的实况。

控诉日军暴行、清算汉奸罪状也是该刊的重要内容，如《我国最壮丽之长城，在长城一役被日寇所毁》《中国人民个个领教过的敌人的拿手本领！》等图文告诉世人，在残暴的日寇面前，勇敢而坚强的中国人民，并没有畏葸退缩。他们唯有愤怒和战斗，愈加坚定了抗战到底的决心和必胜的信心。《看！日本人怎么有计划地奴化中国！》则揭露了日寇对我国人民思想上的统治：在抗战期间沦陷区的小学校，即使是最低年级的小学生也被强迫学习日语，且有伪督学时来监视。强令北平的在校学生每周必读 15 个小时日语，且必须采用日语课本，以实现其奴化教育。就连卖笑的妓女也被集中起来教以日语，以备随日军服务。寺院中和尚也常被拉去做法事，以超度死亡的日军。《汉奸该杀》《千千万万人痛恨的卖国要犯》《汉奸何尝自由？》等图文，在清算汉奸罪状的同时，也指出有些汉奸走狗的可悲下场：一部分昧心的人们虽甘为走狗，但他们日子也不好过，在伪政府任事的职员们也不免会受日军顾问的盘诘和监视。

从第 3 期《胜利画报》的内容来看，该刊虽以较少篇幅提及了周恩来、郭沫若、田汉、成仿吾、史沫特莱等抗战期间的红色文化工作者，但与浓墨重彩、大张旗鼓地宣传国军和盟军相比，报道力度还是有所不足，这也代表了抗战胜利后国统区抗战类画报的倾向和立场。《抗战期间的文化工作人物》图文称：中国共产党执行委员会副委员长周恩来，为国共携手奔走最力之一人；第三厅厅长郭沫若向民众发表演说，宣传全民抗战；因"七君子案"成名的史良女士，抗战胜利后担任国民参政会代表；名戏剧家田汉曾任第三厅第三处科长，专司审阅抗战的剧本和刊物之职；美国著名记者、作家史沫特莱曾著《中国之友》一书，为同情中国抗战第一人。这些抗战时期的文化工作者在宣传抗战、鼓舞斗志、坚定信念、呼吁国际援助等方面做出了重要贡献。

3. 期盼迎来新生活的《生活》画报

1945 年 9 月 20 日，《生活》画报在北平创刊，社址位于南池子飞龙桥 12 号，董事长司徒雷登，北平生活画报社编辑、出版。该刊旨在回顾抗战时期的苦难岁月，期盼告别过去的战争生活，开始崭新的美好生活。时事新闻内容通常一期一个主题，连续报道日军的多场受降仪式，第二次世界大战结束后盟军与国民党军队在国内的生活状况，处置在押的日伪汉奸，对二战一些重点战役的回顾和北平燕京、辅仁两大学复校消息，刊登有《芷江洽降的经过》《胜利的微笑——德军降伏签字仪式的片段》《翱翔在平市上空的盟美海军机队》《波茨坦会议》《燕大复校声中本报董事长司徒雷登博士》《"米苏里"号上的高级将领》《第十一战区受降典礼在平举行》《美国红十字会责任者道格拉斯茹道格氏》《日皇裕仁拜谒麦克阿瑟元帅》《光复后辅大第一个返校节》《光复后的北平第一次国际长官的盛会》《联合国宪章签字大典，我代表顾维钧氏荣任出席》等图文，其中《"统一中国"的对杯》是毛泽东与蒋介石的碰杯的镜头。

4. 关注国共两党关系的《重庆画报》

1945 年 11 月，《重庆画报》在重庆创刊，社长贡学湄，发行人刘缄三。该刊关注时事政治，刊登有关第二次世界大战战况的报道，评论战后国内外政局变化，介绍国内各政党历史和代表人物，记述社会各界名人轶事，兼有电影资讯。

　　抗战胜利后，国共两党关系发展方向是国人关注的焦点。1946 年 1 月 10 日，根据《双十协定》规定的政治协商会议在重庆召开。参加会议的有国民党代表 8 人，共产党代表 7 人，青年党代表 5 人，民主同盟代表 9 人，社会贤达 9 人，共 38 名。会议确定了和平、民主、团结的方针，确定了政治民主化、军队国家化和党派的平等合法为实现和平建国的途径，确定了人民有各种民主权利。在这种大背景下，该刊对国共两党均有相关报道，国民党方面有蒋介石、孙科、李宗仁、宋美龄等政要的新闻，中共则有毛泽东、朱德、贺龙、叶挺、邓颖超等重要领导人的报道。由于该刊出版期间，时值政治协商会议在重庆召开前后，国共两党尚在谈判之中，故而对时局的报道相对客观。占该刊较大比重的时政新闻，特别是对国共两党的相关报道，为研究抗战胜利后至 1947 年 3 月国共两党关系彻底破裂这段时间的中国政治局势和社会现状，提供了较为客观的参考资料。

二、画报业艰难图存

　　从 1945 年 8 月毛泽东赴渝至 1946 年 11 月国民党片面召开"国民大会"，国共两党就和平建国等问题进行了长达 15 个月的谈判，最终以和谈破裂告终，全国人民一度看到的和平、民主和团结的希望也随之破灭。随之而来的便是国民政府强化报刊登记制度。1946 年 10 月，国民政府内政部又发出通令称：自抗战胜利结束以后，各地报社、通讯社、杂志社纷纷成立，多未经核准，擅自发行，决即严行查禁，以杜流弊。特函请各省政府，此后凡未经核准登记擅自发行之新闻纸、通讯社、杂志社，应依照出版法第二十六条之规定，停止发行。

　　1. 屡次停刊，多次迁址的《泰山》画报

　　1946 年 3 月 29 日，《泰山》画报在上海创刊，社址位于汉口路 692 号，后因经济原因一度停刊，同年 9 月 21 日复刊，出版革新第 1 期，社址迁至云南中路 27 弄 5 号，中华邮政登记为第一类新闻纸，经国民政府中宣部核准，内政部登记。同年 12 月 21 日出刊至革新第 11 期由于中宣部审核原因再次停刊，1947 年 2 月 5 日二次复刊，出版革新第 1 期，社址再迁虬江支路 35 号，泰山出版社编辑、发行，时已涨价至每册零售 500 元。同年 2 月 26 日社址再迁威海卫路 357 弄 6 号，改由凯旋出版社出版，同年 5 月 26 日出刊至革新第 15 期时缩减至八版。1948 年社址再迁东宝兴路 218 号，同年 11 月 14 日出刊至革新第 55 期后停刊。1949 年 3 月 18 日复刊，出版第 1 期，由报纸型改为书册型，泰山社编辑委员会编辑，泰山周报社出版，凯旋出版社总发行。内容上也有根本改变，以时政分析为主，"透视和战内幕，分析政治现状"，尤其侧重报道国共两党的"和"与"战"的问题。终刊时间不详，已见出刊至 1949 年 3 月 25 日第 2 期。

2. 上海"文化人的一种挣扎"——《万花筒》

1946年4月3日，《万花筒》在上海创刊，社址位于福州路384弄7号，万花筒周报社编辑、出版、发行，以报道社会新闻、奇闻异事、娱乐消息、名人轶事为主要内容。创刊号上印敏之的《出版文化在风雨飘摇中，一个严重的危机》一文介绍称，抗战胜利后，上海的小型画报一窝蜂冒出来，这便造成了画报业的激烈竞争。首先，白报纸每令成本上涨一万余倍，排印工人工费也涨了七千多倍。成本水涨船高，如果报刊稍加利润卖出，就会造成读者不堪的负担。抗战胜利后一份报纸不过40元，半年多的光景就涨到了100元。纸张的涨价必然导致画报的涨价，画报每次涨价都会导致读者的减少。更有甚者，上海曾出现白报纸断供的现象，画报排版后因没有纸张可印的现象也是屡见不鲜。其次，复员初期，交通阻隔，运输艰难，上海出版的刊物只能在南方小范围发售，不能推向全国各地。再次，物价飞涨更使一般家庭生活难以为继，印刷厂的工人在要求加薪不得的情况下，遂出现罢工怠工的现象。画报业的印刷骤然出现问题，《万花筒》在创刊伊始就只能在无锡排版印刷，再运来上海发行，不但编者颇费周折，而且还增加了运输成本。最后，当时画报多为民营，官僚资本经营的文化出版事业也使民营画报的受着威胁。1945年，上海各机关接收不少敌伪印刷所，那里有现成的机器和原材料，各机关做出版业自然毫不费力。可是，各政府机关的报刊内容又大多是粉饰太平，为自己唱高调，把出版物当作自己的传声筒、政治的敲门砖、仕途的晋级梯，遂演变成了官方独霸出版业的局面。以上各节都是窒息文化出版业的魔掌，包括《万花筒》在内的小型画报在此魔掌下只有停刊一途。

国民政府以申请登记"未获批准"为由，将很多画报扼杀于襁褓之中。如1947年6月，上海《越剧画报》申请登记，被市社会局以"资金不足"为由拒绝①。但是当越剧画报社将资本补足再次呈请登记时仍被拒绝了，该局又以"该报补行登记所具各项证件经核不全"为由再次拒绝②；再如，1947年11月，天津《扶风画报》被内政部以"资金欠充分"为由不予登记③；1948年1月，内政部又以同样的理由同时驳回了《太平画报》《美艺画报》《无线周刊》《人群报》、庐山摄影通讯社、联合新闻社的登记申请，更以"调剂各地新闻纸杂志之数量"为由，令远东新闻通讯社及《维纳丝画报》暂缓登记④。国民

---

① 1947年6月7日《上海市社会局为限期停刊事通知〈越剧画报〉》，上海市档案馆档案 Q6-12-111。
② 1947年6月21日《〈越剧画报〉为补行登记事呈上海市社会局文》，上海市档案馆档案 Q6-12-111。
③ 1947年11月24日《天津市政府社会局为资金欠充分不予登记事致扶风画报社代电》，天津市档案馆档案 J25-3-6139。
④ 1948年1月10日《内政部为〈太平画报〉等六家报刊资金欠充分依法未便登记事致天津市政府函》，天津市档案馆档案 J2-3-8292；1948年1月13日《内政部为〈维纳丝画报〉及远东新闻通讯社暂缓登记事致天津市政府函》，天津市档案馆档案 J2-3-8292。

政府严苛的报刊登记审查制度，极大地打击了画报从业者的积极性。加之战事影响、物价飞涨、物资匮乏等因素的影响，画报业不得不在艰难困苦中挣扎图存。据笔者统计，1947 年全国创刊的画报仅有 27 种，还不到 1946 年的一半。而到了 1948 年，国统区处于经济濒临崩溃边缘，新闻出版业则受到了更为严重的打击。

第二节　逐步加大的政府管控

1945 年 8 月 15 日，日本宣布无条件投降，中国人民抗日战争胜利结束。大量日伪报刊和出版机构需要被接收，随国民政府迁移后方或在敌占区停刊的报刊纷纷迁回、复刊，收复区各大城市新创办的报刊也如雨后春笋般涌现。对国民政府来说，这些报刊亟待加以管理，而当务之急是对日伪报刊的接收。抗战胜利后不久，国民政府向各地派出行政长官的同时，中央宣传部特派员也随同前往。特派员的任务是："（1）筹划恢复国民党在该地之报纸杂志广播事业，并推进其宣传活动；（2）筹划设置新闻及电影等检查机关；（3）会同地方政府接管敌伪新闻出版广播电影及其他文化事业机关，并协助地方政府'肃清'敌伪文化遗毒；（4）协助抗战时期，随政府迁移私人报纸杂志出版及其他文化事业之恢复；（5）指导各该地国民党党部及宣传机关开展宣传工作。国民党中宣部分别派陈训悆赴南京、詹文浒赴上海、张明炜赴平津、王亚明赴武汉，实施接管任务。"①通过大规模接收日伪报刊，国民政府迅速建立起了新的新闻宣传网。

一、新闻法律法规

1945 年 9 月，经国民党中常会通过，国民政府行政院颁布了《管理收复区报纸通讯社杂志电影广播事业暂行办法》，确定了对敌伪、附逆报刊的处置办法，规定了其他报刊的复员办法以及收复区新闻检查的方式。敌伪机关或私人经营的报刊一律查封，财产由宣传部会同当地政府接收管理；附逆报刊由宣传部通知当地政府查封，听候处置；已出版的敌伪及附逆报刊等印刷品，"凡其内容含有敌伪宣传之毒素，违反抗战利益者，经宣传部审查后，应由地方政府予以销毁。"这些被查封的敌伪、附逆报刊所用的机器、房屋等财产，经中央核准后，会同当地政府启封利用。非敌伪或附逆报刊，官方如宣传部、政治部，各级党部、政府在收复区各地沦陷前所办的报刊，迅速在原地恢复出版，"以利宣

---

①　马光仁：《上海新闻史（1850—1949）》修订版，上海：复旦大学出版社 2014 年版，第 990、991 页。

传"；沦陷前的商办报刊，按照如下顺序在原地恢复出版：首先是沦陷后随政府内移继续出版、致力抗战宣传者，然后是沦陷后无力迁地出版，但"其发行人及主持人仍保持忠贞，或至内地服务抗战工作有案可稽"的，经原发行人申请，政府核准后即可复业①。

《管理收复区报纸通讯社杂志电影广播事业暂行办法》颁布后，全国各地画报从业者积极筹备复刊。一般来说，创刊于抗战前、抗战期间停刊的画报比较容易获准复刊。比如在上海，创刊于1936年的《特写》画报于1937年6月停刊，1945年11月正式复刊；在天津，创刊于1936年的《国风画报》于1945年10月、11月分别向天津市政府、社会局呈请复刊，社会局发给登记声请书令其填写，以便转呈内政部办理②。抗战期间创刊于后方的画报，如欲迁至他地继续出版通常也会得到允许。比如1942年创刊于重庆的《联合画报》，在1945年10月呈请迁移至上海发行，获得允准③。但那些在沦陷期间创办，抗战后遭到稽查勒令停刊的画报则很难复刊。比如天津《游艺画刊》创刊于1940年，以"纯以游艺为主干，不载政治言论及其他非游艺性质之消息"为宗旨，在日伪统治期间曾因不配合日伪当局的宣传遭到停刊。为了生存，该刊不得不登载一些符合日伪宣传口径的时政新闻。国民政府接管天津后，《游艺画刊》遂因此被列入停刊名单。

由于来不及重新修订《出版法》，国民政府便继续使用1937年修订的《出版法》及其施行细则，作为新闻出版管理的基础。抗战末期及抗战胜利初期，在重庆、成都、昆明、桂林等地新闻出版界发起的"拒检运动"压力下，国民政府不得不废除了抗战期间出台的《非常时期报社通讯社杂志社登记管制暂行办法》《战时图书杂志原稿审查办法》《出版检查制度办法》等战时新闻出版法规④。国民政府摆出尊重新闻自由的姿态后，各地新闻出版界受到鼓舞，掀起报刊创办的高潮，画报也是如此。比如在上海，1946年1月24日上海市社会局一次就向市政府转呈了69家报刊的登记申请，其中包括《卿云画刊》《好莱坞电影画报》《大都会画报》等画报画刊⑤。根据不完全统计，1945年8月到12月，全

---

① 1945年9月27日《行政院为抄发〈管理收复区报纸通讯社杂志电影广播事业暂行办法〉事训令天津市政府（附〈管理收复区报纸通讯社杂志电影广播事业暂行办法〉）》，天津市档案馆档案 J25-3-397。

② 1945年10月22日《张化南为请准予〈国风画报〉复刊事呈天津市政府文》，天津市档案馆档案 J25-3-6063；1945年11月17日《张化南为准予〈国风画报〉复刊事呈天津市政府社会局文》，天津市档案馆档案 J25-3-6063；1945年12月18日《天津市政府社会局为检发新闻纸杂志登记声请书事通知国风画报社张化南》，天津市档案馆档案 J25-3-6063。

③ 1945年10月26日《联合画报社为沥陈变更登记事致上海市社会局函》，上海市档案馆档案 Q6-12-149；1945年12月12日《联合画报社为请求出具证明文件事致上海市社会局函》，上海市档案馆档案 Q6-12-149。

④ 《非常时期报社通讯社杂志社登记管制暂行办法》（1943年4月15日公布施行），载刘哲民编：《近现代出版新闻法规汇编》，上海：学林出版社1992年版，第499—502页。

⑤ 1946年1月24日《上海市社会局为〈世界晨报〉等六十九家申请书转咨事呈上海市政府文》，上海市档案馆档案 Q1-6-695。

国仅有 18 种画报创办，而到了 1946 年，这一数字则增至 76 种。

二、注册登记

按照《管理收复区报纸通讯社杂志电影广播事业暂行办法》的规定，收复区报刊需在政府正式接收日起一律重新登记，经政府核准后出版①。在收复初期各地政府机关尚未恢复的时候，报刊登记事宜均由中央宣传部特派员办公处办理，比如 1945 年 11 月北平《生活画报》创刊，即先向中央宣传部平津区特派员办公处核准，然后才向北平市社会局提交登记声请书②。全国各地方政府机构恢复后，便重新接管该项事宜。平津区特派员办公处于 1946 年 1 月结束所有经办事宜，此后报刊登记事宜便转由当地政府负责办理③。在此基础上，报刊还需凭登记证向邮政机构申请挂号，因为"邮局递寄，必须凭证挂号，如邮局未能挂号认为新闻纸类，则所耗邮资损失殊巨"④。

按照 1937 年修订颁布的《出版法》，地方官署将声请书转呈省政府或直隶于行政院之市政府核准后，报纸杂志即可发行，而无须等待内政部批准。1946 年 7 月宣传部致各省市政府及党部的电文中说得很清楚："查新闻纸或杂志之声请登记，其经由所在地省市政府机关核转登记者，依照《出版法》第九条之规定，即可准其发行，业经本部及内政部分别通函各省市政府及党部查照在案。"⑤内政部在 8 月份给天津市政府的公函中也明确说道："查新闻纸、杂志声请登记，依法应呈经省政府或直隶行政院之市政府核准后始得发行，同时并应由省政府或直隶行政院之市政府转请本部给证，方为登记手续之完成"⑥。这在画报的登记注册中一定程度上得到了执行。比如天津《小扬州画报》在 1946年 8 月开始向天津市社会局声请登记，10 月份天津市政府向内政部咨文核转。《小扬州画报》于 10 月 22 日发行了第 1 期，但是内政部因认为"小扬州"之名与天津不符，并没有同意发给登记证，而是令其改名，直到 3 月份，内政部才为由《小扬州画报》改名而来的《天津画报》填发了登记证，也就是说，《小扬州画报》经天津市政府核准并转呈内政部

---

① 1945 年 9 月 27 日《行政院为抄发〈管理收复区报纸通讯社杂志电影广播事业暂行办法〉事训令天津市政府（附〈管理收复区报纸通讯社杂志电影广播事业暂行办法〉）》，天津市档案馆档案 J25 - 3 - 397。

② 1945 年 11 月 29 日《生活画报社为〈生活画报〉声请登记事呈北平市社会局文（附〈登记新闻纸杂志声请书〉）》，北京市档案馆档案 J2 - 4 - 307。

③ 1946 年 1 月 21 日《中央宣传部平津区特派员办公处为继续办理新闻纸杂志登记事致天津市政府函（附〈新闻纸杂志登记声请书〉式）》，天津市档案馆档案 J2 - 3 - 8258。

④ 1946 年 11 月 5 日《张一渠为发行〈儿童知识画报〉及〈儿童故事月刊〉请求核准登记并发给邮递许可证事呈上海市社会局文》，上海市档案馆档案 Q6 - 12 - 74。

⑤ 1946 年 7 月 16 日《中国国民党北平特别市执行委员会为准〈晴雨画报〉发行事致北平市社会局函》，北京市档案馆档案 J2 - 3 - 905。

⑥ 1946 年 8 月 13 日《内政部为未经呈准登记擅行发行之新闻纸杂志应即依法严行取缔事致天津市政府函》，天津市档案馆档案 J2 - 3 - 8261。

后，即开始发行，但直到半年后才以《天津画报》之名领到登记证①。此外，对于已经声请登记的画报，如需向邮政局提供证明文件，国民政府也会予以配合。比如 1946 年 3 月，尚未领到登记证的大华图画杂志社接到上海邮政管理处的函件，催促其迅速持证明文件到邮局登记，否则将停止刊销。大华图画杂志社因此向上海市社会局呈请，社会局如其所请发给了证明书②。

看起来此时国民政府对于报刊登记持宽容态度，但这只是表面现象。1946 年 6 月全面内战爆发后，报刊舆论成为看不见的战场。按照内政部的说法："抗战胜利结束后，各地报社、通讯社、杂志社纷纷设立，多未经呈准登记擅自发行，而不良分子更乘机歪曲事实，制造谣言，煽惑人心，阻挠建国工作之进行，应即严行查禁，以杜流弊。嗣后凡未经呈准登记擅行发行之新闻纸、通讯社、杂志，应依照《出版法》第二十六条之规定停止其发行。"③面对大量涌现的报刊，国民政府充满了惶恐和警惕，因此对报刊的登记总体上持保守态度，施行了更加严格的审查管控。

（一）党务部门介入报刊登记审查

国民政府对报刊登记的严格管控，一个最明显的表现就是各地党部和国民党中央宣传部介入报刊登记注册的审查。以天津《北戴河》画报的登记过程为例，1946 年 7 月 28 日发行人曹养田向天津市政府社会局递交呈文和登记声请书，然后天津市政府社会局填具意见，认为与《出版法》及施行细则"尚无不合"，在 9 月份将曹的呈文和登记声请书转呈天津市政府。市政府加具复核意见，然后将呈文和声请书转函中国国民党天津特别市执行委员会。后者加盖官章，并函送市政府复核意见："声请登记尚无不合，应准核转。"市政府据此转咨内政部"查照核办"，这时候已经是 10 月 5 日了。内政部收到咨文后，在与国民党中央宣传部会核后，准予登记，填具登记证，11 月 6 日函转至天津市政府，并令"转饬依法按期将刊物径寄本部警察总署备查"。12 月 3 日天津市政府将登记证转发社会局；国民党中央宣传部还将会办意见转给了中国国民党天津特别市执行委员会，12 月 9 日，中国国民党天津特别市执行委员会致函天津市政府，告知中央宣传部意见。12 月 11 日，天津市政府社会局通知北戴河杂志社领取登记证。整个登记过程共耗时

---

① 1946 年 8 月 10 日《沈健颖为〈小扬州画报〉声请登记事呈天津市政府社会局文》，天津市档案馆档案 J25-3-6130；1946 年 11 月 28 日《天津市政府社会局为应更改名称事通知小扬州画报社》，天津市档案馆档案 J25-3-6130；1947 年 3 月 21 日《内政部为送〈天津画报〉登记证等事致天津市政府函》，天津市档案馆档案 J2-3-7690。

② 1946 年 4 月 6 日《上海市社会局为证明已依法办理登记手续事致人民世纪周刊社等三家证明书》，上海市档案馆档案 Q6-12-19。

③ 1946 年 8 月 13 日《内政部为未经呈准登记擅行发行之新闻纸杂志应即依法严行取缔事致天津市政府函》，天津市档案馆档案 J2-3-8261。

4 个多月①。

从《北戴河》画报登记注册的过程中可以看到，党务部门始终参与其中，与社会局、省市政府新闻处共同担负审查报刊登记事项的责任。上海当局为了落实这种共同责任，于 1946 年 12 月成立了由上海市党部、市府新闻处及社会局等三个机关人员组成的报刊审核小组。凡申请创办的报刊，都要由社会局核转至该小组审核，审核的内容包括"一、发行旨趣及计划；二、资金数目及来源；三、发行人、编辑人之资历及背景；四、发行所地址及设备状况；五、印刷所地址及订约内容"，该小组每周开会一次②。在登记审查过程中，党务部门的意见可以决定报刊登记的成败。比如 1947 年 1 月天津《精华画报》的登记申请即被驳回，原本天津市政府根据社会局的考查，认为"于法尚无不合"，便咨转中国国民党天津特别市执行委员会，但后者派员前去调查后，发现"该报声请人刘超赴平，津地无人负责"，所以"碍难咨转"，退还了登记文件，天津市政府便据此驳回了精华画报社的登记申请③。1947 年 6 月，国民政府宣称"准备行宪"，弱化国民党在新闻统制活动中的作用。内政部宣布经国民党中央宣传部"函请"，决定取消全国新闻纸、杂志登记给证事宜应由内政部及各省、市、县政府"与中央宣传部及各该同级党部会核办理"的制度，"嗣后关于该项新闻纸、杂志登记事宜，应即由政府机关单独办理"④。但实际上，这是因为国民党的党务宣传部门将主要的精力放在新闻检查、报刊查禁上去了。

（二）寓新闻检查于强化登记制度

1946 年 7 月，国民党中央宣传部和国民政府内政部会同制定了所谓"改善报纸杂志登记办法"两条："一、凡声请登记之新闻纸、杂志，经省政府或直辖于行政院之市政府

---

① 1946 年 7 月 28 日《曹养田为〈北戴河〉杂志声请登记事呈天津市政府社会局文》，天津市档案馆档案 J2－3－8275；1946 年 9 月 5 日《天津市政府社会局为北戴河杂志社声请登记事呈天津市政府文（附新闻纸杂志登记声请书）》，天津市档案馆档案 J2－3－8275；1946 年 9 月 13 日《天津市政府为北戴河杂志社登记查核事致中国国民党天津特别市执行委员会函》，天津市档案馆档案 J2－3－8275；1946 年 10 月 5 日《天津市政府为北戴河杂志社声请登记事致内政部咨暨指令社会局》，天津市档案馆档案 J2－3－8275；1946 年 11 月 6 日《内政部为转发〈北戴河〉杂志登记证事致天津市政府函》，天津市档案馆档案 J2－3－8275；1946 年 12 月 3 日《天津市政府为转发〈北戴河〉杂志登记证事训令社会局暨复内政部函》，天津市档案馆档案 J2－3－8275；1946 年 12 月 9 日《中国国民党天津特别市执行委员会为抄送北戴河杂志社登记证号码事致天津市政府函》，天津市档案馆档案 J2－3－8275；1946 年 12 月 11 日《天津市政府社会局为具领登记证等事致北戴河杂志社代电》，天津市档案馆档案 J25－3－6081。
② 1946 年 12 月 16 日《上海市社会局为召开报刊审核小组会议事致上海市政府新闻处函》，上海市档案馆档案 Q431－1－341。
③ 1947 年 1 月 25 日《天津市政府为检还〈精华画报〉登记声请书事训令社会局》，天津市档案馆档案 J25－3－6081。
④ 1947 年 6 月 27 日《内政部为取消全国新闻纸杂志登记与各级党部会核制度事致天津市政府函》，天津市档案馆档案 J2－3－8283。

核转后即可准许发行，但有特别情形或以《出版法》第二十一条所列情形为立场者，应不予核转，限制其发行并咨报内政部备查。二、各级党部及政府对于新闻纸及杂志之登记案件应随时办理，不得积案汇转。"①《出版法》第二十一条即出版品的禁载事项，包括"意图破坏中国国民党或违反三民主义者""意图颠覆国民政府或损害中华民国利益者""意图破坏公共秩序者"②。因此"改善办法"的第一条可以说是为共产党"量身定做"的。比如北平的《解放日报》和新华社提出登记申请后一直没能获准，随后被以"未经呈准登记"为由勒令停刊查封③。同年 10 月，内政部发出通令，对擅自发行的出版物严行查禁。对曾获准出版的报刊，也要重新登记，换发新登记证。同年 11 月北平《大陆画报》申请登记，由京华美术学院院长邱石冥致函北平市政府社会局，证明其发行人孙鸿藻思想纯正，画报的内容宗旨也没有问题，北平市社会局还派员对大陆画报社进行了验资，并取得北平市银行等三家银行的证明④。

为此，1946 年 10 月，上海新闻文化界对国民政府利用登记制度扼杀报刊、摧残新闻自由的反动措施，提出了强烈抗议："当局查禁书刊的唯一理由，就是说这些刊物未经登记核准，不合法。但是事实上，目前任何刊物""都是依法办理登记手续，然后出版的"，而主管机关"却故意延搁不办"，"试问，人民办刊物依法申请登记，当局延不核准"，"又把它列入黑名单，用宪警力量来加以阻挠和打击，似此情形，违法的究竟是谁？"⑤但国民政府置若罔闻，为了确保审查的全面性，同年 12 月，内政部更规定，所有 1946 年 7 月以前经核准登记给证的报刊，一律换领新的登记证⑥，重新接受审查。1947 年 4 月，天津《明星画报》申请登记，天津市社会局对发行人郝伯珍的思想背景调查的结果是："查声请人郝伯珍于事变前曾任《大公报》记者，思想纯正，并有《新时报》采访主任王鹤亭（即《宇宙画报》主编）来函证明。复经调查福兴运输汽车行亦无其他背景。所请登记拟予呈转。"⑦同时，郝伯珍还提交了《宇宙画报》主编王鹤亭的证明函："兹查《明星画

① 1946 年 7 月 29 日《天津市政府为准天津市党部改善报纸杂志登记办法事训令社会局》，天津市档案馆档案 J25-3-397。
② 1937 年《修正出版法》，引自张静庐辑注：《中国近现代出版史料·现代丙编》，上海：上海书店出版社 2003 年版，第 491 页。
③ 黄河编著：《北京报刊史话》，北京：文化艺术出版社 1992 年版，第 182 页。
④ 1946 年 11 月 7 日《京华美术学院院长邱石冥为证明孙鸿藻发行〈大陆画报〉内容宗旨事致北平市政府社会局函》京 J2-4-494；1947 年 1 月 5 日《北平市政府社会局第四科科长萧志超为大陆画报社验资事签呈领导文》，北京市档案馆档案 J2-4-494。
⑤ 《上海杂志界联谊会致政协第三方面代表备忘录》，《民主》1946 年 10 月 31 日第 2 卷第 3、4 期合刊。
⑥ 1946 年 12 月 3 日《内政部为规定新闻纸杂志清查换证办法请查照公告转饬办理事致天津市政府函》，天津市档案馆档案 J2-3-8257。
⑦ 1947 年 4 月 16 日《天津市政府社会局蒋明德调查郝伯珍思想背景情况汇报》，天津市档案馆档案 J25-3-6137。

报》发行人郝伯珍思想纯正，用特证明，即希查照为荷。"①在如此严格的管控下，与国民党持不同政见的画报根本不可能获准登记，而已经发行者便会被以未登记为由加以查禁。

1947 年 5 月，内政部下令修改了登记声请书中的登记事项，尤其是关于创办人、编辑人的身份、经历的信息，规定"是否党员及党证字号"一栏修正为"党籍或参加团体"；"考查""复核"两栏，应请尽量详细填具意见；"举凡该新闻纸、杂志社之政治关系、社会背景、发行人、编辑人品性、有无嗜好、曾否受过处分等有关事项，均应详查填列"②。登记声请书中填列的内容都要经过审查，资金要接受核验，发行人、编辑人的身份都要经过核实，而且资金、发行人的思想背景都要提供证明。其实这在此前就已经实际执行了。

（三）控制纸张供应

抗战结束后，中国逐步入一个物资奇缺，百物腾贵，物价飞涨的经济困难时期，这从当年的画报中也可窥见一斑。这一时期的画报多采用劣质的新闻纸、粗糙的印刷技术；以文字为主，少有图片，更罕见彩色图片；多为寒酸的 16 开本小画报。这与抗战前图文并茂、印刷精美的 8 开大画报相比，真有天壤之别。这一现象的出现与国民政府控制纸张供应不无关系。

纸张是报刊生存的必需品，战后国统区物资奇缺，物价飞涨，纸张供应尤为突出。于是，国民政府便通过控制纸张供应，迫使一些民营报刊就范。他们首先对国产纸实行配给制。1947 年 4 月，中宣部通令全国各地报刊一律减缩篇幅。上海、南京的报纸"原为 3 大张以上者，缩为 3 大张"，其余"依次减半张"，其他地区的报纸"以 2 大张为最高额"，低于 2 张者"自由减缩"。国民政府对纸业商户也实行库存限量。

1947 年 9 月，国民政府在全国新闻出版业内开始施行《新闻纸杂志及书籍用纸节约办法》，对报刊的篇幅、用纸进行了严格的限制，比如规定原在一张以上的报纸应减为一张，原在二张以上的不得超过二张；新闻纸、杂志应尽量采用国产纸张。"无充分资金、固定地址之新闻纸、杂志，并应严格限制其登记"，同时赋予内政部"根据事实需要，酌量调剂各地新闻纸、杂志之数量"的权力③。在通货膨胀、货币贬值的背景下，这个办法对于日益艰难的报刊业来说无异于雪上加霜，一是新创办的画报极难得到批准，二是存续期间的画报面对飞涨的纸价更是苦不堪言。《永安月刊》编者曾撰文称："以后

① 1947 年 4 月 14 日《王鹤亭为证明郝伯珍思想纯正事致天津市政府社会局文化科朱股长函》，天津市档案馆档案 J25－3－6137。
② 1947 年 5 月 9 日《天津市政府为修正新闻纸杂志登记声请书事训令社会局》，天津市档案馆档案 J25－3－6182。
③ 刘哲民编：《近现代出版新闻法规汇编》，上海：学林出版社 1992 年版，第 513 页。

金属版和纸张陆续地昂贵起来,《永安》还不肯随便把这个制版问题苟且了事,勉强维持着原状好一个时期。直到后来,物价如脱缰的野马,出版物不能像野马一样追上去,《永安》恐怕也同其它刊物一样,太'不胜'亏耗了,于是铜图数量由丰富而减少。本来用以印刷铜图的纸,也由铜版纸而米色道林纸而报纸了。这是在物质条件压迫下,任何刊物是无法可以改善的,也是无可非难的。"①为了应对纸价的飞涨,平津报业还曾联合提高报刊价格:"迩来报纸价格飞涨不已,每令达一百四十万元,同业等为维持继续出版起见,经共同议定,自十二月十五日起共同调整报价,计无论方型本或长型本,每册均改售国币五千元,尚祈各地读者谅察是幸!"②为了能够抢到纸张,《艺海画报》"天天派人到纸行去购买,有时跑了整天,毫无收获,或者偶然轧到一二百张,又无补于事呢!"再加上"制版费在下月有提高折扣之说,又听说印刷所的油墨也成问题了,一切真够使我们伤脑筋"。在这严峻的形势下,"乐观的想法,这现状可能在短时期内就克服的,但又何尚能够不悲观的想到竟停刊在缺乏材料上"③。随着物价飞腾,画报调价也成了一种常态。一方面画报社要预算成本追赶物价,另一方面又要考虑读者的购买力而有所顾忌。但由于物价从一月一涨迅速发展到一日一涨,而画报的基本订户通常是预订全年 12 期,一次性交款,这就出现了订户越多报社亏累越多的尴尬局面。于是,很多画报不堪物价重负而最终只得败下阵来,宣告停刊。

1948 年 1 月,行政院颁布了《非常时期取缔日用军需物品囤积居奇办法》,把纸张列为囤积取缔物品,严格限定纸商库存数量,最高量为"民国三十六年度全年总销数之四分之一","自备外汇进口之白纸","一律呈社会局批准"。7 月 24 日,上海市政府社会局奉内政部令,通告"各报纸、杂志及通讯社,自即日起按期将刊物检呈内政部及社会局查考,以凭核办,如于三个月内不呈缴刊物备查者,即视为废止发行,报请注销登记"④。此时,国统区经济濒临崩溃边缘,新闻出版业受到了更为严重的打击。在这种情况下,国统区新登记的画报大多无力正常出刊,有很多画报因此被撤销登记。比如 4 月份北平市社会局因逾期未发行将《黄河画报》《科学知识》《新路》《每周评论》撤销登记,8 月份又以同样的原因将《新东方画报》《建国评论》《经济导报》《小学生》《建国杂志》撤销登记⑤。能够勉强维持的画报,也不得不压缩篇幅以节省成本。比如同年 10 月北平《大陆画报》就曾向北平市政府呈请准予改为季刊:"现因纸价较昂,节约期

① 黄觉寺:《漫谭画报——从〈永安〉百期想起》,《永安月刊》1947 年 9 月 1 日第 100 期。
② 《平津画报业联合调整报价启事》,《星期六画报》1947 年第 83 期。
③ 《我们的报告》,《艺海画报》1948 年 10 月 29 日第 5 期。
④ 《新闻纸杂志刊物应按期检呈查考》,《申报》1948 年 7 月 25 日。
⑤ 1948 年 4 月 21 日《北平市政府社会局为逾期未发行应予撤销登记事通知黄河画报社等四报刊社》,北京市档案馆档案 J2‐4‐664;1948 年 9 月 27 日《北平市政府社会局为发行逾期予以撤销登记事通知新东方画报社等五报刊社》,北京市档案馆档案 J2‐4‐664。

间，市面纸张缺少，兼之印刷费用开支较增，兹经本社同人议决，本报既系辅导教育文化性质，应呈请准予暂改为季刊。"①

曾经参与创办《时代》画报、《时代漫画》、《时代电影》、《万象》、《声色画报》、《见闻》的"海上才子"邵洵美，曾撰文描述了当年中国报刊界的困窘："胜利以来，百物腾贵，纸张较战前涨到五百多万倍……譬如最近杂志或定期刊物的出版者，便一再请求配给报纸，经过了几个月的交涉，到现在还没有获得结果。出版界新出现的怪现象，于是有'出版的配不到报纸，配到报纸的不出版'！"因此，他提出"其实，直截了当，根本不必配给什么官价报纸，只要准许自由输入纸张，那么，一切便尽够公允了。大家本来要的是自由，并不是什么额外的恩典！"文章最后更表达了对国民政府的不满情绪："总之，只要有一天政府对文化真正注意了，一切措施不再是慈善家捐款式的态度，不再是让几个人发财的变相特别费，人们便自会重视文化，出版事业也自会走上轨道。否则，中国的出版事业，总有一天会变得像在女儿国卖阳性荷尔蒙，谁再有这种需要？"②邵洵美提出的改善出版界措施，前线节节败退的国民政府显然无暇顾及。随着国民党大陆统治的日趋溃败，中国近代画报业也无可挽回地陷入低谷。

三、新闻检查

抗战期间，国民政府施行严格的新闻出版检查制度，所有报刊书籍都要接受原稿审查。抗战胜利后，以黄炎培拒绝送检《延安归来》为开端，新闻出版界掀起了声势浩大的"拒检运动"，给国民政府造成了巨大的国内国际压力③。抗战胜利后，虽然国统区宣布废除新闻检查，但是包括平、津、沪等报刊业集中地区在内的广大收复区却被视为军事戒严区，仍保留新闻检查制度。比如在上海，国民党军事委员会新闻检查局于 8 月 28 日设立了新闻检查所，次日便对各报实施新闻检查④。在北平，国民党第十一战区北平前进指挥所成立了北平新闻临时检查处，自 9 月 23 日起对北平所出版的报刊进行检查，检查方式仍是抗战时期的原稿检查，并且规定了多达十一条的禁载事项⑤。9 月份颁布的《管理收复区报纸通讯社杂志电影广播事业暂行办法》中明确规定，收复区的报刊在地方尚未完全平定以前应由当地政府施行检查，各地的新闻检查工作受宣传部的指导，并由宣

---

① 1948 年 10 月 4 日《孙鸿藻为〈大陆画报〉改为季刊事呈北平市政府社会局文》，北京市档案馆档案 J2-4-494。
② 邵洵美：《出版事业在中国》，《申论》1948 年第 1 卷第 1 期。
③ 黄昌林：《拒检运动与新闻自由》，成都大学学报（社会科学版）2008 年第 5 期。
④ 马光仁：《上海新闻史（1850—1949）》修订版，上海：复旦大学出版社 2014 年版，第 1035 页。
⑤ 黄河编著：《北京报刊史话》，北京：文化艺术出版社 1992 年版，第 169—171 页。

传部派员协助地方政府办理①，将收复区的新闻检查以法规的形式确定了下来。

国民政府这种欺骗性的做法激起了新闻出版界更为强烈的反应，在这样的形势下，国民政府不得不做出支持新闻自由的姿态。但是事实证明国民党当局又一次玩弄了"说一套做一套"的手段，一方面以报刊登记审查制度代替新闻检查制度，另一方面在《出版法》规定的监管体系之外"另起炉灶"，以行政手段强制推行新闻管控。比如天津市在1946年12月成立了天津市出版物检讨委员会，专门负责审查市内所有出版物的内容②。此外，国民党当局仍令报刊出版后向各机关呈缴，且增加了呈缴机关的数量。比如1947年5月天津市政府社会局通知天津画报社需要呈缴的机关包括市政府新闻处、市党部、中央宣传部、内政部、警察总署、国立图书馆、立法院图书馆③，比1937年《修正出版法》的规定多出了两个机关。

事实上，各地的新闻检查都是在省市政府和党务部门共同主导下，由社会局、警察机关、教育部门等机构具体执行的持续性行为，废除了程序规范的新闻检查制度，恰恰给他们创造了机会，可以通过行政命令简单粗暴地进行报刊查禁。这种查禁是全方位的，甚至会在报刊的销售渠道进行围剿。比如1947年3月，上海市社会局曾经向彩印业同业公会发出训令："近查本市常有违禁刊物发现，亟应予以取缔。自后凡有违反《出版法》第二十一条及第二十二条各项规定之刊物，该业概不得代为承印，以重法纪。"④

国民政府对于报刊是否"违禁"的标准，既有程序上的，也有内容上的，而后者是决定性的因素。就画报而言，国民政府查禁的重点有三：

一是未登记而擅自发行的画报。按照《出版法》或宣传部、内政部的规定，所谓未登记者，指未曾呈请登记，或者已呈请登记而未奉省市政府核转的，但是实际的执行中存在着很大的随意性和地方差异。在收复初期，为了尽快掌控住舆论宣传，国民政府并没有遵循这一原则。比如1945年12月3日，国民党中宣部平津特派员办公处颁布了《取缔北平市不合法报纸通讯社杂志刊物临时办法》，规定凡未经中宣部及内政部核准出版或复刊的报纸、杂志，一律自行停止，否则即勒令停止发行；印刷商店须经社会局批准后才能代印报刊，否则即便所印的是合法报刊，也要受到停业查封的处分；出版物应到北平市

① 1945年9月27日《行政院为抄发〈管理收复区报纸通讯社杂志电影广播事业暂行办法〉事训令天津市政府（附〈管理收复区报纸通讯社杂志电影广播事业暂行办法〉）》，天津市档案馆档案J25-3-397。
② 1946年12月3日《天津市教育局职员曹明贤为报告参加社会局审查各游艺画刊会议情形事签呈科长转呈局长文》，天津市档案馆档案J110-3-2177。
③ 1947年5月28日《天津市政府社会局为将出版物呈缴法定机关事致天津画报社代电》，天津市档案馆档案J25-3-6130。
④ 1947年3月1日《上海市社会局为规范刊物承印事训令彩印业同业公会》，上海市档案馆档案S103-1-34。

社会局登记转呈中央核准，未领到核准证的一律不得发刊发稿。根据这个办法，包括《国粹画报》《红叶》《海风》《妇女生活》《戏世界画报》等画报在内的大批报刊被禁止出版。北平市政府仅批准了少量国民党正式言论机关的刊物，其他报刊先一律查禁，然后再逐个登记审查①。

1946 年后，国民政府被迫施行表面宽松的新闻出版政策，报刊登记程序也是如此，但是政策的执行上有明显的地区差异，比如上海的政策就要比北平、天津严格得多。1946 年 5 月 31 日，就在国民党发动全面内战前夕，上海市政府通过了一项市政会议决议，规定"凡未登记之杂志，限即日停刊，并列单通知书摊业、报贩业禁止代售，违则严办"②，此时所谓"未登记之杂志"仍然仅限于未呈请登记或未经社会局、市政府核转者。6 月 24 日，上海市社会局向书商同业公会下达了禁止代售未登记报刊的训令，并附有一份名单，名单内的报刊都被认定是已登记报刊，不必查禁③。但是仅仅两天后，上海市警察局就发布训令，称根据上海市政府训令，"嗣后未经中宣部核准登记之报纸刊物不许先行出版"，所以取缔一批"未经中宣部核准应令即日停刊之杂志"，共计 86 种，其中画报 16 种，有 10 种都在 24 日社会局所列名单中④。7 月，上海市警察局又发布训令，再次强调"各种刊物凡未经中央登记核准擅自发行，皆应依法严禁"，令各分局长"逐日派员至管区各书报摊严密检查，务期彻底禁绝"⑤。

尽管上海市当局如此规定，"未经中央核准登记"而发行的报刊仍大量存在，因为这是符合《出版法》规定的，当局难以禁绝。事实上 1946 年上海市有大量报刊发行，仅画报就有近百种之多。如果画报被以未登记的理由查禁，往往还会伴随着其他方面的原因。比如 1946 年 6 月国民党中央执行委员会宣传部向上海市政府发出公函称："查上海市发行之《香海画报》，内容多刊载诲淫及低级趣味之文字，不仅浪费物力，抑且有伤风化，该刊如未依法呈请登记，似应予以取缔。"上海市政府据此训令上海市警察局、社会局："查该报并未完成登记手续，且所刊文字有碍风化，应予取缔，并将本市其他未登记之刊物一律禁止发刊。"⑥从《香海画报》被查禁的过程来看，国民党中央和上海地方党政部门更为在乎的是其内容"有伤风化""浪费物力"，6 月上海市政府的训令印证了这一点："所有未完成登记手续之刊物（指一般黄色新闻刊物），应即依照本府三十五年五月

---

① 黄河编著：《北京报刊史话》，北京：文化艺术出版社 1992 年版，第 169—171 页。
②④ 1946 年 6 月 26 日《上海市警察局为取缔未完成登记手续刊物事训令各分局》，上海市档案馆档案 Q156-3-2。
③ 1946 年 6 月 24 日《上海市社会局为禁止代售未经核准之报刊杂志事训令书商业同业公会》，上海市档案馆档案 S313-1-156。
⑤ 1946 年 7 月 20 日《上海市警察局为查禁未经核准登记擅自发行刊物事训令各分局》，上海市档案馆档案 Q156-4-58。
⑥ 1946 年 6 月 14 日《上海市政府为取缔〈香海画报〉事训令社会局》，上海市档案馆档案 Q6-12-83。

三十一日市政会议决议，凡未登记之杂志，限即日停刊，并列单通知书摊业、报贩业禁止代售，违则严办。"①在这个训令中，上海市政府在"未完成登记手续之刊"之后加了一个限定条件即"指一般黄色新闻刊物"。可见所谓未曾登记并非取缔画报的必要条件，而只不过是一个方便的理由而已。

二是登载黄色、迷信、虚假内容和"有伤风化"的画报。画报本来容易偏向于娱乐性，在国民党当局的严格审查下，为避免查禁的风险，更容易走向娱乐至死的极端，出现大量"有伤风化"的内容。在上海，这类画报在 1946 年已经"风起云涌"，以至于"画报读者均为其所诱"，影响了其他画报的销路②。画报中海淫海盗内容非常猖獗，有的"专以弯曲言论而借端敲诈"，有的"专采取社会桃色新闻及男女猥亵琐事加以渲染哄传"，对社会造成了极为不良的影响。1946 年 6 月，有一上海市民为此专门向上海市政府进言，请求严厉取缔此类刊物③。天津的报刊也一味迎合读者的低级趣味，市面上充斥着粉色新闻报刊。1946 年 11 月，社会局新闻纸检讨委员会曾指出："游艺画报内中文字，除描述剧艺人生活及粉色新闻而外，殊少有价值论著。兹查此项刊物登记日多，而上海出版者更纷来本市销售，充满书坊报摊，于社会风气不无影响。"为此其拟定了相应的措置办法④。1947 年，李逊梅在呈请登记《美艺画报》时说，"近日市上所售之刊物黄色充斥，不堪寓目，而科学文艺刊物又因风格较高，不为读者所欢迎"，所以他想创办一种格调不那么低下又能吸引读者的画报，"以折衷办法创刊《美艺画报》，内容以提倡美术与文艺为主，浅鲜易解，导引读者眼光向上，俾补助社会文化教育之不及焉"⑤。

由此可见，李逊梅所谓的"黄色报刊"在社会上已经成为一种风气。其实对国民党当局来说，这类报刊可以使民众远离政治，因此管控并不严格，这是这类报刊大量出现的主要原因。但是既然已经遭到了一些有识之士的反感和抵制，国民党当局也就不得不做出管控的姿态。作为"黄色报刊"的重灾区，上海市出台了一些针对性的政令。比如1946 年 6 月，上海市政会议通过警察局局长的提案，决议除了未登记杂志禁止代售外，已登记之杂志"不得刊载海淫海盗之文字及图画，一经查出，即依法严予处分"。社会局为此训令书商业同业公会，已登记之杂志"如有刊载海淫海盗之文字及图画并须随时注

① 1946 年 6 月 26 日《上海市警察局为取缔未完成登记手续刊物事训令各分局》，上海市档案馆档案 Q156-3-2。
② 1946 年 8 月 14 日《中国生活出版社为〈生活画报〉再次声请登记事呈上海市社会局文（附新闻纸杂志登记声请书及上海市社会局报纸通讯社杂志申请登记调查表）》，上海市档案馆档案 Q6-12-24。
③ 1946 年 6 月 11 日《上海市警察局为取缔海淫海盗小型报刊事训令各分局（附抄发原意见书）》，上海市档案馆档案 Q155-4-77。
④ 1946 年 11 月 13 日《天津市政府社会局新闻纸检讨委员会限制本市游艺刊物及画报措置办法》，天津市档案馆档案 J25-3-6056。
⑤ 1947 年 8 月 11 日《李逊梅为〈美艺画报〉声请登记事呈天津市政府社会局文》，天津市档案馆档案 J25-3-6139。

意检举"①。1946 年 6 月 11 日，上海市警察局向各分局发布了训令，要求各分局长"对于各小型刊物严密注意，如发现载有内容不正或诲淫诲盗等文字应随时呈报核办"②。在实际执行中，上海市往往将黄色画报的查禁与对未登记报刊的查禁相结合，前文已经述及，此处不再重复。

在其他城市，对"黄色画报"的管控也是画报管理的一项重要内容。1946 年 12 月 3 日，天津市政府社会局专门召开审查各游艺画刊内容的会议，对于游艺刊物的登记，会上定下的原则是"游艺刊物登记问题——尚可继续登记，然内容以有助社教工作为原则"。正是这次会议做出了组织天津市出版物检讨委员会的决定。该委员会每两星期开会一次，专门处理"本市现有之出版物之内容，如有妨碍社会进展、诲盗诲淫之刊物，即令其停刊"③。对于已经出刊的画报，如果其内容涉及黄色内容，社会局有监督的责任。比如 1947 年 4 月，北平市社会局在调查了《联美画刊》后，认为该刊"内容偏重于软性文字及黄色新闻，实有消沉青年之意志可能，拟饬其迅改作风，充实内容"，该意见由北平市社会局局长、北平市党部主任委员核定后下发④。天津《宇宙画报》1947 年 8 月因刊登迷信内容而受到社会局警告，10 月份又因刊登了"文字近于性史"的小说，被社会局依据《出版法》第二十二、三十四条的规定，勒令停刊三月。社会局的这项处罚，是呈请天津市政府饬令天津市警察局执行的⑤。

到了解放战争后期，随着纸张等原材料供应更加紧张，对黄色画报的查禁已经成为节省纸张的手段。1948 年，上海曾经有人以节约纸张为目的，向当局提出了加紧取缔黄色报刊的建议："因市上近来有些书刊杂志，以及少数报纸，多刊载不堪入眼的黄色新闻，虽受一般下层阶级所欢迎，但其实无益而有害非浅。当局过去曾取缔这批刊物，但暗里偷售的仍未根绝，这纸量的无谓消耗，当不在少数。其节制之唯一方法，就是希望当局加紧取缔那些不合格之书刊，将有益之杂志书刊由当局设法保存，但须缩短篇幅。"⑥直到上海解放两个月前的 1949 年 3 月，国民政府还以"违法刊载诲淫文字"为

① 1946 年 6 月 24 日《上海市社会局为禁止代售未经核准之报刊杂志事训令书商业同业公会》，上海市档案馆档案 S313-1-156。
② 1946 年 6 月 11 日《上海市警察局为取缔诲淫诲盗小型报刊事训令各分局（附抄发原意见书）》，上海市档案馆档案 Q155-4-77。
③ 1946 年 11 月 29 日《天津市政府社会局为开会审查各游艺画刊内容函请届时派员出席事致市政府新闻处等函》，天津市档案馆档案 J25-3-6065；1946 年 12 月 3 日《天津市教育局职员曹明贤为报告参加社会局审查各游艺画刊会议情形事签呈科长转呈局长文》，天津市档案馆档案 J110-3-2177。
④ 1947 年 4 月 1 日《〈联美画刊〉出刊状况调查审核表》，北京市档案馆档案 J2-4-350。
⑤ 1947 年 8 月 13 日《天津宇宙画报社张北侯为本社不再刊登迷信稿件事呈天津市政府社会局文》，天津市档案馆档案 J25-3-6113；1947 年 10 月 20 日《天津市政府社会局为拟勒令〈宇宙画报〉停刊三月请令饬警察局执行事签呈天津市政府文》，天津市档案馆档案 J25-3-6117。
⑥ 《取缔黄色画刊节制白报纸》，《中央周刊》1948 年第 10 卷第 46 期。

由，令《香雪海》画报和《凌霄》画报永久停刊①。

三是有左倾政治倾向和共产党主办的画报。抗战胜利初期，在新闻自由的呼声中，包括画报在内的报刊加强了对于国内民主斗争的报道。比如上海《联合画报》以摄影报道的方式，揭露了较场口事件、下关惨案、李公朴和闻一多遇刺的真相，1947年席卷全国的"反饥饿、反内战、反迫害"运动，上海《联合画报》《寰球》《艺文》等也曾刊载大量图片予以揭露。国民党当局标榜新闻自由并且废除了新闻检查制度，因此无法通过新闻管理程序明目张胆地限制报刊登载这些内容，便暗中加以破坏。《寰球》《联合画报》《艺文》等时常受到来历不明者的警告或来信责问②。国民党当局限制左倾及共产党报刊的主要方式，是通过暴力机关直接加以查禁，并为此频繁出台相关禁令。比如1945年11月，淞沪警备司令部发布训令说："据报今日各报摊所售之刊物甚多，均为共党之宣传品，往往披上外衣以博读者取信，如《论联合政府》《新路程之界碑》及其他周刊。希严密取缔，遵照办理。"③这就是专门针对共产党所办报刊的禁令，由警察局执行查禁。

国民党当局对进步报刊的查禁，是随着内战的发展而逐步加强的。到了1948年，国民党在军事上已经到了失败的边缘，舆论战线同样风雨飘摇。包括画报在内的报刊出现大量同情革命或共产党的言论，共产党主办的报刊也通过各种方式渗透进国统区。国民政府对此如临大敌，动用一切手段打压遏制。首先，是利用新闻出版的法律法规进行查禁。比如1948年4月，天津市教育局查禁共产党华东军区华东画报社印发的《生路》，所用理由为该刊"既未据依法申请登记，其内容复荒谬已极，依照《出版法》第二十六条及第三十二条之规定，应予查禁扣押"④。其次，通过党政部门严格的书刊审查，针对性地查禁反对当局的书刊。比如1948年2月，中国国民党上海特别市执行委员会根据"反动书刊日见增多"的情况，密令上海市警察局"随时多加注意检查书店及书报摊与废纸店有无反动书刊"⑤。包括画报在内的大量进步书刊被扣上"反动书刊"的帽子，成批地遭到查禁。5月份，内政部向各地下发了查禁书刊统计册，要求警察机关查禁，册中开列北平、开封、成都、广州、上海、香港、昆明、广西、重庆、新加坡、天津、湖南、浙江等地报刊67种，包括《新星画报》《永定月刊》等画报，其中大部分都是中共主办或同情中共的报刊。其查禁的理由，包括"言论荒谬""内容左倾""刊载反动言论"等。比如查

① 1949年3月28日《上海市政府为准予注销〈香雪海〉〈凌霄〉登记证事指令上海市社会局》，上海市档案馆档案 Q6-12-170。
② 上海摄影家协会、上海大学文学院编：《上海摄影史》，上海：上海人民美术出版社1992年版，第115—116页。
③ 1945年11月25日《张长清为取缔违禁刊物事呈何局长文》，上海市档案馆档案 Q156-4-1。
④ 1948年4月3日《天津市教育局为查禁扣押华东画报社印发之〈生路〉事训令私立兴贤小学》，天津市档案馆档案 J110-3-3696。
⑤ 1948年2月19日《上海市警察局为查报违禁书刊事训令各分局》，上海市档案馆档案 Q156-4-1。

禁北平《新星画报》的理由是"诋侮驻华美军，诽谤政府"①。

到了1948年底，国民政府对报刊的查禁已经不再遵循正常的程序了。11月，内政部以政令的形式，规定了各地主管机关在报刊管理方面应办理的事项。其中开列五条事项，毫不掩饰地加强对报刊的控制。比如规定各地主管官署"对于当地新闻纸、杂志之言论、记载，应经常责成专员详加审查"，审查的依据除了《出版法》所定禁止或限制之事项外，还增加了"触犯动员戡乱国策，或破坏《财政经济紧急处分令》者"，"情节重大并认为必要时"，就可以对报刊加以禁止出版、出售散布或进行扣押。如果各地主管官署出版品审查人员不敷时，可以商请当地有关机关并饬由警察机关派员协同办理②。天津市政府社会局又对这个政令进行了加码，派员"对各报刊言论逐期按日切实审查"③。10月底11月初，天津《联美杂志》和《星期五画报》因刊载抨击国民党当局逮捕进步学生的言论而被查禁，天津市政府称它们"均有抨击此次逮捕学生之言论，不啻为匪张目"，这赤裸裸地违反了他们所宣称的新闻自由。而且查禁的决议是由天津市党政军干部联席会议作出，而后通知天津市社会局执行的④。

进入1949年，随着平津战役的结束，国民党反动统治已经到了崩溃的边缘。在长江以南尚未解放的地区，国民政府仍然在新闻审查方面作着垂死挣扎。比如上海市文教委员会制定、党政军联席会议通过了《查审报刊办法及标准》。规定由社会局、警备司令部、市政府新闻处、警察局、文教委员会各派四人，每天去街头搜购新出版的报刊，然后携至文教会集体审查。为了便于他们的审查，社会局饬令所有的出版物必须注明印刷厂所及地址，报摊也被严格管控起来，必须要有报摊公会的会员证才被允许出摊。同时颁布了《审查报刊标准》六条，包括不得登载"为共党作夸大宣传之文字"，不得有涉及所谓"备战谋和"等"国策"的评论等⑤。但是军事和政治层面的溃败使得这些规定已经无法被严格执行。《联合画报》《寰球》等画报曾经刊出北平和平解放的图片报道，产生了极大的社会影响⑥。画报界人士和社会各界一起，做好了迎接新中国曙光的准备。

---

① 1948年4月5日《上海市警察局训令市警行37字第四三〇三号》，上海市档案馆档案 Q156-4-1。
② 1948年11月5日《内政部为各地主管官署对于报刊应行负责办理事项事致天津市政府代电》，天津市档案馆档案 J2-3-8280。
③ 1948年11月27日《天津市社会局为奉令办理报刊审查事呈天津市政府文》，天津市档案馆档案 J25-3-6138。
④ 1948年10月23日《天津市政府为查禁〈联美杂志〉及〈星期五画报〉事致天津市社会局代电》，天津市档案馆档案 J25-3-6146；1948年11月3日《天津市社会局为查禁〈星期五画报〉及〈联美杂志〉事呈天津市政府文》，天津市档案馆档案 J25-3-6146。
⑤ 1949年3月3日《京沪杭警备总司令汤恩伯为查审报刊事致上海市社会局局长曹沛滋函（附〈审查报刊标准〉）》，上海市档案馆档案 Q6-12-196。
⑥ 上海摄影家协会、上海大学文学院编：《上海摄影史》，上海：上海人民美术出版社1992年版，第117—118页。

第三节　形成南"软"北"硬"的局面

日本投降后，为笼络人心，稳固统治，国民政府答应取消新闻检查制度，让民众享有言论自由的权利，并且各地政府对新闻出版业管理的政策尚不完备。在这种情况下，新闻出版业重新活跃起来。但不久，国民政府便加强了对新闻出版的管控，规定出版报纸必须申请登记，经中宣部批准，发给登记证后方可出版发行。由于国民政府在报刊出版政策上出现了南紧北松的现象，因而，画报也呈现出南"软"北"硬"的局面。

一、南方的"软性"画报

抗战胜利后，以上海为代表的南方画报，多以小型画报的形式出版，具有四大特点：一是内容上较少论及时政，以刊登奇闻异事，名人轶事，影星、名伶、舞星、歌星的恋爱婚姻、花边新闻为主；二是形式上以方12开12版和方12开8版为主，头版为黑白红三色，其余各版黑白双色，图文并茂；三是从办刊人到作者均属无名之辈，编者多不署名，作者多为笔名；四是刊内很少找到编者的痕迹，既无创刊词，也无编者言。时人称之为"软性"画报。如1947年4月，北平市社会局在调查了《联美画刊》后，认为该刊"内容偏重于软性文字及黄色新闻，实有消沉青年之意志可能，拟饬其迅改作风，充实内容"①。"一年来介绍国内建设性的新闻片甚多，外间不能多见的新闻，读者常恒于本刊见之。第二、三版，则侧重软性趣味性的照片，如科学知识、新奇事物、美术摄影、古今名画、工艺建设、文化介绍等。第四版侧重地方性新闻及影剧漫画等。"②由此可知，电影、戏剧、舞场、奇闻、逸事、科学、艺术、文学等均在"软性"范畴。干脆说，时政以外的内容均系"软性"。"软性"画报自身定位为民众或是上流社会茶余饭后的消遣品，如《海潮周报》《秋海棠》《扬子江》《吴淞口》《万寿山》《上海风》《香雪海画报》等。

1946年3月18日，《海潮周报》在上海创刊，社址位于英士路486弄47号，周刊，方12开12版。主要内容一是时政花絮、名人轶事，如《胡适博士熟读格言》《张资平潦倒在台湾》《张道藩随机应变》《吴鼎昌旧事重提》等。二是社会新闻，特别是坊间流传的一些奇闻怪事，如《轰动无锡之大劫案："福禄寿"钻戒被盗》《和尚怠工记》《兼做吉普女郎的侍应生》《交际花胡觉一夜风流》《舞国秘讯》等。三是随笔、小品文、小说等文学作品，如《卷逃——严春堂第六媳艳史》《紫色的温情》《残花》《海上浪人传》《欢场儿

---

① 1947年4月1日《〈联美画刊〉出刊状况调查审核表》，北京市档案馆档案 J2-4-350。
② 《画报的完成——由选材编辑印刷到出版的工作程序》，《天津民国日报画刊》1946 年第 53 期。

女》《游击恋爱》《风流世家》等。四是照片和漫画，照片主要是时政人物、娱乐明星等。该刊记事范围极为广泛，上至国家领袖，下至乞丐、妓女，可以说记录了当年社会新闻的方方面面。该刊以独特的视角记述了大事件背后的内幕，大人物鲜为人知的逸事，让事件和人物更加生动形象，丰富多彩和立体鲜活。不可否认，其中很多内容属于道听途说的小道消息和博人眼球的花边新闻，尚待用相关档案等可靠史料进一步考证。

抗战时期，沦陷区民众长期饱受日伪政权的统治，在肉体上和精神上遭受巨大折磨和苦痛。抗战胜利后，他们曾一度认为终于可以国泰民安、远离战争了。然而，国民政府为争夺胜利果实，与解放区的八路军时起摩擦。从天而降的国民党各路接收大员疯狂劫收，老百姓称接收大员为"五子登科"（房子、票子、车子、金子、女子），并有"想中央，盼中央，中央来了更遭殃"的民谣。为此，以上海、北京、天津为代表的国内各大城市的居民重又陷入苦闷之中，他们急需寻求宣泄情绪和消遣娱乐的渠道。于是，以报道奇闻怪事、名人轶事、明星绯闻为主要内容的上海小报应运而生。《秋海棠》画报便是其中之一。

1946 年 5 月 5 日，《秋海棠》画报在上海创刊，社址初设西藏中路恒茂里 79 号，周刊，方 12 开 12 版。该刊头版明确注有"中宣部核准""内政部登记""中华邮政登记认为第一类新闻纸""上海邮政管理局登记执照"，较比《海潮周报》的登记手续已经繁杂了许多。该刊追求"趣味性、进步性、时代性"，以报道社会新闻、市井生活、八卦消息、名人轶事为主要内容。名人轶事专门披露军政、电影、戏剧、文化各界名流鲜为人知的故事，刊有《陈布雷得名由来》《梅兰芳管盐事淘气》《罗卓英将军夫人挑水》《冯玉祥之子女》《薛梅自杀的网外新闻!!》《上官云珠重返银幕》《卫立煌将有新任命》等，其中《陆小曼的新生》一文称，徐志摩的遗孀陆小曼是民国时期著名交际花，平生桃色纠纷数不胜数，最后投在徐志摩的怀抱，一个诗人，一个才女，大家都投以羡慕的眼光，然而红颜薄命，徐志摩坠机身亡后，陆小曼痛不欲生。此后的陆小曼尝尽了人间悲凉，为了排解生活的寂寥，便抽上了鸦片。众人皆为之摇头，感叹一代红颜的堕落。眼见得她一天天地憔悴，已经失去了当年的风采，朋友们无不为之惋惜。然而，陆小曼毕竟不是凡人，虽然对别人的议论置之不理，但冰雪聪明的她也认识到如此下去的危险性，遂以坚强的意志戒除烟瘾，重获新生。记录市井文化，尤其是社会底层的生活是该刊的一大特色，字里行间，充满了对他们的同情和悲悯，同时也表达对社会的不满，刊有《纱厂业的帮闲者》《赌东道·生吞大蜈蚣》《魔窟秘辛》《慧敏养母堕风尘》《看草裙舞》《夏之屋顶花园》《镇江难胞一幕惨剧》《菜馆业内幕》等，其中《天津的弹子姑娘》称，"包子有馅不管看"这是天津卫的俗语，意思是人要实在，不尚虚华，换句话说，哪怕你穿得漂亮，口袋里空空的也吃不开。天津最实惠的去处当是推球社（上海叫弹子房），每小时仅 800 元，也可约朋友接洽事情。万一朋友有事未到，这里的"麦克"（女招待）个个都是风姿绰约、发育健美的妙龄女郎。她们原是司职记分，但也可以陪客人打上一两盘，也可以陪着聊天。她们像天使般地和蔼可亲，如果熟络了，还可以带她出去吃饭、听戏、看电影，时间也按球社规矩收费。她们的装束没有规定，有浓妆艳抹、花枝招展的，也有脂粉不施、青布旗袍的。她们的月工资收入并不高，仅6万元，主要收入则仰仗客人的小费和馈赠。

1946年6月26日，《香雪海画报》在上海创刊，社址位于虬江支路33号，上海出版社出版发行，周刊，12开12版，道林纸，在仅见的创刊号一期画报中，未能找到任何注册登记的信息，或许该刊就是没有登记擅自出版而被政府勒令停刊的画报之一。该刊主要刊登社会新闻，兼有名人轶事、戏剧、电影漫画等。社会新闻选材广泛，内容丰富，又有别于《申报》《大公报》《民国日报》等大报的时政要闻，而注重挖掘重大新闻背后的故事，报道重要人物的生活花絮，解读法律政策对民众的影响，文章短小精悍，均为千字以下，如《分购三民主义》《学生领配给奶粉花絮》《苏州禁舞前后》《宵禁解除后之妓女》《虞洽卿尸体回沪》《杨锡志逃匿香港》等。戏剧、电影向来为深受读者欢迎的两大板块，该刊报道的演艺界动态，如有介绍当时正在上映的新片《新官上任》的演员阵容和电影评论，《梨园净角谈》从净行名角郝寿臣、侯喜瑞、金少山，谈到了董俊峰、王泉奎等人的艺术特点。该刊中的名伶、影星的花边新闻和名人掌故，让读者了解到一些鲜为人知的故事，如《孙景路韩雄飞同居》《张爱玲化名写稿》《陈云裳的大胆作风》《黎莉莉热恋丹麦教师》等。该刊图片多为戏剧名伶、电影明星的生活照、剧照，各界名人的肖像照和随文的插图和漫画等。

"因为小型画报比较的欢喜趣小路子，着重小趣味，所以对时局、社会人物尤多尖刻的讽刺，因而常常引起'上流'人士的注意，这又为小型画报多言必败的夭折原因。记得老蒋提倡新生活的时候，《万象》登出一张五彩漫画，里面绘着老蒋浴缸沐浴，蒋夫人在旁对镜梳妆，用意原是用于诙谐，却不料竟因此触怒了蒋氏夫妇，来一个停刊处分。像这样的例子真是举不胜举，所以小型画报除低级趣味之外，一向是不容易站得稳的。"[①]由于政府出版政策的严控，加之由来已久的发行量小、亏累过重等原因，上海小型画报在进入1947年后便逐渐走向衰落。

二、北方的"硬性"画报

与南方小型画报相比，北方的小型画报具有以下特点：一是多为书册型，以文为主，以图为辅，甚至有些名为画报，实则只有几张插图；二是虽然印刷粗糙、装帧简单、纸张低劣，但丝毫不能埋没它内容上的光芒，针砭时弊、抨击政府、揭露腐败、关注民生是画

---

① 马它：《一段画报的盛衰史话》，《先导》1942年第1卷第2期。

报的主题内容。正所谓北方的"硬性"画报。这一时期的"硬性"画报以天津《星期六画报》《新游艺画报》《霓裳画报》《小扬州画报》《扶风画报》，北平的《新星画报》《一四七画报》《北平风》等最具代表性。

1946 年初，在北平创刊的《时代生活》，以报道时政新闻、记录现实生活为主题，也不乏批判丑陋现实、揭露黑暗社会的内容。如《数十年所未有》写道："无疑的，今年是一个破纪录年，试看：水灾之多，为数十年所未有；不食者之多，为数十年所未有；自杀惨案之多，为数十年所未有；物价之高，为数十年所未有；死人之多，为数十年所未有；流氓之多，为数十年所未有；难民之多，为数十年所未有；议员之多，为数十年所未有；竞选之多，为数十年所未有；内幕之多，为数十年所未有；方案之多，为数十年所未有；钞票之多，为数十年所未有；美钞之多，为数十年所未有；还有为数十年所未有。"①而《要人们有先见之明纷纷在港购置洋房》一文，一方面介绍了国民党要员们见到在大陆的统治行将灭亡，无心恋战，纷纷给自己找退路的现实，一方面也揭露了国民党政府的腐败。文章写道："中国在国外建洋房、造别墅、置私产的越来越多了，正如外国人在中国置私产一样。但两者却有鲜明的区别：一是外国人大半是平民，而中国人大多是权贵豪门；二是外国人大半是靠自己的劳动赚钱盖房的，而中国的要人十之八九是贪污所得，剥削中国人民的血汗！"②

1946 年 5 月 18 日，天津名士张瑞亭在津创刊《星期六画报》，自任主编兼发行人，郑启文任经理，陈文焕任营业主任，李伍文任编辑兼记者，黄洁心任会计，社址设在天津第一区多伦道盟友电影院对过。该刊敢于地揭露社会黑暗、抨击政府腐败。后期增设的"另外一页"专栏更以大胆敢言著称，其征稿启事中写道："我们有个天真的勇气，大胆的干劲，不怕死的精神，我们只有一个脑袋，谁愿给搬家，就请'尊驾您'下手，我们有嘴，就说人话，读者们，来吧，'另外一页'是自由的园地，可以发泄您的怨气，给您做不平之鸣，欢迎各地读者赏稿，换换新的口味！"1948 年 7 月 3 日第 112 期中张瑞亭曾撰稿《吃大菜、玩女人、坐汽车……小奴才：你们干些什么？》，副标题是："这个社会真要步入土崩瓦解边缘了，如仍照这样下去，早晚还不是'家破人亡鬼吹灯'吗？"这篇文章对天津物价狂涨不止，官方却无有效应对措施，表示了强烈的不满，因讲出老百姓积压在心底多日的心里话，在社会上曾引起强烈共鸣。小说家刘云若主编"鲜花庄"专栏，1948 年 7 月，面对时局的动荡，物价的飞涨，百姓的痛苦，他在《天津市一百八十万人集团自杀志盛》中，别出心裁地策划了一场全市人民集体自杀的方案，草拟了"集团自杀计划书"，设想了"大会盛况"。他写道："和一个人得了重病一样，不外两条道儿：一条

---

① 《数十年所未有》，《时代生活》1948 年 10 月 16 日复刊第 62 号。
② 香港航讯：《要人们有先见之明纷纷在港购置洋房》，《时代生活》1948 年 10 月 16 日复刊第 62 号。

是痊愈，一条是死亡。现在已病入膏肓，极尽五痨七伤，诸虚百损之能事，痊愈已然无望，死亡克期将临。君不见近日自杀者日见其多，不久总有一天，天津市的老百姓公请一位名流，立于中原公司楼尖之上，发号施令，一声预备一、二、三，老百姓们纷纷跳河、投井、抹脖、上吊，顷刻之间，一百八十万市民同时魂归忉利，驾返瑶池，万籁俱寂，一片真空。除官外别无所有，而一切问题皆解决矣，同时我们这般苦人儿也算熬出头儿来矣。"①这篇文章一是记录了当时自杀现象频发的现实，二是表达了对国民政府施政的抗议。

"美国报载 700 吨原子弹可将全球炸毁，何妨一试，我们换个新世界看看！……美国原子弹震撼全球，苏联的紫外线威胁全国，而中国的风（涨风、贪风、打风、骂风、罢风）亦未尝不知名全世界！"这两句惊人之句出自《扶风画报》的创刊号中《疯话》一文。面对"风俗日渐衰落，人心亦随之浇漓，彼诈我欺，不择手段，争取名利，互相剥夺，将人之正常观念泯灭殆尽也！竟致世界战争，互相残杀，自取毁灭，国土不宁，人类幸福等于空言"的残酷现实，天津的教育家、社会心理学家蔡君梅、安乐然等，深感到"设若不顾名利是非，长此以往下去，则人类之幸福将有自灭之危险也"，于是他们肩负着"纠正邪念，易欺诈为诚化，化争夺为谦让，以达于'明德之至善'，使贪者不贪，欲争者不争也，则社会之安宁幸福定可定也"的神圣使命，于 1947 年 11 月 2 日在天津创办《扶风画报》，取"整理风俗，改善习惯"之意，以使人们"洗涤邪念，引入正轨，渐次薰陶，日进上达，如佩芝兰，久不闻香，待其人格养成，自然厌弃一切恶事，而为社会有用人物，无论任何事业，必有优美成绩，国家、社会均利赖之"②。尽管这个短命的画报仅出刊 3 期，但无论是它的创刊词，还是它的"疯话"栏目，无不是对时政痛快淋漓的揭露和批判，无不表现出一种拯救中国、拯救世界的大气魄，无不对未来社会充满了信心，它不停地大声疾呼："我们要打碎这个无药可救的旧世界，建立一个新世界！"

1947 年 7 月 30 日，天津霓裳剧团投资创办《霓裳画报》，发行人田士林，霓裳剧团团长李铁生任主编，副团长田雪厂、天津小说家刘云若的宗兄刘雯若等任编辑，社址在天津第一区河北路仁丰里 11 号。该刊以李定方主持反映民意、批判现实的"民吼"栏目最富特色，深得读者欢迎。它文笔犀利、针砭时弊，大胆揭露社会的黑暗，直抒民意。如《富人一席宴，穷人半年粮》一文，揭示了社会的不公平，一面是富人的无度挥霍，一面是街头冻饿而死的贫苦百姓③。《偶读章之一》一文更是痛快淋漓地揭露了国民党统治下的"似盗非盗似官非官"的黑暗现实："胜利以还，感谢执政诸公德政频施，诚使小民有'天高三尺'之感。但日前，某报曾载有'似盗非盗似官非官'之语，真使我莫名其'尼

---

① 刘云若：《天津市一百八十万人集团自杀志盛》，《星期六画报》1948 年 7 月第 112 期。
② 《创刊词》，《扶风画报》1947 年 11 月 1 日。
③ 正经：《富人一席宴，穷人半年粮》，《霓裳画报》1947 年 9 月 8 日第 7 期。

姑庵'。因为'盗'与'官'确是两个阶级的二种人物，完全可以硬性地分别，何又'似而又非'、'非而又似'的？'盗'与'官'都浑成一团糊涂，还成什么体统？有许多乡下佬，直到今天尚不知'天已经亮了'，因为他们直到今天仍须提着灯笼走路。依我主见，还是他们太'痴'，所谓'识时务者为俊杰'。谁叫你不坏良心？"①同期《不平则"难"鸣》一文，通过作者在南市街头亲眼看到的一幕，揭示了民众对社会黑暗统治的麻木不仁，正如鲁迅先生所说的"哀其不幸，怒其不争"，"韩文公曾有'物不平则鸣'的训示，流传多年而不'朽'。但却于近日的社会状况下，就有些'说不得了'。不过，这并不是诽谤先哲的训示，而是所谓'圣人是时势造成的'。孔子生于今日，恐怕也难讨好于众侪呢！处于这种'米珠薪桂'的时代中，而挣扎于生命线上，自然是有口皆'悲'的了，而'悲'须由衷生。还好，现在的中国人好在由'九一八''七七''八一三''一·二八'等等，已经摆布得麻痹了，不会有何'悲'声而感到'不平则鸣'的了，就以一件事就可作证。踽踽行于南市的一条通衢大道，才行近泥泞的道上，已经有了一位老妪乘了三轮车迎头冲过去，却触怒了一位戎装同志。向守衢的嘀咕两句，于是，那车便变成守衢者的'目中钉'，咆哮着操着广东口音斥责，枪托版尽先照顾了车的残躯。我疑惑我的处境似乎不可能谓之殖民区域，但是殖民地的待遇究尽怎样刻薄呢？老妪气恼地要闯入这官所，被人劝开，许多人还怪老妪不识时务。老妪欲直驱入'衙'诉之于'官'的心，似乎渐渐冷了下来。戎装同志也许将来有不再歧视人民的时候"②。

1947年8月创刊的《星期五画报》在批判现实上也是不遗余力、直击痛处。"星五评论"是该刊的品牌栏目，关注的是社会的焦点、热点。为挽救日益恶化的经济危机，国民党政府于1948年8月在全国实行币制改革，强行收缴金银外币，发行新货币金圆券。这场史无前例以搜刮民脂民膏为目的的币制改革，不仅给人民带来深重灾难，最后也加速了国民党经济的崩溃和在大陆政权的覆灭。"星五评论"连续刊登《币制改革以后怎样》《对新经济方案的希望》《看商人如何斗法》《改币制最后王牌》《中国蒙蔽政策》等文章，有助于解读国民党政府币制改革的真正目的，同情民众在这场浩劫中充当牺牲品的悲惨遭遇。

如果说抗战胜利前夕，地方执政者在出版政策掌控上尚存在南北差异，那么至1946年6月国民党发动内战后，各地政府则统一严控社会舆论，将新闻统制作为配合军事行动的工具。从《星期六画报》《霓裳画报》《时代生活》等画报的出版信息来看，刊物出版发行不仅需要在北平邮政管理局颁布执照，而且也必须在国民政府内政部注册登记。但这些画报之所以敢不计后果地公然向国民党叫板，一是因为当时民愤极大，如火山爆

---

① 玲子：《偶感章之一》，《霓裳画报》1947年9月8日第7期。
② 玲子：《不平则"难"鸣》，《霓裳画报》1947年9月8日第7期。

发, 势不可挡。二是国民党政府将全部精力完全投入到了内战之中, 已经无暇顾及画报的过激言论。

第四节　画报对社会影响逐渐降低

据笔者统计, 解放战争时期共创刊 220 余种画报, 在数量上仅次于鼎盛时期, 但这些画报从内容到形式, 都无法与抗战前的画报相比, 其社会影响力更是逐渐降低。

一、内容偏于"软性"

抗战胜利后出版的画报, 多以介绍电影、戏剧, 记录名人轶事, 报道市井文化、奇闻怪事为主要内容, 最具代表性的就是《万花筒》《海潮》《海涛》《春海》《大沪画报》等上海出版的小型画报。既缺乏如《良友》《中华》《北洋画报》《北晨画刊》《大亚画报》等集时政、经济、文化、艺术于一身的综合类画报, 也不如《湖社月刊》《民言画刊》《摄影画报》《美术生活》《语美画刊》等格调高雅、质量上乘的艺术类画报。尽管北方也有《新游艺画报》《霓裳画报》《扶风画报》《星期六画报》《北平风》等少量揭露社会黑暗、抨击国民政府的画报, 但一是数量少, 二是在画报中占比较小, 并没有起到唤起民众抗争、促进政府改革的作用。

二、形式上走入没落

抗战胜利后, 国内战乱频仍, 经济低迷, 物价飞腾, 工价直线上升, 读者购买力日渐薄弱, 出版界惨淡经营。解放战争时期出版的画报具有以下几个特点: 一、用纸多改为低劣的新闻纸, 画报已经没有了昔日的精美绝伦; 二、开本多改为小型的 12 开、16 开、32 开, 画报也失去了过去的高端大气; 三、印刷粗糙, 图文模糊, 装帧普通, 设计不精, "胜利后, 影写版画报仍未恢复, 多采铜版印刷, 好像又倒退十年"[1]; 四、画报多以文为主, 以图为辅, 失去抗战前图文并茂的特点。从周刊《星期四画报》《星期五画报》《星期六画报》《星期日画报》, 三日刊《一四七画报》《二五八画报》《三六九画报》等画报的取名, 也可以了解到这些画报的创办者、主编人的随意性, 更从侧面暴露了这些画报缺乏个性的特点。这一时期, 尽管偶有《寰球》《艺文画报》等 8 开本、用纸考究、印刷精美

---

① 凤子:《画报小言》,《天津民国日报画刊》1946 年第 53 期。

的高质量画报，但也因数量过少而湮没于中国近代画报的历史长河之中。

三、出版时间过短

生命力弱，存续时间短，是这一时期画报的突出特点。据笔者统计仅出一期的画报，除《上海小姐特辑》《祥林嫂特刊》《蒋主席画史》《程砚秋图文集》《中国抗战画史》《抗战建国大画史》《印缅远征画史》《庆祝行宪首届蒋大总统李副总统就任纪念画刊》《中华画报一九四八香港小姐特辑》《浙江第一次全省美展纪念特刊》等 11 种特刊外，还有《国粹画报》《南风画报》《凯旋画报》《中国影坛》《影讯》《八路军和老百姓》《图画风》《世界画报》《长风画报》《长江》《香雪海画报》《国际画集》《北平风》《香港画报》《滑翔》《正气画报》《歌舞风光》《女声副刊》《新闻画报》《时代画报》《中国人民爱国自卫战争华东战场第一年画刊》《电影界画报》《玫瑰画报》《越剧新闻画刊》《明报画刊》《天津市画刊》《红皮画报》《影谈》等 30 种画报，而出版寿命未能超过一年的画报也多达 50 余种。

四、误期现象更为普遍

误期是各个时期画报都有的现象，但在解放战争时期表现得尤为突出，据笔者计算，这一时期的画报有八成以上曾经出现误期。分析误期的原因，大致有以下几个方面：

一是出现经济问题，画报社没有及时将印刷费交付印刷厂，印刷厂拖延印刷，或是印刷厂工人罢工，延误印刷。二是物资匮乏，纸价飞涨，新闻纸短缺。这两点在《出版文化在风雨飘摇中——一个严重的危机》一文中得到充分表达："拿纸张讲，战前白报纸四元钱一令，现今四五万元一令，相比之下上涨万倍有余，排印工也涨起了七千多倍。这样算上去，成本就相当高。如果稍加利润卖出，则读者实不堪负担。拿报纸来讲，前些日子不过卖四十元一份，现在已增加到一百元。各种书籍皆上涨一倍、八成不等。屡次的增加售价，就屡次地减少读者。精神食粮固然重要，然在没有力量购买的情形下，也就只能省却了。这就造成'造货成本'的搁置，不克再从事于生产。"①至 1947 年，物价飞涨问题更为突出，对包括《永安月刊》在内的画报造成极大的冲击，"直到后来，物价如脱缰的野马，出版物不能像野马一样追上去，《永安》恐怕也同其它刊物一样，太不胜亏耗了，于是铜图数量由丰富而减少。本来用以印刷铜图的纸，也由铜版纸而米色道林纸而报纸了。这是在物质条件压迫下，任何刊物是无法可以改善的，也是无可非难的"②。

三是交通阻隔，运输艰难。抗战胜利初期，战后百废待举，全国交通尚未恢复正常，

---

① 印敏之：《出版文化在风雨飘摇中——一个严重的危机》，《万花筒》1946 年 4 月 3 日创刊号。
② 黄觉寺：《漫谭画报——从〈永安〉百期想起》，《永安月刊》1947 年 9 月 1 日第 100 期。

而且缺乏现代化的邮运设备，如汽车、飞机等，因此，邮运效率低下，邮件传递多有延误，画报在全国范围的发行受到影响。"复员尚未开始，交通阻隔，运输艰难，出版物除掉能够在所能活动的圈子里发售外，未能推向全国各地。"[①]1946年6月国共谈判破裂，国民党大举进攻中原解放区，内战爆发，随着战争的不断扩大，邮件收寄手续日趋烦琐，运输阻隔更加严重。因此，南方画报的发行多在上海、南京一带，北方多在平津一带。1947年7月至1948年9月，人民解放军由战略防御转入战略反攻，解放区的逐渐扩大，国统区画报发行地区范围逐渐缩小。

五、缺乏名刊名家

这一时期的画报虽然数量不少，但却缺乏如《图画时报》《上海画报》《良友》《文华》《北洋画报》这样既有丰富内容，又设计新颖、印刷精美，更行销全国甚至海外的画报。即使有存续时间较长的《科学画报》《青青电影》等画报，也因内容过于专业和单一而未能引起社会反响。也因为毕倚虹、冯武越、梁得所、叶庸方等画报名家的英年早逝，伍联德的屡屡失败，邵洵美家庭败落，张光宇的画报多次遭禁，而后起的办报人多是无社会地位、无经济实力、无公众影响力的无名之辈，因此再没有出现画报名家。

值得一提的是，解放战争时期，画报研究者也是寥若晨星，研究文章更是屈指可数，仅在《天津民国日报画刊》刊登过《画报随时而精进》《画报小言》《画报的功能》三文，而且文章内容只是提出画报问题的现状，而缺乏对画报发展的指导。

第五节　红色画报异军突起

在解放战争时期，相对于国统区低迷的民营画报而言，解放区的红色画报可谓异军突起。特别是随着解放区的不断扩大，画报发展重心也从农村转入城市，画报的机构、人员、管理均进行了适当的调整，画报办刊宗旨、主要内容随之改变，画报的数量和质量均有不同程度的增加和提高，尤其是配合解放战争形势的发展，红色画报在宣传中共的方针政策、报道前线战况、记录后方建设、歌颂战斗英雄和劳动模范等方面，做出了重要贡献。

---

① 印敏之：《出版文化在风雨飘摇中——一个严重的危机》，《万花筒》1946年4月3日创刊号。

一、范围广、数量多

解放战争爆发后，国共两党围绕城市展开大区域作战，为此，中共中央在宣传政策上提出"大党报"的方针。毛泽东指出："支援整个南线北线的财政、经济、军工干部，成立华北局机构，成立大党校、大军校、大党报诸问题。"①在这一方针的指导下，中共画报进入一个飞速发展的时期。1946 年到 1947 年"除在城市出版的文化娱乐性质的画刊之外，其他大部分的画刊出版都是在中国共产党领导下的乡村出版，这又是一个出版奇迹"。1948 年、1949 年"这两年的画刊出版势头也很旺盛，有据可查的就超过 100 种，尤其是这一时期解放区的画刊出版种类繁多、数量惊人。画刊成为政治斗争、军事斗争的武器，成为鼓舞人民、教育人民的主要手段，成为可信消息的重要来源，成为中国共产党人向世人宣传政治主张的有效舞台，也成为中国人民革命斗争的历史记忆"②。

随着辽沈战役、平津战役、淮海战役等捷报频传，长春、沈阳、天津、北平、南京、上海等大城市的解放，红色画报遍及东北、晋察冀、晋冀鲁豫、华北、华东、晋中、苏北、华中等解放区。据彭永祥编著的《中国画报画刊 1872—1949》一书记载，至 1945 年底，抗战全面爆发前创刊，抗战胜利后仍在出版的画报有：罗光达主编的《冀热辽画报》，新四军政治部出版的《苏中画报》，以及 1945 年 11 月由《冀热辽画报》更名的《东北画报》。1946 年以后，中国共产党领导下的乡村画报居多，有 1946 年某部七团特务连在换防行军中出版的《行军画报》，晋冀鲁豫军区政治部出版的《人民画报》，晋中军区前线画刊社出版的《高永来连摄影专刊》，山西兴县 120 师辖区的《人民画报》，山东胶东军区政治部的《胶东画报》，郓北的《新郓北画报》，冀鲁豫区党委编印的《冀鲁豫画报》，裴植主编的《人民画刊》，滨海农村社主编的《滨海画报》，东阿农村生活社编印的《农村生活》《农村画报》，苏中展现社、红旗报社联合出版的《战线画片》，荷泽画报社的《荷泽画报》，山东大众日报社与新华社华东分社联合编印的《中国人民爱国自卫战争华东战场第一年画刊》，冀中画报社的《冀中画报》，阜东县宣工队的《阜东画报》，由《晋察冀画报》改名而来的华北军区政治部出版的《华北画报》，苏北军区政治部出版的《苏北画报》，晋冀鲁豫军区政治部出版的《人民》，中国人民解放军中原野战军政治部出版的《中原画刊》，华中九分区政治部前锋画报社的《前锋画报》，解放军八十团政治处编印的《淮海战役画刊》，华中九分区江海画报社出版的《江海画报》，第四野战军四十六军主编的《人民前线》，华东五地委之一的盐阜地委创办的《盐阜画报》，第四野战军政治部与华中军区政治部合编的《前线画报》，华东鲁中南军区政治部出版的《前卫画报》，华东画报社编的《华东画报》，华北军区出版的《人民炮兵》，华东支前委员会政治

---

① 中共中央文献研究室编：《刘少奇年谱（1898—1969）》，北京：中央文献出版社 1996 年版，第 133 页。
② 彭永祥：《中国画报画刊 1872—1949》，北京：中国摄影出版社 2015 年版，第 283、308 页。

部主编的《支前画报》，冀南美术社出版的《冀南画报》，二〇五师政治部编印的《连队画报》，新闻摄影局出版的《农民画报》，齐齐哈尔出版的《嫩江画报》，忱阳出版的《渤海画报》，丹东出版的《辽东画报》，裴植、高帆主编的《西南画报》，还有未写明出版者的《淮海画报》《新津画报》《1949 年华北军大纪念画刊》等 43 种①。其中《人民画报》最具代表性。

《人民画报》在扬州创刊，苏北扬州行政区人民画报社编辑、发行，各地邮局均可订阅，属红色类画报，8 开四版，铜版纸，石印，每期零售 400 元。笔者仅见 1949 年 5 月 25 日、31 日出版的第 120 期、121 期，1949 年 6 月 30 日出版的《庆祝中国共产党成立二十八周年纪念特刊》和 1949 年 7 月 7 日出版的第 128 期。根据《扬州报刊志》记载，该刊创刊于 1947 年 3 月，由著名军旅作家陈广生担任主编，后由著名书画家、作家李亚如担任主编。《人民画报》采用的是手摇石印机印刷，一开始是半月刊，后又改为十日刊、五日刊、三日刊等。截至 1950 年 9 月停刊时，三年多的时间里共出版了 196 期②。

《人民画报》图文并茂，主要以连环画、诗歌、歌曲、快板、小品文等形式，生动形象地展现解放区人民的劳动生活场景，赞扬战斗英雄和劳动模范，歌颂毛主席领导下的中国共产党和人民解放军。设置"大家画""大众文娱"等栏目，主要有四方面内容：

一是报道苏北解放区人民的劳动生活场景，介绍生产知识和农业知识，特别强调领导干部在后方生产中要发挥模范带头作用，刊有《永丰区如意乡新王村妇女积极参加生产》《溱潼县二千余人开会欢迎复员民工》《要得生产长一寸，多耋多嬿田深耕》《大麦谣》《劳动歌》《忙栽秧》《五忙三时，耕牛要当事》《怎样喂鸡》《妇女把田种好，也同男人支前一样》《生产工作搅得好，干部要带头领导》《屯军乡政府》《能积极带头生产，就能受群众拥护》等文，语言简练，通俗易懂，朗朗上口，如《栽秧谣》写道："小满前后家家忙，男男女女忙栽秧，小秧拔起不能晒，随拔随栽秧不黄。每颗只栽四五根，退步行子要逸当，不猛不稀顶发颗，又好嬿草秧肯长，黄秧落地三分收，早栽早割早收藏。"③

二是广泛宣传和表扬战斗英雄和劳动模范，刊有《过江英雄诗歌》《程龙宝光荣评成特等功》《孙学银生产真起劲》《做好夏征准备工作，卞杨村三天完成评等级》《分区召开二次渡江民工庆功大会》等图文，其中《特等功臣杨维喜》一文介绍了民工杨维喜在渡江战役中的英雄事迹：他时年五十几岁，扬中人氏，自家有只大帆船，在渡江战役中做后勤。他既有信心又有决心，思想不开小差，还能教育别人。当时有两位分在他船上的民工，思想上顾虑多，时常想家，不踏实。他就耐心地跟他们说，早打垮蒋匪帮，才有今后永远的好日子。两位民工终于想通了。1949 年 4 月 21 日晚上，解放大军开始渡长江，敌

人的炮火虽然猛烈，但他一点也不慌张。船到江心，旁边的一只船中弹沉江，船上的三个人掉进江中，他及时将船转舵，在炮火中把三人救了上来，胜利驶过长江，帮助大军取得胜利。在评功大会上，杨维喜受到表彰，荣获特等功！奖励他亮晶晶的银盾、锦旗、新衬衫、新鞋子和毛巾。站在台上，杨维喜既开心又光荣。

三是展现苏北地区的军为民、民拥军、军民雨水情，刊有《生产支前歌》《运粮到前方》《五爱解放军》等文，其中《优待荣军》是一名学生写的打油诗："'七七'就是荣军节，我由校中回家去，老师告诉优荣军，帮助荣军做活计，先帮荣军来挑水，又帮荣军来推米。他为人民流了血，他为人民负了伤，如今复员到我地，我们大伙出力气，各尽人力来优待，让他好好养身体。优荣军争取做模范，不荒荣军一亩地，优荣军完毕没偷懒，上学好好去学习。"①

四是报道后方医院对前线负伤战士的救护工作，刊有《献给光荣负伤的同志们》《慰问伤员》《我是为人民牺牲的》等图文。

由于条件所限，民国时期苏北地区出版画报较少，《人民画报》图文并重，生动活泼，内容丰富，浅显易懂，充分展现了苏北地区人民勤劳务农、大力倡议生产劳动的场景，让读者感受对苏北人民对人民解放军的欢迎与热爱之情。更是对今天中国共产党史、解放战争史研究的重要史料。

诚然，红色画报"尽管是地区或军区部队画报，尚无条件出版统一的面向全军或全国的画报，但在及时记载战争、鼓舞士兵斗志、迎接全中国的解放等方面具有无法替代的意义。由于纸张、摄影器材等的限制，解放区的画报多为油印或石印的美术作品，印刷较为粗糙，取材和编排的艺术稍差一些，远不能与上海二三十年代的画报媲美"②。

二、整合画报机构

抗战胜利后，随着解放战争的快速推进，宣传工作愈加重要。画报是宣传工作中的重要组成部分，无论画报社机构、办刊人员，还是画报内容均随战争的进程做了相应调整。

1. 东北画报社

1945 年 8 月，遵照晋察冀画报社社长沙飞的指示，编辑石少华随军区领导来到石家庄，先后接收了印刷厂、照相馆、放映机、照相机等敌伪厂房、设备和部分技术工人。9 月，沙飞到达张家口。罗光达领导的冀热辽画报社抵达沈阳，成立了"敌伪制版印刷物资接收委员会"，并使用"东亚精版株式会社"印刷设备出版了《冀热辽画报》。11 月，

---

① 孙连贵：《优待荣军》，《人民画报》1949 年 7 月 7 日第 128 期。
② 吴果中：《左图右史与画中有话——中国近现代画报研究（1874—1949）》，北京：北京大学出版社 2017 年版，第 49 页。

冀热辽画报社改组为东北画报社，随着解放战争的进程，画报社辗转沈阳、本溪、长春、佳木斯等地坚持出版。由于具有较好的出版设备，加上晋察冀画报社支援，东北画报社成为中国共产党宣传系统中最具影响力的图片宣传机构，1945年11月创刊《东北画报》，连续出刊近10年，共144期，是红色画报中出刊时间最长、影响较大的画报之一。

1945年11月，《东北画报》在黑龙江哈尔滨创刊，前身为《冀热辽画报》，东北画报社编辑、出版，该社设编辑科、总务科和印刷厂，社址初设哈尔滨斜文街13号，1947年7月1日出刊至第33期时迁至哈尔滨尚志大街174号，1948年3月30日出刊至第48期时迁至沈阳市皇姑区塔湾。该刊由东北书店发行，后改由东北新华书店发行，在东北邮电管理局登记，属时政类画报，先为月刊，后改为半月刊，16开本，道林纸和新闻纸兼有，每期30—40页不等，每册定价50元，后屡有涨价，至1949年5月30日的第52期时已涨至1万元。1955年6月15日出刊至第144期终刊。

东北画报社成立初期，编辑人员多由曾经战斗在冀东、热河、辽宁敌占区的冀热辽画报社原班人马组成，后又有延安、华中、山东等解放区的摄影、美术干部加盟。辽沈战役前，报社工作人员时常需要转移。他们携带笨重的印刷设备，边行军边编辑，克服重重困难。他们不畏生死，冒着枪林弹雨，奔赴前线，抢拍下一帧帧珍贵的战场画面，为中国革命史留下不朽的印记。1948年3月东北解放后迁至沈阳，又在当地招收了部分干部，逐渐发展成为一支拥有300多名美术、摄影和印刷技术工人的专业出版队伍，主要代表人物有罗光达、朱丹、沃渣、王曼硕、古元、张仃、张进学等。

东北解放前，《东北画报》以宣传中国共产党的方针、政策，真实记录解放战争，特别是报道人民解放军的英勇杀敌事迹、人民的生产支前、军民的亲密团结为主要内容，对教育人民和鼓舞士气发挥了重要作用，因而得到人民解放军的广泛欢迎。该刊全面、系统、形象、真实地记录了东北解放战争，从1946年6月蒋介石发动全面内战开始，到1948年11月彻底解放东北的辽沈战役结束，东北人民欢庆胜利的历史过程。其间刊有《收复昌图》《四平攻坚战》《人民的四平城重归人民之手》《三下江南反击获胜》《八十八师覆灭纪实》《解放公主岭》《连克名城》《公主屯大捷》《攻克彰武》《渡过松花江奔向怀德》《攻克辽阳》《解放开原》《收复要城吉林》《解放石家庄战报》《解放战略重镇锦州》《沈阳战役》《郑洞国率部投降，我胜利收复长春》《攻克义县战报》等图文。

随着东北全境解放，压倒一切的中心任务就是全力加强经济建设，努力恢复与发展工农业生产，以支援即将取得全面胜利的解放战争。因此，该刊的编辑方针也随着新的情况而发生改变，由报道战争和军队生活转变为主要反映经济建设，特别是工业建设。"首先是应更多的反映工农业生产情况和工农群众的生活，特别是工业生产的情况，而且应将这种情况的反映，密切与支援全国解放战争结合起来，即是说一方应将战争前线胜利的事迹，适当的报导给后方广大工农群众，教育和鼓舞他们的生产热忱，另一方也应将我们后方广大工农群众的支前活动，如生产、优属、拥军等各方面的工作，能很好的反映给前线部队，以安慰和鼓舞他们的英勇杀敌"[1]，该刊相关报道有《本溪湖工业迅速恢复中》《积极开展工人政治文化教育》《东北各地欢欣鼓舞庆"五一"》《抚顺露天煤矿》《制油厂》《从废墟上建立起的人民工业》《东北铁路建设三年来成绩辉煌》《抚顺工人创造与发明》《国营通北机械农场》《恢复生产中的阜新矿》等图文。

此外，该刊初期还介绍抗日英雄和解放区大生产运动。刊有《访问林彪将军》《踏着烈士的血迹前进：民族英雄李兆麟》等图文，其中《十四年来的光明面：宁死不屈》记录了东北抗日联军的生产和生活；《自己动手丰衣足食》则讲述了解放区的大生产运动。该刊还以较重篇幅回顾了中国共产党的历史，刊有《中国人民领袖毛泽东同志传略》《中国共产党简史》《"8.1"中国工农红军的诞生纪念》等，反映中国共产党的光辉足迹和不平凡的历程。

从 1945 年 11 月至 1955 年 6 月，《东北画报》在近 10 年的风雨历程中，以丰富而翔实的图文资料，为读者呈现出一幅从解放战争时期到新中国建立初期，中国共产党灿烂的历史画卷。为中国革命史、解放战争史、中共党史、中华人民共和国史研究积累了一笔丰厚的财富。

2. 晋察冀画报社

从 1945 年 8 月抗战胜利到 1946 年 6 月内战全面爆发前，国内局势相对和平稳定，晋察冀画报社由农村迁入城市，制版和印刷条件有所改善。为适应国内形势的需要，画报社组织机构也做了较大调整和改编，吸收了延安来的郑景康、徐肖冰，分别担任摄影科副科长和电影科科长，人员发展到建社以来最多的近 200 人。1946 年 6 月，蒋介石撕毁停战协议，9 月中旬，国民党军队从东西两线夹击张家口。9 月，画报社撤离张家口，由城市转入农村。10 月初，画报社由张家口迁至涞源后，军区宣传部通知沙飞：军区治部决定，将画报社的和平印书馆、新时代图片公司调为军区政治部直接领导[2]。

除继续出版《晋察冀画报》外，晋察冀画报社集中于 1945 年下半年至 1946 年下半年还出版了多种时事增刊、月刊、半月刊、旬刊和号外等画报。纵观 13 期《晋察冀画报》可以发现，抗战期间出版的 10 期画报内容丰富，资料翔实，编辑、印刷质量也较高，解放战争时期出版的 3 期画报则内容单薄、篇幅减少，这三期画报加起来才与创刊号篇幅大致相等。自 1946 年 4 月起，画报社经历了抽调骨干、人员复员、机构调整等变动。同年 10 月，画报社接到军区指示，搬回到抗战时期的驻地河北阜平县坊里，不久再搬至花沟掌村。在苍由的和平印书馆改称军区印刷厂，新时代图片公司驻在冯家村，撤销公司

---

① 李大章：《改版的话》，《东北画报》1949 年第 48 期。
② 马儒：《晋察冀画报社创建始末》，《档案天地》2015 年第 4 期。

名义，恢复原材料供应科名称，直属军区政治部行政管理处领导。从此，画报社分成三个平行独立的兄弟单位，这时画报社只有 20 余人。由于机构调整，人力不足，故而出现后三期画报量减质粗的现象。为了适应前线的需要，及时报道前沿战况，画报社的工作重心也进行了调整，画报更注重新闻性、时效性。因此，之前出版周期较长的《晋察冀画报》，在 1947 年出版第 11—13 期后便停刊了，取代它的是出版周期较短的《晋察冀画刊》。

《晋察冀画刊》于 1946 年 12 月 30 日创刊，原计划出版周期为半月刊，但实际上平均 12 天出版一期，最为密集时平均 6 天出版一期，印量达到 1 万份。该刊与《晋察冀画报》的发行对象有所不同，后者发行至国内外各个地区，前者则面向前线指战员和后方士兵，发行至野战部队班一级和地方部队连级，并与 30 多个新闻出版单位交换。该刊以时效性强为鲜明特点，成为解放战争时期各解放区延续时间最长、内容最丰富、影响力最大的画报。1948 年 5 月 28 日出刊至第 44 期后停刊。该刊以"为兵服务"为宗旨，"面向连队的小刊物""希望各连队普遍组织传看""希望成为战士的朋友"[1]。每期围绕一两个主题，刊发三至五组、平均 20 幅照片，配以简洁的文字说明。主要报道全国各地前线战况，明确指出解放战争的正义性，揭露国民党军队残害无辜百姓的罪行，展示解放军的强大军事力量，呈现我军不断取得新胜利的战场态势，表现士兵的英勇作战，歌颂战斗英雄，展览前线缴获的战利品和我军优待俘虏政策等方面内容。战斗实况包括定县登城战、正定攻城战，以及解放井陉、沧县、兴济、徐水、昌黎、固城、大清河、清风店、石家庄等。战斗英雄和模范既有我军将士，也有后方支前的普通群众，甚至还有国民党起义人员，如投弹能手焦志清、担架班长梁金水、卫生员王玉峰、弃暗投明的常有福、热爱子弟兵的李大娘等。该刊出版周期缩短后，具有较强的新闻性、时效性，在宣传党的政策，记录战争实况，反映部队生活，反映军民的亲密团结，教育人民与鼓励士气等方面发挥了重要作用，同时也满足了前后方急于了解战况的指战员的需求。

在出版《晋察冀画刊》的同时，晋察冀画报社还出版了《晋察冀画报丛刊》。画报社原打算出版十册丛刊，但第四册出版后因国共内战爆发而被迫中断。这四册丛刊名为《八路军和老百姓》《晋察冀的控诉》《民主的晋察冀》《人民战争》，1946 年 3 月至 7 月在张家口出版，均为 16 开本，印量 5000 册。这组画报全面具体地展示了晋察冀边区军民轰轰烈烈的生产和战斗，尤其是《八路军和老百姓》中一帧帧生动形象，充满热情、温度的图照，充分诠释了中国共产党领导下的军队为什么能够得到人民的衷心拥护，这支军队为什么能够领导全国人民，打败国民党的军队而夺取全国解放的胜利。

1946 年 3 月，《八路军和老百姓》在河北出版，社址位于河北平山县碾盘沟，华北野

---

① 罗光达：《晋察冀画报影印集》，沈阳：辽宁美术出版社 1990 年版，第 1085、1094 页。

战军晋察冀军区政治部晋察冀画报社编辑，晋察冀军区政治部出版发行，属时政类画报，不定期专刊，16开本，道林纸，胶版印刷，28页。以图配文的形式，用大量真实、具体的事例，展现了晋察冀边区军民的生活，歌颂了军爱民、民拥军的军民鱼水情。分为两大部分：一为拥政爱民，二为拥军优抗。

拥政爱民展现的是八路军帮助老百姓耕种、抗灾、重建家园、治病就医的一组组鲜活镜头，如《军队拥护政府》《为人民勇敢作战》《带领民兵作战》《帮助人民学习》《帮助发动群众》《为人民筑坝防洪》《捧起白米饭就想到八路军》《修盖被敌人烧毁的房屋》《防旱备荒，与天灾斗争》《扑杀蝗虫，为民除害》《替老百姓治病》《借物要送还，损物要赔偿》《子弟兵到处是家》《爱民如玉，杀敌如虎》等图文，其中《我们是人民的军队》表达了八路军的为民宗旨，新入伍的战士站在家乡的土台上，受着乡亲们的敬礼，听着父老乡亲的嘱咐，妇救会员为他戴上大红花，儿童团跳舞祝贺。之所以，八路军如此受到人民的爱戴，是因为他们代表着人民的意志，肩负着家乡的希望，他们是人民的军队。毛主席不但号召边区人民大生产，还号召军队克服困难，自己动手生产，以减轻人民的负担。晋察冀子弟兵每年都要生产两个半月的给养，这样，老百姓就可以少缴些公粮。《作战又种地的军队》《帮助人民春耕》《武装保卫麦收》组图展现的就是这样一支"世界上从未有过的又作战又种地的军队"。

拥军优抗表现了老百姓对人民子弟兵的深厚情感和对八路军的全力支援，刊有《自从来了八路军》《我们拥护八路军》《端午节》《春节劳军》《给胜利者插花》《缝军衣》《送饭》《送水》《慰问信》《埋地雷，配合军队作战》《冀中子弟兵的母亲李杏阁》《何大妈爱护伤员》等图文，其中《子弟兵的母亲戎冠秀》介绍的是北岳区拥军模范戎冠秀的英雄事迹；《援助军队》则报道称，边区的民兵广大而坚强，有过无数光辉的战绩，屡次以英勇的作战援助八路军，便得日寇胆破心惊；《母亲送儿子，妻子送丈夫》一图展现的是，平山某村一位青年光荣参加八路军，父母、妻子、弟弟一起送他赴战场的场景。《担架队》《爱护伤病员》《救护伤员》组图，则展示了老百姓自发地组成担架队，冒着枪林弹雨，不顾个人安危，往来于前线与战地医院救护伤员的动人场景。《抗属光荣》《给抗属拜年》《代耕团》组图介绍称，每逢旧历新年，政府都会派人到抗属家拜年、送礼品；军队还组织代耕团为抗属家义务耕地，绝不让抗属家的地减产；张家口市第五区更邀请抗属坐车游行，军队在后面护送。抗日军人家属在晋察冀民主解放区最受尊敬，因为他们的家人为了民族的救亡而征战疆场。他们是光荣的战士，他们的家人是光荣的军属。

1946年7月，晋察冀画报社在张家口召开晋察冀军区摄影工作会议，由沙飞和石少华主持，会议决定把《晋察冀画报》改成季刊，定期出版。1947年3月，《晋察冀画报季刊》创刊，第一期刊登新闻照片114幅，以国民党军队发动进攻，晋察冀军民奋起自卫，后方人民全力支援等为主要内容。同年6月6日的晋察冀画报社编辑会议上，大家认为季刊虽然有内容丰富、印刷改善等优点，但也存在周期太长、时效性较差的缺点，不能起到应有的强大宣传作用，不宜再继续出版①。《晋察冀画报季刊》因此停刊。

1947 年元旦后，沙飞率晋察冀画报社前方工作组第二批人员由阜平花沟掌出发，到达平汉路前线安国县的马固村，与第一批到前方工作的石少华等人汇合。1947 年 2 月初，画报社工作组又回到后方阜平县南庄的南湾村，同子弟兵报社、军区政治部印刷厂一起跟随野战政治部转战十余县。小计一下，晋察冀画报社共搬迁 18 次、行程 2 000 里。"中共革命根据地摄影画报的创办与普及，晋察冀画报社居功至伟。"②该社先后创办《晋察冀画报》系列画报近 20 种，分派人员和设备支援《冀热辽画报》《东北画报》《人民画报》等画报的创刊。该社不仅搭建了多个摄影记者发表作品的平台，而且还出版《摄影网通讯》《摄影常识》《摄影小丛书》等普及摄影专业知识的刊物，建立了一支成熟、稳定的专业摄影记者队伍，逐步培养了一批部队业余摄影者，促进根据地摄影事业的发展。

3. 华北画报社

1948 年 5 月 20 日，晋察冀与晋冀鲁豫两大军区合并组成华北军区，晋察冀军区建制撤销。5 月 25 日，晋察冀画报社与晋冀鲁豫人民画报社在平山孟岭正式合并，成立华北画报社，主任由沙飞担任，副主任由石少华和人民画报社的高帆担任。画报社明确了组织分工，设置材料、摄影、电影、印刷、编辑五个部门，

1948 年 6 月，《华北画报》创刊，华北画报社编辑、华北军区政治部出版，属红色时政类画报，8 开两版。创刊号中刊登启事称："晋鲁豫军区政治部人民画报社、晋察冀军区政治部晋察冀画报社奉命合并成立华北画报社，过去出版之《人民画报》《晋察冀画报》《晋察冀画刊》，今后改出《华北画报》与《华北画刊》。"摄影者主要有高粮、高帆、杜荣春、袁苓、柳荫苓、郝建国、陈栋科、黎民等。该刊主要报道华北地区的政治、经济、军事等情况，记录华北战场前线实况，以及解放区打土豪分田地的场景。如 1949 年 4 月 21 日第 12 期除刊登了解放军攻克新保安、张家口的图文外，还较为详细地报道了平津战役胜利的概况，配发毛主席、朱总司令等领导的大幅照片，东北华北解放军胜利会师的珍贵镜头。出刊至 1950 年停刊。该刊是当时在华北地区辐射范围最广的画报。

---

① 顾棣、方伟：《中国解放区摄影史略》，太原：山西人民出版社 1989 年版，第 212 页。
② 杨健：《革命的凝视——政治、宣传、摄影维度下的〈晋察冀画报〉研究》，上海：同济大学出版社 2020 年版，第 94 页。

后 记

2000 年初，我在旧书摊上见到十期《北洋画报》，当时正在写第一本书《档案揭密——近现代大案实录》，需要一些配图，便以 200 元买了下来。画报印刷之精美、图片之清晰、排版之新颖深深地吸引了我，更吸引我的还是画报的内容。此前，我接触的资料都是档案、文献和报纸，多是正面记叙大事件、大人物，一板一眼的官样文章。而画报记录的则是大事件背后的小花絮，大人物背后的小故事，极具故事性、趣味性。后者是对前者的补充和完善，它让历史更加全面、具体、立体、鲜活、生动、形象。两者有机的结合，还原了完整的中国近代史。如果把档案、文献、报纸比作一个人的骨干，那么画报则是一个人的血肉。从此，我便喜欢上画报，走遍全国各地档案馆、图书馆和旧书市场全力搜集画报。至今，已收集到老画报 920 种，总计 20 余万页。

中国近代画报是一座尚未引起社会各界广泛关注的富矿。20 多年来，我从两个方向开采这座富矿：一是编撰研究类丛书，2011 年出版了"中国老画报系列丛书"——《北京老画报》《天津老画报》《上海老画报》。二是撰写大众类通俗读物，先后出版了《天津老戏园》《老天津风尚志》《民国风尚志》《民国画报人物志》《老画报里的婚恋故事》《老画报人物志》等专著。

2018 年，我又对 920 种画报开始了整体研究工作，撰写《中国近代画报简介（提要）》。这是一个大工程，每种画报大约要撰写 1500 字的简介，总共近 140 万字。在四年的写作过程中，我没有休息日、没有过年过节，甚至在出差路上也要带上电脑，抽时间写作。其间还得到了广东人民出版社编辑李力夫、天津社科院邹宇、天津市北辰区档案馆周持等鼎力帮助，林琳、周知航、李侃等参与录入工作，好友侯福志、王瑞兴将自己收藏的多种画报无私地与我分享。文史专家倪斯霆先生鼓励我在丰富藏品和多年研究的基础上，一定要写出一部《中国近代画报史》，填补研究的空白。尤其是在读到文史学者谢其章的《"中国画报史"为何难产》一文后，一种责任感、使命感油然而生。我作为一名档案工作者，利用档案具有得天独厚的优势，于是，我又与同事周雅男、吉朋辉合作，在这套丛书中又增加了《档案中的老画报（公牍篇）》《报刊中的老画报（文论篇）》，并将后三本书列入天津市档案馆工作目标任务。在收集档案和报刊史料过程中，得到了上海市档案馆、北京市档案馆、陕西省档案馆和我馆相关部门的大力支持。周雅男、吉朋辉分别主编了《档案中的老画报》《报刊中的老画报》，吉朋辉和天津社科院邹宇还撰写了《中国近代画报史》的政府管理和绪论两部分的初稿。在此，我对为该丛书付出劳动的所有师友深表谢忱。

为让该丛书得到国家肯定，并走向市场让读者认可，我与上海书店出版社社长孙瑜先生探讨合作。孙社长以他多年的出版经验，充分肯定了这套书价值，胸有成竹地提出可以申请国家出版基金，并将这套书总名为《中国近代画报大系》原稿书名重新命名，分为"图录提要卷""公牍档案卷""报刊文论卷""中国近代画报史稿"四个部分，篇幅达 8 册，字数约有 240 余万字。经与该社编辑团队密切合作，在北京大学中文系教授陈平原、复旦大学历史系教授邹振环的推荐下，该丛书已列入全国"十四五"规划和国家出版基金项目。当书稿即将完成时，我又恳请陈平原教授为丛书作序，陈教授欣然应允，这无疑是对该丛书的肯定和对作者的鼓励。

还有一年多我就退休了，不知不觉中自己在天津市档案馆已经工作了 33 年。所谓择一业、终一生，这 33 年，我一直从事档案的编辑研究工作，没有轮过岗，感谢馆、部各位领导和全馆同事们对我的栽培、鼓励与理解、帮助。回首 20 余年执着于老画报的收集与研究工作，抚摸着即将付印的足有一尺高的厚厚书稿，心潮澎湃，感慨万千，之前经历的辛劳和苦痛，在这一刻都化作了满满的幸福。该丛书的出版，既是自己多年研究取得的一点成果，又是对自己职业生涯的一个小结。

我长期致力于通俗性历史故事类文章、书籍的写作，较少撰写学术论文和专著。本丛书确实是对自己的一次挑战，写作过程甚是艰难，丛书出版后或许在学者眼中仍有些不伦不类。因此，非常希望识者批评指正，以便日后的修订、完善。

图书在版编目(CIP)数据

中国近代画报大系. 中国近代画报史稿 / 周利成著;
天津市档案馆编. --上海：上海书店出版社,2024.4
ISBN 978 - 7 - 5458 - 2354 - 7

Ⅰ. ①中… Ⅱ. ①周… ②天… Ⅲ. ①画报-新闻事
业史-史料-中国-近代　Ⅳ. ①G239.295

中国国家版本馆 CIP 数据核字(2024)第 023135 号

责任编辑　杨何林　时　韵
封面设计　汪　昊

中国近代画报大系 · 中国近代画报史稿
天津市档案馆　编
周利成　著

出　　版　上海书店出版社
　　　　　　(201101　上海市闵行区号景路 159 弄 C 座)
发　　行　上海人民出版社发行中心
印　　刷　苏州市越洋印刷有限公司
开　　本　787×1092　1/16
印　　张　23.25
字　　数　451,000
版　　次　2024 年 4 月第 1 版
印　　次　2024 年 4 月第 1 次印刷
ISBN 978-7-5458-2354-7/G. 194
定　　价　158.00 元